The New Cambridge Modern History
VOL.7: The Old Regime, 1713-1763

❼
新编剑桥世界近代史

旧制度 1713—1763年

[英] J. O. 林赛（J. O. Lindsay） 编
中国社会科学院世界历史研究所组译

CAMBRIDGE

中国社会科学出版社

图字：01-2018-7947号

图书在版编目（CIP）数据

新编剑桥世界近代史. 第7卷，旧制度：1713-1763年／（英）J. O. 林赛（J. O. Lindsay）编；中国社会科学院世界历史研究所组译. —北京：中国社会科学出版社，2018.12（2025.3重印）

书名原文：The New Cambridge Modern History Vol. 7, The Old Regime, 1713-1763

ISBN 978-7-5203-2592-9

Ⅰ. ①新… Ⅱ. ①J…②中… Ⅲ. ①世界史—近代史—1713-1763 Ⅳ. ①K14

中国版本图书馆CIP数据核字（2018）第242326号

出 版 人	赵剑英
责任编辑	郭沂纹
特约编辑	安　芳
责任校对	冯英爽
责任印制	李寡寡

出　版	中国社会科学出版社
社　址	北京鼓楼西大街甲158号
邮　编	100720
网　址	http://www.csspw.cn
发 行 部	010-84083685
门 市 部	010-84029450
经　销	新华书店及其他书店
印刷装订	北京君升印刷有限公司
版　次	2018年12月第1版
印　次	2025年3月第4次印刷
开　本	650×960　1/16
印　张	45
字　数	716千字
定　价	168.00元

凡购买中国社会科学出版社图书，如有质量问题请与本社营销中心联系调换
电话：010-84083683
版权所有　侵权必究

This is a Simplified-Chinese translation edition of the following title published by Cambridge University Press:

The New Cambridge Modern History, Vol. 7: The Old Regime, 1713 – 1763

ISBN 978 – 0521045452

© Cambridge University Press 1988

This Simplified-Chinese translation edition for the People's Republic of China (excluding Hong Kong, Macau and Taiwan) is published by arrangement with the Press Syndicate of the University of Cambridge, Cambridge, United Kingdom.

© Cambridge University Press and China Social Sciences Press 2018

This Simplified-Chinese translation edition is authorized for sale in the People's Republic of China (excluding Hong Kong, Macau and Taiwan) only. Unauthorised export of this Simplified-Chinese translation edition is a violation of the Copyright Act. No part of this publication may be reproduced or distributed by any means, or stored in a database or retrieval system, without the prior written permission of Cambridge University Press and China Social Sciences Press.

出 版 前 言

英国剑桥大学出版的世界通史分为古代史、中世纪史、近代史三部。近代史由阿克顿勋爵主编，共 14 卷。20 世纪初出版。经过几十年后，到 50 年代，剑桥大学出版社又出版了由克拉克爵士主编的《新编剑桥世界近代史》。新编本仍为 14 卷，论述自文艺复兴到第二次世界大战结束，即自 1493—1945 年间共 400 多年的世界历史。国别史、地区史、专题史交错论述，由英语国家著名学者分别执笔。新编本反映了他们最新的研究成果，有许多新的材料，内容也更为充实，代表了西方的较高学术水平，有较大的影响。

为了供我国世界史研究工作者和广大读者参考，我们将这部书分卷陆续翻译、出版(地图集一卷暂不出)。需要指出的是，书中有些观点我们并不同意，希望读者阅读时注意鉴别。

目 录

第 一 章
导 言
剑桥大学格顿学院前研究员、历史学主讲人

J. O. 林赛 著

第 二 章
海外贸易的增长和欧洲制造业的发展
剑桥大学耶稣学院研究员、近代史教授

C. H. 威尔逊 著

1713年以前世界贸易的变化；荷兰人的衰落 …………………… (28)
英国和法国的商业扩张 …………………………………………… (29)
英国产业革命的早期阶段 ………………………………………… (30)
工业扩张资金的筹措问题 ………………………………………… (32)
英国重商主义的海外贸易条例 …………………………………… (33)
英国的海军实力 …………………………………………………… (34)
法国的商业扩张 …………………………………………………… (34)
法国贸易的根本弱点 ……………………………………………… (36)
英法的商业竞争 …………………………………………………… (37)
大西洋上的商业竞争 ……………………………………………… (38)
东印度群岛的商业竞争 …………………………………………… (41)
荷兰在东南亚的实力 ……………………………………………… (42)
地中海上的商业竞争 ……………………………………………… (43)
欧洲内部的贸易 …………………………………………………… (43)
荷兰的贸易逐渐衰落 ……………………………………………… (44)

荷兰仍然是金融中心 …………………………………………………………（45）
对外贸易依靠海军实力 ………………………………………………………（46）
经济理论 ………………………………………………………………………（47）
理论改变的迹象 ………………………………………………………………（48）

第 三 章
社会阶级与国家基础
J. O. 林赛 著

18世纪社会显然带有贵族的和法国的特色 …………………………………（52）
贵族的特点受到教会支持 ……………………………………………………（53）
社会在实际上并非一致 ………………………………………………………（54）
不同国家中贵族与农民的关系的差异 ………………………………………（54）
  法国 ………………………………………………………………………（55）
  中欧和东欧 ………………………………………………………………（55）
贵族的政治力量因国而异 ……………………………………………………（57）
  法国、西班牙的王室贵族毫无作为 ……………………………………（57）
  普鲁士、俄国的贵族为国效劳 …………………………………………（58）
  匈牙利、波兰和瑞典的贵族在政治上拥有权势 ………………………（58）
  英国 ………………………………………………………………………（60）
中产阶级兴起使贵族的社会性质受到破坏 …………………………………（60）
  英国的重商主义的中产阶级 ……………………………………………（60）
  意大利、瑞士、德意志各城市、荷兰的城市显贵 ……………………（62）
  各个行业中产阶级的地位 ………………………………………………（63）
  东欧的官僚中产阶级 ……………………………………………………（65）
社会并非清一色的法国式的 …………………………………………………（65）
  意大利的影响 ……………………………………………………………（65）
  德意志 ……………………………………………………………………（66）
  欧洲以外的世界 …………………………………………………………（68）

第 四 章
直观艺术和想象文学
前皇家科学院主席、教授
艾伯特·理查森爵士（已故） 著

承袭了古典文艺理论并从而派生出的艺术和文学 …………………………（69）

从古典式转向巴罗克式的建筑……………………………………（69）
哥特式建筑复兴最初的出现……………………………………（72）
英国城镇规划的独创性…………………………………………（73）
新的社会环境咖啡馆……………………………………………（74）
新的新闻业………………………………………………………（75）
对待当代的生活顺其自然………………………………………（76）
既是古典的又是独创的诗歌……………………………………（76）
具有独创性的讽刺和旅游书籍…………………………………（77）
需要新的风格,舞台上的倒退…………………………………（78）
小说的兴起………………………………………………………（79）
浪漫主义的诗歌…………………………………………………（80）
艺术的发展与文学的情况相同…………………………………（82）
古典的法国绘画…………………………………………………（82）
巴洛克派绘画……………………………………………………（82）
法国的绘画具有更大的自然倾向………………………………（82）
仍然属于古典派的法国雕塑……………………………………（83）
反映真实生活的英国绘画………………………………………（83）
关于艺术的理论…………………………………………………（84）
插图书籍对建筑和艺术的影响…………………………………（85）

第 五 章
启 蒙 运 动
前伦敦大学学院历史学教授
A. 科班（已故） 著

启蒙运动始于1700年以前 ………………………………………（89）
早期对宗教的批评………………………………………………（89）
后来在法国和英国对宗教的批评………………………………（90）
18 世纪哲学的浅薄 ……………………………………………（92）
科学是新的福音…………………………………………………（92）
牛顿的重要作用…………………………………………………（93）
自然科学的普及…………………………………………………（94）
化学落后的情况…………………………………………………（94）
是传播而非发展的时期…………………………………………（95）
洛克的心理学……………………………………………………（96）
社会科学…………………………………………………………（97）

历史的巨大重要性 …………………………………………… (97)
维科 …………………………………………………………… (99)
启蒙哲学家们理论上的先决条件 …………………………… (99)
感觉心理学 …………………………………………………… (100)
享乐主义和道德观念的改变 ………………………………… (101)
个人的享乐主义和社会的要求 ……………………………… (103)
政治观念是次要的 …………………………………………… (104)
德国人对自然规律的见解 …………………………………… (105)
英国和法国的政治观念 ……………………………………… (106)
经济观念 ……………………………………………………… (108)
对启蒙运动的乐观主义 ……………………………………… (110)
对改革可能性的信念 ………………………………………… (111)
启蒙思想的传播 ……………………………………………… (112)
刊物、字典、百科全书 ……………………………………… (112)
巴黎沙龙的影响 ……………………………………………… (113)
大学的落后状况 ……………………………………………… (113)
教育的实验 …………………………………………………… (114)
宗教仍然势力强大 …………………………………………… (115)
新教的神秘主义 ……………………………………………… (115)
形而上学的思想家们 ………………………………………… (115)
想象文学中浪漫主义的出现 ………………………………… (116)
启蒙运动影响所及的只是狭小的领域 ……………………… (117)

第 六 章
宗　　教
堪萨斯大学历史学教授
R. W. 格里夫斯　著

教皇政治势力的衰落 ………………………………………… (119)
历届教皇的性格 ……………………………………………… (119)
教皇面对的困难 ……………………………………………… (120)
詹森派的纷争重新出现 ……………………………………… (120)
克雷芒十一世的《通谕》 …………………………………… (120)
詹森派斗争的最后阶段 ……………………………………… (121)
用本尼迪克特十四世的通谕修改克雷芒十一世的通谕 …… (121)
詹森派和哲学家之间的相似处 ……………………………… (123)

历史批判的兴起	（125）
每日祈祷书和弥撒书的改革	（125）
世俗影响的力量	（126）
范－埃斯本	（127）
詹农对教士权力的批评	（127）
冯·霍恩泰因对教皇权力的抨击	（128）
耶稣会的权力日益衰落	（130）
耶稣会的失败，中国	（131）
耶稣会被逐出葡萄牙	（131）
法国镇压耶稣会	（133）
推翻耶稣会的不是"哲学家"而是反教皇的基督教徒	（134）
英国的新教	（135）
坎特伯雷大主教	（135）
英国主教制的政治特色	（136）
不信奉国教者	（136）
英国的政教关系	（138）
德国的路德教和改革教	（139）
虔信主义和理性主义都是反教权的	（140）
理性主义	（141）
基督教重新统一的计划	（143）
韦克大主教的统一计划	（143）
英国国教的传统	（144）
卫理公会的成长	（146）
英国国教中福音派的觉醒	（150）

第 七 章
君主制与行政机构
1. 欧洲的做法
J.O. 林赛 著

当代作家论政治思想	（151）
君主专制政体的盛行	（151）
各国专制制度的差异	（152）
中央政府机构的改进	（154）
瑞典	（155）
法国	（155）

　　　　英国 …………………………………………………………（156）
　　　　西班牙 ………………………………………………………（156）
　　　　普鲁士 ………………………………………………………（157）
　　　　哈布斯堡王朝的领地 ………………………………………（158）
　财政制度仍然混乱 ………………………………………………（159）
　西班牙的间接税 …………………………………………………（160）
　直接税 ……………………………………………………………（160）
　国债的开始 ………………………………………………………（161）
　司法行政管理 ……………………………………………………（162）
　地方行政管理效率提高 …………………………………………（162）
　法国的地方行政长官 ……………………………………………（163）
　西班牙的地方行政长官 …………………………………………（164）
　普鲁士的地方政府 ………………………………………………（164）
　奥地利的地方政府 ………………………………………………（165）
　匈牙利的地方政府 ………………………………………………（166）
　英国的治安官 ……………………………………………………（167）
　关于政府的理论，重商主义的财政 ……………………………（167）
　君主专制的例外，波兰 …………………………………………（169）

2. 英国的启示
格拉斯哥大学近代史教授
W. R. 布罗克　著

　关于英国自由的见解 ……………………………………………（169）

第 八 章
武装力量与战争艺术
前曼彻斯特大学历史学高级主讲人
埃里克·罗布森(已故)　著

　18 世纪的战争受成规的约束 ……………………………………（173）
　强调机动而不强调战斗 …………………………………………（173）
　战略主要是防御性的 ……………………………………………（174）
　18 世纪战争的有限目标 …………………………………………（175）
　许多战争纯属王朝之间的战争 …………………………………（176）
　围攻战是成规的做法 ……………………………………………（177）

军队缺乏机动性 …………………………………………………（178）
由于战术方法上的需要必须有严格的纪律 …………………（179）
战术编队复杂而又缓慢 ………………………………………（179）
战略战术同样流于成规 ………………………………………（180）
很少进行冬季作战 ……………………………………………（181）
战争流于成规因而对军官的要求很少 ………………………（181）
腓特烈大帝的战略方法代表其时代的特色 …………………（182）
腓特烈大帝的战术具有独创性 ………………………………（183）
英国靠的是海军优势 …………………………………………（183）
英国的作战方法不适合殖民地战争 …………………………（184）
英国的陆战和海战的方法逐渐改变 …………………………（184）
军队人数相对来说少了，战争缺乏热情 ……………………（184）
从贵族和游民中征集军队 ……………………………………（185）
军队的成分需要严明的纪律 …………………………………（186）
其他军队的情况不甚明了 ……………………………………（186）
军官和士兵之间的隔阂 ………………………………………（187）
腓特烈二世对其士兵的关怀 …………………………………（188）
英国海军对士兵逐渐关怀 ……………………………………（189）
征兵制的发展 …………………………………………………（189）
普鲁士军队中任用贵族 ………………………………………（190）
普鲁士军队中农民的地位 ……………………………………（190）
野蛮的普鲁士军纪 ……………………………………………（191）
法国贵族的军事指挥官人才不足 ……………………………（192）
法国的海军指挥官较有才干 …………………………………（194）
法国海军的征兵制 ……………………………………………（194）
英国陆军和海军的征兵方法 …………………………………（195）
英国用金钱购买军职的情况 …………………………………（197）
势力与升迁 ……………………………………………………（197）
海军军职不能用金钱买卖 ……………………………………（198）
海军中升迁的条件 ……………………………………………（198）

第 九 章
国际关系

J.O. 林赛 著

1713—1714 年的和平解决 ……………………………………（202）

腓力五世放弃法国的王位 …………………………………… (202)
"屏障"的设置 ……………………………………………… (202)
英国取得海军基地 ………………………………………… (203)
英国的商业利益 …………………………………………… (203)
1713年以后的联盟体系 …………………………………… (203)
路易十四去世 ……………………………………………… (204)
法国希望与英国结盟的原因 ……………………………… (205)
波罗的海国家与法国结盟的发展形势对英国的影响 …… (206)
与法国联盟对英国的好处 ………………………………… (206)
外交风暴的中心,波罗的海和地中海 …………………… (207)
1716年的波罗的海危机 …………………………………… (207)
伊丽莎白·法尔内塞挑起的地中海危机 ………………… (208)
阿尔韦罗尼组织的远征 …………………………………… (208)
四国联盟 …………………………………………………… (209)
英法外交的成功(1719—1721年) ……………………… (210)
康布雷会议 ………………………………………………… (211)
法国的人事变动 …………………………………………… (211)
西班牙向皇帝靠拢 ………………………………………… (212)
里佩尔达的出使(1725年) ……………………………… (213)
里佩尔达政策的失败 ……………………………………… (213)
塞维利亚条约(1729年) ………………………………… (214)
唐·卡洛斯在意大利北部 ………………………………… (214)
英、法在东北欧的外交活动 ……………………………… (214)
荷尔斯泰因—戈托普问题 ………………………………… (215)
英国海军远征波罗的海(1726年) ……………………… (215)
俄国和普鲁士作为大国出现 ……………………………… (215)
波兰王位继承战争 ………………………………………… (216)
英国的中立 ………………………………………………… (217)
英法联盟的破裂 …………………………………………… (217)
俄国力量的增长 …………………………………………… (217)
奥地利王位继承战争(1740年) ………………………… (218)
英国和西班牙的倾轧 ……………………………………… (218)
"南海骗局"股票引起1739年的战争 …………………… (219)
法国的外交 ………………………………………………… (222)
艾克斯拉沙佩勒和约 ……………………………………… (222)

外交大变动 …………………………………………………… （223）
七年战争的爆发 ………………………………………………… （223）
巴黎和约（1763 年）……………………………………………… （224）

第 十 章
法国君权神授君主制的没落
A. 科班 著

法国君权神授君主制的势力仍然强大 …………………………… （227）
法国是君主专制制度没落的最好例子 …………………………… （228）
法国专制制度的弱点，行政管理的混乱 ………………………… （228）
独立的飞地继续存在 ……………………………………………… （228）
缺乏统一的财政制度 ……………………………………………… （229）
有效的地方自治的崩溃 …………………………………………… （229）
地方行政长官权力的限制 ………………………………………… （229）
中央政府的弱点 …………………………………………………… （230）
议会 ………………………………………………………………… （230）
国务大臣 …………………………………………………………… （231）
实施王室意志的困难 ……………………………………………… （232）
国王是国家的象征 ………………………………………………… （232）
路易没有能力充当专制君主的角色 ……………………………… （233）
没有其他权力机构分担政府的负担 ……………………………… （233）
摄政的政策 ………………………………………………………… （233）
财政问题 …………………………………………………………… （234）
劳的财政改革 ……………………………………………………… （236）
劳的实验结果 ……………………………………………………… （236）
摄政行政改革的失败 ……………………………………………… （237）
摄政的对外政策 …………………………………………………… （237）
波旁公爵当权 ……………………………………………………… （237）
弗勒里政府 ………………………………………………………… （238）
弗勒里的和平对外政策 …………………………………………… （238）
路易十五控制政策 ………………………………………………… （239）
路易十五其人 ……………………………………………………… （239）
缺乏前后一致的对外政策 ………………………………………… （240）
外交大变动和舒瓦瑟尔的出现 …………………………………… （241）
国内政策的弱点 …………………………………………………… （242）

宗教的争端 …………………………………………………（242）
教区教士中的里歇主义 ………………………………………（242）
詹森派的论争 …………………………………………………（243）
摄政的宗教政策 ………………………………………………（243）
詹森派的论争重新出现（1750年） …………………………（244）
对胡格诺派教徒的迫害 ………………………………………（245）
反宗教精神的传播 ……………………………………………（246）
镇压耶稣会 ……………………………………………………（246）
王室财政困难只是一个征候 …………………………………（247）
社会结构是君权神授君主制崩溃的根本原因 ………………（248）
贵族与资产阶级的复杂特征 …………………………………（248）
经济发展破坏了社会结构 ……………………………………（250）
工业发展 ………………………………………………………（250）
经济的弱点 ……………………………………………………（251）

第 十 一 章
英　　国
W.R.布罗克　著

经济状况 ………………………………………………………（254）
利率异乎寻常的低 ……………………………………………（255）
交通状况非常糟糕 ……………………………………………（255）
出口货物有重大价值 …………………………………………（256）
农村状况 ………………………………………………………（256）
乡绅 ……………………………………………………………（256）
大地主的政治权力在增大 ……………………………………（257）
自治城市的政治 ………………………………………………（258）
英国国教的作用 ………………………………………………（258）
不信奉国教者 …………………………………………………（259）
1714年政党结盟情况 …………………………………………（259）
辉格党的胜利 …………………………………………………（260）
1715年詹姆士党人起义的失败 ………………………………（261）
辉格党对不信奉国教者的宗教政策 …………………………（261）
公教会议无声无息 ……………………………………………（262）
辉格党领袖们的意见不和 ……………………………………（262）
1717年森德兰和斯坦厄普得势 ………………………………（263）

南海骗局	(263)
南海骗局的政治后果,沃波尔得势	(264)
沃波尔其人及其成就	(265)
反对沃波尔的势力抬头	(266)
沃波尔的继任者,卡特里特和佩勒姆	(267)
1745年詹姆士党人的起义	(268)
皮特的得势	(268)
乔治三世即位	(269)
纽卡斯尔的下台	(270)
18世纪国王的权力	(270)
内阁政府的成长	(271)
王室大臣	(273)
中央的官僚机构	(273)
地方政府	(274)
上院	(274)
下院	(274)
权势与官职的恩赐	(275)
司法制度	(276)
英国自由的性质	(277)
诽谤罪与煽动叛乱罪	(278)
缙绅子弟从事各种职业	(279)
贫民的状况	(280)
工业的发展	(281)

第 十 二 章

西地中海地区和意大利

J.O. 林赛 著

西班牙取得的外交主动权	(283)
西班牙在17世纪末处于经济崩溃的状态	(283)
经济改革受到教会的阻挠	(285)
贵族对改革漠不关心	(288)
资产阶级为数寥寥而又无动于衷	(289)
军队的经济改革	(290)
阿尔韦罗尼的改革	(291)
里佩尔达为恢复西班牙的繁荣而做的努力	(292)

帕蒂尼奥的改革 …………………………………………………（292）
18 世纪意大利看来引人注目 …………………………………（294）
现实情况并不引人注目，贫困增加，压迫重重 ……………（296）
1713—1748 年意大利政治地图的变化 ………………………（296）
这些变化的影响，米兰和那不勒斯的改革 …………………（298）
罗马 ………………………………………………………………（298）
费迪南德六世统治下西班牙的政策 …………………………（299）
卡瓦哈尔的对外政策 ……………………………………………（300）
工业改革 …………………………………………………………（301）
恩塞纳达的经济改革 ……………………………………………（301）
查理三世 …………………………………………………………（302）
葡萄牙在 1750 年以前没有受到改革的影响 …………………（303）
经济状况 …………………………………………………………（303）
葡萄牙的君主政体 ………………………………………………（304）
蓬巴尔对耶稣会的抨击 …………………………………………（305）
蓬巴尔的经济改革 ………………………………………………（305）

第 十 三 章
普鲁士的组成与崛起
剑桥大学圣约翰学院研究员，德意志问题荣誉教授
W.H. 布拉福德 著

德国历史学家论述普鲁士的兴起 ……………………………（307）
霍亨索伦家族领地的地理特征 …………………………………（307）
霍亨索伦家族的领地逐步统一 …………………………………（308）
经济的弱点 ………………………………………………………（308）
三十年战争的影响 ………………………………………………（309）
大选侯建立常备军，各邦政府被制服 ………………………（309）
腓特烈·威廉一世对强大的君主政体的成长做出的贡献 …（310）
军队的发展 ………………………………………………………（310）
增加王室岁入的努力 ……………………………………………（311）
开发王室领地 ……………………………………………………（312）
其他税收 …………………………………………………………（312）
城市行政的改革 …………………………………………………（315）
鼓励移民 …………………………………………………………（317）
行政管理的改革 …………………………………………………（318）

王室领地官员与税收员的合并	（319）
管理总局的建立	（319）
信教自由	（321）
教育	（322）
司法行政管理	（322）
王储的教育	（322）
腓特烈大帝的为人及其才干	（323）
腓特烈大帝的侵略政策	（325）
腓特烈大帝的政治哲学	（326）
1756年以后腓特烈的改革	（327）
彻底的中央集权的政治	（327）
这个体制的目的	（328）
改进政府体制的尝试	（328）
工业改革	（331）
贸易	（332）
司法制度的改革	（333）

第十四章
俄　国
前剑桥大学斯拉夫问题研究主讲人
伊恩·扬　著

1709年开始的新时代	（335）
经济状况，主要财富是森林产品	（335）
炼铁工业的发展	（335）
其他工业的发展	（336）
劳动力充足	（336）
交通	（336）
出口贸易	（337）
彼得的财政改革	（337）
人口和社会结构	（338）
农民的状况	（338）
贵族	（339）
军队的改组	（340）
行政管理机构的改革	（340）
省行政管理机构的改革	（341）

司法制度 …………………………………………………………（341）
教会 ………………………………………………………………（342）
教育的改革方案 …………………………………………………（342）
叶卡捷琳娜一世当政 ……………………………………………（343）
彼得二世，代表安娜进行的谈判 ………………………………（345）
安娜即位，行政管理的改革 ……………………………………（345）
对贵族的让步，沃伦斯基 ………………………………………（346）
伊凡六世，为伊丽莎白而玩弄的阴谋 …………………………（347）
伊丽莎白即位，外交大变动 ……………………………………（348）
七年战争，别斯图热夫的阴谋 …………………………………（349）
彼得三世，进一步对贵族做出让步 ……………………………（350）
奥尔洛夫的革命，教会 …………………………………………（351）
教育与文化生活 …………………………………………………（352）
贵族的收入 ………………………………………………………（353）
舒瓦洛夫的财政和商业改革 ……………………………………（354）

第 十 五 章
斯堪的纳维亚和波罗的海沿岸国家
伦敦经济学院国际史教授
R. M. 哈顿 著

北方大战后的解决方案 …………………………………………（355）
奥尔登堡王朝仁慈的专制统治 …………………………………（356）
农业与土地改革 …………………………………………………（358）
丹麦和挪威经济上互为补充的政策 ……………………………（361）
重商主义的公社政策 ……………………………………………（361）
丹麦的对外政策 …………………………………………………（361）
荷尔斯泰因—戈托普在石勒苏益格—荷尔斯泰因的权利要求 …（362）
1723—1727 年的危机 ……………………………………………（362）
丹麦的对外政策，与法国的联盟 ………………………………（363）
丹麦为丹麦王子取得瑞典王位继承权所做的努力 ……………（363）
沙皇彼得三世对石勒苏益格—荷尔斯泰因的权利要求（1760 年）…（365）
石勒苏益格—荷尔斯泰因问题的解决 …………………………（365）
由于查理十二世去世，瑞典王权削弱 …………………………（366）
乌尔丽卡·埃莱奥诺拉的当选和退位 …………………………（367）
瑞典 1720 年的宪法 ………………………………………………（367）

"四个等级"的组成和权力 …………………………………………（369）
瑞典的政党 ………………………………………………………（370）
黑森党短暂的上升时期(1720—1721年) ……………………（370）
荷尔斯泰因党执政(1723—1726年) …………………………（371）
霍恩伯爵和"便帽党"的势力抬头 ………………………………（371）
"礼帽党"的执政时期(1738—1765年) ………………………（372）
瑞典在奥地利王位继承战争中的作用 …………………………（374）
俄国占领芬兰 ……………………………………………………（374）
荷尔斯泰因—戈托普的查理、彼得·乌尔利希拒绝继承瑞典王位 …（375）
瑞典在奥布条约后依附俄国 ……………………………………（376）
礼帽党和便帽党的党派斗争 ……………………………………（378）
君主制进一步受到限制；七年战争 ………………………………（378）
1764—1765年的竞选运动 ………………………………………（380）

第 十 六 章
萨克森人国王统治下的波兰
剑桥大学基督学院研究员，斯拉夫问题研究教授
L. R. 纽威特　著

政治机构 …………………………………………………………（381）
司法行政管理 ……………………………………………………（383）
农业的落后状况 …………………………………………………（384）
贸易与工业 ………………………………………………………（385）
教育与文化生活 …………………………………………………（386）
争夺波兰王位的斗争；1717年结束 ……………………………（388）
解决办法中的经济方面 …………………………………………（389）
1717年华沙条约后俄国占统治地位 ……………………………（389）
奥古斯特二世反俄的外交政策 …………………………………（390）
迫害新教徒 ………………………………………………………（390）
1724年托伦的宗教危机 …………………………………………（392）
由萨克森人继承王位的企图 ……………………………………（394）
恰尔托雷斯基家族和波托茨基家族 ……………………………（395）
奥古斯特三世继承王位 …………………………………………（396）
波兰王位继承战争 ………………………………………………（396）
波兰王位继承战争的解决办法 …………………………………（398）
奥古斯特三世统治下政治日益腐败 ……………………………（398）

恰尔托雷斯基家族的势力日益衰落 …………………………………… (402)
七年战争 …………………………………………………………………… (403)
外交政策 …………………………………………………………………… (405)
政治制度的失败 …………………………………………………………… (408)
俄国和普鲁士的领土要求 ………………………………………………… (408)

第 十 七 章
哈布斯堡领地
前牛津大学万灵学院研究员
C. A. 麦卡特尼（已故） 著

西班牙王位继承战争的结束 ……………………………………………… (410)
匈牙利和索特马尔条约 …………………………………………………… (410)
查理六世和匈牙利的和解 ………………………………………………… (410)
奥地利的女嗣继承权问题 ………………………………………………… (412)
匈牙利支持查理的女儿 …………………………………………………… (413)
与土耳其的战争(1716—1718年) ……………………………………… (413)
查理参加四国联盟 ………………………………………………………… (414)
女嗣继承权问题在匈牙利被认可 ………………………………………… (414)
查理六世承认的匈牙利的权利 …………………………………………… (415)
国本诏书的颁布 …………………………………………………………… (416)
在奥斯坦德公司问题上的倾轧 …………………………………………… (416)
波兰王位继承战争：玛丽亚·特蕾西亚的婚姻 ………………………… (417)
文化生活 …………………………………………………………………… (418)
行政管理机构 ……………………………………………………………… (419)
奥地利对东印度的贸易；教会在奥地利和波西米亚的权力 …………… (420)
捷克民族主义的弱点；哈布斯堡王朝在匈牙利保持领土分裂的政策 … (421)
匈牙利从属于奥地利；匈牙利保持某些残存的独立 …………………… (422)
哈布斯堡支持匈牙利的罗马天主教 ……………………………………… (422)
贵族的民族骄傲 …………………………………………………………… (423)
人口的增长 ………………………………………………………………… (424)
非马扎尔人的比例增长 …………………………………………………… (425)
以农业为主的特点 ………………………………………………………… (426)
土耳其战争 ………………………………………………………………… (428)
不成功的贝尔格莱德和约 ………………………………………………… (428)
玛丽亚·特蕾西亚即位；国本诏书被推翻 ……………………………… (429)

玛丽亚·特蕾西亚对匈牙利的让步	(429)
匈牙利支持国本诏书	(430)
玛丽亚·特蕾西亚最后保住王位(1748年)	(430)
玛丽亚·特蕾西亚1748年以后的改革方案	(431)
军事改革;伦巴第和尼德兰	(432)
玛丽亚·特蕾西亚对匈牙利的态度	(432)
改革中的障碍	(433)
行政和司法的改革;豪格维茨	(433)
艾克斯拉沙佩勒和约后的对外政策	(436)

第 十 八 章
奥地利王位继承战争
前伦敦大学近代史教授
A. 汤姆森 著

外交上的起因	(437)
普鲁士入侵西里西亚	(438)
英国和俄国的反应	(439)
法国支持巴伐利亚的查理·阿尔贝特	(440)
普鲁士在莫尔维茨战胜奥地利人	(440)
普鲁士和法国与巴伐利亚缔结不稳定的联盟	(440)
奥地利和普鲁士缔结的克莱因·施内伦多夫协定	(441)
选举查理·阿尔贝特为皇帝	(442)
法国军事上的挫败	(442)
腓特烈的和平愿望,卡特里特为争取奥普和解而提出的外交计划	(443)
荷兰的不干涉。布雷斯劳预备会议结束了奥普战争	(443)
法国从波希米亚撤退	(444)
奥地利在德意志的战略由于西班牙在意大利进行干涉而被削弱	(445)
路易十五亲自领导下的法国政策,英国在德廷根的胜利	(448)
卡特里特的外交	(449)
1743年的沃尔姆斯条约	(450)
乔治二世信誉扫地,土伦沿海的海战	(451)
法国入侵尼德兰,普鲁士入侵波希米亚	(452)
普鲁士入侵萨克森;1745年德累斯顿条约	(453)
英国和荷兰战败,法国和西班牙入侵撒丁	(454)
法国和西班牙的军队被击退	(455)

英国的海军优势,法国在荷兰的弗兰德取得的胜利 ……………………（456）
初步的和平谈判 ………………………………………………………（457）
艾克斯拉沙佩勒条约 …………………………………………………（458）

第 十 九 章
外交大变动
前爱丁堡大学近代史教授
D. B. 霍恩　著

英奥联盟关系紧张的迹象 ……………………………………………（462）
考尼茨与法国联盟的计划 ……………………………………………（463）
由于殖民冲突,英国更加需要奥地利的援助 ………………………（465）
奥地利的条件更加苛刻 ………………………………………………（465）
奥地利主动接近法国,施塔勒姆贝格和贝尼斯之间的谈判 ………（466）
英国与普鲁士的关系 …………………………………………………（468）
1755 年英国和俄国达成的协议 ………………………………………（470）
普鲁士对苏俄协议的反应 ……………………………………………（471）
英国和普鲁士缔结的威斯敏斯特协议（1756 年）……………………（472）
奥地利的反应 …………………………………………………………（473）
法奥第一次凡尔赛条约 ………………………………………………（475）
奥俄关系 ………………………………………………………………（478）
纽卡斯尔的对外政策的失败 …………………………………………（482）
法国和普鲁士终于破裂 ………………………………………………（484）
外交大变动和七年战争爆发之间的联系 ……………………………（484）

第 二 十 章
七 年 战 争
埃里克·罗布森　著

欧洲大陆上的竞争和殖民竞争的相互关系 …………………………（488）
对普鲁士产生影响的地理状况和政治状况 …………………………（488）
英国对普鲁士承担的义务 ……………………………………………（489）
皮特对在欧洲大陆继续战争的价值逐渐改变看法 …………………（490）
腓特烈的高明战略 ……………………………………………………（491）
腓特烈二世打败并占领萨克森 ………………………………………（492）

法国的胜利终于签订了克洛斯特—塞文协议,俄国和瑞典

  进攻普鲁士 ………………………………………………………… (494)

普鲁士在罗斯巴赫和洛伊顿取得的胜利 ………………………… (495)

英国恢复在德意志西部的阵地,监视部队,普鲁士入侵摩拉维亚 … (496)

1758年奥地利在萨克森和西里西亚发动的战役 ………………… (497)

俄国的胜利,法军进入威斯特伐利亚 …………………………… (499)

入侵英国的计划,中立国家的权利 ……………………………… (499)

英国的武装民船;1760年的几次战役 …………………………… (501)

军事僵局;与俄国议和 …………………………………………… (502)

西部的和平谈判 …………………………………………………… (503)

英国停止给腓特烈的津贴 ………………………………………… (504)

英国和普鲁士的破裂 ……………………………………………… (505)

王室契约 …………………………………………………………… (506)

巴黎条约 …………………………………………………………… (508)

胡贝图斯堡条约 …………………………………………………… (508)

战争对普鲁士经济的影响 ………………………………………… (509)

战争给英国和法国带来的后果 …………………………………… (510)

第二十一章
美洲殖民社会的发展
1. 拉丁美洲

哈佛大学大洋洲史与问题教授

J. H. 帕里 著

西属美洲行政管理的无能 ………………………………………… (512)

防务;出售行政官职 ……………………………………………… (514)

殖民地的行政管理;总督 ………………………………………… (515)

社会结构,克里奥尔人对西班牙人管理不善的不满 …………… (516)

波旁王室改革的开始,反对教会的立法 ………………………… (517)

货币改革,白银的开采 …………………………………………… (518)

贸易的管理;护航制度的破坏 …………………………………… (519)

贸易公司 …………………………………………………………… (520)

克里奥尔人从改革中一无所得 …………………………………… (520)

行政单位的配置 …………………………………………………… (520)

耶稣会的传教活动 ………………………………………………… (522)

巴西,蓬巴尔的改革方案 …………………………………………（523）
视觉艺术,文化生活 ………………………………………………（524）

2. 北美洲
东英吉利大学副校长
弗兰克·西斯尔思韦特 著

欧洲人的移民和居留地的扩大 …………………………………（526）
殖民者以及移民所进行的扩张 …………………………………（528）
种植园,大米和靛青两种新作物有助于殖民地的扩展 ………（528）
佐治亚的建立 ……………………………………………………（529）
新老殖民地的分裂由于土地所有制而加剧 ……………………（530）
母国政府禁止殖民地工业的发展而产生的摩擦 ………………（531）
信贷和价格问题增加了边远农村农民的不满 …………………（532）
殖民地的扩大促进了宗教信仰的复兴 …………………………（533）
殖民地社会内部的许多紧张关系 ………………………………（534）
社会结构,边远地区社会的简陋和贫困情况 …………………（536）
边远地区农民认为王国政府和东方的寡头政治如出一辙 ……（536）
法国的扩张 ………………………………………………………（537）
以毛皮和渔业为基础的经济 ……………………………………（538）
商站;行政管理;教会 ……………………………………………（538）

第二十二章
在美洲的竞争
1. 加勒比海
J. H. 帕里 著

西班牙要求垄断贸易 ……………………………………………（541）
西班牙与南海公司的关系 ………………………………………（542）
詹金斯的耳朵战争 ………………………………………………（545）
1744—1748 年的英法战争 ………………………………………（546）
艾克斯拉沙佩勒条约 ……………………………………………（548）
七年战争;皮特的战略 …………………………………………（548）
海战 ………………………………………………………………（549）
攻克瓜德罗普岛;家族公约 ……………………………………（550）
西班牙加入七年战争 ……………………………………………（551）

法国和西班牙在西印度群岛的损失 …………………………（552）
和平谈判 ……………………………………………………（553）

2. 北美洲大陆
弗兰克·西斯尔思韦特 著

英法紧张关系加剧(1713—1763年) ………………………（556）
法国殖民地的发展 …………………………………………（556）
英国殖民地的发展 …………………………………………（556）
法国有条不紊的扩张,路易斯堡的建立 ……………………（557）
新奥尔良;佐治亚 ……………………………………………（557）
法国企图控制伊利诺伊特区 ………………………………（559）
六部落联盟;法国和荷兰的贸易 ……………………………（559）
英法的敌对行动;攻克路易斯堡 ……………………………（560）
阿卡迪亚人被放逐;法国人和印第安人的合作 ……………（562）
法国在俄亥俄的攻势 ………………………………………（562）
弗吉尼亚人得到英国政府的支持 …………………………（564）
布雷多克发动的战役失败 …………………………………（565）
皮特领导下的全面敌对行动 ………………………………（566）
杜凯纳堡的陷落;进攻魁北克 ………………………………（567）
英国海军的胜利;巴黎条约 …………………………………（568）

第二十三章
在印度的角逐
牛津大学前印度史讲师
C. C. 戴维斯 著

莫卧儿帝国的衰落 …………………………………………（570）
行政管理机构 ………………………………………………（572）
奥朗则布死后诸子之间的战争,迫害锡克教徒 ……………（573）
巴哈都尔·沙的统治;宫廷派系斗争 ………………………（574）
西瓦吉统治下的马拉塔人 …………………………………（575）
沙胡统治下的马拉塔人,马拉塔政策的目的 ………………（575）
马拉塔对德干的要求 ………………………………………（576）
侵扰马尔瓦和古吉拉特 ……………………………………（578）
对西迪人和葡萄牙领土的袭击 ……………………………（579）

纳迪尔·沙阿的侵略 ……………………………………………………（580）
"乡村国家"的成长 …………………………………………………（582）
马拉塔侵略孟加拉 …………………………………………………（583）
马拉塔侵略卡纳蒂克 ………………………………………………（584）
欧洲的贸易工厂；英法的敌对行动（1744—1748年）……………（587）
印度1748年的状况；法国人收买印度帝国 ………………………（588）
卡纳蒂克和德干的继承斗争 ………………………………………（589）
杜布雷失败的原因 …………………………………………………（591）
克莱武征服孟加拉 …………………………………………………（592）
马拉塔人被阿富汗人赶向南去 ……………………………………（593）
英国人在孟加拉的统治得到巩固 …………………………………（594）

第二十四章
在非洲和远东的经济关系

1. 非洲

剑桥大学三一学院研究员和帝国与海军史
维尔·哈姆斯沃思教授
J. 加拉格尔　著

奴隶贸易地区 ………………………………………………………（596）
交换的技术和单位 …………………………………………………（597）
国家公司的形成 ……………………………………………………（598）
普鲁士、丹麦和葡萄牙三国的公司 ………………………………（599）
荷兰和法国的公司 …………………………………………………（600）
英国的公司 …………………………………………………………（602）
激烈的竞争和奴隶买卖成本的提高 ………………………………（603）
欧洲在非洲的渗透受到限制 ………………………………………（605）
奴隶贸易对非洲社会的影响 ………………………………………（606）
南非的荷兰人居留地 ………………………………………………（607）
非洲的葡萄牙帝国 …………………………………………………（609）
马达加斯加,埃塞俄比亚 ……………………………………………（609）

2. 亚洲

剑桥大学前远东史主讲人
维克托·珀塞尔（已故）　著

荷兰人在日本的贸易居留地 ………………………………………（610）

欧洲和中国的关系 …………………………………………… (611)
英属东印度公司的贸易投机事业 …………………………… (612)
中国控制对外贸易 …………………………………………… (613)
欧洲的贸易使团 ……………………………………………… (613)
中国人对外国人的不信任和误解 …………………………… (614)
印度尼西亚的咖啡生产 ……………………………………… (616)
荷兰势力的扩张 ……………………………………………… (618)
中国人对印度尼西亚的渗透 ………………………………… (618)
荷属东印度公司的衰落 ……………………………………… (619)
在菲律宾的贸易和经济关系 ………………………………… (619)
迫害中国人 …………………………………………………… (620)
菲律宾的土地占有情况 ……………………………………… (622)

索　引 ………………………………………………………… (623)

第 一 章
导　　言

　　对"旧制度"的研究在时间上可以往前追溯到1648年，往后延伸至1789年。这里之所以选择1713年和1763年作为这个时期的上、下限，则是出于军事、外交和政治诸方面的考虑，突出这些方面的重要性。但是，本卷除了说明当时的国际外交活动和国内政治状况（表现在普鲁士和俄国在中欧的崛起以及英法在西欧和公海上日趋激烈的竞争）之外，还企图根据当时的经济状况、政治机构、社会结构以及主要思潮等，对旧制度作进一步阐述，虽然这些方面的情况可能在1713年以前就已有所发展，并且在1763年以后仍然继续存在。

　　在1760年之前的半个世纪中，国际贸易量取得了可谓革命性的增长。同时，各主要贸易国家的相对重要性，也发生了变化（第2章）。贸易的增长一定程度上是由于技术的进步，但是18世纪前半叶国际贸易量之所以有惊人的增长，其主要原因还是在于欧洲各国与美洲、非洲和亚洲各殖民地之间贸易的迅猛扩大。殖民地产品的再出口在英国、法国和荷兰的贸易中成为一个非常重要的部分；它在西班牙和葡萄牙的经济生活中也是一个十分重要的部分。大西洋的贸易，尤其是与加勒比群岛的贸易，在18世纪上半叶受到了欧洲各国的极大重视，因而自然地就成为在这个地区拥有殖民地的欧洲四大强国之间不断发生摩擦的原因。其他的一些从事非常重要的贸易活动的地区是印度，东南亚又次之。18世纪初国际贸易的一个显著特点是，荷兰已不能保持其卓越的地位；法国和英国此时已赶上荷兰而成为贸易强国。18世纪后期国际贸易的又一特点是，法国和英国为争夺商业和殖民的优势，展开了激烈的斗争。这种斗争不仅在美洲和亚洲发生，而且也在地中海以及北欧和中欧地区的贸易中展开。对北欧和中欧的贸易当时在法英两国的出口货物中，仍占很大的数量；1713年以后，对于英国商人来说，与德国的贸易比之他们原先十分重视的与"旧西班牙"的贸易更为重要。18世纪初，法国由于其人口比英国多，而且生产的奢侈品也比英国的精美，因而在英国观察家看来，它是一个非常危险的对手。但是，法国的地位存在着某些很严重的缺陷，尽管这些缺陷对于当时的观察家们来说，并非是显而易见的，所以他们既没有看到法国海军的薄弱，也忽视了这样一个事实，即法国的贸易平衡没有建立在制造大批价廉物美商品的坚实的基础之上，而英国的繁荣却是以五金和布匹为基础的。当时人们只看到法国出口和再出口的商品在价值上超过了进口货物，因此在18世纪的很长一段时间内，这就意味着繁荣。

欧洲18世纪前半叶的社会状况（第3章）表明了当时的经济状况如何缓慢地改变着宗教战争结束时的那种社会。18世纪的欧洲社会仍然是贵族占统治地位的社会，尽管贵族的地位在各国有很大的不同，如波兰、瑞典、匈牙利和英国的贵族拥有很大的政治势力，而法国、丹麦或西班牙的贵族在政治上就很软弱。在普鲁士，贵族必须为国家效力，或在军队里服役，或在政府中供职。在俄国和奥匈帝国的部分地区也曾试图要求贵族同样为国效力。欧洲人口中的主体仍然是农民。他们的境况在各国也大不相同，从英国、瑞典和法国某些地区的自由村民到中欧、东欧和南欧各地的农奴，差异颇大。18世纪一个明显的倾向是城市中产阶级人数增多，影响扩大。随着海外贸易的扩大，商人们，尤其是英国和法国的商人人数和财富俱增，而在中欧和东欧，特别是到了18世纪后半叶，由于越来越多的人被委以公职，中产阶级的队伍也膨胀起来了。

观赏艺术和想象文学反映了18世纪社会的状况以及社会中正在发生的变化（第4章）。从表面上来看，这个时代的文化似乎受奥古斯都罗马艺术的影响，但18世纪初期的文人艺术家们对于自己的文艺才能完全充满信心，特别是在英国和法国，他们已经发展了一种具有特色的社会形式，因此他们能够产生出全然独创和异常优美的城市建筑和散文文学的样板作品。早在1730年，对中世纪建筑产生浪漫主义的兴趣的迹象就已经在英国出现；而在18世纪的大部分时间里，对哥特式风格的兴趣，一直是与对古典主义风格的赞赏并行不悖的。

随着1741年《帕美勒》一书的问世，浪漫主义的倾向也开始出现了。小说作为一种文学形式在许多国家，尤其是在能够读书识字的人数日益增多的西欧，变得十分流行。但是，这个时期虽然在文学和建筑方面对浪漫主义的爱好初露端倪，然而在文学和市镇建筑方面更具有特色的却是那些带有一定程度的古典主义色彩但主要富有独创精神的产物。如像《旁观者》一类的刊物就具有伦敦、巴黎等这样一些繁华中心城市的社会特色。这种城市生活的生命力，也带来了18世纪初的另一个具有时代特色的成就，就是城镇的房屋与广场和街巷作为总体设计的一部分一并考虑，这在英国尤为明显。英国对城镇进行规划并统筹建造与之最合适的房屋的思想为各国广泛采纳，但是许多贵族（如法国的贵族）却喜欢住在周围有花园的住宅里；而在中欧、东欧，即使到18世纪末，发展较大的城市，也寥寥无几。

至于在18世纪早期散文文学中有所表现的思想，即后来称为"启蒙运动"（第5章），它们是以极力颂扬人类理智为基础的。人类理智到17世纪末已在天文学和数学领域里取得了如此辉煌的成就。然而，18世纪的怀疑论者和唯理论者都是经验主义者，他们宁可向培根，而不向牛顿寻觅灵感。在这个时期，人们倾向于摒弃数学，注重自然科学，所以牛顿开创的世纪在布丰身上表现得最充分。这个世纪是科学思想大普及的世纪，例如伏尔泰在他的《哲学书简》中使牛顿的天文学大为普及。这个世纪也是收藏家和分类学家的世纪，其中最伟大的可推瑞典博物学家林奈。不能抽象思维的弱点，使化学得不到发展，人们普遍相信错误的燃素说，使这一学科停滞不前。在18世纪的上半叶，历史学的重要性被认为仅次于科学，但是18世纪最伟大的历史学家之一的维科却并没有为他的同时代人所理解，因此他对他的那个时代影响甚小。18世纪思想发展最重要的两门学科也许要算心理学和社会学。根据洛克的感觉心理学，人的性格是一张任意由经验书写的白纸。人们希望理性能够指导对后代的教育，从而取得一定程度的进步，这种进步可与人类智慧在识破天文奥秘方面所取得的成就相媲美。在试图对社会进行全面研究方面取得的成就要小些。孟德斯鸠的《论法的精神》是一次大失败。这个时代还没有为社会科学上的牛顿做好准备。总的来说，启蒙运动的政治思想是相当肤浅的。怀疑论者和唯理论者的批评都是针对许多国家中的酷刑、野蛮惩罚等法制混乱现象的。他们鼓吹自由是"天赋的"。有些批评家，突出的如马布利和爱尔维修，极力主张平等作为一项政治原则是重要的，但是就整个来说，批评家们在讨论政府形式时却是非常谨慎的。在法国，批评家们将进步的反教权主义的思想与保守政治结合起来。这个时代的经济思想一般同政治思想一样，都是保守的。

18世纪上半叶，西欧和中欧的有组织的宗教的地位并不是很强大（第6章）。在罗马天主教教会里，教皇的宝座在绝大多数情况下都是被一些并不杰出的人物所占据。在法国，天主教会由于詹森派和教皇支持者（特别是耶稣会会士们）之间对凯斯内尔在他的《新约全书法文版附关于道德问题的思想》一书中所表述的意见是否异端邪说进一步展开争论，而告四分五裂。《克雷芒通谕》谴责凯斯内尔的101条神学论点，由此而引起的争论后来成为带有一定政治性质的论战。这场论战在18世纪的很长时间内削弱了法国国王（他是支持教皇通谕的）力量，也使罗马天主教教会声誉扫地。在整个欧洲，王公贵族中有一种脱离教皇控制的倾向。这种倾向不仅在世俗哲学家的著作中有所表现，而且在诸如范·埃斯本·詹农和霍恩斯泰因等作家的著作中也有所表现。教廷感觉到不得不做出一些实际的让步，如1727年对撒丁的让步，1737年和1750年与西班牙达成的政教协定，以及1740年对葡萄牙以及对那不勒斯的让步。18世纪也出现了教皇最有力的老盟友耶稣会会士们在许多国家中丢脸并被逐出的事件，这个运动最后终于在1773年造成了这样一种局面：教皇本人竟然出面镇压耶稣会。在信奉新教的国家中，有组织的宗教的权力也并不比欧洲天主教国家中的强大。在讲德语的地区，数量众多的地方教会的存在增强了大学的权威，教授们拿启蒙运动的思想来影响宗教政治。许多小教会的存在也往往削弱教会权威的观念。把哈雷作为强大据点的虔敬主义，与启蒙运动一样，是反对教权的。在英国，18世纪英国国教的主教制度在观点上也带有世俗的倾向。一个牧师能否从一个贫穷的教区调任或提升到一个富裕的教区去工作，这有赖于辉格党的正确原则，因此主教们对于政治的兴趣往往甚于对精神事物的兴趣。失去那些拒绝宣誓服从国教的教士，严重地削弱了英国国教。乔治一世即位后，不信奉国教的新教徒便得救，不再遭到迫害，因此他们的人数在18世纪初虽然略有减少，他们的宗教热情也被当时盛行的唯理主义倾向所冲淡，但是他们在英国的经济和文化生活中却起着重大的作用。而真正的宗教热情却要到摩拉维亚弟兄会、卫斯理的追随者以及英国本土教会福音派的信仰复兴者教友身上去寻找。

18世纪初，欧洲大多数国家的正常的政体形式是某种君主专制政体（第7章）。君主政体的一个辉煌的例子是法国，路易十四的传统仍然使王位大为增色，但是在18世纪的观察家看来，法国的国王由于受到宪法条文的约束，并不像西班牙、丹麦或普鲁士国王那么专制。反过来，西班牙等国的国王，看起来又不像全俄沙皇那么独裁了。对于18世纪的观察家来说，全俄沙皇只可与土耳其的皇帝相比拟。即使国王的权力受到更多的限制，如在英国或瑞典要受到宪法的限制，在葡萄牙要受到教会的限制，在神圣罗马帝国要受到其领地性质迥异的限制，国王仍然可以坚持自己的权力，例如瑞典1772年发生的政变。甚至波兰的王位也能用来激励一下这个不幸的国家，使之活跃起来，波兰第一次被瓜分后的情况便是如此。尽管欧洲各国的政体形式仍然同前两个世纪一样，极为普遍的是君主专制政体，但从17世纪中叶到18世纪下半叶也发生了一些变化，政府才比以往有点效率。中央政府中，朝着日益专业化方向发展，各省则采取措施使行政管理更为有效。但是，许多国家的司法行政机构仍然十分混乱，与古老的习俗和地方特权纠缠在一起。除普鲁士之外，征收王家岁入的方法收效甚微，因此战争总是使许多国家受到巨大赤字的威胁。甚至普鲁士国王、罗马帝国皇帝一直不得不依靠外国的津贴。法国国王统治着欧洲中人数最多，也是最富裕的人口，但是他在18世纪末同样遇到了严重的财政危机，结果导致了王朝的垮台。英国国王非常幸运，他以很低的利率轻而易举地借到了钱。

武装力量和18世纪战争的性质，清楚地反映了政府的特点和社会的结构（第8章）。在18世纪的大部分时间里，战争都是按一定的方式和常规进行的。它们和16、17世纪的"正义和道义的战争"大不相同（第165页），也不同于19世纪常见的那种民族或意识形态狂热的战争。在18世纪，许多战争都是王朝战争，其中三次分别称为西班牙、波兰和奥地利王位继承战争，这绝不是偶然的。这些战争总是为了要获得某种特定的东西而进行的，最后以交换疆土和重新划定边界而告结束。这些战争在任何意义上来说，都称不上总体战争。流血和破坏的程度都因遵从战争规则而有所限制。战斗尽可能局限在人数少的职业军队中进行，而各次战役也主要是一些围攻或意在迫使敌方撤退的迂回运动。战术则是因循守旧，传统的老一套。而且在18世纪期间，武器的技术几乎没有任何改进，只是木质的推弹杆在1740年为铁质的所代替而已。部队的行动缓慢而拘谨，因为没有一支军队敢于远离其弹药库和粮库。冬季战役由于道路状况恶劣几乎无法进行。军队是由社会上的非生产性人口组成，贵族提供军官，而流浪汉、罪犯则构成士兵的主体。人们认为雇佣外国军队是一种省钱的办法，因为这样可以不耗费国家现有的人力。这种军队对于他们所从事的战争很少有或者完全没有热情。他们服役是为了挣军饷，为了掠夺财物。开小差的情况总是十分严重，因此部队只准驻扎在乡村，但要在军官监督下配给口粮。纪律是严明的，士兵必须害怕自己的军官甚于害怕敌人，这是必要的。后来逐渐发现靠招募，甚至靠拉丁的办法都不能够补充足够的兵员。在普鲁士和俄国，曾经试验了某种征兵形式，但是在18世纪上半叶还没有出现彻底的全国征兵制的形式，资产阶级的分子便逐渐地跻身军官的行列，但这种情况并不普遍。18世纪上半叶的陆军和海军都是国王们精心豢养的玩物，它们保守、守旧，费用浩大；而且，如有可能，利用这些玩物不经过战斗就可取得结果，因为打仗花费很大，18世纪的统治者们发现要征敛到额外的赋税实是困难。

　　国王们不愿打一场"总体战"，或者说，实际上不愿打任何战争，除非这场战争的目的有严格的限制而且一般是为王朝的目的而战。这种情况对于英法之间商业上的竞争起到了某种平衡作用，而英法之间的竞争在18世纪已日趋明显地成为国际事务中的一种力量（第9章）。在18世纪初，这种竞争是隐蔽的，因为从1716年到1733年前后两者的统治者都暂时处于一种微妙的地位，因此彼此结盟。除了英法商业竞争的缘故以外而有可能引起冲突的两个地区是地中海和波罗的海。在地中海，伊丽莎白·法尔内塞使奄奄一息的西班牙恢复了生机，采取了咄咄逼人的行动；在波罗的海，瑞典的衰落为俄罗斯和普鲁士这两个新的大国的崛起让开了道路。乌得勒支的和平解决办法标志着法国的部分失败，也为英国赢得了某些好处。但是，如果把 18 世纪的后半叶称为英国在国际事务中占有优势的时期①，则低估了法国的重要意义。当欧洲的和平在 1717 年、1718 年和 1725 年屡次受到西班牙侵略的威胁时，英法的联合行动证明两国的力量足以制止敌对行动大规模的发展，而且英法也能够说服神圣罗马帝国的皇帝最终对意大利的西班牙女王的要求做出一些让步。在波罗的海，漫长的北方战争于 1721 年结束了，一方面是由于查理十二于 1718 年逝世，另一方面则是由于英法外交的胜利。和平在这个地区持续到 1733 年，而 1725 年彼得大帝的逝世使维持和平的任务大为容易。在彼得大帝逝世后的大约 10 年间，俄国在北欧事务中不再起着重大的作用了；不过，这仅仅是暂时的现象，因为俄罗斯和普鲁士作为重要的大国出现，乃是 18 世纪重大的发展之一。在波兰王位继承战争期间，俄国的一支军队第一次深入西欧，而奥地利王位继承战争则是普鲁士侵略行为的直接结果。1739—1748 年的战争是复杂的，因为这场战争与英、西、法之间的殖民战争结合在一起了。到了 1739 年，1716 年时曾经可以促使英法两国国王结成同盟的国内状况，已经完全改变了。1739—1748 年的战争并没有解决多少问题，但它明显地标志着普鲁士作为一个大国的出现。普鲁士在外交上采取主动的能力以及俄国在外交上日益增长的重要作用，都是 1755—1756 年"外交大变动"的重要原因。七年战争，就像奥地利的王位继承战争一样，所以打起来的部分原因是要解决由普鲁士的野心所引起的争端，但它也是英法在印度和美洲冲突中的一个重要舞台。

从路易十四逝世到七年战争结束的这段历史，实际上是造成法国大革命的这一比较漫长时期的一个部分，它的特点是君主专制制度逐渐衰亡和失败（第 10 章）。路易十四的统治结束时，被人称为"旧制度"的专制主义的形式仍然是一种有效治理的新模式，它把现代的专制主义和古老的中世纪的君权神授的思想结合起来了。这种新型的君主政体，黎塞留和马萨林使它臻于完善，它与欧洲其他地方的行政管理制度相比较，非常有效率，因此即令法国在西班牙王位继承战争中遭到了部分失败，法国政府在 18 世纪初还是走在几乎所有欧洲国家的前面。法国拥有相当丰富的自然资源，人口约有 1900 万，而

---

① P. 米勒在其所著《英国的优势》（1937 年）一书中就是这样说的。

神圣罗马帝国为2000万人,西班牙和英国各为600万人。因此,法国在1713年仍然不失为欧洲的一个实力最雄厚的大国。由于路易十四在他统治的结束时奉行了一个招致整个欧洲团结起来一致反对他的政策,因而遭受了一部分失败。法国在18世纪初却实施了一种被广泛仿效的政府模式。这种政府模式虽然威望很大,但是这种新专制主义中却存在着非常严重的缺点。甚至到18世纪末,法国也未完全统一,在其疆界内有些地区行政、司法、赋税、军事组织以及宗教事务等交叉重叠,十分混乱。甚至财政制度也不统一,国家不是单一的关税区。虽然地方自治机构在很多地区都已取消,但是许多地方特权依然存在,严重地妨碍了王室政府的统治。地方长官的效率大大降低了,因为他们管辖的地区太大,手下的工作人员太少,因此他们的职责繁重。王室政府的效率更是低下,因为地方长官时常拒绝执行他们接到的命令。18世纪法国的中央政府实际上是被少数大臣所掌握的。虽然当时至少有4个政务会来处理外交、内政、财政、贸易和宗教问题,但是这并不意味着各大臣形成了任何统一的内阁。只有极个别的情况才有某个人拥有首席大臣的头衔。政府的实际首脑是国王。因此,这个首脑人物应具有出众的才能,并且准备把大量的时间和精力投入国家的事务中,这一点对于法国来说,是至关重要的。路易十四曾经把本来可以分担国王的行政职责的一切机构都削弱了,但是他却给教士、贵族和议会留下了起干扰作用的充分的权力。1715年路易十四逝世后,摄政掌握了大权,他企图弥补他所继承的那个政府体制中的某些缺陷;但是他的改革失败了,这就表明这个由红衣主教和路易十四苦心经营的制度是多么根深蒂固。摄政也试图解决一下国王钱财严重匮乏的问题,因此对约翰·劳十分信赖,但是"劳氏制度"只是昙花一现,在取得了一些惊人的成就之后,也于1720年宣告失败。这次试验确实大大地刺激了法国的贸易,但是它也造成了财富的再分配,其结果是使阶级界限大为混乱,从而进一步破坏了从路易十四那里继承下来的政治体制。健全的财政对于一个稳定的政权是必不可少的,而和平的外交政策对于健全的财政同样是必不可少的。弗勒里认识到这一点,因此继续奉行由摄政倡议的与英国结盟的政策。弗勒里在这个联盟的有力支持下,才恢复了法国在北欧和东欧的势力。而且,法国根据在波兰王位继承战争结束时签订的维也纳条约,终于收回了巴尔和洛林。1743 年，弗勒里去世后，对于事务的控制权重又归于路易十五，但是他不能胜任这个任务。由于没有一个强有力的人物来指导政策，法国宫廷内各派斗争激烈。贝尔岛是 1740 年主张对奥地利作战一派的中心人物；阿尔让松于 1743 年位列群臣之首，但他并无能力推行有力的政策，因此在 1748 年到 1756 年之间，很难说究竟是谁在指导法国的政策。蓬巴杜夫人赞同贝尼斯的主张，贝尼斯于 1756 年与奥地利缔结了十分惊人的、完全出人意料的同盟。蓬巴杜夫人还帮助舒瓦瑟尔在 1758 年上台。舒瓦瑟尔是一位很能干的大臣，但是到他上台时，法国在国外信誉已大为扫地，在国内王权也被削弱，一部分原因是宗教斗争，一部分原因则是由于马肖尔在奥地利王位继承战争之后企图征收二什一税以恢复经济而引起的反对所造成的。

18 世纪法国的君主专制政体逐渐崩溃的时候，英国的君主政体却在受到限制的情况下稳步前进，走向繁荣和强大（第 11 章）。在 1713 年，英国与法国相比，看起来并不十分煊赫。它的人口只有法国人口的 1/3 左右，国内的交通状况非常恶劣。但是有些方面英国要比法国强些。英国的地方行政机构可能是松懈的，甚至是腐败的，但是它有着郡、自治市的一套系统，因此英国虽然有着一整套不同的行政区划，但并没有显得杂乱无章。英国也是一个单一的关税区，所以沃波尔在 1721 年能够实行一个全面的关税率改革计划，一百多种货物免收出口税，并降低许多原料的进口税。与法国的地方长官相比，英国非职业性的、志愿的治安官似乎工作效率不高，但是实际上英国的郡与法国财政区一样被管理得井井有条。英国的税收制度比法国的有效得多。公众坚定地信任政府，尤其在政府建立了偿还国债的偿还基金后，许多人开始购买政府的证券。因为贸易兴旺发达，税收中拨款用于偿还基金的部分比人们期望的还要多。因此虽然沃波尔为了避免征收额外的税收，于 1727 年和 1733 年曾两次压低偿债基金，但是公众对政府的信心仍然没有动摇。18 世纪中几乎没有一个国家能这样容易地和用这样低的利率借到钱。到 18 世纪中叶，英国的国债已是 1688 年的 80 倍，但是政府支付的利率在 1717 年降至 5%，1727 年降至 4%，而到 1749 年竟降至 3%。英国政府的制度也证明比法国的有效得多，虽然在一些方面两国的政府制度彼此十分相似。与法国相似，英国真正掌握政策的是少数几位大臣；与法国不同的是，这些大臣不正式开会议事，而且是撇开国王商讨决策。在这个由大臣们组成的小圈子里，通常有一个为其他大臣公认的首脑人物。他通常负责把大臣们的决策报告国王，并力图说服国王采纳他们的决策。这位首脑人物所拥有的绝不像现代的"首相"所拥有的权力。"首相"这个头衔往往是他的政敌给取的，而且是一个贬义词。但是英国的实际情况仍然如此，与法国不同，英国的大臣们往往自行商讨，自行决策。与法国的另一个不同之处是，英国的大臣通常并不就是宫廷里的宠臣。18世纪英国的下院中3/4的议员是由自治市选举产生的，选举权是受到奇特的限制的，或者甚至是由口袋选区选举产生的，但是议会至少为构成英国社会的各阶层提供了某种形式的代议制。那些在议会生活中引人注目的人物通常是讲究实际的。1715年詹姆斯党人起事的失败就表明英国政府制度的稳定和基础的健全。英国政府十分健全，甚至还经受住了英王和威尔士亲王之间的尖锐冲突，以及辉格党内部的派别之争。

  1720年"南海骗局"发生时，沃波尔及时地重掌政权，挽救了英国。此后直至1742年，他一直在指导政策。沃波尔与弗勒里一样，认识到一个和平的政策最切合英国的需要，而他所领导的不冒险的政府，给英国带来了一个前所未有的繁荣昌盛的时代。然而，到1733年时，沃波尔的地位变得越来越岌岌可危了。他提出的税务计划引起了一场纷争，一些辉格党的贵族起来反对他，结果自1715年以来辉格党人第一次有足够的人数来组成一个可供选择的政府。在1735年的大选中，沃波尔的支持者在那些舆论仍然很重要的选区未能获胜。1736年，威尔斯亲王弗雷德里克与他的父亲发生了激烈的争吵，在莱斯特宫另立一个对立的朝廷，成为反对派的核心。曾经是沃波尔最忠诚的朋友卡罗琳王后又于1737年去世了。1738年，法国根据维也纳条约，似乎在欧洲胜过英国一筹并取得了优势。1739年，沃波尔被迫与西班牙宣战。1742年，他辞职。他的引退标志着一个时代的结束。"20年来，沃波尔一直在压制社会上的种种抱负。而这种抱负却是一个面临商业大发展的巨大可能性的社会所必然会产生的。"[①]

---

 ① J. H. 普卢姆：《18世纪的英国》（1950年），第73页。

18世纪下半叶，在查塔姆指导外交政策时，这些雄心壮志获得了充分施展的机会。奥地利的王位继承战争对于英国来说得益不太大，但是七年战争却使它在印度和美洲赢得了一个帝国。英国在海外引人注目的征服，它的繁荣较为稳定，使它威信倍增。因此，观察家们很容易相信，英国的宪法保证了维护自由和获取巨大的财富。

1716年的英法联盟很难在其中保持和平的一个地区是西地中海（第12章）。在那里，经济上和政治上均已衰落的西班牙，由于一位得到法国经济专家支持的波旁亲王的到来又复活了。在那里，西班牙的新王后伊丽莎白·法尔内塞把西班牙新获得的国力用来支持她为儿子们对意大利领土提出的要求。西班牙的经济状况在1700年腓力五世即位时十分惨淡。国家的社会成分没有为改革措施提供多少支持的前景。教会十分强大，而且它的势力完全站在传统和保守主义一边。贵族人数众多，拥有大量的土地，极端粗野，没有政治头脑。资产阶级和自由职业各阶层则人数很少。最初三个波旁王朝的国王都不是改革者，因此不能称之开明的君主，但是他们并不奢侈，而且他们手下有一批能干的顾问。他们事无巨细都要亲自过问，注意经济问题并且讲究效率。他们想方设法增加王室的岁入，建立海军，恢复与印度的贸易，并且改进西班牙的一般状况。意大利从1700年到1748年一直是西班牙野心的主要目标。它在18世纪中呈现出的景象却不尽相同。在外国观察家看来，意大利的北部和中部宛如一座大花园，精致的城市林立，城市里的艺术生活蓬勃发展。但是南部却是全欧洲最贫穷、最落后的地区之一。各教皇国这个时期在政治上依然如故，但是米兰和托斯卡纳在哈布斯堡的统治下却得到了迄今少见的良好治理。帕尔马和那不勒斯在伊丽莎白·法尔内塞的子孙们的统治下也是如此。葡萄牙由于孜孜于宗教问题，又从巴西源源不断地得到黄金的供应，因此在1750年蓬巴尔的出现之前未进行任何改革。

如果说，日益激烈的商业竞争和对殖民地的争夺是推动1733年后西欧发展的关键，那么在北欧和东欧，对于未来极为重要的发展就是普鲁士和俄罗斯作为两个能够在国际事务中采取主动的大国的出现。在这两个国家里，最引人感兴趣的事件是它们在行政和财政方面的改革，这些改革为它们取得的新的地位奠定了基础。

普鲁士的强大（第13章）的某些基础是由大选侯奠定的，但是即便是在1713年腓特烈·威廉一世继承王位时，普鲁士在地理上仍然是四分五裂，在经济上是落后的，而且人力不足。当时普鲁士的人口只有200多万，土质是沙土，而且耕作方法又十分原始。尽管大选侯做出了很大的努力，普鲁士的制造业依然处在萌芽阶段，贸易也存在逆差。腓特烈·威廉一世最关心的事物之一是陆军，但是要维持和发展一支有效的战斗力量，他必须聚敛更多钱财。他努力地从他的王室领地或通过征收间接税筹集每一笔可能聚敛到的钱财，这就要引起对国家行政管理的一次全面改革。1710年，王室领地占全部土地的1/3和全部农民土地的1/4。王室领地短期租赁给国王的代理人。这些代理人对土地实行了非常有效的管理，因此从领地土地上得到的收入几乎相当于从全部税收所得到的收入。主要的税有两种：一种是贡赋，有时占一个人收入的40%，除了王室领地上的农民外，其他的农民都要纳贡；另一种是货物税，这是对城镇居民征收的税，腓特烈·威廉一世把这种税扩大到王国里所有的城镇。为了保证各个城镇行政部门的工作效率，由国家任命的拿薪水的官员替代了选举产生的地方政务会。为了增加城镇的财富，根据重商主义的原则，调整了工商业。行会的章程也受到国家监督。但是，即便如此，贸易仍然入超。1723年，腓特烈·威廉一世简化了税收手续，精简了国家的行政机构，把原来分别负责王室领地和征收战争赋税和货物税的两个部门合并成一个"战争赋税、财务及王室领地管理总署"。这个机构采取委员会的组织形式，按多数票做出决定。这个机构下属各省的地方委员会。每个城镇、王室庄园或其他乡村地区都受到地方委员会具体而有效的监督。腓特烈一世试图用各种方式解决人力短缺的问题。他欢迎从法国和萨尔茨堡逃亡出来的新教徒；他从国外招募士兵数量之多，竟占他军队总数的2/3；他在国内强迫农民入伍；从1733年起，他采用由县补充军队中阵亡士兵的制度。他还要贵族为国家服务，坚持贵族的子弟们应到军队中服役，担任"士官生"或"尉官"。1740年，腓特烈二世继承了他父亲的王位时，他发现国库充实，并有一支7.2万人的精锐军队，而当时奥地利的哈布斯堡王朝统治下的人口是普鲁士的3倍，而正规军的人数只有8万至10万。腓特烈利用他的人力、物力，充分利用同一年奥匈帝国皇帝去世的时机入侵西里西亚。1763年，腓特烈发动的战事结束时，普鲁士的疆域大大扩大了。

1772年，腓特烈策划对波兰实行了第一次瓜分并取得了西普鲁士时，普鲁士的领土又进一步增大。1756年以后，腓特烈二世在国内把注意力集中在医治战争的创伤上。他还对腓特烈一世所忽视的司法机构进行了改革。腓特烈二世又尝试提高从他先父那里继承过来的行政管理机器的工作效率。凡此种种说明，虽然腓特烈·威廉一世设法克服了一个贫穷小国的弱点，但他并没有创立一个健全的政府形式。

俄国的发展（第14章）可与普鲁士的发展相媲美，但是俄国却没有一位可与这位大选侯相比的统治者；虽然彼得大帝创建了一个比较有效的国家机器，但是他没有一个有才能的直接继承者来充当腓特烈二世这一角色，运用国家的实力去赢得胜利并取得疆土。18世纪初，俄国像普鲁士一样，经济落后。农业产量之低，交通状况之恶劣，因而在彼得大帝改革之前，俄国经济的主要来源不是农业，更不是处在萌芽状态的工业，而是靠圣彼得堡至喀山一线以北的大森林中出产的木材、皮毛和盐。彼得大帝的改革是1709年俄国在波尔塔瓦战胜查理十二世之后开始的，是在增加俄国军事力量的决心促使下进行的。为此，彼得大帝发展了俄国的铸铁工业，因此他在制造军火方面，铁可自给自足。他还增加布匹的产量，然而即使在这时他也不能生产足够的布匹满足军队的需要，于是他大量增建纺织厂。他还鼓励建立其他的工厂，所以，到他的统治结束时，已经有两百多家工厂开工了。给矿山、工厂提供劳动力并没有多大困难，但是熟练的工匠非常少。尽管彼得大帝做了种种努力要吸引外国人来俄国工作，并训练本国的工人，但是情况仍然如此。然而，要找非熟练工人却是易事。在城镇，私人雇主可以利用当地的穷人，而国家则可征集孤儿、盗贼、醉汉以及其他社会上的闲散人等。彼得大帝还抽调了成千上万王室领地里的农民去到那些远离城镇的企业中充当非熟练的劳动力。要取得任何成就最首要的是要改善国内的交通状况。彼得大帝曾考虑用石块铺路，但是成本过高，耗资巨大，因而他决定开凿运河。尽管他做了种种努力，但是交通状况仍然很糟。因此，运输费用，再加上国内的关税壁垒，仍然是经济发展的巨大障碍。彼得大帝能成功地发展起来的一项贸易是通过圣彼得堡的对外贸易。对外贸易发展十分迅速，到1725年，俄国的出口货物价值相当于进口货物的两倍，虽然其中包括有来自中东和亚洲的一些货物，而俄国在这些地方却没有什么东西可以出售。彼得大帝在筹集足够的岁入以支付军费时遇到了很大的困难,于是他于1718年修改了直接税制度,用人头税代替对一家一户征税的方式。他彻底改组了军队,改为常备军。常备军由从每20家农户中抽调的一名男子组成。为了保证税收的正常进行,彼得大帝也彻底改组了中央政府,用联合组织来替代政府机构重叠的混乱现象。但是,他在改革地方政府方面,收效甚微,他曾做过两次努力,但均告失败,结果省的行政管理机构主要掌握在驻扎各地的团队指挥官的手中。彼得大帝与普鲁士的腓特烈·威廉一世一样,没有改善司法行政部门的工作,不过他确实颁布了一部刑事法规,规定证人和被告人必须亲自出庭受讯问。他废除了教长的职权,并于1721年用宗教会议来继续管理教会。他企图对上层阶级和政府官员的子弟施以教育,但没有成功。他也试图给黎民百姓提供书籍,但同样没有成功。彼得大帝的政策对于俄国社会结构的影响是相当大的。1718年的财政改革使农民的人数增加了,占总人口的90%。西伯利亚的农民占农民总数的13%。彼得大帝强迫这部分农民每年交纳40戈比的额外税款,而在这之前,他们是从不交纳封建捐税的。可称为贵族的占人口的2%,这部分人受彼得大帝改革的影响最大。他在17世纪宣布一切贵族的庄园为世袭财产,这实际上是对当时发生的变革给予了法律的承认。同时,他坚持贵族的所有成员必须为国效力,而且他1714年的"限嗣继承地产权法"背离莫斯科古老的习俗,该法强令地主只能把地产传给一个继承人。这样,他就制造出一批没有土地的贵族,必须靠为国家效力来谋取收入。1725年彼得大帝去世后,俄国出现了一系列软弱无力的统治者,俄国深受其害,在国际事务中不能发挥强有力的作用;而且,在国内,贵族能够从沙皇那里强求让步,一直到他们完全摆脱了彼得大帝强迫要求他们应提供的服务。叶卡捷琳娜一世建立了最高枢密院,贵族们便有更多的机会参与政务。彼得二世时期,首都迁至莫斯科,以多尔戈鲁基家族为代表的贵族掌权。1730年,安娜废弃了"限嗣继承地产权法"。1731年,她又减少了贵族服役的数量。安娜女皇去世,宫廷发生了一系列的动乱,直至1744年彼得大帝最后一个还活着的女儿叶利托维塔在普利奥布拉岑斯基团队的帮助下掌权后才告结束。人们认为俄国已很强大,与英法两国都有着真正的利害关系;法国在1742年和英国在1756年都曾试图与俄国结盟，但都没有成功。总的来说，在彼得大帝死后，直至1762年叶利扎维塔去世，由腓特烈大帝的忠实崇拜者彼得三世继位为止，俄国的政策一直倾向于与奥地利结盟。彼得三世结束了对普鲁士的战争，1762年叶卡捷琳娜二世即位时，他留给她的是这样一副局势：俄国最终能够奉行一种独立的政策，这种政策可以让俄国充分利用彼得大帝的改革所积聚起来而尚未耗尽的力量。

　　普鲁士和俄国作为大国最初明显出现的地区之一是波罗的海（第15章）。1721年北方大战的结束在斯堪的纳维亚的两个大国——丹麦（当时包括挪威在内）和瑞典（当时统治着芬兰）——之间建立起一种均衡，但是这也使它们退居为二等大国的地位。北方战争结束时，丹麦和瑞典面临的主要问题之一是，荷尔斯泰因-戈托尔普的各公爵都对瑞典的王位以及丹麦统治者们所觊觎的领土提出权利要求。丹麦1721年到1773年的政策方针是要使丹麦对整个石勒苏益格和荷尔斯泰因的公爵领地部分的权利要求最后得到普遍的承认。这个问题弄得很棘手，因为荷尔斯泰因-戈托尔普的各公爵有时可以依靠俄国强有力的支持，有时看来他们似乎可以获得瑞典的王位从而加强他们的力量。1718年，查理十二世去世时没有男嗣，一位可能要求继位的是荷尔斯泰因-戈托尔普公爵。他是查理姐姐的儿子、彼得大帝的女婿。查理·腓特烈未能取得瑞典的王位，但是这并不意味着荷尔斯泰因-戈托尔普提出的权力要求已不再成为一个政治现实了。1723年，议会里的荷尔斯泰因派的势力很大，它可以为查理·腓特烈弄到一大笔钱以及"殿下"的称号。这就表明他并没有被排除王位的继承。1723—1726年，丹麦的政治家们害怕彼得大帝对丹麦国王怀恨在心，他会在查理·腓特烈重新夺取石勒苏益格和荷尔斯泰因的属地的战争中支持他；而且，瑞典的荷尔斯泰因派的势力可能仍然相当强大，可以迫使人们承认查理·腓特烈为有确定继承权的继承人。这场危险过去了。1726年，瑞典的荷尔斯泰因派分裂了，而且1727年女沙皇叶卡捷琳娜一世紧接其丈夫也归了天。俄国也就不再支持查理·腓特烈了。一直到1738年，霍恩伯爵及其一派（这一派人因为奉行一种浑浑噩噩、毫无进取精神的政策，人们给他们起了一个绰号，叫"睡帽党"）仍然控制着瑞典，而且波罗的海地区也是相对比较平静。但是，1738年霍恩却为好战的"礼帽党"所替代。这些"礼帽党"人与法国结成同盟,投入了奥地利王位继承战争以反对俄国,他们希望收复瑞典在 1721 年所丧失的属地。瑞典在战争中惨败,"礼帽党"通过把国内的注意力转移到王位继承问题上,才使自己免于在 1742—1743 年失去权力。一位强有力的王位候选人是荷尔斯泰因-戈托尔普的查理·彼得·乌尔里希。他是查理十二世的侄孙,新上台的女沙皇伊丽莎白的侄子。"礼帽党"希望通过支持这位年轻的荷尔斯泰因-戈托尔普公爵的权利要求来取悦于他的姑母,以诱使她对瑞典做出有利的让步。查理·彼得·乌尔里希作为候选人在瑞典颇得民心,但是在瑞典人正式邀请他去成为法定继承人之前,女沙皇伊丽莎白已经承认他是她自己在俄国的继承人,因为他是彼得大帝的外孙。俄国在最近一次灾难性的战役中征服了芬兰。女沙皇伊丽莎白遂强迫瑞典人承认荷尔斯泰因-戈托尔普家族的另一个成员阿道夫·腓特烈为法定继承人,以此作为恢复芬兰的代价。他是查理·彼得·乌尔里希的继承人,查理·彼得·乌尔里希当时没有子女。俄国曾派遣了一支 1.2 万人的军队一度占领了瑞典以支持阿道夫·腓特烈;俄国的舰船也附属于瑞典的海军,表面上是为了要阻止丹麦对王位继承问题的安排做任何干扰,因为丹麦对于荷尔斯泰因-戈托尔普家族日益增长的势力感到惶恐不安。1762 年,查理·彼得·乌尔里希成为俄国沙皇。他立即与普鲁士媾和以便把军队转过来对付丹麦,但是在他还没有真正来得及发起与丹麦的敌对行动之前,他就被废黜了。继位者叶卡捷琳娜二世对于她的丈夫对石勒苏益格和荷尔斯泰因的权力要求不感兴趣。因此,她准备在她儿子保罗成年之后,由他来向丹麦国王提出这些要求。1743 年以后,俄国在瑞典的势力也减弱了,因为阿道夫·腓特烈娶了腓特烈大帝的妹妹,从而逐渐与俄国疏远了。在七年战争中,瑞典人在向普鲁士人发起的一次进攻中失败了,从而促成了"礼帽党"人在 1764—1765 年间的垮台。战争使瑞典的力量大大削弱,为俄国和其他外国势力所左右。1768 年,看来几个强大的邻国几乎要把它瓜分掉了。到 1772 年,瑞典和丹麦已明显地降为二等国家了。

波兰(第 16 章),俄国和普鲁士在 18 世纪的崛起所产生的影响比在波罗的海地区的影响甚至更为明显,其后果也更为悲惨。从 1679 年至 1763 年,波兰一直受韦廷家族的萨克森国王们的统治。在这个时期的头20年里，奥古斯特二世一直跟积极拥立斯坦尼斯瓦夫·莱什琴斯基为国王的一帮为数甚众的臣民相对立。奥古斯特只是在俄国的帮助下才于1709年回到了波兰。当时俄国的威望因彼得大帝在波尔塔瓦战胜了查理十二世而大大提高。1717年还是在俄国人的帮助下，他又与叛乱的臣民达成了一项协定。作为报答，俄国人在库尔兰公爵家族濒于灭绝时，占领了库尔兰，并且拒绝交出利沃尼亚。这位波兰国王竭力想摆脱对俄国的屈从地位，甚至在1719年与奥匈帝国皇帝签订了一项条约，迫使俄国从梅克伦堡撤出。但是波兰的贵族拒绝支持这个政策，因为他们害怕卷入一场对俄国的战争。俄国宫廷则坚持执行不让波兰强盛起来的政策。1720年，俄国和普鲁士一致同意保护波兰的政治制度，也就是竭力阻止任何可能使波兰恢复实力的国内改革。这个协议在1726年、1729年、1730年、1732年、1740年、1743年和1762年一再重新签订。1726年俄国又和奥匈帝国皇帝结盟，以阻止韦廷家族掌控波兰的王位。但是当1733年奥古斯特二世去世，斯坦尼斯瓦夫·莱什琴斯基的候选人地位再次得到法国的支持时，俄国又充当了它在1709年和1717年担当过的角色，扶植萨克森的奥古斯特三世登上了王位。在他统治期间，15届议会只有一届没有闹得不欢而散。波兰的政治生活就是一出两个最大家族竞相谋求国外支持的丑剧：波托茨基家族指望得到法国和普鲁士的支持，恰尔托雷斯基家族指望得到奥匈帝国和俄国的支持。在七年战争期间，波兰的国土不断为外国军队所侵占。普鲁士和俄国对于这个不知所从的共和国的国土虎视眈眈。波兰的唯一希望就是在这两个国家发生冲突。1762年普鲁士与俄国的结盟以及1763年奥古斯特三世的逝世，给波兰带来了厄运，波兰在各任萨克森人国王的统治下，保持着虚假的繁荣（至少对于贵族来说是这样），领导昏聩无能，知识界停滞不前，政治上一片混乱。

俄国和普鲁士的兴起对其具有较大影响的第三个地区是哈布斯堡家族统治的领地（第17章）。在这个地区，这两个新兴大国的影响，尤其是普鲁士的影响，使哈布斯堡帝国开始解体。哈布斯堡领地特别容易受到这些日益强大的邻国的影响，因为在18世纪上半叶帝国的皇帝没有男嗣。到1720年以前，查理六世皇帝面对着土耳其的威胁以及由于西班牙王位继承战争引起国际大混战之后，一直孜孜不倦地为巩固自己在领地内的地位而忙碌。1712年,这位皇帝根据索特马尔和约,又可以在匈牙利重新建立自己的权力;1718年,他根据帕萨罗维茨和约,从土耳其那里获得了不少领土,包括巴纳特和贝尔格莱德本身在内。到了1720年,这场旷日持久的西班牙王位继承战争终于结束了。1720年之后,查理六世的外交政策的指导原则是要确保他所占有的领地都要传给他的女儿。女人是不能够戴上神圣罗马帝国的皇冠的,但是查理六世却有权决定由谁来继承他在奥地利和波希米亚的世袭领地。而且,虽然哈布斯堡的男嗣已告断绝,匈牙利却有权选出一个新的统治者,但是匈牙利议会却首先宣布准备选举奥地利的女大公为匈牙利的女王,应该由她继承奥地利和波希米亚的世袭领地。此后,查理六世费尽心力地说服大多数的欧洲大国承认他的女儿是他的继承人。1733年,奥匈帝国又卷入了波兰的王位继承战争。在这次战争中,查理的候选人战胜了,但是,这次战争之所以重要,是因为它对意大利所产生的影响。在意大利,查理不得不把那不勒斯和西西里割让给西班牙,虽然他收回了帕尔马和皮亚琴察,并为他的女婿取得了托斯卡纳,可是他的女婿又把他在洛林的世袭领地转让给法国以作为回报。查理的地位到其晚年一直不断地被削弱,先是由于他的唯一真正有才干的将军欧提亲王在1736年去世;继而是对土耳其人的一场灾难性的战争,这场战争于1739年结束时,使奥地利几乎失去了它在1718年所赢得的一切,只有巴纳特除外。次年,查理六世去世。巴伐利亚立即对玛丽亚·特蕾西亚继承她父亲领地的权利提出了挑战。普鲁士提出要帮助她抵抗巴伐利亚,但是要求取得西里西亚作为报答。1740年开始的奥地利王位继承战争确认了普鲁士对西里西亚的权利要求,但是让玛丽亚·特蕾西亚拥有她父亲的其他领地。从1748年缔结和约起到1756年间,她在国内奉行改革的方针,这是出于害怕普鲁士会卷土重来。她对军队实行改革,增加赋税收入,改进行政制度。这些改革的意图全都是为了要有能力更有效地反对普鲁士。许多改革的本身就是仿效普鲁士的。玛丽亚·特蕾西亚的外交政策也是针对要收复西里西亚这一目标的。正是为了要使她处于更为有利的地位,她改变了原来与海上大国结盟的老一套做法,1756年与法国结成了联盟。

欧洲18世纪的历史曾经发生过三次重大事件:奥地利的王位继

承战争（第18章）、外交大变动（第19章）以及七年战争（第20章）。这些事件涉及了为数众多的国家。因此，要在任何一个国家的历史中充分地说明这些事件，是不可能的。而且，这些事件非常复杂，需要进行比较详尽的研究。而在国际关系中加以概述是不可能的。这些事件清楚地表明大国是不愿意作战的，除非是为了有限的目标；或者说都不愿意交战，除非是迂回战和围城战。这些事件还表明俄国和普鲁士的出现在多大程度上越来越大地影响着欧洲的外交活动。而且，这些事件也表明，随着18世纪后半叶的到来，英法之间在殖民地和商业上的竞争日趋尖锐。从1740年持续到1748年的奥地利王位继承战争，实际上是一系列为了有限目标而进行的战争。普鲁士的腓特烈二世对奥地利作战，是要取得西里西亚这样一块特定的领土。他两次出卖了自己的盟国，最后在1742年得到了这些土地的绝对主权后就停止了敌对行动。他只是在1744—1745年间又重新开始敌对行动，因为奥地利在对付其他敌人方面所取得的胜利威胁着他对西里西亚的控制。巴伐利亚的选侯与奥地利交战则是为了取得他的皇帝地位，因为在1742年已投的全部选票都推举他继承这一尊严。他也为了扩大自己的领土而打仗，因为皇帝的统治要有实效，就必须有自己强大的人力、物力。法国曾一度支持巴伐利亚和普鲁士，但是只是作为援军，它在1744年以前并没有对奥地利宣战。同样，英国也只是援军，只是在1744年法国对奥地利宣战后，英国才成为一个主力。汉诺威在1744年之前，一直保持中立。当普鲁士和巴伐利亚在中欧为它们的有限目标作战时，西班牙在地中海与奥地利开战了，是为伊丽莎白·法尔内塞的儿子们在意大利获得更多的领地。而且，从1739年起英国与西班牙一直为了两国在美洲和西印度群岛的野心发生冲突而交战。腓特烈二世1745年的胜利为他赢得了"大帝"的称号。1748年的艾克斯拉沙佩勒的和平解决，允许他保持西里西亚，虽然玛丽亚·特蕾西亚保持了哈布斯堡世袭领地的其他部分，而且她的丈夫被承认为皇帝。西班牙为唐·菲利佩获得了帕尔马和皮亚琴察，而唐·卡洛斯则已经取得了那不勒斯和西西里，这是作为对西班牙在波兰王位继承战争中给予支援的报答。法国没有凭借和约取得任何领土，但是在1748年法国的统治者们应该为自己的处境感到满意。普鲁士的胜利削弱了哈布斯堡家族；奥地利、荷兰和英国之间的联盟关系十分紧张。英国的政治家们完全有理由对此感到忧虑。英法之间争夺殖民地的竞争越来越尖锐。1716年至1731年间存在的英法联盟已经彻底垮台。事实证明，英国的老盟国荷兰只是一个十分不热心的支持者，而奥地利则一心忙于处理西里西亚问题，对于其他任何方面的问题几乎不闻不问。

  国际间第二个涉及如此众多国家而其本身就必须要加以阐述的事件，就是1755—1756年的外交大变动。这一事件再次说明了具有18世纪特点的某些发展情况。普鲁士的崛起意味着英国现在有了一个可以替代奥地利的反法盟友。它也意味着奥地利的头号敌人已不再是法国，而是普鲁士。俄国的崛起意味着这个大国的外交活动可以破坏现有的联盟的平衡。1755年的形势表明，法国和英国已越来越陷入商业和殖民的斗争之中。而1748年以来发生的种种事件表明，法国在一个软弱无力的国王和意见分歧的内阁领导下，它的政策越来越无力。在奥地利王位继承战争结束时，普鲁士对于法国宫廷的软弱无能十分厌恶，彻底变更原来联盟关系的道路已经铺平。法国由于普鲁士认为柏林可与凡尔赛旗鼓相当，感到十分恼火。英国对奥地利一直不满，而奥地利则对英国一心只顾殖民地的事务也心怀不满。早在1749年，考尼茨曾要求发展与法国的友谊。虽然1750年他出使巴黎，未能使两国宫廷之间达成谅解，但是他并没有放弃与法国友好的思想。1754年年末，当英国和法国在北美洲发生敌对行动时，英国企图要求奥地利做出保证在德意志给予有效的军事援助。奥地利提出了英国难以接受的苛刻条件。1755年，考尼茨提出重新与法国结盟的企图。于是在巴黎与贝尼斯红衣主教开始了谈判，但是进展缓慢。推动法奥谈判的动力是英国在北方的外交活动的结果。1755年9月，英国与俄国签订了一项津贴条约。它实际上仅仅是1742年英俄谅解的延续。玛丽亚·特蕾西亚对此大加鼓吹，认为它可能加强1746年的奥俄协定，但是它对当时存在的联盟体系却起着瓦解作用。当腓特烈二世听到英俄条约签订时，他便在1756年1月与英国签订了威斯敏斯特条约。他希望借助这一条约可以使德意志保持中立；他还希望他的盟友法国不会认为他与英国签订的协定是与他已经与法国的协议相违背的。腓特烈在这一点上做了错误的估计。法国宫廷勃然大怒，因于1756年5月与奥地利签订了凡尔赛条约。具有讽刺意味的是，俄国在看到联盟体系发生变化时，却仍然对奥地利忠诚不渝，而没有继续与英国结盟，尽管是英俄条约触发了这一场大变动。欧洲局势中有一个事实显然是由于外交大变动所产生的，就是东部与西部几乎截然分开了。两对基本竞争对手是，英国与法国之间（在殖民地和贸易方面），奥地利与普鲁士之间（为争夺西里西亚和最后为争夺东欧的霸权）。这些就是1755年之前的竞争的对手，外交大变动之后仍然是这些竞争对手。在殖民地问题上的两个对手可以在中欧和东欧的国家中交换盟国，这就说明西欧国家的利益和中欧国家的利益是多么独立。

七年战争似乎是外交大变动的直接后果。它成了18世纪中叶超越各个国家的本国历史范围的第三个重大国际事件。1756年腓特烈二世入侵萨克森，揭开了七年战争的序幕。他声称，这仅仅是为了阻止奥地利和俄国反对他的侵略行动，但结果却恰恰使反对他的联盟加强了。奥地利和法国于1757年5月又进一步缔约。18天之后，奥地利和俄国又签订了另一项条约。1757年10月，萨克森的军队投降了。奥地利乞求法国和俄国给予条约所承诺的援助。于是，一支法国军队进攻了汉诺威，迫使坎伯兰公爵于1757年9月在克洛斯特塞文投降。俄国人侵入东普鲁士，但是风闻女沙皇去世，惊惶不安，遂又撤兵。瑞典人在波美拉尼亚向腓特烈发起进攻。腓特烈在科林战役中败给了奥地利人，奥地利人占领了柏林。但是在这一年年底之前，腓特烈在罗斯巴赫打败了法国人和神圣罗马帝国的军队，并在洛易顿打败了奥地利人，由于这个胜利，他收复了西里西亚。在1757—1758年的冬天，腓特烈把瑞典人从普鲁士的波美拉尼亚赶了出去。1758年，观察部队增加了，英国给这支部队的津贴也更多了，使它能够牵制住法国的军队，因而七年战争的后来几年，大陆上的几次主要战役都是在普鲁士和它在东欧的两个主要对手——奥地利和俄国——之间进行的。1758年，腓特烈在措恩多夫顶住并打败了俄国人，但是在西里西亚和萨克森却未能和奥地利人打出个结局。到1759年，普鲁士开始感到战争的重压。腓特烈能够投入战场的兵力只有10万人，因此无力采取攻势。奥地利人未能利用这个形势，但是，俄国人却拿下了奥得河畔法兰克福，并在库纳斯多夫打败了腓特烈，虽然他们也未能乘胜追击，扩大战果。舒瓦瑟尔于1759年在法国掌权，他决定集中力量进行与英国的战争。他把法国给奥地利的津贴减少了一半，但是他精心策划的入侵英国的计划却由于英国海军在拉各斯和基贝龙湾取得了胜利而垮台了。即便是腓特烈大帝仍然能够在 1760 年招集一支 10 万人的军队，可是主动权却仍然掌握在他的敌人手里。奥地利人侵入了西里西亚，并于 1760 年 6 月赢得了兰茨胡特战役的胜利；8 月，他们在利格尼茨又被打败了。10 月，奥地利人和俄国人占领了柏林，但是腓特烈在托尔高的胜利却表明他虽在战略上陷于僵局，但在战术上仍处于优势。在海外，法国成功地说服了西班牙从 1762 年 1 月开始积极投入战争，结果使西班牙丧失给英国大块大块的领土。1762 年 1 月，俄国的女沙皇伊丽莎白的去世拯救了腓特烈，因为她的继承人一反她的政策，不仅中止了反对腓特烈的敌对行动，而且还寻求与他结成联盟。1762 年 11 月，英法缔结了初步和约；1763 年 2 月，普鲁士和奥地利也效法英法的做法。在欧洲，和约的条款也反映了军事僵局，因为这些条款把局势恢复到战前的状态。事实上，有一个事实可以说明腓特烈的失败达到了什么程度，甚至为了要恢复欧洲大陆的战前状态，普鲁士的盟国英国不得不放弃它征服的许多殖民地。英国确实没有充分利用自己的地位来取得可以实际上削弱法国的和平。七年战争使争夺统治地位的决斗仍将在英法之间展开。

在欧洲以外的其他地方，英法在商业和殖民地方面的斗争都起着决定性的作用，不过这个斗争在七年战争期间只是变得更为突出了。

18 世纪头 50 年的标志是英国在美洲大陆上的殖民地在稳步地发展（第 21 章第二部分）。虽然在这一时期从 1713 年到 1755 年，英国只建立了一个新的殖民地——佐治亚，所占区域扩大了 1 倍，而人口从 1715 年至 1750 年增加到原来的 3 倍。大约有 6.1 万北爱尔兰的苏格兰人和 22.2 万德意志人在英国的殖民地定居，而最初殖民者的后裔则向腹地推进。1730 年以后，南卡罗来那人就向腹地进发去寻觅更多的土地种植稻米。1742 年靛蓝的引进有助于佐治亚的扩展。弗吉尼亚和马里兰烟草种植园主发现他们的土地渐渐变得贫瘠，于是也向腹地推进。殖民地向偏僻地区的扩展，就使比较边远的地区和比较早期建立的沿海地区之间发生冲突。人们抱怨沿海地区的商人垄断了贸易。内地的农民由于货币和信贷困难遭受相当大的损失，他们认为 1751 年的货币法是不公正的。边远地区的移民在各个殖民地的政治生活中，没有得到充分的代表权。随着18世纪的向前发展，社会也逐步成长起来，人们对于来自老殖民地的或英国的控制，已感到不能忍受。法国的殖民地看起来比之英国的殖民地缺少活力。因此，1744年，英国在北美洲的殖民者约有10万人，而法国为数只有5万人。但是，尽管法国殖民地的经济基础非常薄弱，可是这些殖民地却是按照英明的战略眼光计划的。因此到了18世纪中叶，从圣劳伦斯河起经过大湖区和俄亥俄河到密西西比河和墨西哥湾的一系列法国殖民地似乎有可能阻止英国殖民主义者进一步向西扩张，而且甚至有可能把他们赶到海里去。西班牙的广大帝国（第21章，第一部分）由于防备力量薄弱，经济发展不健全，而且，尽管波旁王朝的国王们进行了改革，但行政管理仍然很糟；因此这个大帝国的绝大部分地区一直远离18世纪的殖民斗争。但在边疆地区则有所扩展，这主要是通过像耶稣会会士、方济各会的托钵僧和方济各会修道士等的传教活动进行的。这个时期新开发的矿山和新建立的城镇比16世纪以来的任何时期都要多。但是，正如在英国的殖民地中一样，克里奥尔人和西班牙人之间的鸿沟越来越大了。克里奥尔商人逐渐产生不满。巴西在这个时期取得了惊人的发展，蓬巴尔成功地实行了中央集权统治。

英国和法国在北美洲的实际冲突（第22章，第二部分）有一个时期避免了，一则是因为在这两个国家的殖民地之间横亘着广袤的荒野，尤其是在南方；二则是因为在北方的6个印第安部落保持中立，而且法国人和纽约人都不愿中断皮毛贸易。甚至在奥地利王位继承战争期间，北美洲不是一个主要的战场。布雷顿角的路易斯堡1745年为英国殖民主义所夺取，但是1748年的和约，把它归还用来换取马德拉斯。英法冲突在1754年变得真正尖锐的地方是在俄亥俄河上。而英国决定从英国本土派军队前去支持弗吉尼亚人，这一事实表明美洲大陆的殖民地这时已经被认为对于整个殖民体系是至关重要的。英国夺取加拿大的战役摧毁了北美洲的法兰西帝国。

与西班牙在殖民地方面的冲突集中在加勒比海地区（第22章，第一部分）。这个冲突一部分是在西班牙与所有其他企图染指西班牙帝国贸易的大国之间展开的。在这方面，英国在1713年以后有着一种表面的而不是真正的好处，因为一家英国公司获得了向西班牙帝国提供奴隶的特权。这个冲突一部分则是在各个海上强国之间进行的，是要决定哪一个强国应从西班牙的软弱中得到便宜。这个冲突演变成为英法之间的一场决斗，但是尽管英法战争在 1744 年扩展到了西印度群岛，但是两国的主力部队却在其他地方作战。西印度群岛的战斗仅仅是七年战争的一次预演。1748 年的艾克斯拉沙佩勒和约并没有解决西印度群岛的任何重大的争端。七年战争期间，斗争的第三个方面变得明显了，当时英国不仅分别在 1759 年和 1762 年征服了法属的瓜德罗普岛和马提尼克岛，在 1762 年占领了西属哈瓦那，而且还竭尽一切努力尽可能多地占领西印度群岛中归属未定的岛屿。然而，到 1763 年签订和约时，比特已接替皮特。他希望尽快地缔结和约，因此决定把瓜德罗普、马提尼克和圣卢西亚岛归还，从而就开始了这样一个时期，在这个时期中英国不甚重视西印度群岛的重要意义，对英国在那里的属地也不甚关心。

在印度（第 23 章），从 1707 年奥朗则布皇帝去世到 1764 年他的有名无实的继承者被英国人击败为止的这个时期，是以莫卧儿帝国的解体为标志的。帝国的解体为英法两国权力的扩张创造了有利的条件。这两个欧洲强国之间的争斗以英国获胜而告终。莫卧儿帝国的皇帝们由于没有继续执行阿克巴的政策而使帝国的国力受到了损伤。阿克巴主张信教自由，减轻赋税。此外，交通状况恶劣，宫廷中贵族派系之间钩心斗角以及对王位继承缺乏确定的法规等也都削弱了帝国的力量。在奥朗则布 1707 年去世后的两年内，他的儿子们为了争夺王位争吵不休。在 1712 年至 1719 年期间，先后有 5 个傀儡皇帝在德里进行统治。很自然，各省的总督纷纷宣告独立。莫卧儿帝国的皇帝们软弱无力，也给信奉印度教的马拉塔人的兴起提供了机会。马拉塔人的势力席卷了印度的中部地区，西起他们的首府萨达拉（位于孟买以南约 100 英里），东到加尔各答周围 200 英里处。1742 年至 1747 年，马拉塔人不断骚扰孟加拉省，1751 年该省总督不得不同意向他们纳贡。1740 年，马拉塔人向东南进击，攻打卡纳蒂克。英国和法国在那里据有像马德拉斯和本地治里这样一些重要的贸易站。正当印度的中央政权分崩离析和马拉塔人的威胁日益加重之际，英国和法国的东印度公司于 1744 年听到它们各自代表的两国已交战。但在印度，1744—1748 年的战争并没有多大意义。艾克斯拉沙佩勒和约使英法两国在印度的相对实力没有发生变化。1748 年之后，当英法两国所属的公司插手支持德干高原相互对立的候选人，它们之间遂展开了一场非正式的战争。在卡纳蒂克因支持对立的权利要求者也发生了类似的斗争。在德干，比西成功地把法国方面的权利要求者扶上了王位。伦敦的英国当局提出要与马拉塔人结成同盟来驱走比西，但是孟买的英国地方官员拒绝支持这个计划。所以，当1756年新的纳瓦布西拉吉-乌德-多拉攻击加尔各答的英国人集居地并把那些还活着的人囚禁在"黑洞"时，克莱武便在孟加拉放手地发动袭击。1757年克莱武在普拉西的胜利使英国人控制了印度最富庶的省中的一个——孟加拉省，并且也给英国人提供了资源，有助于他们在东南沿海地区打败法国人。在此期间，马拉塔人把他们的势力扩展到了西北地区，但是阿富汗的领袖阿哈马德沙·杜兰尼逐渐把他们赶回南方去。他在1747年到1769年间，曾不下10次侵入印度，1757年攻克了德里，1761年又在潘帕特打败了马拉塔人。阿富汗人没有乘胜前进，但这却给英国人以时间可以在孟加拉巩固力量。莫卧儿皇帝和他的奥德的纳瓦布-瓦齐尔曾企图推翻英国人在孟加拉的统治，但是这个企图于1764年被决定性地粉碎了。从此以后，英国人成了孟加拉无可争辩的统治者。

非洲（第24章，第一部分）在18世纪初与欧洲相去如此遥远，所以甚至连英法两国之间日益增长的争夺殖民地的斗争，在那里也不大为人所感觉。两国在商业上的日益激烈的竞争同享有特许权的国营公司和无执照营业的私商之间的竞争相比之下也是次要的。18世纪非洲主要的商业活动地区在西海岸，从北部的塞内加尔到南部的安哥拉，绵延大约3500英里。美洲殖民地的发展使奴隶贸易的重要作用增加了。由于西印度群岛糖价在1740年到1770年间上涨，西非的奴隶贸易也就兴旺起来。即使在好的年头，奴隶贸易也要冒很大的风险，因为从投入的资本中取得利润的周期很长，所以几乎所有从事奴隶贸易的国家都把奴隶商人组织在享有特许权的公司里。这些公司在西非不得不修筑设防的贸易站。在18世纪，这些公司让位于私人奴隶贩子或无照营业的私商，他们无须花钱去修筑堡垒；他们可以试验、探索，他们认为哪种办法最好，就那么干。在西非从事奴隶贸易的欧洲各国中，勃兰登堡人的买卖很小，因此他们于1717年就卖空了。丹麦人也时常遇到困难，部分原因是他们在西印度群岛的市场受到很大的限制。葡萄牙人倒能够进行相当大的贸易,同时随着巴西矿业的发展,对奴隶的需求也增大了。即便如此,葡萄牙人也由于资金匮乏而受到妨碍。法国的奴隶贸易既不能满足西印度群岛种植园主的需求,也不能满足巴黎政府的需求。有时公司一年只输出500个奴隶,因此在18世纪20年代,法国为了维持塞内加尔便年年亏损。乔治王之战与七年战争彻底摧垮了法国的私商的贸易,但是在和平时期,私人贸易还是很繁荣的。荷兰人的地位要比葡萄牙人或法国人的强得多。荷兰人在西印度群岛的圣厄斯坦修斯岛和库拉索岛提供了一个很有用的货栈,他们准备从那里出售奴隶。他们有资金,也有使贸易欣欣向荣的商业经验,但是即便如此,到1750年荷兰人的奴隶贸易也被英国人接管过去。皇家非洲公司是英国在1750年以前一直从事奴隶买卖的一个官方机构。但是它曾在1698年失去过垄断地位,布里斯托尔和利物浦的私商所经营的奴隶要比公司经营的多得多。甚至南海公司也在西印度群岛收买奴隶,这就对私商大为有利。1750年之后,英国与非洲的贸易兴旺起来。兰开夏的棉织品压倒了印度的产品;1750年到1775年间,英国向非洲的出口货物增加了400%。私商能够用新的市场做试验,从那里可以廉价买到奴隶,因此到1771年,英国出口的奴隶有半数是来自贝宁和比菲亚的小海湾。但是,尽管与西非有了如此可观的贸易,欧洲人并没有试图渗入内地,原因之一是商人们感兴趣的是贸易,而那里的气候并不能吸引人们在那里定居。另一方面是由于像达荷美和阿散蒂等强大的部落的兴起,阻止了欧洲人向内地渗透。荷兰人在好望角的一块小小的殖民地离西南海岸很远,这里的贸易量也是微不足道的,但是,在布尔人1779年与豪萨人发生接触以前,荷兰的商业贸易向内地已有相当大的扩展。在东非,当葡萄牙人的大部分东印度的贸易输给荷兰人之后,他们在莫桑比克的基地也就失去了意义。与阿拉伯人还有一些贸易往来,但法国人在1768年吞并了马达加斯加。

远东(第24章,第二部分)的大部分地区在18世纪与欧洲相比也是远不可及的,商业上的竞争在这里几乎没有什么反响。只有菲律宾还可依稀地感到英西冲突的气息,因为在"詹金斯的耳朵战争"期间,安森俘获了一艘往来于马尼拉与墨西哥之间装运茶叶、柚木材、香料、生丝和其他远东物品的大帆船。1762年,英国人实际上征服了马尼拉，而且占领它直到战争结束。在另一方面，18世纪菲律宾的历史也是一部与西班牙争论的历史，争论的问题是墨西哥的阿卡普尔科的大帆船是否应把中国制造的丝绸运往墨西哥，因为这样就要耗尽各个西班牙殖民地的白银。另一个经常遇到的问题是如何对付在菲律宾的大量中国人。这个问题的答案往往是赶出去，甚至是大屠杀。荷属东印度群岛在1740年就屠杀了岛上大约1万中国人。18世纪也是荷属东印度公司从1724年至1725年开始亏损经营的时期，尽管它每年还支付18%的红利。然而，咖啡的生产有了惊人的发展，从而东印度群岛的繁荣得到了挽救。1711年第一次收获的咖啡产量只有100磅，到了1723年，咖啡产量已达1200万磅。最初，荷属东印度公司的董事们都不知道如何处置这样巨大的收获。他们做出努力限制咖啡生产，但是最终咖啡作为一种纳贡的形式被接受了，它对于荷属东印度群岛的开发起到了很有益的作用。在18世纪尔后的时期中，咖啡成了印度群岛繁荣的基础。欧洲在18世纪企图发展与中国贸易联系的努力并没有取得多大的成功。欧洲人需要中国的丝绸、瓷器、漆器、茶叶以及诸如扇子、屏风之类的奢侈品，但是中国只要白银，不要其他东西来做交换。1699年，英国人在广州取得了一块立足之地。到1720年，英国的贸易已有很大的发展，中国当局认为应征收4%的税才合算，最后又增加到16%。对外国的贸易所做的这种限制，结果在1734年只有一艘英国船只驶进广州，一艘进入厦门。1736年，只有10艘欧洲船只到广州做买卖。英国人竭力想打开与厦门和宁波的贸易，但是在1757年，清朝皇帝下了一道圣旨，限制一切外国人与广州通商。在18世纪，中国几乎与日本一样，完全置身于欧洲的政治活动的范围之外。在英国和法国，普鲁士和俄国，奥地利和西班牙发生的紧张活动，人们感觉其影响越来越微弱了，而到了密西西比河以西，非洲的内陆，近东的许多地区以及中华大帝国那里，其影响已细微到无人可以觉察了。到18世纪中叶，世界还没有成为一个单一的政治单位。

（姚乃强　译）

第 二 章
海外贸易的增长和欧洲制造业的发展

乌得勒支条约缔结之前的半个世纪，是世界贸易史上的一个形成和决定性的时期。如果对17世纪中叶海上贸易的结构做一分析，就可以看出这种贸易在性质上主要是欧洲式的，同时荷兰人控制了大部分海上贸易。阿姆斯特丹的繁荣主要依靠把北欧出产的大宗货物木材、松脂和谷物，与南欧、西欧的产品：比斯开湾的盐、西班牙的羊毛和白银、荷兰渔民在不列颠海岸捕获的青鱼以及地中海地区生产的酒和纺织品进行交换。荷兰人在从事这些大宗贸易的稳固基础上，依靠一支商船队建立起巨大的转口贸易。据当时的一份材料估计，这支商船队比英国的商船队大1倍，比法国的大8倍。[①] 其他的商品（特别是英国和法国的布匹）以及源源不绝而来的殖民地货物如荷属东印度公司从东方输入的香料，加勒比海地区的烟草、蔗糖和染料，也被吸引到这个贸易集散地来。在整个18世纪，逐渐建立起一个经济组织来经营规模空前和种类繁多的转口贸易。证券交易所、中央银行系统和金融市场一起组成了转口贸易的金融机构。商人们根据他们经营的性质自己划分为几大类。所谓的"二道"商人专门从事于进口货物的买卖。他们在这些进口货物出售之前，先把货物储存起来，挑选分档，或由当地工业加工精制。第二类是进口商人，第三类商人是负责把这些货物分发到最终的市场上去。第四类商人是经纪人，为外国人代销货物，有些货物直接从采购地运到销售地，甚至不经过阿姆

---

① C. E. 费伊尔在《世界船运业简史》的第175页，引用了威廉·佩蒂爵士的这一估计。这个数字不过是个猜测，但是费伊尔说，佩蒂的估算不会相差太远。

斯特丹。1700年，整个这种组织原封未动，虽然已经有了以金融活动——贴现、银行业、票据信贷，以及对外贷款——来补充乃至代替实际贸易的明显趋势。本来就极不稳定的荷兰经济，不断受到来自欧洲的尤其是法国和英国的竞争者在经济和政治上的压力。1660年以来，正是这些不断增大的压力，使欧洲经济史上18世纪的前半期具有一种特殊的性质。因为越来越明显，经济扩张的真正方向是西方，而英国和法国从1660年到1763年的政策的首要目标是在新的殖民地贸易中取得尽可能大的份额。海运和保护海运的能力对这些政策至关重要，这点也很明显。17世纪后期的战争暴露出荷兰地位的严重战略弱点。荷兰比任何其他欧洲强国更依赖海外贸易。荷兰的大工业——织布、酿酒、炼糖、造船和榨油——都依赖进口的原料，人们的生活也依赖进口粮食。然而，荷兰通向波罗的海和穿过英吉利海峡的海上通道都容易遭到来自英国海军基地的攻击，而它在陆上的边界又容易受法国军队的攻击。所有这些情况，加上人口相对较少，决定了荷兰采取谨慎的政策。联合省①的主要问题在18世纪的大部分时间里一直体现在海洋国际法的主张中，并得到了最充分的说明。"船只来往自由，货物运送自由"的政策，即一个中立国在战时可以自由地为交战国运送货物的原则，如果说不能掩盖，至少能够减轻战略和海军方面的弱点。② 荷兰企图利用这种策略来保证它在世界海运贸易中所占的份额，并在相当大程度上达到了这个目的。但是，在18世纪迅速发展的国际贸易中，荷兰已无力保持优势了。

　　贸易的快速发展，尤其殖民地贸易的迅猛发展，以及英法争夺领先地位的斗争，是从乌得勒支条约到巴黎条约期间的主题。尽管这个时期的所谓"贸易统计"很不完善，但是有一点是确凿无疑的，那就是贸易的规模有了很大的发展。据记载，英国的出口额在1720年约为800万英镑；到1763年达到了约1500万英镑。同期离开英国港口的货船吨位也从大约45万吨上升至大约65万吨。到1763年，这个吨位数中英国已占有很大的比例，约50万吨，或者说比100年前

---
　　① 联合省系指低地国家的北方七省，1581年宣布脱离西班牙，取得独立，现为荷兰的一部分。——译者注
　　② 虽然这个原则在17世纪并没有实现，但在所谓的《德维特箴言录》（1662年）中对和平与中立的政策作了有力的申辩。

增长了大约 5 倍。英国可能拥有全欧洲货船吨位数的 1/3 左右。法国商船队的发展虽然远不及英国那么快,但法国海外贸易的扩大也是同样显著的。据记载,法国的出口额在 1714 年约为 12000 万里弗尔[①];到 1789 年则超过了 5 亿里弗尔,其中殖民地的再出口占了相当大的比例。因此,早在通常称为"工业革命"的那些深刻变化发生之前,世界贸易和海运业显然已经发生了革命性的变化。贸易的增长促进了新的贸易和工业中心的发展,也促进了新的商业阶级的出现。同时,它给社会带来了新商品,改变了世界贸易的流量和各国之间的经济均势。在英国和法国,人们把这些变化和后来称为"重商主义"——有意识地从事商业(与农业截然不同)——的政策联系起来,作为国家致富的一个手段。为了达到这个目的,对外贸易首先受到重视。在实践中,目标是扩大出口,缩减除生活和就业必需品之外的一切进口货物。尤其是那些被认为可以吸引黄金净流入的贸易部门更是受到高度重视。因此,贸易平衡受到密切注意,因为这是贸易兴旺或衰退的证据。从 1696 年起,英国为此专门设立了一个由进出口总监监督的机构。从 1726 年起,法国也起而效尤,但是在 1756 年之前,并未将各项数字制成总表,直到 1781 年,内克尔才创立了一个相称的机构来监督总的贸易平衡工作。

进入国际贸易的商品种类繁多,数量增大,这多少归因于技术的进步。到 1750 年,在英国取得的工业专利的数目上升了,随之而来的是公众对技术改进的兴趣有了很大提高。在伦敦、伯明翰和曼彻斯特,各种促进工业改进的协会纷纷成立。巴黎和汉堡也出现了类似的组织。但是,并非所有的发明在工业生产中都具有实际作用,而有实际作用的发明又往往要花费时间进行改进,才能在商业规模上加以应用。譬如,煤在工业中的应用,若用晚些时候的标准来衡量,比较不重要,但它却应用得十分广泛,从而使煤的增产十分重要。1708 年纽科曼发明的气压机,至少在英国消除了限制煤炭生产的障碍之一。气压机开始在中部的煤田里使用,后来扩展到北方的煤田。到 1765年,在泰恩地区就有约 100 部气压机在工作。它使采掘深层的煤有了可能,过去泰恩地区因地下水泛滥而无法采掘。煤产量的增加对炼铁

---

① 法国 19 世纪前货币名,原相当于一磅银子,后为法郎所代替。——译者注

工业特别重要,因为从1709年起,希罗普郡的公谊会教徒炼铁匠就逐渐用焦炭冶炼法生产铸铁了。不过这个新方法推广得很慢,但是就在这些年份里炼铁炉逐渐由森林移向煤田。然而,矿物燃料在生产铁器、制造工具、器具、铁链、铁锁和铁钉方面,比之生产生铁本身更为重要。首先,在七年战争期间,对军火的需求鼓励铁厂厂主们扩大工场,约翰·罗伯克1760年1月在卡罗恩开办的工场被称为"新型企业的先驱"。[①]

将现有技术知识从一地传播到另一地,从少数的实业家和工匠那里传播到更多的实业家和工匠那里,其直接重要性远胜于单纯的新发明。在18世纪的前半期,有大量这样的技术传播,工业方面发生的许多变化都可以追溯到这一进程。欧洲纺织工业仍然建立在"家庭式"的基础上,但是产品的品种有了重大的变化。一方面由于受到比较复杂化的城市市场需求的刺激,另一方面也由于热带地区市场需求的刺激,纺织工业把重点转向生产更新颖、更轻的产品。必要的技术知识是从那些已经掌握了技术的人那里借用来的。在英国的织布工业中,光滑的精纺毛织品趋向于取代比较粗糙和厚实的毛织品,生产也越来越集中在约克郡。在这个过程中,从诺里奇借了工匠能手来帮忙。另外,在1700年至1750年之间,英国的制造商终于在染色和整布工艺方面超过了荷兰。英国人仍然保持向荷兰出口"白胚布"的传统做法,但是控制市场关键的最后几道工序越来越转入英国人的手中。英国的学徒不再把去荷兰作为他们公认的训练计划的一部分。在其他纺织工业部门也发生了类似的变化。法国的胡格诺派教徒把宝贵的技艺带给了斯皮特菲尔德的丝绸织造业、白金汉和赫特福德郡的花边工业,也带给了爱尔兰和苏格兰的麻纺业(以及中部地区的玻璃和金属工业和汉普郡的造纸工业)。反过来,兰开夏的移民在法国也很活跃。飞梭的发明者约翰·凯可能由于英国公众对他的发明抱有偏见,横渡英吉利海峡逃走,而约翰·霍尔克在法国棉纺业的发展中发挥了重要的作用,最后在1754年被特律代纳任命为对外制造业监督。意大利的捻丝方法慢慢地传到了法国,大约在1716年,伦巴第人又把这种方法传入英国。这些仅仅是欧洲技术交流的几个事例。还有一

[①] T.S.艾什顿:《工业革命》,1948年,第65页。

些技术传播得更远，其中突出的是纺织印染法。仿造印度擦光印花布，在白布或亚麻布上印花的技术，几乎同时传入法国、荷兰和英国。到1744年，英国的棉布印花工的技术已纯熟到足以威胁印度印花布的再出口贸易。整个欧洲的纺织工业都受到东方的强烈影响。法国棉纺业最先进的中心鲁昂专门生产称为"暹罗布"的条纹布；荷兰生产了"尼康布"和其他仿效印度条纹布的产品；兰开夏到1720年时拥有巨额受印度的样式影响的棉麻方格花布贸易，而格拉斯哥的织工在18世纪40年代生产了"孟加拉布"。陶瓷业几乎与棉纺业一样，图案都是东方式的。这个时期北欧陶瓷业最重要的中心代尔夫特首先仿造中国的青花瓷器，随后英国的鲍、切尔西和伍斯特的制造商以及法国的内韦尔与其他地方的瓷器业也纷纷生产青花瓷器。欧洲各地的消费者很赞赏东方和西方的古老文明。

这些革新本身并不意味着在工业组织方面产生了革命性的变化，虽然新的设计和新的样式作为占领市场的一个因素，其重要性是怎么说也不为过的。有关的大多数工业继续按传统的手工业方式进行生产，或者按"家庭式"作坊而方式上略作变化。当然，也有例外的情况。在德比，伦巴第人开办的动力传动的捻丝厂就雇用数百名工人。马修·博尔顿在伯明翰附近索霍的铁工厂雇用了700人，还拥有相当数量的机械设备。韦奇伍德的伯斯莱姆工厂建于1759年。在阿布维尔的范·罗巴斯工厂已具有现代工厂的许多特点。所谓的大工业控制了法国棉纺工业有限的领域。但是这些还只是普遍情况中的例外；各地典型的工业单位仍然是很小的。法国的官方规定和荷兰的财政政策都反对发展大的生产单位。甚至在英国出现了工匠们坚决抵制引进新机器的情况，因为引进机器预示着增加生产和节省劳力。因此，各地的工业改革是缓慢的，而且往往是痛苦的。

根据现有的证据，很难精确地说明获得发展工业的资本的来源。有一位作家曾论及"黑奴和贩卖奴隶在为英国工业革命提供资金方面所起的作用"①。但是，这种说法忽视了种植园主本人往往因缺少资金而窘困的大量证据。佩雷斯教授告诉人们，蔗糖和烟草种植园主常常受惠于他的英国代理商。另外，由于英国本身总的说来仍然是一

---

① 埃里克·威廉斯：《资本主义与奴隶制》，1944年，第7章。

个资本输入国,种植园主有时不得不求助荷兰的放债人。因此,殖民地商人自己需要资金,他们还能剩下多少资本来支援工业,就值得怀疑了。当然也有这样的情况,进出口商人给制造商三个月或更长时间的信贷,然后按星期交付他们的产品。兰开夏的许多早期的工业企业就是用这种办法,即通过资金由商业流向工业而筹集资金。同样还有另外一些情况,就是成功的企业用自己的利润来提供所需的资金。在其他一些地方,银行和私人放债者也通过借贷和抵押来帮助工业家,其资金则常常是从土地和农业的利润中取得的。在对这个问题进行更深入的考察之前,必须这样说:工业发展的资金来自多种渠道,种植园主或大财主的钱袋似乎并不是最重要的来源。

在1713年至1763年这个时期里,英国对外贸易的全面扩大与重商主义的调整政策是分不开的。英国的政策是以1660年、1662年和1663年的法并以1673年和1696年的法作为补充所建立的航海法为基础的。这些法都是专门针对殖民地贸易的。它们的目的是要在英国与其殖民地之间沟通贸易,把购买殖民地的有价值的产品的权力留给英国的买主,同时把殖民地的市场留给英国的制造商。总而言之,通过努力为英国建立具有类似荷兰明显地通过有组织地发展而取得的那种商业地位。这些法令与随之而来的发展之间的确切关系,还是一件可疑的事。我们对事实的了解太不全面,也不很可靠,不允许武断地做出结论。那些专门限制外国船只参与英国贸易的法令,看来在一定程度上是牺牲对欧洲贸易的利益来获取对殖民地贸易的利益。然而,事情很清楚,在注重实际的人中间,普遍相信它们的功效,只是在18世纪40年代,有人对此开始提出根本性的批评之后,这种信念才有所动摇。可是,很明显,在解释英国的经济扩张时,除立法因素之外至少还有两个其他的主要因素必须考虑。一是工业扩张发生在重大发明时代之前,而且在很大程度上与航海法无关,虽然与世袭的资助、津贴和保护关税的政策密切相关。譬如,煤炭工业的产量在17世纪已在迅速发展。1700年至1760年,产量超过了1倍,从年产约300万吨增加到约600万吨。金属工业虽然外国竞争十分激烈,但是充满了希望。金属制品(尤其是铁钉)、纸张和陶器经常在出口货物中占重要地位。也有一些丝、麻新产品出口,虽然数量不多。大约从1700年起,兰开夏的棉纺业在出口货中,尤其是销往非洲和殖民地的货物中，增加了分量。与此同时，自王朝复辟以来受到外国竞争的重大压力的羊毛和精纺呢绒的出口货物，在1720年以后又开始上升了。最显著的是殖民地货物再出口贸易的增长。为英国买主保留的"表列项目"商品——蔗糖、烟草、棉花和西印度群岛的染料——连同印度的香料和纺织品、中国的茶以及莫卡的咖啡，是再出口贸易的基础。1724年，400多万磅烟草被运到了克莱德湾，而其中3/4以上都再出口了。实际上，从布里斯托尔、利物浦和格拉斯哥这些西海岸港口的发展中，就可以看出英国的海外贸易的重点在改变。在这个阶段，这些港口的人口都迅速增长，大船主、炼糖厂厂主、烟草商人以及奴隶贩子都很快发了财。英国在对欧洲贸易中，以布匹作为主要出口货物的时代已经一去不复还了。新兴的大西洋贸易对航运业提出了在17世纪闻所未闻的巨大的要求。英国到1750年不仅与它的荷兰对手相抗衡，而且轻而易举地超过了它。英国的繁荣和实力是牢固地建立在日益多样化的地方制造业的基础上的，在这一点上荷兰人领先时从未做到过。不应该让新兴的殖民地贸易完全抹杀欧洲内部各区域间贸易的继续存在着的重要性，但是殖民地贸易对英国的重要性是显而易见的。到1763年，英国与美洲之间的贸易很可能使用了英国从事海外贸易船只总数的1/3。

　　国内工业的发展和有意识的立法活动方面还必须补充第三个因素。西方的通道相对比较安全，而且对英国的大西洋贸易是敞开的。因此，英国拥有一个战略优势。这种优势或许只有法国西部的港口才分享到，但是贸易是不可分的。在加勒比海，需要一支海军力量去保护英国殖民地的航运，而英国在波罗的海和地中海的再出口市场也不断受到威胁。因此，为了保护日益发展的海上贸易，一支强大的海军和一个完整的海军基地系统是不可缺少的。没有这些，航海法就只是一纸空文，殖民地就始终有遭受攻击的危险。

　　法国的海外贸易在同一时期的空前发展，似乎同样是对经济调整和重商主义政策功效的一个明证，因为在1660年至1763年这个时期，法国的贸易和工业甚至是比在英国更严格地根据重商主义的原则进行组建的。摆脱荷兰的帮助，很自然地成为法国重商主义的主要目的之一。柯尔贝尔采用高关税和成立专有的贸易公司这个双重武器来攻击荷兰，起到了与英国航海法相同的作用。柯尔贝尔主义并没有立即或完全破坏荷兰对法国贸易的介入——1726年，法国的商人还在愤愤不平地抱怨荷兰的竞争，法国对外贸易的1/4左右仍控制在荷兰人的手里。——但是这种介入常常遭到令人恼火的和无法预料的干扰。

柯尔贝尔的公司——北方公司、黎凡特公司、塞内加尔公司，以及东印度和西印度公司——在促进法国对外贸易方面似乎并未做出什么成绩。路易十四发动的几次战争使这些公司濒于破产。但是在乌得勒支条约签订之后的几年里，这些公司明显地恢复了元气。在印度公司的监督下重新组织这些公司，是约翰·劳整个"体系"的一个组成部分。劳的公司在他的"体系"遭到惨重失败之后也破产了，但在1722—1723年又重新组建起来。毫无疑问，这次重建对于法国对外贸易是一个促进因素，使它能够克服乌得勒支条约的条款所造成的种种问题，根据该条约，法国把直布罗陀、梅诺卡，以及新斯科舍与纽芬兰让给了英国。贸易的复苏一直延续到1740年前后，法国的对外贸易进入了一个史无前例的繁荣阶段。

与英国的海外贸易一样，法国在某种程度上也把对外贸易建立在国内工业的增长上。在这个阶段，法国生产奢侈品的工业，如哥白林双面挂毯、家具、袜子、缎带、花边、丝绸、细线、镜子和瓷器等，都得到政府的津贴，并在政府的严密监督下进行生产。法国的棉布生产同样得到官方的支持，特别是那些为出口生产的工厂（如黎凡特工厂）。然而，法国的毛纺品总的来说仍然次于英国的产品。事实上，没有享受特权的棉布厂商在出口贸易中起到了越来越大的作用，而政府不予重视的工业竟发生了最惊人的发展，如铸铁业、煤炭业、诺曼底的廉价布匹和棉纺织业以及金属和玻璃制品制造业等。这些就是供给大西洋彼岸的出口贸易的货源。

在表面上，法国18世纪贸易的结构与它的竞争对手——英国的贸易结构很相似。虽然当时对欧洲、对地中海沿岸诸国以及对东方的贸易在这个体系中占据了重要的地位，但是与大西洋彼岸的贸易却占头等重要的地位。到18世纪中叶，法国在西印度群岛和美洲的殖民地可能占其海外贸易总值的1/4。从圣马洛来的渔民经常到1713年留下的拉布拉多渔场去捕鱼。拉罗谢尔是皮毛贸易的输入中心，但是在18世纪，波尔多和南特繁荣的基础首先是路易斯安那的烟草和西印度群岛的蔗糖、咖啡和靛青（1750年以后）贸易。1787年，亚瑟·扬访问这些港口时，那里的商业、富裕和豪华都"大大地超出了"他的预料。他说，一定不能让利物浦"与波尔多竞争"。在1722年到1782年之间，波尔多的商船队由120艘船上升至300艘船。波尔多的对外贸易（主要对安的列斯群岛的贸易）占法国海上贸易总额的1/4，成为酿酒、制糖以及造船等各种地方工业的基础。城里有荷兰、德国和爱尔兰商人的侨居区，是当时法国最国际化和最繁荣的城市之一。仅次于波尔多的是南特，它与西班牙和殖民地的贸易联系十分密切。但是，与安的列斯群岛贸易的影响并不局限于西部的港口。马赛这个与黎凡特和地中海地区贸易的主要中心，受到了向这些地区再出口西印度群岛的产品（特别是蔗糖和咖啡）的极大刺激。

完全有理由可以推测，在巴黎和约签订之后很久，法国的某些大工业，特别是棉布业和铸铁业，才超过了英国同行业的产量。实际上，由于法国的人口比英国多两三倍，如果情况不是这样倒要使人感到诧异了。可是在整个对外贸易领域内，法国看来并没有达到贸易平衡，而进出口贸易的平衡正是英国贸易的特点。贸易的数字（虽然其统计价值很有限）表明，英国在1713年至1763年，出口一直大于进口，而法国则恰好相反。如果没有有力的证据，仅从海关的数字得出肯定的结论，那就过于草率了，但是，其他的事实证明，法国的经济在辉煌的外表下面并非一切都很顺利。有证据表明法国无力提供出口货物和船只或必要的信贷系统，而这些正是法国和其他殖民地之间要顺利地、毫不间断地开展贸易的必要条件。尤其是法国在西印度群岛生产蔗糖的殖民地要求提供奴隶、制造业和粮食，但法国在这些方面的供应能力都不及英国、荷兰或者北美洲殖民地。由于法国无力提供足够的信贷，殖民地进口法国产品的能力便越来越衰弱了。法国海运能力的不足使大量的蔗糖和靛蓝积压在西印度群岛，而另一方面驶离南特港的船只因缺少货物只好装上沙石来压舱。这些困难在奥地利王位继承战争和七年战争期间表现得特别严重，但是这些困难也许正是法国经济发展不平衡痼疾的症候。法国经济的这种病态一直助长走私者（尤其在法属安的列斯群岛），也使无处不在的荷兰船业主在战时乘虚而入。法国在西印度群岛上的种植园长期缺乏奴隶，在法国殖民地经济的不平衡中是一个相当严重的问题。法国的真正弱点——海上力量薄弱——在战争期间最为明显。海军力量的不足在法国是有很深的历史渊源的。在长期的王朝斗争中，重点一直是在陆战，同时由于法国大部分地区是相对的自给自足经济，对于海军问题也就漠不关心。这种对海军的忽视既不是绝对的，也不是一成不变的。1762年舒瓦瑟尔曾力争保留那些可以支持海运业的殖民地和贸易，并获得成功。但是，18世纪末阿贝雷纳尔的批评是有些道理的，他认为法国海军屡遭失败的长期历史并没有使政府变得明智起来。唯一的补救办法是鼓励发展"海军的商业支队"。这个办法，也只有这个办法，"才能使人们习惯恶劣的气候、艰苦的劳动和风暴的威胁"。适合英国的航海法不一定对法国合适，但是它促使法国制订自己的条例，以便让本国的臣民能够分享"瑞典人、丹麦人和荷兰人跑来，甚至在法国人自己的港口夺走那些利益"[1]。

英国人对荷兰竞争的长时间的忧虑，很快从他们心头消失了，因为他们怀疑法国人已经从路易十四进行的一系列战争所造成的经济和军事的灾难中恢复过来，而且其速度比预计的要快得多。当他们了解到弗勒里和平政策的目的在于使法国的工商业稳步恢复和扩大时，这种怀疑到了18世纪40年代竟像着了魔似的无法摆脱掉。因此，按照英国制造商的利益禁止爱尔兰的棉布出口，实际上是把爱尔兰的羊毛推入了法国市场，从而给法国生产廉价的、畅销的出口商品提供了原料，"法国的增多了，英国的就减少了"，由于这一揭示，一位作家也就认识到经济计划的复杂性。也因此，那些看到法国海军力量薄弱的人，都纷纷提出建议，认为要阻止法国恢复的最好办法（或许也是唯一的办法）就是通过战争。《常识》（1738年）的作者认为："蒸蒸日上的贸易可以被战争破坏殆尽，而停滞衰落的贸易有可能通过战争复苏起来。"而1745年，另一位作者争辩道："……一般说来，我们的商业在强有力的、组织良好的海战条件下，比之在和平条件下会更繁荣兴旺，海战时还应允许跟那两个国家（即法国和西班牙）公开交往。"

在世界贸易的主要地区，英法之间的角逐是这个时期压倒一切的

---

[1] G.T.F. 雷纳尔：《欧洲人在东印度和西印度群岛殖民和贸易的哲学与政治史》，伦敦1798年，第4卷，第466页。

主题。两国在西印度群岛的竞争比在其他任何地区更为持久。西印度群岛是这个时期大西洋贸易系统的中心（这个系统也包括从西属美洲到北方的纽芬兰在内的大陆各殖民地），它从事贩卖西非奴隶的贸易，成了从南方的卡的斯到北方的格拉斯哥的西欧各港口财富的主要来源。在大西洋这个区域内，大部分贸易也许是通过横跨大西洋的直达航线进行的，但是还有一部分贸易是通过三角形和四边形的航线，实际上是形形色色的往返线路进行的。一艘从利物浦直达牙买加的"班"船，遇上好运气，一年可以跑上两个来回。但是，如果是一艘贩运奴隶的船，先在西非靠岸，出售廉价的纺织品以换取奴隶，然后开往西印度群岛卖掉奴隶，买进蔗糖、烟草、靛蓝和少量的棉花，可能一年就只能完成一次航行。另外一些船，相当于现代的"不定期货船"，哪里能找到货物和利润就开往哪里，可能要几年时间离开自己的母港，不管它是波尔多、阿姆斯特丹，还是格拉斯哥。在大西洋航行的多数是中等船只（三四百吨位），介乎英国东印度公司的大型商船和通常航行于英法间海峡的150吨位的小船之间。

英国和法国的作家在18世纪上半叶似乎在一件事情上达成了共识，那就是大西洋贸易的巨大价值以及西印度群岛贸易在该贸易中具有特殊吸引力。他们对于人口正在迅速增长的北美殖民地所蕴藏的巨大商业潜力认识得很慢。西印度群岛的产品，如蔗糖、烟草、棉花、靛蓝和染料木，在航海条例中被"列为"第一类商品；而西印度群岛的殖民者与从属于他们的奴隶，在18世纪中叶之前对英国货的需求量是很大的。那种认为"在巴巴多斯或牙买加的每一个英国人为国内四个人创造就业机会"的思想十分顽固。[①] 相反，北部和中部的殖民地却远不适应这个古老的殖民体系。新英格兰的殖民地居民使用海运的船只少，消费英国制造的产品少，生产令人满意的产品也少。他们与英国的贸易还不及与地中海、亚速尔群岛以及英属的或其他国家所属的西印度群岛的贸易。他们向这些地方出售木材、食品、牛马和鱼。的确，用这些贸易的收益，北方殖民地的居民是有能力购买英国制造的产品的，但是这并不能完全消除英国的疑虑，害怕这些殖民

[①] 乔赛亚·蔡尔德：《贸易新论》（1698年），转引自R. 帕雷斯《帝国历史上的经济因素》，载《经济史评论》1937年5月号，第125页。

地是生来就与它竞争的。因此,英国制定了一系列的法令,以限制北美工业的倾向性。但是,北方殖民者最令人不满意的一点是,他们顽固地偏爱与其他国家所属的西印度群岛殖民地进行贸易。乌得勒支条约除了夺取法国人的圣克里斯托弗岛的一半以外,倒还允许他们保留在西印度群岛的属地。马提尼克岛、瓜德罗普岛和圣多明戈岛都能生产比之巴巴多斯或牙买加更便宜的蔗糖。同样,在库拉索岛和圣尤斯塔西乌斯岛上的荷兰人也提供货物(他们自己的和从法国人那里走私来的),价格要比英国的低。一场民族冲突的火焰燃烧起来了,而且不断受到在西印度群岛有着利害关系的强大势力的煽动,这些势力是得到议会的有力支持的。对付这个问题的一个办法是对输入大陆殖民地的外国蔗糖、糖浆和朗姆酒征收重税,借以阻挠殖民地居民与非英属西印度群岛的贸易。1733年的糖浆法就是为了达到这个目的而颁布的,但是事实证明要实施高税率是不可能的,这对殖民地居民倒是幸运的。另一个对策是鼓励北美殖民地生产可直接卖给英国的产品。如果这个方法证明是行不通的,这就恰好符合重商主义理论关于殖民地作用的论点。譬如,众所周知,波罗的海诸国供给英国发展造船工业和小军火工业所不可缺少的,因而对英国的国防也是至关重要的松脂、木材和瑞典的铸铁,这种供应不仅极易受到攻击,而且即使在最好的情况下也会使国家财源枯竭。与波罗的海沿岸诸国贸易的收支差额情况一直对英国不利。因此,很有必要提出一项政策,用从美洲进口的货物来补充,乃至替代从波罗的海国家进口的货物。但是,这个进程十分缓慢,令人失望。到1721年,相当数量的焦油和沥青是从美洲来的,相应地减轻了英国与波罗的海国家贸易上的逆差,但是新英格兰人还是顽固地宁愿把各种木材、厚板、桶板、横梁以及隔板等卖给西印度群岛。英国勘测员雇来为海军伐木的合同工被当地的伐木工赶走或投入河里。弗吉尼亚和马里兰生产的铁仍然只能是从瑞典和俄国进口的铁的一小部分。虽然这些失败使英国的重商主义者很不满意,但是或许并不比殖民地居民在七年战争中"恶劣的、肆无忌惮的"行为更可憎,当时北美租给英国运送交换战俘的船竟在停战旗子的掩护下,把大量的食品运进饥饿的法属西印度群岛倾销。

这样,大西洋彼岸殖民地所提供的各种来源的财富和利润,就成为欧洲四个在加勒比海有利害关系的主要国家之间长期发生摩擦的根源。老西班牙拼命抱住原来帝国的残余不放，指望新西班牙生产金条，以便用它们来支付在欧洲采购的东西。然而西班牙的船队总是很小，西班牙帝国未得到满足的需要就不断吸引了走私者，特别是英国和荷兰走私者的注意。确实，英国由于西班牙王位继承战争的结果，取得了合法贸易的权利。这些权利包括向西班牙帝国提供奴隶和每年向贝洛港①派遣一艘船只。然而，这些让步微不足道，不能满足英国商人的野心。合法的贸易就由不合法的贸易来补充，而 1739 年对英战争的起因，表面上就是因为西班牙干扰了英国的走私者。

再者，虽然英法之间的摩擦牵涉很广泛的政治问题，但是在西印度群岛的经济竞争在某种程度上对于这种摩擦起了一定的作用，最后终于导致英法之间的一系列战争。两国在蔗糖生产上都有着巨大的既得利益。英国在 1744 年的战争中看到了一个破坏法国生产蔗糖的殖民地以及消灭它们在欧洲市场上跟它竞争的好机会。同样，在西印度群岛的法国势力也看到了摧毁对手以及扩大法国在西班牙殖民地市场上销售其工业品的机会。在七年战争中，这两个国家在制定各自的政策时都有类似的考虑，虽然其他地方的政治和军事问题，尤其是加拿大问题，日益掩盖了西印度群岛的问题。到 18 世纪中叶时，英国对不同的殖民地区的相对重要性的看法，实际上正在发生变化。然而，西印度群岛的情况终究有点令人失望，因为疾病使得白人的人口或多或少停止了增长，而往北的美洲大陆上的殖民地，人口的增长有希望为英国的出口商品提供宝贵的市场。原来与北方殖民地的贸易，母国无利可图，但在 18 世纪中叶以后，据说还出现了顺差。因此，1763 年最终实现和平时，法国被允许保留它在西印度群岛生产蔗糖的岛屿，虽然，从西印度群岛的战争记录来看，法国在强大的英国海军手下屡遭失败，它在那里的贸易也给完全破坏了。南特和波尔多的贸易完全停顿了。不错，法国的经济作为总体来说也许能经受住封锁的打击，但是 18 世纪的战争不是"总体"战争；相当多的法国人的钱袋和奢侈品的消费因殖民地被封锁还是受到了影响，从而使英国人在 1763 年的讨价还价中占了很大的便宜。

---

① 贝洛港（Porfobello）：巴拿马加勒比海沿岸的一小海港，系 1502 年哥伦布发现和命名的。——译者注

第二章　海外贸易的增长和欧洲制造业的发展

海军力量在贸易方面的价值，在1757年和1758年同荷属西印度群岛作战中初步显露了出来。像英国人一样，荷兰人通过他们在西印度群岛的商业中心把大批货物走私偷运进西班牙的殖民地，牟取了大量利润。在战争期间，法属岛屿由于英国人的封锁和法国船只的短缺，因此供应不足而挨饿，所以荷兰人的帮助是必需的。而对于英国人来说，截断中立国家对其交战国的援助同样是极端重要的。在两年期间，英国皇家海军俘获了大批荷兰船只。西印度群岛的教训实际上是说明：在18世纪，如同在17世纪一样，贸易和海上力量只是一个问题的两个方面而已。

第二个贸易区和贸易战的大战场是印度和东南亚。在加勒比海地区侵入西班牙帝国的那三个国家，夺取了葡萄牙人在东方正在瓦解的世袭权益。17世纪，在争夺亚洲贸易的斗争中，出现了一个重大的发展。荷兰人把英国人赶出了香料岛。① 英国的最后一个立足点——波勒罗恩在第二次荷兰战争中丧失；在万丹的争端又迫使他们在1682年撤退到本科兰。这样，英国的贸易公司就集中在大陆上，设在苏拉特、孟买、马德拉斯和加尔各答的一些工厂周围。后面的三个管辖区都各有附属于它们的地区，由此把贸易扩展到广大内地。1709年到1750年这个时期是英国东印度公司持续繁荣的时期。它的进出口价值增加了1倍，它的船队从这个时期开初的一年11艘船增加到18世纪中叶的20艘船，而且每艘船都大多了。由于生产香料的一大部分地区给夺走了，东印度公司的贸易在性质上发生了变化。在18世纪从印度来的货物中，印度纺织品的比例越来越大。它的竞争大大搅乱了英国国内的羊毛行业。从中国进口的茶与从红海港口运来的咖啡没有引起多大的争议，而不断增加进口的硝石却具有战略的和经济的价值。实际上，东方提供了许多欧洲需要的商品。贸易的基本问题仍然是一个支付问题，因为印度不是欧洲出口货物的良好市场。在整个17世纪，一直有人激烈反对（虽然毫无结果）出口白银，它是东印度公司用来偿付它在印度的债务的办法。在18世纪，向印度出口货物中白银的比例继续上升。对白银的这种持续需求使得这样一种看法又活跃了起来：经济政策（有时也是战略政策）的目的应该是获

---

① 香料岛，指印度尼西亚的马鲁古群岛，旧称摩鹿加群岛。——译者注

取贵金属。直到19世纪兰开夏的廉价棉纺织品大量问世,才给支付问题找到了经济上的解决办法。同时,英国干涉的性质也在慢慢发生变化。从王朝复辟时期开始,东印度公司不仅是一个贸易的垄断组织,而且是一种政治和司法权力的代表。英国的东印度公司比它的竞争对手要更早地认清这样一个事实:欧洲国家在印度的唯一坚实的基础是海军和军事实力。

荷兰的势力中心是在以巴塔维亚为行政中心的群岛上。原来的荷属东印度公司是船主和商人组织起来的一个商行。它通过对香料贸易的垄断和在波斯、印度和日本的竞争性贸易来获取利润。巴塔维亚被认为是东方的一个货物集散地。从印度出口的货物就是靠从亚洲当地贸易所取得的利润来解决部分支付问题的。在大陆上,荷兰人接替了葡萄牙人在马拉巴尔沿岸和锡兰的位置。在苏拉特和孟加拉都有荷兰的工厂。在科罗曼德尔海岸,他们大力发展当地的纺织工业。所有这些地区的产品,加上在日本购买的铜以及从中国买进的茶叶和纺织品,都送往印度尼西亚群岛,以换取香料。在18世纪,荷兰在东方贸易的性质发生了变化。荷属东印度公司从一个商业企业转变成一个农业企业,新的农作物在岛上涌现出来。蔗糖在1700年以前只是船上的压舱货物,此时在欧洲市场上获得盈利,但是与从西印度群岛运去的蔗糖相比,数量仍然很小。到了18世纪中叶,咖啡开始与香料竞争。这里还种植了棉花和靛蓝。然而,到1750年时已经很明显,荷兰的企业并不都很顺利。由于同荷兰竞争的那些国家开始把权力伸展到印度的土邦中去,荷兰与大陆的贸易缩小了。尽管荷兰在行政管理和防御工事方面付出了巨大的代价,它在印度的势力却衰落了,其海军力量也衰弱了。荷兰人为了加强自己的势力,在1759年远征胡格利,这最后一次殊死的努力只是暴露了他们虚弱的本质。

由于荷兰实际上已经被限制在印度尼西亚群岛上,在印度争夺经济优势的斗争就成了英法之间的决斗了。法国在印度是后来者。柯尔贝尔公司进展甚微,甚至取得本地治里作为基地也只带来短暂的复苏。法国势力的真正增长要追溯到1719年约翰·劳对原法国印度公司领导下的殖民地贸易的改组。新公司拥有从非洲西海岸绕过好望角到红海、印度洋各岛屿、印度本土以及远东等地的独有的贸易特权。在勒努瓦(担任总督至1735年)和迪马(担任总督至1742年)的领导下，进展迅速，每年由一支30艘船组成的船队把印度的纺织品、中国的茶叶和莫卡的咖啡运往法国供应市场。到这时为止，法国政策的目的似乎纯粹是商业性的。所修筑的要塞是为了保护贸易。后来，到了迪普莱克斯时，出现了新的概念和政策——攫取领土作为贸易和帝国的基础，在实际做法中，是利用本地治理作为基地，建立法国对整个印度南部的权力。主要由于没有充分认识海上力量的重要性，迪普莱克斯又一次败于克莱武和库特的手下。1761年，法国人只落得"在印度无立足之地"。[①] 他们无力与英国抗衡，从而英国的东印度公司通过其日益扩大的贸易和岁入开始进入一个繁荣的时期。

然而，在第三个地区——地中海和黎凡特——竞争主要是在英国和法国之间进行。黎凡特的贸易在许多方面比印度的贸易争议要小些。它给欧洲的棉布出口提供了一个宝贵的市场，而进口的生丝和棉花是发展国内工业的日益重要的原料。法国的棉纺业似乎对黎凡特产品的依赖尤为严重，虽然那里生产的棉花往往很脏，还结成块团，比法属安的列斯群岛生产的上等品要低劣得多。荷兰人在17世纪时曾在黎凡特贸易中占领先地位，可是到了18世纪中叶，似乎已在很大程度上被排挤了出去。在英法战争期间，荷兰与黎凡特必然停止了贸易来往，在1713年之后也未能重新恢复起来，主要是因为荷兰的毛织品不能与法国朗格多克和普罗旺斯生产的廉价棉布竞争。法国在地理上处于一个强有力的地位，从马赛可以控制黎凡特，而与土耳其的友好关系也使法国商人在君士坦丁堡和士麦那享有特权。这些优越条件还得到其他形式的帮助和补充。领事馆的政治费用由法国政府负担，而不由公司承担；政府给马赛的出口商大量贷款，以弥补他们的船只离开马赛港去黎凡特与他们最后为出口商品交付货款之间的差额。这样的一些优越条件使法国在与黎凡特和北非海岸的贸易中一直保持首位。

在欧洲还有一个中央的区间贸易网，情况更为复杂。在把它同比较壮观的殖民地贸易放在一起相比时，就容易对这个贸易网的重要性估计不足。然而，压倒一切的经济活动仍然是欧洲的：在18世纪的区间贸易仍然主要是交换欧洲的货物——波罗的海的谷物和木材，英

[①] 《剑桥不列颠帝国史》（1929年），第4卷，《英属印度》，第164页。

国的布匹和金属器具，法国的棉布、白兰地和葡萄酒，西班牙的羊毛和葡萄牙的酒。以殖民地货物进行的新贸易刺激了西欧港口对船运的要求，创造了很有价值的再出口商业。但是，在18世纪上半叶，这些新的贸易起到的最重要的作用看来很可能是对旧贸易的"潜在的影响"。它通过变换购销的商品来缓和国际支付问题。[①] 在17世纪，荷兰人控制了贸易和船运的很大一部分。甚至在18世纪，荷兰人还顽强地保住自己的地位。阿姆斯特丹与波罗的海国家的谷物贸易数量仍然很大，虽然到了1750年贸易额比100年前要小些。在波罗的海，荷兰的船只减少了，而英国、瑞典、丹麦、但泽以及吕贝克的船只多了。荷兰的弱点来自三个方面：第一，荷兰缺乏能使它建立地方工业的自然资源，幸存下来的一些工业（如莱顿的织布业）又没有得到关税政策的帮助。当时的关税政策把保护地方工业置于商品的自由流通之下，并以此作为经济政策的一个目的。1751年对这个问题做了一番详细的调查，提出了一些建议。这些建议本来应该导致降低国库税收，提高有效的保护性关税，但是商人和工业家之间不可避免的矛盾，使之不可能采取任何行动。第二，荷兰作为"欧洲的捐客和贩运人"，特别容易受到当时欧洲重商主义政策的损害。重商主义政策的目的就是要减少来自其他国家的有形的和无形的输入。法国和英国的关税、英国的航海法，以及像瑞典这样一些较小的国家所采取的类似措施，都打击了荷兰作为欧洲中间人的地位。因此，到1730年时，英国西部的商人直接从汉堡买进打包用的麻布，而以前他们是通过阿姆斯特丹买进的。另外一些英国商人原先通过荷兰的商行推销他们出口的布匹，现在则直接把货运往德国和西班牙。到了18世纪中叶，德国北部的一些港口，如不莱梅、阿尔托纳，特别是汉堡，已经证明它们是阿姆斯特丹的强有力的竞争者。1750年，据报道从法国运往汉堡的蔗糖、咖啡和靛蓝比运往阿姆斯特丹的多两倍。伦敦的一家商行在1762年做过这样的描述：最近它把从西印度群岛买进的货物投放到"汉堡和不莱梅的市场"上去出售作为它业务的"一个主要部分"。这也许不是一个孤立的例子。许多贸易开始以走直接的路线来代替长期以来通过荷兰的旧路线。这些倾向由于制造商船技术的进步

---

① 见本卷第44页。

而得到了进一步的加强。"飞船"已不再为荷兰人所垄断。到 18 世纪中叶时，就运费的贵贱而言，在英、法、荷商船中很难做出选择。第三，荷兰已没有能力保持它在大西洋贸易中真正的优势。虽然他们在法属西印度群岛的贸易中还保持了一个立脚点（圣尤斯诺西乌斯是西印度群岛的走私中心），但他们在改变从英国殖民地源源不断涌来的产品的去向方面几乎毫无成效，这些殖民地产品几乎都集中到了英国。蔗糖的精加工、烟草的切割包装是在利物浦或格拉斯哥进行的；原棉的清理、纺纱和织布是在兰开夏进行的；靛蓝和洋苏木则是在约克郡的羊毛业中消耗的。这样，对殖民地贸易的控制加剧了欧洲贸易中心市场从荷兰向西转向英国的趋势。但是，荷兰的贸易并未全部丧失。散装货主要是煤和谷物，继续由东海岸的各港口运往阿姆斯特丹和鹿特丹，而且在这整个期间，荷兰一直是英国布匹最大的市场。法属安的列斯群岛的相当大的一部分产品继续运往阿姆斯特丹。荷兰公司提供的蔗糖、咖啡、烟草和棉花数量仍然很大。但是荷兰在英国和欧洲全部外贸中所占的份额，总的来说到 1763 年时已经明显地缩小了。

虽然荷兰在欧洲 18 世纪的流通贸易中所占的份额比 17 世纪缩小了，但是毫无疑问，世界贸易中的大部分资金仍然是由荷兰提供的。在这个外贸的实验期间，欧洲商人面临的主要问题之一是支付问题。其困难部分在于可供出口的商品数量有限。英国与波罗的海国家和印度的贸易就是一个很好的例子。这两个地区都不能够大量吸收英国的主要出口商品——棉布，来支付英国需要购买的，也是想得到的商品（波罗的海国家的商品又是在战略上十分重要的）。因而英国不得不拿黄金来支付，而黄金又必须从出现贸易逆差的地区取得。这个问题也许有助于解释为什么 17 世纪的理论家特别强调黄金的重要性。这种观点在 18 世纪并没有完全销声匿迹。这个问题在 18 世纪由于殖民地商品的大量涌来而在一定程度上有所缓和。在不能出售棉布的地方可以出售蔗糖和烟草。但是，这样做还不能全部或立即解决问题，这个时期日益使用给阿姆斯特丹开具票据的办法解决了部分问题。习惯于向外国卖主预付现金的荷兰商人这时很容易改为采用打折扣和承兑票据来做交易。欧洲各地的商人习惯于同阿姆斯特丹的商号商讨由其承兑和支付卖给他们货物的其他外国商人开具的票证。阿姆斯特丹的票证之于18世纪，相当于伦敦的票证之于19世纪。荷兰人由票证业务发展到向国外贷款的业务。一个世纪流通贸易和船运业务所产生的差额、金融活动较容易获得的利润，以及流通贸易遇到的越来越多的困难，所有这一切结合在一起，使荷兰的经济活动增添了金融上的复杂性。到1763年，荷兰已经向瑞典、法国、波兰、普鲁士、丹麦、巴伐利亚、西班牙和其他许多国家贷款。自17世纪以来，他们一直借钱给英国。1739年以后的一个时期，吸引荷兰投资者——有多余资金的机构、海军将领、律师、寡妇、孤儿以及大批职业投机家——的注意力的主要是英国的公债。尤其在七年战争的最后三年，荷兰在英国的资本有了很大的增长，到1763年时，他们的资本在英国国债总数中占了很大的一部分。这个现象似乎表明英国贸易的顺差实际上是一种假象。国家的种种开支（比如，现有外债的利息，驻外使馆的费用，在欧洲大陆上游学的费用，尤其是维持一支庞大的海军和陆军的开支）已把可见贸易上可能存在的顺差报销了，使英国成为一个债务国，特别是荷兰的债务国。此外，阿姆斯特丹仍然是欧洲海上保险业务的中心。虽然伦敦在信守期限和诚实无欺方面，已在这一行业中具有很强的竞争力，但是英国保险公司仍然担心，唯恐稍一放松警惕，保险业务就必然会落入荷兰人的手中。

对外贸易和国家利益之间的关系，各国多有不同。诚然，一般来说，欧洲大部分地区的社会基础仍然是农业。但荷兰却是一个明显的例外。在那里，劳动人口中很大一部分人的就业和资本家的财富，都依赖从世界各地源源不断运来的原料。甚至全国的粮食也大多是从波罗的海国家进口的。这些事实有助于说明为什么18世纪荷兰的外交和经济政策如此谨小慎微。由于人口少，资源贫乏，交通线又容易遭受攻击，荷兰的政治家们不能推行冒险的政策。在另外一些国家，外贸并未如此直接影响到国家利益，然而促进和保护对外贸易仍是许多国家的政治家极为关心的问题，取得贸易上的顺差则成了政策上的主要目标。对于这种看来似是而非的论点的解释，必然在于政府与在外贸上有着既得利益的强有力集团之间存在着密切的关系。譬如，在东印度和西印度群岛的商人集团与政府本身的财政利益就有着密切的关系。更有甚者，在某些特定地区，贸易的中止会造成失业，甚至危及社会秩序，乃至威胁国家安全。在英国，兰开夏的棉纺工业越来越多地使用牙买加的棉花。西印度群岛的染料对于约克郡和西部地区在印染深颜色的布匹时是不可缺少的。瑞典的钢铁对于伯明翰制造剑和枪的工匠是必要的。从士麦拿和莱戈恩来的生丝对于英国中部地区的缫丝工人和斯皮特菲尔德的纺织工人是必需的。尤其是进口的木材，建造商船，特别是建造海军舰船都需要它。市场也必须考虑进去：美洲各殖民地是中部地区生产的铁钉的市场；德国则是约克郡的呢绒市场；西部地区同西班牙和意大利的贸易同样十分重要，因为西班牙和意大利的修女都用黑绒布和长厄尔斯布做头巾。① 这种考虑进一步说明了为什么这个时期英国政府如此关注海军，以及繁荣和实力两者之间继续存在着的联系。在波罗的海，瑞典和俄国都可以威胁英国的木材供应，所以海军的任务就是要确保"波罗的海不得被人控制"。在地中海，黎凡特的贸易可能受到西班牙和来自西西里的神圣罗马帝国的威胁（如在1725年），法国从土伦和马赛袭来的威胁，以及北非沿海一带柏柏里海盗的骚扰。因此，像直布罗陀和米诺卡这样一些"位置比较方便，可以给他们造成'骚扰'"的海军基地就十分重要了。② 很难谴责英国政治家们过高地估计了海军的保护作用。他们有时过高地估计了海军的进攻力量倒是可以争论的。当时广泛流传着这样一种看法，认为只要阻止西班牙从其美洲殖民地运送财宝的船队，就可能迫使它屈服。事实证明这种看法是过于乐观了。最近一位历史学家公开宣称，七年战争表明"用封锁和征服殖民地来挫伤法国的意志是无能为力的"③。在巴黎和约签订之后的短短几年中，波尔多的殖民地贸易发展到了空前的规模。然而，在更广泛的计划中，消灭法国的海上力量与减少其殖民地和贸易却起到了作用。尽管敌人在大陆上取得多次胜利，却也给法国的巨大利益造成了严重的损害，从而使英国能在1763年拼命地讨价还价。

就经济理论的实际应用而言，这个时期的历史学家们的记载中没有发现什么偏离传统的重商主义立场。在政治家的心目中，外贸和海运仍旧是他们努力的目标，也是富国强民的源泉。"我们的贸易取决于我们正当地运用海上力量：贸易和海上力量是互相依存的。……财

---

① 笛福：《英国的商业计划》（1728年），第185页。
② 托马斯·肖：《旅行札记》（牛津，1738年），第318页。
③ 帕雷斯：《西印度群岛的战争和贸易》（1936年），第392页。

富,这个国家真正的资源,靠商业。"这就是我们称为"皮特系统"的实质。1760年皮特的思想与100多年前乔治·唐宁爵士和航海法制定者的思想之间几乎没有什么可选择的。要决定一个国家的兴旺,人们就像在100年前一样,指望的是贸易的差额。更有甚者,他们往往引用前一个世纪的作家们的那些随意收集的关于进出口的数字,仿佛没有发生任何变化。要说明为什么经济思想如此停滞不前并非易事,但是有一点是肯定有所考虑的,那就是对于重商主义作家来说很根本的一种看法,认为可供大家分享的贸易总额本身是不变的。马修·德克尔是一位英国化了的荷兰人,也是一位具有广泛商业经验的作家,他的观点常常被认为是亚当·斯密思想的源泉。他在《论对外贸易衰退的原因》一书中写道:"因此,如果英国的出口超过了进口,外国人就必须用金银财富来支付差额,国家就富了。但是如果英国的进口超过了出口,我们就必须付给外国人金银财富,那么国家就穷了。"这些话实际上是对托马斯·曼的话的解释。在德克尔之后50年,内克尔建立了一个办公室,使他能用同样的标准来判断法国的贸易状况。西班牙的财政制度好几个世纪以来一直与重商主义的基本原则相违背:对进口的原料和出口的工业品课以重税,鼓励工业品的进口和原料的出口。正是在这个时期,两位深孚众望的经济学家乌略亚和乌斯塔里斯开始根据正统的重商主义者的方式强调工业和出口贸易的重要性。各地讲究实际的人士对殖民地的态度在本质上并未改变。正如一个布里斯托尔的商人在1717年说的那样,殖民地的作用是"拿走我们的产品和产物,给我们提供在这里进行加工或再出口的商品,或者说,不用其他地方的同类产品供应我们的国内消费,雇用我们的穷人并促进我们的航海事业"[①]。

然而,即使在讲究实际的人士中,对现行的贸易制度的某些方面也不乏不满意的迹象。因此,虽然德克尔论文的主题是对外贸易的衰退,他也得瞻前顾后。因为如果他接受关于贸易顺差重要性的观点,他就反对了重商主义者通常用以谋求达到贸易顺差的管理方法。他不仅攻击关税制度、国债和"不合时宜的法律",而且攻击整个垄断制

---

① J. F. 里斯:《剑桥英帝国史》(1929年),第1卷,第20章,第566页,引自约翰·卡里《试论调整贸易和雇佣英国本国穷人》(1717年)。

度和航海法。对航海法的这种攻击没有立即发生作用,而且他的意见得到群众多大程度的拥护也是值得怀疑的。甚至精力充沛的迪安·塔克,在1765年关于印花税法的争论之前,也一直没有改变对殖民地价值的正统观点。许多人目睹一年几百艘船满载着纺织品离开西海岸的港口,又满载着殖民地的货物回来;他们还目睹利物浦(对法国人来说,是波尔多)变得越来越富足。要这些观察家们否认这些事实与一整套的宽容的商业管理方法有因果关系,这确实很困难。然而,在另一方面,德克尔和其他人的攻击或许会起到更大的作用。被选为攻击目标的第一批垄断组织是有"专营特许状的公司,即东印度公司、南海公司和土耳其公司"。这些公司"阻碍了我们的工业品在国外不断扩大销路"。德克尔认为,这些公司的专营特许状阻止了英国人在"已知世界的3/4地区进行自由贸易",因为它们的政策导致有意限制海运力量的增长。"仅出入莱戈恩自由港的贸易船只的吨位数就比这三家特许公司使用的船只吨位数大。"① 德克尔在这一点上是讲得比较得人心的。英国进行对外贸易的公司制度在18世纪中叶有所放松也许是很有意义的。这时比一个世纪之前,有更多的资本家拥有足够的财力独自开辟航线。对外贸易的风险虽然仍旧很大,但是由于外交机构的广泛建立、皇家海军效率的提高和力量的增强,以及海上保险的发展,风险已比过去减少。所有这些方面的发展都使对特许公司的需求减少了,至少在许多的贸易地区是这样。在庞大的联合股份公司中,东印度公司和哈德逊湾公司幸存了下来,主要是因为终于认识到这些贸易需要保护,而这种保护只有一个拥有永久和集体财源的公司才能提供。第三个公司是非洲公司,它在1750年结业,变成一个由全体与非洲进行贸易的商人所组成的受政府控制的公司。其他受政府控制的公司——东方与莫斯科公司和冒险商公司——是在1688年革命以后开业的。后来在1753年,通过了一个法案,开放黎凡特公司,使之符合新的时尚。甚至在法国,自18世纪初以来,在商会内不时发生对垄断和商业限制的攻击。1750年后,商会的考虑日益表现出自由的倾向。1759年,允许进口印度棉花的决定就表现了这种新精神。与此同时,樊尚·德古尔内(1712—1759年)的追

---

① 德克尔:《论对外贸易衰退的原因》,第43—47页。

随者推为宣传"自由贸易，自由通行"的主张。这样，50年代就是从垄断贸易到自由贸易的过渡阶段，但是海外贸易必须"接受旨令"的想法仍然存在。

这样一些变化是可以觉察到的，但是很小。它们不足以表明重商主义的大厦即将倒塌：实际上，它一直保留了整个世纪。但是，恰好是在这个时期，理论家们在准备对重商主义制度的基础进行攻击，到时候就会将它摧毁。在英国，一系列思想家，如洛克、诺思和休谟；在法国，里夏尔·坎特龙和重农主义者的领袖弗朗索瓦·魁奈，都在对重商主义制度有系统地提出理论上的抨击。他们批判的方法不同于德卡尔一类作家，相对地不受讲求实际的成见的影响。倒不如说他们的批判是由于在思想上对重商主义者不能令人满意的分析注释上感到不满。他们的成就是形成一种比较普遍（即使常常不甚实用）的经济理论和分析的概念。坎特龙的《论文》（1755年）包含对价值、工资和价格，以及对外贸易、外汇率和价格水平之间的关系等主要问题的充分论述，胜过了以前的任何作家的论述。休谟虽然独创性略显不足，但对于后来的思想留下了他的印记，而且完全不是靠对重商主义者建立在货币数量理论基础上的贸易平衡概念的攻击。这些思想有些在法国重农主义者的著作中重现，对他们来说，商业在经济中只起辅助作用，即分配的作用。在把重点从交换作用（重商主义者所说的）转移到生产作用方面，他们表明了当时最先进的理论所达到的极限。正是在生产领域里，他们发现了创造财富的力量和可能用于积累的盈余。这里有一个思想方法问题，它起码转移了人们对商业的注意力，可能破坏了至少在过去两个世纪中精心建立起来的经济民族主义的结构。然而这种新的思想方法在当时的重要性很容易被夸大。1752年，休谟可能宣称："我，不仅作为一个人，而且作为一个英国的臣民，为德国、西班牙、意大利，甚至法国的商业繁荣祈祷。"但是，要经过很久以后，许多人才同意了他的信念。仅从哲学的观点来说，全面地综述这种新思想在理论和实践两方面的含义，尚有待《国富论》的发表。皮特的"系统"说比之休谟的经济哲学或塔克的反帝国主义理论更符合当时的舆论。

旧制度的统治者大多往后看，而思想家则多少向前看，这是旧制度后期的特点。因为这个时代本身就是新旧混杂的。欧洲社会的基础仍然是农业和重商主义。工业的发展是局部的,而且不平衡。一些比较老的工业部门,如荷兰莱顿的织布业,英国德文郡的哔叽业在衰退;而新兴工业,如法国南部生产廉价纺织品的纺织业、约克郡的呢绒业,以及英国北部和中部的丝绸和棉纺业则欣欣向荣。在工业技术上,特别在冶金方面,发生了一些变化,但是就工业作为一个整体来说,还没有迹象表明生产组织本身发生了具有深远影响的变化。工业界在政治上已经充分地组织起来,足以在影响到他们利益的问题上向政府挑战。在法国和英国,他们在反对进口有竞争力的印度纺织品问题上获得了胜利。然而,有意义的是,他们认为,他们的利益与商人的利益一样,是在保护和限制措施方面,而不在经济自由的措施方面。那些扩大经济自由的措施是来自商业和工业之间正在发生变化的关系,而不是来自生产组织内部的变化。1763年与1713年相比,有更多的人受到其他国家贸易的影响。越来越多的雇主和雇员关心从国外取得的原材料与开辟国外和殖民地市场的情况。因此,他们也越来越怀疑那些看来一成不变的管理经济的原则,因为这些原则往往缺乏灵活性,有时还与常识和公平交易的原则相违背,并且日益阻碍了贸易和就业。

(姚乃强 译)

第 三 章
社会阶级与国家基础

18世纪初的社会，正如在圣西门和哈维勋爵的著作，罗素或温德姆家族的文件以及贝里克公爵或玛丽·沃特利·蒙塔古夫人的通信中所反映的那样，主要是一个贵族的和法兰西式的社会。这种印象从瑞典的城堡，维也纳城内及其周围的宫殿，以及英国和俄国的肖像画、图书馆和珍藏的瓷器都可以得到佐证。但是，如果人们考虑的是舰队街、利物浦和布里斯托尔，而不是圣詹姆斯宫、韦尔贝克和伍本；是雷恩和马赛，而不是凡尔赛；是汉堡和美因河畔法兰克福，而不是波茨坦、卡尔斯鲁厄和曼海姆，那么所得到的印象就有所不同了。甚至在18世纪上半叶，经济力量就已经在起作用了，往往使城市中产阶级的人数不断增多，力量不断增强；而且法兰西的思想和风尚已经受到来自英国、德意志各城市，甚至来自非欧洲世界的挑战。

但是，贵族的声望在18世纪初无疑是很大的。在大多数国家，军队、法院和外交部门的高级职位全部为贵族阶级的成员所占据。在欧洲的大部分地区，贵族有权标志纹章以显示他们与第三等级不同。例如，有的画在他们马车的车门上；或者，像在西班牙，则把它赫然地雕刻在城里宅邸门廊的上方。在大多数国家，所有贵族的后裔仍然沿用贵族的头衔把自己与其他人区别开来，然而英国在这方面的做法有些特殊。要取得这一头衔的权利，通常要由国王封为贵族，而国王要把平民封为贵族的这个权力，则要受到密切的注视和严格的限制。譬如，1720年的瑞典宪法就作了限制，然而实际上瑞典在1719年至1792年间就约有624个家族被封为贵族；而英国在1702年至1783年期间却只有144家受封。贵族很大一部分的权力是以财富为基础的。而且18世纪上半叶，这种财富大都是以土地的形式出现。在西班牙，一些大贵族，如因凡坦多、梅迪纳·西多尼亚和奥苏纳，都拥有庞大的产业，因此这些家族的首脑成了政治上不可忽视的人物，即使他们的才能可能只是平庸而已。有几个国家的贵族已经制定出大体上相类似的办法，把大地产保持完整。不管是西班牙的长子继承制，或者奥地利的限定继承法，或者英国严格的限嗣继承地产权制，土地都完整地由父亲传给长子。英国《闲谈者》杂志曾谴责这种做法是十分荒谬的，① 但却照常实行。甚至有的贵族并没有什么财富，不得不用家里的花毯来做衣服（如像德卢瓦先生那样），但是他们仍然享有很多的特权。欧洲大陆上的许多地方，贵族只凭他们的地位就可免除纳税，就可对他们的佃户行使司法权，仍然有权征收封建的赋税，往往还要征用劳役。不管是像《旁观者》杂志文章中所描述的罗杰·德·柯夫雷爵士那样的英国小乡绅的天地，或者像吕伊纳和圣西门这样大贵族的天地；不管是从一个像黎塞留公爵那样的贵族的观察，或者从来自下层的博马舍和盖依的观察，18世纪的社会似乎是被高雅的绅士所统治的。农民是他的佃农，有时是他的农奴。城市工匠为他绣制背心，镶嵌家具。甚至像雷诺兹和盖恩斯巴勒这样有才华的画家也乐于接受他的画像委托，而像蒲柏这样独立不羁的文人则是例外，不领受贵族的保护。

一眼就可看出，18世纪初的社会主要是贵族的这一性质，由于罗马天主教会拥有相当大的权力和威望而进一步加强了，因为虽然教区教士有时是从农民和城市工匠队伍中招收来的，但是教会中的高级职位几乎都由贵族成员担任。教会的高级职位向出身低微的人开放的一个国家是西班牙，但是，在绝大多数国家里通常情况却不是这样。在法国、西班牙和那不勒斯，教士、宗教组织的成员以及吃教会饭的人约占总人口的2%。在葡萄牙，所占比例似乎还要大得多。绝大部分的一般赋税，教士均免予交纳。他们享受什一税和多种收费。他们在很大程度上垄断了教育。在政治上，他们的势力通常是站在国王和保守的一边。耶稣教的教士，无论在斯堪的纳维亚、北德意志、荷兰或不列颠诸岛，他们的社会地位不如罗马天主教的许多牧师的高。但是，总的来说，他们的势力也是坚定地站在已经确立的制度的一边。

---

① 《闲谈者》，第223期，1710年9月12日。

只有卫理公会的教士对穷人的状况表现出强烈的兴趣，但是他们并不太关心去改善穷人的社会或经济状况，或者鼓励穷人去争取任何政治权力，虽然他们深切地关心要拯救穷人的灵魂免遭毁灭。

然而，如果说 18 世纪初是"贵族的"这种说法会使人产生误解，以为这个时期都是一式一样的。尽管各国的贵族有着许多相当大的类似之处，但相互间还是存在着非常明显的不同。俄国的乡村贵族（第 14 章）就和法国的宫廷贵族大不相同（第 10 章）。普鲁士的（第 13 章）和瑞典的（第 15 章）官僚式军事贵族与西班牙悠闲的地主（第 12 章）形成鲜明的对照。在普鲁士，一定程度上也在匈牙利（第 17 章）和瑞典，许多贵族是讲究实际的农场主，他们为了谋利耕种着他们的种植园。在英国，绝大部分的土地租给了佃户，但是英国的地主有一个传统，通过其代理人与乡间事务保持着密切的联系。在西班牙、丹麦和法国的大部分地区，许多贵族几乎一直住在宫廷里，很少前去看看他们的庄园，对于农事也无多大兴趣，只要农民按时向他们缴纳封建的赋税即行。贵族不仅与他们庄园之间的关系一个地区与另一地区大不相同，而且对农民实施的权力也差别很大。在波兰和匈牙利，贵族在其庄园中拥有极大的权力；而在瑞典和英国，他们的权力则比欧洲的任何其他地方都要小。

贵族和耕种其土地的农民之间关系上的这种差别，生动地说明了欧洲地区之间的差别。18 世纪英国的地主除了经营家庭部分的田园外，绝大部分土地一般不自己耕作。他们把土地出租给佃农，靠收取地租生活。他们这样做是非常合算的，因为在 17 世纪，英国的农业经历了一个繁荣时期（只是由于内战暂时中断了一下），地租提高得很快。在 18 世纪，大佃农也富庶起来。如果一个大佃农碰上好运气，租种的农场租期长，有时就能从他对农场投资的资本中取得 14%—18% 的利润。他日子可以过得很舒适，甚至很阔绰。他甚至可以讲究窗明几净，妻子和女儿也不必去干重活。但是，在大地主和大佃农富裕起来的同时，而在 17 世纪末已占人口的 1/7 左右独立的小自耕农，却慢慢地衰落了。他缺少与有钱的邻舍竞争的资本，也无力仿效他们改进耕作技术，甚至在自己的土地上没有狩猎的权利。济贫税对他们来说是一个沉重的负担。1750 年以后，圈地运动又兴起时，自耕农的地位更糟。谷物价格开始波动，他不能像资本主义农场主那样把谷物贮存起来，等待好价格再出卖。自耕农民沦落了，加入到靠挣工资生活的队伍中去。在18世纪上半叶，英国农业中靠挣工资生活的人还是相当富足的。他们的餐桌上白面包代替了黑面包，他们几乎天天能吃上乳酪，往往还吃肉。他们喝啤酒，有时甚至还喝茶。但是到了18世纪中叶，情况开始恶化。官方在评定工资时总是压得很低。用济贫税补贴已结婚的男子收入的制度，间接地破坏了全部劳动力的市场价格。工业集中在北方和中部的城镇，这就减少了农民收入的一个来源，而18世纪后期公地被圈走对于靠挣工资过活的人又是一个严重的威胁。最初，经过改良的耕作方法给靠工资为生的人提供了一个就业机会，但是到了18世纪中叶时，农业的耕作方法有了长足的改进，以至有可能节省劳动力了。有些大地主宁可把本村的村民赶走，雇用附近村子里的人做劳动力。到了18世纪末，英国农业工人开始了一个严峻的时期，虽然对他们的压力更多的是在经济方面，不是政治方面，甚至也不是社会方面。

在法国，农民家庭约占人口的80%。农民真正拥有自己土地的不到1/20，佃农占1/4弱，分成农也许占1/2。分成农必须把土地上收成的一半交给地主。无地农民也占1/4弱，还有约1/20是农奴。到18世纪末，法国的地主对农民的欺压并不特别厉害，但是农民要交纳各种金钱，负担十分沉重。他们必须向教会缴纳什一税，向国家交平民人头税、二十分之一税、什一税、人口税以及盐税，等等。除此之外，他们还必须向地主缴纳名目繁多的封建赋税。一个农民，如果他不是一个自由的土地所有者，那么他还得因使用地主的磨坊、葡萄榨汁机和烤炉等付出代价。他不得不每周去给地主干几天活，或直接用交纳钱款的办法来偿还。

在中欧和东欧，大多数农民是非自由农，虽然即使在这些地区，各处情况也很不相同。在匈牙利，土地基本上是由不自由的农民耕作，虽然他们中间有一些人比其他的人富裕。1514年，一个农民应向地主缴纳的封建赋税定为：一年一个金福林，一周劳役一天，一月一只鸡，一年两只鹅。此外，10个农民一年交一头肥猪。再者，地主有权取得农民收获的庄稼和葡萄总产量的1/9，教会则取得1/10。1548年，农民被迫在收割庄稼、打干草和采摘葡萄的季节里每周为地主劳动两天。1557年，农民除向地主缴纳各种封建赋税外，国家又开始向农民征税。这些税收在以后的几个世纪里,愈收愈多。到了18世纪,匈牙利的农民还一直向地主交付这些封建赋税,每周替地主服劳役,把收获的一部分交给地主,并且负担国家税收的重担。由于匈牙利农民完全是在封建地主的管辖之下,不可能充当指控贵族的证人,所以他们的处境十分困难。但是,这时出现了一种趋势,要求减少每个农民所欠地主赋税的数额。据说,匈牙利农民的经济境况比哈布斯堡王朝其他领地上的农民、德意志各邦的一些农民,甚至比法国的一些地区的农民都要好。匈牙利农民最不利的地方是他们的赋税比率被认为是最低的。1767年,玛丽亚·特蕾西亚颁布"土地法"时,对封建赋税和一个农民可以为其地主服劳役的天数都做了调整。她把普遍接受的数字规定为可以强征的最高额。据维也纳国务会议的报告,摩拉维亚、波希米亚和西里西亚等地农民的状况比匈牙利农民的状况更糟,而与丹麦农民的状况相同。丹麦的情况与东德意志的一般情况类似,而与斯堪的纳维亚的其他地方则不相同。在普鲁士,在易北河以东的其他德意志地区,以及在巴伐利亚,农民占人口的3/4,那里农奴的状况也很坏。在东普鲁士,一个农民每星期至少要替他的地主干3天活,有的时候竟要干5天或6天。有些农民只得在晚上或夜间才能耕种自己的土地。在易北河以东的大多数地区,地主把司法权和土地所有权结合在一起,这样使他们自己在与农民的关系中处于一种十分有利的地位。他们只"让"农民占有一点土地,租用期又含混不清,所以尽管农民未经地主允许不得离开庄园,但他仍可能从他的住家中和土地上被赶走,而得不到任何赔偿。相反,在西德意志,农民的地位比较像法国的那些压迫农民较轻的地方。农民常常交付货币地租,对其人身自由的限制也就不存在了。而且,他拥有的土地是建立在世袭的基础上,所以他的儿子完全有理由继承。地主只是在一些不重要的案件上才对他施行司法权。若要征用实际劳役时,有时一年少到只有14天。在波兰(第14章),七八百万农奴的状况是十分悲惨的。1717年以前的55年的战争造成了惊人的毁坏。人口减少,增加农奴每周劳动的天数并不能解决困难。在18世纪上半叶,每周要求服劳役的天数是3天。农民的其他赋税也增加了,他们被束缚在土地上,受地主的管辖,在1768年之前,地主掌握着生死之权。在俄国(第14章),农奴的地位可与波兰的农奴相比。全部农民中大约有60%是私人庄园里的农奴。他们或者一星期为地主干两三天的活，或者每年向地主纳税，税款由50戈比到2卢布不等。数额是由地主确定，并且可以任意提高。地主可以连同或不连同土地出卖农奴，甚至拆散其家庭。地主也负责征收其农奴的人头税。据说，靠教会土地生活的农民中有15%的人比租种世俗地主土地的农民的生活还要困苦。"国家农民"① 比其他农民的生活要好得多，因为他们缴纳的货币地租很轻，只有40戈比。一般来说，凡是国家要求贵族提供劳务的地方，贵族对于他们的农奴的要求就重，普鲁士和俄国就是这样。凡是贵族享有相当大的政治权力的时候，如在波兰和匈牙利那样，那么他们强加于农奴的负担也就繁重。

贵族在政治上的重要地位，如同他们对农民行使的权力一样，因国而异。在某些国家中，虽然某些贵族个人通常担任国家的要职，指挥武装部队或出任大使，但是就整个贵族来说，政治上的权力是微不足道的。法国的情况就是这样，那里，也许仅4000个贵族家庭实际上参与了宫廷生活，有一些人在宫廷里供职并领取年金。但是，法国的三级会议自1614年以来就未召开过会议，而且那里的地方政府的事务主要掌握在国王的领取薪金的官员手中。在西班牙，贵族占人口的5%左右，情况与法国大致相同。西班牙议会虽然常常开会，但几乎没有什么权力。与法国一样，许多西班牙贵族都离开了自己的庄园，在宫廷里当食客。丹麦的贵族也往往离开他们的庄园，密集在哥本哈根；德意志的小邦中，许多贵族也是这样。在德意志小公国的宫廷里，贵族拥有的实际政治权力很小，但是他们享有很高的社会威望。在德意志，贵族身世比较重要，这是进入宫廷社会的先决条件，法国的情况则不是这样。甚至在18世纪末，资产阶级出身的歌德必须精心策划出一套手法，才能受到接待而与年轻的威玛公爵夫人玩牌戏。再者，在讲究繁文缛节的德意志小公国的宫廷里，领取薪金的官员却是数不胜数。在1733年萨克森公国的历书里，官职表就有53页。在大多数宫廷里，贵族们根据公爵及其夫人的兴趣，为他们提供各种娱乐，如狩猎、歌剧、招待会、舞会等。他们赌博、饮酒、寻欢作乐，谈情说爱，挑拨离间以及玩弄小小的政治诡计，这里大有机

---

① 即耕种国有土地的农民。——译者注

会。法国、西班牙、两个西西里、丹麦以及德意志的小朝廷的许多贵族参加宫廷活动，过着奢华的，有时也是颇有教养的生活，但在政治上却碌碌无为。

与这种政治上碌碌无为的宫廷贵族形成鲜明的对照，普鲁士和俄国的贵族则终身为国效劳。在普鲁士，许多贵族很穷，以致不得不出来谋求工作，或在军队里当军官，或在政府部门担任文官。腓特烈·威廉一世和腓特烈二世坚持认为，普鲁士贵族成员应为国效劳。因此在贵族中便形成了一个传统，认为担任公务是一个贵族的天职，是一种荣誉。正是贵族必须为国效劳的这种理想，激励彼得大帝从事改革，但是，事实证明俄国人不如普鲁士人那么讲究合作。1714 年，彼得大帝宣布一切产业都是世袭的，同时他改变了俄国古老的继承制度，代之以限嗣继承地产权制，即只有长子继承土地，其他的儿子必须去谋求工作。1722 年，彼得大帝把军队和政府部门的全部职位分成 14 等，并且宣布即便是贵族都得从最低的一级往上晋升。彼得大帝死后，这些激烈的社会改革被修改了。1730 年，限嗣继承地产权法被废除，年轻的贵族允许先在为贵族开办的特殊的士官生军团中开始为国服役。1736 年，贵族为国家效力的期限减至 25 年。虽然由于土耳其战争这个规定没有立即付诸实施，但在 1742 年经过批准实行。甚至在 18 世纪 30 年代，俄国的贵族就千方百计地采取种种手法逃避为国家效力的严格义务，譬如把婴儿的名字注在近卫军的花名册上，这样孩子到了 25 岁时，从法律上说他已完成了义务役的期限。1762 年，贵族们获得彼得三世的准许，可以在任何时候退役。

在匈牙利，贵族享有一定程度的地方行政管理权和司法权，甚至政治权力；这虽然不能与普鲁士和俄国的贵族必须为国效力的情况相比，也不能与法国和西班牙的贵族在宫廷里碌碌无为的情况相提并论，但是可与瑞典和英国的情况相比。在匈牙利，即使在玛丽亚·特蕾西亚的改革之后，贵族和乡绅也处于一种特殊强大的地位。匈牙利社会是一个贵族的社会。贵族在人口中所占的比例比英国和法国的大得多。1787 年，据估计，匈牙利人口只有法国人口的 1/4，而贵族家庭的数目却是法国的 3 倍左右。1741 年，由匈牙利贵族组成的军队是哈布斯堡王朝的支柱。在一个很长时期，匈牙利的国王是由外国的王公来担任的，城镇里大部分的居民也是外国人，而教会又被异教所动摇；在这样一个国家中，贵族却最真实地表现了匈牙利民族的团结。在匈牙利，不是贵族是不能拥有土地的，因而匈牙利的贵族拥有巨大的产业。从土耳其手中夺回的领土被分封后，贵族的产业又扩大了。有些匈牙利贵族，如加博尔伯爵、埃斯泰尔哈吉公爵、格拉索科维奇家族、帕菲以及其他贵族都是豪门巨富。1741年又规定，匈牙利贵族无须纳税。匈牙利的贵族就像其他国家的贵族一样，占据了国家的要职，而且还像法国的贵族一样，也占据了教会的重要职位。他们全都是国民议会的议员，而且据有匈牙利各省的最高行政职位。在玛丽亚·特蕾西亚统治期间，大贵族的权力开始逐渐衰落，但是一直到18世纪末，这些权力仍然相当大，而且即便是那些住在各省、基本上还没有接触过法国的风尚和习俗的比较贫穷的贵族与乡绅，也有力地掌管着司法权，小心翼翼地保护着他们自己地区的习俗和权利。在波兰，18世纪是地地道道的贵族时代，所以当时的波兰宪法被人称为"贵族的民主"。其实叫作"贵族的无政府状态"也许更为恰当。虽然这种无政府状态是以波兰的灭亡而告中止的，但是在1772年以前的半个世纪里，波兰的贵族还是经历了一个黄金时代。据估计，18世纪波兰缙绅阶级的人数在150万左右，其中只有20人到30人才是真正的大权贵。波兰的贵族出席议会，控制着王国的政策。他们统治着各省，挑选收税官，并且实际上管理着各个地区，因为领取薪金的公务人员很少，而且那些在职的官员也无多大权力。同波兰贵族的那种不受约束的权力相比，瑞典的贵族，即使是在国王的独断专行受到1720年的宪法的遏制之后，似乎也进一步受到限制。然而在50多年中，他们控制了国家的政治生活。在1720年到1772年期间，瑞典的政策掌握在四个等级的手中，构成第一等级的贵族，则起决定性的作用。据估计，在18世纪上半叶，瑞典和芬兰约有2000个贵族家族。各个贵族家族的族长，或者挑选出来充当那些本人不能出席议会者的代表，都不必谋求议会的每层会议的当选，只需定期出席会议而已。在权力极大的各等级的秘密委员会中，贵族占50个席位，教士和自由民各占25席。只是在特殊重大的情况下，才有25名农民应邀参加委员会，所以通常贵族占委员会的一半席位。枢密院的席位则完全由贵族垄断。虽然贵族在18世纪期间逐渐放弃了一些特权，但是一直到1809年政府的官职才向所有三个等级的成员开放。而且，一直到1762年，贵族还拒绝承认任何一个虽封为贵族但未得到第一等级同意的家族。1723年，贵族同意不同等级之间的成员可以通婚，承认非贵族有权拥有贵族的土地，也允许他们在政府和军队中担任一些次要的职位。这是因为瑞典当时在外交政策上面临着一场严重的危机。在以后的一段时间里，贵族还是成功地维护了他们相当大的赋税豁免权。在英国，贵族和缙绅1688年所取得的胜利虽然使国王蒙受的屈辱还没有达到瑞典贵族1720年的胜利使国王所蒙受的屈辱的那种程度，但英国的贵族和缙绅到1832年（或许还要更晚一些）一直支配着政治、行政和社会的生活。贵族组成了立法机构的一个院，而另一个院则主要由缙绅构成。国家和军队的一些重要职位通常都由贵族担任。在乡间各地区，贵族和缙绅掌管司法，他们作为兼理一般司法事务的地方官又管理郡和教区的事务。虽然英国贵族掌握的政治、司法和行政权所表现的某些特点，可与匈牙利乃至波兰的贵族所拥有的权力相比拟，但是英国贵族和资产阶级相互渗透的程度使英国的社会状况看起来要比中欧和东欧的社会状况先进150年。

国与国之间不仅社会状况大不相同，即使在一国之内，经济与国民方面的变化也在形成许许多多的社会集团，一直到社会的结构变得几乎是无限的复杂，已远不是贵族主宰一切那样的简单了（第10章）。

经过18世纪初社会性质的这种微妙而复杂的变化，欧洲许多地方出现了一种新的趋势。在西欧，特别是在荷兰、英国和法国这样一些贸易发达的国家，代表重商主义的中产阶级人数越来越多，势力也越来越大。在中欧和东欧日益收到效果的独裁统治的国家中，特别是在普鲁士和哈布斯堡领地内，出现了一个由文职官员组成的中产阶级。18世纪欧洲各地都出现了一个扎根于陆军、海军、教会和法律这样一些专业部门的上层中产阶级，但是一个日益居于重要地位的中产阶级的迅速成长，在英国最令人瞩目。

或许由于英国到18世纪中叶前，还没有发展一支像在法国、普鲁士、奥地利和俄国那样大规模的常备军，所以英国社会没有出现同军队等级有关的那种等级森严的区分的迹象。同许多欧洲大陆国家一样，英国保留了长子继承权和限嗣继承地产权；但是在英国，只有长子才能承袭其父的爵位，因此在几代人期间，即使公爵的后裔也没有任何爵衔。这种一个阶级为另一个阶级和平渗透的结果,产生了一种利害相同的关系。这种利害关系相同的情况由于这一事实又得到加强,即在下议院中,缙绅阶级和城镇的代表(即使他们不是缙绅)肩并肩地坐在一起。早在 1726 年,笛福就已指出:绅士从商并不有伤体面,商人跻身于贵族行列也毫无失当之处:

> 简言之,英国的贸易造就了绅士,使这个国家绅士济济。因为商人的子孙(或者至少是孙辈)渐渐成了高雅的绅士、政治家、议员、枢密院成员、法官、主教和贵族,他们与那些出身于最高贵、最古老家族的绅士们毫无二致。①

于是商人杰克·安维尔摇身一变,成了约翰·恩维尔爵士。《旁观者》杂志把他描绘成这种经过自我奋斗、"倾全力缔造一个家族"的范例。一位郡议员,也是一位男爵,他的祖先在 14 世纪曾在议会里占有一席之地,现在却可以同一个城里的铁器制造商的女儿结婚。酿酒发了财的人可以买庄园,在哈福德郡就有许多这样的人;西部的羊毛制造商和中部的铁器制造商也是这样。在 18 世纪初,英国的采矿业和工业就已十分兴旺。南特敕令的取消,使许多法国的胡格诺派教徒逃到英国去避难。他们在英国大大地促进了玻璃、造纸、制帽和丝绸等工业的发展。普鲁士作家博内特的作品就向人们证明,18 世纪英国的生活是十分富裕和安适的,在那里肉已成了主食,面包和蔬菜仅仅是佐餐物品。英国国内长期的和平促进了这种繁荣的发展。从贸易和制造业中获得的财富的大部分则用来购置土地。在某种程度上,贵族地位的高低仍然以拥有土地的多寡为基础。但是,在英国,由于"国王的臣民拥有土地不予禁止",因此拥有土地的贵族中便慢慢包括了那些先发财,然后再购置土地的人。不仅富有的制造商人购买地产,而且有些贵族也以强烈的商业意识用他们的地产来经营农场。已经指出,只有在英国地产才是按其租金收入而描述的。杰思罗·塔尔是伯克郡的一名乡绅农场主,1733 年出版了一本论述马拉犁的书。1733 年至 1738 年间,汤森勋爵证实,经过改进的耕作方法

---

① D. 笛福:《完满的英国商人》(1726 年),第 376—377 页。

是有利可图的。从1760年起，莱斯特郡的罗伯特·贝克韦尔就表明，饲养牲畜可以获取多大的利润。18世纪末，诺福克科克，甚至国王乔治三世本人，都表明贵族从事有利可图的畜牧业所获得的实际利益。

　　在这之前，上层中产阶级在欧洲的其他地方，特别是在小的城镇社会中，已经发展起来。意大利的城市，特别是威尼斯和热那亚共和国，都有了这一阶级。瑞士的城市也有了这一阶级。德意志比较富裕的城市，如汉堡、美因河畔法兰克福和莱比锡，都供养着高傲的贵族阶级，而这个阶级在17世纪曾是尼德兰联合省的支柱。荷兰的显贵是商人。他们表情严肃的画像都被画成一些形象很不突出的行政长官或行会的领袖。他们把流经阿姆斯特丹的海伦运河称为行会河，并沿河修建了许多雄伟的宅第，里面挂有埃伦格尔、德利乌斯或穆舍龙的绘画，并饰有罗马式的精致的拉毛粉饰，还有富丽堂皇的楼梯，宽敞的房间，避暑的花园和亭榭。在瑞士的城镇和德意志自由的城市里，也很早出现了商业贵族。他们都受过良好的教育，所以在17世纪苏黎世有一半人口能读能写，而且博览世界，因此莱比锡被称作"小巴黎"。巴塞尔有能力维持一所古老的大学。意大利的流亡者在苏黎世的贵族中占很大的比例。当汉堡不仅是一个重要的港口，而且也是流亡的新教徒和犹太人的避难所的时候，巴塞尔则是一个欣欣向荣的歌剧之乡，有着第一家德意志的咖啡馆和模仿《旁观者》杂志的第一家周刊。在莱比锡，每年要举行三次博览会，成千上万的商人汇集在那里，成交量可达几十万镑。莱比锡也是最先举办为中产阶级欣赏而不是专为王公及其贵族宾客娱乐的音乐会的地方之一。虽然美因河畔法兰克福的一部分金融业务已丧失给了阿姆斯特丹，它的许多图书贸易转到了莱比锡，但是在那里还有着许多显贵的家族，如贝特曼家族、罗斯柴尔德家族等，并且成为从奥格斯堡、乌尔姆和尼恩贝格流亡来的犹太人之家。在法兰克福形成所谓林佩格尔和弗劳恩斯坦纳的上流社会的那些显贵们，认为他们自己可以和皇家贵族平起平坐。这种自傲是建立在"继承的财产"、文官的传统、法定特权以及高贵的生活水准等基础之上的。① 在德意志和荷兰城镇中的这些城市贵族

---

① W. H. 布拉福德：《18世纪的德意志》（1935年），第195页。

中，有一个重要部分曾经是犹太人。阿姆斯特丹、汉堡和美因河畔法兰克福都有特殊繁荣和有影响的犹太人的居住区。在法兰克福的犹太人住区里大约有300名犹太人；新来者需要有1000金币的资财并能付70金币以上的费用，才会被接纳。一个犹太人每3年必须付12个半金币，才能更新他居住在法兰克福犹太街的许可证。商人和自由职业者一旦发了财，都急切地希望能被准许加入贵族的行列。但是，一切学术性的职业在18世纪中叶并不像200年之后在英国那样受到社会的尊重。教士有时可能是贵族和乡绅家庭中年轻的子弟，但也可能是贫寒家庭出身的聪明人。乡间教区牧师或家庭牧师常常会受到像仆人那样的对待。律师有很高的社会地位，但是代理人则被绅士们看作社会上的下等人。医生们的地位并不很高。尽管作家和文人在英国的地位给伏尔泰留下了深刻的印象，认为比法国的要好得多，但是总的来说还是不高的，除非他们本来就出身高贵，来自豪门巨富，或者声名斐然。法国的情况颇为类似。法国资产阶级中最富裕的成员，有的是收税官和金融家。律师也许不甚富有，但是社会声望颇高。医生较为富裕，但是为数不多，而且社会地位也不高。药商、书商和印刷商等这些职业人员都比较有钱。卖布的或贩酒的商人有时很富有，但是他们发现在法国比在英国更不易摆脱乡绅的地位。在德意志各邦，与自由的帝国城市截然不同，社会各阶级之间的鸿沟比之在法国的大得多。中产阶级成员的称呼方式与适用于贵族的称呼方式是不同的。虽然冯·洛恩在1752年抱怨说，布雷斯劳卖鲱鱼的年轻妇女竟被称作"小姐"；迟至1816年，有一家德意志报纸报道说，德意志北部一个小镇上的邮局奉命对于凡信封上把中产阶级的女子称为"小姐"的信件，一律不予投递。德意志的资产阶级喜欢在旧式的住宅里过简朴的生活，爱穿黑色或棕色的、经久耐穿的服装。他们对家属子女和学徒们管教极严，要求他们毕恭毕敬的程度，就像商人对待贵族那样。在18世纪，德意志的大多数城镇仍然经受着三十年战争和香料贸易的重要性已降低的影响。香料贸易重要性的降低使德意志南部的一些城镇，如乌尔姆、尼恩贝格和奥格斯堡丧失了它们在中世纪时所具有的重要地位，有些城市，如汉堡、莱比锡和美因河畔法兰克福都相对地繁荣了。但是，在大多数德意志的各邦里，城镇还处于沉睡的状态。休姆因此在1748年评论说：如果尼恩贝格的一个市民住得比苏格兰的国王要好的话，那么这位国王的住处一定是很寒酸的。一般来说，德意志的商人阶级比之英国的商人阶级，不但人数少，而且势力小，那么有知识的各职业中的成员在社会上的地位相应地比他们的英国同行们要低。甚至在数以百计的独立的领地或半独立的郡中以及皇室庄园里就业的那些经过训练的律师们，也很少受到他们主人的尊重和青睐。有些律师的报酬微薄，他们所挣的钱并不比熟练工匠挣得多。医生的收入可以保证他们过上舒适的生活，但在18世纪他们的人数很少，而且外科医生还列在熟练工匠一类里。教师们的工资通常十分微薄，在社会上也没有地位。耶稣教的牧师往往出身贫贱。然而，德意志的中产阶级的人数还是相当多，而且精力充沛，使城镇成为18世纪末德意志文艺复兴的摇篮。另外，在匈牙利，城镇不是财富的中心，从事需要有学问的职业的人主要来自贵族。匈牙利商人，如特佐·亨奇尔和哈勒等家族，他们一旦发了财，便立即设法获取贵族的地位。在匈牙利，从事法律职业的人全都是贵族。匈牙利人当医生的很少，因而1747年约瑟夫·埃斯泰尔哈吉伯爵患病时不得不送往波兹桑尼（即今捷克的布拉迪斯拉发——译者注），因为佩斯没有好医生。佩斯的城市中产阶级在某种程度上是由正统的希腊人组成的，他们不仅没有希望取得贵族地位，甚至也不能在他们做生意的城里购置房产，也不能参与市议会。在许多城镇，商人是德意志人。他们愿意与哈布斯堡家族通力合作，削弱贵族和教会的特权，但是城市中产阶级没有力量在匈牙利的历史上起到任何决定性的作用，因为到18世纪末，匈牙利的城市中产阶级只有30万人左右。在波兰，城镇的状况比匈牙利还要可怜。华沙1772年的人口才过了10万，但是其他居民超过2万的仅有4个城市。地方的缙绅阶级不公平的竞争破坏了城镇的经济生活。虽然他们不一定从事贸易，但他们不缴纳出口税，而且还可以免税进口他们自己消费的货物。除去"大波兰"城镇中的羊毛制造业外，工商业都很可怜，手工匠人只好去从事农业，把小生意留给犹太人去做，因此波兰本土的中产阶级人数很少，而且贫困。在俄国，商人约占总人口的3%，虽然他们中间有许多人死抱住传统的习俗不放，并且从内心深处厌恶彼得大帝推行的改革和革新，但这是事实：彼得竭尽全力地发展工业和贸易并提高商人的地位；在彼得之前，商人在某种程度上一直是被社会排斥的人。

第三章 社会阶级与国家基础

在东欧，上层中产阶级尽管在18世纪就出现了，但是它的发展主要是因为文职官员的人数增加，而不是由于有了兴旺的商人或制造商人。这种官僚中最出名的数普鲁士国王的官员，虽然到了腓特烈二世时，他们在450名人口中只有1名。这些人的任命并不像在英国、汉诺威或萨克森等地方靠恩赐，也不像法国那样可用金钱购买。这些官员的晋升是靠资历，薪俸低得出奇。虽然普鲁士的官僚是有效率的，但是他们很少有发挥自己主动性的余地。但是，在18世纪，构成17个省的政府部门的那些官僚，实际上管理着普鲁士。虽然做出决定必须要根据多数票，但是每个省的政府部门的主席却有相当大的影响，他的决定有时要比之他在首都的那些同僚的意见更有分量。即使在厉害的、大权独揽的腓特烈二世统治的末期，普鲁士的行政官员就已经行使着相当大的权力，所以普鲁士可以被认为正处在向"文官政府"发展的过程中。官僚的普鲁士邦1740年以后在军事上取得的成就，使哈布斯堡各领地内专职文官出现的速度加快了。玛丽亚·特蕾西亚由于在一定程度上受到普鲁士文官制度的鼓舞，便在她自己的各省里建立了地区官署。到了利奥波德二世时，奥地利的省一级的行政官员都有权根据其服务时间的长短领取等级不同的年金。如果一名官员服务40年，他的年金就相当于他的全薪俸。遗孀给予抚恤金，而且每个未独立的子女都另发给补助金。1776年，一名想要在奥地利的省的机构中谋求官职的人，必须在大学里学过法理学。这个职业渐渐被认为是一种具有其特殊条件要求的职业。在1813年以前，奥地利的文职官员在与军官和不担任文职官员的皇室贵族关系中的地位问题一直没有得到调整，但是在那个时候，哈布斯堡领地内的文职官员，同在普鲁士一样，已经成为社会的一个重要组成部分，提供了很大一部分受过教育和有教养的人才，而在西欧这些人才则是由富有的商人和制造商提供的。无论在英国、法国、普鲁士或哈布斯堡领地里，这种上层中产阶级的成长是18世纪初的一个特点，它对于未来政治的发展，比之宫廷和贵族对社会的表面上的统治具有更重大的意义。

18世纪社会的另一个重要特点是法国之外的其他国家对社会产生的影响正在变得越来越大。自16世纪文艺复兴以来，意大利对欧洲的艺术、建筑一直有着很大的影响，甚至在18世纪也仍然如此

（第4章）。在17世纪，意大利的影响受到了来自法国的影响的挑战。路易十四时期的法国政治威望以及其宫廷的社会声望使法国的时装和礼节非常流行。法语之高雅和纯洁，以及拉辛、高乃依、拉封丹和莫里哀时代文学之优美，竟使德语在大多数德意志的宫廷里已不称其为上流社会的语言了。但是，恰好在18世纪初，当法国文明的影响似乎达到了顶峰时，欧洲社会此时至少有两种新势力变得日益强大。一个是英国的科学和文学的影响（第4章），另一个是德意志的音乐。自16世纪以来，意大利人在音乐世界里一直是至高无上的。在18世纪，克雷莫纳继续制作着欧洲最好的小提琴。意大利人被认为是属于一些最好的演奏家和歌唱家。意大利人在许多德意志的宫廷里掌管着音乐。意大利是把歌剧首先发展成为一门艺术的国家，而其他国家则是首先学习爱好意大利式的歌剧，但是到了18世纪，其他国家的音乐开始向意大利的音乐挑战了。17世纪末，法国最杰出的作曲家是出生于意大利的吕里，但是1715年喜歌剧在法国奠定了基础；1723年，J.-P.拉莫出现了，不久他就成为在欧洲享有盛誉的作曲家；1725年确立了"宗教音乐会"，保证了一年有24天的音乐演出，由于宗教的原因，那时歌剧演出是不可能的。但是，在德意志各邦和神圣罗马帝国，音乐的发展更为突出。几乎每一个德意志的王公都有一支私人的管弦乐队。皇帝查理六世一年花在音乐上的费用达2万金币。伯尼博士在他的1772年的游记中谈到在奥地利的领地里，甚至一些儿童的演出都是高水平的。许多王公本人在宫廷的音乐会上都可以演奏一种室内乐的乐器。信义宗教会高度发展的音乐传统，加上许多小宫廷的赞助，遂产生了大批音乐作品，其中有的质量非常高。在宗教音乐方面，像合唱圣歌、大合唱、耶稣受难曲以及圣乐等形式兴盛起来，尤其是在巴赫和韩德尔这两位同时代的音乐大师的推动下，发展更是迅速。他们两人都生于1685年，而且都是在18世纪最初几年里开始了他们的音乐生涯。在世俗音乐方面，随着管弦乐的发展和提高，以及如风琴一类键盘乐器、竖琴和翼琴等技术方面的发展，赋格曲在巴赫手下就有可能臻于完美的境地，可与韩德尔的翼琴达到完美的境地相媲美。歌剧虽然由于过分雕琢的做法而显得死气沉沉，直至18世纪下半叶格鲁克才把它解脱了出来，但是歌剧早已家喻户晓了。维也纳是歌剧在其间得以确立的第一批德意志城镇中的一个。从1716年起，当卡尔达拉成为富克斯的助手时，维也纳的歌剧表演开始赢得了欧洲的声誉，而这种声誉并不依赖于皇室成员有时参加了创作。在柏林，歌剧由于1703年至1705年间得到王后的赞助而流行起来；在腓特烈大帝时期重又流行起来，出现了一个异常光辉的时期。在德累斯顿，意大利歌剧似乎在1717年前后被介绍进来。1772年，伯尼认为德累斯顿胜过柏林，是德意志各邦中最繁荣的音乐中心。在慕尼黑，歌剧是在1689年被引进，受到了公爵的热情鼓励；他采用对玩纸牌征税的办法来支付巨大的费用。所有各王公首府的音乐生活中所共有的一个特点是：音乐会与歌剧演出都是王公招待宾客的私人娱乐活动。当时有人非常惊异地注意到，在英国，沃克斯霍尔花园举行的音乐会任何人只要买门票，就可参加。在德意志的城市里，除去能出入宫廷的贵族之外，一般人唯一能听到的音乐就是在教堂里演奏的音乐。但是，1743年，在莱比锡，一个由16名贵族和平民组成的混合团体创建了一个称为"大音乐会"的组织。这个组织很活跃，虽然因七年战争中断了一个时期，但在1763年又恢复了活动，成为"布商公会音乐会"①的先声。汉堡也许是音乐不是专门为贵族享受的另一个德国城市，甚至可以称为德意志歌剧的摇篮，因为1678年在那里产生了第一部用德意志语言演唱的歌剧；而且在18世纪初，韩德尔有一个时期曾在那里担任伴奏，马特森也在那里歌唱、演奏、写作并且和人争论，所以汉堡便成了最著名的德意志音乐中心之一。埃尔富特、魏玛、斯图加特和萨尔茨堡在18世纪上半叶都产生过著名的作曲家；但是，曼海姆作为一个音乐流派的故乡也许值得特别提一下。这个流派在18世纪初就已经隐约地预示了在该世纪末成为驰名国际的维也纳流派的一些特点。斯塔米茨（到1757年为止）和霍尔茨鲍尔（从1753年起）都曾在曼海姆工作过。他们通过强调指挥的重要作用达到了迄今未实现过的对作品的不同表现。同时，他们把管弦乐的演奏发展到这样一种高度，因此伯尼在1772年曾经说曼海姆的选侯乐队是一支"由将军组成的军队"。到了海顿、莫扎特和贝多芬的时代，德意志作曲家对于欧洲文明的贡献，就具有

---

① 莱比锡的布商公会会址在1781年至1884年期间，经常被借用来举行音乐会，"布商公会音乐会"由此得名。——译者注

头等的重要意义了。

　　欧洲也受到来自海外其他国家的种种影响。不仅中国的瓷器、丝绸和茶，印度的薄纱和薄棉布，殖民地产的巧克力、大米、蔗糖和烟草使欧洲人的生活习惯发生了巨大的变化，而且像孟德斯鸠、伏尔泰或笛福这样一些作家还利用波斯人、中国人或野蛮人来着重批评欧洲的状况，这就说明其他地方的文明如何在影响着欧洲人的思想方法。同殖民地和亚洲进行的贸易，对于欧洲的商人和制造商的影响同样是巨大的，同时也为随着工业革命的发展而发生的社会变化铺平道路起了不少作用。

（姚乃强　译）

第 四 章
直观艺术和想象文学

在艺术鉴赏方面，1715年至1763年这个时期只是一个更长时期中的一个阶段而已。这个更长时期开始于17世纪末叶，以18世纪浪漫主义精神的胜利而告终。在这整个时期里，人们对自己能欣赏奥古斯都罗马的古典艺术而引以为自豪。但是，他们对自己的聪明才智充满了自信，并创造了一种具有特点的社会形式（尤其在英国和法国），因此，尽管他们口口声声赞美古典主义的理想，实际上却在城市建筑、散文和小说方面都树立了新颖独创和富于魅力的样板。

在18世纪前半叶，欧洲在建筑方面主要受到罗马古典式的影响，这种罗马古典式建筑风格就是由文艺复兴时期意大利建筑师们重新阐述的风格。但是，在法国和英国，以及在北欧普遍来说，这种影响所传播的形式与在意大利和南欧或天主教欧洲所传播的形式相当不同。在意大利，18世纪前半叶流行的风格是17世纪初在罗马发展起来的巴洛克风格。这种风格表现在马代尔诺（1629年卒）、贝尔尼尼（1680年卒）、普罗密尼（1667年卒）和科尔托纳（1669年卒）这样一些建筑师的作品中。最优秀的例子也许是由卡洛·马代尔诺设计、由普罗密尼和贝尔尼尼建造的巴尔贝里尼府邸，普罗密尼设计的圣·卡罗·夸特罗·丰塔内教堂（他在临终前建造了教堂的正面），1665年贝尔尼尼设计的梵蒂冈的雷吉亚厅，以及1646年贝尔尼尼设计的罗马维多利亚圣母堂中的圣铁利撒小教堂等。这种建筑艺术回到了米开朗基罗，并通过他回到了古代的古典风格，但是它的性质很不同于和罗马古典建筑密切相关的那种庄重性格。巴洛克派建筑师的作品具有巨大的活力。它豪放奢华，精雕细刻，放纵不羁，达到了骄奢淫逸的地步。建筑物的正面处于一种动态；建筑物的内部往往用椭圆形来代替比较呆板和静止的圆形,给人一种有节奏地摆动与跳跃的印象。这种建筑激发起宗教感情的强烈表现,如托梅于1732年在托莱多大教堂中做成的透明厅。1733年至1750年根据阿萨姆兄弟的设计在慕尼黑建造的圣约翰·内波穆克教堂,或者1743年至1772年诺伊曼建造的菲尔策恩海利根教堂。这些教堂的建筑效果极富戏剧性。如托莱多大教堂那样,有时候采光完全剧场化了。与真人等身的塑像,如圣乔治跃马飞出祭坛的银像和高处的天使浮雕像,以及运用鲜艳的颜色,如菲尔策恩海利根教堂采用的白色、金黄色和粉红色所产生的效果都能大大加强这种宗教情感。当这些效果与大胆自由的设计和对空间的奇妙运用结合起来时,真能使人为之陶醉。在多瑙河上的克洛斯特新堡、圣弗洛里安和梅尔克,在柏培尔曼为王宫设计了大回廊的德累斯顿;在维尔茨堡和以巴洛克式楼梯闻名的布鲁克瑟尔等地,许多建筑都显示了这种所谓"古典主义"风格的巨大活力和感情力量。这种风格激起人们强烈的,甚至是狂放的感情。它不合英国人和法国人的口味,于是到了18世纪初巴黎就成了欧洲艺术的重要的中心。虽然法国的建筑师同意大利的建筑师一样,从罗马古典主义的作品中觅取灵感,但结果却不同。法国建筑师不是表现出巴洛克式的奔放有力,而是表现出一种含蓄的优美,如佩罗于1665年设计的罗浮宫的正面,以及其同时代人勒沃设计的沃克斯勒孔特乡村宫殿。法国式古典主义风格的典型建筑是凡尔赛宫,它原来是勒沃设计的一座猎舍,经过扩建,最后由阿杜安-芒萨尔把它改造为路易十四的一座宫殿。这座宫殿是为17世纪后期欧洲最伟大的国王建造的纪念碑,象征他的权力、豪华的威严。宫殿的规模极大:从北到南,绵延1/4英里。著名的镜厅长240英尺,高43英尺。它气势磅礴、端庄匀称,巍巍然令人不敢仰视。宫苑的外表给人一种单调划一的印象。甚至宫殿建筑物在以天空为背景映现出的轮廓也是单调的直线,因为屋顶被装饰着的一排栏杆遮住了。这座巨大的宫殿周围有一座座极宽阔的花园,它们是由勒诺特尔设计布置的,于1688年完工。这些花园豁达开阔,一览无余,使那些意大利的花园如艾斯泰别墅花园或卡普拉罗拉花园的宽长和庄严的景色都黯然失色。法国的巴洛克风格可能比意大利或奥地利的巴洛克风格要收敛一些,但是它具有夸耀其政治上胜利的豪华气派。

第四章 直观艺术和想象文学

路易十四去世后，法国的建筑风格有了一些改变，不那么注重匀称，而更讲究优美。路易十五时代的各种风格流派，不管是华托、罗卡尔还是蓬巴杜，都是意大利巴洛克风格的翻版。这些风格比法国早期的古典主义建筑受意大利巴洛克建筑风格的影响要大得多，尤其受普罗密尼、尤瓦拉和瓜里尼等人的影响。这种以曲线为主的风格是从内部装饰开始的，它力求明快优美。意大利人梅索尼埃和塞尔万多尼的工作对形成法国的这种趣味起了重要的作用。梅索尼埃的设计包括房间的装饰，金银盘碟和瓷器的图案。他给建筑物正面图所做的设计里，曲线是十分显著的。他设计的建筑物，其不对称的组成部分往往显得非常均衡。平面图也做了修改，除了圆形的和椭圆形的客厅之外，还有曲线的或棱角形的客厅，曲线形的客厅对布置一个茶话晚会尤为方便。华托设计的某些装饰性镶板，特别是那些充满幻想的作品，集中体现了这种风格的魅力。虽然在内部装饰和图案方面做了许多生动的试验，但是以前的古典主义建筑家所采用的方法，尤其他们在设计公共和私人建筑物时爱用的正面图，仍然为人们所重视。18世纪法国式设计的最突出的代表是布弗朗和埃瑞的设计。在南希，埃瑞完成了这个新城的布局规划，其中包括周围围有铸铁栏杆的政府广场。在18世纪，法国的建筑师越来越倾向于建筑物的正面要严谨，而装饰要更自由。到1760年，这种倾向产生了一种与古典主义严谨的风格相类似的风格，而英国在整个18世纪一直实践着这种风格。古典主义精神在建筑方面的影响是很大的，它帮助形成了一种新风格，这种风格到18世纪末便在全欧洲盛行。

18世纪英国的建筑师从罗马的古典主义寻找灵感，但他们是通过帕拉弟奥（1580年卒）的建筑风格，而不是从18世纪在罗马工作的建筑师所表现的那种夸张的巴洛克风格中吸取灵感。在17世纪初，英尼戈·琼斯在设计格林威治的女王宫（1616年）和白厅的宴会大厅（1619—1622年）时，就已经从帕拉弟奥那里吸取了灵感。他曾描述自己设计的建筑物为"坚实、匀称、雄伟、大方"。这种严谨的风格有一个时期不为人们喜爱。克利斯托弗·雷恩爵士（1723年卒）在设计圣保罗大教堂西面的两座塔楼时，曾从普罗密尼的意大利巴洛克风格那里得到不少借鉴。范布勒（1726年卒）在设计规模宏大的布兰希姆府邸和霍华德堡巍峨的大圆屋顶时，也表现出对意大利巴洛克风格的倾向；尼古拉·霍克斯穆尔（1736年卒）也有这种倾向。但是在克利斯托弗·雷恩爵士去世后，英国的建筑再一次受到帕拉弟奥严谨与朴实风格的影响。据说早在1715年伯灵顿勋爵就已经把莱奥尼带到英国，聘请他主编帕拉弟奥的作品，该书于1717年出版。1730年，莱奥尼又发表了关于帕拉弟奥恢复古代建筑的著作。这些附有插图的书对许多英国建筑师产生了很大的影响。帕拉弟奥的样式成了许多乡村宅邸和公共建筑的风格。以这种风格建造的教堂包括格林威治的圣阿尔费奇教堂、布卢姆斯伯里的圣乔治教堂、斯皮托菲尔德的基督教堂、东部圣乔治教堂、莱姆豪斯的圣安妮教堂以及伍尔诺斯的圣玛丽教堂等。这些教堂都是由霍克斯穆尔设计的。詹姆斯·吉布斯设计了圣马丁教堂和圣马利-勒-斯特兰德教堂；约翰·詹姆斯设计了汉诺威广场的圣乔治教堂；老乔治·丹斯设计了肖拉迪奇教堂。牛津和剑桥的新建筑也是按帕拉弟奥的式样建造的。詹姆斯·吉布斯设计了牛津的拉德克利夫财政学院和剑桥的评议会堂。英国风格的特点之一是取消了一切多余的细节，甚至正面的雕塑也全废除了。随着英国建筑师们越来越熟悉这种风格，他们也就能够摒弃16世纪意大利建筑大师们那种严谨的结构和精确的细节。到1760年，英国古典主义的式样日趋成熟。1756年罗伯特·泰勒爵士设计的伦敦林肯法律协会石楼的正面，或者1748年和1750年弗利特克罗夫特和韦尔设计的沃本公园和罗瑟姆公园的大门都表明了这一点。在威廉·钱伯斯爵士（1795年卒）早期设计的建筑中，或者后来约克郡的约翰·卡尔（1807年卒）设计的建筑物中，都有这种风格的明显迹象。这种风格很自然地导致与亚当（1792年卒）的名字相关联的新古典主义，但是即使早在18世纪40年代当罗马和希腊的影响似乎还在英国占优势时，已经有种种迹象表明人们对哥特式建筑风格的兴趣又在恢复。

1715年，勃朗·威利斯写了《英格兰和威尔士的郡、市、区史》一书，此时人们在建筑上追求浪漫主义的中世纪情趣的倾向变得十分明显。1731年创办的《绅士杂志》发展了这种倾向，因为从此乡绅和文物家有了一本刊登有关中世纪历史资料的期刊。到了18世纪中叶，许多建筑师，包括伊萨克·韦尔和巴蒂·兰利，都在他们的设计中引进了哥特式建筑的特点。两本阐述法国文物家贝尔纳·蒙福松搜集的关于法国王室和教会文物资料的书被译成英文于1750年在伦敦出版，书中附有许多插图。从这部精美的著作所涉及的范围来看，它很可能影响到英国的收藏家。到霍勒斯·沃波尔在斯特劳伯里山建造的小别墅上垒筑起有雉堞的胸墙后，公众对哥特式建筑的兴趣就更为增加了。

在18世纪后半叶的大部分时间里，英国对哥特式建筑的兴趣和对古典主义品质的欣赏是并行不悖的，但是就英国和法国建筑对北欧趣味的影响而言，那么它是完全倾向于古典主义。1745年根据诺贝尔斯多夫的设计在波茨坦建造的平房式的莫愁宫，明显地受到法国洛可可建筑风格的启发，而内部则仿效布弗朗的手法。在奥地利，菲舍尔·冯·埃拉赫（1738年卒）把法国式的图案和根据意大利巴洛克风格而形成的其他各种图案糅合在一起。在德国，保罗·德克尔（1713年卒）被人称为是德国的勒波特①，他的伟大的"民用建筑"使法国的设计风靡一时。1710年以后，德国盛行一种独特的风格，这主要归功于德克尔。在这种巴洛克风格的翻版方面，最成功的一例可能就是乔治·巴赫尔在1726年至1734年间设计的德累斯顿的弗劳恩基希。法国的洛可可风格传播到了波兰，华沙的精美的瓦津基宫就是这种影响的一个特别吸引人的例子。在俄国，法国的影响和意大利的影响交替着对彼得大帝以后所建造的广大宫殿和公共建筑物起着作用；在彼得统治时期，泽姆佐夫（1720年卒）和勒布隆（1714年卒）的设计都表现出法国的影响。在叶利扎维塔女皇统治时期，意大利的影响占优势，"皇村"就是1752年由意大利建筑师卡洛·拉斯特雷利（1770年卒）设计的，他在1754年建造冬宫，因而成为艺术学院的教授。在叶卡捷琳娜大帝时期，许多伟大的建筑物都表现出受到法国风尚的影响，甚至还受到英国风尚的影响，特别是一些由苏格兰人卡梅伦（1812年卒）设计的那些建筑物。

西北欧，特别是英国，18世纪在建筑方面的独特成就之一，是把一组组房屋布置成广场、街道、里弄和新月形的街区，这种布局赋予伦敦和巴斯这样一些城市一种特殊的魅力。英尼戈·琼斯在17世纪初就把房屋作为城市整体中的一部分来设计。琼斯在巴黎的皇家广

---

① 勒波特为17世纪的法国建筑师，以富有想象力而又切实可行的建筑设计著称。——译者注

场或孚日广场设计的启发下（1604年），设计了科文特加登广场，后来便成了伦敦一般广场的模式。随着伦敦在18世纪向北和向西的发展，城市的布局发生了变化，一座座个别的住宅组成了整齐的街道和广场。这一特点一直保持到维多利亚时代的末期。值得注意的是，英国的贵族或有产者也住在这样的街坊房屋里，而法国的贵族却住得宽敞得多，他们住在独门独户的大宅第里，那里有花园，还有与街道隔离的大庭园，楼梯宽大豪华，宅第有一套套房间。英法城市房屋的不同也许可以这样来解释：英国的贵族到城里来只是作短暂的逗留，如出席议会、处理事务或让妻子和女儿到宫廷参加社交活动，而法国的贵族却把巴黎（如果不是凡尔赛本身的话）作为他们长久居住之地。社会习惯的不同反映在住宅建筑上的不同，英国在18世纪兴建或改建的乡间住宅十分宏伟豪华，而法国在这个时期建造邸宅的数量就微不足道了。

正如18世纪新建的广场和街坊给西欧的建筑提供了极为独特和成功的范例一样，城市生活，尤其是伦敦和巴黎的生活，也提供了一种气氛，鼓励当时的文学产生具有最独特风格的作品。1657年，伦敦的第一家咖啡馆被指控为扰乱社会秩序，但到西班牙王位继承战争结束时已发展到3000多家咖啡馆。1732年伯克利对这些咖啡馆在社会上的作用，作了一番冷嘲热讽的描述：

> 我敢说，一个按现代方式教养起来的14岁的孩子，在任何社交场合，要比长期待在学校或大学里的24岁的小伙子，更露头角、受人尊重。他的谈吐比较文雅，举止比较端庄，也一定会更为鉴赏行家所喜欢。"那么他在哪里得到这些教养的呢？""他是在我们严肃的祖先绝对不会去寻觅的地方得来的，是在客厅、咖啡馆、茶室、酒菜馆或小酒店里得到的。在这些或其他类似的时髦的消闲场所，温文尔雅的人惯常对于宗教、道德和政治等一切问题自由自在地发表议论。"[①]

[①] 乔治·伯克利：《阿尔奇弗龙，或渺小的哲学家》（1732年）。引自A.A.卢斯和T.E.杰塞普编《乔治·伯克利文集》（1950年），第3卷，第48页。

第四章 直观艺术和想象文学

据蒲柏说，艾迪生每天在巴顿的小酒店里消磨五六个小时，而蒲柏自己在少年时代经常去威尔斯小酒店瞧一瞧德莱顿。1764年，约翰逊和雷诺兹创建的"俱乐部"就在这样的一家小酒店里集会。

到了18世纪初，以咖啡馆为象征的那个英国社会提供了一个读者大众，正是这些读者大众使文学有可能在世界上取得空前的、独特的发展。1695年，英国取消了书刊检查制。在此之前15年的政治争论在伦敦的中产阶级读者中养成了一种阅读小册子的习惯。1688年至1694年间出现了三十多种新的报纸杂志；随着检查制度最后的取消，报纸也大批涌现。早在1691年，邓顿曾试办一种只刊登非政治性题材文章的报纸，他把这份报纸叫作《雅典人报》。1704年，笛福仿效邓顿，办了一份包含文学专栏的《评论》周刊。在《评论》出版了9个月的时候，一位诺里奇的绅士这样写道："我在诺里奇的一家主要咖啡馆里向几位绅士念了这份报纸……在那里，常常报纸一出版我们就把它拿到手，大家认为这是供我们消遣的最高雅的一份报纸。开始我很难说服店老板接受这份报纸，现在他发现我对他的劝说是对的，因为找不到比它更受欢迎的报纸了。"[①] 1707年以来一直担任官方的《伦敦公报》编辑的理查德·斯梯尔在1708年创办了《闲谈者》，这份期刊比之《评论》周刊更少注意政治新闻。出了83期之后，《闲谈者》完全不涉及政治。1711年，原先与斯梯尔合办《闲谈者》的艾迪生这时又和他办起了更为雄心勃勃的《旁观者》。这份周报后来成为一份日报。日报编辑确实冒了很大的风险，明确宣布该报将不涉及任何政治。"正如本报不登载一则新闻，不发表任何政治见解和党派之见一样，它也不论及时髦的无信仰思想，不使用淫秽的字眼，不讽刺神职、婚姻以及其他常为人们取笑的话题，不报道隐私丑闻或任何有损于个人、家庭或社团声名的事。"[②] 艾迪生的大胆试验本可能遭到惨败，但是事实上它却证明是18世纪文坛上最成功的创举之一，因为他成功地吸引了一大批以往的作家们未予重视的读者大众。艾迪生在宫廷贵族、党魁政客、神职人员以及名流学者之外，在英国各地的许多不同社会阶层中找到了广大的读者。他们是些什么

[①] 引自 A. 贝尔杰姆《18世纪的文人和英国公众》（1948年），第259页注。
[②] 《旁观者》，第262期。关于报纸和文学期刊的出现经过，参阅 A. 贝尔杰姆《18世纪的文人和英国公众》（1948年）。

人呢？这可以从那个据说为《旁观者》撰稿的著名俱乐部的成员情况中猜想而知。① 罗杰·德·科弗利爵士是该俱乐部的成员之一。他是伍斯特郡人，有时来伦敦。另一名成员是一位律师，但他对戏剧的兴趣甚过于法律。安德鲁·弗里波特爵士对商业和贸易十分感兴趣。森特里上尉则是一名退休的陆军军官。代表教会的是一名"学识渊博、生活圣洁和有非常良好教养"的牧师。威尔·霍尼库姆一直追求时髦风雅，他撰写的稿子可想而知特别吸引贵妇淑女。艾迪生想方设法来吸引这些女子的兴趣，他宣称他要尽一切努力使更多的人生活更高雅，谈吐更脱凡，要使妇女活动的场所不只是梳妆室，她们的主要事业也不只是梳理自己的头发。

这种新的新闻业的突出优点是在处理当代生活时十分自然。对当代社会及众所熟悉的人物进行机智和深入的观察是40年前在法国产生的那个伟大文学的奥秘所在。1665年首次出版的拉罗什富科的《箴言集》、德塞维涅夫人的信札、拉封丹的《寓言》、1659年以后莫里哀写的喜剧，乃至1664年至1691年间拉辛写的几出伟大的悲剧，尽管是采用古典历史或圣经历史来处理主题，但所描写的人物，其思想和语言却与罗浮宫、圣日耳曼宫和凡尔赛宫所表达的思想和语言是一脉相承的。然而，在法国和英国，没有作家充分意识到他们描述当代生活的这一突出优点。正如建筑师们努力模仿罗马古典主义的成就一样，文学家们也像他们在16世纪那样，对荷马·维吉尔和其他希腊和罗马作家的杰作赞叹不已。1674年，布瓦洛在《诗的艺术》一书中表达了这种对古代的崇敬。他把荷马、维吉尔和贺拉斯树为文体大师，并断言他们最完美地表达了永恒的真理，堪称后世的楷模。

众所周知，这种文学观点早在1687年就受到了尖锐的批评。当时，佩罗在他的诗作《路易大帝的世纪》中就声称17世纪的一些艺术作品无愧于佩里克利斯时代或奥古斯都时代。褒贬古今的争论一直没有停止，像丰特奈尔和费奈隆这样一些人拥护现代新文学，但实际上古典文学却是绅士们的教育根基，不管他们是在伊顿公学还是在路易大帝学院求学。1694年，法兰西学院编纂的词典就偏爱传统的古典语言。卢梭等诗人写的颂歌就是按布瓦洛确立的古典主义原则创作

---

① 《旁观者》第2期中介绍了俱乐部成员的情况。

的。到1725年时，蒲柏因翻译伊利亚特和奥德赛而发了财。即令如此，绝不要误认为18世纪初文学上的伟大成就仅仅在于模仿古希腊的文学。蒲柏描写的阿伽门农戴的是底部张开的假发，表达的也是一个受到理智和自然思想熏陶者的观点，这些观点很可能在威尔斯的咖啡馆里或特威克纳姆露天饮食店中听到。

绅士们也许会订购一本《荷马史诗》的新译本，但是其他种类的诗歌却为人们更热心地阅读着。无论在英国或法国，18世纪上半叶写的诗篇，其特性在很大程度上是由诵读和研讨这些诗歌的社会的性质来决定的。在英国，朗诵新作品的最通常的场合是咖啡馆或俱乐部，而这些地方的气氛与田园诗歌是格格不入的。在法国，聚会通常是在沙龙里举行的，而那里同样不适宜于诵读田园诗。在英国和法国，最受人推崇的诗是讽刺诗。蒲柏的《夺发记》和《群愚史诗》受到了极大的欢迎，因为当时的社会喜欢读妙语横生、辞藻精巧的诗。在法国，伏尔泰的讽刺短诗同样受到人们的欣赏。

对讽刺诗的喜好说明了为什么在英国和法国许多嘲笑和揭露社会时弊的散文作品如此脍炙人口。孟德斯鸠的《波斯人信札》对当时的法国进行了严肃的批评，正如1726年出版的斯威夫特的《格列佛游记》批评了当时的英国社会那样。18世纪初文学上的一个有趣的特点是许多作品的背景都放在遥远的异国他乡。伏尔泰的《扎伊尔》，就发生在伊斯兰国土上，而《阿尔济勒》则是以秘鲁为背景。1704年加兰德翻译了《天方夜谭》，土耳其人、中国人、波斯人，甚至成吉思汗都在法国书店里露了面。英国的笛福因1719年出版的《鲁滨孙漂流记》而闻名遐迩。有人认为读者之所以欢迎这些有关世界遥远的异国他乡的书是出于对海外扩张的兴趣。当时在伦敦和英国其他一些港口处处可以感觉到这种向外扩张的兴趣。

当然，当时人们对于当时的世界以及对圣詹姆斯宫或圣奥诺雷街所表现的称为人性的东西也有着极大的兴趣。这里非常强调遵循常规。有人问《旁观者》杂志：一个人应具备哪些品质才能成为一个好诗人？回答是：他必须有良好的教养，切斯特菲尔德勋爵的格言被广泛地接受；但是，要遵循的常规主要是凡尔赛宫或圣詹姆斯宫的常规，而不是佩里克利斯时代的雅典或奥古斯都时代的罗马的常规。读者大众的思想态度在蒲柏的《人论》或伏尔泰的《哲学词典》中表述得很清楚。虽然他们很珍视才智和对世界的学识，但是他们认为最基本的是人对自己理智的信心。这个时代的文学使人联想起自信。自然甚至高于古典文学，被人们认为是至高无上的标准。蒲柏认为诗人的工作是揭示自然，但是"自然是井然有序的"。蒲柏和他的同代人用这句话来说明，作家的工作就是尽力优美地、机智地反映18世纪的那种正常生活。

但是要做到这一点，就必须发展某些新的文学体裁。小品文本身即已表现出它是一种十分灵便和讨人喜欢的文学体裁，但是在艾迪生之后，小品文的不少清新特色失去了。诗歌虽然在蒲柏的笔下可以用来进行简练而锋利的讽刺，但它过于矫揉造作。戏剧在其他时代可以用作讽刺现实社会的手段，但是当时的英国舞台毫无生气。在王政复辟时期之后，英国的喜剧往往非常低级下流，虽然有时颇为风趣俏皮。诚如雷文斯克罗夫特所说："一个淫秽的剧本绝不会被认为枯燥无味。"① 另一人则说笑料的主要来源之一就是"听年轻的娘儿们说诨打诮，乱吐秽语"②。事实上，这些剧本早已如此声名狼藉，1698年，一个反对向国王宣誓效忠的牧师杰里米·柯里尔遂写了一本书，题为《略论英国舞台上的不道德和亵渎》。这本书资料翔实、批驳中肯，产生了很好的效果，尤其是因为这个批评来自一个极端的英国国教派的托利党人，对待他的意见，就不能像对待辉格党人或清教徒的意见那样，可以置之不理。剧作家们竭力为自己辩护，但柯里尔一一予以驳斥。在以后的10年里他发表了许多小册子，不断进行抨击，直至18世纪初剧作家们自愿地开始改革自己的写作。正如范布勒在《假朋友》一剧的序幕中说的那样：

> 为了博得你们的欢心，
> 我们服从你们的规章，
> 今天请你们观赏一出道德剧：
> 这般清白无邪，

---

① E. 雷文斯克罗夫特：《"多布森太太"序》（1684年）。
② 引自《一个被剧作家们拒绝的粗劣的序幕》（1682年），据说系T. 沙德韦尔所作。年轻的姑娘常常被要求引人注目地朗诵一些下流的收场白。

我们怕反倒会糟蹋了剧本。①

范布勒的担心在某种程度上是有道理的。舞台变得比较规矩了，但失去了它的一些活力和魅力。到18世纪末谢里丹出现之前，英国的喜剧一直萎靡不振。尽管艾迪生做了很大努力，悲剧仍死气沉沉，刻板僵化，拘泥于形式，被亚里士多德和布瓦洛铸造的锁链所束缚。法国的情况与此极为相似。在那里，戏剧与严肃的诗歌一样在社会上不甚受人欢迎，因为法国社会相信费奈隆的主张，认为艺术必须既真实又实用。当时在哲学和数学方面出现了种种新发现，而以牛顿的发现为顶峰。对这些发现怀有浓厚兴趣的人们，认为诗歌是儿戏并对悲剧百般挑剔，因为它"证明"不了任何事物。

巴黎社会的一部分人喜欢阅读散文作品，如伏尔泰的关于查理十二、路易十四和路易十五的历史著作，或者像伏尔泰的《哲学通信》和孟德斯鸠的《论法的精神》那样严肃的书籍。但是在迅速扩大的读者中，有许多人，特别是英国的读者，并不同意费奈隆对文学的那种功利主义观点。这些读者要求从书中得到娱乐，同时又希望受到比《旁观者》或《绅士》等杂志上那些小品文更多的启示和更实在的东西。这部分读者大众的要求在1741年得到了满足。当时一个年过半百、普通的伦敦中产阶级印刷商塞缪尔·理查森写出了一本名叫《帕美勒》的小说。他写作的动机是向人们劝善，结果创作了一部艺术作品，震动了英国和法国的读者大众。1747年至1748年，理查森又出版了《克拉丽莎》，这是一部刻画人物的杰作。1753年至1754年，他写了《查尔斯·葛兰底森爵士》。小说作为一种文学形式当时正处于发展阶段。亨利·菲尔丁走上了理查森指明的道路。早在1742年，他就出版了小说《约瑟夫·安德鲁斯》，接着写了3卷《杂集》。1749年，他的《弃婴托姆·琼斯的故事》问世了。这本小说至今被公认为英国第一部具有艺术三一律的小说。斯摩莱特的小说《蓝登传》在1748年出版。这是一部按笛福的创作方法写的冒险小说，但是斯摩莱特赋予了这种形式以新的活力和一致性。1751年出版了他的《皮克尔传》。所有斯摩莱特的小说都是对下层社会生活的

---

① J. 范布勒：《假朋友》（1702年）。

真实写照。他的最后一部小说《亨佛利·克林克》表明他是一位成熟的幽默家。18世纪中叶英国小说的重要性,无论怎样估价都不会过高。尤为重要的是,它显示了对下层阶级生活的日益浓厚的兴趣,而正是这种兴趣促使贺加斯从伦敦的人行道上吸取了许多题材,而且也引导约翰·盖依在他的《乞丐的歌剧》的脚本中描述的都是些强盗、窃贼、狱卒和妓女等下层人物。对于社会上各行各业的日常生活场景进行描绘和考察的时候终于来到了,小说为这种活动提供了最好的表现手段。

　　小说在法国也得到了发展。英国小说家们所取得的成就大大促进了法国的这种趋势,因为当时法国正处于这样一个历史时期,不仅法国的作家唯英国作家们的马首是瞻,而且英国的科学和政治制度也在法国备受推崇。然而,在理查森、菲尔丁和斯摩莱特取得成功之前,在法国已经出现了一些相当原始的小说。1698年,费奈隆出版了他的哲理小说《泰雷马克历险记》。勒萨日早在1709年就写过叫作《杜卡莱先生》的剧本,讲述一个靠个人奋斗而发迹的人。到了1735年,他写了一部流浪汉的历险小说《吉尔·布拉斯》,虽然故事发生在西班牙,实际上显然描绘的是巴黎的现实。在1736年至1741年期间,马里沃转向写自然主义的和当代的题材,创作了《玛丽安娜的生活》,以其对人物性格的分析著称,而作者是以模仿荷马的诗文开始文学生涯的。1731年,普雷沃写了《曼侬·莱斯科》。这本小说在不少地方与理查森的《克拉丽莎》很相似,而且立即获得了巨大的成功,对德国、丹麦和荷兰的小说发展产生了影响。普雷沃还翻译了《克拉丽莎》,扩大了英国小说在法国的影响。据说《克拉丽莎》启发了让·雅克·卢梭,他在1756年写了《新爱洛依丝》。虽然卢梭1762年才访问英国,但是在此之前,他已经明确地认识到像笛福和理查森这样一些英国作家的天才。在勒萨日、普雷沃、马里沃和卢梭等人取得成功之后,许多作家纷纷仿效这些公认的大师,结果虚构小说倍增。

　　假如将理查森、普雷沃和卢梭的小说与《旁观者》杂志上的文章或者蒲柏的讽刺诗,甚至伏尔泰的故事相比,我们就会发现,这些小说更富有情感。甚至当孟德斯鸠在1721年写《波斯人信札》以表明有可能把严肃的观察和机智结合起来时,已经有迹象表明越来越多的人认识到感情的重要性。在一个有教养的人身上"情感"很快变得跟理智一样重要。那些以富于哲学精神而自豪的才子淑女读到小说中动人情景时，也因为感情激动而动辄昏厥过去。英国在18世纪中叶之前就已经有迹象显示出对感情的强调。1726年，也就是在《群愚史诗》发表前两年，汤姆逊出版了他的诗作《冬天》。虽然这首诗里有不少说教的言辞。但汤姆逊相信诗不应该只靠道义，还应该用崇高的思想感情去激励读者。他关于崇高的观念以及崇高与恐惧的关系同伯克在《探索》（1756年）中所表达的思想十分相似。汤姆逊出生于苏格兰南部，而那里后来成了浪漫主义诗歌的一个发源地，产生了阿伦·拉姆齐、詹姆斯·霍格以及华尔特、司各特爵士等诗人。对大自然的温情和崇敬是北方地区民歌传统的一部分，这个特点甚至在汤姆逊的早期作品里已有了明显的表现。在《冬天》发表4年之后，汤姆逊发表了《四季》；紧接着之后，申斯通在1737年出版了第一部描写乡村生活的田园诗《女教师》。申斯通在诗中有意着力模仿斯宾塞，尤其是那种"特殊的温柔感情"，依他看来这正是斯宾塞一切作品的特点。巴特教授曾指出申斯通处理这座乡村女子学校的基调与40年后乔治·莫兰在绘画中描写农村景色的基调之间存在着相似之处。① 在申斯通和汤姆逊写作的时候，韦斯利在1738年刚开始从事宗教改革。1742年，扬的《夜思》继续表现出摆脱讽刺和理智的倾向，朝着注重崇高和以情动人的方向发展，尽管他的诗有时过于简洁，甚至显得有些枯燥。1746年，沃顿出版了一卷颂诗。他在序言中说，"用诗来进行说教的做法早已过头了"，并正确地宣称诗人的主要才能应是"创造"和"想象"；1747年，柯林斯也出版了一卷颂诗。他的诗同样是对曾经满足了公众要求的"说教诗歌"和"道德文章"的一种背叛。这些作品清楚地表现了对于感情的兴趣日益增长，而感情恰好是小说家们作品的特点。1765年珀西编纂的《英诗辑古》的出版进一步加强了这种倾向。珀西在这本集子出版之前写信给沃顿，表明了这样一个观点：读者"要求产生诗歌的新品种来刺激一下感到腻烦了的胃口"。正如以《新爱洛依丝》为杰出代表的小说被哈兹里特视为浪漫主义感情的精华一样，华兹华斯认为珀西

---

① J. 巴特：《奥古斯都时代》（1950年），第101页。

细心搜集的民谣"确确实实拯救了"英国的诗歌。现在很清楚，文学上的浪漫主义运动早在18世纪三四十年代就已经在英国和法国发生影响了。

在绘画和雕塑方面也明显地有了与其他艺术领域相类似的发展，那就是对古典主义的崇拜，并逐步创造出一些完全是当代的和自然的作品，这些又转化为浪漫主义。正如在其他艺术领域里一样，绘画和雕塑也继承了希腊和罗马的传统。18世纪初的许多画家仍记得尼古拉·普桑（1594—1665年）的"学院派"风格和克劳德·洛林（1600—1682年）梦境一般的优美的风景画。他们依然赞赏卡拉齐兄弟一直追求的那种"古典美"，准备绘制像鲁宾斯（1577—1640年）吸取灵感的那些神话中的景象，但是它们都带有一种学院式的、传统的古典主义。这种古典主义使人想起雷尼（1575—1642年）。

在绘画方面，从这种相当拘泥于形式的古典主义发展起来的一个变化是趋向巴洛克式的狂放与激情。意大利的高利（1639—1709年）在天花板上画了许多栩栩如生的圣徒和天使，给观众一种仰首遥望苍穹上的天堂的感觉。这样的天花板在欧洲各地的许多宫殿和贵族的宅邸里到处可见。不仅天花板用神话组画来装饰，而且在巨大的墙壁上也画满了大幅的图画，把大厅和宴会厅的墙壁变成吸引观众的华丽辉煌的画展。一直到1757年威尼斯人提埃坡罗（1696—1770年）还在画像《克娄巴特拉的宴会》这样的装饰性壁画。

在18世纪上半叶，意大利对画家们的影响仍然很大，但是1715年路易十四去世后，法国发生了一系列变化，产生了一些具有巨大魅力的作品。这种新风格的出现可以追溯到勒布伦（1619—1690年）逝世的年代，当时艺术家和他们的保护人都发生了变化。以神话寓言为主题的做法被更优雅并较少受传统束缚的大胆构思所取代。在这种画里，那些穿戴入时、打扮得漂漂亮亮的人物活动在色彩柔和的画面上，而其背景多数是以法国的山水为根据的风光景色。华托（1684—1721年）是这种新流派的先导，他是一个幻想家。他在处理神话故事时，尽可能采用轻松的手法。在装饰性的画面上，他有时画上穿着人的服装的猴子。尽管他把乡村生活理想化，把他的"欢乐节日"变成幻想，他对自然的观察却非常仔细。他的牧羊人和牧羊女可以穿起缎子衣服，整日无所事事，只是跳小步舞，但是他画的缎子衣服却十分逼真，同时人物充满了生机，与勒布朗作品中那种因循守旧的气味截然不同。朗克雷（1690—1743年）和帕泰尔（1695—1736年）紧随华托。虽然夸佩尔、安托万、诺埃尔和尼古拉的作品表明勒布朗的影响依然存在，但是这个时期绘画的突出特点是细致、欢快乃至有些浮华。布歇（1702—1770年）准确地抓住了公众的趣味。他的神话组画缺乏严肃性，他画的乡村景色只是为那些穿着异样的服装的人物提供一个欢快的背景。他的风格是妖娆妩媚，色彩绚丽。法国在路易十五时代的肖像画也反映了这种华而不实、追求高雅的特点。尼古拉·德·拉日利埃热衷于让他的模特儿穿上演员的服装。纳蒂埃（1766年卒）把法国的昂里埃特画成神话中的花神，给予托克（1772年卒）和让·巴蒂斯特·范·洛（1745年卒）不少启示。康坦·德拉图尔（1778年卒）再次使法国对优美轻快的彩粉画发生了兴趣。过了一段时间之后，出现了喜欢描绘伦理道德题材的画，而反对优雅的风光画。其中最优秀的作品是格勒兹（1725—1805年）创作的，但是他的画仍然很高雅，而且有点理想化，与弗拉戈纳尔（1732—1806年）的画很相似。弗拉戈纳尔把这个时期洛可可式的高雅与后一个时期轻浮纵欲的情感联结在一起。

  法国的雕塑比之绘画或其他装饰艺术更尊重学术传统。布沙东1739年在格勒内尔街塑造的著名喷泉是当时在雕塑方面流行的那种质朴风格的典范。法尔康涅（1766年卒）为圣彼得堡塑造的彼得大帝铜像也表明了古典主义的复活。虽然法尔康涅在塑造其他一些半身像时竭力雕塑得逼真些，但是在雕塑上的倾向是向回归古典主义的简朴方向发展。

  在英国，绘画方面的传统却不像在法国或意大利那么注重形式和崇尚古典主义。范·戴克（1599—1641年）、彼得·莱利爵士（1680年卒）以及戈弗雷·内勒爵士（1723年卒）所画的人像都表明了荷兰派的影响。这一派在表现不同材料方面发展了艺术的鉴赏力。范·戴克曾是鲁宾斯的学生，从他那里学到了如何描绘出丝绸、呢绒、花边或人的皮肉等的质地或肌理，以及在英国一直持有的对技巧高超、格调优雅的肖像画的兴趣。有教养的英国人十分欣赏意大利、西班牙和法国的杰作。克劳德的绘画诱使许多英国人把他们的公园改造成为景色宜人的园林。乔舒亚·雷诺兹爵士（1723—1792年）曾去过意大利，他认为一个艺术家应该努力模仿意大利文艺复兴时期伟大的绘画家们的素描和着色的技艺。雷诺兹虽然持有这种理论，但他自己的画却画得异常清新和自然，盖恩斯巴勒（1727—1788 年）的作品甚至更为自然，毫无学院气。他对直接描绘大自然的兴趣以及他不愿把他看到的现实加以理想化或按习俗格式化的态度，使人想起 17 世纪初的卡拉瓦乔、17 世纪荷兰画家弗美尔和弗朗士·哈尔斯，或许还有 17 世纪的委拉斯开兹。

用现实主义的手法作画，忠实地反映现实生活的情景，这一倾向最明显地表现在三个人的作品中。他们是英国的贺加斯（1697—1764 年），法国的夏尔丹（1699—1779 年）和荷兰的科内利斯·特罗斯特（1697—1750 年）。贺加斯突破了典雅的、贵族式肖像画的传统，而运用画来叙述一个故事，并通常表达一个道德寓意。这些旨在宣扬罪恶结果的画引起了那些要求艺术应有所用的英国公众的兴趣。他的版画特别受人欢迎，但是贺加斯远非只是一个道德学家。他也画伦敦的街头景色，画各式各样的人物，从冷漠无情地观看伦敦疯人院里疯子的贵妇人到醉倒在伦敦小酒店胡同里的可怜的妓女。他的肖像画《捞虾的女孩》和《法官韦尔奇先生》同普桑派或提埃坡罗派的那些典雅的、学究式的肖像画形成了鲜明的对照。与贺加斯一样，夏尔丹致力于画日常的生活景像和普通人物。他采用的现实主义手法受益于雅·斯滕，或许从弗美尔那里得益尤甚。科内利斯·特罗斯特把华托的某些幻想和贺加斯敏锐的观察力与坚定的现实主义结合在一起。他的一些画像贺加斯的作品一样，也是组画。譬如有这么一组画，描述的是在一个欢乐的傍晚所发生的一系列活动。开始是描写一伙表情沉静的荷兰人在阿姆斯特丹的凯岑河或者赫伦河畔的一座贵族府邸里，在烛光下抽着陶瓷烟斗，旁边的仆人正在打开一瓶瓶酒。这幅画的标题是"Nemo loguebafur"，而最后一幅画的标题是"Ibant qui poterant, qui non pofuere cadebant"。这些画可与贺加斯的《时髦婚姻》相媲美。他根据荷兰喜剧中的一些场景画的插图是对荷兰的风土人情、服饰、家具和人物极好的记录。

然而，在 18 世纪上半叶为数不多的艺术评论家们未能领会他们时代的独特之处。跟他们相关的问题，如同跟 18 世纪初建筑家和艺术家相关的问题一样，不是去探索美的哲学本质，而是去改善和提高审美力。他们的成就表现在宫廷中，也表现在县城和省城建筑物的外表上，在贵族的舞厅和客厅里可以看到，也可以在上层和中层资产阶级的小型宅邸里见到。每个建筑师、画家和雕塑家都竭力要表达为公众所接受的、也是与流行的式样相一致的美的原则。如果民族倾向确定某些形式，如果习俗要求保留这些形式，那么艺术家只能设法与之取得一致，别无其他选择。得到统治阶级信任的艺术家必须回答的主要问题是鉴赏力的问题。1713年艾迪生在《旁观者》杂志上发表了11篇论"想象的乐趣"的文章。其中第四篇文章对大自然的作品与艺术作品进行了比较；第五篇文章论述建筑；第六篇论述塑像、绘画和音乐。英国画家理查森企图对绘画进行分析，阐述构思与构图的理论。他的观点受到乔舒亚·雷诺兹爵士的重视。1753年贺加斯也写了一篇文章，题为《美的分析》，但是把它同弗雷斯诺或罗歇·德皮尔论绘画的著作相比，就显得很单薄。1757年，达朗贝尔在科学院做了一次演讲，题目是"谈谈哲学在与审美有关事物的应用和滥用"，这篇演说是18世纪美学态度的一个实例。他在演说中说："审美力虽非一般占有之物，但是它也绝不是一个任意的东西。"他还对审美力下了一个定义，称它为"鉴别艺术作品的能力，即用以在能感受细致思想感情的心灵中激起欢乐或憎厌的种种品质"。伏尔泰、孟德斯鸠和苏格兰的亚历山大·杰勒德也都对审美力做过论述，但都没有多大价值。

总的来说，当时关于艺术的理论著作出版得不多，反之，当时倾向于出版一些带有简短解释性文字的画册。这些涉及建筑、装饰和绘画的画册对于形成审美力具有很重要的作用。1686年出版了《绅士的闲情逸致》。1710年出版了新的版本，分成三部分并配以插图，该书成了乡村绅士的参考书。一般来说，对古典主义的东西有偏好，但也有一些关于当代作品的介绍。菲舍尔·冯·埃拉赫为维也纳宫殿所做的设计以及德国的保罗·德卡尔的设计对于英国的审美观产生了相当大的影响。1710年，丹尼尔·马罗出版了一卷有260张装饰设计的集子。德卡尔的设计与马罗的图案有某些相似之处。它们基本上是法国式的，来源于凡尔赛流派。它们对于伯灵顿勋爵的追随者，尤其对威廉·肯特、亨利·弗利克劳夫特以及艾萨克·韦尔有相当大的影响。德卡尔的《民用建筑》一书对于罗伯特·沃波尔的审美观产生了尤为重大的影响。当时沃波尔正在修建诺福克的霍顿大会堂。

从1700年起对附有插图的建筑书籍的要求不断增大。英国开始把法国的书翻译过来，还出版了一些袖珍指南。例如，格林威治的约翰·詹姆士翻译了一本关于园艺的书，附有范德古特的插图。然而当时最精美的建筑书是1728年詹姆士·吉布斯出版的。这本书里的插图决定了美洲殖民地许多建筑物的特色。1701年，J.基普出版的《不列颠插图集》显示了英国乡村大庄园建筑的雄伟豪华。1724年基普还出版了《大布列塔尼的新剧院》。这些图画使人们看到了以英格兰和苏格兰景色为背景的城市、王宫、海港和大教堂。法国的建筑师们第一次了解到英国建筑的华丽雄伟的风格。与此同时，供建筑工匠们使用的手册继续大量出版。科林·坎贝尔的《不列颠的维特鲁维乌斯》提供了许多公共建筑和私人建筑的图样。后来，约翰·沃尔夫和詹姆士·甘顿把它编辑成丛书。最多产的建筑师作家是艾萨克·韦尔。他的主要作品是1755年以对开本形式出版的《建筑大全》。更重要的著作是1759年威廉·钱伯斯爵士写的《论民用建筑》。在此之前，钱伯斯曾在1757年出版过一本介绍中国建筑、家具、服装等样式的书。看来钱伯斯并没有打算要人们重视他的关于中国艺术的论文。至于他论述民用建筑的论文。显然钱伯斯企图把古典建筑的基本原则与文艺复兴后的思想一致起来。他的目的集中体现在伦敦萨默塞特大厦完美的构图和细节中。从1710年到1760年，英国出版的关于建筑方面的书涉及了帕拉弟奥形式的各种模样。帕拉弟奥形式被认为是英国审美观的一部分。这个时期不仅是一个建立在传统之上的充满理想的时期，而且人们看出古典的古老风格没有得到充分的理解。这就导致建筑师们对罗马遗址以后又对雅典遗址进行深入细致的调查。

与英国相比，法国出版关于装饰艺术的画册数量要更多。其目的是想扩大设计者的视野，改变现存的风格。插图成了有关建筑、装饰、手工艺等方面权威性著作的主要部分。在艺术领域中，没有比在巴黎大量出版了提供建筑物的实际构图和细节的书籍这件事更为吸引人或鼓舞人的了。这些书不仅非常精美，而且内中的雕版质量极高。在戎巴尔出版的那一套插图里，作者运用了这样一种方法来说明建筑学，以至于其他国家的建筑师和工匠们很容易模仿这些设计。房屋和公寓住宅的设计以及由于社会变化而采用的较为轻巧的装饰形式成了1720年至1760年期间法国出版的全部重要的建筑学书籍的一部分。这个时代的文艺复兴后建筑风格的代表人物是雅克-弗朗索瓦·布隆代尔（1705—1779年）。他在早年曾跟随其叔父让-弗朗索瓦·布隆代尔从事雕刻。他把让·马罗未写完的题为《法国的建筑》一书完成了，全书共8卷。另一部重要著作是1738年出版、达维勒编辑的《家庭》，书里有布隆代尔雕刻的许多图画。布隆代尔最伟大的著作，也是对文艺复兴后的建筑具有持久影响的作品，是在1771年至1777年期间在巴黎出版的。布隆代尔的说明仅限于描述插图上的每座建筑物。

朱塞佩·比比恩纳①和乔瓦尼·巴蒂斯塔·皮拉内西标新立异的意大利建筑图案的出版，正好符合了社会上对建筑图案的要求。这两位艺术家都具有创造性的技能，他们创作的一系列雕刻画和蚀刻画就显示了这种才能。以往在17世纪，风景画家克洛德·洛兰和尼古拉·普桑在画中描绘了古代庙宇的遗址，使这些景色流传于世。但是正是克洛德风景画的影响决定了英国风景画的性质。此后，吉勒索尔菲和潘尼尼在克洛德构图的启发下，继承了这种绘画艺术的形式。它又导致意大利的制图人在设计中表现出与17世纪巴洛克风格的成分相结合的古典式的绘画特色，从而产生了文艺复兴后这一时期的那个富有生命力的系统。在比比恩纳和尤瓦拉的构图中保存了固有的形式，它们又引起新的主题。文艺复兴后建筑在各个方面的扩张是十分迅猛的。皮拉内西作为一个古典主义构图家的杰出才能可以归因于鼓励标新立异的精神。皮拉内西更为重要的版画是在1748年至1765年期间出版的，其中包括《建筑艺术精品选集》和《古罗马人》两幅版画。皮拉内西的蚀刻画在建筑师、装饰师及家具设计师中有广泛的影响。在威廉·钱伯斯、罗伯特·亚当、罗伯特·迈尔恩以及其他许多人的工作中都能看到这种影响。也可以在当时大理石壁炉的设计以及在奇彭代尔设计和制作的某些家具中找见这种影响。皮拉内西这位意大利制图家的多才多艺、鉴赏力以及作为一个图案装配者的娴熟技能都是十分杰出的，而他的工作效率和承受繁重工作的能力也是令人

---

① 对开本设计卷题名为《建筑学与透视法》（维也纳，1740年）。

钦佩的。正是从他这里许多欧洲的建筑师获得了他们的古典主义艺术要素的思想，而他们把这些要素应用于当代的设计。

法国路易十五时代那种色彩艳丽、格调优雅的绘画之所以受到欢迎，在很大程度上应归功于像格拉夫洛、埃森和莫罗·勒让这样一些雕刻师，他们复制了许多著名艺术家的作品。特别是埃森因他的装饰设计而闻名遐迩，他尤其擅长于处理洛可可框边和月桂树叶花边。一种装饰风格向许多方向发展，它既适用于家具和银餐具，也适用于更大的范围，如装饰整个建筑物。各种手工艺匠人、铁匠以及雕刻工都采用了这个在恰当的时机发展起来的新风格。这种风格的内在情趣表现出其品质具有魅力，这是典型的法国品质。这种风格在英国和意大利之外的欧洲各地风靡一时，它活泼可爱的魅力，如同它的纤巧细腻一样，吸引了条顿人和斯拉夫人。

插图终于解决了古典主义设计中那种错综复杂的情况，使阿尔卑斯山以北各国得以普遍理解。然而，在建筑方面所取得的成就不能同样有力地运用到绘画和雕塑上去。参观画展比之阅读书本上的说明或观摩插图更为重要。出外游览参观不仅对于艺术家的保护人，而且对于艺术家们本人都是十分必要的。在18世纪，作为进一步调查研究的最初步骤，自然先要去罗马参观。意大利与古典主义古代作品的影响在欧洲各地的王宫和贵族的府邸中都表现得十分明显。

英国的圣詹姆士宫、汉普顿宫和肯辛顿宫都成了重要的艺术中心，那里有意大利艺术家们的许多作品。法国的凡尔赛宫也是如此。西班牙的皇家玻璃厂，荷兰的埃特洛古堡，德国的夏洛滕堡、波茨坦和宁芬堡以及奥地利的申布伦府邸都是这种情况。瑞典的斯德哥尔摩宫和德罗特宁霍姆宫，波兰的瓦津基宫，俄国的彼得霍夫宫、沙皇村和巴甫洛夫宫也都表现出意大利巴洛克建筑风格的影响。在意大利，晚至1752年至1774年间建造的雄伟的卡塞塔宫也表现出相同的特点。但是，在18世纪，不仅到处可看到意大利巴洛克式的各种巨大建筑物，同时具有独特样式的城市广场和街巷也不断出现。广场和新月状街巷，贺加斯、夏尔丹和特鲁斯特的现实主义绘画，《旁观者》的新闻写作，以及理查森和普雷沃的小说，这种种都是18世纪特有的天才创作。它们告诉人们，城市中产阶级已居于越来越重要的地位。

(姚乃强 译)

第 五 章
启 蒙 运 动

18世纪后来成为启蒙运动的时代，不过在17世纪结束之前，启蒙运动武库中的各般武器，其原型都已发明并且试验过了。保罗·哈泽德在谈到17世纪的新思想时曾这样写道："这种新思想几乎在整个18世纪甚至在17世纪结束之前，就已做了全面、紧迫、充分的准备。"[①] 这个伟大的思想斗争在1715年以前，甚至在1700年以前就已经在进行。

宗教是正统思想的主要堡垒。英国的自然神论者在1715年之前就已经制定了对宗教发起进攻的宏伟战略。少数极端分子，如安东尼·柯林斯等人，走得比自然神论更远，对宗教持全盘否定态度；但是英国教会中担任神职的开明之士则表示愿意接受理性的宗教，因而在英国关于自然神论的争论，由于没有对立面，便悄然偃旗息鼓。与此同时，英国自然神论与自由思想的著作开始传入法国，并在那里获得了新生。尽管18世纪上半叶的法国作家在处理宗教主题时持谨慎态度，然而在他们著作的字里行间都隐藏着比英吉利海峡对岸的英国作家更为根深蒂固的敌对情绪。自然神论随着伏尔泰和百科全书派著作的问世而在法国公开出现。它跟神学已断绝联系，而成为一种松散的公式，只是作为一种为维护政治和道义的约束力，以及对无神论的攻击的一种辩护而保存下来。自然神论提供了一种手段，把社会对宗教的需要与理性的要求两者的共识协调起来。自然神论在英法两国取得胜利后，很快传播到了欧洲其他国家的知识阶层中去。不久，又由本杰明·富兰克林通过一定的途径在美洲的公众中广泛地传播开来。

---

① P. 哈泽德：《欧洲意识的危机》（1935年）。

尽管自然神论传播开来了，可是并没有取得什么结果；它在18世纪已经失去了它的活力和意义。在英国它成了一洼死水；在欧洲，法国除外，它在正统的泥沼里只是一支涓涓细流，逐渐消失；在法国，它实际上只不过是注入法国怀疑论主流中的一个支流。它把水搅浑了，但是并没有扭转不信仰宗教的潮流。这个潮流在17世纪已经开凿出了一条虽然比较狭窄但却比较深邃的渠道。

狄德罗说过：我们的同时代人是生活在路易十四的时代的；而这些早期的怀疑论的鼻祖的影响，已经总结在贝尔的著作中。在他的18世纪的追随者中，首先自然要提到被莫尔内称为"幕后策士"的那些人。① 他们的著作在当时都是以手抄本的形式流传的，到目前为止已发现多达102篇不同的论著。其中流传最广的是本堂神父梅斯里尔的《圣约书》。该书避开自然神论反对造物主本身的论点，而着力揭露造物主容忍的人世间的罪恶。在被公认的和出版的著作中，没有一位作者超过孟德斯鸠笔下那些到法国来的波斯人的敏锐观察，也没有超过布拉维利尔在《穆罕默德传》一书中表达的那种纯朴无邪的惊奇。《穆罕默德传》是在作者死后于1730年出版的。在书中，作者对一个虚假的宗教竟然能产生如此了不起的结果，感到震惊不已。

18世纪中叶标志着这个准备阶段的结束。狄德罗的《哲学思想录》和《给有眼人读的论盲人的书简》，图森的《道德论》，拉美特利的《人是机器》，孟德斯鸠的《论法的精神》以及布丰的《自然史》等著作对正统思想提出了公开的或稍加掩饰的挑战。1751年《百科全书》第一卷问世。其中在直接论述宗教问题的条目中，对正统思想还虚与委蛇，而狄德罗在《斯泰基的羔羊》或《悬音报警》这样一些平淡无味的标题下隐藏了无宗教信仰的思想。教会对于跟詹森派的争论比之对于来自无宗教信仰的危险更为关注，因而一开始对这些著作并不感到惊慌。他们对无宗教信仰思想发展的认识是突如其来的，1751年普拉德神父向巴黎大学的索邦学院提交了一篇论文，主考人一致接受了它。这篇论文对感觉心理学和自然宗教的理论做了一个简明的阐述，同时彻底否定了《新约》中关于奇迹的意义。于是，教会和大学对隐藏在内部的敌人发起了攻击；普拉德受到了审

---

① D. 莫尔内：《法国革命的思想根源》（1933年），第27—28页。

查，同时对他论文的赞同也被撤销了。这一事件暴露了异端思想已经悄悄渗透到宗教思想中来了，而且已经达到了相当严重的程度。这一事件也促使人们要采取为时已晚的更加严厉的审查制度。在压制的浪潮还未取得较大的进展之前，马尔塞布成为新闻出版总监。由于他的宽容厚道，加之蓬巴杜夫人的赞助，启蒙哲学家的宣传活动又恢复了，并且受到了非官方的、有时甚至官方的保护。在随之而来的10年中，爱尔维修、狄德罗、伏尔泰和霍尔巴赫等对基督教发起了猛烈的攻击，而一些次要的作家也不断对之发射冷枪暗箭。在反对教权主义的强大浪潮支持下，这次进攻的火力特别集中在耶稣会会士身上，而且进攻的动机是出于实际的而不是理论的考虑。这次进攻的最崇高动机是出于对以宗教的名义犯下的残忍行为的愤恨。它明确的信条是信仰自由。同时，宗教的反对者们并没有想到要让人们在宗教问题上完全各行其是。人们，至少开明人士，开始认为宗教不再是社会秩序的基础，但是法国主张限制教皇权力的传统是如此之强大，以致每一次大的思想革命都不把教会看成是巩固国家的力量。伏尔泰就说过：什么"民治和教治"纯属无稽之谈；应该说民治和教规，"民权不应该把任何一条这样的教规作为例外"。①

类似的国家全能主义思想在英国也盛极一时。霍德利是英国教会中提倡宗教信仰自由的主要鼓吹者。他是教会的一名主教。他批评教会提出的神权归圣职人员的要求，因为他们要建立一个国中之国；而根据沃伯顿《联盟约》的基本篇章是"教会应运用其全部影响为国家效力；国家应支持和保护教会"②。在德意志，反对教会的权利要求的主要来自兼任高级教士的各公国君主本身。他们迫切地要求摆脱罗马教会。在18世纪后期，特里尔大主教的副主教约翰·尼古拉·霍恩泰因用弗布朗尼乌斯的笔名写了一篇文章，发泄了信仰天主教的德意志各公国对罗马教廷的不满，并把这个运动命名为弗布朗尼乌斯主义。这样，虽然全欧洲的反对宗教信仰自由的势力在节节败退，但是一个敏锐的观察家可以注意到，自由思想的胜利只有在政治当局的帮助下才可取得；而且，伴随教会势力衰落而来的则是国家权力要求

---

① 伏尔泰：《共和思想》（1762年）（《伏尔泰全集》，1877—1885年，第24卷，第415页）。
② 沃伯顿：《教会与政府联盟》（1736年），第68页；法译本，1742年。

的扩大。

再者，宗教也没有为哲学所替代。18世纪大量发表的怀疑论著作，其中绝大部分只具有辉煌宣传的思想价值。所谓的"启蒙哲学家"是迄今存在的思想家中最不形而上学的一个学派。斯宾诺莎被公认为是他们中最富有魅力的人物。但是，这些启蒙哲学家并不企图挽救斯宾诺莎哲学的名声。斯宾诺莎因攻击正统思想而声名狼藉，而斯宾诺莎主义就成了批判《圣经》的同义词。伏尔泰尤为讲究实际，他不能容忍不从经验的事实出发并且由此得出对实际行动具有直接影响的结论的一切思想。他毫不同情那些撰写他称之为"心灵小说"的作家。孔狄亚克在其1749年出版的《体系论》一书中，有一章的标题为《无用的抽象体系》，表达了同样的情绪。对形而上学思想的攻击实为诉诸公众的常识，诉诸作为哲学真理标准的良知。它在更高的思想水平上代表了经验主义和理性主义之间旧冲突的一个新阶段。跟以前的思想对照，所谓的"理性时代"诉诸自然，而自然的意思就是经验的事实。它创立物理学以对抗形而上学，因为它相信每一个值得提问的问题都可以通过发现恰当的事实给予回答。宗教和形而上学时代已经一去不复返了，科学成了新的福音。

科学史当然不是始于18世纪，科学思想取得最伟大进展的时代并不与启蒙运动的时代相一致。18世纪的成就之一与其说是取得了重要的新发现，还不如说是把已经发现的知识扩散到比以前更大的范围。那时，受过教育的普通人，而无须专家，就能弄懂科学技术，听懂对它们的解释。当然，数学领域中的一些比较高级的学科则是例外。在时髦的沙龙里就可以举行实验表演或听懂科学理论。上流社会的绅士淑女与科学家们交往密切。像伏尔泰这样的文人与像迪夏特莱夫人这样的社交界妇女都拥有私人的科学实验室，对科学事业的发展做认真的贡献。文学报刊腾出越来越多的篇幅发表对科学著作的评论。布丰证明一本科学著作也可以是一本成功的文学作品。克里斯蒂安·沃尔弗把科学介绍给了德意志人民，第一次用科学家自己的语言来撰写科学题材的书。甚至大学也受到了当时思想运动的影响。在1702年至1750年之间，剑桥大学设立了解剖学、天文学、植物学、化学、地质学、几何学以及实验哲学的教授职位。当然，稀奇古怪的事物仍然存在；什么美人鱼、蛇怪以及种种奇迹在那些僭称的科学论文中津津乐道，招揽读者。但是即令出于神学的动机，它们还是有助于科学的普及。"大自然的奇迹证实上帝的存在"是一个常见的主题，也是许多把宗教和科学结合起来的尝试中最成功的主题。普吕歇神父的《自然奇观》至少出了18版，被译成英、意、西、德等多种文字。

这些通俗读物或许只配称为科学典籍的经外书。新天道的先知是艾萨克·牛顿，他的天才使科学改观，使它从显然凭借随意的实验来解释事物的朦胧状态转变成为一个具有自己的可以理解的法则的理性学科。在英国，牛顿思想势如破竹，锐不可当。另外，在法国，它却遭到了强大的抵抗。笛卡儿写的《旋风》刚刚征服了知识界，这就阻碍了人们迅速接受牛顿的思想。虽然牛顿的物理学提供了一个显然关于上帝创造宇宙的证据，这是对自然神论的一种支持，也有助于使牛顿的思想为人所接受。丰特奈尔在路易十四统治之前就开始了反对迷信的斗争，到这时仅进行了一半，几乎一直延续到了18世纪中叶，但他至死是一名坚定的笛卡儿哲学的信奉者。然而，莫佩尔蒂的影响，如同伏尔泰的影响，对牛顿的原理是十分有利的。到18世纪中叶，牛顿的原理实际上已在法国取得完全的胜利。1737年，阿尔让在《良知哲学》的第一版里只是简单地提及牛顿，但是，1746年该书再版时，则说牛顿"掀起了一股引力狂澜"。牛顿的科学从英国和法国传播到欧洲的其他各地。安东尼奥·孔蒂在巴黎住了好多年，并到英国访问过牛顿。他把模拟牛顿实验的一些仪器带回了威尼斯和帕多瓦。1744年，经教皇准许，伽利略的《对话录》出版了，这标志着意大利科学精神的进步，尽管出版该书的条件是，把宗教法庭的判决书和伽利略的收回声明放在书前作为序言。1757年，宗教法庭决定不再禁止出版讲述地球运动的书籍。确实，牛顿大大推进了科学思想，需要有100年的时间来消化与吸收他的那些思想。在英国对牛顿的崇拜甚至可以说已经妨碍了数学思想的进展，致使在19世纪之前一直停滞不前，虽然皇家天文学家埃德蒙·哈雷和詹姆斯·布拉德雷曾补充了重要的发现。在欧洲大陆，巴塞尔的伯努利家族和莱奥纳昂·欧拉，都灵的拉格朗日，以及法国的达朗贝尔等这样一些数学家对牛顿的原理做了十分重要的理论上的发展。

牛顿说明了自然的一致性，推动人们探索自然的规律，但是数学的抽象和理论的形式——不说其困难——就严格限制了可以在牛顿探索过的那个思想海洋中航行者的人数。18世纪真正的倾向是经验主义。伏尔泰越过牛顿把培根作为经验主义的创始人。因此，有一种从数学转向自然科学的倾向。布丰翻译了英国人黑尔斯写的《植物静力学》，在前言中宣布需要"不断地搜集实际的证据，并尽可能避免力求系统化的精神"。1749年，他在《自然史》一书的引言中说，数学的真理是定义的真理，因而是抽象的，而物理的真理是建立在事实之上的。法国的科学家完全接受荷兰科学家 P. 冯·穆申布鲁克的教导：观察和实验是物理学的唯一基础。布丰本人不完全执行经验主义的教条，因为他企图用一个纯理论的大系统来理解整个自然世界。1734年至1742年，列奥米尔对昆虫进行细致观察后写的著作出版了。该书更真实地体现了科学方法的应用。然而，布丰本人做出了献身科学事业的一个榜样。他从《自然史》的巨大成功中赢得的威望（即使更多地要归功于他的文学技巧而不是他的科学才干），给自然科学增添了光彩。甚至那些批评过他的方法的人也从该书中受益匪浅。他给那个将成为发现的新时代打上了自己的印记。科学家、文物收藏家和上流社会开始疯狂地进行搜集工作，布丰亲自主持了植物园和皇家收藏室。随收藏家而来的是分类学家，可以作为分类学家典范的是瑞典的植物学家林奈。他付出的巨大劳动把植物学家从大堆的新材料中拯救出来，免遭灭顶之灾，而他自己为取得这些新材料付出了巨大的精力和智慧。付出的代价是在一段时间里，分类本身成了目的，而且相当肤浅的综合归纳往往替代了科学实验。

事实上，理论总是阻止实验科学的发展，但是科学家和启蒙哲学家共同怀有的对实践的兴趣促进了实验科学的发展。在植物学的研究领域里，兴趣集中在农业上，尤其在园艺上。在传授花粉和杂交方面做了大量有价值的工作。同样，对像蒸馏等这样的工业过程的兴趣也影响了早期化学家的实验，特别是对加热效果的实验。然而，化学这门科学的发展仍然受到包围着它的神秘气氛的阻碍。18世纪上半叶最伟大的化学家是施塔尔。他是哈雷大学的一名教授，后来又在柏林任教。他以燃素理论而闻名于世，虽然这个理论仅仅是他创立的许多化学理论之一。他以深刻的洞察力抓住了易燃物的燃烧和金属煅烧之间的类似之处。他把这种类似归因于存在着一个可燃原理。他把这一原理称为燃素。燃素在燃烧过程中释放出来,消失在空气之中,而不顾众所周知的事实:煅烧的金属,其重量是增加了。这一事实与其理论恰好是不相容的。不过直到二三十年之后,燃素理论被摒弃之前,没有找到其他的解释。荷兰化学家布尔哈夫写的具有很高实用价值的论文《化学分子》(1732年)也表明了缺乏新的化学主张;虽然苏格兰化学家约瑟夫·布莱克在1755年发现了凝固气体,使化学有了一个引人注目的进步,但是化学在拉瓦锡之前并没有本学科的牛顿。电和磁则处在一个更为初级的状态。除了对简单的电现象引起的兴趣之外,几乎没有什么成就值得一提,但即令对这些现象的解释也没有提出严肃的假设。在医学方面,虽然在莱顿和后来的其他一些医学院校建立起门诊传统来帮助改进医学的实践,但是把实践兴趣看成高于一切的思想本身就是对科学发展的一个障碍。实际的需要往往促进了比较精密的科学仪器的发展。这个发展具有十分重要的意义,因为启蒙运动不仅与思想上的革命相关联,而且与物质条件方面的革命也有关联。理性的时代也是发明的时代。

前面所概述的科学发展大部分都没有与传统的思想方式发生公开的冲突。地质上的推测倒更容易引起宗教方面的反抗,因为甚至岩石构成的初步研究,往往对地球的历史提出一些与《创世记》里的提法很难调和的思想。天文学的研究早就使科学家们怀疑,地球可能比《圣经》所记载的要早4000年就存在了。布丰小心翼翼地指出,形成目前岩石层需要有一个很长很长的时期。为了说明岩石层,也是为了说明化石层,显然必须对海洋淹没陆地的年代提出假设,以替代跟挪亚方舟联系在一起的短促而富有戏剧性的圣经故事。划分科学理论与奇思怪想两者之间那根细窄的界限,可以用对海洋的形成所做的假设与引出的结论予以说明。对海洋的假说是德马耶在他的《海洋的假设》一书中提出的。该书于1748年出版,但是手抄稿在此之前就已经流传开了。他认为陆地上的生命形式很可能是以海洋为栖息地的生命演变而来的。从这个假说出发,他进而得出这样的主张:鱼人和鱼美人显然就是提供了生命从海洋到陆地的联系(但他对它们的结局则表现出某种科学的怀疑主义);这些鱼人在极地的某个地方离开了它们水中的家,而成为人类的祖先。即使这样一种奇怪思想对18

世纪的思想方法也有所启迪。它是古代的"生物链"思想的变异，即在一个完整的等级制度中，一切创造出来的东西，从最低级到最高级，从哲学到生物学领域，都有其连续性的原则。要想在18世纪就发现进化论的端倪以外的东西，尚为时过早，但是进化论思想已经处于萌芽状态，寻找进化链条中缺少的环节的工作已经开始了。狄德罗在《对自然的解释》一书中对无机物和有机物之间是否存在着壁垒提出疑问，认为1748年尼达姆做的著名实验，已经表明了从无机物能自发地产生生命。1760年，那不勒斯的斯帕兰扎尼神父论证这个实验是荒诞的。1743年贝克和1744年日内瓦人亚伯拉罕·特朗布雷在对水螅的研究报告中提出，水螅是植物和动物之间的连接环节。虽然在生物学以及实际上在其他各个科学领域里都有这样的设想，但是18世纪仍然是一个传播科学知识和对新的领域进行试验性探索的时期，而不是一个取得重要进步的时期。它是牛顿时代和拉瓦锡时代之间的一个间隔时期。

　　18世纪科学思想最重要的新发展是把科学分析运用到人本身，首先运用于个人心理学，然后运用到社会生活。用休谟的话来说，启蒙运动认为对人的研究能够而且必须建立在观察和实验的基础上，并认为正如达朗贝尔在《百科全书》"实验"这一条目中所说的那样，对作为社会动物的人的研究，包括对人的道德和历史的研究，是实验哲学的一个恰当的课题。实践证明18世纪建立在理性主义和个人主义前提基础上的心理学与社会科学的成就之间，存在着一条鸿沟。孟德斯鸠的《论法的精神》是社会科学方面进行系统性论述的一种重要著作。它的出发点是历史，而不是心理学。即令如此，从这个观点来看，这篇论文必须看作一个大失败。孟德斯鸠企图略过200年来在科学法理学、经济学、人文地理以及人类学方面的工作。产生社会科学中的牛顿，时机尚未成熟，如果说有这么一天的话，孟德斯鸠追求的目的比他取得的成就要高得多。他力图分析在社会生活中起作用的那些法则，将政治、道德、宗教、经济通过它们之间的内在关系建立起一个庞大的综合社会学，把人的社会行为用科学名词表示出来，而且据他说，对人的社会行为不作评判。这个任务大大超越了当时的可能性。再者，不管他怎么持异议，孟德斯鸠除了是一个社会科学家之外，还是一个道德学家。他觉察到若科学家对道德漠不关心，就很难当一个研究人类社会的学者。社会科学进退维谷的困境，第一次清楚地出现在孟德斯鸠身上。他对那个时代的一个重要词——"自然"的使用，就是一个例证。因此，他说，奴隶制是违背自然的，但是在某些国家中，又有自然的理由为奴隶制辩护。显然，自然在这里是两个不同的事物。它是事物的本性，即事物活动的方法，但它也是事物应该如何活动的方式。在他使用"权利"和"义务"两个词时同样含糊不清。权利是建立在永恒的法则之上的，但是它又与每一个特定社会的条件相关联。义务是应该做的事，但它又是必须做的事。结果是经验的证据与伦理的假设奇怪地结合在一起，这正是启蒙运动的社会思想的一个特点。

在社会科学方面，18世纪上半叶是一个准备时期，而不是取得积极成果的时期。贝克莱和休谟的经济学著作为后来的英国的经济学家铺平了道路，正如梅隆、迪托、福博内的著作为法国的重农主义者铺平了道路。乌略亚和乌兹塔利兹在西班牙提出了新的重商主义思想。维科的那不勒斯信徒加利亚尼神父根据洛克的理论，对价值理论做了一个十分清晰的分析。爱尔兰出生的法裔英国银行家理查德·坎特龙是一篇论述商业论文的作者。他的论文使某些具有经济思想的历史学家认为他是亚当·斯密前辈中最伟大的经济学家。经济学这门新的科学，也受到与法国的重农派和德国财政学家相关的经济和政治理论的影响，但是重农主义和新财政主义经济思想更为重要的发展是在18世纪的后半叶才出现的。

在18世纪，社会科学像自然科学一样，仍处在搜集材料的阶段。一切事实或假想的事实，都在搜集之列。在启蒙运动的思想等级结构中，历史仅次于科学。17世纪学者开始的对历史进行记载的这一伟大工作继续了下来。越来越多的外行人注意起历史这门学问，拉莫特·勒瓦耶和培尔的历史怀疑主义为学术批判准备了条件。因此，历史不仅仅是对人类生活和命运做出解释，而且用朗格莱·迪弗雷内的话来说，是"依据亲眼见到的证据，确凿无疑的文件与可以信任的旁人提供的证据写出的对历史事件确切与忠实的叙述"[1]。在一些历

---

[1] P. N. 朗格莱·迪弗雷内：《与小说相反的有根据的历史》（1735年），第24页；比较其《研究历史的方法》（1713年）。

史著作中，尤其在像伏尔泰、休谟和罗伯逊这样一些伟大作家的历史著作中有迹象表明，在历史学家和写历史的文学家之间出现了分歧。但是，吉本的著作说明这两者之间的分歧是可以弥合的。吉本把贝内迪克蒂的博学与伏尔泰对历史的阐述结合在一起，把思想和学识用优美的和有意识的文字表达出来。

　　启蒙运动的历史学家不可避免地把他们的工作建立在当时理性主义和个人主义的预想之上。由于许多事物用这些术语不能被充分地理解，有时历史学家似乎把历史分解成一系列活动的事件而已。对事实直率的叙述，证明这种方法不仅不能避免先入为主的偏见，反而把这些偏见认为理所当然。此外，历史成了反对宗教的一件武器。宗教的辩护士们自己接受了对历史证明的挑战，并把历史证明作为他们自己的论辩基础。更为巧妙的是，法国的耶稣会会士让·阿杜安企图用历史怀疑之矛来攻击怀疑论者之盾，断然否认一切注明为14世纪之前的文献，拉丁文《圣经》和数量有限的经典经文除外。结果，教会传统成了唯一的上诉法院。另一名法国的耶稣会会士伊萨克·贝律里埃用当代的文体重写《圣经》，希望产生一部既能教诲人，而又能使人欣然同意的作品。[①] 英国的卫道士们更为冷静，企图用历史证据来证实神的启示。因此，舍洛克在他写的《见证人的审判》（1729年）中对奇迹的证据进行了严格的审查，当然得出的结论比之休谟在《论奇迹》这篇著名论文中得出的结论更为人们所赞同。

　　宗教对人类历史的解释同18世纪的思潮是难以调和的。启蒙哲学家们也许受到莱布尼兹的宇宙连续性概念的影响，以历史与科学为理由反对那种认为控制人类命运的宇宙法则起作用就会产生灾难性破坏的理论。他们坚持先验论的信念，认为历史发展是单线的。虽然他们决心把希伯来人从在神圣历史中所占的中心位置上赶下去，但是他们仍不自觉地保持圣经的思想方式，坚持人类进步的起点只有一个。这个起点不是巴勒斯坦，尽管它与《圣经》有着休戚相关的联系。他们认为，人类历史的摇篮是埃及。文明从埃及发展到希腊和罗马，但是由于现代人在与古代人的竞争中取得了胜利，也就失去了把古典

[①] 《上帝子民史》（1728—1758年），第1卷，第27页；比较拉博梅·德斯杜萨特的《克里斯蒂亚德》（1753年）。

世界作为人类成就巅峰的诱惑力。中世纪宗教思想的令人遗憾的统治,确实相当严重地破坏了持续、稳定进步的图景。只有对中世纪技术发展感兴趣的杜尔哥敢于出来说话,缓和对中世纪的普遍谴责。但是在哥特人的黑暗的世纪之后,人的思想又燃起了进步的火炬,而且燃烧得比以往更光亮,最后迎来了光彩夺目的启蒙时代。

除了杜尔哥之外,百科全书派的历史观并没有多大发展,只是对一些含混不清的一般概念做了相当初步的收集而已;直到18世纪末,最后才出现了孔多塞的宇宙发展论。然而,有一位远见卓识的历史哲学家生活在这个时代。那不勒斯学派给18世纪提供了一系列著名的思想家,并且产生了所有的最伟大的思想家之一詹巴蒂斯塔·维科。他写的《新科学原理》第一版于1725年出版。维科是这样一些思想家中的一位,即他的伟大之处不可能用几句话加以概括。此外,把他说成属于18世纪,也是一个纪事上的谬误。那不勒斯法理学家格拉维纳(1718年卒)在对法理学进行历史性的处理方面,可以被认为是维科的先驱者,维科也受到格劳秀斯关于万民法梦想的影响,但是他基本上是独树一帜。如果想要找到他的祖先,那么乃是柏拉图的思想,尤其是文艺复兴时代的柏拉图主义者。跟洛克和休谟一样,他从反对笛卡儿出发,但是又与他们背道而驰。他提出的问题正是他那一代人要求解答的问题。《新科学》是一种思想论,是人文和社会科学的历史。但是他的回答很难说与他同时代人做出的回答有什么较大的不同。虽然有人企图把维科描述成基本上是一个保守的和天主教的思想家,虽然他自称是教会的卫士,但是他从根本上来说是与正统思想相悖的,因为他的上帝是存在于人中间,是通过自然的因素发挥作用,而不是超越物质的尤物。他的《新科学》基本上是一种历史观,而不是在启蒙运动意义上的哲学。用克罗齐的话说,维科是"不折不扣属于即将来临的19世纪"[①]。没有证据表明,在他那一代中有任何人,而且在他所在的那个世纪如果有人,也是寥寥无几的人,对他的思想有超过一鳞半爪的理解。

因此,18世纪是科学和历史的世纪,是经验事实胜利的世纪。我们绝不要低估这个涉及人的思想的胜利所包含的重大意义,即令这

[①] 格罗齐:《詹巴蒂斯塔·维科的哲学》,转摘自科林伍德译本(1910年),第20章。

个胜利是战胜人自己的理论天才后取得的。现在各个领域里的人都在从事观察，而不是想象。但是，人的思想是不能只靠事实生存下去的。如果研究一下启蒙运动时期的社会科学和历史的著作，就会很快发现，在抓住客观事实并把论点只建立在事实之上的表面上的决心后面，还存在着理论上的假设。当然，它们不是哲学的或宗教的设想。我们是在人性这个概念中，找到了隐藏在经验论核心中的先验论因素。要了解18世纪的思想基础，有必要看一看这些思想的心理学理论。启蒙哲学家们是不会承认他们的心理学理论是不科学的。他们认为，个人心理学的法则也是在文明进步中起作用的那些法则，达朗贝尔给《百科全书》写的"前言"，正是建立在这个命题之上的；而且，这些法则在洛克的《人类理解论》中已经有所揭示。洛克认为，我们的一切思想都是感情的产物。这种观点完全统治着18世纪的心理学理论，正如牛顿的万有引力论完全控制了那个时代的物理学一样。这方面最有权威的论文是孔狄亚克神父的《感觉论》（1754年）。文章对一尊雕像做了著名的类比，雕像内部有人一样的器官，但是外面包了一层大理石，雕像逐渐被赋予知觉而发展其思维能力。这个情感心理学的原理用爱尔维修的话说，是相信"人的一切都可以化作感觉"①。这种见解甚至超过了洛克，因为他把一种意义不甚清楚的思考能力归属于思想，而在18世纪他的追随者们用联想的自动过程来解释一切复杂的思想是如何从简单的思想发展过来的。

从情感心理学到完整的唯物主义理论，只是跨了短促的一步。跨出这一步的可能性在洛克同斯蒂林弗利特关于物质东西会不会思考的讨论中已经初见端倪了。这个讨论在尔后克拉克与莱布尼兹之间的辩论中继续了下去。伏尔泰在他的《哲学书简》中谨慎地提出，思维可能是物质的一种功能。后来，他在写《哲学词典》中"灵魂"（Ame）这个条目时，用诙谐的笔调说，他至少不认为这是一个非常物质性的问题。这个争论涉及"动物有无灵魂"的问题。笛卡儿曾声称，动物是没有感情的自动机而已。18世纪的怀疑主义者攻击与之对立的思想——动物像人一样有灵魂，或者至少有思想；并把它作

---

① 爱尔维修：《论精神》（1758年），《对话录》第1部分，第1章（见《全集》，1795年，第1卷，第135页）。

为反对宗教的武器。"动物有灵魂之说是证明物质能够获得思维功能的一个证据",阿尔让把这句话作为他书中某一章的标题。如果按照这种说法,如果说人与动物没有根本的区别,如果说灵魂不是由神创造后附在没有意识的天地万物上的一个独立体,那么,笛卡儿的二元论就被彻底推翻了。这种二元论已为18世纪的耶稣会会士所接受,而且作为基督教教义辩护的基础。到了18世纪中叶,继本堂神父梅斯利尔和阿尔让侯爵之后,更为大胆的思想出现了,宣扬彻底的唯物主义。英国的宿命论和世界大同主义的鼓吹者戴维·哈特利在他1749年写的《对人的观察》一书中,把唯物论和自然神论调和起来,提出上帝赋予物质以思维的能力。戴维·哈特利是以他对心理学联想理论的发展而闻名的。拉美特利则认为没有必要把上帝牵涉进这场争论中去。他说,形式和运动是物质的本质,它本身有感觉的能力,因而也有思想的能力。

感情心理学在法国取得了迅速的进步,不管它是否被公开推向了唯物主义的极端。1758年爱尔维修的《论精神》是对情感心理学的一个系统阐述。在它发表时,狄德罗有理由这样写道:"这部著作在10年前倒是十分新颖的。但是在今天,哲学思想已经取得了如此巨大的进步,因而在书中找不到什么新的东西了。"① 启蒙哲学家们企图把人的思想只说是感觉与印象的一种安排。这使我们感到既原始,甚至又是不科学的。休谟的思想比较深刻,洞察了法国唯物主义者淳朴的教条。他说:"我们称之为思想的东西,只是一堆或一系列不同的概念而已,它们通过某种关系联合在一起,并虚伪地假设赋予了一种尽善尽美的简朴和统一。"② 但是,休谟的论文用他自己的话说,"在出版时就已是死胎"。18世纪的教条主义思想家对于怀疑论思想的这样令人不安的扩张一无准备。他们心理学理论的重要性并不在于其科学价值,而在于其在社会和习俗方面所引出的实际结论。

在这方面,洛克也走到了启蒙哲学家的前面去了。他对人的行为动机的苦与乐的分析,与理性主义和个人主义联系起来,再加之对唯物主义的偏见,使享乐主义思想向高一层次发展成为可能。自爱成为

---

① 狄德罗:《对M. 爱尔维修〈论精神〉一书的看法》(《狄德罗全集》,1875—1877年,第2卷,第273页)。
② 《人性论》,第1册,第4部分,第2节。

主要的美德。从基督教时代开始一直受到牧师和神学家们谴责的奢侈得到了赞扬,就如伏尔泰在《纨绔子弟》一诗中所描述的那样:

> 我爱奢侈,甚至于纵欲无度,
> 所有的欢乐,各种各样的艺术,
> 财富、美味、装饰,
> 所有正直的人都有这种情操。[①]

自然甚至使我们的罪过归正从善了。用蒲柏的话来说,自然可以"在贫困之上,在思想的缺陷之上,建造起欢乐、和平和人类的荣耀"[②]。深受赞扬的《蜜蜂寓言》的副标题就这样宣称:"私人的罪过,公众的利益。"[③] 在这个寓言里,作者曼德维尔像伏尔泰、蒲柏、圣朗贝尔以及其他许多人一样,把享乐主义的道德变成诗歌。英国的政治家索姆·詹宁斯对当时流行的高级形式的享乐主义做过这样的概括:

> 说实在的,幸福是唯一存在着的具有真正价值的东西。财富、权力、智慧、学问、健康、美貌、美德、宗教,甚至生活本身都没有任何意义,但是它们却都有助于产生幸福。这一切本身既不是善,也不是恶。幸福是唯一的伟大目的,因此只有它们能促进幸福时,才是可取的。[④]

最后,必须强调,享乐主义范围里的欢乐主要是物质的。图森和杜克洛这两位为人们承认并深孚众望的道德学家,以温和的语言表达了拉美特利和莫雷利用粗俗的语言提出的观点,指出服从感情是道德的基础。

享乐主义心理学在道德思想方面产生了一个激烈的转变。它使一切天启教失去了跟道德真理的任何关系。它还通过否认一切固有的思

[①] 伏尔泰:《纨绔子弟》(1736年),《伏尔泰全集》,第10卷,第83—84页。
[②] 蒲柏:《论人》,第2部分。
[③] 曼德维尔:《怨声喧腾的蜂房:或无赖变诚实》(1705年);《蜜蜂寓言:或私人的罪过,公众的利益》,第1部分(1714年),以后经多次修改和增补。
[④] 索姆·詹宁斯:《对本性和罪恶根源的自由探究》(1757年),第46页。

想，从而打开质问传统道德的大门。狄德罗公开声称："道德思想不是固有的。善与恶的知识，像其他一切知识一样，都来自我们身体的各种官能。"① 18 世纪主张把幸福、幸运或实用性作为道德的准则的著作唾手可得，可装满整整一个图书馆。实用主义不仅是道德学家的科学，而且也是立法者的科学。爱尔维修声称，一切法律必须与对公众有用这个唯一的原则相关联，"这是一个包括所有道德和立法内容的原则"②。

然而，个人主义和理性主义的实用主义只是代表了 18 世纪道德理论的一方面，它并不回答每个问题。尤其它没有解决个人享乐主义与社会利益调和的问题。这个难题在《论人》和《蜜蜂寓言》等论著中，用假设其不存在而回避了过去。这个难题也可以用假定它存在于人性精神的人类思想里给予更严肃的处理。所谓人性精神也可以用圣·皮埃尔发明的"善行"（bienfaisance）一词来替代。人性论中最自私的学说以这种方式成了仁爱和人道主义的养母了。对于这样一个具有不道德名声的时代来说，18 世纪表现了对伦理问题极大的兴趣。英国艾迪生和斯蒂尔文章中那种说教的语气和对资产阶级德行的美化，后来扩散到了法国。甚至吉尔·布拉斯和汤姆·琼斯都决定以中产阶级道德立身，尽管他们都是到了各自的故事的结尾才做出这类决定的。人们发现保护自己贞操的帕梅拉比之其他丧失贞操的女主人公更吸引人。这种实用主义的社会和道德形式的来源尤可在沙夫茨伯里的《人的特征、风习、见解和时代》（1711 年）一书中找到。他用一个假定的道德意识把利益和德行调和起来，并达到普遍的协调。对于沙夫茨伯里来说，这种道德意识是一种理性功能，但是休谟在这个论点上，同他在其他论点上一样，比他的同时代人走在前面好长一段路。"可以十分肯定，道德品质的认可不是来自于理性，或者思想的比较，"休谟写道，"而是完全从道德的鉴赏力出发的"。③ 弗朗西斯·哈奇森在《道德哲学体系》（1755 年）中企图把沙夫茨伯里的道德意识跟对公众的实用性的客观标准的确定两者结合起来。另一方面，亚当·斯密在 1759 年写了《道德情操论》一书，把内在的道德

---

① 狄德罗：《普拉代神父辩护书的续篇》（1752 年），（《文集》，第 1 卷，第 470 页）。
② 《论精神》，《对话录》第 2 部分，第 17 章（《文集》，第 2 卷，第 323 页）。
③ 《人性论》，第 3 册，第 3 部分，第 1 节。

意识（他称之为同情心）本身作为道德标准，从而把实用性降到一个附属的位置，相当于用唤醒人的天生的善行来解决社会伦理问题。这种对人天生善行的信念在卢梭的身上得到了最充分的表现。

　　道德论的一个相反的倾向主要是从培尔那里发展起来的，虽然这并不是说矛盾的存在被普遍领会了；因为对于培尔来说，道德是理智的法规，因而与感情是对立的。他的观点与蒲柏的观点很相似。蒲柏说："在人性中，有两个原则占统治地位：即自爱和理智。前者激励人，后者克制人。"① 然而，在这个基础上，很清楚，要加强理智就必须要有社会秩序和公共的法律，这就提出了寻求社会实施的合适的道德法规的问题。由于启蒙哲学家们曾反对过神学的教诲和内在的道德思想，他们只可能希望在人性及其环境中发现道德法规的基础。既然制度被认为是由人而不是神所产生的，那么就必然需要有一门实验的和归纳的道德科学。前面已经提到过孟德斯鸠曾企图建立称之为社会道德。他声明："统治世界的不是命运，此乃为罗马人的历史所证明……起作用的有普遍的原因，或是道义的，或是物质的。……简而言之，主导的倾向带来了一切个别的事件。"② 他的声明迈出了重要的第一步。伏尔泰看到了改变人类命运的一连串细微的原因，而孟德斯鸠却看得更深远，看到了在社会生活中起作用的巨大的力量。他企图用普遍的原因或法则来理解这些力量。但是，他的科学分析和他对客观的社会道德的探索，与其说是互相促进，还不如说引起了相互冲突。他的思想的最后倾向是试图证明任何国家存在的制度都是正当的。"要人们回想起古代的格言，通常是为了让人们回归美德。"③ 启蒙运动的人物常常得出相反的结论，但是在他们追求人性的法则和社会的道德基础的过程中，很难说他们在理论上取得了很大的成功。然而，由于他们的兴趣首先在实践方面，因而说他们努力的果实就生长在实践之树上，这是适当的。在他们耕耘的土壤上产生了人道主义运动以及由此带来的在法律和社会方面的一切改革。

　　启蒙运动对道德和社会问题的兴趣要甚于对特定的政治问题的兴

---

① 《论人》，第2部分。
② 孟德斯鸠：《罗马盛衰原因论》（1734年），第18章（《全集》，1822年，第2卷，第307—308页）。
③ 孟德斯鸠：《论法的精神》，第7卷（《全集》，第2卷，第228页）。

趣。确实，在政治思想方面，18世纪上半叶是介于霍布斯、格劳秀斯和洛克的时代与卢梭和伯克时代之间的一个间隔时期。这期间没有出现可与上述思想家相媲美的伟大思想家。要概述这个时期的政治思想很不容易，因为各国都遵循自己的传统。在英国占统治地位的是洛克的传统，德国是格劳秀斯和普芬道夫的传统，在法国则是君主专制政治和投石党运动相对抗的传统。

英国和法国的政治思想在政府问题上向着更积极、更实用的思想发展时，德国自然法则派的思想却继续很盛行。在普芬道夫和莱布尼兹的继承人中最多产和最受尊敬的是克里斯蒂安·沃尔弗，他企图把一切知识变成一个体系。他在18世纪上半叶，平均每年要出版一本以上的书。沃尔弗不是一位有独创见解的思想家，他从莱布尼兹和17世纪的英法思想家那里吸取思想。他的思想是理性主义和实用主义思想与置于自然法则框架中的实证主义宗教思想的大杂烩。在政治上，他同样前后不一致，把人民主权的进步思想跟主张人民应完全顺从统治者的落后思想糅在一起。他的思想说明启蒙运动进入德国的方式以及在其发展过程中如何清除一切具有政治和社会意义的成分。克里斯蒂安·托马西乌斯（1655—1728年）是普芬道夫的另一名追随者，也是在同一个这时还相当暗淡的银河系中的另一个光点。

在德国之外，自然法则学家派的代表人物是那不勒斯人詹温琴佐·格拉维纳，丹麦人马丁·许布纳，法国的巴尔贝拉克和A. Y. 戈凯，日内瓦人J. J. 布拉马基。巴尔贝拉克和布拉马基应该受到更多的注意，因为他们代表了一个重要的发展，超越了17世纪自然法则法学家的思想。巴尔贝拉克通常被认为只是翻译了格劳秀斯和普芬道夫的著作，但是他的笔记表明他是洛克的一个信徒，是英国宪法的崇拜者。他与格劳秀斯和普芬道夫的思想相对立，主张人们有权利根据道德而不服从君主，而且王权是不可分割的。布拉马基的模式就是他自己的故乡日内瓦市的宪法——一个混合组成的政府。在这个政府中，贵族制度受到了民主制度的限制，权力由于基本法的存在以及由于被分立而受到限制。巴尔贝拉克、布拉马基以及国际律师瓦泰勒等主要受到洛克的影响而与格劳秀斯和普芬道夫的专制主义决裂。对于他们来说，君主只是在为了人民的利益统治时才握有权力；但是，如果这种权力被滥用，那么人民就有权进行反抗。自然法则派发展中的这个最后阶段，代表了反对君权神授说和专制主义论这一对孪生学说的理论斗争的高峰。也许这场斗争本身并没有这么大的意义，但是它却为18世纪后期生长发展的民主运动提供了土壤。这些作家也是卢梭的政治理论的直接先行者。依据他们的著作，卢梭的政治理论似乎更是自然法则派的逻辑发展，而不是像人们一直认为的那样是一个崭新的创造。

然而，这个新的政治思潮只是到了后来才具有实际的意义，同时实用主义也在德国之外破坏着自然法则法学家的控制。他们的思想只是在他们回到在17世纪与格劳秀斯一起取得最伟大胜利的那个领域时，才重新获得了现实的意义。在国际法的发展方面，这个时期的伟大人物是瑞士人瓦泰勒。他作为一个外交家竭力把他的理论和实践联系起来。除了他之外，自然法则派则跟现实失去了联系。德意志的法学家在实际政治问题上的结论，与财政学家的结论很相似。财政学家的著作有助于在理论上证明仁慈的专制主义是正确的。18世纪初，德意志某些公国中仍然存在着关于三个等级的权利和人民权利的旧宪政思想。但是此时实际的发展和法律上对权力瓜分的谴责诋毁了这些旧宪政思想。

在英国和法国，舆论正向着相反的方向发展。英国的政治思想确实没有超过洛克的思想，虽然自然法则和契约的结构慢慢地丢弃了。弗朗西斯·哈奇森坚持传统思想，但休谟放弃了契约论。他认为我们服从政府，并不是因为任何假设的契约上的许诺，而是因为不这样社会就无法继续存在。在乔治一世和乔治二世统治时期，理论上值得提及的另一个理论发展是托利党人摒弃君权神授的原则。博林布鲁克宣称："用君权神授来治理邪恶是极为荒谬可笑的。"[①] 休谟完全赞同这个断言。

法国君主专制政体在路易十四统治时期达到了顶峰。A. M. 拉姆齐是雅各宾党人，也是费奈隆的信徒。他的《论民治》（1719年）表明他是君权神授说著名的反对者之一。在"大君主"统治的最后阶段，贵族的反对已经开始。这种反抗与费奈隆、布兰维里耶和圣·

---

① 博林布鲁克：《论一个爱国者国王的思想》（1738年）（《选集》，1841年，第2卷，第379页）。

西蒙的名字联系在一起；但是启蒙哲学家们想不出替代君主政体的制度；事实上他们也没有真正地要求替代君主制度。先进的反教权思想和中庸的甚至是保守的政治思想相结合是启蒙运动的特点之一。就整体而言，百科全书派对政治不感兴趣。18世纪法国真正具有政治头脑的是由国民会议派组成的，虽然人数很少，但却是强有力的社团；他们继承了投石党运动的传统，并且宣扬由国家的中间团体（即他们自己）拥护的基本法理论。

18世纪法国政治气氛发生的巨大变化，并不是有意识的政治理论化的结果，而是对政府结构发生作用的许多不同的原因结合在一起的结果，而这个政府结构与新的要求不相符合。18世纪初，这些原因中最重要的一个原因是英国的榜样。1688年革命的成功给英国带来的威信、路易十四的败北以及科学上的进步，使法国人的眼光转向英吉利海峡彼岸。像拉潘－托伊拉斯和阿贝尔·布瓦耶这样的胡格诺派的流亡者为伏尔泰的《哲学书简》和孟德斯鸠准备了条件。孟德斯鸠的《论法的精神》一书作为社会学的论著已经在前面论述过。它也是18世纪上半叶一本伟大的政治经典著作。孟德斯鸠的成就是在欧洲思想发展的紧要阶段总结了权力制约权力和权威限制权威的传统。这是一个深深地扎根于过去的传统，但是在开明的专制时代，这个传统需要予以重新阐明。把自由和法律的基本思想放在一本书里阐述是一个伟大的历史性成就。《论法的精神》并非是一本尽善尽美的书。它后面几章只是搜集了一些学究式的无关宏旨的材料。但是孟德斯鸠在重要之处都说得很精辟透彻。他的简练如碑铭的文体，使这本书成为表达伟大政治真谛的合适媒介，其形式尤值得注意。作者的重要成就之一是他时刻意识到不可过激，而宜中庸。"政治自由只能在温和的政府中求得。"① "甚至过分的理智也并不总是可取的。"② 他是一位主张系统化的人，但他又不是自己系统的牺牲品，他是一位知道理论局限性的理论家。

18世纪下半叶，英国模式在法国已大大地失去了它的吸引力，仅仅一些贵族阶层还对它有兴趣。而具有持久影响的是古典著作。它

---

① 《论法的精神》，XI，4（《全集》，第3卷，第6页）。
② 《论法的精神》，XI，6（《全集》，第3卷，第28页）。

们在文学上激起了人们对于一个模糊不清的共和理想的崇拜。许多人卖弄文字撰文论述罗马和斯巴达共和政体的德政，抨击罗马皇帝的劣迹，这已是平常的事。而这一切都是通过塔西佗的眼睛来观察的。孟德斯鸠的一些思想来源于经典著作，特别是他关于"美德"的定义便取自于经典著作。这个定义本身后来也成了经典。"我所说的共和中的'美德'，就是对祖国的热爱，也就是说，对平等的热爱。"① 这样一个定义是对现存制度含蓄的批评，至少是在理论上为共和主义做了辩护。然而共和主义是与专制主义相对立的，而不是与君主制相对立的，正如德若古在《百科全书》中写的那样，"在专制主义桎梏下，没有祖国可言"。虽然他们小心翼翼地对当时在法国实行的那种君主制和专制主义加以区别，但是对专制主义的谴责以及对社会宗教基础的破坏，就对所谓君权神授的君主制造成危险。甚至像德阿尔让松这样原先担任大臣的人，在1747年也会这样写道：

> 谁敢提出向共和政府方向前进的建议？我看不到人民中间有这种倾向。贵族、大臣和大法官们习惯于阿谀奉承，唯唯诺诺，从来没有朝共和这个方面想过，也没有这类意愿。然而，这些思想仍然不断袭来，并在法国人中间很快形成了一种习惯。②

但是，只有在国民会议和国王之间发生矛盾时，才出现严重的权力冲突。除了法国之外，很难在欧洲找到对政治秩序理论上的质疑，不用说明确的质疑，就是含蓄的质疑都不易找到。

在经济方面的主要思想倾向同样是很温和而谨慎的，其倾向是越来越强调私人财产权。对于高利贷合法性的长期争论，表明在法国经济思想仍在很大程度上是道德的一个分支。而在英国对这个问题考虑就更少。他们用一般的为财产制度辩护的理由来解释洛克的理论，尽管弗朗西斯·哈奇森和罗伯特·华莱士建议做一些细微的修改。哈奇森认为，"财产（主要是土地）是权力赖以生存的自然基础，虽然它

---

① 《卷头语》，1749年版（《全集》，第2卷，第3页），德若古给《百科全书》写的"共和国"条目几乎完全取自孟德斯鸠的思想。
② 德阿尔让松：《日记》，拉蒂莱编，1747年12月27日（第5卷，第142页）和1754年6月（第8卷，第315页）。

没有给权力任何正当的权利"①。罗伯特·华莱士看到敛聚财产的过程不仅是那些灾难的"一个巨大的根源，而且是那些罪恶的渊薮。这一点不仅为人们清楚地感觉到，而且在每个时代中都受到如此众多的谴责"②。另外，托马斯·拉瑟福德在他所著的《自然法的基本原理》（1754年）一书中对洛克关于一切财产权起源于劳动的理论提出了挑战，十分强调权利是由于长期使用或占有而获得的。而休谟是把哈林顿和洛克跟伯克联系起来的一个环节。他通过反对理性主义者的解释，进一步加强财产权的概念。他写道："要是最初的所有权随着时间的消逝而往往变得含糊不清的话，要是由此而引起的许多纷争无法解决的话，那么在这种情况下，长期的使用或占有所获得的权利很自然取而代之，某人则可以充分地享有此财产。"③

法国在经济问题上的考虑更富有冒险性，虽然在18世纪初叶，平均主义思想只是以乌托邦的想象形式表现出来的，如费奈隆的《泰雷马克历险记》、孟德斯鸠的关于洞穴人的历史，或者幻想航行的记述等。真正的旅行者或传教士所做的关于在南海或其他遥远的乐土上的风土人情的叙述，助长了这种追求乌托邦社会的倾向。有时，有些乌托邦的原始状态，如盖伊的《波莉》，是一种文学表现形式；有时，它却表现为天然地不属于道德的，如狄德罗1772年写的《德布干维尔航行的补记》；而有时就像卢梭的著作那样，把没有受到大城市腐败影响的乡村的简朴生活理想化。但是，不管它采取何种形式，"回归自然"永远包含着对现实社会的批评。它跟单纯的原始主义不能相提并论，尤其不能如此看待卢梭的作品。

甚至在18世纪初期，就有一两位法国作家超出了这种在文学中对自然的崇拜。梅斯利神父的《旧约》不仅对宗教进行了抨击，而且对社会和政治秩序做了尖锐的批评。它作为唯一一部手稿，在18世纪前半叶的秘密文学中享有很高的声誉。1755年，莫雷利的《自然法则》阐明了财产公有化的理想。尽管他无疑地是在郑重其事地讲述他的观点，但是没有证据说明任何其他的人认真地对待他的观

---

① F. 哈奇森：《道德哲学体系》（1755年），第2卷，第245页。
② R. 华莱士：《人类、自然、天命的面面观》（1761年），第109页，他用人口压力效应的观点给自己的论点提供了一个答案，而这个观点后来被马尔萨斯所采用（同上书，第114—125页）。
③ 休谟：《人性论》，第3卷，第2部分，第3节。

点。18世纪人们习惯于表达经典著作中类似的思想。柏拉图理想国的优点，还有梭伦、利库尔戈斯和格拉古兄弟的优点都成了文学的老生常谈，甚至比对经典著作中的共和主义的学舌还不如。卢梭的出现改变了这种情况。他运用他的文学才能把道义上愤慨的感情力量隐藏在长期以来只是作为文学形式或不正常心态表现的背后。同时，有人夸大其词，把写作时超出文学影响的东西都归因于卢梭的《不平等论》。

  从17世纪继承下来的思想中蕴含了某些对社会和政治的批评，但它们并没有对启蒙运动占优势的乐观主义产生多大影响。金大主教所证明的在一个不完美的世界上必然存在邪恶的观点，实际上无非是为了说明现存的一切事物都是合理的。这种乐观情绪在蒲柏的著名诗篇中广为散布。各国正统的宗教作家未能成功地批驳《人论》中所提出和表达的那种令人陶醉的原则和诗意。年轻的伏尔泰是蒲柏的乐观主义的忠实信徒。他在论及帕斯卡的一个片断中这样写道："我敢于站在人性这一边，反对这个崇高的厌世者。"① 当然，伏尔泰认为帕斯卡还值得予以批驳，倒也是一个有意义的事实。1795年里斯本的地震和紧接着的"七年战争"的流血大大震动了伏尔泰，使他与乐观主义已经十分脆弱的联结断裂了。次年，他写了《里斯本的灾难》一诗。1759年，他在《老实人》中，通过庞格洛斯医生对莱布尼兹和他的信徒克里斯蒂安·沃尔弗提出的"可能的尽善尽美的世界"的理论倾注了他的满腔痛苦和失望。"什么是乐观主义？"卡康博问道。"唉，"《老实人》回答道，"它是一种狂热病，在一切都出了毛病时还假惺惺地说一切都很好。"伏尔泰开始相信，人大多是邪恶的、愚蠢的。对于人世间的一切邪恶的唯一合理的判决是我们不了解其原因，而且最好也不要去了解。在伏尔泰的那个时代，几乎只有他独自一人洞察人世间悲剧性的深处。不过，他也许还不是独自一人，因为在约翰逊博士写的《拉塞拉斯》中，阿比西尼亚王子拉塞拉斯和他的旅伴们所得出的结论——"他们清楚地知道他们原先抱有的种种愿望没有一个是能够实现的"——他们最后回到了他们出

---

  ① 《对帕斯卡思想的评论》（1728年）（《全集》，第22卷，第28页）。甚至在《查第格》（1747—1748年）中，伏尔泰把人看成是"在一小堆泥土上互相吞噬的昆虫"，但他的结论还不是真正悲观主义的。

发的地方。这一切给人们的教训，跟《老实人》在最后给人们的教训并无多大的不同，虽然拉塞拉斯和他的旅伴们的冒险是属于肉体上的而不是思想上的，故事本身是用一种更为优雅、发人深思的文体写的。伏尔泰的真正伟大之处，就在于他绝不是卡莱尔愚蠢的讽刺文中的那种爱嘲笑人的冷漠的人。他看到，在莱布尼兹式的乐观主义的背后存在着一种对邪恶无言的辩护；他的悲观主义的结论不是退缩屈从，而是需要集中力量对付具体的和特殊的罪恶，以便逐步消灭普遍的邪恶。他相信实际改造是有可能的，因而他仍不失为一个他那个时代具有乐观主义精神的人。

改革者时代的先驱和典型人物是圣皮埃尔神父。他是"夹层俱乐部"的成员、自然神论者和实用主义者。他认为社会的罪恶是由于无知或偏见的结果。因此只要逐步消灭无知和偏见，人类就会朝着日益幸福不断前进。他提出的无数的计划，从著名的建立持久和平的计划，到改进教育、镇压野蛮的海盗，使书籍和布道集子更为有用，改良拼音，减少诉讼案，建造冬季也可使用的道路，以及他最得意的关于改进型安乐椅的设计等计划。它们看来是一些可怜的幻想，尽管其中不少现在已经成为现实。但是，正是通过圣皮埃尔（虽然他受到人们的嘲笑），18世纪向边沁走去。边沁的主张法国准备在理论上承认，尽管英国人比较乐意在实际上予以应用。这样，我们达到了启蒙运动乐观主义正式表达的人类的进步思想。福尔梅写道：完美无缺是这样一种和谐的状态，在这种状态下，我们受到自然和"在我们心中书写的法律"所引导。[①] 人类进步思想，其尽善尽美的最终形式，只有当康道赛站在断头台下时才能充分实现。

有一个重要问题本章到此还没有讨论。欧洲对启蒙运动思想的看法的发展，其意义是不容置疑的。但是，启蒙运动思想是以什么方式和在多大程度上传播开来的呢？在很多方面最初的冲击力是来自英国。17世纪末英国虽然已经处于运动的普及阶段了，但是启蒙运动的真正故乡是法国。许多组织在法国传播了这些新思想。首先是通过口头形式在沙龙里传播，如朗贝尔夫人、唐森夫人、德芳夫人、若弗兰夫人和埃斯皮纳斯女士等的沙龙。也在一些集会上传播，如夹层俱

---

① J. H. S. 福尔梅：《论完美无缺》，载《哲学论文集》（1754年），第2卷，第105—106页。

乐部。1731年弗勒里封闭了这个俱乐部,因为在那里举行的一些讨论名声不佳。另一个讨论中心是以布兰维里耶伯爵为中心的一伙怀疑论者。他们时常在阿尔让松或诺阿耶公爵家中聚会,有时也在碑文学院举行,其中一位名叫米拉博的成员是该学院的一名常务秘书。这是秘密文学的来源之一,而秘密文学在路易十四去世之前已经开始流传了,在1710年至1740年达到了高潮。1740年以后由于检查制度放松,开始衰落。1750年以后,随着出版物检查制度实际取消,秘密文学便中止了。虽然巴黎是启蒙运动的发源地,但是在法国的外省,文学研究院如雨后春笋,大量涌现。1748年之前,约有20所,到1770年达到40多所。它们的成员开始完全来自特权阶层。在18世纪初期,他们鼓励的活动主要是文学方面,而在倾向性上则是严格的正统。然而,从18世纪中叶起,科学兴趣日增,资产阶级加入了这个行列。1725年至1730年,逃亡的詹姆斯党人在法国创立了第一批互济会的分会。互济会在贵族中深得人心,因而轻而易举地在教会和政府不甚严厉的镇压中幸存下来。虽然他们的活动是社会活动,而不是思想活动,但是各互济分会为处于萌芽状态的自然神论和自然教育思想提供了一个可以生长的环境。

新思想的传播,也可以追踪到报纸杂志。这个阶段出版的报纸杂志数量大增,而且性质也发生了变化。德方丹1721年创办的《新文学》杂志发展了一种新的文学形式——文学评论。它通过动态报道的形式使读者了解在文学和思想方面的最新发展。历史较久的《法兰西水星》杂志以及耶稣会的《德特雷武杂志》则更为谨慎小心地沿着新的路线前进。在这方面,如同在各个领域里一样,重大的变化是在1750年前后出现的。在此之后出版了许多新的杂志,正统思想的偏见在它们那里要少得多。传播思想的另一个媒介是科学词典和一般性的百科全书。甚至在著名的法国《百科全书》出版之前,英国、德国和意大利都出版了百科全书。在普拉德神父获得盛名之后,法国的《百科全书》被看作记载新思想的概要和纲领,撰稿人正如他们自我标榜的那样,成了新信仰的宣传者。

新思想渐渐由法国传播到欧洲的其他地方。这是一个世界主义的时代。巴黎是国际文化中心中最伟大的一个。外国人,尤其是来自讲德语国家的外国人,络绎不断地来到荷兰规模宏大的大学里来学习。

J. 勒克莱尔的《荷兰时报》把学术界的消息传至欧洲各地，戈特舍德被人描述为是使莱比锡成为"小巴黎"的人。汉堡成为英国思想直接进入德国的渠道。在意大利，许多城市存在着这种或那种文学社团。希皮奥内·马费伊在他创办的《文学报》（1710—1737年）上发表仿效法国人的评论，后来《文学观察报》（1737—1740年）继续了这种做法，但它的主要兴趣在科学方面。在柏林（1701年），圣彼得堡（1724年），乌普萨拉（1710年），斯德哥尔摩（1739年），以及哥本哈根（1743年），相继出现了类似英国的伦敦皇家学会的组织。普鲁士和俄国的君主从西方把科学家和文学家招聘入宫。在费迪南德六世和查理三世的大臣们的鼓动下，西班牙出现了科学活动。启蒙运动从欧洲扩展到美洲的英属殖民地。本杰明·富兰克林是其中最有代表性和最有影响的一个信奉者。当然，巴黎仍然是各国启蒙哲学家的麦加。报道法国文化界消息的手抄信稿从1753年起通过德意志的格林男爵的工作而广泛流传。法国失去的政治霸权由思想霸权来继承，法语替代拉丁语成为世界文化交流和外交活动的语言。腓特烈二世在1743年下令柏林科学院的研究报告必须用法语出版，其理由为法语是各国通用语。

外国的访问者源源不绝涌向巴黎。巴黎的沙龙成为欧洲的大学，上流社会提供了传播理智时代思想的手段。至少在18世纪初期，中小学和大学仍然与旧的思想方法相关联。作为洛克信徒的启蒙哲学家们充分意识到教育的力量，但是他们的影响对于传统的教育产生的作用十分缓慢。1734年，在格丁根一座新的大学成立了。在克里斯蒂安·沃尔弗的影响下，教学改革在哈雷首先开始，尔后在莱比锡也展开了。1747年和1755年又分别成立了圣彼得堡大学和莫斯科大学。这一切都代表新精神的胜利。在大西洋彼岸，一批重要的学院宣告成立，显示了科学已经牢固地在新世界扎下了根。然而，一些旧大学正在慢慢后退。在耶稣会的影响下，卢万变得毫无生机；巴黎大学没有产生重要的东西。意大利和西班牙的大学大多数都衰落了；18世纪的牛津大学和剑桥大学很难称得上是思想活动的中心。

波尔罗亚尔女隐修院地区的学校曾企图把当地的语言作为法国教育的主要媒体，但是在路易十四的迫害下以失败告终。1726年，罗林谨慎地建议：每天或者每隔一天有半个小时用于学习本族语言。但是，即使在18世纪末，法语在正式教育中起的作用也是微乎其微的。1730年前后，法国耶稣会学院在教学中讲授了笛卡儿主义，跟经院哲学一起，两者成了引进启蒙运动的思想方法的巨大障碍。在巴黎大学前校长罗林的《研究论文》（1726—1728年）和耶稣会神父约瑟夫·德儒旺西的《教学之道》（1711年）中，17世纪教育的全部传统保存了下来。确实，在18世纪五六十年代，出现了一种新的精神，但是正如我们现阶段的实际教育实践属于前一个阶段一样，新的精神要在下一代中开始产生积极效果时，才会被人们拿去学习与研究。1762年之前，耶稣会会士统治了法国的中小学教育，神学家们控制了大学。如果说法国的情况是如此，欧洲其他地方更是如此，只是在那些耶稣会会士的同等的传统势力超过神学院传统势力的地方才是例外。在英国，许多反对国教的高等学校给人们提供了一个选择的机会，人们可以不必非受英国圣公会控制的传统教育不可，但是这些高等学校在18世纪下半叶才成为具有影响的因素。牛津和剑桥设立了实验科学和历史学的讲座，证明了这种新精神的影响，但是它们对于公立学校和大学中普遍存在的思想僵化、停滞不前的状态，并未产生多大的影响。部分原因是上层阶级通常喜欢聘请家庭教师来教育其子女。同样，在法国聘请家庭教师的做法也十分流行。

为了对当时知识界的情况有一个全面的了解，正如前面对教育制度做概略的介绍时告诉我们的那样，我们必须看到在一个保守思想根深蒂固的环境里所发生的那些重大的、激动人心的，而又十分危险的新的发展。宗教对大多数人的思想仍然具有压倒一切的影响。宗教著作在各国出版物中占据了很大的比例。如果把英国的读者大众描写为热心于阅读休谟的哲学论文，或者把法国的出版情况描写成被启蒙哲学家所垄断，那就完全错了。伏尔泰和其他启蒙哲学家的作品也许流传的时间长些，但是《德特雷武杂志》，伏尔泰的对手弗奈隆的《文学年报》以及像帕利索这样一些作家写的反哲学的作品，在当时的地位并不像现在的思想史和文学史所说的那么低下。在法国之外的其他地方，正统思想更占上风。当然，宗教的卫道士显然越来越处于守势。英国的巴勒特主教在他的《宗教比论》（1736年）一书中企图证明宗教不同于个人的道德实践。他也许是自然神论的批评家中最成功的一位。在法国，耶稣会修士会在17世纪一直是教会的堡垒，现在表明它在对付不信教者的进攻时,比之对付基督教新教徒更是束手无策。《德特雷武回忆录》并没有透露出他们已意识到不信教论在18世纪中叶之前已经取得了危险的进展。的确,耶稣会的教义强调赎罪,而对原罪则轻描淡写。这便在思想上造成这样一种气氛,使乐观的、自然主义的观点可以得到充分的发展。耶稣会接受的笛卡儿的二元论帮助他们在自然法则(或理性)与超自然的真理之间划了一条分界线。这样就有可能把许多新思想作为自然界的真理而接受下来,同时保持了一个并行不悖而又完全独立的神的世界。问题是自然界的范围在不断扩张,排斥着神的世界。耶稣会的弱点是他们认为有可能在理性时代精神和宗教思想之间实行妥协。如果卫道士们能把这场争论拉回到他们自己的阵地上进行,他们的辩解也许会更有力,然而尽管出版了大量祈祷书,可是在法国教会中,神秘主义的倾向仍不受重视。费奈隆的《思想文集》在1716年至1752年再版了15次,却没有什么追随者。在詹森主义者中存在着更为不妥协的态度,可是他们并没有给予正在没落的波尔罗亚尔女隐修院的日益败落的教义以永恒的意义。18世纪法国的詹森主义,与其说是深刻的宗教思想的源泉,还不如说是群众热情和政治激情的源泉,虽然在意大利开展的规模不大的詹森主义运动采取了一种更为纯粹的宗教形式。

在新教国家中,神秘主义的倾向更为强烈。威廉·劳的《严肃的号召》(1728年)驳斥了理性的要求,宣称宇宙是由一个神秘的上帝统治的。上帝不是通过人世间的宗教传统,而是通过人的内心直觉来说教的。韦斯利所宣传的宗教概念,具有更普遍的感情和主观色彩。韦斯利本人受着德国神秘主义的影响。摩拉维亚弟兄会的创始人尼古劳斯·路德维希·冯亲岑道夫伯爵奉行了17世纪德国的虔信主义。约翰·乔治·哈曼以及克洛卜斯托克的诗篇则代表了一种虔诚的宗教情绪。伊曼纽尔·斯维登保在经历了1754年的改宗之后成了一个拥有不少忠诚信徒的新的启示宗教的预言者。乔纳森·爱德华在北美洲恢复了严厉而神秘的加尔文主义。这些运动中没有一个对人类思想史有过较大的贡献,事实上它们也没有这种企图。正如事实表明的那样,即令在启蒙运动的全盛时期,唯理智论这块高地也不可能为人类思想提供一个永恒的安息之地。

启蒙运动没有满足——当然也无意满足——宗教感情。同样,它也没有使形而上学家们感到满意。杜克洛写过一句发人深思的话,他说他自己不是"一个不可捉摸的形而上学家",而是"一个哲学家,仅仅依靠理智、依靠推理的哲学家"。① 在英国,流行的哲学是哈奇森和里德的常识教育。确实,在启蒙运动前夕,属于另一类别的两位哲学家——莱布尼兹和伯克利一直在著书立说。对于莱布尼兹,理智与理性时代的理性主义或经验主义是迥然不同的东西。伯克利在力图回避机械论世界中严格的必然论时,得出这样一种观点:思维是唯一的现实。他写道:"组成世界巨大结构的一切物体,如果没有思维的话,就没有实体。它们的存在是人们看出或知觉的结果。"② 美国人塞缪尔·约翰逊是伯克利唯心主义的一个重要的追随者,虽然乔纳森·爱德华本人也提出了一个与伯克利的观点相平行的唯心主义理论。

伯克利的哲学道路是背离洛克的,但是这条道路又分成了两支岔道,朝不同的方向延伸:一支通向康德,另一支径直通向休谟。休谟从情感心理学得出的结论是,我们只能知道事物的外表;我们把看到的现象联结在一起的因果纽带是我们自己的思维活动的一种状况,是无法在哲学上论证的。但是,这里不是对这个时期的一位哲学家的思想进行总结的地方,而且也无此必要,因为伯克利和休谟的思想在他们自己的时代里也没有引起多大的反响。正如前面已提到过的,那不勒斯人维科在19世纪以前甚至并不为一些小的团体所知晓。在德国,哲学只被看作一种抽象的法学思想。在法国的启蒙哲学家中,也许我们可以挑选出孔狄亚克作为具有真正哲学见解的人。在某些意义上,狄德罗也可算作一个,因为他的《给有眼人读的论盲人的书简》(1749年)在本质上与休谟的分析一样是危及启蒙哲学家的实证主义的;但是在当时对狄德罗的相对论以及他对未来的一些远见卓识并没有引起反响。他的大多数手稿只是在他死了很久以后才发表的。

像神秘主义作家一样,这些为数不多的思想家至少表明启蒙运动的胜利并没有完全抹杀其他的思想方法。在想象文学领域内有更明显的迹象说明理性时代只是一个短暂的时期。在理性主义最盛行的年代

---

① C.P. 杜克洛:《本世纪风俗论》(1750年),F.C. 格林编(1939年),第49页。
② 伯克利:《视觉新论》(1709年)。

里，理智与情感之间就发生过冲突。这个冲突是按对自然不断变化的思想来表现的。自然是了解18世纪思想的钥匙。但是这个钥匙打开的不止一扇门。渐渐地，随着人性所引起的社会形态多样化和明显的不合理性为越来越多的人认识，自然也开始不再那么明显地与理智等同起来。对东方文明的了解引起了对异国情调的崇拜。《一千零一夜》在18世纪初已译成法文。埃及向希腊和罗马的名声提出了挑战。中国则更是使启蒙运动浮想联翩。18世纪的旅行家们，如同17世纪的传教士一样，带回来了许多关于未受到文明损害的原始民族安乐生活的报告，使人们对原始主义的崇拜更为强烈。有时，某些富有想象力的作家，异想天开地把一些原始人作为样板带回来，描写这些淳朴忠厚的自然人对充满腐化堕落、尔虞我诈的文明的反应。"回到自然"这个口号的含义此时已跟本章开始时说的意义有所不同。它甚至征服了正统的神学家，因为奥古斯丁会的詹森主义者强烈反对的耶稣会的莫林纳主义神学就主张人的本性是善的。卢梭攻击社会腐败的两篇论文中表达的某些思想就取于这里。赞美野蛮是他写论文之前已为人们接受的思想。他的思想中并无承前启后的那种独创因素，但是这一点正是他强有力的思想体系中的一个组成部分。卢梭通过其天才的文笔横扫了理性的18世纪，把它驱赶进了新的、无底的汪洋之中。汹涌的波涛淹没了理性的干旱土地。但是，我们跟着他也跨越了启蒙运动，迎来了欧洲思想史上的一个新时代的曙光。

可以毫不掩饰地说，启蒙运动的情景并没有给人留下很深的印象。如果我们没有忘记，由于启蒙时代之光并没有立刻照遍全世界，甚至还没有照遍整个西方世界，启蒙运动给人的印象就更不深刻了。无论在哪个国家，只有受过教育的少数人受到了它的影响。从爱丁堡到那不勒斯，从巴黎到柯尼斯堡，在它的光芒照射到的中心，周围有一个半明半暗区。在这个区域外面则是一片漆黑。在意大利，甚至在西班牙，新思想只是得到了一个小小的很不稳固的立足之地。"文明"（Aufklärung）真的变成德国的了吗？刚刚从鞑靼人和土耳其人的奴役下解放出来的俄罗斯和斯拉夫世界，什么样的乱箭能穿透它们拜占庭式的梦？至于启蒙运动传布方面的局限性，无疑有其社会和政治的原因以及有关知识领域里的解释。启蒙运动的思想只是在占有相当经济和政治自由的中产阶级中，只是在控制思想的政治和宗教机构已经崩溃或正在崩溃的地方传播和生根,绝不是偶然的。

然而,这种社会条件和思想进步之间的关系问题,是一个高度推测性的问题,甚至这种关系的存在在当时也几乎不受怀疑。对理性的崇高信念使18世纪的人们对于他们胜利的范围是有限的,性质是有条件的这一点熟视无睹。他们没有注意到,甚至在启蒙运动的影响可以感受到的有限的地区内,同时出现了宗教复苏的初步迹象,以及前浪漫主义早期作品中的感伤主义文学的兴起。尽管启蒙运动存在着许多内在的弱点,受其影响的范围也很有限,同时不屈从于其理性概念或不承认其普遍规律的世界向它提出了日益兴起的挑战,这个运动还是对世界历史的进程发生了很大的影响。对它的影响怎样估计都很难说是过高。它在理论方面的不足,由它在实际方面的力量所弥补。后者不是本章的主题。如果要把其力量作为主题,那么就得论及经验主义和科学精神的胜利,论及伦理方面的巨大进步和以前从未为人们了解的人道主义运动的兴起,以及论及进步力量如何开始消灭有组织的残酷制度。那些自诩为维护法律和宗教的文明之士,曾为了永远保存野蛮的迫害和迷信而与启蒙运动的进步力量进行了殊死的斗争。到了18世纪下半叶,启蒙运动思想家对于获得的这些积极的成果很可以感到欣慰。他们同样可以对在知识方面的胜利感到欣慰。1760年,伏尔泰写给爱尔维修的信上这样写道:"本世纪开始看到了理性的胜利。"[①] 他指的是人文主义精神和科学的经验主义,但是他说得过早了。启蒙运动还须赢得两个最伟大的胜利:两个世纪之后,它的工作仍然没有完成。但是启蒙运动没有猜想到的力量已经在它中间崛起,向它的信仰提出了挑战,而且使它的最终胜利看上去像是一次失败。

(姚乃强 译)

[①] 《伏尔泰全集》,第41卷,第41页。

第 六 章
宗　教

西班牙王位继承战争和 1713 年的和约表明罗马教皇在欧洲共同的政治利害关系中已变得多么微不足道。在西西里和撒丁尼亚，教皇们长期以来称是他们封地的土地未经罗马的同意便被处理掉了。乌得勒支条约大大提高了新教派首领——英国的权力。普鲁士势力的每一增长都给新教派增添了力量。西班牙哈布斯堡王朝的灭亡，其政治后果对罗马教廷殊为不利。那些被称为天主教国王、基督教国王、神圣罗马皇帝，以及在 1748 年才被授予最虔诚的国王称号的葡萄牙国王，对他们的教会似乎也是假情假义的。他们都只关心不要让过于独立不羁或者受敌对势力影响的人来当教皇。

在这样的情况下，不可能出现另一个格列高利七世，或者另一个英诺森三世。克雷芒十一世（1700—1721 年）是一个"胆怯懦弱、优柔寡断"的人。[①] 英诺森十三世（1721—1724 年）被选为教皇部分是由于他的高龄，因为诸侯们决定不再让一个年轻人担任教皇，以免重复克雷芒十一世任期过长的情况。英诺森十三世年迈体弱，又难以接近，与 13 世纪跟他同名的那个教皇迥然不同，他只拥有一定程度的外交权限。虔诚的奥尔西尼、多明我会的本尼狄克十三世（1724—1730 年）是一个对宗教礼仪要求严格、一丝不苟的人，但是在行政管理方面无能并易受骗上当。克雷芒十二世（1730—1740 年）出身科尔西尼家族，是经验丰富的罗马教廷行政官员，擅长理财。他在当红衣主教时就坚决反对本尼狄克十三世，因此他担任教皇后，首先摒弃本尼狄克十三世的所作所为或者反纵容那些腐败的亲信所干的

---

① L. 帕斯特：《教皇史》，第 33 卷，第 534 页。

一切。红衣主教科西亚就是他的亲信之一，做了不少坏事，并为自己的劣迹付出了代价，被监禁在圣安杰洛堡内直至下一次教皇选举会，长达7年之久。不幸的是在克雷芒十二世统治的大多数年代里，他双目失明，卧床不起。普罗斯佩罗·兰贝蒂尼即本尼狄克十四世（1740—1758年），是一位精力充沛，才华横溢、明智豁达、学识渊博、颇得人心的教皇，并受新教徒的崇敬，但许多人认为他对于当时的时髦思想退让过多。原名叫卡洛·雷佐尼科的克雷芒十三世（1758—1769年）是威尼斯人。用吉朋的话说，他"既无他的前任兰贝蒂尼的才智，又无他的继承人甘加内利的美德"①。跟他敌对的科尔达拉认为他缺乏自信，并因放纵过度而萎靡不振。科尔达拉是一位被克雷芒十四世勉强压制下去的耶稣会历史学家。

这些教皇都遇到了棘手的问题。启蒙运动支持世俗的君主制，但反对教会的君主制。教皇受到了来自罗马教廷中各派所施加的巨大压力：泽兰特派是些死抱住宗教权利不放的人；王权至上论者是诸侯的代理人；还有一派则主张根据詹森主义路线实行改革。英国的亨利八世不可能完全被忘却。因此，教皇们不大可能超出罗马教廷传统所允许的范围采取开明措施，或者拒绝向诸侯做出让步。他们所能做的是尽力避免损害教廷的权利，而不管他们在实际政治中要做出何种让步。

路易十四在1693年放弃了1682年确立的限制教皇权力的原则，从而打开了与罗马教皇结成联盟的通道。这个联盟的成果之一是《克雷芒通谕》，它是国王强迫软弱无能的克雷芒十一世颁布的。其内容是依照国王的耶稣会忏悔教勒泰利耶所同意的条件起草的，于1713年9月8日正式颁布。它的颁布开始了詹森主义大争论的第二阶段。《克雷芒通谕》批驳了取自帕斯基·凯斯内尔（1634—1719年）所著的《新约全书法文版附关于道德问题的思想》一书中的一百零一个命题。使用的版本是1699年在巴黎出版的，行文经诺阿耶修饰过。诺阿耶当时是夏龙的主教，后任巴黎大主教。此书在法国广泛流传，在英国也颇负盛名。克雷芒十一世在1708年就已经谴责了该书，但是法国不接受其谴责，因为它涉及无法接受的宗教法庭。

---

① 见《自传》（世界古典名著版），第159页。

受到谴责的错误主要是关于天恩和自然、自由意志和道德纪律，以及宗教权威。凯斯内尔被指责为提出了早已被伊普雷主教詹森（1585—1638年）在《奥古斯丁论》中批驳过的那些错误。他坚持认为天恩是不可抗拒的、异常灵验的，同时认为每个人上天堂或下地狱都是事先注定的，无法改变的，因而它完全排斥人的意志真诚的合作，贬低人的天然美德和天然理性，用一个严厉得令人望而生畏的赎罪纪律把人束缚住，这个纪律使福音的枷锁不是变轻了，而是变重了。凯斯内尔的书读来使人觉得教会是由只有上帝才知道的那些命里注定可以得到拯救的人组成的。这些话可用来摧毁现世的教会，并使牧师的权威显得微不足道。教会权力首先属于全体人员以及必须经过一致同意后才能行使权力（尤其在开除教籍方面）的思想使人想起了让·热尔松的调和主义。据17世纪时热尔松著作的校刊者、巴黎市政官埃德蒙·里歇的阐明，这种思想是用来维护长老会在政府中的咨询权，以及不受教皇权威控制的在本教派内的裁判权。被谴责的第91个命题触及了一个令人感到痛苦的老问题，认为对不公正地开除教籍的担心不应该阻碍人们去履行义务。其目的似乎是想把教会的纪律作为一种有用的工具，为诸侯的利益服务。凯斯内尔的书把阅读用本国语写的圣经，以及作为祈祷者跟神父一起参加公共的礼拜活动都看作一般俗人必须做到的事情，这就似乎对当时的习俗和权威提出了责难。这本书由于是用圣经和早期基督教教会的术语写的，激起了耶稣会士的不满。他们是经院神学的卫护者，也是教皇不谬性、广泛的管辖权以及在彼得教区拥有间接权力等的卫护者。

虽然教皇的通谕措辞十分谨慎，以避免惹怒主张限制教皇权力派，但是巴黎的最高法院还是对它持保留态度。法国的教士会议接受它则附有条件，要求主教们与罗马教廷共同担任宗教法官，这就保护了多明我会和托马教派的相类似的关于天恩的教义（属奥古斯丁教义，但允许有真正的意志自由），这也使对第91命题的批驳尽可能不损害臣民对君主的服从。诺阿耶和其他8名主教都承认主教的权利。"我们只是要求不要让罗马教廷有机会认为我们仅仅是它的命令的执行者而已。"① 在教皇和主教们之间，詹森一直是主张教皇极权

---

① 《天主教神学辞典》，第15卷（第二部分，1950年），第2067条。

的。《克雷芒通谕》的反对者都不是这样想的。1718年卡昂的神学院把教皇不谬论斥之为"无稽之谈"。①

　　1715年9月1日路易十四去世，他的死使放宽政策有了希望。有意义的是，雅克·贝尼涅·波舒哀（"小波舒哀"），莫城伟大主教的侄子被提名为特鲁瓦主教。多年来耶稣会的势力一直把他拒之于主教团之外。当克雷芒十一世企图阻拦他和其他数人担任圣职，以此强迫他们依从通谕时，摄政在詹森派顾问的影响下发出了带有分裂气味的威胁。更有甚者，1717年3月，桑兹、蒙佩里埃、布朗涅和米尔普瓦的主教们在巴黎大学神学院向一个宗教大会印发了他们反对《克雷芒通谕》的呼吁书。次年，诺阿耶又发表了他的抗议书。这样，法国的教士就分成了"反谕派"和"拥谕派"。"反谕派"得到了巴黎最高法院的支持，并在神学院中拥有强大的势力。"拥谕派"一般得到宫廷的支持，大多数主教站在他们一边。特别是在1718年克雷芒十一世在《牧师的告诫》中谴责了"反谕派"之后，坎特伯雷大主教威廉·韦克认为找到了一个好机会，使法国教会，或者至少其大部分不对罗马教皇俯首帖耳。他主要与一个名叫路易·迪潘的"詹森派"大学者进行通信联系，但没有什么结果，因为巴黎大主教十分胆怯，而且宫廷对此也比较冷淡。再者，韦克不喜欢迪潘在他的《教会作家作品新编》中对三十九条款发表的意见。摄政调解无效，遂于1720年8月发表宣言，禁止上诉，这个宣言只登在《御临法院》上。1725年，尽管本尼狄克十三世属于多明我会，但罗巴教法会议还是确认《克雷芒通谕》为宗教法规。反对派声称这句话是教法会议的一个书记根据耶稣会的指示用不正当的手段硬塞进去的。1726年，路易十五突然用弗雷儒斯主教弗勒里接替波旁公爵担任首相。波旁公爵是同情"反谕派"的，而弗勒里则敌视一切非国教教徒。次年，在昂布伦举行了一次全国教法会议。这次会议由当地的大主教、本尼狄克十四世的挚友唐森主持，会上一个非贵族的"反谕派"主教——桑兹的苏尔涅主教被贬职去准备圣餐，并被流放到边远地区一座萧瑟颓败的谢思-迪厄修道院去。1740年他老死在那里。这次教法会议还谴责了对英国国教教规的辩护，这个辩护是在韦克的

---

① L. 帕斯特:《教皇史》（英译本），第33卷，第300—301页。

第六章 宗教

帮助下由巴黎圣热纳维埃夫修道院的勒库雷尔拟定的,这是韦克实现英法教会重新联合的一个努力。1728年,诺阿耶屈服了。1729年5月他便去世。到1729年年底,只剩下3个"反谕派"主教。他们死后,都被忠实的"拥谕派"人所接替。

由于法国的主教职位很快都被"拥谕派"占据,也由于弗勒里在教士和神学院中进行了清洗,教士们对《一圣通谕》的反对看上去就更像是一些不顺从的教士反对他们的主教似的。他们与其说是严格意义上的詹森派,还不如说是"里歇派"。他们的思想观点受到长老会思潮著作的影响,发展了里歇的主旨,认为主教的职位不过是某种显贵与尊严,但与一般的教士职位无甚大异。他们的思想由《新教士》广为传播,当局未能将其查禁。据称在罗马教会执事帕里斯的墓地出现了圣迹。按约翰·卫斯理的意见,如果这些圣迹是真的,那么它们"从根本上动摇了罗马教皇的权威,因为与著名的《克雷芒通谕》直接相违背"。巴黎大主教文蒂米尔,在一个后来成为巴黎最高法院官员的教士为他准备的一份报告中谴责了帕里斯的圣迹。这个教士是限制教皇权力论者,但是拥护《克雷芒通谕》。这一派人①神经过敏,轻举妄动,使他们自己名誉扫地,内部分裂。

最后的大冲突开始了。这时的巴黎大主教克里斯托夫·德·博蒙(1746—1781年)采取了诺阿耶曾经用来对付耶稣会会士的办法,命令教士必须从临死的教徒那里索取一份《忏悔书》,这样就使得求助于"拥谕派"教士成为得到最后圣礼的一个条件。这使教士们进退两难。如果他们不同意这种做法,就会受到他们的主教的谴责;如果同意这样做,又会受到巴黎最高法院的迫害,或被监禁,或被流放,或丧失财物。

由于法国的主教们与宫廷勾结得十分紧密,服从宫廷的政策被作为提升的一个先决条件;再者,由于路易十四的继承者们提名的主教人选全部是贵族,因此下层教士的反对活动只能在各地最高法院中的反宫廷的世俗势力中找到支持。许多律师都受过奥拉托利会②的教育,而奥拉托利会是耶稣会在教育方面的对手。他们被怀疑为詹森

---

① 关于这一派人的一些详情,参阅 E. 拉维斯《法国史》(1909年),第8卷,第二部分,第115—116页。
② 奥拉托利会系1564年在罗马成立的天主教神父的团体。——译者注

派。他们也不满意贵族担任高级教士职务,这种不满情绪在满腹怨恨的教士中就表现为里歇的教会政治思想。在许多场合,如在反对主教中,巴黎最高法院中的反对派坚持认为,作为形式上的主教的国王有责任在他们的建议下发挥教士的精神作用,以确保社会安定和法国国教的自由。在法国,跟其他地方一样,君主的意志是具有决定意义的。本尼狄克十四世急于中止这场争论。1756 年,他发布了一个简短的训令,其措辞是由法国宫廷建议并得到罗马教廷中詹森主义者的赞同,训令既没有把《克雷芒通谕》明确地称为信仰法规,也没有赞同近来惯行的拒绝施行圣事。尽管巴黎最高法院不喜欢这个训令,但实际上是对他们有利的,因为它使《克雷芒通谕》失去了效用。

《克雷芒通谕》的失效在法国显得尤为突出,因为跟其他多数宫廷相比,法国宫廷同罗马的关系要和谐得多。《克雷芒通谕》并不仅仅谴责某个具体教义,而是反对整个改革方案。这个改革方案在思想倾向上反对罗马教廷,在道义上极为谨慎,其基础是呼吁尊重圣经和先辈。这个呼吁具有历史性,主张复古,反对传统和现时的应用。某些耶稣会作家根据奥拉托利会会员理查德·西蒙(1638—1712 年)的精神,以历史证据不确切为理由,要求一切都要依据教会的传统。他们用宗教现代主义的方式把信仰的真理与事实的真理对立起来。耶稣会会士贝鲁耶在一本受到罗马教廷谴责的书中写道:"轻率的改良派们连篇累牍的文章和故弄玄虚的旁征博引不足以对付传统势力。基督的信仰必须在罗马教会的教义和它现时的教义中找到。"① 另外,詹森派的宗教宿命论正与霍尔巴赫那样的世俗宿命论相对应。他们诋毁自然理性,同时不合潮流地拒绝承认自然宗教。与之相并存的是对感情的美化,这在百科全书派中很时兴。他们只信奉自然的或"非宗教"的宗教。詹森主义关于人的意志在不可抗拒的神的恩典面前是被动的思想,与情感主义哲学家在认识方面的心智被动说是相符的。因此,保卫理性和道德自由,使之免受宗教和世俗的攻击的任务,就落在像伯杰尔这样的耶稣会会士和其他信奉正统宗教者的身上。詹森主义者和启蒙思想家都一致蔑视中世纪。"轻率的改革家

---

① 《上帝子民史》,引自 R. R. 帕默《18 世纪法国的天主教徒和不信教者》(1929 年),第 70—71 页。

们"主张维护君主的权力,因而与启蒙思想家的国家至上论的思想倾向十分吻合。

复古的要求是整个学术运动的一部分,这个运动中的大多数伟大作品都不是詹森主义的。从伟大的马比荣(1632—1707年)时代起,圣莫尔教区的本尼狄克教团的僧侣就把他们在圣日耳曼-德普雷的寺院和大图书馆变成学者的圣地。爱德华·吉本在他的自传中曾这样回忆道:"牛津大学马格达连学院图书馆的书架上摆满了来自巴黎圣日耳曼-德普雷修道院的本尼狄克教团的大部头著作、神父们编写的书籍以及中世纪的各种册集。"在巴黎的奥拉托利会和圣热纳维也有勤奋博学的人。在巴黎的耶稣会会士中,阿杜安对圣经的文本进行了细致的校订。莫尔派的蒙特福松(1655—1741年)的希腊文古抄本给研究新约的学者提供了一个基本工具。这时出现了打破天主教徒和新教徒之间界限的学术交流。理查德·本特利、J. J. 韦茨施泰因、西奥多·屈斯特尔以及其他新教徒学者在学术交流中得到了友好的帮助。莫尔派的马特恩和杜兰二人,虽然前者拥护《克雷芒通谕》而后者则反对,但为了搜集古代礼拜仪式的资料,他们共同登程寻找。理查德·本特利把从英国得到的资料送给了奥拉托利会的礼拜仪式研究者皮埃·勒布伦。詹森主义者 L. E. 迪潘(1657—1719年)和限制教皇权力派的克洛德·弗勒里(1640—1719年)的历史著作在英国和欧洲大陆的学者中迅速产生了影响。

这些研究都强烈地要求简化祈祷书和弥撒书。红衣主教托马西(1649—1713年)像杰出的穆拉托里(1672—1750年)一样,完全用经文撰写出供个人用的祈祷书,甚至为短祷写了主祷文。① 本尼狄克十四世本来想把托马西封为圣徒,而穆拉托里则被称为"吉本的导师和意大利史泰斗",他受到本尼狄克十四世的保护,但他绝不是一个教皇至上主义者。1743年,本尼狄克十四世本人,根据伊拉斯谟和奎尼农的精神,表示了这样一个愿望,要求用经文和古时神父的语言对祈祷书进行彻底的改革,因为历史方面的批评使得许多前辈们一直认为无可怀疑的东西都变得不可信了。尤其是法国的主教们(当然不仅仅是他们)把主教管区的祈祷书增加了许多,"这些书虽

---

① J. 威克姆·莱格:《红衣主教托马西的经过改革的祷告书》(1924年)。

然有时有很高的学术价值,但也往往因使用了假古典主义的拉丁语法而显得荒诞可笑"①。特鲁瓦的波舒哀写的弥撒书删去了大量中世纪的宗教仪式。万特米尔不是一个詹森主义者,但是他在他的巴黎祈祷书(1738年)中使用了受到罗马教廷谴责的一本教义问答集的作者梅森居的话,还把查尔斯·科芬的作品用为赞美诗,而科芬在1749年临终时被拒绝施最后的圣礼,因为他顽固地拒不承认《克雷芒通谕》。个别的教士,如阿尼埃尔的朱贝完全采用自己的仪礼和可听懂的教规。到1791年,在法国的130个主教管区中,就有80个放弃了罗马祈祷书而采用了本地确定的礼仪教规。有时这些礼仪教规体现了《克雷芒通谕》所反对的公共礼拜的原则。它们也可以被视为主教们表现出主教管区对罗马具有一定的独立性。这些主教虽然因与詹森派发生纠葛而被迫与罗马教皇建立更为密切的关系,但是他们并不主张教皇享有绝对权力。他们坚持限制教皇的权力,而本尼狄克十四世则认为限制教皇权力主义是教会软弱的根源,企图用他的《主教管区会议》(1748年,1755年)一书来克服它。在这本书中,他把"反谕派"赞成的用以分散宗教贵族权力的手段变成了对罗马实行集中专制统治的支持。

　　主教们要求摆脱罗马教皇获得独立,以及信仰基督教的君主在当地教会中享有的权利是有争议的两个老问题,它们在14世纪时便密切相连,到了18世纪仍是如此。由于教皇软弱无力,君主们在做出触犯教皇的事情时,不需要启蒙运动来相助,但是他们发现这个运动对他们有用。世俗的影响在一些细小但却重要的方面扩大了。尊崇贝拉明为圣徒一事不得不无限期地推迟下去。本尼狄克十四世也不得不默许法国实际上取消庆祝圣格列高利七世的节日,因为这一节日的礼仪所使用的言语令人不悦地带有希尔德布兰特的味道。此外,很有才华的著作也对君主的事业起了作用,其中的论点并不明显地出自新的哲学思想,而大多数来自传统的宗教思想。1722年,保罗·萨尔皮(1552—1623年)的一篇论文在海牙出版,并且很快出了英文版。在这篇论文中,萨尔皮为了威尼斯共和国而支持"君主权利",反对教

---

① A. 福蒂斯丘:《弥撒》(1937年),第210页;一般见《基督教考古学和礼拜仪式字典》,第9册,第二部分(1930年),H. 勒克莱尔:《新法国教会祈祷书》。

皇不公正地驱逐出教或停止教职。齐格斯·范·埃斯本（1646—1728年）是卢万的一位伟大的圣典学者、阿德里安六世学院的教授，有时被称为"新"教堂法之父。他竭力为乌特勒支背叛的教士会辩护，他们要求把挑选主教的权力交给当地的教士会，并拒绝承认教皇任意开革主教职位的权力（耶稣会士在那里维护这种权力）。他在《宗教共同法》一书中，不承认教皇是全人类的大主教，批评目前教皇的一些权力是建立在伪造的教令的可疑基础之上，他只承认教皇在某些方面才拥有至高无上的权力。他认为君主的"许可"对于实施教会的法规应具有权威性。他坚持教士有权对教会上级领导的专横行径向世俗的统治者提出申诉。这个观念适用于范·埃斯本本人，直至奥属尼德兰政府发生变动，一个坚决拥护《克雷芒通谕》的摄政上台，他遂于1727年逃往荷兰，次年死在那里。

那不勒斯的律师彼得罗·詹农（1676—1748年）写的《那不勒斯王国民间史》（1723年）是一部专供世俗人阅读的著作。这部著作受到了穆拉托里的赞赏。吉本称它为一本"对罗马帝国历史学家的形成有过间接贡献"的著作。① 一个领半薪的船长J. 奥格尔维在1729年至1731年间把它译成英文（这是该书第一次译成另一种语言），因为它对于反对教皇政治是一件有用的武器，说明了"一个精神王国的怪物、一个帝国的帝王是怎样孕育、诞生和哺养成人的"②。詹农写此书是出于一个世俗人对教士权力的不满，也出于一个那不勒斯爱国者对于外国宗教统治者干涉的愤懑。中世纪的教权主义在那不勒斯异常活跃，主张实行教皇宗主权又进一步加强了教权思想，而1713年的和约对此明显地加以忽略。詹农只是那不勒斯反对罗马教廷派中最重要的人物，反对罗马教廷与一般的思想运动不同，他们对于圣职人员充斥本国，并且拥有大量财富以及种种特权十分恼怒。他们具有意大利反对教皇和反对教权的论战的长期传统。正是在这种传统的影响下，詹农把他的书送给法国皇帝，但遗憾的是，由于误认他是那不勒斯的亲奥地利派，他失去了波旁王朝的保护。

作为律师，詹农首先关心的是宗教当局和世俗当局应当各自坚守

---

① 《自传》（世界古典名著版），第76页。
② J. 奥格尔维英译本（1729年），前言。

自己的活动范围。他批评帕多瓦的马尔西利奥和巴黎的约翰给世俗当局的权力过大，把正当地属于教会的裁判权给予世俗当局。他认为像英国那样把统治教会的权力交给国王或女王是违背常识的。另外，他在提及罗马教廷时言辞常常带有敬意。这一切都使人以为他是正统派，而且是一名教士。事实上，他引用当时的学术著作（因引用过多而被指责为剽窃）和改革派中权威人士的言论，利用要求复古的呼声为君主和俗人的利益服务。他怀念中世纪的大人物高级教士之前的年代，那时只有君主行使具有强制性的裁判权，而僧人则从未行使过。他完全从历史发展的观点来解释罗马教廷的权威。对于那不勒斯人的他来说，教皇握有对那不勒斯的宗主权是极大地超越了正当的界限，这是通过阴谋诡计取得的一种授职权。他呼吁教会人士只应关心精神世界的事，这实际上正是几个世纪以来各国（不只是意大利）反教权人士的共同呼声。这样，他提高了世俗统治者的地位，就可让君主来严密监督宗教法规。他在1731年于维也纳出版的《信仰的表白》中，以尖刻的反语，佯称让罗马教皇主宰世界。在他死后出版的《三重冠》一书中，他赞扬早期福音主义的简朴。那时由长老会的一个领导人实施监督，而尚未出现主教的统治；那时异教哲学和异端仪礼还没有把基督教变为一种异教；那时罗马教皇也还没有通过他的教堂法把宗教作为扩展势力的工具。詹农作为囚徒死在都灵的城堡里。据那里的罗马天主教的教长说，他的死发人深省。他饱含泪水，悔恨自己攻击过教会和教士。

特里尔副主教尼古拉·冯·霍恩泰因（1701—1790年）的出发点与詹农的迥然不同。他的《论教会的地位和教皇的合法权力》一书是1763年用尤斯蒂努斯·弗布朗尼乌斯的化名出版的。根据这本书的书名，作者写作的目的是"要使意见分歧的基督教徒们重新团结起来"。为此，他预料会被谴责为又一个萨尔皮、德多米尼斯或里歇。他仿效巴塞尔公会议的方式，向君主、主教和大学里的学者发出呼吁。他相信，罗马教皇至上的权威是神授的，是团结的中心，但是他认为把新教徒们赶出教会的不是罗马教皇至上权威的本身，而是滥用这种权威的结果。为了把新教徒们召回来，必须把教皇的至上权威限制在最初实行的范围之内，即只实行教皇至上的权威，而不是进行统治。这意味着把被教皇们所窃取的权力归还给君主和主教（这是一再重弹的老调）。他认为教皇只是一种至高无上的荣誉职位。在这一点上，他与范·埃斯本一致，而且正是在后者的影响下他来到卢万。他的观点更倾向于英国国教而不是天主教，认为圣经和传统只具有相对的权威性。再者，他与路德一样，十分讨厌经院主义。在他看来，在教会的整个机构中只存在有限的不谬性。这样，霍恩泰因加强了公会议高于教皇的议事原则。他常常援引热尔松，而且喜欢艾尼思·西尔维乌斯甚于庇护二世。他坚持认为君主在任命当地教会的教士方面比主教更为有权。他嘲笑贝拉明，认为他对直接权力和间接权力的区分只是文字游戏而已。他甚至认为一个天主教君主暂时撤回对教皇的服从是合理的，这仅限于社会法规方面而不是在神的法规方面，社会法规方面存在着普遍的严重不满，而且别无其他手段来解决。这种撤回不是不服从罗马教廷，而只是不服从窃居其位者。这确实不是一个不寻常的原则，它肯定给并非不平常的做法找到了理由。他几乎为君主们过去用来使教皇们感到恼火的各种手段，包括英国的"教皇尊信罪"都做了辩解。他十分憎恨罗马教廷，呼吁君主们团结起来，一起限制教廷的权利。因此，不到一年工夫，这本书就被列为禁书，也就不足为怪了。它的影响迅速遍及欧洲。

弗布朗尼乌斯与詹农并不是孤立的。弗布朗尼乌斯完成了在德国久有影响的改革派改革神圣人员的工作。他的教堂法符合奥地利大臣考尼茨的反教士、反耶稣会的政策。在那不勒斯，詹农拥有一批有影响的信徒。在西班牙的压力下，克雷芒十二世把那不勒斯的授职权让给了波旁王朝的查理三世。三年之后，本尼狄克十四同意与国王签订协议，其条件似乎受到詹农的原则的启发，而这些原则由詹农的崇拜者塔努西付诸实施。协议甚至同意成立一个教会的最高上诉法院，兼管宗教和世俗事务。但是这个协议并未带来和平，所以塔努西只得继续与教廷做斗争，尽管塔努西其人十分虔诚并深受圣阿方索·利古奥里的敬重。在其他一些地方也签订了类似的协议，而詹农的影响在那些地方并不很大，而且是在"弗布朗尼乌斯"写出那本书之前签订的。1727年，本尼狄克十三世向撒丁尼亚做出很大让步，因而到1731年克雷芒十二世撤回了这些让步。然而，十年之后，本尼狄克十四世做出的让步更大，甚至授予国王罗马教廷主教的头衔，同时把一切有圣俸的神职人员的提名权也给了国王。1740年，葡萄牙国王接受了对全部教区和寺院的圣职授予权。1737年和1753年，罗马教皇与西班牙国王先后两次签订的协议，授予国王巨大的权力，国王力图握有对伊比利亚半岛上教会的全部控制权，正如他在殖民地所握有的全部控制权那样。根据1753年的协议，罗马教皇原先享有的一切重要权力实际上都转到国王手里。

弗布朗尼乌斯与詹农不同，后者作为一个爱国者和民族主义者写作，而前者则从广大教士的立场著书立说，鼓吹限制教皇权力的思想。据说，约瑟夫二世是他最好的学生。很自然，这位君主更喜欢弗布朗尼乌斯派的教士，而不喜欢教皇权力至上主义派的教士，但是他受世俗的影响要大于受教会的影响，并且比之特里尔的副主教更不关心主教的权力。这位副主教1778年受到皇帝的召见后深受感动，决定放弃他的弗布朗尼乌斯主义，1788年经过一番犹豫以后再次宣布放弃。于是，约瑟夫二世抓住时机，使那位罗马教廷不知疲倦的争论者、耶稣会会士扎加利，在1779年把那些博学的天主教徒改变信仰的表白汇集成册。这方面有不少先例，其中最令人感兴趣的有里歇、迪潘、诺阿耶、詹农、孟德斯鸠和爱尔维修等。他未能把伏尔泰收入进去。德多米尼斯的表白只放在附录里，因为他不够真心实意，后来又出现了反复。霍恩泰因对于这些表白不像耶稣会会士那么高兴。部分由于詹森主义在罗马的影响，扎加利在1791年之前未能出版该书。

范·埃斯本、詹农、弗布朗尼乌斯以及其他一些持他们观点的人，夸大了耶稣会会士的权力、影响、智谋和财富。随着欧洲政治逐渐世俗化，耶稣会会士作为欧洲宫廷忏悔师享受的重要政治地位自17世纪中叶已逐渐下降。他们已无力阻止他们的王室忏悔者去推行那些比之新教徒的活动更使教皇震惊的政策。如同在法国，《克雷芒通谕》被认为是他们的过错，是造成不安定的焦点，甚至是1757年弑君图谋的焦点。在罗马本身有一股很强的势力，如果没有这支力量，反对耶稣会会士的运动也许不会以他们的毁灭而告终。尤其是针对欧洲君主们的敌意，若得不到君主们的支持，耶稣会是不能够取得胜利的。

在《克雷芒通谕》发布之前，耶稣会已经遭受过一次挫折。1704年，克雷芒十一世曾希望通过谴责耶稣会在中国传教中所执行的政策来结束无休止的争论。1715 年，他再次对之进行了谴责。1742 年，本尼狄克十四世明确地肯定了这个谴责。在中国，耶稣会允许他们的皈依者用某些中国的措辞称呼上帝，其中有些措辞根据这些规定是不允许的。耶稣会还允许他们采用中国传统的礼仪，允许崇拜祖先与孔子（这是中国文明的一个重要部分）。教皇也禁止这样做。本尼狄克十四世用"十戒中的第一戒"来证明这项禁令是正当的，但是中国的皇帝（他喜欢耶稣会）庄严宣布这些仪礼都不过是民间的习俗。图尔农和梅札巴尔巴这两位红衣主教担任的教皇特使只是惹怒了皇帝。不管教皇的政策正确与否（莱布尼兹认为是错误的），它表明耶稣会企图使中国统治阶级皈依的努力失败了。接踵而来的迫害使中国基督教徒的人数锐减，只剩下一些穷人和文盲。除了涉及中国的宗教仪礼这样微妙的神学问题之外，这场反对耶稣会的斗争还无疑受其他方面的影响，即教区教士和其他教团（尤其是多明我会和圣芳济会）的竞争和詹森派的影响（他们把这些仪礼斥之为偶像崇拜）以及葡萄牙人的影响（他们不喜欢触及他们教会领袖的独立的宗教活动）等。耶稣会对马拉巴尔改宗者做出类似的让步，也同样遭到了谴责。

　　耶稣会会士也不甚谙熟世故，他们未能避开与他们的死敌卡瓦略发生对抗。卡瓦略是葡萄牙新国王约瑟夫一世（1750—1776 年）的大臣，后来叫作蓬巴尔（1689—1782 年）更为出名。根据 1750 年西班牙与葡萄牙签订的边界条约，原来在西班牙统治下的一大片巴拉圭土地划归葡萄牙管辖，这个条约牵涉耶稣会，因为他们在那片土地上有一个十分著名的传教团。传教士把当地的改宗者集中在一些村子里，称为巴拉圭的"皈依区"。那里的改宗者受到教士的保护，不跟殖民者接触，他们生产商品，通过出售这些商品资助传教团的工作。当耶稣会会士坚决抵制把这些村子强行迁走时，有人就对他们的行动进行了恶毒的攻击。当地居民的暴乱也被指责为他们的阴谋。传教团著名的传教士意大利人马拉格里达（1689—1761 年）煽动地宣传里斯本大地震是因为上帝不赞成葡萄牙的新政府。蓬巴尔在《简述》（1758 年）中对所有这些罪行做了解释，此书很快被译成其他文字，在欧洲广泛流传。书中把耶稣会会士描写成一个强大的共和国的主人，把土著的印第安人当作奴隶进行剥削，并企图统治全世界。巴拉圭的"皈依区"可以很容易地使启蒙运动和"新"教会法派的人士产生反感，因为它既是国中之国，又赋予教士以世俗权力，甚至军事权力。再者，他们还控制了其他人渴望获得的大量劳动力的供应。虽然《简述》被西班牙的执法官焚烧了，但它是一篇娓娓动听的宣传品，西班牙的反对使蓬巴尔更加相信耶稣会在西班牙阴谋反对他的殖民政策。1758年，本尼狄克十四世发出了一条简令，授权蓬巴尔的亲戚里斯本大主教萨尔丹达检查与改造葡萄牙耶稣会。作为大主教的萨尔丹达不喜欢耶稣会独立于一般的管辖之外，主张把主教对土著人的管理由教会转交给世俗的政策。通过这些手段，耶稣会的"非法"贸易被禁止了。在一块8年之前他们才控制了政府的土地上，几乎在转瞬之间就把他们的种种特权剥夺得一干二净。

　　1758年9月3日发生了一起似乎图谋暗杀约瑟夫一世的事件。这一事件使蓬巴尔不仅有可能把叛逆罪加在敌对的贵族身上，而且也可栽在马拉格里达和其他耶稣会会士身上，这些人至少在政治上是一直不谨慎的。蓬巴尔要求罗马同意对这些教士应跟一般俗人嫌疑犯一样，交由一个新的国家道德法庭审判，而不是交给宗教法庭审判。他进一步要求今后任何犯有叛逆罪的教士应该交给这个新的法庭。克雷芒十二世对于这样明显地侵犯教士豁免权很不以为然，于是1759年8月他在《向我们解释》中提出一个折中方案，即同意当前可以这样办，但下不为例。

　　根据1759年9月3日的法令（故意挑选的日期），耶稣会会士被驱逐出葡萄牙。1760年6月罗马教皇的使节阿卡尤奥利陷入困境，也被赶了出去。葡萄牙撤回对教皇的服从达10年之久，正如葡萄牙的圣典学者菲古雷多解释的那样，"这是天主教君主用来表示憎恨罗马教廷伤害和轻视他们的惯用方法（当然不冒犯宗教或彼得教皇的最高权力）"[1]。葡萄牙政府发表的《决定本政府行为的事实和动机的说明》出自蓬巴尔的手笔。他以严峻、愤慨的言辞坚持君主的权利，这些权利尤为教皇的使节所践踏，因为他认为马拉格里达和与他同谋的教士们应该由一个专门的、教皇委派的委员会来审判。"难道能想

---

　　[1] A.P. 菲古雷多：《试探神学、主教权利和教皇权力至上论者的篡权》（E.H. 兰登编，J.M. 尼尔作序，1847年），第25页。

第六章 宗教

象……在这个王国中既无君主政体，又无在世俗事务中独立自主的君主……没有大臣，没有法庭？"① 1761年，马拉格里达受到了葡萄牙宗教法庭的审判，并被野蛮地处决了。当时这个法庭完全在国家的控制之下。1770年，科莫布拉主教团谴责"弗布朗尼乌斯"和其他一些著作而遭到囚禁。1766年和1769年，菲古雷多两次为葡萄牙大主教辩护，认为大主教享有批准和授予由国王提名的主教圣职的权力，而不必征得教皇的同意，其论点与弗布朗尼乌斯的论点一样都来自公教会议派。1767年经国王许可，在里斯本出版了西布拉·德席尔瓦的《编年演绎》一书。其中某些章节可能是蓬巴尔写的。此书是对耶稣会的一个全面控告，也是18世纪反教皇主义的一个概述，带有詹农的教会史观点。它是一个宣传品，目的是彻底摧垮耶稣会。1767年当克雷芒十三世企图与葡萄牙和解时，他被告知他不可能求得和解，除非他把耶稣会完全镇压下去。这时，各国波旁王朝的宫廷在这一点上是完全一致的。

葡萄牙政府这种耸人听闻的做法鼓舞了耶稣会在各地的敌人，尤其是它在法国的敌人。这批敌人是比较危险的，因为耶稣会在他们面前表现得不够坚定。1757年，达米安企图杀死路易十五。这一事件在巴黎最高法院中激起了一个反对耶稣会的怒潮，迫使巴黎耶稣会会士不得不放弃杀害暴君与间接权力，接受限制教皇权力的规定。此外，巴黎最高法院把自己树为基督教真理的卫道士。他们首先攻击也受到耶稣会谴责的普拉代神父的现代主义，然后猛烈批评耶稣会会士阿杜安和贝律埃写的《上帝子民的历史》，以此来揭露耶稣会怎样把自己置于教会权威之上。耶稣会最终的灾祸则是由拉瓦莱特过于庞大的财政计划引起的，他是耶稣会在马提尼克岛上布道团的团长。他的债主们因无法收回他所欠的债款，便企图向法国的耶稣会讨取，法国耶稣会竟愚蠢地诉诸巴黎最高法院的律师，而巴黎最高法院正好是詹森主义反对派势力在世俗界的集合点。1761年，根据德舒瓦瑟尔神父的动议，最高法院要求耶稣会交出其章程，以便对之进行审查。最高法院审查后做出的裁决是：耶稣会在法国的存在是不合法的，至多只能容忍其存在；就目前情况而言，他们的章程是与法国的准则不相

---

① 孔代·德卡尔诺塔（约翰·史密斯）：《蓬巴尔侯爵》（1871年），第131—161页。

符合，也与任何保持良好秩序的政体的准则不相符合。法国的大多数主教都公开表明他们赞扬耶稣会，但是"代价是做出了种种有损于罗马教廷尊严的承认和宣言"①。尽管法国的耶稣会接受了限制教皇权力的原则，但是他们却未能取得罗马耶稣会会长里奇的让步，那就是会长在那个国家的权力允许由住在该国的副会长来行使。这是一个强大的教士团体被指控俯首帖耳地服从王国外面一个权威时进行辩护的唯一办法。因此，如果法国的耶稣会取得了里奇的这个让步，他们也就可以得到拯救。但是这位会长并不是一个奸诈的耶稣会会士，他没有采用"退一步进两步"的策略来做掩饰。1764年12月1日，巴黎最高法院宣读了国王的一道敕令，终于把法国的耶稣会镇压了下去。尽管克雷芒十三世在1765年1月7日的《教皇通谕》中称赞耶稣会章程优异卓著，但是它并没有能够阻止西班牙和那不勒斯的耶稣会于1776年遭到镇压。帕尔马的耶稣会于1768年遭受镇压，以及1773年不幸的克雷芒十四世这位波旁王朝淫威的无可奈何的牺牲品最后解散了耶稣会。

  镇压耶稣会与其说是宗教的胜利，还不如说是治国策略的胜利。耶稣会的敌人的宗教思想并没有扎下根，而像忠于"圣心"之类的大众信仰却深入人心，站住了脚跟。耶稣会鼓励这种信仰，而他们的批评者则加以谴责。罗马新的传教团体以及新成立的修道会，如基督教兄弟会（1680年）、蒙难会（1727年）、超度会（1732年）等都是效忠于教皇的。对耶稣会的镇压也是对国外布道团的一个严重打击。另外，或许可以根据他们的思想倾向，即从他们与哲学上的敌人爱在某些共同点上发生争论来看，他们在法国至少是一伙"很可能找到某种办法把传统的权威和18世纪信仰协调起来的人"②。毫无疑问，他们这时为他们早先的胜利付出了代价，他们没有很好地利用这些胜利。他们由于支持教皇的权威并且主张教士干涉政治而失败了。他们的敌人一般不是不信仰宗教、一心致力于在世界范围推广无神论或普及科学知识的人，而恰恰是一些基督教徒，只是过于重视基督教君主在精神事物方面的权威。他们这样做是对那些认为宗教豁免权和

---

① L. 帕斯特：《教皇史》（英译本），第36卷，第419页。
② R. R. 帕默：《18世纪法国的天主教徒和异教徒》，第129页。

第六章 宗教

宗教特权对于宗教信仰是必不可少的人（本尼狄克十四世似乎不属于这类人）的一种自然的反动。宗教豁免权和特权符合中世纪的统治，而不符合近代国家。

时髦的高教会派牧师罗伯特·索斯博士曾这样说过："使新教在基督教世界中居于举足轻重地位的唯一教会是英国国教。"① 大陆上的新教徒对坎特伯雷大主教的敬重似乎超过了信奉天主教的君主对教皇的尊敬。像教皇们一样，坎特伯雷大主教们，这些教皇的替身，都是品行高尚、学识渊博的人。1716年至1737年，威廉·韦克（1657—1737年）任坎特伯雷大主教时，这位具有欧洲眼界的宗教政治家使教区大为增色。用一位日内瓦观察家的话说，他是"无愧于使徒时代的高级传教士"②。尽管如此，英国国教保留着一个古老的组织形式和一个中世纪的法院系统，而且，虽然在富裕的兼圣俸者和贫困的副牧师之间存在着隔阂，韦克从不怀疑英国的教会是世界上组织得最完善的教会。正如在他写的《罗马教皇神父的使徒书真迹》（1693年）一书的引言中所说的那样，原始教会的方式方法"与英国国教目前的教义和纪律完全协调一致，像是用法律确定下来似的，因此承认一方是正当的，就没有理由把另一方作为例外加以反对"。他对自己作为一个天主教主教的地位信心十足。他有着拥有大主教权力的威严感。他成为主教之前，在1703年曾这样写道："维护主教的神权吧！它是我们的先辈们倾注了巨大的热情和虔诚努力维护的。"③ 另外，韦克不喜欢牧师会和普通的高教派英国国教徒，厌恶天主教，并竭力维护基督教君主在教会中的权力。他全心全意地接受这样一种普遍的看法，即英国国教与外国的新教徒信奉的是"同一个信仰"。他（像大多数英国人一样）随时准备帮助遭到迫害的新教徒，正如法国的加尔文教徒受到迫害时那样。他努力促进新教徒内部的团结，并与他们加紧团结，以加强反对罗马的共同事业。

韦克的继承人约翰·波特（1737—1747年）也非常满意英国国教，认为自从宗教改革以来，"它像在它之前的其他的古老教会一

---

① 转引自 H. H. 汉森：《英国国教》（1939年），第128页。
② 《雅克·塞尔瑟斯书信集》（F. 加迪编，1952年），第1卷，第2页。
③ W. 韦克：《英国教会和教士状况》（1703年），第118页。

样，既保持了自己固有的权利，又取得了行政长官的合法特权"①。托马斯·赫林在波特去世后从约克调至坎特伯雷。赫林为人宽厚、正直、谦恭、善辩，又不拘泥于教义。他在政治上是一个忠实的辉格党人（1745 年时在约克郡当一名辉格党人是十分有用的）。他被某些人认为具有自然神论的倾向。用霍勒斯·沃波尔的话来说，他是"一个和善的好人，倾向于中庸之道，对于宗教上华而不实的那一套毫无热情"②。跟前任的两位坎特伯雷主教相比，他更完全属于 18 世纪，很少关注教会行政制度。在马修·赫顿担任一年首席大主教（1757—1758 年）以后（他也是从约克调来的），原牛津主教托马斯·塞克接任坎特伯雷主教，直至 1768 年。乔治三世的即位给他带来了很大的困难，因为乔治三世的大臣们在"处理任何事情或对任何人的品行问题"都故意避而不与他商量。③

与法国、西班牙和葡萄牙的主教相比，英国的主教跟世俗政府的关系更为密切，因为主教是由王室提名的，而且把那些表现良好的主教从贫困的教区调至富裕的教区作为一种奖赏。通常，政府可以在上院中获得 20 票，因为在那里主教们"抱成一团，支持任何带有宫廷气味的提案"。④ 另外，他们的顺从是有限度的。学识渊博的沃波尔的"沃尔西"、"吉布森教皇"、伦敦主教就为了永远管业权和教友会的什一税的立法问题与政府发生过争吵，因为这些法律是按辉格党反对教权主义的精神来制定的，而这种精神对教会是致命的。1717 年公教会的停开，使英国国教不因主教和教士之间的长期冲突弄得无所适从。这种冲突是几十年来法国教会生活中的祸根，在英国也大有一触即发之势。1741 年，沃波尔同意举行公教会，下院就利用这个机会来反对上院的权威。韦克本人就已经注意到了在安娜女王统治时期反对党的长老派主张，以及他们的类似里歇取自热尔松的立场。

英国接受汉诺威继承王位，以此来防御天主教势力的扩展。这样就及时地拯救了英国不信奉国教的新教徒免遭激烈的托利党人针对他们所提出的关于教会分立法和临时遵奉国教法的毁灭性打击。不信奉

---

① 约·波特：《教会政治论》（1707 年，1838 年版），第 5 页。
② 霍·沃波尔：《乔治二世回忆录》（1846 年），第 1 卷，第 148 页。
③ N. 赛克斯：《18 世纪英国的教会和国家》（1934 年），第 47 页。
④ 《埃格蒙特日记》（历史手稿，1920 年），第 1 卷，第 153 页。

第六章 宗教

国教者人数不多,但是不可轻视。他们的势力在汉诺威王朝统治的最初几年里似乎有点下降,其原因或许如大主教韦克说的那样,正因为他们受到容忍,或许因为他们过去支持的加尔文主义似乎过时了,也可能因为他们的宗教热情为理性主义所削弱了。他们在发展当时的科学技术方面的成就大大超出了他们在人数上所占的比重。由于英国的大学是英国国教的专有领域,因此不信奉国教者就在北安普敦、沃林顿、哈克尼以及其他一些地方创办他们的高等学府。他们开设的课程比之牛津大学和剑桥大学更多,包括近代史、语言学、自然科学等比传统的基础教育更适应当时社会需要的课程。这些学院拥有一批博学多才的学者,如讨人喜欢的、折中学派的菲利普·多德里奇,待人诚恳的艾萨克·瓦茨,业余的统计学家理查德·普赖斯,以及博学家约瑟夫·普里斯特利等。这些学院也许对这样一些个人依赖过多。他们一直举棋不定,把学院办成教士的讲习所,还是办成世俗的研究院,因而也受到一些损失。它们造就了一些当时最重要的英国圣公会教士,如达勒姆主教约瑟夫·巴特勒、坎特伯雷大主教塞克、老塞缪尔·卫斯理以及 T. R. 马尔萨斯。不信奉国教者对英国的宗教做出的另一个重要的贡献是用方言唱圣歌,为卫理公会教徒用方言唱圣歌开创了先例。

虽然英国的不信奉国教者并没有遭受到像法国、巴拉丁领地、匈牙利和萨尔茨堡等地新教徒所经受过的种种迫害,但是他们还是遇到了令人烦恼的限制和侵扰。1727 年,伦敦及其周围的长老会、独立会和浸礼会等教会的教长们自行组成了"不信奉国教的三教派新教牧师总会"。5 年后,又出现了一个与之平行的普通教徒的组织——"不信奉国教的新教徒代表会"。这个组织是由伦敦及其附近(最初是离伦敦 10 英里之内,后为 12 英里之内)的三个教派的每个教区每年推选的两名代表组成。这些代表非常缜密、机智地保护着全国各地受压迫的同宗信徒,使他们免受大大小小的对民权的侵犯。不信奉国教者自然希望辉格党政府废除查理二世颁发的宗教考查法和社团法,但是他们实际上得到的最大好处是:于 1718 年废除了临时遵奉国教法和教会分立法(此时韦克大主教也反对这些法令);1723 年起王室给牧师遗孀的抚恤金;1718 年安定社团法;以及从 1727 年起几乎年年颁发的赦免法。政府害怕损害教会的利益,因而罗伯特·沃波尔爵士在1739年只能对钱德勒博士说废除宗教考查的时刻将永远不会到来。代表会赢得的最大胜利表现在伦敦司法长官的任命上，事情的起因是伦敦社团任命富裕的不信奉国教者担任司法官员，但他们拒绝按照临时遵奉国教法来取得资格，于是就因他们拒绝任职而罚缴重金。1767年，不信奉国教者向上院申诉，他们拒绝付罚款的行为得到了支持。

在英国，像在欧洲大陆一样，政教关系反映了当时盛行的国家至上论。1734年，哈德威克勋爵作为大法官在"米德尔顿对克罗夫特案件"中做出了一个重要的判决：教会法规只有经议会批准才适用于俗人。关于教士在国家中的地位，其论点与韦克大主教曾使用过的论点完全一致。韦克在年轻时曾用这些论点来反对弗朗西斯·阿特伯里提出召开公教会的要求，依他的论点，公教会似乎完全不是一个享有主权的立法机构，而"只不过是一个基督教会组织……在有关教会的问题上向国王提供建议和帮助"①。1753年哈德威克制定的婚姻法尽管使英国的教士成了婚姻的垄断者（而且排除了不信奉国教的牧师），它实际上是世俗的权力侵犯了传统上属于教会的领域，然而主教们对这个婚姻法采取了霍勒斯·沃波尔称为漠然置之的态度。

不信奉国教者组织起来，在法律上又得到了宽容，这就有必要对英国国教的理论做某些背离都铎原则的改变。以不矢忠派的名义，查尔斯·莱斯利（1650—1722年）在他的《国王和教皇之争》（1700年）一书中嘲弄了当时的英国国教把贵族绅士变成自然神论者，把平民百姓变成马格莱顿派。莱斯利是国家至上论、自然神论和宗教信仰自由论的著名对手，而所谓不矢忠派就是在1689年拒绝效忠于奥兰治的威廉以及在1702年拒绝公开弃绝斯图亚特家族的王位觊觎者的那些饱学之士。莱斯利坚决主张教会在精神上的独立。与莱斯利完全相对的是当时任班戈主教的本杰明·霍德利（1676—1761年）。他在1716年发表了《对付不矢忠派的原则和实践的有效办法》一书之后，在1717年又写了一篇论文。论文强调指出基督的王国不在这个世界，因此，现存的教会、教士、教义和圣事都是不必要的，而且主

---

① 菲利普·约克：《大法官哈德威克勋爵传》，第1卷（1913年），第121—123页；W. 韦克：《基督教君主对宗教会议的权威得到维护》（1697年），第284—285页。

教的使徒权威也应完全解体。这些意见大大地触怒了下层教士，以至于1717年的公教会就因为他们反班戈的喧闹而中止了。格洛斯特主教威廉·沃伯顿（1710—1779年）在他的《政教联盟》（1736年）中，对英国国教提出了一个更能被普遍接受的中间观点。这个观点与其说迎合了理查德·胡克关于教会的严格教义，还不如说更投合了约翰·洛克的政治论点。沃伯顿既不对眼前的教会采取视而不见的态度，也不谴责教会与国家之间的联系，而是把教会和国家放在一起结成一个由两个社会组成的联盟，各有其目的，"国家的目的……功利；教会的目的……真理"；教会通过一种宗教考查法得到国家的保护。沃伯顿虽身为主教，却赞成在苏格兰建立一个长老会的团体，如同在英格兰建立一个主教派的团体一样，其理由是"如果在非常议会时期，英国有一个以上这样的宗教团体，国家就会跟这些团体中最大的一个结成联盟"。①

德国的学者必须针对许多地方教会的不同背景来考虑这些问题。每一个地方教会都有当地的君主在他自己所确定的"国教"中行使"总主教"的权利。再者，在地方教会中有着两种显然不同的宗教派别——路德派和改革派。"臣民随着领主选定宗教信仰"的老原则至今被彻底打破，结果在普鲁士的领土上，一个改革派传统的家族统治着两个宗派的臣民，而在勃兰登堡又统治着绝大多数人信仰路德派的臣民。在18世纪，萨克森、符腾堡和黑森等新教公国归罗马天主教统治者统治。1740年以后，普鲁士的腓特烈二世掌握了信仰天主教的西里西亚。巴拉丁领地的新教徒在整个18世纪一直备受迫害。1728年当兼任主教的萨尔茨堡公国的君主把新教徒臣民驱逐出境时，英国的教士利用"普及基督知识会"（S. P. C. K.）这一机构帮助了他们中的许多人和受迫害的"巴拉丁人"移居到奥格尔索普将军在乔治亚新建立的殖民地去。大批地方教会出现的结果之一是大学的影响扩大了。大学中的法律教授们异常活跃，积极传布启蒙运动思想来影响教会政体的问题。在德国存在如此多的小"国教"也部分地说明了为什么关于教会的教义以及关于教会权威的观念比之英国大主教吉布森、威克、波特和沃伯顿等人著作中所阐明的要更为软弱和不坚

---

① J. M. 克里德和 J. S. 博伊斯·史密斯：《18世纪的宗教思想》（1934年），第269—273页。

定。普芬道夫提出的关于绝不能把教会作为一种政府机构来对待的原则（实际上为弗布朗尼斯所利用）表达了一个有广泛影响的看法。哈雷大学的创办人之一克里斯蒂安·托马西乌斯教授（1655—1728年）就否定教会治国的思想，认为它与君主的权力是不相容的。蒂宾根大学的虔信派校长 C. M. 普法夫（1686—1760 年）在他的《教会法的起源》（1719 年及其后）一书中曾竭力"维护教会的精神权利而不破坏德国国教的国家基础"[①]，但是他仍然认为教会只是国家内部的一个社会团体，也就是用其成员一致同意的公约组织起来的一种集体。它的建立和尔后的活动都要受地方行政长官的监督。正如他把一切涉及强制施行的教会法规——"绝对的神圣法规"归于行政部门一样，他特别强调婚姻法规也应该由行政部门掌管。这样，尽管他对行政长官如何有节制地使用教会权力提出了很好的建议，但是事实上在他的"社团体系"中并没有真正限制国家至上论，而国家至上论尤其是由路德派从宗教改革运动中继承来的。

　　虔信主义与理性主义的启蒙运动十分相似，因为它们都把矛头指向教权主义。它们都反对经院神学。两者都致力于削弱现实教会的外界权力。菲利普·雅各布·斯彭内尔（1635—1705 年）就力图用一个仁爱的宗教来替代枯燥无味的路德派的"正教主义"。虔信主义者求助于路德早期的教会民主的思想，甚至认为非法的秘密宗教集会是正当的。斯彭内尔把他的皈依者组织起来，成立虔信主义社团，相互进行教化和研究圣经。他非常注重自觉改宗，而不一定要求立即改宗。他的学生奥古斯特·赫尔曼·弗兰克（1633—1727 年）把新成立的哈雷大学变成了虔信主义的中心，约翰·卫斯理说弗兰克的名字"实际上成了宝贵的灵丹妙药"[②]。他在哈雷创办了一个很大的孤儿院。他还是翻译圣经的积极倡导人。新教徒传教团去海外传教的第一个推动力是来自哈雷。虔信主义者也创作了通俗的宗教文学，弗兰克的女婿 A. 弗赖林斯豪森（1670—1727 年）成为他们这一派的圣歌作者。虔信派虽不是唯一的一些人，但他们却是十分重要的一伙人，利用其影响在某种程度上纠正了理性主义对宗教的肤浅认识，而理性主

---

① A. L. 德拉蒙德：《路德以来的德国新教》（1951 年），第 242 页。
② 《日报》1738 年 7 月 24 日。

义后来在德国压倒了虔信主义，甚至在哈雷也是如此。他们也由于宗教中的个人主义和像戈特弗里德·阿诺德（1666—1714年）这样一些人对正教派采取显然置之不理的态度而使理性主义更轻易地取得了胜利。但是无论宗教个人主义还是对正教派的冷漠态度都与坚定的圣职精神很不相符的。

马克·帕蒂森在他的一篇十分著名的论文中曾这样写道："理性主义"在18世纪上半叶的英国是"一种统治着所有人头脑的思想习惯"①。正教派和异教徒一样都诉诸理智，而不诉诸权威或感情。洛克的《关于信教自由的信札》（1685年，1689年）把教会看作只是国家内的一个自发组织。他的《论经书中表述的基督教的合理性》（1695年）为他的两个自然神论的信徒铺平了道路。他们是约翰·托兰和马修·廷德尔，前者认为"基督徒并不神秘"（1696年）；后者认为基督教和"创世说一样古老，圣经是自然宗教的再版"（1730年）。与来自牛顿和洛克的自然主义同时存在的还有关于圣经的新学术，这种新学术有时被一些学识不甚渊深的人用来达到"批判"自然神论的目的。理查德·本特利是一个信奉正教的教士，他企图对约翰·米尔（1644—1707年）的版本进行校勘，并订出曾为奥里金所熟知的新约文本。同时，在欧洲大陆上，在本特利知道的情况下，约翰·詹姆斯·韦特斯泰因（1693—1754年）在1730年出版了他的划时代的《绪论》；1751年，他又在阿姆斯特丹抗辩派神学院的庇护所里出版了一本经过仔细校对、附有注释和异文的希腊文的旧约书。1942年在蒂宾根，柏林大学教授J. A. 本格尔（1687—1742年）按语系对圣经原稿进行分类，这是在研究方法上的一个重要进展。他的《指时针》（1742年）成为约翰·卫斯理的《新约笔记》（1754年）的基础。

对于神经过敏的教士来说，正如本特利对韦克和阿里乌派的塞缪尔·克拉克哀叹的那样，这些对圣经的研究似乎是支持了危险的立场。克拉克和他的信徒们利用了已证明为伪造的"使徒约翰的逗点"。在《三位一体的圣经教义》（1718年）一书中，克拉克认为只有耶稣基督共同永生说是符合圣经的，而尼西亚和亚大纳西信经所提

---

① 《论文与评论》（1851年），第257页。

出的圣体共在论是与圣经相违背的，因而他希望这些信经从公众的祷告书中删除掉。浅薄的安东尼·柯林斯在受了米尔的3万个异文（大部分并不重要）的启发下于1713年写了一篇论思想自由的轻率文章。自然神论批评家中最伟大的人物科尼尔斯·米德尔顿（1683—1750年）通过否认宗教奇迹似乎也威胁到圣经中的奇迹；同时他通过某种成熟的论证为19世纪的历史性批判铺平了道路。甚至完全信赖教会的罗马天主教徒也从对圣经的损害中得到好处，因为一般认为圣经是新教徒的信仰。到18世纪中叶，在英国由于虔信主义影响的扩大，批判圣经的势头慢慢减退下去。当虔信主义在英国蓬勃发展的时候，它在德国却衰落了。理性主义的批评在德国取得了"在英国难以想象的"巨大胜利。[1] 尤其是哈雷大学数学和物理学教授克里斯蒂安·沃尔夫（1677—1754年）似乎如此有力地强调自然教，以致几乎把早已被普芬多夫细致地批驳过的立场又复活起来。沃尔夫在哈雷的继承人 J. S. 泽姆勒（1725—1791年）是一位忠心耿耿的虔信主义者，他不是哲学家，而是圣经评论家。他与塞缪尔·克拉克一样认为尼西亚的基督学是背离天启教的。沃尔夫的信徒、汉堡大学的东方语言教授赖马鲁斯（1694—1768年）几乎完全拒绝天启思想本身。后来莱辛把赖马鲁斯的论耶稣复活和"论耶稣和他信徒的目的"两篇有争议的论文发表了，当时莱辛在神学批判方面还不为人所知。在同一领域做出努力的还有其他一些更为正统的人，如 J. A. 埃内斯蒂（1707—1781年）、J. D. 米夏埃利斯（1717—1791年）以及 J. S. 艾希霍恩（1752—1827年）。米夏埃利斯的学生艾希霍恩依据法国人让·阿斯特律克写的关于摩西篇的《猜想》一书，以及牛津大学教授罗伯特·洛思论希伯来诗歌的讲稿（这两部著作都在1753年出版），在1781年发表了对旧约做出全面评论的第一本著作。1826年听过艾希霍恩讲课的普西博士认为他的评论很尖锐，但是也掺杂着许多对宗教不敏感的成分。

  国家至上论、虔信主义以及理性主义都以不同的方式反映在英国和欧洲大陆各国提出的基督教重新联合的种种计划之中。在英国，主张把正统的不信奉国教者都包括在英国国教之内的思想虽然受到一些

---

[1] A. L. 德拉蒙德：《德国的新教》，第91页。

第六章 宗教

人的赞同,但是没有得到赫林大主教有力的支持。

  1753年,一位匿名的英国国教牧师这样写道:人们的思想现在平静下来了,愿意听听理智的声音。高教会和低教会之间可悲的差别被放置一边。英国国教派对于不信奉国教者比以往表现得更为宽容谦恭。不信奉国教者对国教的看法也变得更为温和。因此,我们似乎变得心平气和,愿意聆听真理和理智了,承蒙天恩,我们可以与大多数不信奉国教者重新联合起来。[1]

  这位作者虽然是一位信仰三位一体论者,但是为了团结的目的,表示愿意对当时通用的过于冗长重复的祷文做出修改。他愿意删去亚大纳西信经和下地狱之说,废除荒诞和迷信的四旬斋,还废止在他看来从布塞尔那里继承来的那种散播神秘的教义问答。他把圣餐式修改得符合"祖因里乌斯的意见"。他说,这个意见"确确实实是个好意见,故而受到我们教会会员最广泛的欢迎"。[2] 除了有助于包容其他教派的公祷文之外,还为了克拉克神学的利益编写了其他一些文式。多德里奇的朋友约翰·琼斯怀着这个目的建立了一个天主教基督会。杰出的威廉·惠斯顿在汤布里奇的一次演讲中使用了一篇"阿里乌式"的公祷文。塞缪尔·克拉克留下了一本作为注释的祈祷书。西奥菲勒斯·林赛(1723—1808年)在准备为埃塞克斯街教堂做的一篇公祷文中便应用了这本书。1772年他脱离英国国教后就希望在埃塞克斯街教堂成立经过改革的英国教会。克拉克在长老会中的影响比在国教中要深广得多。1719年在萨尔特山举行的一次不信奉国教者的著名集会上,那些拥护克拉克教义的人们与他们更为正统的教友们分裂了。他们像一度曾是英国国教徒的林赛一样,一般都倾向更为明确的唯一神教论。

  韦克大主教在1718年不仅忙于法国天主教会的活动,而且也忙于处理"对外国新教徒至关重要的事务"。[3] 根据英国国教中大多数

---

[1] 《新形式的普通祷文》(1753年)。
[2] J. H. 勒普顿:《韦克大主教与实现法国天主教和英国国教教会联合的计划》(1890年),第91页。
[3] 至于韦克的计划,见 N. 赛克斯《韦克大主教生平与其时代》(1957年)。

人的意见,他严格区分非主教派的外国新教徒和英国的不信奉国教者。前者对罗马教廷的错误持异议,而后者则蓄谋反对天主教的纯粹的使徒权力。他情愿把有效的主教继承权交给正统的外国新教徒,只要他们愿意接受16世纪宗教改革者不愿放弃的那些东西。在欧洲,教义不像以前那样严格了,这为路德派和改革派的重新团结提供了希望。三位瑞士神学家——日内瓦人 J. A. 特里蒂尼 (1671—1737年)、巴塞尔人塞缪尔·韦兰弗尔斯 (1657—1740年) 和纳沙特尔人 J. F. 奥斯特瓦尔德 (1653—1747年) 都为在"一个合理的正教"基础上实现联合而工作。① 他们认为英国国教在这方面做出了榜样。在日内瓦教会中享有很大权威的特里蒂尼成功地使日内瓦教会放弃订阅《瑞士评论》。这本刊物公开表示深信圣经中的一点一画都包含着灵感。英国的乔治一世和普鲁士的腓特烈·威廉一世在1722年不得不进行干预,以防止它再强加于人。特里蒂尼在1718年说服韦克写信给瑞士的神学家们,向他们鼓吹英国人在非实质性的问题上同意保存分歧,以及不用那些不必要的信条去加重信徒们的良心负担等习惯做法。他把这些说成是新教徒团结的不可缺少的条件。确实英国人常常十分信任他们自己教会的立场。1720年,雅克·塞切斯发现难以说服圣奥尔本斯的教会人员相信坎特伯雷主教在管辖日内瓦方面存在某些障碍。改革派中某些人对古祷文的兴趣似乎加强了重新联合的希望,他们甚至借用罗马弥撒中的祷文。英国的教士们怀着兴趣听到奥斯特瓦尔德在纳沙特尔使用的那篇祷文,它在相当大程度上就是取材于他们自己的那个无可比拟的祷告书的。

  韦克大主教几年来也一直关注着英国和普鲁士教会联合的计划,这个计划首先是由腓特烈·威廉一世提出,并受到摩拉维亚主教丹尼尔·恩斯特、雅布隆斯基的热情赞助。各色各样的困难挫伤了这个联合的计划,其中最大的困难也许是乔治一世的汉诺威随从们不愿意联合。腓特烈·威廉一世跟他的前辈腓特烈一世一样,从英国国教那里看到了他希望在本国建立的那种教会。1717年宗教改革二百周年纪念 (1817年的三百周年纪念亦如此),连同新教徒反对《克雷芒通

---

① M. 施密特:《十七、十八世纪欧洲大陆的全基督教活动》,引自劳斯和尼尔的《全基督教运动史》。

第六章 宗教

谕》的强烈情绪，都促进了德国新教徒联合的发展。此外，普鲁士国王在那里的影响自然是很大的。符腾堡的虔信主义者普法夫为这一事业积极进行宣传。他对诸如主教的继承等这样一些令人感兴趣的问题极为关注。1723年，他在哈雷出版了一本论述联合的论文集。这种"蒂宾根式的和平"过去是朋友，现在则具有敌意了，它被人轻蔑地嘲笑为"和平，喇叭，火，剑"了。在宣传失败之后，国王企图利用他的领土上的优越性和集中的行政行动来实现他本土上各个教派的联合。这种行政行动是通过一个发展中的负责教会事务的官僚机构来进行的，如规定群众的礼拜和对牧师的训练等。他本想把牧师候选人限制在他自己领地里的大学里培养，但是没有成功，于是不得不同意他们只需在哈雷修业两年即可。他还企图通过法令使路德派的宗教习惯和改革派的习惯统一起来，其办法是尽快地消除那些中世纪的遗风与遗物，如祭坛、蜡烛、圣体匣、忏悔室以及十字褡等。虽然他在这方面赶上了时代的潮流，因为虔信主义和启蒙运动也都反对礼拜仪式，成了他的同盟军，但是他并没有取得完全的胜利。甚至1736年的巡视也未能完全根除从路德本人那里继承来的旧习俗。约翰·卫斯理在两年之后访问离普鲁士领土不远的萨克森时，还沿用了这些旧习俗。在雍容大度的腓特烈二世统治时期，国王作为最高主教来施加王室压力的方式被取消了。

朴实单纯的信徒的保守主义是对各个教会发生转变的一种制约力量。除了保守主义外，英国国教在普通的祈祷书里有一个正统的、经文的公祷文。这种祷文到这时一直为教士们所喜爱，同时惠特利的《理性的说明》这样一些被广泛传诵的文章以及像罗伯特·纳尔逊的《节日和斋戒》那样被人喜爱的书，都支持英国国教。约翰逊博士在1776年曾把《节日和斋戒》一书称为"在英国除了圣经外最畅销的书"。纳尔逊的书，像《人的全部义务》，着重阐述生活中的普通义务是宗教的组成部分，并谆谆教诲大家要尊重教会和圣经。《理性的说明》和《人的全部义务》都提出要恰当地使用个人的忏悔。为有闲和有学问的人写的约瑟夫·宾厄姆的卷帙浩繁的《基督教的趣闻轶事》（1708—1722年）蜚声欧洲。虽然书的作者指责了外国的礼拜仪式者只是"给罗马教会的新仪礼装饰了一个古老习俗的外表"，但是从他的著作中仍然可以看出他并非没有为英国国教现时的一些习俗进行辩解的动机。虔诚的古老理想远没有被遗忘,甚至有些人还梦想恢复禁欲主义。在不矢忠派中,正如在许多高级教士中那样,圣餐会和祭祀受到了有力的维护。博学的乔治·希克斯在他教堂里使用的那本1549年版的祈祷书,使不矢忠派分裂为两派。1718年,一本不矢忠派的祷告书出版了。它像托马斯·迪肯的1734年祈祷文一样,反映了东方礼拜仪式的影响。在英国国教内部,对变质说有着很深的偏见,认为它违背理性和规律。不偏不倚而十分微妙的沃特兰德教义受到了最广泛的支持,它既避开了罗马天主教教义,也避开了茨温利的教义。他们很少举行圣餐会,即使在人口稠密的地方,每月也很少超过一次。据说,这样反而"可以使圣餐会举行得更有宗教性,更隆重"①。

英国正统的护教论者对自然神论提出的挑战挺身而出。托马斯·舍洛克对复活叙述的辩护就是一个直接的胜利。沃特兰德对三位一体的辩护则更有说服力,它比年长的舍洛克所做的同样的辩护或沃伯顿在其独特而巧妙的《摩西的神圣使命》(1738—1741年)一书中对旧约的处理都更令人信服。理性主义者认为人类的理智胜任一切的看法,不可避免地要受到抨击。劳和贝克莱对此做过类似的抨击,而达勒姆主教约瑟夫·巴特勒所做的批评则谨小慎微。他特别强调良心高于理智。在他的《自然宗教和天启宗教与自然的结构和发展的相似》(1736年)一书中,他向人们表明基督教至少与自然神论者的自然宗教一样可信。作为高级教士,他认为有一个现世教会是十分必要的,它应具有"一个确定的教育方法和确定的外部宗教形式"②。

尽管许多教士十分虔诚,做了大量的慈善工作,向慈善学校、习艺所和医院提供了大量的捐款,但英国国教在向新的工人聚居区进行必要的宣教工作时,仍然由于组织不灵活而受到影响。这些地区以前没有那么多人口。教会通常宣扬的那种理性的虔诚,严肃有余而热情不足,因此在把误入歧途的人们从往往具有残忍性质的野蛮和异教中拯救出来这样一个明显带有感情成分的活动中,就不复需要了。这种虔诚缺乏传教的冲动力。摩拉维亚的兄弟信徒带来了德国虔信主义

---

① 《普通祈祷文的新格式》(1753年)。
② 克里德和博伊斯·史密斯:《18世纪的宗教思想》,第104—128页。

的温暖,对英国的生活产生了影响。他们主要是通过激发早期的卫理公会教徒的热情来施加影响的。1722年,斯彭内尔的教子和弗兰克的学生路德维希·冯·亲岑道夫伯爵在他的萨克森的贝尔霍茨多夫庄园里接待了一群遭受迫害、出外寻找栖身之地的波希米亚的兄弟信徒。他们在那里建立了他们的赫恩霍特(洛兹山)居民区。亲岑道夫很快成了他们在宗教上的独裁者。摩拉维亚社会的居民受着最严密的监视,以致连柏拉图的方济各会派的修道院院长们都不可能发现他们在婚姻方面有任何越轨的行为。罗伯特·索西曾说过:"除了有退出这个社会的权力之外,在赫恩霍特就像在修道院一样,没有任何个人的自由,甚至比在耶稣会的悔改所里更不自由。"① 除了他们神学上的特殊情况之外,正是由于这个严密组织像煞有介事的做作以及伯爵个人的独裁统治,使他们受到了攻击,其理由是18世纪典型的借口,说他们的存在(正如耶稣会的存在一样)与一个有良好秩序的社会组织是水火不相容的。他们有一个时期确实被驱逐出了萨克森。有一个普鲁士的宫廷牧师这样写道:"有关他们内部的事务都是精心策划的。事实表明他们的领导人在逐渐挖他们所定居的那些国家政府的墙脚,企图建立国中之国。"② 伯爵不过是希望在现存的为不同教派组织起来的教会范围内,根据彭斯内尔的模式建立一个包括一切虔诚社团在内的摩拉维亚教会,实现教徒大团结。如果这个设想实现的话,那么就可能找到一种促进新教徒联合的方法,但实际情况是,摩拉维亚人是不可能被国教所容纳的。1727年,摩拉维亚礼拜仪式的确定;1737年,亲岑道夫就任摩拉维亚主教;以及因他的慷慨而险遭破产的危机(这是因他认为有必要为其教徒成立专门的财政机构造成的);这种种都成为分裂的因素。摩拉维亚人在当时新教的传教士中占的人数最多。他们在格陵兰和拉布拉多把当地的皈依者组织成为一个个传教区,类似于耶稣会在巴拉圭建立的传教区。到18世纪末,他们在世界各大洲都有了传教团。

他们在英国的影响最突出地表现在给约翰·卫斯理确定了新的方向。卫斯理兄弟有杰出的父母,他们原来属于不信奉国教派,后来成

---

① 《约翰·卫斯理生平》(1925年),第1卷,第143页。
② H.里米斯:《直言不讳话赫恩霍特人》(1723年),第3页。

为严格的高教会成员。1729 年，由查理开创的牛津"圣社"在传统的高教会性质的宗教活动，如斋戒、圣餐礼和慈善救济事业等方面十分活跃。他们的举止行为都具有在世俗的大学生中令人瞩目的那种独特的宗教风度。这些人在把威廉·劳在《虔诚和圣洁生活的严肃号召》一书中所提出的思想付诸实现。该书才思横溢、语言严厉。约翰·卫斯理在佐治亚的传教活动失败之后，于 1738 年回到了英国。他在佐治亚由于过分强调高教会祈祷仪式的规定，也由于爱情生活处置不当，与当地的居民发生了矛盾。他回国后发现"圣社"的另一名成员乔治·怀特菲尔德已把"卫理公会"这个名字弄得闻名遐迩了。怀特菲尔德运用他非凡的口才，传教活动开展得生气勃勃，从而得到了杰出的亨廷顿伯爵夫人塞利纳的青睐。1739 年，他开创了露天传教的重要先例。约翰·卫斯理在去佐治亚的旅途中，被一伙摩拉维亚人迷住了，他们现实而热烈的虔诚给他留下了很深的印象。他回来后从彼得·贝勒那里得知他从未有过那种自觉战胜罪恶的救世信念，因此，他感到自己以往只是一个"不完全的基督教徒"。在这个意义上说，他是 1738 年 5 月 24 日在伦敦奥尔德斯盖特举行的一次集会上皈依的，那时他感到自己的心"异常温暖"。在这个重大经历的影响之下，1738 年 6 月 11 日他在牛津大学做了一次惊人的布道演讲，宣称救世信仰的本质"不仅仅是纯理性的东西、一种冷漠无情的赞同或者头脑里的一连串思想，而是内心感情的表现"。虽然卫斯理声称卫理公会派教义与"人们所认识到的英国国教的教义"无多大区别，但是他的有代表性的教义却在摩拉维亚的影响下应运而生了。他成为 1738 年 5 月 1 日在费特巷成立的第一个"英国国教——摩拉维亚——卫理公会"社团的成员。同年，他又去赫恩霍特朝圣。

　　1739 年至 1742 年发生了卫理公会和摩拉维亚教派的分离以及卫理公会内部的加尔文派和阿明尼乌派的分裂。卫理公会与摩拉维亚教派实际上于 1740 年 7 月在方得里建立卫理公会社团时就已经彻底分裂了。这次分裂的原因是多方面的，部分是由于亲岑道夫和卫斯理两人的性格，部分是由于对一些听卫斯理布道演讲的人发出的怪声狂叫一事发生了争执；卫斯理对某些教友所教授的"沉寂"教义的强烈不满也是原因之一，该教义认为神的恩典的手段是无关重要的。此外，摩拉维亚教徒们不满意卫斯理把基督教说得完美无缺也是一个原因。1741年，卫斯理的追随者与怀特菲尔德的追随者在宿命论和单独选举问题上发生破裂。后来这两派的领袖和解了。

1743年2月卫斯理为卫理公会起草的最初的教规发表了。这些教规是为一个宗教社团写的指令，而不是写给一个新的教派的。这些指令建议教徒们要参加教区的教会。然而，尽管卫斯理一再希望卫理公会的教徒应留在英国国教内，但实际上1791年他去世时，卫理公会已经成为一个独立的组织。这不仅仅是因为国教的教士对于"有生命力的宗教"抱敌视态度。卫斯理一生从事繁忙的传教工作，足迹遍及英伦三岛，并且写了大量的信件。他在这些工作中成为创立一个伟大、灵活而有效的组织的领袖。1724年，在布里斯托尔开始采用的等级制度不仅是一个募集捐款的有效方法，而且也是监督牧师工作的极好措施。各等级的领导人都接受职责的训练，这提高了他们的自尊心，而在教区内引起人们反感的社会等级常常伤害这种自尊心。1744年建立的牧师和非圣职传道士年会以及1747年把社团组成为巡回传道区，标志了卫理公会组织的完成。后来，卫理公会的全部财产由这些牧师和非圣职传道士掌握。确实，与其说它是教会中的教会，还不如说是一个独立的教会。其次，卫理公会教徒有着他们自己的习俗。他们的聚餐会、除夕礼拜、某些赞美诗以及他们的乐队组成都带有摩拉维亚派先辈的色调。露天传道和有组织的牧师巡回制度都是巨大的改革。最后，正如卫斯理自己预见的那样，他自己的教士身份有所削弱。金勋爵关于早期教会的说法使他相信他居然能够任命大主教波特的圣职。斯蒂林弗里特的《和平神学》(*Irenicum*)摧毁了他的圣公会教义。"在25年前谁会相信我竟会同意在苏格兰教会传教呢？"① 很自然便产生了这样一个问题：是牺牲对于伟大的传教工作十分必要的那些世俗传教士呢？还是把卫理公会教徒保留在国教之内呢？他当然倾向于把这个问题作为权宜之计来处理。很可能卫斯理也和虔信主义者一样，过于强调内心情感的表现使他忽视了教会的秩序。卫斯理默认非圣职人员施行圣礼；他在1763年要求希腊主教授予非圣职的传教士以圣命；1784年，他自己又授予去美国传教的人以圣职；1787年他为了在教区外执行牧师职责而同意接受信仰自由

---

① 《日志》1753年4月20日。

法的保护（就像亨廷登伯爵夫人在 1779 年接受该法的保护一样）；所有这一切都导致了分裂。

英国国教中福音派的觉醒，虽然与卫理公会派运动无关，但是却受到其影响。在很大程度上它是虔诚的教士对基督教教义的圣经源泉新的运用的成果。他们中许多人重视威廉·劳的《严肃的号召》。如果说在早期，福音派的牧师和埃弗顿的贝里奇（1755—1793 年），模仿约翰·卫斯理的方式，倾向于把世界看作他们的教区，那么福音派教徒一般都很重视履行维护教会秩序的义务。他们经常牵强地把重视圣礼与对强调皈依经验联系起来，因为有些人不时地会感到教徒和福音传教士很难协调一致。他们反对卫斯理关于基督教完美无缺的理论；在处理神的恩典和自然的关系时倾向于"加尔文主义"，在这方面，他们强烈要求圣公会的仪式书和改革派的牧师支持他们。他们比卫理公会派更希望得到他们的支持。一般来说，他们乐意与不信奉国教者合作，采取的方式常常使高教会派的教徒感到厌恶，虽然他们不像改宗的贩奴商、圣歌作家约翰·牛顿走得那么远。牛顿在 1764 年至 1780 年期间，曾任奥尔尼地方的副牧师。1765 年，他曾取消过一次他自己周日的祷告会，为的是去听一个当地独立派牧师的传教。特鲁罗的沃克（1746—1761 年）和马德莱的弗莱切（1760—1785 年）（都严格地关注教会的规则）；年长的维恩先在克拉彭任副牧师（1754—1759 年），后在哈德斯菲尔德任牧师和在耶林任教区长（他有时不那么严格关注秩序，他后来认为那样不大妥当）；以及 1749—1795 年在伦敦担任讲师的罗曼等在本质上都是杰出的教区牧师，他们并没有自称为世界性的传教士。与卫理公会派的工作不同，英国国教福音派的工作在中产阶级中是最强的。伦敦商人约翰·桑顿在 1754 年的改宗大大地支持了福音派的事业。桑顿是那些给福音派带来荣耀的一伙人中最忠实、慷慨和有影响的世俗人物之一。对于福音派来说，正如对卫理公会派、摩拉维亚派、虔信派，乃至信仰卢梭自然神论的萨沃伊的牧师来说一样，宗教主要是感情的事物，而不是理性主义的或冷淡无情的说教。正是这种温暖的感情上的忠诚成了 19 世纪基督教神奇般扩张的强大动力之一。

（姚乃强　译）

第 七 章
君主制与行政机构

18世纪中叶，对政体性质的探讨思潮纷纭。在这些评论家当中，人们最熟悉的也许是孟德斯鸠，他在1748年发表了《论法的精神》一书。对这个问题进行探讨的还有其他许多作者，其中，比勒费尔德在1759年至1774年间写出了《政治机构》，阿尔让松于1765年写了《法国古今政体研究》，F.K.冯·莫译尔在1759年发表了探讨君主职责的《君主与臣民》。但是，当时这些人所感兴趣的问题，在日后的观察家看来，未必一定是最重要的，因为后来的人还必须考虑到1789年以后在欧洲发生的政治上和行政管理上的发展。在现代的观察家眼中，1713年到1765年政府机构最有代表性的特点是普遍接受不同程度的君主专制政体，中央行政机构日益专业化，以及政府的控制在各地方越来越有效。

18世纪人们对君主政体普遍持有的概念，基本上还是出于君权神授这一信念。在16世纪，这种观念表现在博丹把国王描述成上帝在人间的化身；在17世纪又表现于巴黎最高法院向路易十四保证：国王的宝座即代表活着的上帝的宝座，王国以内的各个阶层都给予他以活着的神一样的荣誉和尊敬；也表现在波舒哀曾宣称王公们由于是上帝指定来执行其意志的国王的代表，因此也是神圣不可侵犯的。一直到1789年，这一概念在欧洲大部分地区依然为人们所熟悉和接受。甚至连百科全书派，尽管他们对教会的权威毫不迟疑地提出怀疑，却在很大程度上对君主制这个统治形式的优越性没有表示异议。

通常人们认为应属于君主的权力是建立在罗马法原则上的。君主不受任何权威的限制，不对任何个人或机构负责。他有权制定法律。他的权力大得无人敢违抗他的命令。他的权力范围必须遍及他的国土的每一个角落。在紧急情况下，他有权动用属于他的任何臣民的财产。例如，在受到围困和着火时，他可以下令毁掉某一幢房屋，在饥荒时他可以动用私人贮藏的粮仓。这些都是君权的主要特点。由此出发，在实践中国王可以宣布战争，决定和平，缔结盟约，派遣或接受大使，征税，行使司法权和任命下属官吏。君主政体不一定是世袭的。实际上，波兰的王位长期以来是通过选举产生的，而在18世纪瑞典议会实现了它所要求的决定王位继承人的权利。但这两个国家的君权很弱，欧洲其他国家则普遍认为君主政体若要强大，就必须是世袭的。在18世纪用加冕礼和授职礼作为确认国王权威的一种形式已无足轻重。普鲁士国王不需要通过加冕来确认他的权力；法国君主政体力量增强的表现之一，就是国王们越来越不急于立刻举行加冕仪式。甚至像路易十五那样长期处于未成年时期的国王，也没有明显地削弱法国的君主政体制度。而在西班牙，尽管菲利普五世因长期患忧郁症而不能工作，但其君主政体却依然得以幸存。葡萄牙18世纪的布拉干萨王朝昏庸无能；在奥地利的各领地中，玛丽亚·特蕾西亚的继承权在8年战争期间受到了挑战；在俄国，王位没有直系的继承人；英国的王位则传给了一个对英国的风俗和语言都一无所知的外国王族；但是，在所有这些国家里，君主政体都保存下来了。在18世纪的一位观察家眼中，一个欣欣向荣的国家，理所当然地应当有一个君主政体。

但是，在国与国之间，君主政体却是大不相同的。在现代的观察家眼中，一般来说它们之间的相似点要比差别更为显著，但在18世纪中期的观察家眼中，它们之间却有明显而重要的差别，例如绝对君主制和专制主义之间的差别。在当时的一些人看来，尽管有波舒哀的溢美之词，法国国王远不如其他一些地方的统治者那么专制。比勒费尔德认为法国国王受到法律和习俗的许多限制，因而称不上专制，这种看法得到了阿尔让松的支持。对那些在18世纪中期写作的观察家来说，西班牙国王的权力在理论上似乎要比法国国王的大。在卡洛斯二世时期，国王的权力受到众多的委员会的制约，但波旁王朝削减了这些机构的权力；而在18世纪中期，西班牙国王的权力在理论上是无限的。他即位时干脆地宣布自己继承了王位，他没有必要举行庄严的加冕仪式。实际上，议会开会只是为了向国王表忠心和接受他的命令。比勒费尔德认为，欧洲再也没有其他国家如此俯首听命于它们的统治者了。然而丹麦和普鲁士的国王，在理论上拥有同样绝对的权力，而事实上他们的权力更为实际。丹麦自1660年的政变后，一直是个绝对君主政体。普鲁士的统治者在大选侯击败了议会并迫使他们保证交纳一笔固定的税额以后，变得日益专制。在丹麦、普鲁士和西班牙，国王都按自己的所好随意立法。他的权威不受议会、法院、贵族或其他任何中间权威的约束。在普鲁士，前任国王一死，后任国王便立即继位，根本不需要举行加冕或授职仪式。百姓和军队宣誓效忠国王。所有这些统治者的行为都只对上帝负责。

然而，在18世纪观察家们的眼中，普鲁士、丹麦或西班牙的政权虽然它们可以归属于"完全的君主政体"，但同俄国的专制政体之间存在着差别。有一些外国人认为，俄国的专制只可与大特克的统治相提并论。沙皇的统治似乎和古代亚述的国王一样专制，他对臣民的生命和财产，似乎可以随心所欲地处置，而臣民对他却像奴隶一样俯首听命。在现代的观察家看来，例如沙皇和普鲁士的专制君主之间的区别似乎不那么清楚。比勒费尔德显然从未去过俄国，但他对俄国的野蛮惩罚手段，似乎特别感到吃惊。当他在18世纪50年代后期著书时，他对彼得大帝的暴力记忆犹新。那时叶卡捷琳娜二世的开明观点尚未出现，而叶利托维塔女皇的政权的稳定，也未能克服这样一种偏见，即认为俄国的独裁者和统治着欧洲的7个国家的专制君主之间有本质的差别。

但是，比当时人们眼中沙皇同普鲁士、丹麦和西班牙国王之间的差别更为明显的差别，把所有那些专制的统治者与权力或多或少受到国内一些权威控制的统治者区别开来。在阿尔让松看来，两西西里王国的波旁家族国王虽然似乎可以试图建立最绝对的专制统治，但是在他需要额外的钱财时，就不得不召集议会。葡萄牙国王受制于一个强大的教会，而且在重大问题上还必须和议会商量。对于继承问题，1641年在拉梅戈颁布的"国本诏书"中也作了具体规定，而且在财政上葡萄牙国王只能享用1697年批准给他的税款，虽然这个限制在当时巴西提供了大量的黄金和钻石的情况下并无多大实际价值。在瑞典，1718年查理十二世死后议会可以坚持其控制权时，国王的权力则受到了更有效的限制。君主制不仅宣布为由选举产生，而且议会可在两个相互竞争的候选人之间进行挑选；而且，当新选的乌尔丽卡·埃莱奥诺拉女王变得太专制时，议会竟能使她退位，另选她的比较听话但并没有继承权的丈夫为国王。根据1720年的宪法，瑞典的议会每三年召开一次；而且，未经议会的同意，不得改变货币的成色，不得宣战或缔结和约，并且不得通过新的法律。英国的情况与瑞典大致相同。在英国，国王是世袭的，也不存在像1720年瑞典宪法那样的成文宪法。但是，1688年当世袭的国王逃亡国外时，王位没有传给他的儿子，先是传给女系，后来又传给远房的旁系亲族继承了。嗣位法虽然不像1720年瑞典宪法那样明确地规定国王的权限，但与半个世纪以来的做法相对照，这一法令实际上意味着：未经这个国家选举产生的议员们的同意，不得征收新税，不得对由法律规定的宗教形式新教做任何改变，而且也不得通过新的法律。英国与瑞典之间的根本差别，在于瑞典在1772年推翻了这部宪法，恢复了专制；而在英国，1760年以后乔治三世加强王权的企图，却由于议会的强大地位而无法使他能像欧洲大部分强国的国王那样进行统治。波兰国王的权力所受的限制极大，结果这个国家成了治国无术的独特而可悲的典型。在大多数情况下，18世纪中期欧洲的强大政府必定是君主制，而成功的君主制往往意味着军事上的胜利。统治者的许多时间，都花在开拓疆土的大业上，但要做到这一点，就必须征集税款并保障充足的军需供应。从这两个前景不妙的根本原因遂产生了中央的和地方的政府机构的改进，结果使得18世纪的君主们比过去任何的统治者更为有力。

18世纪早期行政机构发展的一种趋势，就是中央各部门专业化的普遍增多。这种运动在18世纪以前很久就开始了，在某些国家中，这种运动早在16世纪就已明显。实际上，专业化的进程在一些国家里到17世纪末几乎已经完成；到了18世纪，瑞典和法国的试验在西班牙、俄国、普鲁士和哈布斯堡王朝的各领地上都被仿效。这种发展往往采取的形式是设立类似现代政府的各部。瑞典所进行的专业化改革最为显著和有效，早在古斯塔夫斯·阿道尔夫斯统治时期，中央政府已基本上改组。他把各种世袭的重要官职逐渐改组成"咨询院"或委员会等专业部门。1614年以这种方式改组的国库到1618年已能有效地工作。从1618年起，首相的职务也逐步进行了改革，财政事务不再属于首相的管辖。陆军元帅和海军上将的办公处所也分别在 1620 年和 1632 年改为两个部门。这些改革在 1634 年最后以法律形式固定下来。从此以后，瑞典的中央政府由 5 个部门组成，分别掌管财政、王室联络、防务、外交和司法。各部的首脑参加国务会议。

瑞典的改革对俄国政府机构的发展影响颇大。因为彼得大帝在开始考虑改进俄国的行政机构时比较详尽地研究了瑞典的体制。1715 年制定的改革计划，显然是按照瑞典政府各部门的分工和对各种"咨询院"的规定（参见第 14 章）制定的。彼得大帝继承下来的行政机构，相互重叠，因而造成职权混乱，并发生侵吞公款的情况。1718 年他用几个专职部门代替了为数众多的旧式衙门（Prikazi）。新的部门中掌管外交、国防、海军和司法的各个部门，明显是仿效瑞典的做法，其中仅司法部一处就合并了 7 个原有的衙门。俄国的体制和瑞典的模式不同之处在于它分别设立 3 个部门经管财政：一个负责国家税收，第二个管理收支，第三个称为"薪俸部"。俄国还设有一个专管开矿和制造业的部，另一个部专管贸易。虽然还存在一些机构重叠的现象，但新的咨询院在专职方面比旧有的衙门前进了一大步。各部门的内部也进行了精简。从此以后，各部门负责处理沙皇统治领域内所有地区的事务，而不像旧衙门那样，只管某一地区的事务。

在法国（参见第 10 章）早在 16 世纪就已在某种程度上实现了专职化，摄政想在现有的外交、财政和内务各部之外，再建立陆军、海军和商业各部，从而进一步推动专职化进程，但是他的这个努力失败了。在劳的财政计划崩溃后，新的部门消失了，法国回到了亨利四世和黎塞留时代逐渐发展起来，路易十四也一直沿用的体制。这就表明国内问题在 18 世纪相对说来不那么重要，而处理外交问题的国务会议每两周却开会 5 次，而处理国内问题的内政会议仅开会一次。随着国务大臣一职的设立，行政管理进一步专门化。国务大臣的职务早在亨利二世时期已经出现，到 1557 年正式称作国务大臣，但当时这个职务实际上只不过是国王的秘书。在亨利四世时期，国务大臣有 4 名，每人负责处理法国某一地区的事务。但即使在那时，已经开始出现一定程度的专业化，因为外交事务往往只由某一位大臣负责。在黎塞留当政时，不仅外交事务由一位国务大臣负责，而且从 1630 年到 1643 年间有关军事的事务，也逐渐集中到另一位大臣手中。在路易十四时期只实现了部分专门化，4位大臣依旧各自负责国内1/4领土上的事务。但是到了路易十五时期，工作分工就比较明确了。一位大臣管外交，第二位管陆军，另一位负责海军（包括与殖民和贸易有关的事务），最后一位处理王室事务。所谓王室事务，实际上包括许多通常属于内务部门的事务以及与宗教有关的问题。尽管如此，中央的专职化还是不很彻底。有关财政、农业、工业和交通的事务由财政总监负责，此外还有一名掌玺大臣和一名大法官。大法官是终身职务，其他的大臣都由国王随意任免。他们只是国王的个人臣仆，并没有组成一个内阁。即使在弗勒里当政时期，虽然某一人可以称为首席大臣，但在理论上他无权挑选同僚，只能对国王的选择施加影响。他不能控制其他大臣，他们也没有组成一个班子共同工作。

在英国（参见第11章），中央政府的机构和瑞典与法国所发展的机构有一些相同之处，专职化的趋势已迈出很大步伐。国王基本上掌握着行政大权，但英国议会的势力使一些重要职务往往掌握在两院中的显要人物手中。各种职务的数目相当多，有些官职如大法官、财政大臣、掌玺大臣和海军大臣等职，起源于与王室有密切关系的职务。而其他一些官职，如国务大臣、陆军大臣和邮政大臣等，则是较近期才设置的。有一些部门，如财政部和海军部，由委员会经管，另一些部门则由个人负责。与法国一样，这些大臣仍然被看作国王的臣仆，由国王任免。虽然他们中间大多数都是日后称作内阁的一个制定政策的委员会的成员，但一些王室官员以及高等法院院长、坎特伯雷大主教，也可以是这一机构的成员。不管什么时候，在内阁共事的大臣之间很少有团结一致的感情。一两位强有力的人物，有时可能迫使其他大臣接受某种形式的统一，但与现代英国的政治机构相比较，18世纪英国的各部和内阁更像当时瑞典的咨询院和国务会议。

在西班牙（参见第12章），波旁王族登基后开始的机构改革和彼得大帝大约同一时期在俄国进行的革新，几乎同样彻底。虽然菲利普五世像彼得大帝仿效瑞典和丹麦一样，模仿了法国的体制，但西班牙的旧机构却没有像俄国的旧衙门那样消失。在哈布斯堡家族统治下的西班牙，政府的运转是由许多委员会进行的，其中最重要的是就外交事务问题向国王提供意见的国务委员会。另外，还有一个国防委员会，其成员除了国务委员会的委员之外，还有一些将军或其他军事专

第七章 君主制与行政机构

家。另外，还有一个宗教裁判委员会。有一些委员会处理西班牙各领地的事务，它们包括阿拉贡委员会、意大利委员会、佛兰德委员会和西印度群岛委员会，有一段时间还有一个葡萄牙委员会。有许多委员会专门处理卡斯蒂利亚的事务，例如军界委员会、十字军委员会、同业公会委员会和强大的卡斯蒂利亚委员会本身。卡斯蒂利亚委员会的权限极大；它以国王的名义颁布法律，它做出的判决和对国王的建议形同法律；它接受王的遗嘱并把国玺传给继位人；作为一个法庭，它审理民事或刑事诉讼中最重要的案件；它可以审理涉及官员的案件，甚至可以审理反对法院判决的上诉；它审理叛国案和有关国王的案件。甚至在教会事务上，它也拥有很大的权力。它允许教皇的训谕和敕书在西班牙传布；它管理主教出缺时管区的财产；它负责修道院和医院；它颁发教师证书并监督大学的教学内容。卡斯蒂利亚委员会还负责贸易、农业、谷物供应、畜牧业、林业、矿山、道路、桥梁和都市的金融。卡斯蒂利亚委员会的下属机构之一是它的"第五法庭"，该机构负责马德里自身的治安。这些各类机构不仅在管理地域上相互重叠，而且它们还统管立法、行政、司法等各种各样的事务，在处理所有这些事务时又文牍来往，慢得出奇。菲利普五世企图在这些林立的机构中开辟出一条快速有效地治理国家的途径，但是虽然他和他们的继位者做出了努力，到了1816年各种委员会的数目竟比波旁家族即位时更多了。在改革西班牙的行政工作上，菲利普所能做到的，就是任命几名类似法国国务秘书那样的大臣，每人主管一个专门的政府部门。从哈布斯堡家族菲利普只继承了一名足可称为国务秘书的大臣。1705年他任命了第二名大臣，负责国防和财政。1714年他又任命了两名大臣：一名负责宗教事务和司法，另一名主管西印度群岛事务和海军。财政由一位财务总监经管。1717年曾企图把大臣的数目减少到3名。但这种情况没有持续多久。一直到18世纪中叶，大臣的数目一直是4名，1754年和1755年的改革之后，负责财政的官员被升到大臣的地位，这样，大臣的数目就成了5名。

在普鲁士（参见第13章），行政机构在工作专职化之前首先必须取得统一。甚至到18世纪初，普鲁士的大部分地区仍由国王像私人庄园似的进行直接治理。普鲁士国王领地上的农民，占农民总数的1/4到1/3。这些领地的土地由王室管事（Beamten）经营，他们的工作受财政委员会的监督。普鲁士的其余部分则由另一批官员治理,他们负责征收国防税。在农村地区这些官员被称为行政区长官（Landräte）,在城镇则被称为税务官（Steuerräte）。城镇与农村的征税办法各不相同,但行政区长官和税务官的工作都受各地区的国防委员会的监督。在柏林有一个最高财政和领地委员会负责王室领地管事们的工作,还有一个国防委员会管理普鲁士其余地区的国防税的征收工作。1723年腓特烈·威廉一世把这两个体系合并在一起,统一了各省的财政委员会和国防委员会,并在柏林设立了单一的最高权力机构,称为财政—国防—领地最高总局。统一工作算是完成了,但专职化却几乎尚未开始。这个新设的总局是个奇怪的混合体。它下属的4个分局实际上每一个是1/4的内政部。第一分局管理东普鲁士和波美拉尼亚,第二分局管理勃兰登堡和马格德堡,第三分局负责克利夫斯、盖尔德斯、马克和东弗里斯兰；第四分局管辖哈尔伯施塔特、明登和拉文斯堡。各分局负责处理本地区范围内的一切事务,总局则经管除外交和司法以外的一切其他事务。腓特烈二世常常尖锐地批评这个非专职化的总局办事拖拉。他在1741年设立了完全专职化的商业部；1746年又设立了陆军部。这两个部同总局都有某些联系,但1742年设立的西利西亚部却和它没有联系。腓特烈大帝并没有完成普鲁士中央政府的专业化,他由于设立了新部门而没有废弃旧机构,反而造成了混乱。这种混乱有时因为他越过一切中央权力机构直接插手各省的行政而更为加剧了。普鲁士的中央行政机构非常不能令人满意。由一位不知疲倦的天才独裁把不同的机构拢在一起,这些机构才能工作,但腓特烈二世死后才20年,普鲁士邦就分崩离析。斯坦因在他怨言连篇的回忆录中[①]指出了这个行政机构的致命弱点。

哈布斯堡王朝世袭领地上的中央政权和普鲁士一样,表现出中央集权化的趋势,因为玛丽亚·特蕾西亚从普鲁士的先例和霍亨索伦家族的试验中得到了教益。她在1748年以后进行了一系列改革来增强她的军事实力,在10年时间里她在名义上完成了法国自黎塞留甚至亨利四世以来,或是普鲁士自腓特烈·威廉一世以来所进行的一切改

---

① 这段回忆录的内容载于J.西利的《斯坦因的生平及其时代》（1878年）,第1卷,第267页及以下各页。

革。在18世纪后期和19世纪期间，奥地利政治体制的核心是国务会议。这个由官员们组成的机构的目的仅仅是进行咨询。它使哈布斯堡王朝领地的政府成了一个官僚专制政体，而不是腓特烈二世的普鲁士那样的个人专制政体。内政和财政事务由民政财政部掌管，这个部的权限不仅包括奥地利本土，而且还包括波希米亚王室的领地。这个机构显然是效法普鲁士的，为促进贸易而特设的商务部也是如此。一个负责战争的机构早已存在，经过改组后它的权限扩大到哈布斯堡王朝的所有领土。外交部也在1753年进行了改组。除此之外，司法工作与行政工作分开，并且设立了一个新的最高法院来审理奥地利和波希米亚全境的案件。在玛丽亚·特蕾西亚的统治下，哈布斯堡王朝从最落后的国家之一而成为欧洲各国政府中专业化分工最明显的体制之一。

18世纪上半叶，整个欧洲中央政府的发展情况各不相同。有些国家，如法国和西班牙，依靠大臣个人；另一些国家，特别是东欧各国，则靠各种部门委员会。有些国家的中央集权程度远不及其他国家，它们必须先把行政统一，然后才能进行行政改革。在瑞典和英国，由于存在着强有力的由选举产生的立法机构，情况就复杂了。尽管有这种地区上的差别，总的来说却是一个强有力的国王在一个有时乃至几个国务委员会的辅助下，通过权限日趋明确的各个部门来实现他的旨意。这种国家机器，总的来说是有效的。但是，它和19世纪出现的内阁政府制度截然不同，两者在名称上的某些相同之处，不应该掩盖它们在实质上的差别。

18世纪初，欧洲大部分君主国家的中央行政机构都慢慢地朝着专职化方向发展，但几乎所有国家的财政安排都混乱不堪。把法国、西班牙和普鲁士的情况作一比较，这一点就很清楚了。在大部分君主国家中，国王仍然拥有他过去借以获得岁入、可望支付开销的领地。在法国，这种王室领地已无任何价值；在西班牙，这种领地简直成为负担；但在普鲁士，由于腓特烈·威廉一世的刻意经营，领地的岁入几乎相当于赋税总额。在很久以前就十分清楚：一个国王无法光靠王室领地的岁入维持一支军队，同时还支付国家的各项开支，于是他取得他臣民的代表的同意，征收赋税。到了18世纪，这种赋税许多已在不同程度上成了固定税。这些赋税名目繁多。通常对进入王国的货物要征收某种关税。关税的轻重出入颇大，主要看进口商是否是本国的臣民，还是一个与本国签有贸易协定的另一国臣民，或是一个不享有任何特权的普通外国人。有时候关税按货物价值的一定比例征收，但很难知道关税应征多少，而且大部分口岸走私横行。18世纪另一种十分普通的税收形式是某种形式的王室垄断。国王往往垄断诸如烟草、纸牌、公文用纸和盐等商品的销售。在法国，向每户家庭征收按估计每年用盐量而定的盐税。这种税收虽然备受非议，但绝不是法国所独创。在西班牙，对商品销售征收的非直接税名目繁多。除了一切货物的各种销售都要缴纳10%的商品税外，还有一种消费税（cientos）。对海上出售的商品征收海上商品税，其收入比普通商品税还要可观。对肉类、酒、醋、食油、蜡烛和肥皂要另外课以杂物税（milliones）。这是在菲利普二世时期征收的非常税，原定为期6年，但期满后却一再延长。其他各种商品也有征收类似的税，如冰镇饮料和冷藏保鲜食品用的冰雪要缴纳冰雪税。白兰地酒虽然税款收入不大，也要征税。酱油、糖和丝绸也要征税。在普鲁士，消费税（Accise）是从市镇中征集的，它一度曾是食品和饮料的间接税，也是对每个人及其职业和财产的直接税。据说，这笔税款是普鲁士行政机构的财政基础。在西班牙，税收肯定是造成长期贫困的根本原因之一。18世纪的一位漫画家作画讽刺沃波尔的征税计划会造成奴役和耻辱，这一担心是有些道理的。漫画里代表英国的狮子拉着一辆车，车上沃波尔骑在一个应缴税的酒桶上。狮子的尾巴被截短了，污秽的皮毛下瘦骨嶙峋，四只爪子穿着木鞋，头上套着笼头，由一个骑着独角兽的士兵驱赶着。这幅漫画题为"赋税和奴役"。尽管沃波尔的计划不可能断送英国人的特许权，但18世纪的观察家们也许是从其他国家的先例中得到启示变得十分警觉了。

在18世纪的情况下，直接税是很难征收的。旧制度下的君主制是没有权力定期估计其臣民的财富的。那个时代金钱通常不是存放在银行里，因而动产几乎是无法估计的。不同的地区要求享受不同的免税权，不同的社会阶层也要求得到不同程度的免税权。即使在普鲁士，贵族们除了东普鲁士的贵族以外，都要求免交称作贡金的直接税，而且普鲁士的税收是按早已过时的财产估计来征收的。在法国，直接税实际上是按土地估算的，但这种估计往往也是过时的；地区之间也有相当大的差别，有三级会议的地方的税率要比没有三级会议的地方的税率低。享有特权的贵族和教士阶层可以免税。其他的直接税，如1695年开征的人头税和1705年开征的什一税，和前面提到的直接税一样杂乱无章。西班牙的直接税有其独特之处，它也影响到贵族和教士。这是因为西班牙的各届国王的财政十分拮据，甚至这两个特权阶层也无法逃避税收。教士们用他们收入的什一税的一部分纳税，称作1/3税，它于1219年交给国王并在1501年成为一项固定税。还有一种什一税是教皇1571年认可的，直到1757年才成为固定税。教士们还交纳一笔税款来支付海军的开支。这项税收于1561年向国王缴纳，为期5年，但后来又延长了。主教要把他从一个新主教区的第一年收入的一半交给国王，并且还要交一大笔钱以备将来用作退休年金。国王还享有西印度群岛神职人员死后空缺的圣职的收入以及接收死于任上的主教们留下的动产。教士们还缴纳一种"十字军"税，还要同俗人一样交商品税和杂物税，不过税率要比俗人低。但是，他们在出售教会领地上出产的农产品时，则不用纳税。自菲利普四世以来，贵族们一直用一笔贡金来代替服兵役。他们在封爵时也要纳税，同样，有官职的人在晋升时也得纳税。

旧制度的君主们费尽心机搜刮钱财。虽说他们还没有连鸡毛蒜皮都征税，但西班牙国王却真的对一草和一木都课税。然而在整个欧洲大陆上，只有普鲁士国王能够设法维持收支平衡，其他的君主均靠借贷过日子，而且王室的信誉极差，各国国王只有付出很高的利息才能得到借款。18世纪末，欧洲人口最多最富饶的国家之一法国的国王的极坏信誉，引起了一场财政危机，其结果导致了王室的垮台。普鲁士靠着有效的征税和悉心经营王室领地，充实了国库，但一旦卷入战争，它仍然得靠外国的津贴。玛丽亚·特蕾西亚改革的目的之一，就是想让她的政府摆脱对英国的这种津贴的依赖。在这一背景下，1717年英格兰银行的建立和偿债基金在英国的设立，就特别令人瞩目。卡洛斯二世的个人信誉，随着1672年国库的倒闭变得分文不值。威廉三世不得不用14%的高利率来筹集贷款以支付大同盟战争的开支。英国政府的理财声誉并不佳，它的人口也不及法国国王、奥地利的哈布斯堡王室和西班牙国王等的人口多，然而英国国王却仍能比上述这些伟大君主动员更大比例的资源来进行战争。偿债基金的设立表明，英国政府不像法国人那样，它认为战时的债务应予归还，不应一笔勾销。因此，英国的信誉增强了，而法国王室的个人信誉却依然如故。

如果说18世纪初期欧洲各君主国家的财政状况是一些并不具有任何协调的计划，而且是无穷尽的权宜之计的话，那么司法行政方面的状况也是一样混乱。问题的根源在于欧洲很大一部分领土上贵族仍旧对农民行使某些封建的司法权。君主们千方百计地想建立起一种惯例：规定领主法庭做出的判决必须经帝国政府的代表的认可，玛丽亚·特蕾西亚就是这样做的，而比勒费尔德则认为这样做最理想。直到较晚的阶段，司法行政工作，甚至在首都还往往兼有执法的职能。玛丽亚·特蕾西亚的改革之一就是至少要在中央政府中把这两种职能分开。在法国，司法是由各省法院中的律师们行使的。在18世纪上半叶，对法律的概念还是一片混乱。在法国，南方行使罗马法，北方则沿用习惯法。一直到开明独裁时期（在这个方面，拿破仑可算是所有独裁者之中的最后一个和最开明的一个）法律才被编成法典得以简化。在许多国家中（甚至包括法国本身在内），往往对犯人施加酷刑，以逼迫他们招出同谋者。当时许多观察家对于这种做法表示非议，比勒费尔德只是他们当中的一个。西班牙在国内和西印度群岛都有一大套法律汇编和一系列壮观的法庭体系，但它的司法程序却非常缓慢。

尽管财政一片混乱而且不稳定，司法行政机构不协调而且杂乱无章，有些还属于封建性质，但是18世纪欧洲君主政体的效率无疑日益提高。不仅中央政府的专业化程度增加，而且基层单位的效率也在提高。职业文官的发展是旧制度在这个世纪里最不朽的成就之一。这种新效率的象征是地方行政长官，这一官职在法国产生于宗教战争时期。这一职位的产生似乎是为了应付内战造成的非常局势。从1560年以后，一些训练有素的律师，有时被派往法国某地调查某个疑难问题。这种做法在战争结束后就停止了，但黎塞留后来又重新把它作为一种应急措施。尽管遭到某些非议，马萨林继续这种做法。到了路易十四亲政时期，地方行政长官制度不仅已在法国各省通行，而且他已不再只是负有特殊使命的临时官员，而是正规的常驻行政官员了。

第七章　君主制与行政机构

1689年一名地方行政长官被派到布列塔尼省，这是法国各地接受中央政府代表的最后一个省份。到了18世纪，可以说，法国的盛衰已掌握在为数30名的地方行政长官的手中了。他们由财政总监指派，如在边境省份工作，则由陆军大臣委任。每个地方行政长官负责的地区，大致上同旧时的34个财政区中的一个相当。在辖区内，地方行政长官的权限很大；他主管征兵，行使司法权，摊派人口税和征收直接税。他还要经管贸易、工业和农业，转发从内政大臣那里发来的行政命令。有时候实际上正是由他们草拟法案；有时中央政府征询他们的意见；有时他们采取主动，提出备忘录。到了18世纪，这些地方行政长官已身居高位。他们有足够的钱财为自己购买行政法院审查官这个官职，而且即使他们触犯了中央政府而被解除地方行政长官的官职，他们还可以重操司法工作的旧业。有时，地方行政长官出身名门望族，一般在30岁左右。这在18世纪已不算年轻，有的人在25岁就当上了国务秘书。有时候，地方行政长官感到自己的权势强大到足以与中央政府相对抗：有一名地方行政长官拒绝答复中央政府的质询达4年之久，中央政府曾质询他为什么颁发某项特殊法令，当他终于做出答复时，竟然说他有权这样做。另一名地方行政长官对不得不执行国王的某项命令时，竟公开表示遗憾。还有一名经常把一笔款项加入自己账内，对此中央也经常查询。但是，尽管地方行政长官有时常对中央政府表现出颇为强烈的独立性，事实上他们毕竟还是领取国王薪俸的臣属。他们把行政管理当作自己的职业，尽管当时交通不便，地方的特权和习俗也很强大，但在各省里有了地方行政长官以及他们的秘书和助手，就使得17世纪末和18世纪的中央政府比以往的君主制政府更为有效率了。西班牙在一代人以后，也终于采用了相同的制度。事实证明，这些军事地方行政长官，即总督，在西班牙王位继承战争期间颇有用处。1718年菲利普五世试图在每个省指派一名总督，但最终因行不通而不得不收回成命。但1749年再度设立这一官职，而且这一次这项改革却是永久性的。在西班牙，总督是一个特殊阶层，他们的待遇比文职官员优厚。总督被派往埃斯特雷马杜拉、巴伦西亚等边境地区，或马略尔卡岛这样的前沿地区，以及阿拉贡甚至还有卡斯蒂利亚本身。其余17个地区的职位，则由职权范围广泛的文职地方行政长官担任。他们在理论上直到1766年，实际上可能一直到旧制度结束时,都拥有司法权;他们在行使司法权时,由一名民法专家和一名刑法专家协助。他们负责拟定应服兵役人员的名单,并负责抽签决定究竟应该由谁服役。他们要经管军营和弹药库。据说,他们还要研究所在省份的经济情况并提出改善本省经济资源的报告。他们还要测绘本省的地图,确切地标出哪些土地属于国王,哪些属于贵族、教会和军界人物。1749年西班牙国王取消王室的岁入由包税人承包,收税就成了当时刚重新设立的地方行政长官的最初的职责之一。在估算和征收税款事务上,地方行政长官得到各种专职官员的协助,如负责地方税的官员及负责盐和烟草专营的官员等。但是,即使有专职人员和省内各地区负责行政的下属协助,西班牙地方行政长官的工作还是多得惊人。正如坎波马内斯所说,地方行政长官的职责规定虽然很动听,但它们就像柏拉图或托马斯·莫尔的梦想一样,与实际情况相去甚远。

在普鲁士、瑞典和丹麦,地方行政管理体制的发展,到18世纪中期时与西班牙和法国的那套有所不同,这项工作是由委员会而不是由个人来进行的。委员会研究各项问题并根据多数票做出决定。但在有效控制各地经济和司法方面大有长进这一点上,却是与法国的制度相似的。在普鲁士的勃兰登堡,行政管理效率的提高,从大选侯时期就开始了。大选侯把他们领地分成许多小的行政单位地区。腓特烈·威廉一世像他在其他方面一样,在这件事上也完成了大选侯的工作,他把普鲁士邦辽阔的领土上的所有行政区划都纳于新设立的17个地方委员会。一个地方委员会有20名到30名成员,其中有的负责一到两个农村行政区,有的管理一些城镇,有的则经管属于王室领地的某些农庄。一般来说,一名官员要检查另一名官员的工作。决定系根据多数票做出,但是少数人的意见也提交给总监。这种省一级的地方委员会权限很大。它们收集赋税和王室领地上的收入,促进工业化,推进向内地的殖民。整体说来,这些官员的薪俸不高,"为普鲁士国王服务"一词成了收入微薄的工作的同义词。因此,发挥主观积极性的余地很少,委员会每个成员都受到他的同事们的制约并在一切可能的方面,都受到国王颁发的极为琐碎的书面条例紧紧的约束。但是,这种由当地委员会进行治理的制度有许多优点。在普鲁士,官僚机构非常有效率,它的会计工作方法比许多商人的还要好。普鲁士的行政机构也很少有在英国、汉诺威和萨克森等国中屡见不鲜的包庇的弊端；并且也很少有卖官鬻爵这类的弊端，这种弊端有时是造成法国工作效率低的原因之一。在普鲁士，许多贵族家庭很穷，它们的子弟都乐于到地方政府工作，希望能荣任17个省级委员会中某个委员会的首席长官。

18世纪地方文官制度的性质，清楚地体现在哈布斯堡家族统治的奥地利领地上出现的地方文官机构中。玛丽亚·特蕾西亚作为改善地方政府效率、进行变革的基础的体制，是地方行政官。它早在13世纪后期波希米亚王室的领地上已经存在了。担任地方行政官的人，起初都是当地的贵族，在1526年以前，他们一直是波希米亚和西利西亚地方三级会议的权力必不可少的部分。渐渐地，这个机构越来越为皇帝所控制，一部分原因是反对改革的运动导致王室权力的增强，更重要的原因是1620年白山战役以后波希米亚三级会议的势力削弱了。1620年以后，地方行政官不再由地方三级会议选举产生，而是由皇帝以波希米亚国王的名义指派。1669年对这个机构进行了整顿，提高了薪俸，地方官的下属也有了正规的地位。1748年在施蒂里亚、卡林西亚和卡涅奥拉，1753年在下奥地利和1754年在蒂罗尔等地相继建立起波希米亚的地方行政官制度。当玛丽亚·特蕾西亚的改革完成时，她统治下的奥地利和波希米亚两省一共有47个行政区。为哈布斯堡王朝服务的地方行政官的数量，可以同掌握着法国兴衰大权的30位地方行政长官相比拟。相形之下，西班牙的24位地方行政长官就显得少了。普鲁士虽然只有17个地方委员会，但由于委员会中官员人数多，普鲁士国王的辖地范围较小，反倒不算太少。奥地利地方行政官手下的办事人员往往很少。例如，1760年在摩拉维亚除了地方官本人外，只有两三名事务官、一名秘书、几名职员和一些听差。然而尽管人手少，地方行政官的责任却同地方行政长官一样大得很。1748年这个机构在奥地利各省建立时，规定它的职能是经管军队的食宿和使农民处于"随时能够纳税的状态"。此外，后来又增加了管理流浪者、森林和医院的职责。1765年地方行政官开始负责警察、学校、宗教、交通和商业。1769年，领主法庭的一切判决都必须得到地方行政官的认可。1770年，地方行政官的职责被描述成"可靠地执行女皇陛下的命令，保持地方治安和管理一切有关的公益事务"。有可能还需要有一位"照管一切"的官员,这一事实表明,17世纪中期以来国王政府的治理范围扩大了。18世纪后期地方行政官机构的发展,还表明政府机器内部发生了变化。1781年按服务时间领取年金的权利得到了承认。对官职升迁缓慢的不满,表明人们已把地方行政管理看成是一项固定的职业。在文官和军官两者地位孰先孰后这个问题上的争论,说明这个职业中的成员们正在发展一种团体感。从1776年开始,想要谋求哈布斯堡帝国政府官职的人,必须要有证据表明他们曾经学过行政管理和政治这门科学,即"国民政治经济学"。

同哈布斯堡王朝在波希米亚和奥地利建立的文官制度行之有效形成鲜明的对比,它的命令在匈牙利执行时却遇到了重重困难。国王遇到的困难,不是来自那里徒有其名的议会,而在于无法建立起一个有效的文官制度。匈牙利的每个县都有一名县行政司法长官(föispan),但他同世袭的奥地利各省的地方行政官大不相同。根据1752年颁发、1768年重申的指令,这些县行政司法长官的职责是维护天主教信仰和促进健全的教育。他们要对本县百姓的人数和他们的宗教信仰做出申报;此外,还要负责修路,管理监狱,照管孤儿和保管本地的档案材料。他们要务使皇帝的命令得以贯彻。这些指令在内容上同颁发给哈布斯堡王朝在日耳曼和波希米亚各省的文官并得到有效执行的指令并无区别,但在匈牙利它们就不那么有效了。县行政司法长官往往由一位住在自己城堡中的大贵族担任。这个职务可以由豪族世袭,也可以按照习俗同某个主教的管区联系在一起。县行政司法长官是一个匈牙利的显贵,他对在他看来是个外国人的皇帝服务并无热忱。他对来自维也纳的有关改革的命令敷衍了事,而对维护匈牙利贵族的自由比对建立一个比较有效的专制政体更感兴趣。在乡间行政区负责司法的匈牙利贵族们,与法国、普鲁士或近在眼前的奥地利的任何官员都不一样,他们更像英国的治安推事。作为皇室权威在匈牙利的唯一有效工具的官员是领薪俸的、收取关税和盐税的那些下属官员。在这些官员中,匈牙利人不到1/10,而且一般来说,匈牙利的乡绅看不起领薪俸的官职。君主专制政体所以扩展到匈牙利,一部分原因是圣斯蒂芬王冠刚好戴在已经成为他的另一半领地上的有效的行政机器首脑的一名哈布斯堡家族成员的头上。但是,匈牙利专制政体的有效程度比起奥地利和波希米亚的就差多了,后者的制度是建立在一批在财政方面训练有素的积极能干的官员基础上的。

英国的治安推事和匈牙利的司法官之间相同之处颇多。18世纪英国的治安推事由一名自告奋勇在本乡协助执法和治理的当地贵族或乡绅担任。他的权力相当大。年赋、军队、贸易、济贫、食品供应、物价、工资和其他各种事务他都要过问。1700年,治安推事受权建立并管理监狱。1744年他们受权收容精神病人。1774年他们又有权批准设立并管理疯人院。1776年以后,他们又专门负责维护公路。1739年他们受权征收一项通用税。然而,尽管治安推事的许多职责和法国的地方行政长官、普鲁士的行政区最高长官和哈布斯堡王朝的地方行政官相同,但在理论上他的地位却大不一样。正当欧洲大陆上的大多数国家的权力日益增强时,在英国国家控制这个思想却无足轻重。一切行政工作被视为仅仅是完成习惯法或成文法所规定的各种任务。治安推事们之所以有地位,是因为他们都是当地的豪绅。他们终身任职,没有报酬。他们取得了经验,在他们一旦当选为国会议员后,这种经验可能就有用处;但是,他们的工作是执行法律,而不是服从中央政府。

从17世纪末期到18世纪初,欧洲大陆的大多数国家政府的效率有了很大的提高,作为其标志,在这个时期中欧洲讲德语地区的政治经济学家们,对行政管理的理论做了详尽的阐述。这一派政治思想的先驱包括奥西和奥布雷希特等人,他们致力于16世纪萨克森货币问题的研究。随着行政管理的技术的改进,先是在马克西米连一世皇帝统治下的奥地利,接着在16世纪下半叶的巴伐利亚、萨克森和勃兰登堡,出现了一批领薪俸的专业官员。他们熟悉罗马法,致力于行政管理工作,被称为官僚机构中的财经专家。实际上,他们是16世纪出现的新的绝对君主制的幕后策划人物。他们与当时英国各届统治者服务的重商主义者不一样,他们重视行政管理问题,而不那么注意贸易问题。在17世纪,当利奥波德一世刻意效仿其表兄路易十四的改革时,奥地利又涌现出另一派财政学家作家。他们之中最著名的有贝克尔、冯·霍尼希克、冯·施罗德和泽肯多夫。1727年,在哈雷和奥德河畔的法兰克福设立了研究政治经济学的讲座这种职位。虽然最初的两名教授加泽尔和迪特马尔都不出名,但这种讲座的影响却是很大的,它使几代年轻的德国人学到了政治经济学的原理。达耶斯是一个对腓特烈二世很有影响的政治经济学思想家。索南费尔斯在玛丽亚·特蕾西亚进行的行政改革中起了重要作用。18 世纪中期的政治经济学原理以尤斯蒂的阐述最为明确。尤斯蒂宣称,君主制是一切统治形式中最好的一种;君主的成功是国家的最大幸福;要做到这一点,应是一切政府的目的。他接着又说,统治者的任务是保护并增加国家的资源,利用这些资源来赢取胜利从而确保国家的安全。怎样运用治国之术来增加国家的资源,怎样用这些资源最有效地使国王获得成功,就成为那些渴望出任官职的年轻人攻读的课题,不论是在哈布斯堡王朝、霍亨索伦王朝、维特尔斯巴赫王朝或韦廷王朝任职都是这样。

在讲德语的国家中发展的这种研究和行政体制的结果,是建立了一种在 19 世纪对东欧来说是一种独特的称作文官制国家的政体。这个政体的效率极高,它的官员清廉热忱。但是,这是一种在政治道德上和法国的不同、和英国的则大不相同的社会。在法国,地方行政长官可以而且在实际上已经抵制或批评中央政府;而在英国,大部分司法的和行政的职能,不像法国、普鲁士、西班牙或哈布斯堡王朝领地那样掌握在领取薪水的职业文官手中,而是由乡绅们自愿执行。他们中有的人像柯夫雷的罗杰爵士①那样怪癖,有些则像萨伦乡绅那样难以捉摸。

这就是 18 世纪欧洲大多数强国中通常存在的君主制政体。它的特点是,在其中心有一位多少享有绝对权力的君主,朝廷里有一批越来越精于自己那个行政部门工作的大臣,在地方各省中则有一支日益职业化的文职官员队伍。有些国家并不属于这个模式,但是它们的政绩(有一个国家除外)均无法使它们的政体看起来可以与这种中央集权、专制的而治理有方的君主制政体分庭抗礼。实际上,腓特烈二世就表达了普遍的见解,他说,1718 年以后瑞典实际上已从君主政体变成了一个共和国,它的权力理所当然地要日益衰落。孟德斯鸠和

---

① 斯蒂尔爵士取自英格兰北部地区曲调《柯夫雷罗杰》中的一个虚构人物。在由 J. 艾迪生和其他人主办的《旁观者》杂志中,他是 18 世纪乡绅的代表人物。——译者注

卢梭都认为共和制度只能治理小片领土，这是理所当然的。即使联合省的记录，也无法动摇18世纪的这种信念，即君主制具有特点的职能是战争和扩张，而共和制具有特点的状态则是和平和节制；因为荷兰人是在他们的政治体制最接近于君主政体时赢得了最大的成功，而自从奥兰治王室在政府中的作用不那么显著以后，他们在欧洲的威望就江河日下。其他的共和国，像热那亚、威尼斯和瑞士等到了18世纪时，在政治上已是无足轻重了。只有一个国家无法纳入从葡萄牙到俄国，从挪威到那不勒斯整个欧洲都熟悉的这种君主制官僚机构的模式。这个国家就是波兰。

波兰的政体到18世纪时，已经成了臭名昭著的没有效率的典型。国王是通过选举产生的，而每次选举由于进一步做出让步而受到限制。国王的权威受到由各等级组成的议会的挑战。中央政府仍旧明显地与中世纪对官职的安排相类似。每次为期6个月有7名大臣协助国王。但这与法国的各委员会和普鲁士的总局不能相提并论。在各省，国王可以指派一名行政司法长官来颁布国王的命令、征收赋税、维持治安和执行某些司法职责，但行政司法长官的权力比地方权贵组成的议会的权力要小，甚至就像国王的权力不断受到两年一度召开的议会的限制一样。在18世纪的观察家看来，波兰政策的无力，使它的政府形象威信扫地。像比勒费尔德这样的作家，在波兰被瓜分的灾难已表明波兰宪法完全软弱无力以前就肯定地说，波兰的政府机器看上去似乎遵循着某种法规，国家似乎也能按部就班地对付下去。但是他又承认说，波兰的政府肯定是"混乱而又动荡不安"，"始终处于无政府状态"。阿尔让松在抨击使波兰无法防御和软弱不堪的统治体制时，就更是直言不讳了。

英国提出了一个使18世纪初期有政治头脑的观察家们很感兴趣的政体问题。在瑞典，由选举产生的议会从1718年以后实现了其制约国王的目的，但瑞典作为一个大国却随即衰落了。波兰的议会能够反对国王的一切不得人心的政策，但波兰却成了弱小和混乱的同义词。可是英国尽管议会和国王共同掌握治国大权，它的财富和威望却在不断地增长。17世纪末，英国人虽然不是人们心目中政治才智的楷模，但这个喜欢闹事的民族却成为路易十四最强有力的对手。它正在迅速地成为世界上最大的殖民强国，财富逐年增长，并且培育出了洛克和牛顿这样的天才。洛克的《人类理解论》一书于1690年出版并立即被译成法文。这本书对徘徊于传统的基督教形而上学和培尔的怀疑主义之间的一代人影响极大。牛顿在欧洲成名较晚，但不久他就将被人们誉为揭示大自然神秘和混乱的表象下的协调一致的理性法则的先驱。不久，人们就会提问：这些成就与产生这些成就的国家的政治体制之间，是否会有某种联系。英国的党派政治在西班牙王位继承战争期间对欧洲事务的影响，以及1714年以后一批詹姆斯党人流亡分子新来到欧洲大陆但却接受了有限君主制原则，也从更为肤浅的方面引起人们的好奇心。

洛克的哲学在国外受到欢迎，但他的政治著作却被人忽视了；欧洲对英国的历史和制度的看法受到了极端君权主义者的解释的影响，波舒哀在英格兰的亨丽埃塔的葬礼上的演说，也许就是最好的例子。语言上的障碍，是任何真正理解的很大的阻碍。对专制主义原则的无条件地接受，又使许多旅行者看不见英国政治的混乱复杂的表象后面的任何长处。但是1685年以后，胡格诺教派的流亡分子，出于反对路易十四统治的宣传激情，用法文向欧洲公众发表了许多著作。其中佼佼者之一的保罗·德拉潘－托伊拉斯，他在1717年发表了《论辉格党人和托利党人》一文，1723年又出版了巨著《英国史》的头两卷。这部书在日后多年中是有关英吉利海峡两岸情况的著作典范。德拉潘－托伊拉斯这些著作的意义，不仅在于它的内容，而且也在于它的阐述。他把英国史看成是自由和专制之间斗争的记录，而当时两党之间的斗争则是这个记录的最新、也许是最后的一章，这场斗争已经发展成为一个"混合的君主制"，在文明的时代里维护那些自古以来就有的自由。因此，在18世纪20年代中，人们对英国制度的兴趣就已经很大。他们日渐相信，英国人享有一种含义不太明确的自由，他们想要知道"生活在一个自由的国家里究竟是什么滋味"。伏尔泰在英国流亡后对这个问题做出了权威性的答复。

伏尔泰的《哲学通信》一书初看起来，似乎只是一位聪明的观察家的印象集锦。实际上，这些印象是经过精心挑选用来阐明英国生活的重要方面，舍去的东西和选上的东西一样重要。乔治二世加冕时的豪华场面被略去了，但科学天才们的威望却通过对牛顿葬礼的描述得到了体现。描写英国贵族时，不是写他们在乡间的豪华住宅，而是写他们提倡种痘和赞助文学。书中并没有讨论宗教信仰自由的理论和局限性，但这种信仰自由的现实却通过与教友会教徒家庭一起生活的一大段详尽叙述得到表达。一切都经过悉心安排以便满足人们对英国生活实质的好奇心，并且含蓄地批评了法国当时种种习俗。然而，有一些读者肯定会发现《通信》有一点做得还不够，虽然伏尔泰提到了按比例征税、法律上无豁免权和不得设立领主法庭等自由政府的某些成果，但他对政体的形式所知不多，评述也较肤浅。一直要到1748年《论法的精神》一书出版，欧洲对英国的政体才有了一个正式的分析。

孟德斯鸠在伏尔泰之后不久访问了英国。在英国，他很可能从对共和制优点沉沦的不现实的懊丧中改变态度，对"混合的君主制"能为自由做出贡献而欣慰。他还从英国作者那里，特别是从洛克和博林布鲁克那里学到了不少东西。他不像伏尔泰那样注重描述，他着重分析。他认为自己有权不提许多他明知存在的局限性。他肯定知道行政的腐败对立法的不良影响，他把对英国的自由的未来的信心，寄予中产阶级的理智。他写道："我并不想知道英国人是否享有这种自由。我只需说，这种自由是由他们的法律规定的，这就已经够了。"他发现英国法律显著的特点是，它承认政府的权力显然属于三类——行政、立法和司法，它们应当分别由不同的人来行使。尽管在实践中并不总能坚持做到这一点，但这并不影响他的论点，因为即使大法官既当大臣又当法官，或者地方行政长官既执行法律又惩罚罪犯，他们在行使这两种职责时遵循的是两种不同的法规。然而，孟德斯鸠由于未能对司法制度做出令人满意的说明，而且他企图把法律权力的分开和国王、上院与下院之间的政治上的区分混为一谈而又不成功，这就削弱了自己的论点。他的信徒们抓住他分析的主要特点，来支持英国政府的高度理想化的图景，这也是事实。

洛克是孟德斯鸠分权理论的主要来源。英国的作家们也从这同一源泉采取了权力分立和"制约和平衡"这一概念，作为他们国家宪法的显著特色。布莱克斯通提出了这一图景，虽然采取了更精美更现实的形式，同时国内外的许多作家一致认为，这种复杂的权力平衡的主要目的是维护自由。正是这一点使得英国同20世纪三四十年代的俄国一样，在当时的人们心目中成为有影响的知识界人士的乐土。虽然卢梭对英国自由的虚伪观念提出了批评，但英国的立宪制的教训已经深深地印入欧洲知识界的脑中。这些教训对那些批评旧制度的理性主义的批评家们，对巴黎最高法院在大革命前夕提出的立宪要求，都有影响。它们的出现，对美国的宪法和大革命时期法国进行的君主立宪制的实验，都具有决定性的影响。

（乐瑞夫　译）

第 八 章
武装力量与战争艺术

本章所描述的18世纪战争的艺术和武装部队的社会基础，均根据对英国、法国和普鲁士等国家的情况研究的结果。奥地利、俄国以及其他国家的军队情况，虽在细节上有所不同，但其实质基本一样。

18世纪陆上和海上战争的特点是进行得慢条斯理而且懒散。一直到先是美洲继而是在法国发生的革命战争，战争才有了前所未有的生气感。19世纪和20世纪特有的意识形态战也从那时才开始出现。而在现代的时代中，将领们的职责是通过决战赢得战役，可是在18世纪却很少会有人对阿尔瓦大公的话表示怀疑。阿尔瓦的话是1760年9月哈德威克勋爵颇为赞许地向纽卡斯尔公爵引述的："将军们的职责应是克敌制胜；但不一定非经过战斗不可，如果能不战而胜，则棋高一筹。"①

在海战方面，克拉伦登在17世纪对布莱克所做的评语，至今犹为人奉为名言。根据克拉伦登所说，布莱克是"不落陈规的第一人……对长期以来沿用的那种把舰只和士卒保护起来不入险境的陈规，嗤之以鼻。而这种陈规在此以前却一直被人认为是才能和谨慎首先要做到的事情，犹如一舰之长首要的艺术本领，就是能确保其返航重新回到本国"②。对资源有限的18世纪的各国政府来说，陆军和海军是一些耗费浩大的必备之物。军队和舰只是在时间和金钱上的一笔重大投资，一旦在战争中丧失，要重新置备，绝非易事。

战争的艺术也认识到这一点。18世纪大多数战争的基调是先例

---

① L.S.科贝特爵士：《七年战争中的英国》（伦敦，1918年），第2卷，第95页。
② 迈克尔·刘易斯：《英国海军》（伦敦，1948年），第228页。

不容变动——对于僵化了的军事陈规和惯例,采取迂腐的态度。尽管随着人口的增长,原有的训练有素、人数比较不多的军队的规模也开始逐渐增大,尽管运输和通信的方法已经改进,但强国在彼此开战时却越来越多地依靠防御工事和围城战术。它们的基本的战略战术一直继续到18世纪末,也无多少变化。在陆上,只训练正规的击剑术而不练格斗;只进行老一套的布阵调动,而不想方设法通过战斗来决出胜负。在海上,整个世纪的特色就是《不列颠常备作战条令》中的那些一成不变的条例,再加上那种神圣不可侵犯的保持作战队列的原则。1744年出版的《皇家舰队动态报告》写道:"作战队列是一切海战操练的基础和方式,因为这是一切拥有制海权国家的普遍做法。它经受了时间和长期实验的考验,完美无瑕而又毫无改变地从我们先辈手中传流下来。"① 据拉马蒂埃莱在其《海军战术》一书中所说,法国海军"一直愿意保证取得或保持征服的光荣,而不愿意取得俘获几艘敌船这种也许比较辉煌但却不太真实的光荣,这一点更接近原定的战争真正的目的"②。两军之间进行较量是不受鼓励的。实际上,与敌军遭遇几乎是一种灾难。只要能保持体面,就应尽量避免战斗,特别是在海上。敌对两军除非在舰型和数量上势均力敌,否则就很少进行交锋。在1798年的尼罗河战役(在这次战役中,英国的13艘战列舰全都同样参了战)以前,几乎每次海战中总有一些舰只没有投入战斗,这些舰只只是打几发炮弹,毫无伤亡。敌对双方的舰队运动排成两排平行的队列,以便在一系列单独的战斗中进行指挥,这样就使一场海战完全变成了一场枪炮决斗。一直到1794年,当法国的战列舰对敌方没有直接参战的快速帆舰开火时,这种举动还被人认为是一种无赖行径,开了违犯具体规则的先例。

战争要进行得尽量符合节约;要采取谨慎和防御为宜,而不要靠大胆和进攻。保存兵力是首要的目的,其次才是战果。像布雷多克将军这样的指挥官,代表了使他得以产生的那套制度,这套制度训练他成为一个古板的、井井有条的和不可改变的人物。他缺乏独创的思想,一切都要按照规章办事,绝不越雷池一步。海军上将宾对于任务

---

① 《皇家舰队动态报告》(伦敦,1744年),第48页。
② A. T. 马汉:《海上强国对历史的影响》(伦敦,第10版),第287页。

第八章 武装力量与战争艺术

的困难颇为敏感，而缺乏克服困难的决心；他的为人虽然勇敢，但却杞人忧天。1756 年他在米诺卡岛海战中，由于坚持认为他必须保持作战队列，每一个信号必须符合《常备条令》的规定，因而进一步受到困扰。坎伯兰公爵 1757 年在哈斯滕贝克战役中按照事先精心制订的计划行动，由于死板地坚持其原定计划不变，因而作茧自缚；他的计划正确，正是其弱点。沃尔夫批评劳登勋爵在北美战事中"死扣条文，抱着不切实际的陈规不放"①，遂使他的军队陷入险境。对于战争中无法避免的意外事故不留充分余地，对于战争中难以预料的因素即机遇不加考虑，这正是公式化的战争艺术所忽视的问题。1776 年有人这样写道："胜败在很大的程度上取决于常理无法推测的一连串偶发事件和偶然原因；而且有无数的事态，既无法预防，也无法预见。"②

由于人们认为海军的职责，主要是直接或间接地保护贸易，尤其在这个竞相建立贸易帝国的时代，因而这就进一步促进了战争的防御性质。一旦保护商船队成了海军的一项公认的任务，主要贸易航路就成为海军战略的主要路线，而贸易路线的交会点，就是海军战略的焦点。即便是在新的思想鼓噪而起时，美国的独立战争还在继续这种无决定性结果的海军角逐，"敌人驶离了某个出击目标，而这个目标最通常的并不是它战斗前进中认真要夺取的目标"③；除了一些快速帆舰之间的交战外，战斗则是在靠近某条贸易航路的地方进行。1805 年的特拉法尔加战役也许是 18 世纪的最后一场壮丽的海军大战。交战方式仍然是决斗的架势，但全歼敌人的意图则大不相同了。

18 世纪的战争，无论在理论上还是在实践上，都是针对某个具体事情的有限责任的战争，与以往以道义为目的的战争不同，它们只是统治者之间、王朝国家之间的冲突，是为了有限的目的，以有限的手段进行的有限战争，最后以达成某种平衡而告终。这些战争是对三十年战争的恐怖自然产生的一种急剧的反应。在三十年战争中，狂热主义和道义上的愤慨使暴行的数字增加了。虽然有的战争规模不小，但由于严格遵守战争的规则、惯例和法则以及公认的 18 世纪军事演

---

① 《历史手稿》《斯托普福德·萨克维尔司令官手稿》，第 2 卷，第 257 页。
② 《历史手稿》《莱恩司令官手稿》，第 2 卷，第 492 页。
③ 大卫·马修：《海军的传统》，第 114 页。

习的法规，因此破坏和不必要的流血都受到了限制。对仁慈的君主来说，战争同和平一样，都可做出安排。战争艺术规定了详尽的战略、围困、投降、军功章、战俘处理和平民的权利等各种规则。在作战中，军队和平民之间有明确的区分。尽管从严格的法律观点来讲，所有的敌方百姓都应遭到攻击，但在实践中却一般把平民排除在外。平民百姓毕竟是这场角逐的物资供应者，角逐应由专职人员来进行。他们是一支把普通百姓排除在外的独立队伍，有自己的组织、纪律、法律和职业标准。那个时代，一个好的政治机构对其臣民所求不多，它把百姓看作国家的一笔有用处、有价值、有生产力的财产，在战争期间应尽可能地少打扰他们的生活。腓特烈大帝的理想是：如果他打一场战争，百姓应不感到战争状态的存在。这是井然有序的官僚化君主制的秩序、稳定与纪律严明、规范化的职业军队作战勇敢的结合。英国人则认为，他们应当充当海军，在商船队上服役，征服敌人的殖民地，并保持工厂开工以增加国家的财富；在陆军中当兵是他人的事；应以津贴资助欧洲的盟国去和共同的敌人对阵。通过这种手段，使平民百姓处于一种在18世纪普遍遭到毁灭的战争中从未有过的安全中。它对武装部队的社会结构也产生了重大影响，武装部队是来自社会中那些在经济上不从事生产的人。这显然是想把国家的政治生活和经济生活分开来的一种尝试。

　　战争失去了它的具有想象力的理想主义，无论是在开始还是在进行中，都已经程式化了。战争考虑的主要是力量均衡，它是在王朝之间而不是在民族之间进行的。王室的战争和王室的婚姻，是王室的私产从一个王朝转移到另一个王朝手中的两种手段，不管这种转移是其全部的还是一部分。18世纪上半叶三次主要战争的名称，西班牙王位继承战争、波兰王位继承战争和奥地利王位继承战争，都表明战争只是在王室婚姻安排失败或乱得不可收拾时才发生。防御胜过进攻，胜利很少把战败的一方彻底摧毁。由于道路坏、通信慢，冬季作战困难和在敌人领土上的供给问题等所造成的军队缺乏机动，再加上军队的社会成分和陆军的军事结构等，就使得战斗行动既精确又适度，同时也很刻板。由于这些原因，小国能够在列强之中得以幸存。这类狭义的政治性战争，允许妥协，允许安排补偿。如果结果产生的力量平衡和分配比战前还要不能令人满意，那么还可以倒向另一方，即便是在战争的中间也会发生。

18世纪最突出的特点是均衡。因此，毁灭性的、打破均衡的战斗是不可取的，可取的是一种讲究学问的战争——攻占要塞、弹药库、供应线和重要阵地的战斗。在这种战斗中，出奇用兵比激烈战斗更可贵。阵地战比运动战盛行，这种战略宁要连续不断的小胜利，而不要全歼敌人。战争往往旷日持久，但并不激烈。

围困多于交战，这种战争特点一直到革命战争出现后才改变。攻占敌方要塞比取得一般战场胜利的结果更具有积极的价值，因为除了能立即得到好处外，还可在媾和时当作讨价还价的筹码。于是在历来入侵的路线沿途筑起了一系列的要塞，大城镇的百姓们都指靠高墙坚壁来抵御敌人。在易遭敌人突然攻击的边境城市和内地那些居民的忠诚不太可靠的城镇中，统治者把军队部署在护城用的堡垒里，用以预防外来的攻击或内部的叛乱。这类要塞的司令官们都得到书面的指令，明确地规定他们在被围困时应做何等抵抗。如果司令官过早投降，就要受到军事法庭的审判。1705年路易十四发给要塞司令官们的经过修改的指令，一直到1792年在法军中依然实行。指令要求司令官在要塞实体被攻破后，只要击退一次敌方的进攻就算完成了任务。体面保住了。当然这对受到侵犯的国家来说是有利的，设防的地区应尽可能持久地进行抵抗。持久的防御不仅能削弱敌军，而且还能争取等待援军的时间，或为下一步的反击做准备。

当炮兵轰破城墙致使进攻的军队能突入城内，当第三条攻击的平行堑壕已经挖好，攻击的步兵离城防突破口不到100码时，要塞司令往往会收到攻方的通牒威胁说，如果他在进攻发起前不投降，守军的生命将得不到保障，城镇将遭到洗劫，他自己也将被处死。一个要塞的司令官如果在敌方提出了体面的条件后继续做无谓的顽抗，他就将因没有正确地遵守比赛规则而受到战争法律的严惩。如果一个地方在攻击前就投降了，攻击一方的士兵就不得在该地劫掠，他们只能指望从他们的指挥官从该地强征的一笔赎金中得到奖赏。如果一个地方是被攻取的，按照惯例，可以听任士兵们在规定的几个小时或几天的时间内进行抢掠，但规定要保护当地居民的生命和体面。"这就是当时惯例认可的士兵的权利。"①

要塞投降时，守军可以储存至少两天的口粮和弹药的供应，并不得毁坏工事。尽管持有这些供应，守军还是被认为已经弹尽粮绝，无法坚持围困了。这是因为若是守军在围困结束时完全没有一切维生的手段，进攻的部队也无法为他们另行提供必要的供应。

围城是炮兵的事，而辅之以步兵。围攻者的大炮先在离敌方工事600码与被攻击的战线平行的第一道平行堑壕里开火。然后再继续挖壕推进到距要塞400码以内的地方建立起第二道平行堑壕。从那里再挖进到距敌工事100码以内设立第三道平行堑壕。在第三道堑壕里修筑起攻城的重炮阵地。第一道堑壕筑成时，战壕揭幕即开始。部队在军旗飘扬、战鼓咚咚声中齐步开入战壕，这是一种必不可少的仪式。在壕中各就各位后，进攻的部队就把军旗插上胸墙向敌方挑战。迟至1781年，拉斐德在约克敦前建起第一道平行堑壕后，他的轻步兵师仍旧严格地按这种欧洲的做法行事。虽然英国人因为在西班牙王位继承战争中在敌人炮火下损失惨重似乎放弃了这种做法，法国人在整个18世纪却一直坚持这样做。在约克敦，亚历山大·汉密尔顿中校甚至更进一步，他命令他的轻骑兵营登上胸墙顶部进行兵器示范操练，把英国炮手惊讶得目瞪口呆，连射击都停下来了。

要塞的投降也同样非常流于俗套。围城的军队给予英勇防守后投降的守军以战争荣誉。投降的条件中规定了确切的撤离细节。撤离时守军鼓号齐鸣，边撤边奏敌方的进行曲以答谢敌方给予的战斗荣誉，同时也表明他们并没有受辱到无法与胜利者相互致敬的程度。在整个18世纪中，人们一直认为要塞必须攻克，但必须通过围困，而不是通过强攻。用迂回来绕过这些据点，或大面积地扫荡而把这些据点留在后面等做法都是不予考虑的。

正如战争艺术在武装部队的社会结构中得到反映，这种结构也在一定程度上决定了战争艺术。一定程度上为了有效地维持军队纪律而设置的大型军需供应站，使得军队在战争中能按部就班地而且充分地得到供应。如果允许军队在乡间随意征集粮秣，这就会促使士兵大批开小差。在战役开始前，边界附近的一些地点集结了大批储备物资，

---

① 蒂尔潘·德克里塞伯爵：《评蒙特库科利的回忆录》（巴黎，1769年），第2卷，第272页。

作战部队从那里得到供给。在军需供应站前方两三天路程处建起炉灶,用骡马运来的面粉在此烤成面包发给部队。这种做法限制了军队的机动性,把它们束缚在一系列军需供应站上。任何部队都无法安全地推进到离供应基地 5 天以上行军路程或距通航的河流 15 英里以外的地方。同样,像追击溃败的敌军这类迅速而分散的运动,对于这些由各式人物和各种民族组成的军队来说,也几乎是不可能的。这种运动会把军事机器所计划的次序打乱,给想开小差的人提供太多的机会。当腓特烈大帝为了补充 1758 年他在霍赫基尔希战役中的伤亡而不得不从他兄弟的军队中选拔兵员时,他规定不得选西里西亚营的士兵。因为他们对自己的故乡了如指掌,逃离部队的诱惑力太大了。

阅兵场上的纵列和密集队形即是战场上实际使用的战术队形和动作,这在一定程度上说明了刻板而严格的纪律和不断操练的原因。腓特烈在 1752 年写道:"除非在和平时期就对每名士兵在战时必须做到的事情进行严格的训练,否则他们只是一些徒有其名而不知如何打仗的士兵。"18 世纪步兵战术的问题就是要找出一种最适合使用燧发枪和刺刀的作战形式和队形变换。为了便于射击,士兵们必须并肩站立。但燧发枪装填很费时间。如果一列士兵要永远准备好开火或能保持连续开火,就需要有好几排士兵组成前后数列队形,当第一列士兵发射时,其他几列就能进行装填。普鲁士军队最早取消了第四列,但三列队形在 18 世纪后期一直是很普遍的。这种队形能使一定数量的军队用燧发枪这种不可靠的兵器发挥最大的火力。腓特烈有一次曾命令士兵瞄准一支向前推进的敌军的前 9 步处,想借着枪机击发时的跳动刚好使枪口对准目标。

这种一条线的队形需要精确的移动,因此非常缓慢。吉贝尔在其 1772 年出版的《战术概论》一书中写道:"在 30 年以前以及今天的某些陆军的战术中,为了组成一条作战线而进行得如此缓慢和复杂的调动,需要花好几个小时。这种作战线必须在距敌较远的安全处进行。一旦作战线组成,如要变动,则是有危险的。"操练的目的是要让士兵能够熟练地装填火药和迅速地开火,是要能敏捷而精确地把行进中的各排散开的纵队(70—80 人排成三行)改变成有一定宽度的横向作战队形。在作战队形的组成过程中,部队是没有防御能力的。即使战列组成后,其两翼也仍是防御能力极差的薄弱环节。为了防止两翼遭到攻击，指挥官们总想在开阔的坡地的一端组织战斗队形，以便利用两侧的低地或崖坎来保护其侧翼。作战线的战术是18世纪战争中伤亡严重的主要原因。人们总是试图不从正面而从侧翼甚至后面去进攻这种战斗队形。为了防御这类攻击，往往又另外组成一条面对侧翼及后方的作战横列，最后就形成了一种面对四方的方阵。如果横列队形的两翼或后方有障碍物保护，那么即使面对强敌也不用畏惧。因此一定要熟悉地理环境，以便找到合适的阵地，迫使敌人要想从正面进攻就不得不冒极大的危险。

海上作战也同样拘泥形式，当然操练则绝不相同。然而在操练上则绝不相同，英国舰队的战术操练的目的，是要贯彻作战指令中的各项原则。但系统的训练进展缓慢，这主要依靠各个海军将领的精力和主动精神或懒惰。英国舰队准备进入战斗时公认的队形是单列纵队。1703年的鲁克作战指令，是以1691年颁发的拉塞尔的指令为依据的。它被奉为18世纪的战术经典，一直沿用到1783年。这两种指令都是在防御的情况下制定的。后来情况改变了，它们却依然未变。某位指挥官在某种环境下发出的特定命令，说明了他想要做什么，或者他命令下属要做什么，但不再被当作指挥一支舰队的司令官的命令，而"常备的作战指令"却是具有更高权威的标准的作战命令，对舰队中的包括司令官本人在内的所有人都有约束力。1744年对马修斯海军上将的审讯，使这些指令披上了神圣不可侵犯的色彩。这不仅使人不敢通过实践对指令做出修正，而且使任何想要修改指令的努力都成了越轨行为。此外，如同通信不便使陆上战斗无法机动一样，落后的海上信号系统使那些有魄力的海军将领无法向下属传达与信号息息相关的常备指令表上没有列入的新指令。一位总司令官也许在打破其他大多数清规戒律后仍能指望保住自己，但是，如果他违反了与敌舰平行、相邻的这个不容变动的战列队形，他就可能会毁掉了自己的前程。从1692年的巴弗勒尔战役到1782年的桑特海峡战役，英国海军从未在任何一场堂堂的战斗中一心要击败过敌人。正如在陆战中追击敌人几乎是不可能的一样，在海战中人们则不主张追击。指令第二十一条规定，舰队中任何舰艇均不得在敌人主体舰队失去战斗力或逃跑之前去追击小股敌舰。既不打破敌舰的战列，又不让自己的战列被敌舰打破，这种作战目的，完全是防御性质的。因此18世纪的海战就

第八章　武装力量与战争艺术

具有炮战的性质。只要双方舰队势均力敌，或近于势均力敌，当双方遵循同一套法则时，18 世纪的海军制度就不可能产生出胜负。即使舰队装备优良，司令官素质出众，但受战列队形战术的限制，从战术上来说，依然是非决定性的，而且完全得不出什么结果。

在 18 世纪，欧洲实际上无法进行冬季作战。道路泥泞或冰冻，使火炮和大量供应的运输无法进行，因此供给无法维持。一旦气候变坏，军队就进驻冬季营地。在海上，运输船队秋天回到港口，作战舰队也奉召返港进行检修，准备来年再战。在奥地利王位继承战争中沉没的"胜利号"，以及在此前 40 年沉没的"联合号"都是由于海峡外侧 10 月的天气所致。于是人们更加相信，在 9 月以后还让大舰艇留在海上是不明智的。18 世纪发生过多次海战的西印度群岛海域，也有一段休战期间。那里的一个经常的因素，是沿着向风群岛而下的偏东北的贸易信风。但从 5 月到 10 月，风向几乎转成了正西，而且这段时间的后 3 个月是飓风季节，它排除了海战的一切可能性。此时，主要舰队沿着北美大陆的东海岸北上，这对美国独立战争来说，是一个具有头等重要意义的因素。

一位旧日的军官在 18 世纪末这样写道："军事科学几乎可以说是呆板的。"[1] 形式化战争不需要军官有什么想象力和首创精神。腓特烈大帝在 1758 年就法国军官写道："法国军官学到了一套军事术语，但他们只是鹦鹉学舌，其他一无所知。"[2] 法国的司令官布罗伊在七年战争后著书时，把军官们犯错误的主要原因归结于他们对自己的任务以及必不可少的军事上的具体情况一无所知。在这场战争中的 6 年战斗中，法军先后由 6 位将军指挥，其中只有布罗伊熟悉自己的业务。然而他的才能反而使他的指挥权被分割，随后他被撤职并遭流放。下级军官就更无足轻重了。据当时人们的观察，1760 年的法军"有时甚至连带兵打仗的一般军官也不知司令部的参谋军官们要把他们引向何方，因为参谋们在通常情况下是不能公开他们的行军路线的"[3]。甚至在防御和围城战中起重要作用的工程师也问题不少。斯塔德霍姆·霍奇森少将在 1761 年准备远征贝尔岛时写道：他"还需

---

[1] 《对陆军军官的告诫和建议》，一位旧日的军官著（珀思，1795 年），第 31 页。
[2] R. 洛奇：《18 世纪的英国和普鲁士》（牛津，1923 年），第 140 页，注 2。
[3] H. S. 威尔金森：《拿破仑之前的法国陆军》（1915 年），第 46 页。

要一些工程师，最好他们中间有人打过仗。我现有的6名工程师不熟悉自己的实际业务。我敢说，他们在学院时一定是出类拔萃的，但我认为要他们进行围城战是很不相称的"。① 由于所有的军队都是一个模式，开火和突击非常讲究平衡，所以天才一旦掌握了指挥权，他就能左右战场，激励平庸的部属奋发。这种情况很能说明这一世纪里进行的一些决战。

腓特烈大帝代表了法国大革命前在当时欧洲盛行的情况下能达到的最高军事水平。在法国大革命中，普通公民取代了职业军队，咄咄逼人的机动进攻战略取代了四平八稳的治国方略。再者，腓特烈大帝的胜利，不仅归功于所继承的普鲁士军队的建制和发展，而且同样应归功于他的判断迅速和足智多谋，使敌人大吃一惊。他的军事著作《战争的一般原则》（1746年）、《政治遗言》（1752年）、《军事遗言》（1768年）和《设营与战术基础知识》（1771年），都说明了这两个方面。腓特烈最初主张打"短而激烈的"战争。"拖延下去对我们极为不利。旷日持久的战争会不知不觉地破坏我们严明的军纪，并且使我国人口减少、资源枯竭。"如果战争是长期的，它就只应消耗少量的人力、物力。这种想法同样符合18世纪战争的基本情况——国家的资源有限；作战须依赖事先准备好的固定的军需供应站；士兵们尽管训练有素，但处在困境时，内心却无赖以支持的坚定信念。在那些早期的年代中，腓特烈相信战争的目的不是占领或守住一片领土，而是摧毁敌人的力量。进行大战的最有效方式，就是在敌人的土地上坚决地进攻，并迫使对方按自己的运动而运动，腓特烈的战略主旨一直是迫使敌人运动。即使是被迫处于守势，也应做出一副进攻战的态势——机动、灵活、主动——"用计满足敌人的虚荣心，诱使他们犯错误，将领们就可以利用这些错误"。正如他在1759年所写的："我的敌人众多，除了进攻别无选择……只要可能，我就不停地进攻，积小胜为大胜。"一个指挥官绝不应该打算在一切方面同时取得胜利，只应在经过精心选择的一点上取得胜利，其结果就能决定全局。

在后来经历了严酷的战争现实的经验后，腓特烈的主张改变了。

---

① 托马斯·凯佩尔：《凯佩尔子爵奥古斯塔斯传》（伦敦，1842年），第1卷，第316页。

第八章 武装力量与战争艺术

要塞"是一颗颗强有力的钉子,它们可以把统治者的省份团结在一起"。战斗的部署应根据围城阵地的规则来制定。全面战役的结果在很大程度上依赖于制度和谋略的反面,即变化和机会。"大部分善战的将领就靠这种随机应变的机智来弥补其他方面的不足。但是这种做法往往不被视为一种长处,往往被人认为是一种缺乏才能的表现。"他在1768年写道:"打胜仗就是迫使对手将其阵地让与你。"他越来越主张打阵地战,主张通过从容不迫的复杂调动来积累小胜,并且要在其主要战略方面缓慢从事,虽然在战术上绝不是这样。

虽然腓特烈的战略思想仍然局限于阵地战的范畴以内,但在其战术应用上则和他的所有同时代的人不同。他从来不喜欢被动作战,而对突然袭击总是感兴趣。这是一种以固定的防御工事为基地,不过却是可以自由地袭击敌方阵地和分遣队的主动而挑战的防御概念。战争的状况使他对参战可能得到的好处发生怀疑。他在1775年写道:"欧洲各国的武器装备和军纪大体相同,结盟又往往使交战的双方势均力敌。所有那些参战的王侯们,从当前最大的优势中充其量只能指望取得一系列小胜利后在边境地区是得到某个小城镇,或者一片土地,这连支付战费的利息都不够;而其人口也不及战争中死亡的百姓多。"在腓特烈的领导下,纪律良好、进攻意识强、具有新战略思想的普鲁士军队,在某种程度上突破了18世纪的防御性战法。但是,由于获得成功的军队往往墨守其打胜仗的那套方法,所以普鲁士军队仍然沿用越来越落后于时代的腓特烈的编队和队形变换方法,一直到1806年的惨败。

英国有意识地推行海军优势政策,把掌握制海权作为进行战争的主要手段。这样的决定是跟日益增长的贸易重要性和不列颠岛国易遭海上封锁却又能免遭陆上进攻等各种因素有关的。掌握了制海权,欧洲大陆上的围城攻坚战就能得到海上封锁的支援,还可切断敌军的供应。然而英国陆军有时不得不在欧洲大陆上作战,而当他们先是在美洲殖民地其后又反对美洲殖民地不得不进行陆战时,他们在欧洲所奉行的战争艺术,一般来说总造成灾难性的结果。亨利·布凯在七年战争中指挥过新建的皇家美洲团的一个营。他在1763年写的备忘录中总结"印第安战争"态势时写道:

可以理所当然地说，第一，印第安人总的格言是包围敌人；第二，他们以疏散的队形进行战斗，从不使用密集队形；第三，他们受到攻击时从不坚守阵地，而是敌进我退，敌退我进。要是承认这些原则，那么，第一，参战的部队……必须轻装；第二，既然他们在进攻或防守时不会遭到抵抗，他们就不必组成易遭无谓伤亡的密集队形；第三，他们的队形变换必须迅速地进行，士兵一定要反复训练，能在敌人败退时紧追不舍，不给他们以重新集结的时间。①

这显然需要一种不同的战争艺术，需要新的队形变换，特别是轻步兵的队形变换。虽然英国人颇能随机应变，但由于他们受欧洲背景的限制，从来没有跟上形势的需要。队形分散，各自为战的轻步兵并没有适合18世纪的欧洲模式，而欧洲的习惯做法也难以消除。

战术同样也受到欧洲这些死教条——缺乏协同作战、强调围困、不搞突袭——的影响。但是到了美国独立战争时，时代已经变了。兰姆中士把美洲大陆上战争的性质说成是"一种不可压抑的热情和复仇心理。幸好这种情况在一般战争中不常遇到"②。18世纪陆上作战的规则显然正在打破。

在海战方面，在1782年的桑特海峡战役中，打破了自己和敌方舰队的战列队形的罗德尼，打破了一切常规；他赢得了自1692年以来的一次光明正大的海战中第一场鲜明的胜利。他俘获了包括敌方舰队司令的旗舰在内的5艘军舰，他的部下胡德另外还俘获了两艘。到这时已可明显看出，死守战列队形永远无法赢得海战胜利，而跟踪追击却往往取胜。当然这种认识并不是说在舰队战术中，一切命令，特别是在接敌战术中一切命令都应废弃。但是这的确使战列队形和追击有可能明断地结合起来。

归纳起来，在18世纪中，战争是在稳健中进行的。随着对宗教狂热的摒弃，战争的罪恶减少到空前绝后的最小限度。这种相对来说比较文明的战争阶段，到美国独立战争末尾和法国革命战争时期告结

---

① 刘易斯·巴特勒：《皇家来福枪军团编年史》，两卷本（伦敦，1913年），第1卷，第159—160页。
② R. 兰姆：《回忆录》（都柏林，1811年），第175页。

束。美国独立战争末尾获胜的殖民地人民和法国革命战争对保皇派进行了严惩。战争在17世纪中已不再是宗教狂热的武器，而成了民族主义狂热的工具。武器装备的发展几乎是停滞不前。步兵武器方面的唯一改进是安哈尔特·德绍的利奥波德在1740年用铁的推弹杆代替了木制品。炮兵的使用在18世纪中期，按其与其他兵种的比例来衡量，增长得比16—20世纪中任何时期都要快。军队的规模有限制。几乎一直到18世纪末，才出现有组织的常备师。军队在战斗中仍旧只是组成单独一条连续不断的密集队形。胜利取决于将领的才干而不在于武器优劣，取决于质量而不是数量；而战役则取决于机动用兵而不在于摧毁敌人。人民大众排除在战争之外，规则和惯例使他们免遭战争之害。18世纪的战争被人说成是国王们的游戏，而不是日后那样的民族之间的纷争。参战的各国君主感觉到他们的责任，深知他们臣民所能忍受的程度，因此把他们的行动保持在限度之内。他们的军队不是靠征兵征集的；他们不依靠被他们占领的国家供养，也不破坏和平的成果。他们遵守他们军事游戏的规则；他们自己把目标定得适度；并且不把苛刻的条件强加于被打败的对手，他们意识到下一次可能会轮到他们自己。战争游戏不应破坏一片升平气象，18世纪特有的骄傲，即那套艺术、规律和风格。总之，战争艺术从另一个方面反映了那个时期普遍存在的那种心安理得的自鸣得意。

18世纪欧洲各国中的社会阶级间的界限分明。这些集团的高低是以出身、继承的特权和财产为基础的。封建贵族和贵族阶层是忠诚可靠的，他们指挥舰队和充当军队的军官。贵族的历史就是一部军事史，他们主要的、合适的职业是在军队中服役，他们的报酬是勋章和胜利的奖赏。在克罗地亚的军事边境和哥萨克人中间仍然实行真正的封建军役制。占人口大部分的新兴的资产阶级和农民，一般被免于参加战争的活动的，以便继续从事他们的工作，就是增加国家的资源，把农业、工业和财政的财富提高到最高的水平。经济活动和军事活动的区别如此之大，以致这些阶级一般都接受和平所加给他们的一切条件。爱国主义和民族主义的时代还没有到来。这些人只要能保住自己的财产，就毫不关心究竟由谁来统治他们所居住的国土。职业军人来自社会上那些不事生产的阶层：军官来自上层贵族，士兵和水兵则来自下层的失业者、流浪汉和乞丐。这只进一步反映了18世纪统治者们，尽量利用一切可以取得的人力来达到具有这个时代特色的那种平衡的企图。利用外国人为本国打仗，也是一种统治手段。这样可望打破对手的平衡而又有利于保持自己的平衡。只有英国没有这样的军事贵族，因为英国的各阶级间的社会悬殊不是那么显著，中产阶级和上层之间从来没有一条不能逾越的鸿沟。英国由于拥有商业财富，它在雇用士兵进行陆战和对欧洲盟国给予津贴方面，都处在比较有利地位。

18世纪所有各国的军队，都是由本国人和外国人的成分混合组成，缺乏同一性（外国人约占各国军队总人数的1/4到2/3）。他们的作战素质平平，人们相信，只有靠十分严明的纪律才能把这帮缺乏伟大和共同理想的士兵们纠合在一起。士兵服役的年限很长。打仗只是为了谋生，不是为某个事业而献身。一般来说，他们是一个国家中在社会上和经济上的被遗弃者，其他比较幸运的阶层对待他们要么是丝毫不感兴趣，要么充其量也是加以蔑视。为了防止他们开小差，往往用各种严密的法规来管束他们，开小差是那个时代军官们最感头痛的事情。募兵制排除了一切礼遇的机会，因此它形成了一种恶性循环。例如，那些由抓兵队抓来的士兵，怎么能让他们上岸休假呢？为了使这支大杂烩的队伍成为一支能打仗的部队，就必须由外界或上级强制实施秩序，以创造出某种形式的共同意图。腓特烈大帝写道："这种秩序、纪律和惊人的精确性使这些军队如同一只钟表的机械，那些齿轮经过巧妙的连接，能产生精确而规律的运动。"① 18世纪的指挥官们深信，纪律是军队的灵魂，它能使人数很少的小部队成为不可战胜的，使弱的部队能够取胜，让人刮目相看。士兵用不着思考，思考是军官们的事情。对大多数未受过教育的士兵用不着讲道理，对他们只有严加管束。这种局面，只有通过使当兵这个职业比较有吸引力，给予较好的薪饷，并且给予一切可以行得通的礼遇，才能得到改变。

在英国军队里，即使各个阶层之间社会鸿沟不甚分明，一位观察家在1765年曾评论说：任何一个看到过步兵团队整队的人"都会认

---

① 皮埃尔·加克索特：《腓特烈大帝》（伦敦，1941年），第216页。

第八章 武装力量与战争艺术

为军官们和士兵们友善极了。索霍广场的连队也是这样——全都站在一起,却又界限分明。"① 军官们一般都不愿过问和关心士兵的实际供应情况,这被人认为是士兵常常开小差的一个原因(严厉的惩罚对减少逃兵的数量没有起什么作用。这似乎是公认的)。士兵和水兵都是一些单纯、率直、讲求实惠的人,主要关心军饷和伙食这些基本问题——军官们对于这些非常庸俗的事务似乎没有什么兴趣。像惠灵顿这样的军官太少了。他在1787年一加入陆军就让一名列兵先是只着军装过秤,然后又带上全部行军装备过秤。如果有一名军官受了伤,伤亡名单上会列上他的姓名。但普通士兵却不是这样,他们只是一堆号码。军官和士兵之间既有心理上的,也有实际上的隔阂。正像威廉·蒙森爵士所说的,"当水兵们发现他们的指挥官对海上的规矩一窍不通,并且不能用他们自己的语言与他们讲话时,他们就变得顽固又任性了"②。

由于士兵和普通水兵都是来自社会下层,记载他们生活和观点的文字材料几乎全出自军官们之手,因此,对于整个军队的看法难免不带偏见。如果士兵们自己写的信件或日记确实存在的话,那么把它们公布出来就对揭示18世纪陆海军生活的真实情况会有极重大的意义。上下级之间的这种隔阂,说明了为什么海军高级军官和海军部对英国海军中如1780年在朴次茅斯港内"无畏号"上酝酿的哗变形势竟然毫无觉察,以致对1797年的各次事件毫无准备。陆海军中大部分守旧派对士兵不屑一顾,即使提及也使用尖刻的语言。解决纪律松懈问题的真正办法是官兵间的相互信任。没有这种信任,就只能依赖不停的工作和严酷的纪律,士兵们的思想只得让它整天忙于各种勤务。肯彭费尔德说的话,就具有这个时代的特色,"要士兵守规矩,就必须让他们一天忙到晚"。"要让人数众多的部队有秩序的唯一办法,就是把他们分成一级一级,每一级都有军官对他们的行为进行监督和管理,使士兵们有纪律守规矩。"③ 所有这一切过分依赖许多军官们的所谓热情。普通士兵中的某些情况是情有可原的,由于对构成特种食

---

① A. M. W. 斯特林编:《一个约克郡家族的编年史》,两卷本(伦敦,1911年),第1卷,第319页。
② M. A. 刘易斯:《英国海军》,第296页。
③ J. K. 劳顿编:《查尔斯·巴勒姆勋爵书信和论文集,1758—1813年》,"海军档案学会",第32、38、39、3卷(伦敦,1907—1911年),第1卷,第299、306页。

品的无知,由于无法用真空防腐的方法来保存食品,以及诊断许多当时还未十分了解的疾病尚有困难。即便如此,这个时代的自满情绪也还是太深了。

在消除官兵隔阂并建立相互信任方面,也曾做过一些努力。伯戈因向第 16 龙骑兵团他的军官们提出的教导法则,坚决要求军官们必须要了解有关马匹的各种配具,学会装备和驾驭马匹的本领,对各种马具的用途了若指掌。军官不得谩骂士兵,要把他们当作有思想的人相待,有时还应在谈话中开开玩笑。他声称自己反对普鲁士的那种"用棍子驯狗似的训练士兵"的方法①,但是,那些对普鲁士的体制持批评态度的人忘记了,除了纪律以外还有别的。约瑟夫·约克少将 1758 年 7 月在一份论述普鲁士陆军的报告中提出了下述几点意见:尽管腓特烈大帝易患感冒,但他"行军时却从不坐马车,而是一直骑着马和步兵们一同行进,他同他们一起出发,率领他们进入营帐或驻地……他以前还往往同部队一起宿营……军队的军官中只有他和凯特元帅两人住进营房,其余军官都住进帐篷宿营"。这位国王"非常注意让他的士兵们得到一切必需品,我确信,全面衡量起来,只要士兵们能够习惯于不论在什么场合都须在各级军官的监督下循规蹈矩,他们的生活在这里要比在任何别的军队里强"。普鲁士军队每年都发夏装和冬装,面包供应从不间断。腓特烈"从不让他的军队不必要地劳累。因此,部队一旦学会了他们的课目(这些课目在普军中学起来要比在其他地方快),他们只要完成日常勤务就够了。因为腓特烈在战役的第一个月过去以后,决不在战场上对他们进行操练或检阅,除非当他注意到他们纪律松懈,作为惩罚"。约克的结论说,腓特烈"有理由得到他的军队的信任,因为他的军队确信他总是和他们在一起。在行军中,他与部队打成一片,和士兵随便交谈,了解他们各人的身世。此外,派出的分遣队不论大小,即便是上千人的,他都要陪同出发"。约克还举了一个事实来说明腓特烈对一些细小的事情都考虑得很周到:普鲁士士兵从来不自己扛帐篷的支柱,支柱与帐篷一起由马驮运。

---

① F.J. 赫德尔斯顿:《绅士约翰尼·伯戈因》(伦敦,1928 年)。

第八章 武装力量与战争艺术

这样做避免了好些麻烦。例如,士兵不必再因为支柱与他们的火枪系在一起而在遇到意外时手足无措。打了一仗后,在敌人面前后撤时,士兵们就不会因为没有支柱支撑帐篷而不得不在地面上露宿。而这种情况,我们在战场上失利时是难免的,因为士兵在投入战斗时,必须扔掉带在身边的帐篷支柱。①

在英国海军中,像豪勋爵那样的将领是个例外。水兵们都记得他如何常在战斗以后下到船舱里,坐在吊床边与伤员交谈,并把他自己的食品和酒送给他们吃。到了18世纪末,已经产生了某种团队的自豪精神。一艘军舰在一名水兵的一生中,由于彼此接触时间短暂,很少能起到一个团队在士兵生涯中所起的那种作用。尽管如此,像"胜利号"这样一艘长186英尺,载重2162吨的军舰上,官兵总数近千人,这么多人与外界隔绝,拥挤在这样一个必然狭窄的环境中,除了工作外无所事事,在海上时间久了必然会产生一种团体精神。从法国革命和拿破仑战争的长期封锁中,产生了一种新的人情味。1797年水兵哗变事件发生后,警惕性可能有所提高,但舰上军官对水兵的关心也有了改进。这是个人对舰上伙伴的关心,它在纳尔逊身上尤为突出。

已经可以普遍清楚地看出,入伍以及使用的其他的招募方法,都已无法为即使是18世纪那样的有限战争提供足够的兵员。许多国家开始试探性地寻求某种公平的全民服兵役的形式。普鲁士、俄国和法国最早试行征兵制,奥地利和西班牙在七年战争后也步它们的后尘。甚至在英国,1757年的民兵法案建议用抽签的方法从各教区的名单上挑选6万名男丁,在每年4—10月每星期训练一次(总共28天),服役期为3年;而皮特的建议甚至比这走得还远。在海军服务方面,法国的"海军军籍登记"和英国的"强制征兵队"成了日后范围更广泛的各种制度的先驱。征兵的对象一开始时只是对有限的农民和手工业者实行征兵。全民兵役制的全面实施和完成,还必须有待于战争性质的改变和人民对战争态度的变化。同样,高级军官尽管仍然是贵

---

① 不列颠博物馆手稿补遗,哈德威克第9,第261册。载P.C.约克《哈德威克大法官菲利普·约克的生平与通信集》,3卷本(伦敦,1913年),第3卷。

族的专有领地，但中产阶级出身的军官人数日益增多，特别在那些军职能用钱买得的国家里更是如此。但是这种发展形势并没有使18世纪军队的效率有显著的提高。

1740年，普鲁士的人口在欧洲各国中只占第12位，和平时期军队有8万人。相比之下，法国和奥地利的人口均比它多10倍，但它们的军队分别只有16万人和10万人。普鲁士军队最灵活，进击速度最快。它不但灵活，而且擅长训练有素的机动，组织严密，操练正规一致。腓特烈深信，普鲁士的国王要拥有一支军队，就必须在国内的各阶级之间、在经济生产和军事力量之间坚定地保持平衡。一个严格的阶级结构对于军队和国家来说，都是必不可少的。他必须保持贵族阶级，禁止贵族将其土地出售给农民或城镇居民。农民太无知，不能充当军官，而让资产阶级当军官，腓特烈则认为是军队没落的第一步。他非常依靠主要来自农村贵族的军官们的精神和效率，他们不得在其他地方服务。军官必须带领他们的士兵面对危险；既然荣誉对于士兵没有多大意义，那么他们就必须要惧怕军官甚于惧怕危险。每个贵族家庭提供一个儿子，让他于12岁到18岁期间在士官生连队服役，然后分配到各团队。约瑟夫·约克少将注意到，上尉军官必须照管好他们的下属军官，这样做的意义是"年轻的军官们时时都在他们上级的监督之下，不得找借口请假，除了他们的勤务以外不得去注意别的事情，这样就可避免这么多的年轻人聚在一起时常发生的争吵闹事等各种麻烦。而这类麻烦在别的军队里，据我亲眼所见，是有很坏影响的"。

农民家庭也同样应受到保护。他们的土地不应被贵族或资产阶级并吞。应征入伍的只有那些不是农业上所必不可少的人。农民和市民的最大用处，在于他们是生产者。腓特烈在1768年写道："有用的、勤劳的人应像眼珠一样受到保护。在战时，只有在绝对必要时才从国内招兵。"陆军中有一半或一半以上的人是非普鲁士人的雇佣兵、战俘或外国军队中的逃兵。整营整营的士兵是由奥地利军队的逃兵组成的。从敌国领土上招兵是普鲁士政策不可分割的组成部分。1742年普军中本国人占1/3，1750年时占一半，1763年时占2/3。1761年普军的总人数占人口的4.4%，而法国当时只占其人口的1.2%。普军中本国人的比例按规定不得少于1/3，他们是通过强制服役征召来的。普鲁士王国由许多州组成,每州负责征召一个团队,并有能力为这个团队提供三次补充(一个步兵团队由 5000 名火枪手组成,骑兵团队有 1800 匹马)。男孩出生后,由负责洗礼的牧师报告地方当局,他们在 18 岁到 40 岁期间得随时听候军队征调。免于征调的只有独生子、寡妇的儿子、手工业大师傅、神学院学生、孤立的农庄或有一大群家口的农民。

严明的纪律和持续不断的服役被认为是把这样的一支军队变成一个具有一致思想和意志的工具所必需的条件,从而能使腓特烈大帝充分发挥他的统率艺术。他不靠军队的勇气、忠诚或团体精神。他认为,单个士兵,独立小分队或是没有军官监督下的部队都是不可靠的。这种不信任是他反对在战场上分散兵力的内在原因。为了防止开小差,遂制定了各种详尽的规则:军队不得在大树林附近宿营;他们的侧翼和后方应有轻骑兵看守;应尽可能地避免夜间行动等。军队外出筹粮或洗澡时,必须列队由一名军官带领。在普鲁士军队里,平均每 37 名士兵就有一名军官。对此,约克曾评论说:

> 我观察到普军中的唯一在别处没有见过的优良纪律特点,是无论在什么时候部队行军途经小城镇并因任何原因队伍中任何部分必须在城里停留时,我从未见到一名士兵离开过队列。即使我见到这种停留长达一个小时以上,情况也是如此。诚然,所有其他的军队也有同样的规定,但能如此严格遵守的,至今我见到的唯有这支军队。①

他在报告中还说,普军里任何一支分遣队从不由来自不同团队的士兵组成。它们总是"由整支部队或根据所需人数按比例从一支部队中抽出。这样,军官就能一直与他部下的士兵在一起"。他的结论是:"执行勤务是精确的,但与我看到过的别的部队相比,他们缺乏生气和欢乐。他们一心在执行任务时普遍有一种沉闷的气氛……这部机器全靠君临其上的君主的天才方能造出、维持和运转。"如果腓特烈失误,则全盘失误。虽然普鲁士的军队这样防范,但其开小差的要

---

① P.C. 约克:《哈德威克伯爵菲利普·约克的生平和通信集》(1913 年),第 3 卷,第 222 页。

比欧洲任何其他国家的军队都多。伯戈因1766年向查塔姆勋爵报告说，普鲁士军队"对自己士兵逃跑的担忧甚于对敌人的防范。而且，在战斗失利后，失踪的人数往往是死亡或被俘人数的3倍"。因此，有时候，军官的主要责任是防止士兵开小差，与敌人战斗反倒成为次要的事。因此，尽管普军由于其结构可以称为纪律严明、灵活机动，但它却很少能予敌人以毁灭性打击。为了克服战斗时的紧张情绪，同样需要贯彻铁的纪律。如果敌人溃逃，得胜的部队必须仍然保持队形，掠夺死伤者的士兵则被处以死刑。1745年腓特烈下令："如果一名士兵在战斗中左顾右盼意欲逃跑或是擅自离开队形，他身后的军曹就可用刺刀将他刺穿，予以当场格杀。"完全可以设想，18世纪的士兵是一些生性粗直的士兵，他们对于这样的命令比那些一纸空文的种种规定要懂得多。

18世纪初，法国军队曾是欧洲最完美的军事手段。到了七年战争时，它在与汉诺威、黑森和不伦瑞克等诸侯国军队的作战中，却从未赢得过一场决定性的胜利。这种衰落的主要原因，不仅是分配给它的经费不足和对以往一度曾是成功的神圣传统过分崇拜，而且也因为军队的社会成分上的弱点。一系列与宫廷关系密切的将领极为无能，而贵族出身的军官和资产阶级出身的军官之间的斗争激烈。到了1750年，有1/3的步兵军官出身中产阶级，他们或是用钱买得委任，或是从行伍中提升。但不管他们能力多大，决定高级军职任命的是出身和财产，而不是本领。高级军职往往由一些既无军事素养又不求上进的人据有。迟至1781年，国王还发出一道命令，规定任何想得到军官任命的人，必须经宫廷家谱专家审定具备1/16的贵族血统。到了1787年，军官队伍明显地分成5个阶层：大贵族出身的军官，有证明具有几百年贵族历史因而能被引见国王的贵族军官，有1/16贵族血统但不属于宫廷圈子的贵族（法国的乡居贵族）军官，资产阶级出身的军官，以及那些在1781年的命令关上了新兴中产阶级晋升大门之前得到任命的行伍出身的军官。上校以上的高级军官，均来自前两个阶层。一个宫廷贵族可以在39岁时成为一名将军，但他需要随部队服役8年零5个月。其他贵族须到58岁、服役31年以后才有可能当将军。军官队伍的大多数是由第三个阶层所提供。来自后两个阶层的人，最高军衔只能是中尉，指挥一个连都不可能，退休后的年金也很少。这个制度在1787年陆军委员会的晋升条例中已经做出规定。

法国军队中每15名士兵就有一名军官，人数之多甚至超过了普鲁士军队，不过原因却大不相同。尽管纪律是一个原因，但主要原因却是：这时被封为贵族不再是因为提供军官的需要，而是因为军官资格的设立是为了满足贵族的需要。许多军官很少同他们的部队在一起，根本不了解他们的士兵，从来也没有取得他们的信任。军官们的行囊累累，仆从众多，这就进一步降低了部队的机动性。这些数量庞大的军官还造成了一种尴尬的局面：为了使比较高级的军官有事可做，只好轮流进行指挥，元帅和将军们便依次轮流指挥；因此，这就缺乏前后一致的连续性。1775年陆军的总兵力为17万人，军官人数竟达6万。他们的薪俸和年金占军队预算的一半以上，他们中真正在团队里供职的仅占1/6。在近200个团队中，上校有1100名，将军为1200名。到了1789年，军队兵力增加将近一倍，但军官编制却缩小到9578人，其中6633人是贵族。法国的军官们实际上是一批老爷。这场裁减工作主要靠舒瓦瑟尔，他把拿薪饷和年金的军官人数几乎砍掉一半。他迫使实际指挥团队的上校们每年要有一段时间与部队在一起，还为了培养年轻军官规定了定期的训练活动。招兵工作也从连队指挥官的手中转由国防大臣负责。为了取代团队连队里那种"放牧"一样的管理方法，还开始实行一套正规的核算和行政管理制度。

法国军队的组织反映了这种贵族的基础。在各王宫值勤的有王室禁卫军，"法兰西和瑞士卫队"。还有前线的团队以创建团队的大贵族的头衔或法国各省的省名命名。团队的1/4士兵是外国人，其余的3/4则由那些比较不幸运的贫苦阶层、游民和失业者组成。1796年为支持奥什入侵爱尔兰而从弗拉兴对英格兰东北部进行的佯攻所以失败，就是因为其组成的成分问题。在这支由囚犯和逃兵组成的队伍里，有普鲁士人、奥地利人、匈牙利人、波兰人、俄国人、意大利人、克罗地亚人、荷兰人、瑞士人、土耳其人，甚至还有英国人。他们在即将登船时拒绝执行任务，成百地开小差流窜农村，对居民造成威胁，直到被警察搜捕。督政府1796年6月19日写给奥什的信中说，组成这支远征军主力的各个部队应"使法国得以清除掉许多危险分子"①。还规定在法国农村人口中，用抽签办法建立一支民兵，但这支民兵只是偶尔集中在一起，进行一些最基本的训练。

法国的海军军官和陆军军官一样，是由贵族充任的。而且甚至更具有排他性，因为海军军官的军职是不能够购买的，德斯坦伯爵（1729—1794年）从1778年到1781年间一直指挥在美洲和西印度群岛海域的舰队。尽管他才能出众，却从未得到大多数法国海军军官们的尊重。因为他以前是一名火枪手，而不是一名职业水兵，因而被人看作一个"外来人"。商船队的高级船员只有在战争持续期间才被编入海军。与英国海军不同，他们在海军中没有前程。在贵族独占的作战部门和驾驶舰艇的航海部门之间，有一道严格的、几乎是封建的界限。尽管如此，法国海军军官在驾驶舰艇方面比英国人受到更好的训练。而海军舰艇建造作为一项专业于1810年始于英国，当时在朴次茅斯成立了海军造船学校。英国海军的教学着重经验，依赖那些最有资历、最聪明的教官。而在18世纪的法国海军学院里，数学、水文学、天文学、航海术、仪器制作和舰艇建造都在课程设置中得到体现。18世纪中期，查尔斯·诺尔斯海军上将认为，法国的一艘装有52门炮的军舰相当于英国的一艘装有70门炮的军舰。法国海军还是信号改革的先驱。

自1689年以来，法国海军就有一套称作"海军军籍登记"的征兵制度。法国是第一个用正规的海军人员来建立一支海军的海军大国。沿海各省的全部海员，被分成为3个、4个或5个组。按各省海员人数多少，每个组在4年、5年或10年时间内服役一年。当一个组被征往海军服役时，其余各组可任意到商船上工作。他们轮流服役，不服役时可领取半薪，但终身必须听从海军调遣。迟至1771年和1786年英国议会才提出了相似的计划。其主要目的是：限制英国海军的服役时间，超期就可以要求免役；给那些按全国海员登记名册服役的人员发年金，给予较高的薪俸，并增加奖金；避免国家与商船队之间在战时拼命地争夺海员。法国的制度不得不辅之以强征，因为人们为了得到商船队的优厚工资，往往逃避为国家服役；强征还常把一些从未见过大海的农民以及外国人也抓来服役。显然，无论是英国

---

① E. H. 斯图尔特·琼斯：《一次失败的入侵》（牛津，1950年），第88页。

还是法国,在征募海军人员方面,要解决的还是财务问题。

英国陆军的兵源,一是来自团队军官招募来的志愿人员;二是那些以参军为条件而从狱中获释的罪犯和负债人,在美国独立战争中就有三个团队完全是由这些缓刑犯人组成的;三是根据1739—1763年通过的各项法案用发奖金给教区当局的做法而抓来的贫民,"凡身强力壮的乞丐、算命人、无业游民,以及在教区内无人认识或无法讲清自己来历的可疑人物"。只有第一类人能指望晋升。这类人为数不多。托马斯·皮特1750年提出议案限制当兵的服役期限。他认为"一个人从军绝非出于谨慎或慎重考虑,因为没有一个头脑正常的人愿意一辈子受人驱使"。在同一次议会辩论中,巴林顿勋爵声称,大多数普通人从军是因为无所事事、挥霍过度或生活放荡的缘故。

由于英国的陆军在正常情况下保持较小的编制。一旦有外国入侵的威胁或发生紧急情况时,就必须要从爱尔兰借军队,雇佣日耳曼各公国的士兵,或者给予其他国家津贴让他们去打仗。老皮特辞职时,英国(英格兰、苏格兰和威尔士)不到800万的总人口中有20万以上的武装人员。尽管英国的军队人数增加很大,但1761年议会仍投票通过309.1万英镑作为给普鲁士人的津贴和支付侦察部队中的日耳曼人部队的薪饷。英国陆军在战时扩充的问题,仍需要做大量的工作,例如分析一下和平年代正常情况下的陆军军官名册,再把这一分析和战时陆军军官名册作一比较,考虑是否同一种(或哪一种)人员才能满足这种大扩充。①

皇家海军舰艇上的水兵或是由志愿人员所充当,他们为一艘舰艇的舰长的声望所吸引,例如缴获战利品,或者他本人比较随和,容易侍候;或是由穷苦人家的孩子、孤儿和流浪儿充当。从1756年到1815年,航海协会为舰队输送了3.1万名男孩子,或是抓来的百姓,或是外国人,到了18世纪末,则由负债人、流氓和游民,根据各郡和海港人口多少,规模大小按额定数量编入海军。与陆军一样,海军的志愿人员也为数很少。照约翰逊博士的说法,一个人如果有办法去坐牢,他就不会去当水兵,因为在舰上犹如坐牢,而且还有葬身海底

---

① 参见 E. 罗布森《美国独立战争中一支团队的招募》,载《陆军史研究会会刊》,第 27 卷,第 107—115 页。

之虞。因此，把狱中的犯人送到舰上去的做法，也许就是由此而来的。当时有人写道："为了玩乐当海军，就好比是为了消遣进地狱。"① 但是一旦加入了海军，倒不在乎他们的出身，而是按照个人的才能分成二等水兵或三等水兵。如果说，人们参加海军的主要动机是为了奖金和爱国主义的话，那么到了战时就要用抓丁队来弥补爱国主义的不足了。抓丁是一种恶劣的、不公平的征兵制，港口和入港的商船则首当其冲。在和平时期，英国只保持在紧急状况下所需海军兵员的1/5。抓丁是由舰上的军官带着一队水兵进行的。到了18世纪末，在法国革命和拿破仑战争的压力下，则由正式的抓丁队进行。海军之所以要依靠强征制度，原因是，只要海军的军饷不提高，它就不可能吸引足够的人来服役。海军给的报酬不如武装私掠船的多，而生活却比商船队艰苦。既然海军不可能、也不会用各种好处来保留住其人数，抓丁因而就成了一种必要的、然而却是遭人反对的做法。所以遭人反对，这是因为它严重地干扰了贸易这个18世纪的立国之本。为了维护贸易，曾制定了一些法规来减轻抓丁造成的不良后果。离港的商船则尽量地免予抓丁。航海法也经修改，在战时商船可雇用外国人，可多达占全体船员的3/4。1775年的法令不但中止了商船船员雇用条款的3/4的规定，而且还允许所有在英国商船上工作过两年的外国人称作英国海员。因此，抓丁队就保住了那些有航海经验但宁愿得到商船队工资并守纪律的人，或那些住在海港附近或碰巧来到海港地区的未出过海的人。18世纪，英国的城镇居民很少有看到过大海或战舰。百姓对海军的热情是随着以后英国海滨浴场和一年一度到海边度假的风气日益兴盛才发展起来的。对于向往大海的人，商船队提供了优裕的条件：它的工资在战时会增加，危险性较小，住舱不那么拥挤，生活条件也好。在七年战争的各次战役中，阵亡的水兵是1512名，但病死和失踪的水兵却多达133708名。海军的薪饷从1651年到1797年一直没有变动。二等水兵每月是22先令6便士，三等水兵只有19先令。相比起来，商船上的水手工资有50—60先令。薪饷要等到返回基地港口6个月后才能发给，有时还要拖欠更长时间。在1758年之前，没有任何有效规定，可以把欠饷的任何一部分发给水

---

① H.C.威尔金森：《1684年至1784年间旧帝国的百慕大》（伦敦，1950年），第119页。

兵的家属。一直到1825年，水兵欠饷即使发给，拿到手的也是一种只能在伦敦的托尔希尔的偿付局才能兑换的票据。水兵必须在服役期满后才能离舰上岸。一直到克里米亚战争前夕，水兵签订的合同只有舰艇一次服役期限那么长，而且不能保证再被雇用。

英国军队是欧洲唯一一支军衔可以普遍用钱买卖的军队。这种交易建立在正规的和固定的原则之上。有钱有势的人在军队里晋升很容易。除了炮兵以外，购买军职的交易几乎没有什么限制，军官本人的才干和爱好无足轻重。对各级军衔晋升的年限没有限制。购买军职对逐级晋升也没有阻碍。年龄大能力强的军官往往因为囊空如洗而被那些毫无经验但却富有的年轻人挤在一边。这一来晋级制度就失去了激励军人立功的意义。花钱受惠、无功受禄往往使得军官队伍变得麻木不仁和不求上进，他们认为他们的前程已命中注定而且毫无指望。

军职买卖流于种种弊端，很多人已觉察到它的缺陷。1760年以后做出了一些尝试来改革和调整这种买官的做法。结果，价格被确定下来，不得超过；并且规定了购买军职的手续。对随意买卖官职以及为幼儿买官等现象，也试图予以处理；还考虑保护那些在海外服役和没有势力的军官，免受对在国内服役的军官有利的势力的影响。这些调整对反对军队晋升中的潜在势力起到一些作用。然而，尽管买卖官职制度的弊端受到越来越多的指责，但它却一直延续到19世纪战争期间才被废除，当时战争的各种丑闻彻底暴露了这种制度的腐败，导致了一场早该进行的革新。虽然有种种弊病，但官职买卖制度却防止了英国陆军的高级职位成为贵族独占的领地。这一点反映出那个社会中拥有财产的社会基础是地主和乡绅。美国的乔治·华盛顿同样也认为只有乡绅才能在军队中担任军官。

利害关系是18世纪军队升迁中的一股潜在力量。坎伯兰公爵是王室子弟，1745年他才24岁就指挥一支联军；沃尔夫15岁当少尉，23岁成了中校，他仗着一位无所不能的大臣的支持，在32岁时就当上了少将。惠灵顿1787年17岁时参军，靠着他哥哥理查德的势力，当年年底就成了中尉。正如他母亲所写的："6个月内他在军队里升了两级，被任命为副官。"他24岁任中校，32岁任少将，40岁任中将，指挥远征军，功成名就。

买卖军职和讲利害关系，对于陆军军官的素质大有影响。因为金钱和有权势的亲友总能满足他们的愿望,军官们就不会自觉地去学习有关这门对他们说来往往是不愿干的职业的知识。英国军官不乏天才,但他们缺乏发奋努力的精神。这种情况说明了何以他们的许多战役总是"功败垂成"。英国人如果在经受考验或被逼至绝境时,通常总是能够取得成功的;但是他们没有遇上强敌时,却很少认真作战。结果,和从贵族中选召军官的欧洲其他军队相比,他们的实际作战效果相差不了多少。伯戈因在评论1765年奥地利军队的将领时这样写道:"一些人已老而无用,另一些人则靠家庭的地位或宫廷钻营而得到升迁(否则就得不到升迁)。许多人无功亦无过,靠资历提升,把这些人抛开未免有失公平,但是这些人国家决不能委以重任。"到了18世纪末,重任即将来临,新的战争艺术的需要,使欧洲各国军队的成分发生了彻底的变化。

英国海军军官的官职没有买卖。"皇家海军在其最后的组织形式中,军官是由一些精通航海技术,献身于国王海军事业的人担任的。皇家海军给予他们地位,但并不保障他们的职业,报酬有限,但它是一个伟大国家中的一种光荣职业。"[①] 海军军官有的来自贵族和乡绅家庭——来自那些统治家族,或与他们有裙带关系,或能得到他们照顾的人;也有来自中产阶级——小地主、教士和律师的子弟,他们凭才能和机智得以晋升;还有来自商船队,但他们的数量日益减少。库克、坎佩尔和本鲍等人最终当上了军舰上的高级军官,他们主要靠非凡的才能或特佳的运气。这后一类的军官,由于没有社会地位,通常提升太慢,一生中提升不会太高。也有极少数军官是从水兵提升起来的。

虽然像海德·帕克这样的人在家庭和政治上没有什么权势,而肯彭费尔德和杰维斯则根本没有,但是所有这些伟大的海军将领几乎一开始总有一些有利条件或这一类的东西,早年得到某些显贵的庇护才能迅速得到提升。属于统治阶级广泛领域的父母们,把军舰舰长和陆军团队的指挥官等同看待;他们深谋远虑地为子弟们在这两个军种中做好准备。因此,那些没有关系可依靠的军官们,就很难当上旗舰上的高级军官,他们人到中年仍然充当下级军官,而其他人则利用他们

---

① 大卫·马修:《海军的传统》(1944年),第13页。

第八章 武装力量与战争艺术

的辛劳谋取自己的功名。在战争期间，忙于舰务的正是这样一些从海军候补生到海军上尉的下级军官，而头头们则在岸上长期领取半薪后才到海上来。1797 年坎珀唐海战中的胜利者亚当·邓肯在七年战争中赢得了声誉。1764 年到 1795 年任北海舰队总司令时，64 岁的邓肯在海上服役的时间总共才两年。出身伦敦富商家庭的霍克海军上将，来自圣克莱塞的科尼什教区，他和大海没有任何关系，一直到 1734 年 29 岁时，才当上小舰舰长。但是，他在他的舅父朴次茅斯议员、贸易和种植园专员马丁·布莱登的支持下飞黄腾达。亚历山大·胡德和塞缪尔·胡德爵士兄弟 1741 年由他们父亲的客人海军上校托马斯·史密斯收留进入海军。史密斯是托马斯·利特尔顿爵士的私生子，而利特尔顿则是格伦维尔家族的表亲。塞缪尔·胡德还由于娶了朴次茅斯军舰修造所政府特派员的女儿而使自己的事业更为顺达。迟至 1815 年，海军上将约翰·哈维爵士在他的旗舰准备前往背风群岛站时，带着一名侄儿当副官，还有两名外甥分别充当海军陆战队中尉和海军中尉。对于这位海军上将的后一要求，引起了老资格的海军大臣的尖刻抨击："一个舅舅和两个外甥，成了圣父、圣子和圣灵了，决不能让他们这样干。"① 另外，肯彭费尔德由于父亲是瑞典人，母亲是英国人，因此一直到 39 岁才当上一艘小舰的舰长。巴塞洛缪·詹姆斯的母亲反对他参加海军，因为"没有能保证通向升官途径的那种关系"②。

其他国家的海军里没有指挥一艘某种级别小舰舰长这样的军职。这种军职把取得这一职位的军官和他们的下级军官完全隔开了。这是这些舰长和他们原本出身的下级军官之间的真正界限，它是有组织的海军等级制度的真正标志。在战时，年纪轻轻就能取得小舰舰长这一职位，这是因为新建的舰只和被俘获的舰只很多。七年战争期间，凯佩尔 19 岁，豪和康沃利斯 20 岁，罗德尼 23 岁就当上了小舰舰长。当上小舰舰长后，每名军官只能在舰长花名册中慢慢地往上爬，一直爬到海军上将。因此，海军高级军官的一生，是由考虑提升和领休职半薪所支配的。英国海军在使用高级军官时，采用非全日制的基础。

---

① 大卫·马修：《海军的传统》（1944 年），第 190 页。
② J. K. 劳顿编：《海军少将巴塞洛缪·詹姆斯的航海日志，1752—1828 年》，海军记录学会，第 6 卷（伦敦，1906 年），第 4 页。

被任用者只有在实际工作时才能领取全薪。高级军阶人员大部分时间都在岸上不工作，但领取半薪留职。1737年之前，根本没有退休一说；在此以后，也形同虚设。"任何一名取得军官资格的军官，只有老死时才算退役。"这很能说明18世纪时的一些做法：很多高级海军军官很穷；因此经常有人批评说，他们只要捕获赏金，不要打仗；1805年以前有不少高级军官进入议会，1805年巴勒姆下令，对于那些想去议会履职的军官请假离开舰队者，不予批准。霍克接替他的舅父的空缺当上了朴次茅斯的议员，任职近30年。罗德尼从1751年到1782年先后当过5个不同选区的议员。塞缪尔·巴林顿从舰长花名册的底层爬到最高层，花了31年的时间。但是，纳尔逊12岁加入海军，17岁当海军上尉，20岁成为海军少校，一年后任舰长，到了39岁为海军少将。人们推算，他要是活着，要到1844年才能当上海军上将。纳尔逊的经历典型地表明18世纪军官升迁的必要条件：人事关系（纳尔逊的叔父1770年到1779年间任海军审计官）、才能和有足够的战争使他能不断地参加战斗。

军官的使用数量，在战时受到编制和造舰计划的严格限制。一直到18世纪末，一名军官每到一艘舰艇服役，都必须得到一次新的任命；他在舰上的岗位任命时尽可能地具体，那时还没有在舰队机关任职的情况。从提供海军军官的各社会阶层中征召军官的办法有几种。由海军部挑选的少数人被称作"国王的听差"，他们从1733年起在朴次茅斯军舰修造厂的海军学院接受训练。这些人须是"贵族和乡绅的子弟，年龄在13岁到16岁之间，每年付15英镑生活费，人数不得超过40名。到1773年，这样的投考者只有15名；这一年为上述阶层保留25个名额，15名海军军官的子弟应邀公费就读。所以，海军部实在没有办法吸引那些通过势力进入海军照样获得升迁的人。1779年乔纳斯·汉韦创建了一所与上述计划相类似的私立切尔西航海学校，由有关的海军军官支持，为他们的子弟日后进入海军学院或航海生涯提供了初步训练。后来又有一种办法叫"舰长听差"。1794年以前，一位舰长可按舰上每百名舰员配备4名听差的比例，带一批人出海。他们通常挑选的都是自己的亲戚或本阶层的年轻人。1778年帕森·伍德福德的侄儿威廉想去航海，伍德福德就让他去伦敦晋见一位舰长。海军上将兼舰队总司令可允许携带多达50名的听差出海。

因此，从这类听差中涌现出像胡德兄弟、豪和邓肯那样的海军指挥官。

对这类人的资格是有规定的。根据 1731 年的规定，舰长听差的最小年龄限定在 13 岁以上，但对于军官的儿子，最低年龄为 11 岁。听差服役 4 年后，并"在各个方面均合格"，才能评定为海军候补生。至于尉官，最低年龄限制为 20 岁，具有品行良好与能力合格的证书，1728 年后还须经海军部实际考核；有 6 年海上服役的经历，其中 1 年为海军候补生，2 年作为志愿兵。当然，这些规定也同样阻挡不住人事关系——纳尔逊不仅 12 岁就进入海军，而且不到 20 岁就当了海军上尉；而科林伍德在特拉法尔加海战时的副官约翰·克拉维尔 1778 年出生，1 岁就编入了舰上的花名册，然而 1792 年他才上舰服役。海军学院的考试似乎纯属形式，但是，如果"舰长听差"这个制度从其结果来评定的话，由此而征召和训练出来的军官，具有深厚的业务知识和经验。领导才能和人事管理，决定的做出和判断力的运用，不是来自形式的训练和教育，而是来自经验。1782 年后，当形式的作战体制放松，现场指挥官恢复了作战中的独立性时，那些指挥官们没有辜负大不列颠对产生他们的社会结构所赋予的信任。

(乐瑞夫 译)

第 九 章
国 际 关 系

1713年和1714年各国分别签订的11个和平条约几乎使西班牙王位继承战争告以结束。除了神圣罗马帝国皇帝和西班牙国王依然在交战外，大规模的敌对行动已告一段落，大部分交战国家都已能够达成了令人满意的解决方案。西班牙的属地被瓜分了。路易十四的孙子腓力五世被承认为西班牙国王，尽管新教国家和神圣罗马帝国皇帝表示反对。但是，腓力五世不得不放弃对法国王位的权利要求，而且他也不能全部地继承查理二世的西班牙帝国。他得到了西班牙及西属美洲，但尼德兰、米兰、那不勒斯、曼图亚、撒丁以及西班牙在托斯卡纳拥有的各港口都归查理六世皇帝。西西里有几年则归属于萨伏依公爵。

除了瓜分了西班牙哈布斯堡王朝的领土外，1713年到1714年间的各个和约还解决了许多其他问题。在英法之间签订的条约中，汉诺威家族对英国王位的权利要求得到了承认。这无异是对民约论的承认。由于条约中规定，对法国和西班牙王位的继承所做的安排均须分别经法国和西班牙的国会认可；这一规定又进一步使这个理论得到合法性。法国的外交家们提醒他们的英国同行说，对王位继承问题做出如此规定的意图，在法国的法律中是无效的；统治的权力是神授的；如果法国年幼的王子一旦夭折而王位空缺时，腓力五世的弃权对他自己并没有约束力，但必须按照上帝的召唤而登上法国的王位。但是，他们最后终于接受了公法中的规定，这些规定表示王位问题要按照人所签订的协议来办。

和约的另一个对以后30年中的国际关系具有相当大影响的规定是要沿着法国边境建立一系列的"屏障"。在奥属尼德兰，荷兰人根据1715年11月的条约有权在那慕尔、图尔奈、梅嫩、伊普雷和其他地方驻防。在意大利，萨伏依公爵1713年获得了埃克塞利、费内斯特莱里和其他一些通往阿尔卑斯山的地方，以及东面和南面的阿勒桑德里亚、蒙特费拉特的一部分，瓦伦察、维杰瓦诺等地，因此他可以阻塞法国入侵意大利以及奥地利的哈布斯堡家族进入利古里亚的通路。所以能够取得这一成就，部分原因是萨伏依公爵灵活的外交手腕，但是，之所以能收到更大的效果，却是由于英国的支持。莱茵河畔的一些小的地区落入了在最近的这次战争中支持神圣罗马帝国皇帝的德意志各邦的王公手中。根据1714年的拉施塔特和巴登条约，勃兰登堡—普鲁士得到了格尔登的一部分。巴伐利亚收复了巴拉丁领地，科隆的选侯则回到了自己的选侯领地。人们可能指望这些德意志王公不但能够制止法国任何新的侵略企图，而且还能成为与神圣罗马帝国皇帝相抗衡的力量。然而他们还不够强大，没有英国的支持是做不到这一点的。

　　英国从这个解决方式中进一步得到了好处。根据这个作为战争结果的解决方案，英国又另外获得了一批对其贸易具有很大价值的新的海军基地。英国仍然保持了直布罗陀和米诺卡岛，而且它在地中海的地位也进一步得到了加强，因为根据这个解决方案，墨西拿和巴勒莫归于萨伏依公爵，为了达到平衡，又把那不勒斯和勒佐划归神圣罗马帝国皇帝。通往地中海的航路因英国在1703年与葡萄牙缔结的同盟而得到了保护。英国在北方的地位，通过它同汉诺威的关系和与丹麦的结盟得到加强。在英国由此改善了地位的同时，法国的地位却由于乌得勒支条约的条款而被削弱。乌得勒支条约规定，敦刻尔克的海军基地要拆毁，马迪克的基地也不得用于战争目的。

　　英国还通过一系列的商业条约得到不少好处。这些条约有的是和约的一部分，有的是在战争期间作为巩固联盟的一种手段而签订的。这些条约中签订最早、最成功的是1703年和葡萄牙的条约；接着于1709年和1713年又与低地国家缔结了协定，1713年又另与萨伏依、西班牙和法国签订了三个条约。不必要看出"外来干涉者"的图谋促使英国采取了一种秘密政策（它可以与执政杜布尔和伊丽莎白·法尔内塞的秘密政策相提并论），就可以这样说：甚至在那位对于当时盛行的重商主义的见解如此敏感的纽卡斯尔公爵执政之前，英国的历届政府就一直热衷于用商业的利益来表示政治上和军事上的胜利。

紧接着乌得勒支的和平解决方案之后，看来欧洲大国的结盟关系似乎又要按照人们熟悉的方针重新组合了。人们公认，英国和它的盟国荷兰和神圣罗马帝国皇帝之间的关系，由于这些盟国认为英国在1712 年已经背叛了它们而极为紧张。但是，和约签订后不久，看来法国将不准备履行条款，因此英国—神圣罗马帝国—荷兰三国联盟又立即有了新的转机。路易十四似乎决意要规避的条款，就是条约中规定要拆毁敦刻尔克海军基地的那些条款。面对着这个重新出现的威胁，英国赶忙又同它原来的盟友重新和好。这些原来的盟友对于这种安排发生争吵，即荷兰人将进驻按《乌得勒支和约》规定应划归奥地利的尼德兰南部要塞。几经周折后神圣罗马皇帝、荷兰与英国之间的分歧总算被克服，因于 1715 年 11 月签订了"屏障条约"。

然而，到屏障条约签订之时，由于凡尔赛宫廷的政治和人事的变动，国际形势已经发生了急剧的变化。1715 年 9 月路易十四去世，由他的曾孙，一个年仅 5 岁体质羸弱的孩子继承王位。根据路易的遗嘱，法国的控制权应由他的私生子曼恩公爵和他的嫡系的侄子奥尔良公爵两人共同掌握。曼恩公爵将成为年幼的路易十五的监护人并指挥王室禁卫军。而奥尔良公爵则拥有摄政的头衔，但他的活动必须受一个拥有授予官职权限的委员会的约束。奥尔良公爵不甘忍受这种约束，他把王室禁卫军、嫡系的王公、政治家们以及高等法院都争取过来。等路易十四一死，他就立即宣布他有指挥王室禁卫军的权力以及任免摄政委员会成员和授予官职的权力。曼恩公爵拒绝担任幼王的监护人，如果他不能同时掌握王室禁卫军的指挥权，从而他就再也不是奥尔良公爵掌权的障碍了。

虽然奥尔良公爵千方百计地使自己成了法国的最高权威，但他的地位并不牢固。腓力五世依然是一个死敌。两个人都一直在考虑路易十五一旦夭折，法国的王位究竟由谁继承的问题。而在 18 世纪，人们认为一个出过天花的孩子要比两个没有出过天花的孩子保险，因而一个体质多病的孩子要长大成人的希望是很渺茫的。腓力五世继承法国王位从王室系统来说名正言顺，他对自己曾在 1713 年的和约中放弃这个权利的事实并不感到十分难堪。他很妒忌奥尔良曾经在意大利和西班牙服役时英勇作战并且享有相当大的威望。甚至有人担心奥尔良可能对西班牙的王位也有所图谋。而且，腓力五世对于这种传说也感到惊骇，公爵还是个业余的化学家，他对于路易十五的父母和兄长之死负有责任；他对西班牙的波旁系的王室人员的生命也有图谋，虽然他曾经声称，如果腓力一旦死后无嗣，他放弃对西班牙王位的权利要求而由萨伏依王室继承。在路易十四去世前，这些对手曾有所和解，但腓力五世对于他的罪恶念念不忘。因此，当路易十四一死，据说西班牙驻法国宫廷的大使塞利亚马雷就提出抗议，为他的主子争取摄政的地位。实际上，他却感到事出意外，1715年并没有提出抗议。但明显的是，腓力五世仍然是一个死敌；而且由于法国宫廷中那些不赞成这位摄政并对路易十四的私生子曼恩公爵寄予同情的派系想要依靠西班牙的援助，因此这位摄政急需另外寻求一个愿意给他以友好支持的大国。

这位摄政可以寻求此时仍在同西班牙交战的神圣罗马帝国的皇帝的谅解。他也可以试图与英国达成谅解。英国那时的情况特殊，看来与它达成谅解要比与奥地利达成谅解的希望更大。1714年汉诺威的乔治继承了安妮的王位。1715年的选举使得辉格党人的力量强大得足以向博林布鲁克、奥蒙德和牛津等托利党人发起攻击。辉格党的政策激起了1715年的詹姆斯党人的叛乱。尽管这次叛乱失败了，而且那位来自汉诺威家族的英王和他的辉格党人大臣们依旧掌权，但是在与伦敦商人结盟的大约70户大地主家族中，辉格党人只是少数。英国仍然是一个以农业为主的国家，农村地区则大都同情托利党。詹姆斯三世仍然是一个严重的威胁，他随时都有可能改变信仰，从而大大地增加了他在英国取得成功的前景。从法国人的观点来看，乔治一世的地位似乎很不牢靠，他不会断然拒绝和法国达成更为密切谅解的建议。

这个计划的倡始人是奥尔良公爵过去的导师杜布瓦神父。1716年杜布瓦奉命乔装前往海牙同当时实际掌管英国外交政策的负责南方事务的国务大臣斯坦厄普伯爵进行极为秘密的会谈。杜布瓦觉得他的主子的前途全在于他此行的成败，但斯坦厄普却并不急于达成协议。接着杜布瓦又被遣往汉诺威继续进行谈判。但谈判开始时进展甚微。杜布瓦当时处境非常不利，因为他真正想要解决的问题是要英国保证路易十五一旦死后承认奥尔良公爵是法国王位的下一个继承人。但是他又无法直接这样提出，只能满足于要求英国笼统地保证乌得勒支的整个和约。

斯坦厄普不能同意杜布瓦的要求，因为那时候荷兰尚未承认萨伏依公爵为西西里国王，而神圣罗马帝国皇帝从理论上讲还在同西班牙国王交战。不仅如此，英国并不急于要和法国结盟。虽然奥尔良公爵对法国向詹姆斯党人输送人员和物资的做法装作视而不见，但1715年詹姆斯党人的叛乱已经失败了；而英国的国际地位比1713年已经有了增强；1715年11月英国同神圣罗马帝国皇帝和荷兰缔结了屏障条约。鉴于法国驻西班牙的大使未能与腓力五世取得谅解，英国却在西班牙新首相阿尔韦罗尼的一力相求下于1715年与西班牙签订了一个商业条约，从而解决了造成1713年的商业条约执行过程中出现的令人失望的小困难。

只是在1716年9月以后，英国宫廷才对与法国达成协议一事变得热情起来。这种态度上的变化，应归因于北欧事态的发展。1700年在北欧开始的第二次北方大战还在进行。到了1716年秋天，有迹象表明彼得大帝正在对汉诺威的利益形成一种威胁。他把他的军队驻扎在梅克伦堡，同时似乎对进攻瑞典越来越不感兴趣。当勃兰登堡－普鲁士1716年与俄国人联合时，看来这些强国似乎有可能诱使法国加入到它们中去。乔治一世作为汉诺威的统治者，正急于取得波罗的海南岸的瑞典领土；而且由于法国宫廷对瑞典的传统影响，他也准备与法国达成谅解。因此，杜布瓦梦寐以求的英法条约终于在1716年缔结，次年1月荷兰也加入了这个条约。

这个联盟对于英国具有很大的价值。法国至今并未失去路易十四时代所取得的巨大威望；法国的外交家们在欧洲是最有经验和能力的；它对德意志以及北方国家的影响弥补了英国在这方面的不足。这个联盟的直接结果是，法国劝说沙皇从梅克伦堡撤走军队，并劝说瑞典的查理十二世召回了他的使者格尔茨。人们怀疑格尔茨是在海牙鼓励詹姆斯党人的策划。这个联盟甚至在1723年这位摄政去世以及1721年沃波尔上台以后还继续存在，一直持续到18世纪30年代。在这段时间里，通常是英国的政策指导着这个联盟的行动。这位摄政和杜布瓦甚至不顾法国人的反对而依赖斯坦厄普，而波旁公爵和弗勒里也不是能够反对沃波尔和汤森的人物。

英法两国之所以结盟，是希冀此举将有助于稳定国际局势，从而减少乔治一世或这位摄政的风险，使他们的地位不至于由于重新爆发一场普遍的战争或一场涉及本国的严重国际危机而变得岌岌可危。但是，英法同盟缔结后的一段时间里，国际局势仍然一直非常动荡不定。此时骚乱的主要中心有两个：一个是波罗的海，瑞典和俄国仍然在那里交战；一个是地中海，西班牙自1713年以后一直是一个对那里颇为不满的国家。每当西班牙的某个政治家试图为其本国的计划通过讨好瑞典或甚至俄国而谋取帮助时，这两处战场就联结在一起了。英国的政策是要结束北方的战争。因为不论是瑞典还是俄国取胜，它们都会对汉诺威的领地和利益造成威胁。英国还想要在地中海建立持久的和平，以便让本国的商人能够从对西班牙、意大利和黎凡特的贸易中得到好处。法国的政策出于的动机有所不同，在波罗的海，法国希望能够维护其传统的盟友瑞典。在地中海，它颇倾向支持波旁的西班牙。但总的来说，英法两国在1717年结盟后的头几年中相互间合作得相当融洽。

第一次严重的紧张局势发生在波罗的海。在这里，瑞典的政策有一段时间看起来似乎可能摧毁新建立的英法同盟。这个时候，瑞典的政策是由1714年新晋为查理十二世服务的格尔茨伯爵所领导的。他希望将瑞典占领的波罗的海沿岸各省割让给俄国以便媾和。他还进一步希望与法国重新建立传统的联盟。乔治一世想要从瑞典那里取得不来梅和费尔登这两个非教会所有的主教管区。汉诺威家族的这种野心使英国成为敌人。对英国的这一怀疑促使格尔茨去鼓励詹姆斯党人的阴谋活动。但是，虽然英国与瑞典的关系很坏，但英国同俄国的关系也远不如1715年10月那样的亲密了。那时，乔治一世作为汉诺威的选侯实际上已与彼得大帝缔结了同盟，他同意在彼得大帝与瑞典交战时给他以援助，如果彼得大帝保证汉诺威对不来梅和费尔登两地的权利作为报答。俄国军队1716年占领梅克伦堡一事曾经是乔治决定同法国结盟的一个理由。而且，汉诺威的政策以及英国的政策对俄国日益表示冷淡，因为兴建圣彼得堡，控制里加和雷维尔，沙皇为促进俄国在波罗的海的贸易所做的努力，以及认识到俄国的舰队是一支精锐的舰队等，全都说明俄国是地中海中的一个潜在的威胁。1716年和1717年彼得大帝曾试图争取法国为盟友。斯坦厄普于1717年4月以后实际掌管了英国的外交政策后,他就孜孜不倦地进行工作,不让俄国取得对瑞典的彻底胜利,这也就不足为怪了。

第二个危机发生在地中海,而且不久就同第一个危机牵涉在一起了。在地中海,西班牙的新王后伊丽莎白·法尔内塞的政策可能要把欧洲卷入另一场大战中去。伊丽莎白·法尔内塞非常清楚,她只是西班牙的腓力五世的第二任妻子。腓力的第一任妻子生有两个儿子。虽然一个早已夭折,另一个1759年死时没有子嗣,但无人会认为伊丽莎白·法尔内塞的儿子日后有可能统治西班牙。于是王后决心为她的儿子们在西班牙以外的地方多取得一些领地。她娘家法尔内塞家族的领地,看来是非常有吸引力的目标。在意大利进行劫掠比较容易,因为西班牙国王从法律上讲仍然在同神圣罗马帝国的皇帝打仗,而且他至今仍然没有默认那些原属于西班牙王室的领地已经丢失。法尔内塞的使者阿尔韦罗尼已尽其所能为西班牙积聚人力物力。伊丽莎白于1716年已使她的势力在西班牙居于支配的地位。1717年8月西班牙已有能力派遣两支分舰队前往撒丁岛,到了10月就从神圣罗马帝国皇帝的手中夺取了该岛。这一事件可以发展成为一场全面的战争,这是一个真正的危险。1717年8月,神圣罗马帝国的皇帝在与土耳其人的战争中取得了一些胜利,因此他觉得可以稍稍地把注意力转向西班牙对他在意大利领地的威胁。在英国,辉格党人急切地要支持这位皇帝,即使这再次意味着对西班牙宣战要牺牲英国的商业利益,也在所不惜。甚至在法国,尽管摄政委员会里有许多人非常不愿同路易十四的孙子打仗,杜布瓦还是打算克服这种情绪,因为他想要神圣罗马帝国皇帝承认这位摄政的权利要求。

1718年6月,伊丽莎白·法尔内塞极力主张阿尔韦罗尼采取他的第二步行动,派遣自勒班陀海战以来最强大的舰队进攻西西里。西西里岛对任何一个想要控制西地中海的国家来说,显然是一个不可缺少的据点。为了准备这次进攻,阿尔韦罗尼使出了他的全部外交手段建立起一个联盟,依靠它来阻挠并牵制他的对手的兵力。他鼓动弗朗西斯·拉科齐在匈牙利挑起内战;他敦促土耳其人继续进行反对神圣罗马帝国皇帝的战争;他恢复西班牙和这位摄政的法国内部敌人的联系;他使詹姆斯党人在荷兰的阴谋活动死灰复燃;他还同时与瑞典和俄国进行谈判,希望他们能够听从劝说消除分歧,一致对付汉诺威选侯。

　　有一段时间，这些计谋有的看来颇有希望。彼得大帝1717年8月成功地同法国缔结了一项条约。虽然对于法国一方来说，这个条约只是一纸出于礼貌的空文，但却被宣扬成它的目的是为了恢复北方和平。1718年瑞典和俄国甚至在阿兰德群岛上进行会谈，探讨是否可以达成和平的条件。但阿尔韦罗尼的宏伟计划不久即开始解体。1717年英国逮捕了瑞典驻伦敦的使节；荷兰则逮捕了格尔茨本人；阿兰德群岛上的会谈毫无结果。最后，1718年12月查理十二世被杀，1719年3月格尔茨也被处决。计划于1719年举行的詹姆斯党人起义失败了；原来指望在布列塔尼的起义遭到了同样的命运。在地中海，阿尔韦罗尼的政策同样也是不成功的。土耳其人不顾他的紧急忠告，于1718年7月在帕萨罗维茨与神圣罗马帝国皇帝媾和，从而使查理六世能够腾出手来集中力量抵抗西班牙在意大利的侵略。1718年8月7日，英国、法国和神圣罗马帝国皇帝在英国的保持南欧和平"计划"的基础上结成了联盟，虽然这个计划曾于1716年11月被这位皇帝所拒绝。它的目标是要通过说服神圣罗马帝国皇帝放弃对西班牙王位的要求，如果腓力五世作为回报将放弃对意大利的原来西班牙领地的要求，从而在牢靠的基础上建立和平。这样做并不牵涉伊丽莎白·法尔内塞的长子要放弃对帕尔马、皮亚琴察、托斯卡纳和普勒西迪奥等地的权利要求。萨伏依要把西西里交给神圣罗马帝国皇帝以换取撒丁岛。作为报答，皇帝将在波旁系无人继位的情况下，同意萨伏依王室对西班牙王位的权利要求。此外，皇帝将承认乔治一世对英国王位和摄政对法国王位的权利要求。在一项秘密条款中，英法两国一致同意对西班牙和萨伏依施加压力，迫使它们把西西里岛割让给皇帝。这个1718年的条约名义上也包括尼德兰联合省，因此，虽然尼德兰并没有起到什么真正的作用，这个同盟还是被称作"四国同盟"。条约签订4天后，英国舰队就在帕萨罗角海面彻底地击败了西班牙人。1718年12月，杜布瓦由于揭发了西班牙大使塞拉马雷的阴谋，因而就使得西班牙看起来显然是个侵略者。这样，他就能够克服了法国人不愿对一个波旁家族的国王开战这种强烈的情绪。1719年一支法军入侵西班牙，所向披靡，到了这年的12月，腓力五世已准备谈判和平条款并将阿尔韦罗尼撤职。1720年1月腓力五世在英国的压力下，加入了四国同盟，并于 1920 年 6 月再次放弃了对法国王位的一切权利要求。争执中的一切重大问题将留交 10 月在康布雷召开的代表会议去解决，但此刻南方的和平总算得到了恢复。

在北方，危机并不是这样轻而易举地就得到了解决；然而在北方同在地中海一样，英法同盟的存在使圣詹姆斯宫和凡尔赛宫的实力得到了加强。1718 年 12 月查理十二世之死，彻底改变了波罗的海的整个局势。瑞典国内的权力落到了贵族手中。他们是坚决反俄的，因此对于英法两国外交家们提出的瑞典与俄国已经开始试探性的谈判应予中止的劝告非常中听。一个由大国重新组成的强有力的反俄同盟，看来在最近的将来就能出现。1719 年 2 月，神圣罗马帝国皇帝同意派遣一支汉诺威军队去占领梅克伦堡。但是，当此事尚未做出最后定夺的时候，俄国就采取了有力的行动。1719 年 7 月它入侵瑞典，9 月中断了在阿兰德群岛上的谈判。这种做法只能加速反俄同盟的形成。1919 年 8 月，普鲁士与英国签订了一项协定。11 月，丹麦停止了对瑞典的敌对行动，同月签订的斯德哥尔摩条约表明瑞典和汉诺威之间已经达成了协议，瑞典割让不来梅和弗尔登。1720 年 1 月，另一个斯德哥尔摩条约表明瑞典和普鲁士之间达成协议，瑞典割让什切青和波美拉尼亚的一部分以换取 200 万埃居。6 月和 7 月的条约标志着瑞典和丹麦之间为期 8 个月的谈判圆满结束。根据条约，丹麦放弃了对吕根和维斯马的要求，瑞典则不再要求分享松德海峡的税收收益。虽然一个声势赫赫的反俄联盟已经建成，但是它还不足以促使北方的战争告结束。德意志各邦的君主们很不可靠，萨克森和勃兰登堡总是不理睬英国并想再次投靠沙皇。神圣罗马帝国皇帝对于汉诺威军队旷日持久地占领梅克伦堡也开始担心。英国人决定在波罗的海利用诺里斯的舰队也只能是以失败告终。诺里斯的舰只不能追击俄国的舰只进入芬兰湾，而且它们也未能在 1721 年阻止俄国人入侵瑞典。瑞典国王正想恢复 1719 年中断了的与俄国人进行的单独谈判。俄国又重新建立了 1717 年它同法国的盟国关系。最后，还是依靠法国的外交手段，设法在 1721 年 9 月签订了《尼斯特兹条约》，北方大战才告结束。英法联盟取得了两项显著的成就。在南方，这两个大国曾迫使西班牙放弃了推翻乌得勒支和平解决方案的企图。在北方，它们使瑞典同它的邻国和解，并且最终结束了自 1700 年以来一直使波罗的海动荡不安的战争，从而暂时地消除了瑞典和俄国对德意志各邦君主领地的威胁。神圣罗马帝国皇帝保住了乌得勒支条约规定归于他的领土；在英国，乔治一世的王位更牢靠了；在法国，政府的控制权更加牢靠地掌握在摄政的手中。到了1721年，英法联盟看来颇为成功。

遗憾的是，1721年看来一些重大争端可以得到解决的好形势，几乎前功尽弃。只是到了1729年，这些争端才得到令人满意的解决。

首先，康布雷会议出现了麻烦。这个会议是要讨论影响欧洲南部和神圣罗马帝国的争端所以产生的主要原因。西班牙和神圣罗马帝国皇帝所以一直对英法两国表示不满，是有道理的。西班牙的不满主要有两点：英国占领了直布罗陀，神圣罗马帝国皇帝没有让西班牙的一位公爵去占有法尔内塞在意大利的领地。早在1720年1月斯坦厄普访问马德里时，西班牙就再次提出对直布罗陀的权利要求。斯坦厄普无法断然予以拒绝。他却做出许诺，要在一年内将该地归还。但他却在1721年1月去世了。西班牙能够从英国那里得到的东西，充其量不过是乔治一世的一纸文书，许诺一俟有利时机即将这个问题提交给议会讨论。这是1721年5月间的事，而这个有利时机的出现看来遥遥无期。至于西班牙对在意大利的领地的权利要求，腓力五世和他的妻子看不到他们在1718年加入了四国同盟后有什么实际结果。1719年神圣罗马帝国皇帝确实曾同维克托·阿马戴乌斯进行过谈判，提出由一个皮埃蒙特人当托斯卡纳王位的候选人。1720年查理六世一直在支持一名巴伐利亚人对这个大公国的权利要求。这位皇帝自然不会有什么理由感到满意。他知道，英国的政客们在他们对神圣罗马帝国应该采取什么政策的问题上分歧很大。斯坦厄普、森德兰和卡特里特曾经倾向于同情查理六世，对他为"国本诏书"争取支持而做的努力表示赞赏。汤森、汉诺威家族成员以及英王乔治一世却讨厌这位神圣罗马帝国皇帝为他的"国本诏书"争取支持而做的努力，因为他们认为这样会使罗马天主教的势力在德意志危险地增大。查理六世对于不得不依赖这些海上国家的津贴已不耐烦，他迫切地希望增加自己的岁入。为此，他于1722年12月利用新从尼德兰得到的领地，在奥斯坦德建立了一个贸易公司从事经营。

1723年和1724年间各国官场的人事变动，并没有改善英国同法国以及心怀不满的西班牙和神圣罗马帝国之间的关系。1723年8月杜布瓦去世，4个月以后奥尔良公爵也相继去世。但是，这种情况对于法国与英国已经建立起来的良好关系并无严重影响。波旁公爵依旧忠于英国，弗勒里红衣主教虽然不像英国的某些大臣那样好战，但当他在1726年领导法国的外交政策时，最初他并没有奉行一种独立于英国的外交政策。事实上，他对想要奉行独立政策的国务大臣莫尔维尔还有所抑制。西班牙的人事变动至少在一段时间里有一定的抑制作用。1724年1月腓力五世退位，但是他的年轻的儿子继位后，没有来得及掌握政策，更谈不上引导西班牙的外交活动朝着某种特殊的方向发展，就于同年8月去世了。对于国际关系的发展产生最明显影响的是英国的人事变动。1724年4月卡特里特下台，纽卡斯尔公爵的势力取而代之。1723年10月，英国就已经通过了一项反对奥斯坦德公司的立法；英国在同一个月里又与普鲁士签订了一个条约。纽卡斯尔公爵作为负责南方事务的国务大臣上台后，英国政策中与神圣罗马帝国为敌的倾向加强了。

1721年在康布雷开始的谈判，已经证明进行缓慢而且困难重重。1724年，这些谈判甚至变得更加微妙了。荷兰人想把奥斯坦德公司的问题提交会议讨论。1724年4月，西班牙极力敦促英国取缔该公司。法国的外交活动却竭力规避这个问题。但是，神圣罗马帝国皇帝却认识到他的危险，并且深信他不能依赖他在1718年曾与之缔结了四国同盟的英国和荷兰的盟友。恰恰就在这个时候，西班牙对于他能否根据1721年6月的三国同盟从英法两国那里得到任何有效的帮助，已经感到非常怀疑。1724年6月，西班牙极力要求归还直布罗陀，但是英法两国只是将这个问题提交给康布雷会议。西班牙对于获得实际的援助以便让唐·卡洛斯入主帕尔马和托斯卡纳一事也感到不耐烦。他的权利要求曾得到1718年条约的承认。但是神圣罗马帝国皇帝对于这一条款付诸实施，并不表示任何热情。据说，他曾劝告帕尔马的安东尼娶妻生子，以便后继有人。托斯卡纳大公科西莫三世的儿媳维奥兰特·贝娅特丽克丝的巴伐利亚亲友散布谣言说，如果托斯卡纳的梅迪契的男系一旦绝嗣，神圣罗马帝国皇帝为了巴伐利亚人的利益，将派兵入境清扫佛罗伦萨和锡耶纳，因为这时巴伐利亚人与维也纳的关系正友好。1723年大公科西莫三世去世，又有谣言说，萨伏依的维克托·阿马戴乌斯将娶他的女儿安妮·玛丽为妻。由于新任大公乔万尼·加斯东不可能有任何后嗣，而且他迟早也会酗酒致死，局势就变得更为紧张。1724年1月，神圣罗马帝国皇帝将帕尔马和托斯卡纳两地的权状授予了卡洛斯，这才使西班牙稍得到慰藉；但是他表示不愿让卡洛斯占有这两个地方，并且断然反对西班牙在公爵或大公一旦死后派遣西班牙军队以保证实现他对这两处领地的权利要求。1724年6月，西班牙敦促英法两国对神圣罗马帝国皇帝施加压力，迫使他同意让卡洛斯立即前往意大利。但这两个1721年的盟友又一次使这位天主教国王陛下感到失望。西班牙在绝望与愤怒之余，决定试试同神圣罗马帝国皇帝取得协议能否取得什么效果。

1724年11月密使里佩尔达奉派前往维也纳，并于1725年1月开始谈判。法国对西班牙的冷落使神圣罗马帝国皇帝与西班牙更加容易言归于好。1725年2月，作为路易十五的未婚妻而留在法国的西班牙公主被遣送回国，路易另娶了一个名叫玛丽·莱什琴斯卡的波兰女子。到1725年3月，神圣罗马帝国皇帝和西班牙国王间的和约已经准备就绪等待签字。4月，两国间又签订了通商条约，同月皇帝同意将他的一个女儿嫁给伊丽莎白·法尔内塞的一个儿子。"奥地利和西班牙的婚礼钟声就是英法两国的丧钟。"康布雷会议在混乱中不欢而散。

以汤森为代表的英国舆论，坚决反对把直布罗陀归还西班牙。因此，1725年9月奥西同盟便受到了英国、法国和普鲁士的汉诺威同盟的"将"军。普鲁士于1726年退出同盟，恢复了它对神圣罗马帝国皇帝的传统忠诚。但是，另外一些国家，例如瑞典、丹麦等却加入了这个同盟。因此，到了1727年，欧洲就形成了两大武装阵营。1727年西班牙宣战，但汉诺威同盟的实力如此强大，以至于神圣罗马帝国皇帝非常不愿支援他的盟友。一场大战得以避免，在很大程度上是由于法国的和平政策。在法国，弗勒里已于1726年接替了波旁公爵。弗勒里设法在英国和神圣罗马帝国皇帝之间进行调停，1727年5月遂在巴黎签署了预备和约。1728年3月，西班牙屈从了法国以及各海上国家的外交压力。西班牙想通过与神圣罗马帝国皇帝直接谈判来达到目的的企图失败了。1729年2月，当神圣罗马帝国皇帝拒绝对拟议中的西班牙波旁王族和哈布斯堡家族之间的婚姻联盟给予任何保证时，西班牙深深地体会到这场失败达到何种程度。伊丽莎白·法尔内塞对此感到厌恶，遂又再一次转向法国和英国。在西印度一带被俘获的英国船只交还给英国，撤除了对直布罗陀的围攻并且恢复了在西班牙经商的英国商人所享有的特权。法国同意西班牙可派遣一支6000人的军队前往意大利，以保证唐·卡洛斯继承帕尔马和托斯卡纳两地。英法两国都忠实而有效地遵守1729年11月签订的塞维利亚条约。

神圣罗马帝国皇帝威胁说，如果西班牙军队进入托斯卡纳，他就要入侵该地。而托斯卡纳的大公对于提出权利要求的西班牙也不是真诚的。但是，1730年大公经劝说承认唐·卡洛斯为其继承人，并为此发表了公告。1731年1月，帕尔马公爵去世，神圣罗马帝国皇帝遂派兵占领这个公爵领地，把它变为帝国的一个采邑。由于新寡的公爵夫人认为自己已经怀孕，最高法院一时无法做出决定。来往的外交信件报告说，公爵夫人非常想吃巧克力，这是怀孕的一个肯定无疑的迹象。但是最后事实证明，公爵夫人弄错了。1731年3月英国根据维也纳条约承认了"国本诏书"。这个"国本诏书"在神圣罗马帝国皇帝的外交中占有至高无上的重要地位。作为报答，查理六世从帕尔马撤回了他的军队，并允许西班牙驻军不仅可以占领帕尔马，而且可以占领托斯卡纳。7月，托斯卡纳大公加入了塞维利亚条约。10月，6000名西班牙军队在里窝那登陆。12月，唐·卡洛斯接踵而至，他于1732年10月正式接管了帕尔马公爵领地。看起来，英法同盟又一次保卫了欧洲的和平。

在欧洲的东北部，从1721年到1723年的前夕，除了出现为数不多的、为时短暂的危机外，和平总算得以维持。这也应归功于英法同盟。紧接着1721年尼斯特兹和约签订之后，荷尔斯泰因的查理·腓特烈的野心引起了一场极为紧急的危机。1720年他对石勒苏益格提出的权利要求无人置理，因为人们同情丹麦；但是他对瑞典王位的权利要求却比他的姑母乌尔丽卡更有成功的希望（第15章）。查理·腓特烈是受到俄国的彼得大帝的支持的，他一定认为俄国充当瑞典王位的保护人是极为有用的。1725年5月，查理·腓特烈娶了沙皇的女儿以后，俄国的援助就更加起劲了。但是，1727年彼得大帝的遗孀叶卡捷琳娜相继去世后，对瑞典和丹麦和平的这一威胁就逐渐消失。

1725年里佩尔达使西班牙和神圣罗马帝国之间重归于好后,整个欧洲现有的联盟体系便彻底被打乱了,欧洲的东北部便更广泛地陷入动荡不安。甚至在西班牙的外交发生这个180度的大转变之前,神圣罗马帝国皇帝就由于他在康布雷会议上所受到的英法两国的对待而有所醒悟。他已经在设法要和瑞典或俄国,或者和两国同时达成更好的谅解。英国为了制止神圣罗马帝国势力的这种可能的扩张,在汤森的影响下,采取了有力的行动,并于1726年派遣一支分遣舰队由海军上将迈耶率领前往波罗的海。事实证明,这位司令官要比1721年倒霉的诺里斯成功。瑞典对此印象很深,遂于1727年3月加入了英法汉诺威同盟。丹麦于4月也步瑞典的后尘。但是,英国在波罗的海的这种有力的政策,也有一个极为不幸的后果。俄国感到十分惊恐,它从1726年的海军示威中看出,这是1716年对俄国在波罗的海占主导地位的势力进行竞争企图的又一个事例。于是它便在1726年8月加入了奥—西同盟。即便是在西班牙背叛了神圣罗马帝国皇帝并与法英重新达成谅解之后,俄国仍然是哈布斯堡家族的盟友。

事实上,从以后的历史角度来看,1713年至1740年这一阶段间的外交发展对于未来是极为重要的。但是,当时的观察家们,至少是1733年以前的观察家们,却把它忽视了。这种左右历史进程的影响并不是由伊丽莎白·法尔内塞的野心和鲁莽从事所造成的,因为法尔内塞所制造的麻烦充其量不过是使意大利的一些领地易主。对于欧洲的未来更为重要的是俄国和普鲁士崛起为强国。这两个国家是北方大战中的真正胜利者。但是在以后的20年中,这两个国家都觉得自己还不足以奉行一种独立的政策并掌握了外交上的主动权。1725年彼得大帝死后,在俄国相继接位的统治者都为时短暂:叶卡捷琳娜一世(1725—1727年);彼得二世(1727—1730年);安娜(1730—1740年);伊凡六世(1740—1741年)。再加上这些统治者各有其个性,因此俄国在国际事务中无法起到一种一贯有效的作用。普鲁士在腓特烈·威廉一世的统治下,积聚了人力、物力,但是他并未能做到纵横捭阖、掌握主动。当瑞典在17世纪威胁北德意志的所有领土时,勃兰登堡曾想推行一个反法政策,一部分原因是法国是瑞典的保护人,一部分原因是大选侯对路易十四在宗教方面的不容置疑的态度感到十分震惊。在1688年到1697年和1702年到1713年的战争期间，勃兰登堡－普鲁士继续推行这一反法政策，并且站在神圣罗马帝国皇帝、荷兰和英国人一边作战。1726年腓特烈·威廉半心半意地加入了英法的汉诺威同盟。但1728年他又退出，转而和神圣罗马帝国皇帝结盟。普鲁士在忠于神圣罗马帝国皇帝的这一段时期中得益甚少，这对于德意志民族的日后发展有着深远的影响。1733年普鲁士在梅克伦堡条约中受到冷落；1732年它在波兰的利益又被人忽视；1738年它对于利希和贝格两地的权利要求也无人理睬。但是，在1732年普鲁士和俄国的潜在重要性，对于当时的观察家们来说，还不明显。首先揭示出来的是俄国的重要性，这是在波兰王位继承战争期间显示出来的。

波兰王位继承战争在外交方面的根源，至少可以追溯到里佩尔达在1725年谈判议订的短命的奥—西同盟。法国为了同1725年的奥西条约相对抗，重新推行它的传统政策，在神圣罗马帝国的诸王公中间建立一个反帝国的同盟，特别是把精力集中在巴伐利亚和福音联盟。1726年奥地利和俄国结盟后，奥地利和法国之间的摩擦便进一步加深了，因为这一结盟对于法国在瑞典和土耳其的势力构成了直接的威胁，而且也阻碍了法国反神圣罗马帝国的传统政策。奥俄联盟的后果，在1727年开始显露出来。1727年俄国觉得自己已经强大得足以占领库尔兰。1728年普鲁士决定放弃与英法的联合，恢复它同奥地利传统的忠诚友好关系。沃波尔总的来说不愿让英国再一次卷入欧洲的纷争，而且他根据1731年的维也纳条约与神圣罗马帝国皇帝已达成了谅解。这就使法国恰恰在波兰王位继承问题可能将变得尖锐之际企图控制中欧和东欧事务时陷于孤立。1732年1月，神圣罗马帝国议会承认了"国本诏书"，这使法国的努力再次遭受挫折。法国便于1732年5月与波兰的奥古斯特二世缔结条约，1732年7月又说服了巴伐利亚也同波兰结盟，以此来作为对抗。然而，尽管法国想利用奥古斯特二世来试图动摇神圣罗马帝国皇帝在与俄国结盟的情况下对波兰的控制，但它并不打算支持奥古斯特想让韦廷家族世袭波兰王位的计划。法国希望路易十五的岳父斯坦尼斯瓦夫·莱什琴斯基在奥古斯特二世死后能当选为波兰国王。1732年9月，奥地利、俄国和普鲁士缔结了勒文沃尔德条约,让一名葡萄牙王公继承波兰的王位。但是,当1733年2月奥古斯特二世去世时,奥地利和俄国却一致同意承认他的儿子奥古斯特三世为波兰国王。普鲁士遭到冷落,便允许斯坦尼斯瓦夫·莱什琴斯基过境前往波兰。法国于1733年签订了一系列条约,加强了它的地位。9月,它同撒丁结盟;11月,它又同巴伐利亚结盟,并同荷兰签订一项条约,荷兰根据条约保证奉行中立政策;11月法国还同西班牙缔结了埃斯科里亚尔条约,从而伊丽莎白·法尔内塞为唐·卡洛斯取得了对帕尔马和托斯卡纳以及一切其他可能被征服的意大利领土的保证。

英国在这场战争的整个过程中始终采取不卷入的政策。1734年年底,沃波尔向卡罗琳女王吹嘘说,尽管欧洲一年内死了5万人,但其中没有一个是英国人。他在那一年曾两度拒绝根据1731年的维也纳条约给神圣罗马帝国皇帝以援助。1735年他又一次这样做了。人们担心神圣罗马帝国皇帝会抛弃1731年的条约,而且甚至还会有更严重的危机,即他会同法国取得谅解。

1735年战争结束。1738年11月在另一个维也纳条约中通过了解决方案的条款。奥古斯特三世将成为波兰国王,但斯坦尼斯瓦夫·莱什琴斯基"为了和平自愿地"放弃了王位。这就是说,他的当选是合法的。作为失去波兰的补偿,他得到了洛林和巴尔。这两个地方在他死后归他的女儿即路易十五的妻子所有。作为对西班牙决定支持法国的奖赏,又把那不勒斯和西西里给了唐·卡洛斯。西班牙领土增加了,为了取得平衡,这时就把长期有争议的托斯卡纳划给了洛林公爵。

值得注意的是,在这场战争中,俄国军队第一次深深地渗入欧洲,到达了内卡河。不过4年,当1739年俄土战争结束时,弗勒里即提出警告说:"就北方的均势而言,俄国实力的增长已过分强大。而且它同奥地利王室的联合,也是极为危险的。"[1] 因为俄国在这场从1735年到1739年反土耳其的战争中并没有取得显著的成功,这一评论就显得格外意味深长。俄国和其盟国奥地利协同作战,但是除最初取得了一些军事上的成功外,不论俄国还是奥地利都无法取得任何

---

[1] 弗勒里给法国驻圣彼得堡大使谢塔尔迪的秘密指示,引自《剑桥近代史》(1909年),第6卷,第308页。

决定性的胜利。1736年土耳其人和波斯媾和，从而就能够腾出手来在巴尔干进行比较有效的角逐。1737年法国开始从中进行斡旋。1739年9月签订的贝尔格莱德条约标志着奥地利已开始从1718年的帕萨罗维茨条约取得的成就中走下坡路了。但是，俄国看起来依旧十分强大。

但是，1739年到1740年间那场几乎把欧洲所有的国家都卷入战争的危机，却不是俄国挑起的。这场危机一部分是由另一个新崛起的大国普鲁士造成的，但一定程度上也是英国和西班牙之间长期摩擦的结果。这种摩擦于1739年发展成为一场战争，这是不符合两国负责的政治家们的愿望的。

英国和西班牙之间战争的爆发，主要是因为两国就西班牙在西印度群岛地区捕获有走私嫌疑的英国船问题发生了争执。这种非法贸易是由私商们进行的，多年来在西班牙美洲殖民地已是司空见惯。西印度群岛的地理位置对于这种贸易有利。因为这里的盛行风和潮流对于往来的船只都有利，不管是驶往美洲大陆英国的殖民地的船只，或者是返回欧洲老家的船只，都要紧靠着伊斯帕尼奥拉岛和古巴岛的南岸驶行，然后向北穿过巴哈马海峡。从1670年到1700年间，西班牙当局对英国和荷兰的走私商的活动采取了容忍的态度。1713年以后，英国的走私者们发现西班牙新上台的波旁王朝致力于改革，西班牙殖民地当局查缉外国走私的努力加强了。1718年和1727年英国和西班牙之间的两场战争，在非法捕捉走私船问题上引起了一系列争端，而且在1731年以前，英西两国的政治关系一直不好，劫掠事件不断发生。但是，自1731年英国在使唐·卡洛斯进入意大利问题上确实给予了有效的帮助后，西班牙当局便积极地制止对英国的贸易进行非法的干涉。从1733年到1735年，尽管西班牙人为了支持斯坦尼斯瓦夫·莱什琴斯基对波兰王位的权利要求而和神圣罗马帝国皇帝开战，但在对待西印度群岛的英国商人时仍然有所考虑，唯恐英国会加入欧洲的战争以对付西班牙。甚至在1735年以后，英国人仍然受到很好的对待，因为西班牙对于法国与神圣罗马帝国皇帝单独缔结和约一事怒不可遏。但是，虽然西班牙政府为了政治原因可以对英国人的这种非法贸易采取容忍的态度，但它却激怒了西班牙各殖民地的总督。他

第九章 国际关系

们眼看着外国船队，有时多达 30 艘，明目张胆地开来，立即从一个岛上搜集食盐，或装载着谷物和无所不有的给养定期来交换西班牙的骡子，几乎每天都有一些船只到西班牙的岛屿上来换骡子，有时竟然还把西班牙警备队的船只烧掉了。西班牙殖民地的总督们发现很难劝说士兵们去海岸警备队的船只上工作。波多黎各总督在报告中滔滔不绝地谈到英国和荷兰的走私者们对西班牙海岸警备队的野蛮行径以及他自己在"说服"当地士兵充当武装缉私船船员时的困难。但是，1737 年外国走私者的活动已如此臭名昭著，以致西班牙各殖民地的总督说服了当地的移民组织了一些更多的武装缉私民船，并在当年捕捉了十多条英国船。

值得注意的是，在所有这场有关非法贸易的争执中，官方对南海公司却始终没有发表一点怨言。大家公认这家公司的人员在走私。一年一度的班船上的商业事务负责人和其他的船员都进行走私。1725 年，"腓特烈亲王"号带着另一艘满载额外货物的单桅帆船同行。1730 年，"威廉亲王"号把装载航行中所需燃料和给养的地方都装上了额外的货物。1725 年，"皇家乔治"号船上的货物超载之多，据说一旦受到攻击时，船上的大炮皆无法使用。这种情况西班牙的大臣们都了如指掌，但是，他们认为这种每年一度的班船上的走私比南海公司人员在奴隶贸易的幌子下进行的走私活动要逊色得多。南海公司在西班牙各港口的代理人从事非法贸易肆无忌惮，有时达到了危险的地步。贩卖奴隶船只的船主们往往在压舱物下面装载食品、酒类和整桶整桶的蓝色颜料。但是，这些船主的走私活动都小心翼翼地保持在南海公司驻牙买加的代理人规定的范围以内。而且，虽然董事会本身对于两艘获准贸易的船只的虚报数字采取纵容的态度，但公司方面由于董事中有一名西班牙国王的代表而不得不有所防范。公司的态度是，私人做点买卖并不是什么不道德的事情，但不应对西印度群岛采取与公司的正式贸易相竞争的行动，其规模也不应大到触怒西班牙当局的程度。大约在 1737 年，公司驻牙买加的代理人报告说，西班牙当局正在实施新的严格规定。但是公司的非法贸易并没有卷入由于新规定而引起的外交争端。

1737 年秋，伦敦、布列斯托尔、利物浦以及其他美洲贸易中心的商人们向国会请愿，要求解除他们的船只在西印度群岛被捕捉所造成的苦情。西班牙政府这时不愿与英国发生争吵，这从它在答复英国正式提请它注意的申诉时态度非常和解一点即可看出。英国的申诉很难说是正当的。要求归还的船只中，有5艘看来是被海盗俘获的，而不是被正规的海岸警备队捕捉的；有6艘涉及非常可疑的活动；还有3只是受到了攻击，并没有被捕捉。西班牙政府的这种息事宁人的态度，早在1738年西印度委员会的一则官方意见中即已表露出来，内称，"即使对于非法贸易仍然持有某种怀疑，但制止非法贸易决不应使西班牙官员无视与欧洲其他国家保持和谐一致的必要"①。可惜西班牙为了维持这种和谐所做的答复未能及时地阻止英国商人和沃波尔的政敌于1738年3月进一步举行示威，因为这时听说他们在西印度群岛被捕船只上的英国水手们戴着镣铐与强盗和重罪犯人一起被关在加的斯的监狱里，"靠发霉的饼干和咸鱼度日"②，英国的舆论一时哗然。

但是，尽管群情愤激，英西两国负责的大臣们却竭尽全力地设法避免战争。纽卡斯尔公爵给西班牙送去一份措辞严厉的照会，但是沃波尔另又写了一封信使照会得以缓和。沃波尔几乎可以肯定的是支持这样一个建议的，即为了解决所有的赔偿要求，西班牙国王应拿出20万英镑，其中6万英镑将由英国政府提供。但是，为了平息民愤，英国政府派遣了一支由海军上将哈多克率领的舰队前往地中海。这种做法使西班牙的大臣们大为愤怒，他们拒绝付给多于9.5万英镑的赔款。这笔为数比较少的款项最后终于被接受了，但是又出现了一个意料不到的新的困难。西班牙国王想通过南海公司来支付这笔款项。南海公司每年要为把黑人运入美洲向西班牙国王缴纳一笔税款，而过去通常是把这笔税款用来支付西班牙官员的薪俸或者甚至普通的账款。南海公司除了向国王缴纳这笔定期的税款外，最近又经协议，这家公司应向国王缴纳6.8万英镑，作为国王从年度班船"皇家卡罗琳"号的利润中应分到的份额和补偿用新银币缴纳黑奴交易中的进口税和用旧银币支付卖价之间的差额。1738年南海公司拒绝支付6.8万英镑，更不愿向西班牙国王预支为了凑齐9.5万英镑而需要的那笔差

---

① 1738年5月6日议事会记录。塞维利亚，西印度事务档案。
② 英国驻加的斯领事在1738年5月13日写给纽卡斯尔公爵的信中曾对水手们的申诉进行仔细的研究。P. R. O., S. P. F., Sp222.

额，除非西班牙下达令人满意的命令，归还它们在 1718 年和 1727 年两次战争爆发时被没收的财产。西班牙驻伦敦的使节擅自宣称，如果南海公司拒绝付款，西班牙国王则将采用其他办法付款。西班牙法院则下令归还该公司在 1718 年和 1727 年被没收的财产。南海公司的主管人员发现有四个方面理由反对这个命令，而要维持和平全靠完全接受这个命令。沃波尔为和平做了最后一番努力，他建议起草一个新条约，这个条约即使在南海公司拒绝为西班牙国王支付 9.5 万英镑时，也不提废除贩奴合同。新条约于 1739 年 1 月签订，但西班牙同时声明，这个条约只是在这种条件下才签订的，就是南海公司至少要支付它承认将付给西班牙国王的 6.8 万英镑。

南海公司拒绝付款。1739 年 3 月英国公众的反西班牙情绪达到如此激烈的程度，以至于 2 月本已奉命回国的哈多克海军上将，又接到命令留在原地。纽卡斯尔公爵慑于反对党和舆论，沃波尔则担心法国会配合西班牙一致行动。在这种情况推动下，英国和西班牙遂于 1739 年 10 月开战。

法国的政策远没有西班牙预期的那么友好。弗勒里企图把伊丽莎白·法尔内塞的注意力从意大利引开，他在凡尔赛宫里煽起西班牙大使的民族主义情绪。但是，当危机变得紧急时，他又极力主张西班牙支付 9.5 万英镑这笔款项，如果英国舰队从直布罗陀撤走。1739 年 10 月，西班牙王子唐·腓力和法国的一位公主缔结了婚约。但是，西班牙如果在美洲贸易上不做出让步，法国就不愿同它建立更密切的同盟关系。1740 年 8 月，法国的一支舰队奉命前往西印度群岛制止英国的侵略，但弗勒里拒绝进一步谈判订立一个政治的或商业的条约。但是，1740 年 10 月，神圣罗马帝国皇帝查理六世去世。英西战争这时便被卷入奥地利王位继承战争。在这场王位继承战争中，法国和西班牙是同奥地利作战的。法西两国军队并不十分得手。1743 年西班牙虽然准备同撒丁谈判，但撒丁却已与玛丽亚·特蕾西亚缔约，西班牙遂作罢。西班牙一怒之下于 1743 年 10 月与法国缔结了枫丹白露条约。但是，这个第二次的家族合约并不比 1733 年第一次的合约更是西班牙或法国的政策的持久原则。

英西战争由于普鲁士在 1740 年 10 月神圣罗马帝国皇帝查理六世死后所采取的行动而扩大到欧洲的绝大部分国家。自 1740 年 5 月普鲁士的腓特烈·威廉死后,英国就一直想劝说普鲁士新王同英国结盟以便在欧洲大陆上给法国制造麻烦。但是,腓特烈二世十分精明,他不会为英国的政策火中取栗。而且,随着神圣罗马帝国皇帝的去世,德意志的中部和东部以及意大利的北部的形势发生了变化。撒丁想在牺牲神圣罗马帝国的利益的情况下来改善它自己在意大利北部的地位。巴伐利亚选侯急于想实现他对帝国皇位的权利要求。西班牙则极力想利用帝国势力在意大利北部被削弱所造成的任何机会为唐·腓力获取它在1735年未能获得的领地。法国举棋不定,它起初承认玛丽亚·特蕾西亚是查理六世的继承人;后来又改变这一行动,指出承认"国本诏书"与支持玛丽亚·特蕾西亚的丈夫作为帝国皇位的候选人不是一回事。英国也在犹豫不决,有的大臣赞成还是与奥地利重新结盟为好,有的则反对进一步卷入欧洲的事务;当1741年6月经决定支持奥地利时,反对这个政策的人们坚持和普鲁士重新会谈。在一片混乱之中,腓特烈二世却清楚地知道什么政策对于普鲁士才是最有价值的。他放弃了收复贝尔格和克利夫斯的企图,于1740年12月入侵西里西亚。

法国却违背了弗勒里的意愿而卷入了奥地利和普鲁士之间的斗争。这位红衣主教年事已高,别的政治家们于是就取得了路易十五的信任。弗勒里的以法奥谅解为欧洲的稳定和平基础的政策,已被贝尔岛以及其他一些仍然相信反奥的"威斯特伐利亚"政策传统的法国人士鲁莽的反奥纲领一扫而光。1740年12月,法国与腓特烈二世进行试探性谈判时,才发现他所需要的不是一项纯粹防御性的协议。到了1741年6月,法国同普鲁士结盟;7月,它同意用武力援助巴伐利亚;8月,它鼓励瑞典进攻俄国(第18章)。

奥地利王位继承战争和"詹金斯的耳朵战争"的动乱,逐渐平息下来,转为一个不稳定的和平。从1744年年底阿尔让松领导法国的外交事务以后,曾经有过结束敌对行动的可能性。1745年法国和西班牙相继在尼德兰、丰特努瓦和意大利北部战胜了奥地利人和撒丁人,荷兰人和撒丁人便开始向法国求和。和平谈判一度陷于停顿,因为玛利亚·特蕾西亚仍然希望用武力收复西里西亚。但是,在他的军队被普鲁士人打败后,她才准备于1745年12月签订德累斯顿条约,从而结束了和普鲁士的战争。但西线的战事还在继续。虽然1746年

5月法国实际上已向英国提出一个和平计划,但是7月间西班牙国王的去世以及奥地利和撒丁的军队在意大利北部取得了一些胜利,这又使英国的希望死灰复燃。但只是在法国对荷兰宣战并在奥属尼德兰无可置疑地打败了英国的军队之后,在艾克斯-拉-沙佩勒的和平谈判才变得真正地认真起来。

1748年法国终于同英国而不是同奥地利缔结了和约。因为法国认为这两个国家中,有可能独自打下去的是英国,而不是奥地利。这个和约并没有给任何一个国家带来胜利。西班牙的局势同1739年的相差无几,虽然经过大臣们的更换带来了可以避免进一步产生爆炸性事件这一美好的前景。意大利的帕尔马,皮亚琴察和夸斯提拉归于唐·腓力,而唐·卡洛斯则保有了那不勒斯和西里西。英法两国间殖民地的争端依旧没有得到解决。布雷顿角用来和马德拉斯对换。神圣罗马帝国皇帝的称号给了玛丽亚·特蕾西亚的丈夫,但西里西亚却根据德累斯顿条约割让给了腓特烈二世。普鲁士和俄国两国以战胜国的姿态而出现。普鲁士显示了它的军队具有的价值和国王的天才。俄国把瑞典打得一败涂地并且征服了芬兰。瑞典只是在同意接受一位俄国提名的瑞典王位继承人后,才收复了芬兰。俄国实际上成为波兰的保护人。俄国1748年在战争结束时,其势力达到了前所未有的程度。这两个强国之间的关系是友好或敌对,是影响欧洲未来的一个重大因素。腓特烈不久就表现出对俄国持有强烈的恐惧感,并且指出俄国将会变得十分危险。

1756年发生的使欧洲外交家们感到吃惊的同盟关系上的大改变(第19章),主要是由于有俄国这样一个有影响的强国的存在而造成的,并且积极地为普鲁士所一手操纵。

在七年战争(第20章)中,主要的参加者之一是普鲁士国王。1763年签订的和约至少在一定程度上是由于俄国发生宫廷政变的结果。出于一种奇怪的反常现象,1763年和约以前的谈判有一个特点,就是西班牙的政策与普鲁士、俄国以及哈布斯堡家族的政策交织在一起,使人想起了阿尔韦罗尼的梦想或里佩尔达的戏剧性的改革场面。但是,在1759年到1763年的这段时间里,伊丽莎白·法尔内塞的儿子也像他的母亲在1717年到1732年间的情况一样,无法决定谈判的结果。1763年就像1718年一样,强国仍然是英国、法国和哈布斯堡家族，虽然这时大国的行列无疑地增加了俄国和普鲁士。

1759年欧洲大陆上的军事形势对于英国及其盟友普鲁士来说是如此的严重，以至于皮特不得不同意开始和平谈判。甚至布伦瑞克8月间在明登的胜利和沃尔夫9月间在魁北克的胜利也无法盖过普鲁士11月间进一步的惨败。1759年12月，英普两国与法国、俄国和奥地利的代表在海牙接触。和谈一直持续到1760年4月，但毫无结果。一部分原因是舒瓦瑟尔声称他想借助于西班牙从中斡旋进行谈判，而西班牙的伊丽莎白·法尔内塞的长子查理三世在1759年就已继承了他的几乎是亲英派的同父异母兄弟的王位。皮特傲然拒绝西班牙进行调停的企图，因此整个谈判一事无成。

1760年战争继续进行。尽管法军和俄军在欧洲取得胜利，英军却在美洲和印度占领了蒙特利尔和阿尔科特，并于1761年1月攻占了本地治里。当1760年6月西班牙驻圣詹姆士宫的大使曾经打算就洪都拉斯的森林被非法砍伐等问题得到英国的令人满意的答复时，皮特的态度却极为生硬。因此，1761年1月格里马尔迪被遣往凡尔赛同法国谈判建立一个西法防御同盟。1761年年初，考尼茨鼓吹召开一次各国普遍参加的和会。舒瓦瑟尔对此表示赞同，但条件是，会议期间，甚至在会前，各交战国家可以交换使节并在会议外单独地进行谈判。从1761年3月至6月，法西同盟的谈判正在进行之际，法英之间也在就和平条件取得一致意见进行谈判。6月，英法之间达成协议的成败可能性各占一半，但1761年8月，法国和西班牙缔结了家族合约。西班牙同意，如果英法之间到1762年5月1日还不能缔结和约，西班牙将对英国宣战。路易十五同意把西班牙的权利要求应予满足一节包括在他与英国的谈判之中；虽然这样做对于英法的和平谈判会产生致命的影响，即便是英国的政策在1760年10月乔治二世去世和1761年3月比特执政后已不那么好战。1761年10月，虽然极力主张把战争进行到底的皮特被击败后离开内阁，但这并没有阻止英国于1762年1月向西班牙宣战。

就在英国向西班牙宣战的那个月里发生了一个事件，使欧洲的战争大大提前结束了。女沙皇叶利扎维塔去世，荷尔斯泰因－戈托普公爵查理·腓特烈的儿子彼得三世继位。彼得三世迅速地改变了俄国的政策。他是普鲁士的腓特烈的热烈崇拜者。他希望从反对普鲁士的战争中脱身出来，以便可以坚持使他的家族对石勒苏益格和荷尔斯泰因两地的公爵领地提出部分的权利要求，为他的家族所受的奥尔登堡家族的虐待报仇雪恨。他还对瑞典王位提出权利要求（第 19 章）。1762 年 5 月，新沙皇同腓特烈二世缔结了和约；同月，瑞典因为害怕沙皇会坚持他对瑞典王位的权利要求，也同普鲁士缔结和约，以便腾出手来应付波罗的海地区的任何不测。1762 年 6 月，沙皇和腓特烈二世缔结了进攻性的联盟。8 月，俄国军队协助普鲁士赢得了赖兴巴赫战役的胜利。1762 年 7 月，沙皇被他的妻子叶卡捷琳娜废黜，不久便遭杀害。但是，虽然新的女沙皇把俄国军队撤出了战争，她并没有废止 1762 年 5 月的条约。1763 年 10 月，腓特烈又进一步取得了胜利。1762 年的种种事件虽然改变了普鲁士的前景希望，但却没有充分地鼓励腓特烈和他的英国盟友要把战争打下去。

在英国，对于战争的热情甚至到 1760 年就已一落千丈。这时人们认为英国在美洲和印度都已达到目的。当 1761 年讨论中的法国和平条件被法国人泄露时，有相当大的一部分舆论对于他们的拒绝的态度表示遗憾。比特反对皮特的主战政策，急于和法国及西班牙达成协议。他甚至向腓特烈二世施加压力，要他交出领土以换取和平。因此，腓特烈在彼得三世即俄国的皇位后他的境况暂时得到改善一事，看来对于普鲁士名义上的盟友英国的政策来说，几乎是一种失败。比特出于国内的政治原因，非常急于在西部媾和。为此，他打算采取比英国在 1759 年到 1760 年间海牙谈判时还要和解的态度。比特不再坚持要腓特烈二世遵守协议，他甚至打算考虑西班牙的不满。1762 年 2 月，马提尼克岛被英国舰队攻占，因此英国处于重开和谈的有利地位。就在同一个月里，一支西班牙军队入侵葡萄牙，但进展不大，因此这次战役对于英法谈判起不了什么作用。1762 年 9 月，英国得知它的一支舰队已经攻占了哈瓦那。这个消息使英国大为振奋，它对战争突然又变得非常感兴趣了。但是，比特出于政治原因，决心达成一项解决办法。议会从 11 月 8 日延期到 11 月 25 日，因此，比特能够向议会提交 11 月 3 日在枫丹白露宫达成的和约的条件。在欧洲东部，腓特烈二世 1762 年取得的军事胜利，再加上俄国政策的改变，使得玛丽亚·特蕾西亚下定决心寻求和平。1763 年 2 月，奥地利和萨克森同普鲁士缔结和约。根据 1763 年在巴黎签订的条约，英国在印度和美洲得到了不少领地。但是，根据胡贝尔图斯堡条约，普鲁士却不能得到萨克森的领土。而这一点却是这场战争的政治目的的所在。1763年标志着法国威望的下降（但比特的政策却阻碍了英国的影响作相应的增长）。西班牙即便是在卡洛斯三世有力的领导下，对欧洲的事务仍旧影响不大。但是，普鲁士却从这些谈判中明白无误地作为一个强国而出现。而俄国能够影响整个东欧和中欧的力量均衡。

（乐瑞夫　译）

第 十 章
法国君权神授君主制的没落

  在16世纪到18世纪这段时间里，西欧和中欧的大多数国家的君主政体都是中世纪的和现代的政体概念之间的一种妥协物，也就是中世纪君权神授的概念和一种越来越专制的统治形式的结合。在法国，欧洲政体历史上的这个阶段在其范围里得到了可能的最充分的发展。路易十四作为一位君权神授的君主，体现了一种可以追溯到"魔法王"时代的传统。然而从这位"太阳王"身上发出的光芒并不是夕阳的余晖。新的专制主义同旧的君权神授说的结合使法国的君主制更为生气勃勃，得到新生。必须记住，历史学家笔下的旧制度，也就是那个在1789年腐朽衰败的制度，仅仅在一个世纪之前还是路易十四和柯尔贝尔的新政。在17世纪末，用其行政治理结构的效率来衡量，法国比欧洲其他各国居于遥遥领先的地位。当然，路易十四在法国的势力登峰造极时并没有离它而去；他在国内外享有荣耀时一直健在，他给他的接班人留下的是问题，而不是解决办法。在他死前，苦难和不满在法国普遍存在；而在欧洲，路易十四在他在位的漫长岁月中，行使了继而又滥用了红衣主教们赋予法国的权力。这种情况一直延续到乌得勒支条约宣告了他的失败，开始了并不名副其实的所谓"英国优势"时代。这是人们的一贯的描述，但是其中也有许多夸大之处。事实上，路易十四的野心受到的部分挫败，是因为整个欧洲联合一致行动的结果。尽管国内十分动荡，但由于人口众多，资源丰富，法国的潜在力量依旧远胜过其他国家。要恢复法国原有的那种天然优势，需要的只是再一次实行一项使欧洲各国无法团结一致来对付法国的外交政策和把政府机器的效率恢复到马萨林留给"太阳王"的那些著名的大臣治理时的水平。

欧洲另外两个君权神授君主制大国奥地利和西班牙，以及日耳曼和意大利一些较小的诸侯国家，都以它们自己不同的形式仿效了法国历史的模式。但是在17世纪的欧洲建立起宏伟的君权神授君主制大厦的是法国。君权神授原则遭到致命打击的地方也是在法国。因此，我们主要通过法国来研究君权神授君主制的衰落，集中注意力于检验这一体制在法国的性质和运转情况，是合理的。对这个体制的解说，在各个阶段有所不同。19世纪的保皇党人，意识到那时的内政部通过各省长对全国政治和行政生活进行严格控制，回顾波旁君主制，把它看成是不受中央集权官僚机构控制的黄金时代。在德托克维尔表明中央集权绝不是法国大革命的发明，而在1789年以前各省地方行政长官对法国各地的控制就跟1799年以后的省长一样严格以后，这种看法虽然仍未放弃，但已经很难站得住脚了。泰纳继德托克维尔之后，甚至又把这种论点推向了极端。他声称，君主制中央集权使法国老百姓变成了"微不足道的尘土"。对历史进行更具体的研究后，便会对这两种看法进行修正，而法国政体的情况要比这两种提法复杂得多。

首先，一个中央集权的官僚机构要有效率，就要把国家划分成为相互有关联的而又有排他性的行政单位。在旧制度统治下的法国要找到这类单位，就该把注意力集中到为数约30个由地方行政长官管辖的财政区。但是，财政区首先是为征集赋税而设置的；虽然随着时间的推移，它们也被用来达到许多其他行政管理目的，但绝不是唯一的行政区划。他进一步仔细观察旧制度统治下的法国，就可以看出区划重叠的复杂结构，它更像一幅中世纪的镶嵌画，而不是现代国家的那种由不同颜色的简单条块组成的行政区划图。

甚至法国本身也不是一片完整的领土，在其境内还存在诸如阿维尼翁、韦内辛、多姆比、米卢斯和昂里奇蒙和其他许多独立的飞地。此外，国内还遍布各类特殊的管辖区。例如，布荣公国在法律上就是一个独立的主权国家。有4万居民的克莱蒙泰属于孔代亲王，那里的一切赋税均由他征集，归他所有。布洛内有它自己的军队，由该省士绅指挥。虽然许多省的省议会已被取缔，但布列塔尼和朗格多克的议会仍然拥有大权，对地方行政长官实行有效的制约。相比之下，普罗旺斯和勃艮第两省议会的权力要小些。同财政区同时存在但管辖范畴完全不同的还有高等法院的辖区、教会的管区和39个军事管辖区。但是，到18世纪时这些军事管区已无多大重要性了。

君主制甚至在财政制度上也没有取得管理上的统一。那些有地方议会的省份在理论上有权自行征税。这至少意味着它能给中央控制设置障碍和负担比其他地区较轻的赋税。各地的盐税也不统一；有大盐税区、小盐税区、赎金区和免税区之分。各地的盐价从半苏一斤直到12个或13个苏一斤都有。在埃罗、康布雷齐和阿尔萨斯不需要使用印花和缴付相应的税款。法国甚至连关税也不是统一的。5大包税所征收一种关税。布列塔尼、佛兰德、阿图瓦和其他一些被称作外国省份的地区又有各自特定的关税。阿尔萨斯、弗朗什孔泰和三主教管区等实际上的外国省份又自成一体。包括敦刻尔克和马赛在内的自由港可以与外国自由进行贸易，但同法国国内其他地方做生意则须缴纳关税。

下级政府机关又是另一种情况。旧有的司法管辖区法院和领主执法裁判所等下属机构，实际上已经失去其全部的行政管理作用，只是在1789年选举全国三级会议代表时才重新活动了一下。那些已经让人民一定程度参加地方行政管理活动的机构，就是那些遭受地方行政长官侵权最厉害的机构。在一些比较小的行政区，地方行政长官的严密控制使终身任职的居民理事变成了政府的代理人。在路易十四统治的后期，一系列法令规定市政官职可以用钱购买。这种做法虽使这些官职在某种程度上摆脱了国王提名，但仍然受到地方小贵族的控制。因此，到了18世纪，过去遗留下来的一些地方自治权在法国基本上消失了。但是由无数种地方特权构成的限制、权利和习俗，往往使最活跃的地方行政长官都感到约束。此外，财产的尊严并不逊于国王的尊严，但绝大多数的豁免权和特权，包括担任官职的权利在内，都同财产的性质有关系。

因此，地方行政长官尽管是欧洲最强大的官僚机构在地方的代理人，他却远远没能掌握独断专行的大权。他的作用并不是颁布各项无情的法令，要那些唯唯诺诺的老百姓俯首帖耳地服从，而是像杜尔哥的传记作者写的那样"无休止地陷身于行政管理上的陈规陋习之中，不胜其烦地处理那些无穷无尽的杂事"①。他的一举一动都会同这一阶级或那一阶级的特权发生冲突。如果说他是一位行政管理上的巨人，那也只是一个像被厘厘普特小人国的细绳子捆住的格列佛那样被无数陈规旧俗束缚住的巨人。此外，大部分财政区的面积很大，地方行政长官要进行密切的监督是有困难的，特别是因为他的兴趣的潜在管理范围实际上涉及公众生活的各个方面。地方行政长官虽然主要是一位财政官吏，但他还要监督宗教活动，行使重要的司法和警察职责，管理贸易和工业，甚至还要同当地的司令官一起掌管军权。司令官是地方军事长官，要管理好一个地方的事务，特别是在危机时刻，司令官的合作是必不可少的。地方行政长官虽然拥有这些权力，但是他却从来没有足够的手段来持续有效地行使这些权力。在地方行政长官官署中领头的是个总帮办，他的手下还有人数不等的帮办。人们往往指控这些人无能和腐败。一般来说，遭到指责的人往往是些真正干工作的人。可以说，地方行政长官如有某些业绩，那也应当归功于他的下属官员。不对18世纪的地方行政长官的活动做更多的研究，就很难对他们下笼统的结论。但是在18世纪后期，地方行政长官长期不在他们自己的财政区，这是屡见不鲜的。这表明他们对于他们的机关工作的正常运转，并不是必不可少的。像杜尔哥那样认真和有效地工作的地方行政长官，虽说不是绝无仅有的，但也未必是一个典型。

  地方行政长官的治理受到一张由特权和豁免权织成的网的阻碍。中央政府的权力又受到地方行政长官的独立自主的限制。地方行政长官无论出于什么理由，只要对发来的指示不喜欢，就可以干脆不予理会。如果中央政府的命令一再受到一名官员的违抗，除了将他调开或撤职外，别无其他办法。但是中央政府难得采用这样的办法。同时，即使是一位精明能干的地方行政长官，他的力量最终还得取决于中央政府究竟能够并且愿意支持他到何种程度。

  从理论上说，这是一个由许多委员会组成的政府。一个有时被称作秘密会议或国务会议的高级委员会决定国家政策，特别是外交事务的重大问题。这个委员会系由国王亲自邀请的人组成。除外交大臣外，国务大臣和财政总监都可能不是这个委员会的成员。但是，他们

---

① D. 达金：《杜尔哥和法国的旧制度》(1939年)，第27页。

参加内务委员会。内务委员会监管全部内政事务并听取对高等法院判决的不服上诉。财政委员会是在1661年富凯下台和取消了财政总监的官职后设立的，负责处理财政问题。它的职能很难同内务委员会区分开来。实际上这两个委员会很可能经常在一起开会。由法官和最高行政法院查案官组成的御前会议代表着国王的最高司法权。此外，还有一个时而设立时而取消的商业委员会。最后是信仰委员会。它主要负责指派教职。到了18世纪它已经缩小到仅仅充当国王的忏悔神父。然而，这套复杂的委员会制度远不能代表这个国家的真正统治结构。表面上这是一个由委员会组成的政府，但在实际上它却是一个由一些个人组成的政府。国务大臣和财政总监是各行政部门的实际首脑，所采取的决定几乎都是他们个人的决定。

在这些国家要员中首屈一指的是大法官。他是法国司法系统的首脑，是永恒公正的化身。作为这个地位的象征，他是唯一的一个从不为国王逝世服丧的人。大法官也是朝廷中最后一个重要的终身官职。因为这个原因，他的全部实际权力都已移交给可由国王任意任命或罢免的掌玺大臣了。只有在大法官同时担任掌玺大臣的情况下，他才有权为国王的布告或法令加封盖印，并因此得到因手续费增加的大笔收入。难怪当时有种说法："当大法官不兼掌玺大臣，等于当药剂师没有糖浆。"国务大臣、财政总监和掌玺大臣一道组成了法国的真正政府。在整个18世纪的大部分时间里，国务大臣有4名。一名负责外交，一名管陆军，一名管海军兼殖民地和贸易事务，第4名负责整个王室事务，也包括监督教会事务和宗教改革、国内各省事务、警察和护照以及监督警察总监负责巴黎的治安。只有在1749年到1757年间阿尔让松伯爵掌管巴黎时，巴黎才不属这位国务大臣管辖。所以掌管王室事务的国务大臣，有时亦称作巴黎大臣。从行政的角度看，财政总监是政府中最重要的成员。他负责财政、农业、工业和交通等。除了王室事务大臣也行使对等权力的那些方面以外，在国内行政事务的任何一个方面，他几乎无所不管。

这些大臣组成的并不是一个统一的班子。每个大臣都是由国王单独地任命或罢免的。按照传统，常常挑选一些相互竞争的对手而不是同心协力的盟友来担任职务。路易十四使用卢瓦和柯尔贝尔就是一例。大臣之间的竞争，由于他们所率各部门之间原来就存在的竞争而更趋激烈，而部门之间由于职权界限不清，又很容易产生竞争。政府通常设有一名总的名义上的首脑。杜布瓦在1722年到1723年间是首相，奥尔良在他在世的最后几个月中亲自担任了这个职务。另一位王族，波旁公爵接替了他，但为时也只有两年。弗勒里继而在实际上成了政府的首脑，但他从未拥有"首相"这个头衔。除了他的权威受到挑战的最后那段时间，他的任期是在摄政死后到大革命之间。旧制度到那时已多少认识到集中控制的作用。舒瓦瑟尔从没有当上首相，他依靠各种官职集于一身而行使权力。在路易十六时期，财政委员会长官看来似乎是个领头的大臣，但也只有洛梅尼·德布里安一人在1787年到1788年间重新使用了首相这个称号。

没有首相这个职位是完全符合旧制度的逻辑的。人们认为国王本人已经提供了在执行国家事务中所需要的统一性。国王同时还是军队、司法和教会的首脑。国王所属的各种委员会，至少在理论上应在国王在场时开会并提出各种建议。他们做出的决定，也就是国王的决定。国王的意愿一经正式颁发，就是国家的法律。国王还能够不通过掌玺大臣公署而用密札发布司法或行政命令，决定国内任何人的命运。著名的秘密逮捕令就是一个例子。可以毫不夸张地说，法国的整个法律和宪法，都在国王一人胸中。这是一种人治，而不是一种行政管理制度。国王作为个人掌握大权，并把这种权力指派给某些个人。每个下属官吏都受国王的恩典，因而他就有一定程度的个人独立性。专制主义实际上是伴有无纪律状态的。国王或代表他名义的大臣，可以随心所欲地发号施令，但是他们却无法保证这些命令会得到服从。

国王在一切意义上仍然就是国家。君主制是绝对的、神授的，也是家长式的。国王是他的百姓的父亲，永远生活在他可爱的臣民眼前。法国的社会生活集中地体现在国王个人身上和他的宫廷之中，路易十四有意地把这种生活组织得可供公众观赏。如果说，这种生活耗费很大，但至少他让百姓们花了钱看到不少好东西。他向公众开放了杜伊勒里宫和凡尔赛花园。当然免不了发生一些雕像受污损、花木遭毁坏等麻烦事。1789年，阿瑟·扬曾对衣衫褴褛的乞丐和苦力一样的男人在凡尔赛宫里游荡，甚至闯入国王卧室一事发表过评论。就是为了使众目睽睽下的宫廷生活有恰当的规矩和礼仪，路易十四制定了一套复杂严格的礼节制度。这套制度对宫廷生活的一切场合，从只许最高级贵族参加的内廷场面直到国王和王后在朝廷大臣们簇拥下进餐的举世瞩目的盛大国宴，都具体作了规定。

所以无论在形式上，还是在政府的职能上，路易十四时期建立的君主制，要求法国国王能按"大君主"树立的榜样担当起这个角色。但是从1715年到1774年期间继承他的王位的那位法国国王，无论在孩童时期，还是成年以后，都离这些严格的要求很远。但是，即使有一位比路易十五坚强的国王，路易十四所创立的统治体制中存在的固有矛盾，也是无法解决的。一方面，这是由一位"大官僚"控制的中央集权的官僚机构；另一方面，这位大官僚的地位不会受到挑战，因为这个地位有1000年的历史做基础，并且有君权神授说的支持。但是，这整个机器的中心人物，下层各级权力的源泉，其本身也是一个生活在特定环境下而不是生活在真空中的凡人。这种特定的环境，就是由宫廷和宫廷中的贵族所提供的。在路易十四统治时期，政府也难免受到宫廷中阴谋活动的影响。一旦由一位比较软弱的人继位，政府就要受这些阴谋活动的支配。随着宫廷中这一派或那一派掌权，国家就会来回不定地摇摆。

路易十四在政府里完成了消灭一切竞争的权力之后，就把全部职责的负担加在君主制身上，但同时他又不给予这个体制以全部权力。在这方面，他走得或者太远，或者不够远。除了最高法院外，其他一切可能分担君主制责任的机构都被剥夺了权力。然而他又让国家的一些高级阶层——教士、贵族和最高法院——保持了足够的独立性，使其能对抗国王的意旨，阻碍官僚机构的工作和有效的治理。实际上法国还远远不是一个现代的国家。尽管有路易十四制定的法典，法制还是十分混乱。正如上面提到过的那样，地方行政长官的治理受到种种特权网的束缚。经济生活的形式结构，依旧是中世纪的。一切工作都得靠金钱或关系才能进行，政府从上到下徇私舞弊，不负责任，腐败透顶。

路易十四体制中的弱点，在他统治的后期已经很明显，当时不满情绪十分普遍。包括沃邦、费内隆、布兰维里耶和圣西门等人在内的一派改革家们相信，有可能消除路易十四的作为并让贵族回来参与政府的实际治理。他们希望年轻的布戈涅公爵能成为一位从事改革的国王。但这个希望由于公爵的去世而破灭了。年幼的路易十五即位后，摄政奥尔良的菲利普掌权后,也有同样的愿望。奥尔良有教养,有能力,过去一直受到路易十四的压制;他的挥霍放荡又影响到他的声誉。奥尔良的首要任务是排除路易十四私生子们争夺王位的要求,并且使自己从路易十四设立的委员会控制中解脱出来。一旦大权在握,这位摄政就制止了政府中几乎不可避免的混乱情况进一步恶化。路易十四的遗嘱在巴黎高等法院那次著名的会议上被推翻了;这次会议,圣西门曾做过极为生动、虽然不甚确切的描述。① 这一行动的代价是恢复了最高法院的谏疏权。虽然这确实开始给君主制带来了不少麻烦,但要指责摄政没有预见到他的继承者的懦弱,这也不公平。实际上,不管摄政是否在形式上恢复过谏疏权,只要国王无能,最高法院成员就会重申他们的这个权利。把摄政的行动解释成为只是谋取私利的机会主义,也同样是不公平的。他在政府结构上所做的改革被说成仅仅是为他自己继承体弱多病的幼王的野心争取支持的一种手段。这种说法很难解释他愿意与新设立的准备代替国务大臣的委员会共享大权的做法。这些委员会把国内的著名人物,甚至把反对摄政本人的反对者也都包括在内了。奥尔良的新的各部会议体制由6个委员会组成。每个委员会均有包括贵族和王室官员在内的10名成员。6个委员会分别负责管理陆军、海军、财政、贸易、内政和外交事务。时间会证明这种消除路易十四作为的企图是否会取得成功。与此同时,行将面临的是一场迫在眉睫的危机,要是没有酿成一场新的投石党运动。这位摄政一反已故国王的政策来处理这场危机。

最迫切的是财政状况问题。这在法国不是第一次,也不是最后一次。财政形势已经危急到如此程度,奥尔良甚至打算要召开全国三级会议来解决这个问题。财政委员会采取部分拒付债务的手段。它把新近铸造的金路易和埃居收回来,把币值分别从16里弗尔和4里弗尔改成20里弗尔和5里弗尔。它还设立了一个法庭来监督金融家们的交易,压缩他们提出的要求,并在必要时给予惩罚或赔偿。组成这一法庭的法官们立即担任起这个传统的任务,并按老习惯对司法的细节不屑一顾。但是收到的积极效果很小。然而,其他的措施却缓和了王

---

① 圣西门:《回忆录》(A. 德布瓦斯利尔编,1879—1928年)第29卷,第12—32页;附录一,第467—497页。

室的财政状况，和平的外交政策又削减了军费的开支。只有彻底改革赋税制度，才能使财政有稳固的基础。而且像这位摄政所希望的那样，让特权阶层重新参加到法国政府中来，他要用改革赋税制度这样的办法来弥补路易十四的制度造成的亏空，则是很困难的。

主要的直接税是人头税。它由财政委员会每年起草敕令征收。人头税先由各财政区分摊，再通过地方行政长官分摊到各选区或由三级会议分到各三级会议区。三级会议区大部分是属于人头税区，那里的税款一般按土地计算。土地以外的财产不纳税。加上纳税登记册都是陈旧过时的，相比之下，三级会议区纳税要比选举区轻。在选举区，人头税是按每个纳税人财产计算的属于人头税。这种税无疑是按收税人武断做出的估计征收的。收税人从纳税人中选出，往往不能胜任此项工作。特权阶层当然免税。有许多城镇也能免税，另外一些城市按固定的比率交付人头税，其余的大部分城市则干脆把人头税改成入市税的一种附加税。路易十四时期曾两次试图征收一种任何阶层都不得豁免的税目。一次是1695年的人口税，另一次是1710年的什一税。但教士两次都花钱买得了豁免权；而贵族和城镇不是取得了免税权，就是设法逃税。结果，这两项税目反而成了纳税人的额外负担。非直接税的负担也同样不公平。盐税在各地区之间也不相同，领主交纳的税率低，教士阶层、司法和财政官吏都予免税。各种不同的贩运税、对内和对外的关税已经提到过了。由教士统一交纳的献金，同它们的纳税能力相比数目很小。最后必须提到的还有各种货物的间接税，国王征收的入市税（包括对金银、皮革、纸牌和其他物品征收的税款），烟草专卖权，对一切合法交易和收据等征收的核查税和印花税，以及从现已无足轻重的王室产业收取的实物。这些间接税由包税人负责收集。他们弄到了这些间接税只缴纳一个定数的权利，他们都千方百计进行搜括以谋取私利。国王还通过发行彩票、卖官鬻爵等方式聚敛钱财。实在无可奈何时，还可以依靠借贷。他可以直接进行借贷，也可以在王室信贷不佳时向巴黎都会旅社和地方三级会议等其他机构进行借贷。他还可以以总包税局这样的机构的信誉为保证发行纸币。这些纸币常常以低于面值的价值流通。要了解经济上这种混乱局面的全貌，还需要描述一番五花八门的管理机构。这些机构都致力于减少混乱，恢复秩序或者至少能在公文上写出点有关这方面的材料来。高居在这套杂乱无章的制度之上的是一位经常更换人选的财政总监。他那犹如一团乱麻的预算年复一年；在和平时间尚能勉强收支相抵，一到战争时期就穷于应付了。

在寻求一种比破产稍好一些的治疗法国特有的财政痼疾的办法过程中，摄政听从了他的老朋友苏格兰金融家约翰·劳的建议。早就为荷兰人所熟悉的信贷的力量，现在也正在被英国和法国所理解。可惜他们对信贷的魔力的早期尝试，都是由一些刚刚学步的新手进行的。但是，劳在给摄政解释他的信贷理论时，是有根据的。他在1716年奉命开设了一家私人银行。这次颇为成功。接着于1717年再次奉命建立了西方公司，垄断了与路易斯安那的贸易。1719年该公司改为印度公司，控制了法国的全部对外贸易。1718年和1719年，劳还首先取得了非直接税的包税权，然后又取得了直接税的征收权和纸币发行权这一革命性的措施。这时，劳便准备解决王室债务问题：1719年取消国债券，并且宣布用公司的股份来支付这些债券。最后于1720年1月，已经成为法国公民和天主教徒的劳被任命为财政总监，掌握了法国的全部经济命脉，并且利用这个大权在各个方面进行改革。圣西门对他的同时代人的批评，通常是很不客气的，而且生来也不喜欢颂扬一个外国冒险家的，但他却把劳说成是"没有贪婪和欺诈，也没有被极好的运气所宠坏"[①]。但是，这个体制的令人难以置信的成功，再加上一个赌徒般的乐观本性，使劳把他的那个庞大的财政上层结构，建立在实际贸易极为脆弱的基础上。他曾做了一番英勇却又毫无希望的挣扎，妄想挽狂澜于既倒，但当不可避免的崩溃来临时，他只好放弃一切努力，于1720年12月逃离法国。

这套制度的利弊何在？表面上看来，一切都已恢复到那位昙花一现的苏格兰人把整个国家搞得天翻地覆之前的景况。通过对面值的猛烈贬值，大量的纸币已经紧缩到可以应付的程度。劳的大部分革新已随同他本人一起销声匿迹。这套制度垮台的一个特别不幸的后果，是证实了法国人对信贷机构，特别是对国家银行主张的不信任。债务的规模通过清算得到缩小，但也仅仅是恢复到劳改革前的水平而已。而且，为此还付出了面临新的破产的代价。另外，这套改革给经济生活

---

① 引自《圣西门》，第38卷，第76页。

的刺激却没有完全消失。贸易和工业得益了。劳计划兴建的大道路和大运河也并没有被完全放弃。印度公司的总部所在地洛里昂日益变得重要起来，美洲的新奥尔良情况也如此。海外贸易得到很大的促进，人们开始把注意力集中到开发殖民地的可能性上去了。在法国，那些在改革前期得益，后来又及时脱身的交上好运的地主们摆脱了土地的债务。尽管有许多家庭破产，但也有人由穷变富。这套改革制度的最显著的结果是，财富重新分配和各阶层之间的界限因而造成混乱。那些被劳暂时地挤在一边的金融家们，以比以前更大的声势卷土重来。他们中间为首的是帕里斯兄弟。其中以帕里斯·迪韦尔内最有才干，他负责对这套制度进行结算。他在1723年到1726年波旁公爵统治时期虽无其名，但实际上他就是财政总监。在这个制度崩溃的过程中，又涌现了一代新的富人。

摄政的改革试验不仅在财政方面告失败，他那个由委员会掌权的制度也垮了台。摄政时期证明（如果需要证明的话）红衣主教们和路易十四留下的那套制度是很难推翻的。然而，法国虽然又恢复了"大君主"制定的政治习俗和机构，这套停滞不前的制度的弊病，却随着法国社会的发展而变得更加显著了。

在外交政策方面，奥尔良和他的大臣杜布瓦总算比较成功（见第9章）。但摄政时期的国内政策，却只能作为一场失败而载入史册。正因为这场失败不能归咎于摄政本人的无能，因而其意义就显得更为重大。摄政是一位聪明和强有力的统治者。他认识到法国需要一个新的开始。他不害怕采用激烈的措施，因此他挑选了像劳和杜布瓦这样不讲情面、有能耐的大臣来辅助他。他拯救了法国，使之免除一场新的投石党运动的灾难，而且他肯定地使法国政府避免了摄政时期通常难免的混乱，这一点是可以讨论的。是他对法国的统治机构进行了根本改革的尝试。这是路易十四时代到大革命爆发之间唯一一场没有像日后阿尔让松那样停留在纸面上的改革尝试。这场改革遭到惨败的原因，不应该在奥尔良本身的性格缺陷中去寻找，而应该到路易十四制定的政体本身固有的矛盾中去找。这一点在整个19世纪将会变得越来越清楚。

1723年这位摄政去世后，自然由这个血统的各个亲王中的下一位亲王波旁公爵负责领导政府的工作。他在很大程度上为他的情妇普里夫人所左右。他的无能不久就暴露出来。1726年，年轻的国王原来的导师，深得路易完全信任的年迈红衣主教弗勒里觉得自己已经强大得足够使波旁下台。1726年至1743年，法国是由弗勒里统治的。这一事实打破了路易十四的体制，虽然这是为时短暂的。路易十四从来不愿完全信任任何一位大臣。在他全盛时期，他往往故意让大臣们彼此钩心斗角，而把领导政策的最高权力保留在自己手中。弗勒里不是路易十四和柯尔贝尔的继承人，而是黎塞留和马萨林的接班人；他不虚此名，成了一个没有首相头衔的"首相"；他是法国的沃波尔，这不是指在议会中，而是指在朝廷中，他靠着国王的信任、本人的才干和用人的能力而掌握大权。同沃波尔一样，他的权威从未受到挑战。在1732年到1737年期间，他作为掌玺大臣和外交大臣与肖夫兰密切配合工作；这是他权力的鼎盛时期。在国王的绝对信任下，他因而能够把自己置于宫廷圈内人物之上。在弗勒里当政期内，各派的倾轧并未支配法国的政策。新的詹森派争端（见原文第229页）的闷火，虽然未被扑灭，但至少也被封闭了。他也像沃波尔一样，不是一位革新者。他认为，法国需要一段休养生息的时期。他为法国提供了这段时间，并没有让这段时间白白浪费。在1717年到1751年间，法国出了一位伟大的大法官阿格索。阿格索即使在不当大法官期间，也一直没有停止过编纂法典和改革法律的工作。1730年到1745年间任财政总监的菲利贝尔·奥里是一名工作勤奋、精力充沛和颇为尽职的官员。他即使算不上是一位改革家，也是一位了不起的行政管理能手。在他的治理下，财政压缩到旧制度所能允许的程度。他的那套方法，只要弗勒里的温和的外交政策没有将过分的要求强加于他们，就能成功地维持了财政的稳定。

如果说财政在法国是政府成败的关键，那么外交政策就是财政成败的关键，而弗勒里则尽最大努力维持一项和平的但并不是软弱的外交政策。特别是指摘他忽视海军，已被证明是没有根据的。他的根本目的是防止欧洲各国重新组织一个反法大联合。路易十四就曾为自己造成了这种局面。因此，他继续奉行杜布瓦的与英国结盟的政策。一旦这方面得到安定，他就能在北欧和东欧重新建立法国的势力，并在1738年波兰王位继承战争之后，通过维也纳条约将巴尔和洛林公国划归斯坦尼斯瓦夫，并且在斯坦尼斯瓦夫死后将这些领地传给他的女

第十章 法国君权神授君主制的没落

儿,也就是法国的王后和她的子女。

到了1740年,弗勒里虽然在名义上还是各方面事务的首脑,但是已经开始失去控制权。国王日益独立不羁,这就使他要听取宫廷中对手们的意见,而且这位红衣主教只能通过向新势力让步和接受他根本不赞同的政策来保住自己的地位。1743年1月他去世时,路易决定不再指派任何人来接替他的位置,要恢复路易十四的体制。国王将不再像路易十三那样,只是一名伟大的大臣的"杰出的奴隶",而是要像路易十四那样,亲自主持御前会议,亲自为法国的政策负责。这个决定绝不能轻视它,不能仅仅把它看成是这位国王一时的心血来潮;它是路易十四体制的一个必要条件。这个体制由于路易十五和他的年老的导师之间的一种特殊个人关系而被中止。而这种局面是不可能重演的。国王不仅要在位,而且还要掌权,这是旧制度发挥正常作用必不可少的。旧体制是君权神授的君主制,它仍然保存了许多中世纪国王亲政的成分,这同一个不问政治的懒散的国王是不相容的。

现在就看看这种君权神授说从路易十四传到路易十五后所发生的事情吧。传统的路易十五的形象是不应该全盘接受的。旧制度问题的真正所在,已经被那些散布流言蜚语的资产阶级分子、闹派别的宫廷官吏和被解职的大臣们在形形色色的回忆录或假回忆录中对他的性格的故意诋毁所掩盖了。这位"太阳王"的曾孙,起初显然具有许多有利的条件。他原是一个漂亮的孩子;在全国人民的爱抚下长大;他是法国的第二号受人爱戴的人物;人们对他寄托了无限希望。他冷漠庄严的神态和低沉的嗓音,显示出他是个惯于发号施令的人。他对宫廷中的繁文缛节应付自如。有关他的无知和缺乏教养的一些说法,都是编造出来的。他不但聪明,而且记忆力过人。毫无疑问,他性格上的致命弱点的根源,应从人类本性的神秘深处去寻找。但是,不管他有什么天生的缺点,他早年在维勒鲁瓦那里受到的教养只是使得这些缺点有增无减。维勒鲁瓦迫使这位幼王过早地暴露于他所憎恶的大庭广众场合。路易十四却对此掉以轻心。对于一个日后既要即位又要统治国家的国王来说,最糟糕的准备工作就是在朝臣们的簇拥下,在宫廷中受到的教育。在路易十五尚未准备好行使国王职权之前,他对这项工作就已经感到厌倦了。结果,他只能在两件既千篇一律,又变化无穷的东西上去寻求解脱。这两件东西就是打猎和女人。在国王不打猎的时候，人们就说"今天国王没事"。国王有一大堆情妇供他消遣解闷。她们中间只有蓬巴杜侯爵夫人和迪巴里伯爵夫人得宠的时间稍长。但是这些追求，并不能使路易感到长久的满足。他的宗教感使他对死亡有一种病态的恐惧。只是由于他深信上帝不会惩罚法国国王，才使这种恐惧稍有减轻。路易十五的最大劣根性是他那致命的举棋不定的性格。这种性格使国家机器的中心陷于瘫痪。它可能是由于他的极端无聊和讨厌处理国事所造成的。然而他又顽固地抓着他的特权和从路易十四那里继承的地位不放。弗勒里死后，他对谁也不信任，并且恢复到在大臣中和宫廷各派之间进行挑拨离间的政策。结果，大臣频繁更换而不稳定，遂成了治理国家的一项原则。更糟糕的是，路易还情不自禁地要玩弄阴谋来反对自己的大臣。他生性就爱搞秘密活动。在外交政策方面，他建立了国王密党和外交部信检局。信检局后来在舒瓦瑟尔下台后又转属财政总监领导，这是个专门从事偷拆来往信件并摘抄部分内容供国王取乐的机构。

在这样一个国王的统治下，宫廷中派系斗争遂成为法国政府的真正结构。宠臣和情妇争相对国王施加影响。凡尔赛宫中派系间的纵横捭阖连绵不绝，女人们在这方面大显身手。阴谋就是旧制度的政治活动。这些阴谋活动在路易十四死后，导致了投石党运动死灰复燃。泰纳的一句精辟的警句概括了这种局面，他说"游手好闲的贵族，就是滋生投石党人的温床"①。

要想真正理解18世纪法国国内外政策的不正常现象，就必须对宫廷内各派系做比以往更为详尽的分析。这里只能简略地列举一二。宫廷阴谋活动在路易十五在位的前期是外交政策的重要的组成部分。摄政密党的动机是希望能够继承多病的路易十五的王位。反对派则聚集在旧朝廷那一派周围，得到路易十四的私生子们的支持。但摄政和杜布瓦尚能控制局面，甚至利用1718年曼恩公爵和夫人在塞拉马雷的亲西班牙阴谋中的牵连来推进他们的政策。从杜布瓦下台到弗勒里掌权之间的三年（1723—1726年）时间里，波旁公爵名义上掌管法国，而普里夫人实际上又把波旁公爵握在手心，各派势力则纷纷争夺外交政策的控制权。弗勒里在1726年的胜利，结束了这场争夺。弗

---

① 泰纳：《当代法国的起源：旧制度》（第14版，1885年），第371页。

勒里知道如何保持住他对自己的外交政策的控制权。但坐朝掌权的野心还是在波兰王位继承战争中有所表现，并由此产生了"国王密党"。1737年，当肖夫兰开始背离弗勒里的外交政策另搞一套并和波旁公爵进行阴谋活动时，他就从政治舞台上消失了。可是，当1740年奥地利的查理六世去世并引起了一场国际危机时，弗勒里已经无法控制局势。显然，这位红衣主教不可能永远活在世上。一颗耀眼的新星已从地平线上升起，宫廷里的官员们也开始考虑如何为新人效劳了。贝尔岛伯爵成了主张对奥作战一派的核心人物。弗勒里只能违背自己的良知予以屈从。他于1743年去世。根据国王的决定，从此不再让其他人继承他的职务。他违心地在身后留下了一个准备参战的法国，连他自己对这场战争的目的都不甚了然。

阿尔让松侯爵于1743年担任外交大臣。此人惯于制订大胆的计划，但执行起来却又力不从心。即使他的主张比较现实，也不大可能成功，因为路易十五同时还听取了五六种截然不同的观点。对阿尔让松的计划，他只是给予半心半意的支持。阿尔让松的计划遂告失败，并于1747年下了台。莫里斯·德·萨克森军事上的胜利却使法国能够在1748年达成了一个妥协的和平。在随之而来的10年中，很难说是谁在负责法国的政策。以布罗伊伯爵和孔蒂亲王为主要助手的秘密外交，耗费了国王不少精力。这时法国宫廷中主要的实力人物是蓬巴杜夫人。此时她已不再是国王的情妇，而是他的主要心腹了。尽管她的地位使她不能自己做出决定，但她常常可以决定由谁来做决策。在1756年法奥条约谈判中起主导作用的贝尼斯教长就是她的被保护人。在贝尼斯教长失策后，她又施展影响帮助舒瓦瑟尔于1758年12月当上了外交大臣。舒瓦瑟尔靠蓬巴杜夫人和朝中其他一些重要人物的支持，以及他自己的机敏和果断，成了弗勒里以后第一个能有效地控制法国政策的大臣。但到了这个时候，法国统治机构的虚弱和混乱，已使法国的实力大减，以至于连舒瓦瑟尔这样能干和精力充沛的大臣，也无法挽回败局了。法国外交政策失败的原因有许多，除了诸如它同奥国的结盟脱离了它原来的目的，它在海上陆上同时作战有困难，以及它在东方的盟国已经衰落等起作用的因素外，主要的原因必须从法国政府本身的弱点和不团结中去寻找。而这又能进一步追溯到作为国家机器首脑的路易十五本人的缺点。塞居尔伯爵后来这样写道："懦弱使一切政治计划落了空。把一位天才置于欧洲最小的王位上，把一些懦弱的亲王置于其他王位，那么前者最终将统治后者并进行一场大革命。"①

在法国的国内治理上，也表现出同样的弱点。外交政策是受朝廷内派系势力影响的，只要有一位强有力的国王或是得到国王充分信任的大臣，就能轻而易举地将它控制住。国内政策却受到更强大压力的影响。当然国王本人从来没有遭到过公开的攻击，但是他的权力基础，即宗教制裁权和财政资源，却不断遭到破坏。为了方便起见，宗教上的和财政上的斗争是可以分别加以阐述的，但必须记住，实际上这两场斗争是同时进行的。

君权神授的君主政体意味着全盘接受社会的宗教基础和教会在国家中与国王平起平坐的地位。不幸的是，18世纪法国教会无法对付敌对的詹森教派和启蒙哲学家的攻击。教会的最大弱点在于它不能团结一致对敌。垄断了教会大部分岁入的高级教士，全部来自社会上层。路易十四时代尚能担任主教的波舒哀和马比荣这样的人物，在18世纪就不能担任主教。高级的神职，实际上往往是由一些豪族世袭的。罗昂亲王26岁就当上了坎佩地区的主教，接着又继承他的叔父当上了斯特拉斯堡主教、法国施赈大员、圣瓦斯特修道院院长、索邦神学院代理院长和红衣主教。他一心想博得玛丽·安托瓦内特的欢心，结果对他们两人都造成了致命的后果。本堂神父和副本堂神父的清苦景况同上层教士的财富形成了鲜明的对照。他们靠剩下的一部分捐赠勉强维持生活。本堂神父在1686年定下的300里弗尔年俸，在1768年提高到了500里弗尔，而分配给副本堂神父的是最低限度的200里弗尔。这些微不足道的薪俸还是从那些颇不情愿的教区居民那里榨取来的。

尽管下层教士的生活清苦，但与19世纪他们的后继者相比，他们至少还有一个优越之处。本堂神父和副本堂神父一样，绝大多数是终身任职的，因此他们对主教团的依赖要远比19世纪的教区神父少。在这种情况下，教区的教士们既有充分的理由表示不满，又有相当的自由可以表达这种不满。他们通过因埃德蒙·里歇得名的里歇主义运

---

① L. P. 塞居尔：《欧洲各国政府的政策》（1802年），第1卷，第253页。

动的形式表示他们的反抗。埃德蒙·里歇在他1611年出版的一部著作中鼓吹教会不应是专制主义的，而应该是一个君主立宪制。他认为，教会应属于包括教区神父在内的全体教士。当宗教上的不满与物质上的不满情绪汇合在一起时，里歇主义就显得重要了，因为18世纪的法国教会在精神方面正处于低潮阶段。尤其是在高级教士中宗教上和道德上的松弛堕落现象颇为普遍。教团的教士比世俗的教区教士更自由地接受非正统的观念，而正统的神学理论在思想上也无法同启蒙哲学家们的有声有色的宣传相抗衡。

在18世纪教会里出现的这种宗教热情，主要转向离经叛道的詹森主义。路易十四和耶稣会曾经取消波尔罗亚尔女隐修院。① 但就在对旧的詹森主义取得全胜的同时，一个新的詹森主义却又不知不觉地在1713年有名的克雷芒通谕发表后兴起。该通谕指责1671年奎斯奈尔写的一部祈祷书《新约道义探讨》中提出的101条论点是詹森主义的。以往在同詹森主义争论时发表的教皇训谕，主要是针对神学家的，但这一次却选了一部广为传阅的祈祷书作对象。这部书曾经得到过巴黎大主教的公开推荐。也许这正是将它挑出来加以谴责的原因。这是对巴黎大主教的独立性并通过他对法国教会高卢传统的一种间接攻击。这个通谕立即引起了公众的愤慨。最高法院多年来第一次抵制了路易十四的旨意，拒绝通过国王强迫主教接受通谕的命令。此举受到教会内外相当一部分舆论的支持。路易十四开始对那些反对通谕的人进行有力的迫害。但是他却在他所引起的这场争论中去世了，留下全国人民分裂成接受派和拒绝派的两派。据伏尔泰的说法，前者只有100名坚持接受通谕的主教及耶稣会和嘉布遣会的成员，而后一派却是全体国民。

摄政开始扭转路易十四的政策。他释放了那些因反对通谕而入狱的人，指派巴黎大主教诺阿耶任教会事务委员会的主席，罢免了耶稣会的勒泰利埃，并给路易十五安排了一名非耶稣会会士的神父弗勒里当忏悔神父。从长远的观点看，在他当时采取的这些措施中，谁会料到最后一项竟是最重要也是唯一有持久影响的呢？奥尔良的这些平息

---

① 波尔罗亚尔女隐修院为17世纪詹森主义和文学活动中心，因修女大多拒绝在谴责詹森的文件上签字，1709年10月29日该隐修院被解散。——译者注

宗教争论的努力，和他解决其他路易十四遗留问题的计划一样，收效甚微。何况新詹森主义的燎原之势，虽然好像是路易十四偶然点燃的，但法国的形势却早就像是一堆干柴了。耶稣会的敌人很多，特别在最高法院中大有人在。最高法院传统上是法国高卢教会独立自主反对罗马统治的拥护者。因此摄政想达成妥协的解决的做法，使他同巴黎高等法院也发生了冲突。1720年他在这场冲突中取得胜利。1726年斗争又重新爆发。但是到了那时，支持新詹森主义派的主教们的势力已经削弱，巴黎大主教诺阿耶于1729年死前不久接受了克雷芒通谕。

然而，尽管新詹森主义在主教团中逐渐失去了支持，它在下层教士中却赢得了不少信徒。主教们想对下层教士执行纪律，结果同最高法院也发生了冲突。最高法院在1731年的一份宣言中重申了高卢主义原则，宣称"世俗的权力是独立于其他一切权力的。只有它才能负责有关国王臣民的一切事务。教会的神职人员应在国王领导下，对其行使的管辖权向最高法院负责"①，这个宣言第二天就被国王取缔了。国王自幼受敌视詹森主义的教育，王后又完全受耶稣会的控制，被人称为"一元王后"。在教会中恢复纪律显然是可取的，但是从路易十四时代传留下来的那套制度中的固有矛盾非常突出，想要恢复秩序，就必须粉碎一个坚持认为国王的权力要大于教会权力的一派。群众的激昂情绪的增长，增加了政府行动的困难。这是因为在一片神秘的气氛中死去多年的詹森派执事帕里斯的墓地上突然出现了一系列"奇迹"。人群聚集在墓地周围，"受到剧烈震动的人们"掀起了一阵阵野蛮的宗教狂热。连巴黎的高等法院都变得警觉起来了，因为那时它反对国王的权威，尚不像日后那么充满信心。于是公墓停止向公众开放，弗勒里用刚柔并施的手段，赢得了暂时的平静。

当骚动再一次爆发时，实际上它已经是里歇主义而不是詹森主义了。这一运动除了体现了下层教士对贵族垄断高级神职和岁入的不满外，还代表世俗大众提出进一步参与教会事务的要求。面对下层教士中这种反叛精神，主教团采取了更强硬的纪律手段。德行颇高但却不太聪明的巴黎大主教克里斯托夫·德·博蒙首先发难，他下令教士不

---

① 伊桑贝尔、德克律塞和塔扬迪埃合著《法国旧法律概论》（1830年），第21卷，第366页。

准为那些拿不出由接受克雷芒通谕的神父签署的忏悔证的人举行圣礼。这一来使声称有权管理宗教事务的最高法院重又卷入了这场冲突。它对服从大主教这个命令的教士进行了惩罚。

新的詹森主义争端在1750年前后正当政府忙于下决心迫使教会接受马肖新设立的税目（见原文第234页）时，再一次爆发。国王不但未能抓住时机给教会统治集团施加额外的压力，反而在朝廷中笃信派的影响下，采取反最高法院的立场。为了加强与教会的联合，他甚至放弃了马肖的财政建议。然而最高法院对他这种做法实在并无异议。事实上，它还很乐意让教会来替它承担阻挠财经改革的责任。但是最高法院却并不因此缓和他们对国王宗教政策的对抗。1753年4月9日，巴黎高等法院发表了"大抗议书"，重申它是这个国家基本法规的可信赖的和当然的捍卫者，而且在履行其职责时，如有必要，还要对抗国王。国王随即下令把高等法院的领袖们逐出巴黎。整个司法系统以停止工作来表示对高等法院的同情。一切司法程序都停顿了，各省的高等法院效法巴黎高等法院的做法予以支持。首都的百姓发生骚动。阿尔让松认为，法国正在滑向一场新的投石党人运动。但是国王又一次做了让步。1754年，双方经过谈判以一个自然无人遵守的颇为荒唐的保密禁规形式达成妥协。1756年教皇的通谕发表，法国的教会放弃了要忏悔证的做法。教士中的詹森主义热情也逐渐消失。但是里歇主义的倾向并未完全消失，它在大革命的早期重又成为一个重要的因素。

詹森主义在18世纪所起的作用一直引起注意。胡格诺派虽然已成为一个局部的而不是全国性的问题，但他们的事迹，常常在民间默默地流传。胡格诺派遭路易十四的迫害被驱散镇压后，又因同卡米撒派的叛乱有牵连而在国民中失去了信任。看来他们已不太可能再度成为法国的一个问题。根据路易十四的法律，法国不准存在非天主教的信徒；国王的所有臣民都受教会法管辖；拒绝遵守教会法规就是反对国王。但实际上到了18世纪初，对胡格诺派信徒的迫害已经逐渐减轻。中央政府也很容易地满足于他们表面上的一些顺从姿态。然而，在胡格诺派人数最多的法国南部，主教们却给新教徒的婚礼或洗礼规定了难以遵循的条件。政府在那里想推行温和政策的努力也行不通。反对新教徒的法规仍然十分严厉。禁止他们举行宗教礼拜集会，不然男人将被处以苦役,女人遭到监禁;到国外用新教仪式举行婚礼或洗礼的人,将被大量罚款;传布新教的传教士被捕后有被绞死的危险。绝不能认为这些规定是不起作用的,但在实施时,其影响范围取决于地方长官实施时的热心程度。结果,新教徒的命运主要依各地的形势变化而定。"今天他们因一位地方长官的宽容而得益,但明天继任的长官又可能是残酷无情的。"① 他们的最凶恶的迫害者是波尔多和图卢兹地区的高等法院。这两处机构之所以这样做或许并不是出于宗教热忱,而是为了向主教和地方长官维护他们监督宗教纪律的权利。一方面用绞刑、酷刑、监禁和苦役进行镇压,另一方面则时时奋起反抗或逃往国外,这是路易十五的大臣们解决路易十四遗留问题遭到可悲失败的又一个例证。

18世纪50年代以后,对新教徒的迫害,如同对詹森派教徒的斗争一样,开始消失。教会的敌人逐渐得势。那些曾得到王后和王储支持的笃信派在宫廷里失势。在蓬巴杜夫人的庇护下,启蒙哲学家们的反宗教宣传受到保护和鼓励。就在宗教势力忙于进行自相残杀的内战同时,知识界的无政府状态扩散了。大部分新思想的鼓吹者并不是存心攻击社会和政治秩序,但是批判和科学精神的兴起,必然是危险的,而对宗教的攻击是对建立在君权神授基础上的君主制的潜在威胁。

在此同时,新詹森主义的斗争,虽然已告结束,但高等法院同耶稣会的斗争还在继续。耶稣会会士已无法再指望国王的保护。尽管耶稣会为建立国王的绝对权威起过重要作用,但是它现在却发现,它曾出力帮助制造出来的这个工具已经转而反对它了。人们迟早一定会发现一个由于效忠于外部力量而存的集团是无法同君主专制制度并存的。其他天主教国家在这场反对耶稣会的运动中早已走在前面。法国的耶稣会自己为敌人提供了机会,当时曾广泛进行商业活动的在法属西印度传教的修道院院长佩尔·拉瓦莱特因受七年战争影响而破了产。在处理破产的诉讼中,整个法国的耶稣会都受到指控。巴黎的高等法院趁机责成耶稣会偿付拉瓦莱特的债务;接着又成立了一个委员会来核查耶稣会的规章;最后自然又宣告这些章程与效忠国王是相抵

---

① J. 德迪埃:《法国新教徒的政治史(1715—1794年)》(1925年),第1卷,第215页。

触的。虽然路易本人依然倾向于耶稣会，但他保护他们的努力充其量也只能延迟他们失败的命运。这又是一个君主制削弱的明证。巴黎高等法院于1762年8月颁发命令，在法国取缔耶稣会并查封了它的财产。这样做的依据是因为该会的宗旨"破坏和违背宗教的一切原则，甚至忠诚老实的原则。它有损于基督教的道义，毒害文明社会，煽动敌视国家的权利和国王的权力"。

在高等法院咄咄逼人的进攻下，君主政体在财政方面的衰弱也很明显。在马肖于1745年到1754年期间当财政总监时，一场巨大的斗争爆发了。奥地利王位继承战争的费用使王室的财政又一次面临绝境。马肖决定利用随之而来的和平时期进行一场根本变革。这场变革的主要措施是对一切收入和一切阶层，包括贵族和教士在内，一律征收一项称为二十抽一税的新税。他不理会高等法院的反对。然而，下令设立新税是一回事，要征收这项税款又是另一回事。贵族阶层竭尽全力逃避交税，朗格多克和布列塔尼的三级会议抵制征收新税。对马肖的计划来说最致命的阻力来自教士阶层。这一点上文中已经谈到。国王对朝廷中笃信派的压力做了让步。但10年以后在耶稣会这个问题上他又投降了另一方。不管是支持还是反对教会，国王的处境都是很尴尬的，因为两者对君主政体同样有危险性。君权神授说的原则是教会和国家之间的利益是一致的。在实践中，这一点很难永久保持下去。这种一致一旦破裂，要么国王不得不为教会而牺牲君主制的利益，要么他不得不忍受君主制的宗教基础遭受损害的痛苦。前一种情况表现在他支持极端的反詹森主义政策或默许教士阶层的反对去支配国家的财政政策，后一种情况则表现在他容忍启蒙哲学家和听任高等法院谴责耶稣会。

对财政总监所依赖的贷款和采取财政上的不太重要的权宜之计来说，要想成功，高等法院的合作则是必不可少的。因此在马肖以后的一系列软弱的财务总监为政期间，高等法院实际上控制了局面。各地的高等法院竞相仿效巴黎的高等法院，对当地的地方行政长官发起攻击。雷恩的高等法院和布列塔尼的艾吉永之间的冲突，几乎引起内战。路易十五只是在他在位的最后几年里，即1770年到1774年期间，在面临彻底破产的情况下，才又一次试图重整王室的财政，并把它作为剥夺高等法院进行阻挠的权力的必要的第一步。他找到了莫普和泰雷两位能干的大臣。虽然他们进行了不懈的努力，并取得了一些成功，但1774年路易十五一死，高等法院又受到了年轻的继位者的重用。莫普做到的只是用一场强制的破产暂时缓和一下财政形势而已。

　　法国君主政体的财政困难只是旧制度日益衰败的一种症状，但不是其根本的问题，根本问题在于路易十四及其大臣们建立的社会和行政结构基本上是一成不变的，而社会本身在此同时却以前所未有的速度开始发生变化。要把简化了的路易十四社会模式同现实相一致，变得越来越困难。人们说，路易十四统治下的法国社会是一座金字塔。它的基础是乡下的农民和城镇里的商人和手工业者。他们的作用是为社会提供经济基础和交纳国家财政所需的税款。反过来，他们指望国王保护他们传统的权利来作为回报。这是那时节国王和百姓之间关系的具体含义。这种关系对双方都有利。国王终于承认农民，或者至少是他们中的一大部分人是他们的农庄的主人。城里的手工业者组织成行会，获得了专营权。资产阶级本身也是一个特权阶层，因为他们在贸易上受到保护，贵族阶层不得与之竞争。贵族是不许经商的，否则就要受罚，失去他们的社会地位。在社会阶梯的更上一层，法律和行政管理均由穿袍贵族掌管。最后，佩剑贵族没有政治权力，以免对君主政体造成威胁，但就纳税来说享有特权；反过来，他们为军队提供军官并充当宫廷人员，用伯克的话来说"它是上流社会中花花公子们的天堂"。

　　旧制度就是建立在这些设想上的。但是，对实际情况稍加研究，就会发现这些设想是多么脱离现实。首先，把整个国民分成贵族、穿袍贵族、教士、资产阶级和农民，这样是简单化了，它掩盖了法国社会的复杂的真实情况。事实上，每个阶级有其自己的内部划分，无法形成一个严密的实体。在贵族阶级内，至少有9个重要区分。宫廷贵族和地方贵族之间存在着最大的区别。后者从有钱的乡绅到守着几英亩祖传农田、一贫如洗的布列塔尼贵族都包括在内。他们之中大部分人从未见到过凡尔赛宫，许多人甚至在当地首府的社会生活中也无法与资产阶级竞争。他们只有在保卫自己的免税权和征收领地费权时才能采取一致行动。教士中有钱的贵族化的高级教士和贫苦的教区神父之间的差别，在前文中已做了描述。穿袍贵族实际上分成了相互严重敌对的两派。一派是高等法院成员,他们是独立自主的宫廷成员,如前所述,高等法院派是国王权威的坚决反对者。另一派则包括财政总监,有时包括其他大臣,各地的地方行政长官和其他重要官员。这些人只有一部分来自长袍贵族世家。他们的利益自然是同国王行政机构的利益相一致的。在这一边,高等法院的成员为地方领主对农民的经济压榨提供法律保障,而且往往他们自己就有这种领地权。另外,地方行政长官们作为国王税收的征集人,则有兴趣保护农村社会摆脱领主的索求。这在高等法院和地方行政长官之间发生的激烈冲突中,并不是一个不重要的原因。

非特权阶级的结构同样是复杂的。"非特权"一词本身就是一个使用不当的名词。有钱的大资产阶级在市政机关中的职务往往是世袭的。他们组成了所谓的"市政厅贵族"。在社会阶梯比较下层的是合作社或行会的成员,这些人在很大程度上也是一个世袭的阶级。普通的工匠实际上很难进入他们的行列中去。包税人、有钱的银行家和金融家,有时被称作"贵族化的资产阶级"。他们和企业主、小商人有明显区别。这个金融阶级是经济社会的主要成分。路易十四的战争使他们得到了大量财富。由此而建立起来的金融王朝充分地利用了18世纪20年代的投机狂热。包税制在18世纪前半叶使包税人获得了巨额利润。随着这个制度的巩固,金融家们的势力在转入18世纪后不久达到了顶峰,他们强大得足以被称作国中之国。在18世纪的法国,没有向财富敞开的大门为数寥寥。金融家们的女儿和侄女们纷纷嫁到了贵族家庭,或者渴望像波旁公爵的情妇普里夫人那样,或者像勒·诺尔芒·德蒂奥尔夫人那样,从帕里斯-迪韦尔纳的一个小职员女儿一跃成为蓬巴杜侯爵夫人和国王的情妇,能够为她在金融界的追随者提供宝贵的服务。金钱万能的原则甚至使军官阶层的各级职务也向平民开放了。到了舒瓦瑟尔时期,上尉军衔成了可在市场上购到的一件物品。用钱买得御前秘书一职是通向贵族阶层的一个普通途径。金融家们还能提供足够的资金来为他们的下一代购得行政法院审查官的官职,以便为日后取得地方行政长官的职务提名做好准备。地方行政长官的工作性质,在很大程度上是财政方面的,这对他们来说倒颇为合适。这样,一个新的贵族阶层同他们过去的前辈们一样,正在兴起,向长袍贵族和佩剑贵族的垄断地位提出了挑战。

总而言之，法国社会的实际结构要比传统的简单划分为三个等级复杂得多。德托克维尔早就把它比作"一些看上去是很简单的物体，但用现代化学对它们进行仔细检验时，却会发现它们中有越来越多按比例组成的独立成分"①。法国社会的问题在于这种各自为政的分裂状况综合在一起，使社会无法团结一致。集团之间的冲突并不由于那个时期的显著的经济发展而有所缓和。法国的经济主要是农业经济。这种经济进步的源泉来自农业收益的增加。但是，由于日益增长的人口压力，农产品价格的上升，并没有给广大农村百姓带来多少好处。一些富有的自耕农及佃农是例外；前者的财产增加了，后者则因地租比农产品价格上涨得慢而受益。另外，城镇正进入一个大繁荣时期。弗勒里的精心治理，为经济发展打下了坚实的基础。一直波动的埃居和金路易的价值也稳定了下来。1726 年规定 1 个金路易可换 24 个里弗尔。此举促进了国内贸易。但是海外贸易的发展更为重要。和法属西印度的贸易使波尔多和南特等港口日益繁荣扩大。南特成了奴隶贩子的大本营。法国的贸易在 1715 年到 1740 年间实际上增长了一倍，到了 1763 年又翻了一番。随着贸易的发展，海港地区的商人阶级的财富已能和金融家们的财富媲美。在农业和商业方面滚滚而来的利润的资助和海峡彼岸一小股有影响的移民的协助下，工业也开始发展起来。这伙移民工业家中最有名的是詹姆斯党人霍尔克。霍尔克在 1745 年叛乱后迁来法国。1752 年经国王许可，他在鲁昂近郊建立了一家纺织厂。他的事业非常成功，1755 年他竟然被任命为制造商总监。技术方面的发明，虽然不及在英国那样得到广泛的应用，但在科学院的鼓励下，也有长足的进步。

资本主义工业发展的最广阔领域是矿山的开发。18 世纪法国工业活动开展时期，大片森林已经遭到采伐。要是燃料的来源继续主要依赖森林，森林就会完全毁灭。开矿业的原始和混乱状态，无助于燃料短缺问题的解决。为了应付这种局面，财政总监奥里在 1744 年发布了有名的禁令，把开矿许可权重又集中在国王手中并制定了包括保护工人安全在内的矿业经营准则。矿业处在 1764 年以前一直是财政总监属下的一个机构，它对开矿业实行了持续的严密的监督。虽然仍

---

① 德托克维尔：《旧制度》，第 2 册，第 9 章。

有一些小型的原始矿山逃避了有效的控制，但规模大得多的矿井这时却建立起来了。其中最大的昂赞煤矿年产量从1720年的55吨增加到1790年的31万吨。另一个发展起来的工业是造船业，特别是南特港和波尔多港的造船业。奥里的努力改善了国内的交通状况，他在1738年建立了劳役制度。城镇财富的增加还表现在外表上，城市建筑的兴起如雨后春笋，巴黎和一些地方城市都出现了一批优美的18世纪住宅。

然而，经济上并不都是这种发展景象。法国的经济跟法国的社会和政治结构的各个方面一样，也存在着固有的可以追溯到路易十四时代的矛盾。法国的工业结构，同法国的整个社会结构一样，在大变革时代前夕，还是采用柯尔贝尔制定的那套王家工场、贸易公司和管事师傅等僵硬形式。行会制在18世纪的法国甚至可以说发展到了登峰造极的地步。在普瓦捷市，14世纪只有18个行会，到了18世纪就有42个。这些工业行会基本上是世袭的，掌握在人数有限的一些大师傅手中，受警察总监的管辖。只有在市政当局买下了这种管辖权的城市里情况才不是这样。中央控制权掌握在管建筑、艺术、学院和工厂的总监手中。他通过地方行政长官和一些能力颇成问题的督察行使权力。工业的发展受各种清规戒律的限制。合作社和国王派遣的督察勾结在一起扼杀发明创造。在这种障碍下，工业技术只能缓慢地改进。此外，广泛地分布于乡村中的家庭工业更由于受其性质的限制，很少受到新技术的影响。规模不一的工厂为数不多，而且几乎都是王家工场或由国王授予特许权才开设的。绝大部分工业仍然是由工匠们经营的，通常是由一位师傅带上一些满师学徒经营的。这些学徒们完全受享有特权的师傅控制。1673年柯尔贝尔曾发布命令普及合作社制度，禁止成立满师工匠联合会。但他们仍旧秘密结社，有时在价格上涨的压力下甚至采取联合行动来改善自己的处境。1749年的一项国王命令，禁止满师工匠结成任何性质的联合来左右工匠的雇用或解雇。但是像石匠、木匠和铁匠这些传统上要先随师傅走遍全国才能满师的行业，还是规定了学徒期满后随师工作的年限。在这样的环境下罢工（或如他们所说的联合行动）极为罕见，虽然并不是完全没有。最激烈的罢工要数一直是动荡不定的里昂丝织工人举行的罢工。在1744年的斗争中，师傅和满师的学徒们联合一致对抗控制丝织工业的商人。他们在当地取得了暂时的胜利，但第二年国王的军队开到里昂，运动的领袖遭到拷打、苦役和死刑的惩罚。这个插曲表明地位较低的师傅和满师学徒之间在社会地位上的差别通常还不至于在他们之间造成阶级差别。他们之间的主要利害冲突，在于满师的学徒想自己当独立的师傅。合作社不断地进行活动反对这种做法。但是一些享有特权的地区的存在，提供了缓和紧张状态的办法。这些地区是巴黎的圣日耳曼区、圣安托万区和其他两三个小地区，这些地方合作社的限制不起作用，而在某些小城镇和乡村，当然不可能组织合作社，在那些地方起作用的是警察局的规定。但是到18世纪下半叶，当局鼓励在城镇受到行会特权限制的工业向农村发展。18世纪中期以后，在重农主义思潮的刺激下，开明的舆论开始反对合作社制度。但是对合作社的攻击只有在杜尔哥当政后才得到政府的认可，直到大革命时期才取得了最后胜利。享有特权的合作社制无疑是18世纪法国在技术知识已经具备的情况下工业革命进展甚微的一个原因，但它不是唯一的原因。

造成这个局面的另一个原因是，18世纪法国的资产阶级主要是金融和官僚阶级，而不是工商业阶级。它期望的是改变社会地位而不是经济条件。实际上经济条件对他们已是再合适也没有了。随着大革命的来临，资产阶级将击败特权阶层并接替这个阶层成为国家的支柱。如果君主制在这个阶段能够摆脱特权阶层的纠缠，它也许还能设法领导一场变革来代替一场革命。但是要做到这点，君主制则首先要改变其性质。君权神授君主制的传统、国王本人的个性、宫廷的势力和特权阶层仍然代表的社会力量，都不允许这样解决。路易十四君主制固有的种种局限性，使得它无法领导这场因情况变化随之而来的法国社会结构形式上的转化，因而它注定要垮台。这个问题的一切因素，早在路易十五统治结束之前就已经昭然若揭了。

其他地方的君权神授君主制也在衰亡。但在那里能给予这种政体致命打击的力量，却远远小于法国。在西班牙，波旁王朝比起前任哈布斯堡王朝后期的政权，甚至还有所进步；而且，这个国家十分落后，人少势弱的资产阶级无法扮演法国第三等级在1789年所扮演的那种角色。在奥地利管辖范围内，主要是农村人口，不存在推翻法国君主制那样的力量。在普鲁士和撒丁王国，情况也与法国大不相同。

第十章 法国君权神授君主制的没落

最后，在英国，斯图亚特王朝的君权神授的君主制早在达到顶峰以前就已被摧毁。所以，在法国以外，再也找不出一个可以与路易十四所代表的君主制相比的了；而且，其他任何一国的君主制，只不过是君权神授君主制在法国解体时出现的社会和思想进步的一种无力的反映。

（乐瑞夫　译）

第 十 一 章
英　　国

　　1714年在英国和威尔士居住的约有600万人。虽然当时的人们并不知道这个事实，但是他们的人口正在迅速地增长，而且比以往任何时候都要快。半数以上的人，以及他们的一大半的财富都集中在伍斯特至沃什湾一线以南的地区；几乎有1/4的人口居住在伦敦和邻近的各县。由于观察家的种种偏爱，英国被人看成是一个中心地区过分发达而外表有所扭曲的田园天堂，或者被看成是一个处在乡野蛮荒包围中的文明智慧的小天地。布列斯托尔和诺威奇以拥有可与伦敦的相媲美的商业机构而自豪。但是对金融的控制权却日益移往伦敦。而且，人们必须往北越过边界在爱丁堡才能找到另一个能与伦敦的文化相比拟的文化。不仅如此，伦敦不仅是一国的首都，而且也是一个由遍布世界各地的岛屿、商埠和沿海殖民地组成的帝国领土的都城。伦敦商人的兴趣包罗万象，从北美洲荒原的毛皮到广州的茶叶，从奴隶、蔗糖、香料到纺织品、五金和铁钉。伦敦的商人和布列斯托尔以及一些较小商埠的商人们，关心的是英国产品的出口，许多奢侈品和一些生活必需品的进口以及全球范围的运输业。但是，最大的一笔财富来源是把殖民地和印度的商品向欧洲转口。这种转口贸易对于促进先进的商业技术负有特殊的任务。而英国商人的信贷设施、销售组织和经济专业化对于发展世界贸易和经济资源起着越来越大的作用。因此，难怪18世纪的英国人过高估计了对外贸易的好处，过低估计了出口商品以外的国内生产的重要性，认为限制国内消费乃是商业政策的一个目的，并且维持了一套复杂的、目的在于使英国人能从殖民地贸易和运输业中获得最大利润的规章制度。贸易的收付差额乃是繁荣的晴雨表，而繁荣又是国家实力的第一要事。

第十一章 英国

英国人用一种近乎狂热的干劲积累了那些注定要在世界历史中起着支配作用的资本储备。雄厚的资金，再加上国内安定，便可得到低息资金。私人投资在当时主要被吸引用来进一步扩大贸易，用来购买和改良土地以及在国内搞营建。但是低息资金的最大受益者是国家；国家利用私人存款兴办公共事业，其规模之大是其他任何国家所无法相比的。虽然国债从1688年的100万英镑左右上升到18世纪中叶的近8000万英镑，但政府债券的利率1717年降到5%，1727年降到4%，1749年降到3%。没有任何一个其他国家能够指望以这样的低息贷入这么多的钱。这个重要事实，充分地说明了为什么英国能够在战争和获取殖民地方面取得成功。然而，政府尚不直接向一般公众借贷，而是向一些有钱的个人和以英格兰银行为首的股份有限公司举债。但是，有越来越多的有势力的人正在从政府稳定和国家的发展中获取既得的利益。这种愿意把私人的积蓄用作公共基金的做法，基本上是立宪政府的一种副产品。取消债务的专断权力已成为历史的陈迹，债务是受到议会的保障的；议会还拨付经费和审查公家的账目；而且议会代表性的基础是狭窄的，它只保障有产者手中的钱安全可靠。

英国的经济地理仍然主要取决于海洋和可通航的河流。虽然奶制品和蔬菜可以从邻近的地区运往消费市场，但笨重的货物只能经由水路长途运输。伦敦的用煤来自纽卡斯尔，谷物来自东海岸各港口，建筑用石料来自波特兰和沿海各采石场。经济的统一落后于政治的统一。那些有船只驶往世界遥远地区的港口，它们的经济影响延伸到相对来说比较狭小的内地，它们的许多供应品全都靠水路运输进来。在大量消费品贸易中，只有牲畜的贸易是经由陆路长途运输的，每年都有成千上万头牛羊从苏格兰和威尔士饲养地赶运到中部肥沃的牧场，再从那里跋涉赶往伦敦市场。许多工业产品，也许是大部分产品，只是为当地市场而贩运的。最大的出口工业毛纺织业，主要是在较大港口附近的地方发展起来的。中部地区所以集中力量发展轻便易于运输的商品，不是因为有什么偏爱或特长，而是因为地理条件的关系。诺丁汉郡和莱斯特郡制作的袜子，伯明翰市的"玩具"和铁钉，设菲尔德的刀具以及许多县市生产的帽子，都是一些可以在18世纪初期英国的极为简陋的道路上用原始的交通工具进行贩运的货物。制铁工业必须依靠进口的已经熔炼好的瑞典矿砂,因为本国制作焦炭所需的木材,不是已经用尽,就是离国内的铁矿路途太远。

尽管经济由于内地交通的落后而受到限制,但英国的出口货物数量却很大,也很重要。规模巨大的布匹贸易还得到许多其他项目的补充,其内容包括中部地区技术落后、工资低廉的劳动力制造的铁钉和伦敦能工巧匠们制作的钟表和名贵服装。这些制造品在购买东方和殖民地出产的奢侈品和英国经济赖以生存的某些必需品方面,极为重要。英国缺乏木材,沥青、松脂、黄麻和绳索也很少。这些海军补给品在英国贸易政策的历史记载中,占很重要的地位。这些物品连同生铁的唯一最大的来源是波罗的海地区。人们认为与这一地区贸易的长期逆差,是英国经济地位中的一个严重缺陷。英国需要用硬通货支付这么许多从波罗的海地区进口的货物,这也许有助于说明英国为什么对黄金总是贪得无厌。这在后来的时代里,不免使人感到可笑。

除了为数不多的商业中心和一些出口制造业颇为重要的农村地区以外,人们看到的英国则完全是另外一番景象。对于许多乡下人来说,小贩背囊中的货物就是他们见到过的唯一高级产品和东方的珍宝。而且,由于旅行要靠偶尔才有的、行驶很慢的马车,因此无数的英国老百姓往往老死也没有离开过他们的出生地一步。驿站马车尽管又慢又不舒服,却是为有钱人服务的,绝非穷人可以问津;要乘坐私人马车旅行,更是只有真正有钱的人才能办到。除了诺福克东北部因水路运输方便有大规模的商品农业外,大部分农业都是为了自给自足,只有少量的剩余农产品才拿到当地的城镇市场去出售。然而,正是用这些少量剩余农产品转化而来的租税和什一税,构成了统治阶级的经济基础和维持英国国教的支柱。

农村社会的最高层是有贵族头衔的大地主。虽然这种大地主不屑与其出身低微的邻居们交往,并且身居都市,但是不管他愿不愿意,却不得不卷入错综复杂而又琐碎的当地事务的纷争之中。在国家舞台上,他的地位主要取决于他在当地拥有的权势的程度。这种权势不经一番努力是得不到的。在这个阶层之下而且与他争夺地方权势的天然对手是乡绅。乡绅有时在财产和教养上可与大贵族相比拟;或者只不过拥有几英亩土地,愚昧而无知。不管乡绅在国家舞台上多么无足轻重,但在他的更为卑微的邻人眼里却是极为重要的人物。他作为一村经济上的主宰,是受到国王委任的地方官,而且由于传统上一贯受人尊敬决断于乡里,因此在当地常享有几乎不受节制而且通常是无人敢于非议的权威。地方行政官的决定,必须要符合习惯法;对于行政官的决定可以向法院提起上诉。但是,由于绝大多数被告都是无知而且唯命是从的,因此司法往往是自然状态的,而不严谨。乡绅的足迹很少离开本县,他的抱负的极限通常也只是要博得与他地位相同的人们的好感,把他的土地遗产如果说不能有所增多地,但也要毫无减少地传给子孙后代。但是,就连这些并不过分的愿望,常常也要使他卷入争夺当地权势的斗争中去。地主阶层的下面是种地的农民:世袭地自耕农、官册地自耕农、可随时令其退租的佃农和无地的雇农。这些人合在一起占英国人口的绝大部分。世袭地自耕农在社会等级制度中占有特殊的地位。虽然他们在正常情况下要按惯例缴纳地租,但他们不会被夺地,并且可以把土地传给他们挑选的任何人;而且他们的这种独立性不仅使他们享有相当的社会地位,而且还使他们赢得了在县选举中的投票权。

在社会等级和社会义务一目了然的农村环境里,统治阶级学到了行为准则和从政的基本知识。他们作为地主兼地方长官,一方面承担责任,另一方面又深信他们进行统治乃是天赋的权力,这就使他们在有时采取残暴的行为时感到心安理得而无动于衷。他们从襁褓时起,就对英国农村生活的事实了若指掌,但时间将证明他们对工业的英国或殖民地美洲的问题,却一无所知。乡村统治阶级的一名成员,在积极执行简单的司法职能和解决当地的行政问题时,通常在经济方面势必也是积极的。表面上一成不变的农村习俗,往往掩盖了社会急剧变革的力量。地主如果要想使他的家族有所发展或者仅仅是要避免衰落,就必须努力奋斗。许多古老的家族,由于债务、经营不善或不谨慎而败落;它们倾家荡产或与有钱的人家女儿联姻。许多古老的庄园变成了一处处的大地产,为正在兴起的贵族提供了经济上的支柱;另外一些庄园则被来自城市、东印度群岛或者甚至是来自当地市场城镇的人们所取得。虽然商业上暗下毒手的做法不多见了,但是竞争却是十分激烈的,并且促使传统的农业改变成为商品农业以及争夺地方的政治权力的斗争。17世纪末,一些有进取心的地主已经使用改良的农业技术。随着18世纪的日益进步,有人数越来越多的乡绅寻求使他们的土地能够产生商业利润的办法,并且以改革的热情面对着旷野里的那些杂乱无章而又不经济的带状田地和村民们在其上任意放牧瘦小家畜的那些公地。政治上的斗争,总是由于新兴的豪富之间的竞争以及比较古老但并不富有的贵族继续施加影响而变得错综复杂。但是,在这些年代中,由于大地主们在采取攻势,一个起支配作用的主题便出现了。这些大地主在小乡绅中间搜集附庸,把比较重要的乡绅老爷们逐出国会议员选区;因此到18世纪的中叶,已经咄咄逼人地要染指一向被视为乡绅们禁脔的县议会的议席了;而他们又拥有雄厚资金的财力以及往往高人一等的聪明才智,使他们能够在争夺农业利润的斗争中赢得胜利。

政治斗争的关键在于英格兰和威尔士的各个自治城市。议会中3/4的议员是由这些城市选出的。而且,在大部分的城市中,人数不多的律师、银行家、商人和酿酒商组成的城市寡头政治集团直接掌握着控制权,他们自己把自己选入城市的自治机构;这些机构凭着国王的特许状对于城市的财产拥有排他性的控制权,并且往往决定任何人可以享有传统的选举资格。一个地主可以通过购买城市产业的办法在城市内建立起一股"势力集团"。他凭借这种做法就可以取得绝对的控制权,这种情况不乏其例;但是,他通常考虑的是偶尔使用威胁,频频给予许诺,以及给予在他权力范围内所能给予的小恩小惠以赢得自治机构中的多数。一旦成功,他就会被承认是这个城市的保护人,有权提名一名或全部两名议员。作为报答,人们指望他为自治机构中的其他成员取得二等保护人的资格,对城市各界的利益予以关注,并且对从城市的建筑到国家节日的庆祝活动等一应事物给予资助。这位保护人就可以说"我的城市",但是这份产业得之不易,稍一不慎就将保不住。有些自治城市完全可以像财产一样有钱购买,但卖价之高,往往只有城市商人中的首富或从印度回乡的"新贵"才能问津。控制一个自治城市的代表权如能取得成功,好处就在于可在威斯敏斯特议会中取得更大的势力,从而可以在地方上增加权势。这种斗争本身就是18世纪英国社会里适者生存过程的一个组成部分。

同这种社会结构紧密地交织在一起的是英国国教。虽然许多教区工作是由出身低微的牧师和教士们承担的,但教会的领导人、高级教士和圣俸优厚的神职人员却都属于同一个社会阶级,并且像拥有土地的乡绅一样共同分享利益并分担责任。教士在教会的繁文缛节的束缚下,并且由于在精神上对主教阁下的百依百从,因此谈不上有什么创新精神。虽然终身任职制可以给予他以一定的独立性,但教会的整个传统却容不得任何的宗教特性。宗教补充法律,支持一种社会结构;在这种社会结构中,有条不紊的等级制度的观念是毫无疑问的;在这种社会结构中,儿童们被教导着要服从主人,要对社会地位比他们高一等的人俯首听命。宗教地位和社会地位合而为一的典型,往往表现在有钱的教士既是精神上的指路人,又是地方上的治安官,兼有双重的职能。乡绅和教区牧师的联盟,虽然往往由于个人之间的争吵而蒙上阴影,但它毕竟是国民生活的基石,而中上阶层怀着一种超越政治原则的感情依附于教会。

那些不信奉国教者的社会地位则大不相同了,因为不信奉国教者从历史上就与叛逆有关联,而现在在农村社会中,依然是活生生的现实。这些不信奉国教者不仅分开来自己进行礼拜活动,而且他们的宗教组织也一直对等级社会进行抨击。这些不信奉国教者有一套自立的、往往较为优越的教育体系,有一批训练有素而勤奋的牧师,而且号召不要依靠权势而要诉诸良知和圣经;他们同英国国教形成强烈的对比。此外,尽管"宗教考察与市政机关任职法"把不信奉国教者贬为二等公民,只要他们其他条件合格,依然还享有投票权。而且由于他们的势力集中在城镇和小产业主中间,他们在选举中的影响与他们的人数不成比例。因此,这些不信奉国教者对于大地主们在与小乡绅的斗争中作为政治盟友,具有特别的吸引力。到了1714年,这两个看来似乎是水火不相容的集团之间的奇怪的同盟,就具有突出的重要意义,因为这个同盟构成了辉格党的骨干。

1714年,辉格党和托利党之间的区别仍然代表着争夺国家权力的各个集团之间在利益和意见方面的实际分歧。在安妮女王统治时期,党派斗争在某种程度上由于旧怨耿耿于怀,由于不断争夺地方权力的斗争,愈演愈烈,辉格党人便组成了一个由新人和新的利益集团组成的政党。他们的领袖来自一些拥有土地的较大的家族;这些家族随着17世纪的每次政治变动积聚土地和势力;而且,他们的头衔,很少是在这个阶段以前获得的。17世纪发展的另外一些受益者,即那些有钱的人,他们正是从这批新贵那里得到较大程度的社会承认和政治理解的，而不是从那些出身世家并且只是从拥有土地阶层的利益来考虑国家政策的达官老爷们。辉格党人作为一代新人，盗用了这个时代新的思想。他们拥护有限君权论和国会拥有至高无上的地位，支持权利请愿书和权利法案，支持容忍法和新教徒继承王位，主张同法国对抗，扩大贸易和保护土地或资金等财产。教会和国王结成的党伙反对这些新人，采取守势；他们在安妮女王统治的最后几年里进行反击，以后于1714年终于走向无可挽救的失败。他们的失败主要是领导不力。直到19世纪后期，一直形成保守党派核心的拥有土地的乡绅，并没有从自己的队伍中产生出政治领袖。他们通常都是由他们自己阶级以外的人士来领导的；而且，在1714年这样的人物又找不到。主教们中间已产生不出托利党的领袖；旧有的保皇党贵族由于贫穷已被削弱，而且古代的家系已告灭绝。博林布鲁克进行投机，但告失败；哈莱已年迈而心力交瘁；其他具有野心的政客，对于把一个四分五裂、信誉扫地的政党使之重新振作起来，大都不感兴趣。要是托利党人在思想上不发生分裂，新的领袖可能会出现。但是一些"汉诺威派"托利党人甘心接受辉格党人的欢迎并且忍受叛党的骂名；另外一些托利党人则对于由一位正统的国王承认他的朋友们这一主张极感兴趣，但却又无法抵抗辉格党人曾经利用过的立宪口号的力量。他们可以隔着海峡为国王干杯，但却忘不掉他的罗马天主教。他们可以大声疾呼这个教会处境危急，但又怀疑把这个教会与反叛的主张联系在一起是否明智之举。结果，除了在私下嘀咕一通以外，毫无作为。但是，当为斯图亚特王朝的后嗣而战斗的时机果真到来时，除了寥寥无几的狂热分子外，其他人全都待在自己的庄园里坐看事态的发展。托利党人虽然继续留在议会里，但却不再可能组成托利党的政府了。托利党主义一旦被剥夺了行使国家权利的机会，就只能陷于地方政治的泥潭之中，为乡绅们提供一种名义和传统；这些乡绅们同辉格党达官贵人们的力量继续进行较量，并且摒弃了他们曾经一度特别关怀的国王的势力。

　　对于辉格党人来说，由汉诺威家族继承王位，不仅是一个胜利，而且也是一个扩大胜利的机会。他们此时可以指望把国王的势力增加到他们的势力之中了；他们现在人才济济，这些正是托利党人所缺少的有经验有能力的人物。但是，物极必反，他们的全面胜利看来要产生党内的派系分裂。辉格党人认识到他们的未来在于王朝的稳定，但是形形色色的辉格党人野心勃勃要独揽大权，又抵消了这种认识。乔治一世从以汤森和他的姻亲罗伯特·沃波尔为首的一派人中间挑选谋士，因为他对另一个主要派系的首领马尔伯勒和他的女婿森德兰的可靠性把握不定。但是，在目前这个时刻，所有辉格党人进行合作要在选举中取胜，要粉碎叛乱而且要把那些不信奉国教的同盟者从托利党人最近政策的影响中解放出来。

1715年1月大选胜利，政府在议会中占150席，成为多数。但是，秋天里，不出所料，詹姆士党人诉诸武力。马尔伯爵在苏格兰高地举起了斯图亚特王朝的旗帜，奥蒙德正在德文郡沿海一带进行窥探，西北部的英国的詹姆士党人也处于备战状态。但是，詹姆士党人的领导和战略都是软弱无力的，路易十四的去世又使他们失掉了一位最好的朋友。马尔由于未能在谢里夫米尔把汉诺威事业的苏格兰人重要代表阿盖尔赶走，因此在卡多根将军坚决的追击下，他的部队瓦解。帕莱斯顿的决定性失败，使英国的詹姆士党人的种种希望告幻灭，奥蒙德也未能把西南部的托利党人发动起来。按照当时的社会准则来说，政府在进行报复时是手下留情的，而且它可以这样做，因为它已经取得了绝对的优势。这场叛乱使政府可以谴责托利党人是潜在的破坏和平的分子，叛乱的失败证明在英国要求和平的愿望要比对旧王朝的任何眷恋之情强烈。动乱给辉格党人以极好的借口，因此他们避免了要在1718年举行的选举。人们解释"七年一次的选举法"既是一种应急措施，也是消除由于选举频繁所带来的耗费和混乱的一劳永逸之举。该法对辉格党的权贵们取得胜利起了很大作用；他们现在可以积蓄他们的人力、物力以便用于每7年一次的压倒一切的攻击中。

如果说由新教徒继承王位是辉格党人的一次党派的胜利，那么它也解救了不信奉国教者。这些不信奉国教者默默地忍受着（虽然并不屈服于）宗教考察与市镇机关任职法强加于他们的种种约束，但"临时遵奉国教与教会分立法"已使他们陷于极端惊恐之中。乔治一世即位后，后一条法令成了一纸空文；1717年两个法令即被废除。但是，要修改"宗教考察与市镇机关任职法"的企图必须放弃，不信奉国教者必须满足于1718年的一项法律，即他们中依法选入市镇机构的成员，如在6个月内无人提出异议，即可保留他们的职位。自1727年起，每年的补偿条例使他们可以在选举以后，而不是在选举之前举行英国国教的圣礼。这些措施虽然使不信奉国教者们有组织的宗教团体的存在不再受到威胁，但并没有给予他们以他们所希冀的一切。而保留"宗教考察与市镇机关任职法"，对于英国的社会有着久远的影响。许多有良知的不信奉国教者觉得难以用有意的欺骗来谋取官职。而法律仍然允许信奉国教者阻止不信奉国教者当选，虽然一旦6个月过后就不能把他们从职位上赶走了。辉格党人让步的最重要结果，是使不信奉国教者能够在他们的人数相当多的市镇的公职生活中发挥作用；但是他们是二等公民的耻辱，却无法消除。他们可以通过种种借口，在一些较小的行政机构里占据一些职位，但是这并没有为他们打开通向要津的道路。乡间的许多受过最好的教育、最忠诚的人依旧与官场无缘；他们无法报效国家。他们的势力只能局限于某种单一的集团。如果一个人要想立足于社会，他就必须信奉英国国教。宗教信仰的不同越来越变得同社会阶层的划分相关。辉格党的领袖们就是这样为他们所从属的教会利益服务的。但是，不信奉国教者可以把他们的命运同罗马天主教徒的命运相比较而感到自慰，因为罗马天主教徒在英国被视作外人，在爱尔兰则被看作"国家"的敌人。

　　高教会派向处于英国社会核心的辉格党人的霸权提出挑战。但是由于委派了辉格党人的主教（1714年以后不久即出现空缺，为数之多实属少有）并中止了公会议，这使对立状况有所缓和。1717年公会议的"下院"准备对班戈的主教霍德利进行抨击，于是政府便出面进行干预，命令公会议休会以拯救它所宠信的主教派代表。除了1741年的一次例外，在1855年以前一直不让公会议处理事务。而下层教士就像他们的同盟者乡绅一样，只能发发牢骚或对上级进行无关紧要的批评而已。随着公会议的沉默，几项真正宗教改革的尝试，也告消失。1717年被迫休会的公会议的议程包括禁止秘密婚姻，改进圣职候选人的资格，建立慈善学校，并扩大国外布道团等项建议。尽管新政府的最顽强的批评者们保持沉默了，但这对于国家并不一定有利。

　　直接的危险度过以后，辉格党人之间便发生了意见分歧。汤森触犯了国王，因为他在外交政策上与国王意见不合，并且批评了国王的汉诺威的谋士们。森德兰福星高照，他于1716年陪同国王前往汉诺威。1717年汤森被解职后便与沃波尔一起组成反对派。他们表示支持王朝,他们找到了一个既能保持忠诚又能当反对派的两全办法,就是投靠与其父王意见极端不和的威尔士亲王。这种做法具有相当大的宪法意义,因为它是消除反对派具有的强烈的叛国色彩的第一步。新内阁是引人注目的,因为它是史无前例地利用国王的庇护而维持了微弱的多数,因为它企图修改贵族的基本法,因为斯坦厄普的外交政策以及森德兰的财经政策。政府担心乔治一世一旦去世,他的继承人封了一批新贵后,他们在上院中的多数就会被打破。因此,他们根据1719年的贵族法案,提出上院的人数在该年的人数以外不得再超过6名,并以25名世袭贵族来代替苏格兰的16名代议贵族。政府为这个议案辩解说,上院应该不受政治气候不断变化的影响。但是,这个议案在苏格兰非常不得人心,因此在下院遭到沃波尔的否决,他呼吁乡绅们不要给自己的家族合法的抱负关上大门。

斯坦厄普取得的显著成就是让英国与法国和荷兰结盟以维护乌得勒支和约。这个同盟为汉诺威王朝急需的外部安宁创造了条件。虽然同盟的直接效果只是遏制了西班牙在地中海的野心,但却为英国今后若干年内的政策奠定了基础。森德兰作为第一财政大臣,着手解决国债这个紧迫的问题。这个问题既复杂又费钱,而且偿还遥遥无期。森德兰采纳了沃波尔的建议,设立了一笔偿债基金,并提出了一个换算计划,在1727年以前利率一律降为4%。不幸,这个考虑周密的计划竟成了"南海骗局"的直接起因。

这个时期在经济方面的种种谬见之一,就是过分地相信信贷的可能性。国债本身被看成是一种"信贷基金",可以用来为各项商业计划提供资金。而1711年为了开展与南美洲的贸易而成立的南海公司,就是以接管一大部分政府的短期债务作为资金的。当森德兰提出他的换算计划时,南海公司便想通过降低利率接管债务,发行南海股票以清偿私人手中握有的政府债券并支付750万英镑贴水等办法来加强公司的地位。南海公司唯恐这些好处还说服不了当局接受它的提议,又向大臣们以重贿作为诱饵。公司的利益在于它的声誉的提高(它就可以几乎垄断当时有限的股票市场),在于确定南海的股票与政府债券之间的兑换率(它自己的股票价格越高,它就能够得到越多的政府债券,而这些债券保证最终将按照其面值偿还的)。但是,1720年英国国内外都有可能爆发投机活动,因为自1710年这个不景气年代之后,人们的信心已经逐渐恢复,而生产性的投资机会又太少,无法吸收英国、法国和荷兰等地的游资。从1720年年初起,几家新成立的和东山再起的联合股票公司大肆进行股票投机。议会批准了南海公司的计划后,这种投机活动就立刻变得疯狂起来。到了6月,南海公司的股票已经上涨到它的面值的10倍。于是议会便通过了"诈骗法",禁止1718年以后成立的公司或滥用原有的特许权的公司发行可转让的股票。南海公司欢迎这个诈骗法,把它当作在股票市场中对付它的竞争对手的一种武器。但是,它对这些竞争者们提出的诉讼却动摇了公众的信心。谨慎的人们在当年夏天就已开始悄悄地抛售股票;到了秋天,人心大乱,整个国家的财政结构似乎都已处于危险之中。

对于国家所造成的损害,并不像常见的个人可怜的失败造成的后果那么严重。英格兰银行和东印度公司还是站稳了脚跟。投机的危机并未造成普遍的不景气。撇开南海公司的投机活动不谈,国家的贸易地位仍旧很稳固。1720年沃波尔返回政府供职后,把南海公司掌握的国债的2/3让英格兰银行和东印度公司平分,并且把批评的矛头转向股票投机商而不是政府,从而使人们恢复了信心。最严重的后果是对合股金融的怀疑。这种疑惧心理在许多年里一直阻碍着资本流入生产项目,使国家投资市场的发展受到了明显的挫折。人们想出各种形式的不合股的伙伴关系以逃避诈骗法的各项规定。但是,那些希望进行投资者的法律地位依然是靠不住的。18世纪稍后的时候,开凿运河即是由合法的合股投资来提供经费的,但工业的发展却大都不得不靠当事人通过积蓄而不是通过国家股票市场的机器来提供资金的。

南海诈骗案的政治后果是使森德兰派垮台,并为汤森－沃波尔集团上台扫清了道路。年轻的纽卡斯尔公爵把佩勒姆和霍利斯两个家族广泛的势力联合起来;他从支持原来的大臣转而支持新的一批大臣,从而组成了一个由政治上的杰出人物和地方势力结成的联盟。这个联盟在今后的许多年里支配着英国的政治。斯坦厄普的门生卡特里特1724年被迫去职,汤森本人也在1730年被迫辞职。剩下沃波尔独自一人领导着一批拥有头等权势但却具有二等才干的人物。沃波尔的政治生涯于1733年达到了顶峰。但在那一年,他的开明的货物税计划遭到失败,他的主动性似乎受到打击。此后7年,他似乎满足于保持他所取得的成果。到了30年代末，他的地位开始动摇。1739年他违背了自己的良知，被迫进行战争，甚至眼看着自己的意见在内阁中遭到否决。即便如此，他还是坚持到1742年，在已无法保持对下院的控制时才辞去职务。

沃波尔其人受过乡绅的教养，具有大贵族的傲慢风度并且爱好奢华。他有第一流实干家的才干。由这样一位人物来治理汉诺威王朝统治下的英国是非常合适的。在辩论中，虽然他从来不是滔滔不绝的演说家，但他讲话时气势磅礴、娓娓动听，颇有说服力。他精通政治手腕，在议会中，他必须团结稳定的多数；在朝廷里，他又必须要对付各种旨在使他失去国王宠信的阴谋活动。他提出的积极的立法不多，但人们并不指望一个18世纪的政府能有过多的立法，但他的突出的个性给整个一代人留下了强烈而持久的印象。他认识到，要保持王朝的稳定（这是他的政策的主要目标），只有赢得拥有土地的乡绅的支持，扶持工商业，保持教会平静和避免打仗，才能得以实现。他想减轻赋税的负担，特别是土地税的负担，因为这是拥有土地的乡绅阶层的最沉重负担。他限制中央的控制权不得强加于地方当局，并且允许通过野蛮的刑法来惩治对财产的侵犯。他不愿抨击宗教考察与市镇机关任职条例，以免使高教会派的狂热情绪死灰复燃。只要情况许可，他就尽可能持久地维持同法国的友好关系。他在政治问题上对乡绅的仁慈态度，其必然的结果就是巧妙地运用国王的影响，积极地助长了他在拥有土地的权贵中间盟友的地方权力。辉格党贵族手中积聚起来的力量，使它看起来几乎成了一个独立王国。但是，沃波尔在乡绅中间逐步培养起来的对国王的忠诚，将在乔治三世手里被用来作为一种与这些权贵们进行斗争的工具。

在沃波尔统治时期，金融业和工商业得益最大。如果说沃波尔没有什么创新，但至少可以说他使他承袭的那套基本上已经健全的体制发挥了力量。到了1727年，他已经用偿债基金偿还了850万英镑的国债，已经把利率一律降低到4%，并且通过谈判得到了一笔利率为3%的新贷款。因此，尽管出现了南海诈骗案，他所取得的成果已然超过了森德兰所期望的。在沃波尔当政的后期，他在财政管理上变得过分大意；偿债基金被用着应付亏空或充作临时经费的一般储备。因此，国家只能用暂缓还债的办法来避免增加税收。沃波尔之所以能够获得低息贷款和信任，一定程度上是由于实行了他自己的商业政策的结果。他的财政政策对商业的节制颇有分寸，不一味追求岁入收益。他废除了出口关税，对某些出口进行奖励，在免除某些国内生产所需的进口原料关税的同时，又对一些同国内产品竞争的进口货课以重税。这样就对工商业起到支持的作用。库房系统的扩建推动了再出口贸易。这一做法使某些殖民地的进口货物可以存在关栈中而不付关税，并且在交纳一笔货物税后就可投入国内消费市场。沃波尔想把这一制度应用到烟酒贸易中去的企图，被不负责任的反对派说成是一批收税官要增税的前奏。在老百姓的一片吵闹声中，沃波尔不得不在1733年放弃了这一计划，随之他废除土地税的得意计划也夭折了。沃波尔使英国的贸易得到了发展，岁入增加，财政制度大大简化了，证明了国外对国债的不断增长的投资使财政状况日益稳定。

货物税法案的失败，是反对派对沃波尔的一个最引人注目的胜利。被沃波尔排除在政府之外的辉格党人加入了坚持不懈的托利党人反对派；博林布鲁克1723年获准返回英国，但不得进入上院；他在各种反对集团的背后运用他的巨大才能，妄想重新掌权。反对政府的包括有当时最使人难以对付的议员，卡特里特、普尔特尼，以及以科巴姆勋爵为首、包括威廉·皮特在内的突起的坦普尔－格伦维尔派；报刊则为反对派的作家所控制；而且，沃波尔虽然由于乔治二世继位而能够存在下去，并且甚至能够从中得到好处，但新的威尔士亲王弗雷德里克却组织了一个宫廷反对派。这么一个强大的反对派联合力量竟然长期无能为力，仅仅说是由于沃波尔在两届国王统治期间居于支配地位，由于他与卡罗琳王后保持着毕生的友谊直至1737年她去世，以及佩勒姆家族的地方势力，这是不能说明问题的。沃波尔可靠的而且往往是不事喧哗而取得的多数，不仅表明国王的影响，而且也表明沃波尔在平息过去的不满和使英国迈入一个前所未有的繁荣时代方面，取得了成功。一直到1739年战争或和平的问题出现之前，反对派一直无法找到一个能鼓动全国人民和团结其成员的伟大原则。一些为自己谋取官职的集团便形成了辉格党反对派。这只不过是他们同一些诚实却无野心的托利党人的核心人物之间可能达成的暂时的协约而已。只要反对派中间的辉格党人要求的不是改变制度，只是要分享权力，那么，反对派的这些陈腐口号——反对腐化，汉诺威家族不得左右外交政策，降低税收以及减少开支等，就显得空洞无物了。博林布鲁克曾经试图为反对派提供一个治国的理论，但是他却从未触及英国政治的核心问题。他同意把1688年的革命看成是"一部新的大宪章，从而产生了新的利害关系、新的治理原则、新的降服措施以及新的义务"①。他回顾威廉三世的统治时期，认为这是一位无党派的君主征询英国的一些最贤达的人物的意见进行统治的时期。而议会则不是王室政策的工具，而是国王的一些持开明态度的批评者。当前这个时期的失误就在于一伙大臣篡夺了国王的权柄，滥施权力。但是，博林布鲁克却没有说明威廉时代的这种岌岌可危的平衡是怎样能够无限期地保持下去的，或者一个政府为了进行有效的统治怎样获得必需的稳定。皮特实际上是和博林布鲁克的意见相一致的。即便是他后来也发现，在议会中如果没有一个有纪律约束的多数的支持，要进行战争是不可能的；而且，只要人民中间没有因巨大的分歧形成分裂，这种纪律只有靠运用国王的影响才能获得。

沃波尔的制度事实上是当时在宪法上处于进退维谷境地的一个符合逻辑的解决办法。这有助于说明为什么这个制度在他下台后还能存在下去。他在1742年的辞职，并没有产生一场政治革命。政治变动充其量不过是增加卡特里特进入内阁以及把一些不太重要的职位分配给他的朋友。在沃波尔的长期统治期间，一伙被纽卡斯尔公爵称之"老牌辉格党人"的人物使他们自己成了任何一届政府都不可缺少的人。而一切政治上的组合都围绕着他们转。卡特里特仗着国王的宠信，对待同僚缺乏礼貌，根本不讲什么政治领导艺术，并且指望采取强有力的外交政策树立他在英国的势力。但是他发现自己可悲地错误估计了政治的现实状况。1774年他被那帮"老牌辉格党人"逼下了台，而纽卡斯尔公爵的兄弟亨利·佩勒姆成了主要阁员，出任财政大臣。另外，光靠势力并不是在一切的谋略中都可取得成功的。即使是最无能的政府，也不得不找到某些赖以立足的原则。佩勒姆兄弟选择的原则是一个"广泛的基础"，或者说，一切表示要真诚依附王朝的人要和解。格伦维尔－坦普尔派中的两人也得到了职位，但是国王1745年是在与大臣们经过激烈的争论后才同意的。甚至剑桥郡的约

---

① 博林布鲁克子爵亨利·圣约翰：《政党述评，通信一》（1771年版），第12页。

翰·海因德·科顿爵士这个托利党人也包括在政府中。政府还发布指示说，在基层组织中，地方行政官要从"那些拥护英王陛下政府的有地位有财产的绅士中挑选，不论其党派区别"①。

詹姆士党人新的起义告失败，其影响也许并不只是为了巩固新政府的权力所做的政治上的再调整。1745年7月，"年轻的王位觊觎者"在苏格兰登陆，唤起高地人起来响应。他在普雷斯顿潘斯击溃了一支英王军队，并占领了爱丁堡。这年秋天，他入侵英格兰，12月到达德比。他在这个离伦敦只有几天进军路程的地方，时运逆转。他的那支人数不多的军队得不到许多英国新兵的补充，而且他的后方又有许多人起而反抗。当乔治二世正准备撤离其首都时，这位"年轻的王位觊觎者"却无可奈何地放弃了奔袭伦敦的打算，退到苏格兰去。虽然他在福尔柯克可以再打一个胜仗，但1746年4月却在克洛登遭到惨败。这次惨败不仅结束了詹姆士党人在这次战役中所造成的威胁，而且从此再也不起作用了。在苏格兰，这次叛乱的后果是高地人被征服；在英格兰，则证明了对汉诺威王朝的忠诚，已经在那里扎下了根。

亨利·佩勒姆虽然不是一个杰出的人物，却算得上是一个出色的下院议员和干练的沃波尔派的理财能手。1748年欧洲恢复和平后，他削减开支，减少土地税，并且实行一个旨在使国债利率降低到3%的伟大的换算计划。1754年他去世后，纽卡斯尔公爵独揽大权，但是他却不知道如何使用他的权力。他自己出任财政大臣，并且任命了一位本意良好的外交家托马斯·罗宾逊爵士出任国务大臣，这就引起了两位资历较浅的大臣威廉·皮特和亨利·福克斯的不满，因为他们的野心受到了挫折，因此他们便在下院对这位新任的国务大臣进行攻击。于是，纽卡斯尔便与福克斯进行交易，结果福克斯也当上了大臣。皮特对此感到十分愤怒，大加抨击，进行谴责。他的行为导致他被撤职，这未免有点过分。1756年英国在与德意志屡次结盟未成的混乱局面中逐渐卷入战争中去，并且清醒过来时发现米诺卡已丢失，英国也受到法国入侵的威胁。国外的局势促使国内反对派加快了步伐，因此纽卡斯尔公爵不得不以任何条件来寻求皮特的支持。但是，

---

① 英国博物馆补遗手稿第32993号，第308页。

皮特对任何条件都不接受。他意识到自己在议会中和在国内的力量，因此除首相职位外，其他任何职位都不接受。乔治二世因于1756年11月不得不把他的政府交给这位攻击汉诺威王族使他十分反感并用花言巧语煽动民众情绪使他极不信任的人物来领导。此时，皮特享有无限的威望，对于自己卓越的才干满怀信心，看来似乎不可一世。但他上台后，由于国王持有敌对情绪，而且又得不到老牌辉格党人的一贯支持，事实证明他太脆弱，而缺乏经验的同僚们对于加强政府的力量也帮不了忙。1757年4月，国王突然将他撤职。在经历了三个月的危机之后，找到了一个切合实际的妥协办法，皮特与纽卡斯尔联合起来，皮特专管战事，公爵担任财政大臣。在随后而来的政局获得暂时稳定的期间，英国才赢得了它在七年战争中的胜利。

　　1760年乔治二世去世，这便开始了一个新的政治行动时期。尽管这位英王有着狭窄和固执等种种缺点，但是，作为一位立宪君主，他的行动却要比他的性格好得多。他虽然往往受到个人偏见的影响，但是他总是极力把治理好国家作为自己的职责。因此他采取某些行动，为一个有限君权确立了一套新的行为准则，即君主是裁决者，而不是政治活动中的领袖。他的孙子和继位人真心诚意地表示要遵从宪法，但是，要遵从的是威廉三世的而不是乔治二世的宪法。乔治三世设想的实际上是另一种政府，它是受到一个真正忠诚的立法机构的支持，由一位起作用的国王和由他挑选的非党派大臣们领导的。他谴责腐败，对拥有土地的贵族揽权极为不满；这种态度颇为人们所拥戴。只有时间才能证明这位爱国的国王只是出于无奈才使用了他自己所不齿的手段。但是，他在继承王位时所使用的手法，却使人产生怀疑，认为政治利益是主，国家利益是从。他的第一个目标是要打破皮特和纽卡斯尔的辉格党人之间的勉强结合。内阁的实力在于皮特的颇孚众望，而要在皮特领导战争取得如此胜利之际将他罢黜是不可能的。于是，和平就成了英王的首要目的。于是，他的朋友兼顾问比特这位在议会中既无影响又缺少经验的人物，显然为此目的而被任命为国务大臣。当比特劝说纽卡斯尔支持他反对皮特向西班牙立即宣战的意图时，时机来了。于是，皮特辞职，并庄严宣称："作为负责人，我要领导；对于我没领导的事务，我将不负任何责任。"但是，这种说法从法律上来讲是站不住脚的。

纽卡斯尔公爵不久就对比特内阁日益得势，对他自己被排除在英王亲信行列之外，以及对于在普鲁士没有取得有利条款之前便讲和这一公开的企图等情况感到不安。尽管他不愿交出财政大臣的职位，但他已年迈，而且迭遭不幸，因此终于在1762年5月辞职。除了在1756年到1757年有6个月时间的间隙外，他在内阁中整整任职45年，其中32年担任国务大臣，8年任财政大臣。他虽然算不上是一位杰出的政治家，但也绝不像他的某些同时代人所认为的那样，是一个无足轻重的人物。虽然他总是孜孜于政治中的细枝末节，而且陷于一些琐碎但却微妙的任免事务中，但他仍然不失为行政当局和土地贵族权势之间进行联合的主要支柱。这种联合一直是早期汉诺威王朝统治下英国的显著特色。一个稍为不慎的人，如果拥有他的权势，可能会在国家中制造不和，但纽卡斯尔却宁可牺牲某些政治原则的价值以维持稳定。他的始终不渝和能干的良师益友哈德威克与他一道辞职，"老牌辉格党人"中的大部分年轻的成员加入了反对派。左右政治舞台的那种权力均势不复存在了，英国政治中的一章告结束。

政府长期相对的稳定，使人们对宪法充满了自豪和信心。在英国，事实证明，政治的主要问题业已解决，当前的任务不是改进而是维持现状。18世纪的人们是把变革同衰败而不是同进步联系在一起的；而且，他们并没有认识到，政府机构的精神和宗旨没有形式上的修正也可能会改变。18世纪思想上的这种局限性，使人们在对待行政与立法关系的态度上进行的政治争论，要比在其他方面更加混乱了。自1702年以后，对国王的权力没有另外增加什么新的限制。国王的行政当局由于税收制度的改进，由于通常为他的政府获得议会多数所做的政治安排而得到了加强。但是，17世纪中对于王权所做的种种限制意味着，如果没有那些比较有影响的臣民心甘情愿的合作，国王就无法利用这种新的力量。如果说，国王的权力增大了，那是因为有足够多的臣民希望它增大。

对于许多人来说，国王君临天下不是使人感到累赘，而是实施自治权力的一种保证。早先时候，在法庭中曾出现过这种情况；在18世纪，这种情况就成了许多行政手续的特征。在中央以外的周围地区，这种倾向突出地表现在地方官的身上。他们管辖一方，既不受人监督，也不接受他人指示。在中央，各部门则壁垒森严，在手续上设置种种障碍，以防止他人染指。这种做法无形中使得油水倍增，从而也抬高了公职的价值。要想弄清楚这种离心倾向在政府的核心中，在国王和大臣之间的关系上究竟起着多大的作用，长期以来一直是个问题。在公众看来，而且在很大程度上在实际中，根据法律国王是国家的有力的统治者；他的立法权力虽然已经被削弱到只有一个从不使用的否决权，但是他的行政权力依旧很大。当必须做出政治决定时，国王是法律规定的唯一的决策者，即便是这项决策是强加于他的，这仍然是他的决策。他有不容置辩的权利，可以同他所愿意的人磋商，并且挑选他愿将政府权力委托给他的人选。然而，在实际上，这种广泛的自由是受到这个政治事实的限制的：任何一届政府在议会中不居于多数，就无法进行工作；国王也只能从相对说来为数不多的几个控制议会权力的人中间来挑选他的主要臣仆。

　　在早先的一些时期中，权势过大的臣民在其地位与正式职责使他不再能够分担政府的实际工作时，他就被夺走了权势。在18世纪初叶，权贵们又再次跻身权势的中心。1714年以后有段时期，一个由一些"能干的大臣"组成的核心内阁出现了。他们居于权力的核心堡垒之中。他们之所以能置身其间，是因为他们掌握了选举的势力。不管他们在被任命后如何恭顺地吻国王的手，但他们的得势并不仅仅靠国王。不用谈论什么内阁职责的理论，他们也能深深懂得他们在议会中的势力是一种绝不能丢失的资本。最后的决策可能要由国王做出，但是大臣们却是政治权力的经纪人，他们有权向国王提出应该怎么做。他们之所以反对国王与不担负大臣职务的人物进行磋商，不是为了维护大臣的权利，而纯粹是出于政治手段的需要，以便维护国王和大臣们之间必须表现的同心同德。至少有一次，即1745年2月至1746年间，他们坚持除非国王的决定完全符合他们的意愿，否则他们就不能为国王的政府负责。如果说，尊重国王的意愿乃是他们的一部分职责，他们也知道18世纪政治的结构要求政府内部绝不能自相分裂。正是这种行政权力和选举势力结合在一起，才压制了国王的个人意愿，才把国家引上了现代内阁政治的道路。1760年的核心内阁，其职责没有明确的规定，过去使用的语言在真正的权力平衡方面也含混不清。因此，当大臣们在迫使国王违背其意愿而做某事时，他们并不会承认他们是这样做的。因此，要武断地说1688年以后什么事情也没有发生，将是愚蠢的。

内阁中没有一个大臣能够理所当然地起领导作用。但是，财政大臣由于掌握了国家的财政大权，而且还掌握着大量的任命权，因此他在任何一届政府中都是一个重要的人物。沃波尔拥有这种权力，再加上他具有驾驭王室人员的无比的才干以及他本人的显性性状，这就使他在迫使持不同意见的同僚辞职或将其撤职时，在充当国王与大臣们之间的唯一联系渠道时，在制止国王从他处征询意见时，俨然就像是一位现代的首相。沃波尔树立了一个不容忽视的先例，日后人们对某个大臣则将另眼看待。但是，这种先例的概念，仍然是最不明确的。以后的财政大臣并不能根据权利即享有相同的地位，除非靠声望，否则也无法确立这种地位。纽卡斯尔对于内阁同僚们博取国王宠信的企图颇为担心，这种企图有的确有其事，有的不过是他自以为是而已。当时人们普遍认为，一名大臣独揽大权是应该受到指摘的。国王对于具体政务已不再做出日常的决定，这一局面的符合逻辑的结果便是，内阁中必然要有另外一个人来起领导作用。然而，现代首相这一职务，则是在一个政党取得了领导地位，使某人在内阁中拥有独立的权力来源并具有特殊的地位后才出现的。

18世纪核心内阁的人数要比现代的少，他们讨论的范围也比较有限。通常一个核心内阁由三名具有古老的头衔但担负的职责却不多的官员（即枢密院长、掌玺大臣和宫廷大臣）、大法官、两名国务大臣以及担任财政大臣和海军大臣职务的两名第一大臣组成。财政大臣也是核心内阁成员，但这一职务往往由第一财政大臣兼任。内阁讨论的事项主要是外交政策，平时绝少讨论国内事务。国内事务由各部门长官自己负责。对议会的做法，可由直接有关的大臣不拘形式地决定。海军在海军部领导下的行政工作，相对来说比较简单，但陆军却发展成为一个责任分散、指挥重叠的体系。这种情况即使在一个行政管理松散的时代，也是突出的。战争政策和军队的部署，则根据作战的地理位置，由负责南方事务或北方事务的国务大臣领导。他还通过副大臣负责民兵事务。军队调动的命令是向陆军大臣发出的。陆军大臣对于预算、征兵和军官任命等项事务也在枢密会上对国王直接负责；至于军纪以及后勤等具体事务则对总司令负责。国王亲自担任全部禁卫军和卫戍部队的司令官。陆海军武器和弹药的供应，则由军械总监向国王直接负责。

国务大臣一职完全可以成为内阁中起领导作用的职务（皮特在担任此职时就是这样的），要是这个职务不是奇特地以地域划分，在任命权方面不是有限的，以及不是不过问财政的话。两位国务大臣作为国王意志的执行者，享有同等的权力；在国内和殖民地事务上，工作没有明确的分工；在外交事务上，他们的职责则划分为负责南方的和负责北方的两个部门。商务部负责维护贸易法和航海法，并具体掌管殖民地事务。该部通常就发给各殖民地总督的指令问题，向国务大臣们提出意见，并且在枢密院中就是否认可殖民地议会通过的法案向国王提出建议。一个现代的政府所审理的许多事务，诸如济贫法、公路和教育问题等，当时在中央根本就没有具体负责的部门。

虽然1705年有过立法，禁止议会议员担任在此以后所设立的官职，但是，却没有规定原有的职务不得成为挂名的闲差，其职责亦不得由议员来担任。政府刻不容缓地要为它在议会中的"朋友们"弄到一份适当的酬劳，于是就越来越多地把政府的官职当作酬劳了；而且在几个部门中居然配置了两套人马，一套是干工作的，一套是挂名的。一般来说，副手和一般工作人员热心公益的精神比他们长官的强；那里的行政机器运转通畅，其原因通常是因为那些默默无闻、埋头苦干的公职人员的献身精神。这些较低的官职最初的任命，通常只是作为对某个想要为其部属或亲属觅取一官半职的重要人物政治上的恩赐。但升迁却主要靠资历和成绩。而解职的情况则是少见的。不称职者可以泰然自若地混迹其间，称职者也可同样稳保其职位。严格地照章办事，对于效率，往往比职业上的懒散更有危害性。这种危害性，由于官吏们薪俸低、油水大（因此许多官吏可以从严抠手续中取得既得的利益），由于许多官吏习以为常地从那些希望在同政府打交道时不会因为不了解复杂的手续而吃亏的人们那里接受礼物作为一种聘请费，就变得日益严重起来。与此同时，政府部门作为公款保护人的职责，也通过一场不声不响的变革建立起来。这场变革确定财政部控制政府的开支。海军部不让其财务由别人控制；但陆军部却由于议会一直对它不放心，它的预算只得日益处于被控制之下。一些较次要的部门则受到严格的控制，甚至王室的年俸在支出超过收入时，也不能逃避财政部的干预。这就逐渐形成了现代的各部门花钱和财政部管钱之间的区别。

执行国王的事务这一任务，已从英国的议会转而主要移交给地方行政官员。他们的任务首先是要维持法律和秩序。他们只有在极端紧急的情况下，才能指望正规军队的援助。甚至连确定和征收直接税这样一个对于健全的政府如此重要的问题，其工作重担也是由地方官组成的郡委员会承担的。这些直接税包括土地税和以橱窗税为最主要的"各估定税"。这在一个行政管理力量不强的政府里，确实是最薄弱的环节之一。但是，通过委派领薪俸的官吏来监督郡长的工作以改进这种情况的企图，只取得部分的成功。对中央政府以外的行政权进行一番研究，就能说明18世纪政治的基本公式：这种政府运转如何，效率究竟能达到什么程度，这要看那众多有势力的人物的态度了。

国王、上院和下院构成了国家的立法机构。但自安妮女王以后，国王的否决权就没有再行使过。国王无权亲自提出立法。上院议员约有220名，其中26名是主教，16名是苏格兰贵族代表，其余的则是英格兰的世袭贵族。上院议员人数在这个时期增加很少，虽然老的一代去世后，需要补充一些新的血液。上院包括了王国内重要人物的多数，人们把它看成是保证法律和财产不受国王或人们侵犯的保护者。而且，在18世纪为人们所接受的思想的范畴内，上院本着对国家的责任感，庄严地完成了这一职责。上院的事务大都是纯法律性的；作为民事案件的最高上诉法院，上院还要具体考虑有关离婚的法案以及涉及产权的私法法案。而且，即使在进行政治辩论时，也充满了司法气氛。

下院的情况就大不相同了。在那里，重大的辩论往往异常激烈。人身辱骂也不一定受到下院法规或上流社会习俗的制止。而且，党派偏见十分强烈，甚至像选举请愿这类法律问题，纵使证据俱在，也能根据多数原则做出决定。发言大部分是由相对来说的少数人进行的，但问题则由那些沉默的议员们投票决定。其中最受人尊敬的通常是代表英格兰各郡的议员。虽然在18世纪上半叶期间，郡的选举很少是经过竞选的，大部分郡议员都是由当地各党派之间达成谅解而后产生的，但是土地年值在40先令或以上的地产完全保有者享有的理论上的选举自由，使这些议员享有自主和威望。城市议员进入议会的背景是各种各样的。每个城市的选举制度本身就值得做一番研究。选举权由于理所当然的纳税条件,或由于只有拥有一定的不动产才有选举权这一完全不合理的规定而受到限制。城市中的一切自由民均可投票的说法,往往掩盖这样的事实,即市镇自治机构可以根据政治形势随意决定谁是自由民。在某些城镇,选民必须是当地居民。在另一些城镇,非当地居民的选民人数往往超过了当地居民的选民。有些选民完全受保护人的支配;另一些则谁给钱多就可被收买。更有一些选民,则可像任何一宗财产一样在市场上买到。有一些大的贸易城镇,竞选活动实有其事;也有一些小村镇,虽然长期以来贸易凋敝、人口减少,却依然保留了一个自治城市的特权。这种选举制度虽然有时也遭到抨击,也有人难能可贵地提出改革,但它却还是保留下来了;改革不仅要打乱经过精心安排的各方面的选举利益,而且也提出了这样一个难题,即要用一个合理的有关选举权的规定来替代不合理的规定。

下院尽管有着种种缺陷,它还是自称它代表英国人民,虽然这在某种程度上与现代的概念是有所不同的。18世纪人们的思想并不停留在这样一个认识上,即与国家利害攸关的人即有资格分担治理国家的任务;他们相信,这样的人也和自由息息相关。有产者被看成是平民百姓自由天然的捍卫者,因为他们对于任何侵犯自由的行为最为敏感。下院还在一定程度上代表着这个国家的有产各阶层,大体相当于这些阶层的经济和社会的重要地位。它代表地主们拥有的左右一切的势力,大的贸易阶层从来也不乏其代言人,各大学有他们自己的直接代表,而自由职业界的间接代表则是下院中的那些众多的律师。因此,下院要比他们当选所依靠的工具高明,而且一直到18世纪末,对于这些大地主、腐败的市镇自治机构以及金融界的代表表示不尊敬的人,为数甚少。

有一个时期,历史学家们往往倾向于认为,国王的影响似乎在18世纪的政治活动中形成一种不可抵挡的力量。一种比较现代的看法认识到,这种影响与大地主们所具有的影响总和比较起来却是微不足道的。但是,国王的影响确实起过重要的作用,因为在各个竞争的利害集团势均力敌相持不下时,国王的影响则大有举足轻重之势。许多议员并不想在政府中担任一官半职,但是他们和他们的保护人却想通过控制国王的任命来增加他们自己的地方权力。一个议员可以给予他的选民们以各种恩惠,包括推荐他们在森林或税务部门任职,到殖民地或政府各部门任职,以及在英王为保护人的国教中吃教士的俸禄。政府的"朋友"可以指望大臣们对于这些推荐给予照顾。政府的"经管人员"的任务便是要设法满足这些要求;当他无法做到不负所望时,则要做出许诺;当他的许诺不能兑现时,则要另想办法。谁能处理好这些难题,谁就能在议会中得到一个稳定的多数。然而任命毕竟粥少僧多,从来无法使每个人感到满意,也无法使议会处理纯机械性的事务。这种危害性不在于使用政治影响,而在于这种做法不断地蔓延开来。越来越多的负有职责的职位被纳入了政治关系网中。为了满足来自下层的要求,腐败便从最高层蔓延开来。教会、大学、法律和武装部队都在不同程度上为政治手段的应急措施而服务。腐败势力之所以能轻而易举地泛滥,其背后有着这样一个重要的事实:英王的政府必须运转下去;这个政府在议会中没有一个牢靠的多数就无法继续下去;而且,只要各统治阶层在基本问题上不发生分歧,那么支持一个政府而不支持另外一个政府的动机则是自身的利益,而不是其他。除非人们遇到了他们所重视的、超越了个人方便的实在问题,否则,党派的纪律是不能代替恩人关系的纪律的。这种情况不能为18世纪的政界人物开脱,但它却有助于说明为什么体面的人物并不认为他们的做法完全违背了国家的利益。此外,这也是事实,即舆论从未停止过对议会施加影响。如果说,群众的宣传鼓动成功的情况并不多见,那么,星散的骚乱频频发生,却使英国的上层人士终于明白了,归根结底人民才可能是他们的主宰。

上院既是立法机构的一个部分,同时又是法院;治安官集行政权与司法权于一身。但是,尽管这两种权力在司法统治集团的最上层和最基层混淆不清,司法是独立的而且是权限分明的,这一点是毋庸置疑的。掌管整个习惯法审判权的法官们,如严重渎职,可由议会两院提出予以免职。他们的委任一直到1760年英王去世时而告终止,否则就将不受干涉地终身供职。习惯法法官一年里有一部分时间在威斯敏斯特议会中工作,另一部分时间则在各郡城镇巡回开庭。刑法部分也摆脱不了司法部门的管辖,因为治安官们的任何决定,都可以由上一级法院发出令状调阅案卷进行审查。而且,在18世纪,所有重大案件通常都要送交巡回法庭审理。大陪审团虽然不受法官们的控制,却受他们的指导。但是他们仅限于判定所提供的证据是否足以提出刑事起诉,从来不判定是否有罪。原来实施国际法的两种形式的法庭,即教会法庭和海事法庭的管辖权限,由于执行习惯法的律师们的嫉妒而被缩小了。前者只管教士们的非刑事犯罪,如有关婚约的合法性,遗嘱的查验和执行的认定等案件。后者则严格地限于处理海事案件。另外还有一个大法庭,它的权力不仅没有缩小,反而有所扩大;它不是一个习惯法法庭;这就是大法官法庭。其实,教会法庭和海事法庭权力的缩小,对大法官法庭有利。它的裁判权可以扩大到有关遗嘱的案件,对于商业也可以行使广泛的司法权。然而,在18世纪,大法官法庭根据衡平法的裁决终于成为习惯法法庭的一种补充,而不是它的竞争对手。

法官们的独立性以及他们对于国家的法制越来越多的控制,带来了另外的一些危险性。法律摆脱了行政的控制,就有可能脱离国家总的生活;或者就会过分强烈地反映法官们和他们所属的那个阶层的偏见。这两种危险在18世纪都是明显的。法律的惯例和程序变得如此僵硬,以至于它给那些训练有素的律师以外的任何人,都设置了无法逾越的障碍。布莱克斯通虽然后来在英国上层的一般教育中恢复了法律课程,但在18世纪初叶,只有那些在浩繁而又艰深的程序中有着既得利益的专业机构,才愿对此问津。司法界拖延成风,费用繁多而且讲究严格的法律细节,因此声名逐年狼藉。而在其核心,在皇家高等法庭、高等民事法庭和高等法院这三大庄严的习惯法法庭中,也是权限重叠,一片混乱。法官们要求按严格的法律形式办事,于是就会出现这样奇怪的审判情况:当一个人被控犯有较严重的罪行时,只要能在起诉书中找到一点漏洞,就不仅可以免受野蛮的刑罚,而且还能逃过任何的处分。

法官们虽然不能制定法律,但他们有解释法律的权利。这在成文法和习惯法都没有涉及的问题上几乎就等于是立法权。商业活动日趋复杂,人们希望新获得的产业不致被轻率的继承人出卖或分散,财产需要有新形式的信托,政府资财的新式产权以及旧有法律没有规定转手手段的可转让的股票等,全都提出了法律要有创新的问题。在对付这些挑战方面,哈德威克证明了他是英国最伟大的大法官之一。他自由地运用大法官法庭享有的根据衡平法进行裁决的权限,解决已经提出的许多问题。而他所制定的一些规则，后来由曼斯菲尔德勋爵纳入了习惯法。18世纪发生的一个颇为重要的变革是，商事法规不再是一个由专门法院实施的专门性法律；这项变革没有经过立法机构制定法令，而是由司法机构自行决定的。

尽管宪法只是一种模糊的概念，但是人们都一致认为其主旨是个人的自由。人们把这种自由看成是英国民族特有的赐福，这是过去各代人们用智慧和牺牲赢得的。一个英国人不会无端地遭到逮捕、监禁或惩罚；未经他所选出的代表同意，不得向他征收赋税；他可以和朋友们聚会并且畅所欲言，只要他不扰乱治安；他可以想写什么就写什么，只要不是淫秽的、煽动性的、亵渎神灵的或诽谤性的东西。说得更实际些，由于议会制订法律，因此他的自由就是一切要按照议会认为是正当的去做；或者说，由于执行法律是由地方当局掌管的，他的自由也就是要遵守当局所解释的法律。如果争端严重起来，1715年的骚乱取缔法令则赋予地方长官以实际权利认定这是否是一场骚乱；一旦认定后，则可使用武力予以取缔。批评政府的人必须当心有关诽谤的法律。因为，如果发现他所写的文章蓄意破坏治安，他就犯有诽谤罪。要是造成对国王、政府、议会、法律当局或国法的仇恨或蔑视，就是犯有煽动罪。而对宗教的任何批评，就可能构成渎神罪。而且，对于陪审团，只是要它确定发表过这些东西的事实并阐明其含沙射影之所在，而不是要它确定诽谤的性质。对贵族的诽谤，径直地由上议院予以惩处。这种情况又进一步扩大成为，凡发表任何有关一个贵族的材料，不论此人是否在世，只要未经其本人或其继承人的同意者，亦在惩处之列。陪审团虽然权力有限，但有时却能帮助那些被控犯有诽谤罪的人。然而，1730年的特别陪审团法，却使法官有权在这种案件中重新组织一个对成员有更高财产条件要求的新陪审团。1729年对印刷博林布鲁克《工匠》一书的印刷商的起诉遭到了失败，但该印刷商后来还是被一个特别陪审团定了罪。这些都是对出版自由施加的严重限制。但在当时，政治性出版物的市场却见俏，有成百的印刷商甘冒被起诉的危险也在所不惜。

对煽动性诽谤提出起诉，一定程度上还是由于认为攻击当朝是不道德的这种思想残余在起作用。但是限制自由的理由，主要是出于维护社会秩序和保护私人财产的需要。如果说神权已不再能够保护国

第十一章 英国

王,那么对财产的尊重已在很大程度上取代了宗教,成为巩固社会的因素了。洛克把民权的产生原因归结于维护财产的需要,18世纪的人们毫无疑问地承认财产所带来的各种特殊地位和特权。为了保护私有财产,人们做出了本来可以避免的过火行为。轻率地滥施死刑是这个时代的耻辱。所谓的1722年的沃尔瑟姆·布莱克法令,是用来对付沃尔瑟姆福里斯特地方临时发生的骚乱的;这个法令曾几度重又实施,一直到1758年它成为英国的永久性法律的一部分。据说,这个法令给成文法新增加的死刑条目不下350个。另外,却又不做任何努力增进警察力量以配合这些严厉的惩罚条目;人们对17世纪的教训记忆犹新,他们把这些政府公仆看成是潜在的专制工具。因此,英国便出现了一种矛盾现象:一方面刑法野蛮严厉;另一方面对罪行的侦查工作又如此薄弱,以至于犯法行为实际上反而有所增加。这是英国人为他们不受政府约束这种非同寻常的自由付出的一部分代价。

一个对于财产如此关系重大的国家,在精神方面不可能是平均主义的。然而当财产与出身在社会上竞相崭露头角时,这才有可能使某些职业对有才能的人敞开大门。18世纪中靠个人奋斗而成功的人为数众多,不容忽视;其中最杰出的人物如哈德威克,是一位乡村律师的儿子。《类比》一书的作者巴特勒主教,是一个信长老会宗教的布商的儿子;大主教塞克是一个不信奉国教的小地产主的儿子;皮特是一位在印度发财回国的富翁的儿子;克莱武则出身穷乡绅。银行家、律师、粮商等从门庭古老的乡绅手里接过产业,这些乡绅的儿子们则去从商,从事法律工作或去东印度公司任职。这个时期社会的大变革,使大批地产集中起来,从而取代了小庄园,这种情况在北方尤为突出,同时也使大批年轻人去谋求领取薪金的职业。18世纪政治家们的官方文件中,就充斥着他们的求职信。遭到回绝的人只能去从事较低下的职业或在商界谋生。一个幸运的副产品就是,他们把传统的诚实的准则和正派的作风,带到他们新的职业中去。职业的行为准则已经发展起来,这是18世纪的最重要却又最不引人注目的遗产之一。这一情况,再加上对经商和专业人才的需求,就提高了那些由于办理转让地产而致富的律师和逐渐改进其医学能力的药剂师的社会地位。英国的商人,无论在接受职业标准或提高社会地位方面,当然是不甘落后的。

一个对出生于有产与无产界限以上家庭的子弟提供公平机会的教育制度，促进了这些社会变革。那时的中等学校和公学之间的差距并不像今天这样悬殊。自耕农或店主的子弟可以和当地乡绅的子弟肩并肩地一起受教育。大学里有许多靠做工以取得专业资格的穷学生。许多行业在学徒期间索取的习艺费用并不多。但是在这条"财产线"之下，机会就少多了。而绝大部分英国人（但苏格兰人除外）至死都没有受过教育。慈善学校虽然为数不少，但大多数只不过是要让孩子能继承他的父辈们原来的工作。

因此，在一定的界限之上，是一个相对来说不固定的社会；在这一界限之下，则是一个相对来说固定的社会。由于有产阶级获得新的财富而富裕起来，两者之间的差距也日趋增大。英国总的贸易有了相当大的增长，而贸易出超（不论其真伪）也表明大有长进。上层和中产阶级的生活水平肯定地提高了。因为他们不仅钱多了，而且贸易的增长也使他们要购买的商品种类扩大了。但是，这种境况的好转，在多大程度上能给穷人带来好处（如果说带来的话），是一个值得怀疑和有争议的问题。原来的那种认为18世纪初叶是一个黄金时代的看法，鉴于现代人们对当年伦敦的穷人和手工业者的工资所做的研究，必须予以摒弃。一切材料表明，在伦敦，居民中的下层住房过分拥挤，健康状况不佳，犯罪和卖淫等现象急剧增加。像托马斯·科拉姆、奥格尔索普将军和乔纳斯·汉韦等个人所做的慈善努力，不过是隔靴搔痒。直到18世纪中叶，才有迹象表明，这些社会苦难也许会有一天被认为是社会的责任。1751年，第一个行之有效的禁止出售廉价杜松子酒的法令出现了；这种廉价杜松子酒在伦敦的穷人中间简直造成了一场浩劫。这一举措可以说是一个转折点，因为自此以后情况就不断地得到改善。对于整个英国的情况，就无法笼统而言了。这不仅由于缺乏资料，而且在一个还有许多人在经济孤立的状况下生活的国家中，各地情况千变万化，估计难免不足。例如，手工匠们的工资状况表明，在伦敦有所改善，在北方有很大的增长，而在西部则停滞或倒退。所公布的物价指数，也几乎完全取自伦敦及其附近的各郡。但是，在一个阶段的初期，价格有下降的趋势，而在其末期有上升的趋势，这就足以说明这个阶段物价稳定。在整个时期内，价格要比西班牙王位继承战争期间和美国独立战争期间低。因此，人们有理由认为，英国的大多数穷人的生活水平没有下降，而且可能还有所好转。

比较肯定的一点是，有相当多的人口从农村迁往城镇和乡间工业中心。农业的进步加速了这种迁移，这势必迫使一些人背井离乡；而城镇的消费市场日益增长，有助于促使古老的耕作方法的改变，并且使由于拥有的土地集中而预期的利润增大了。没有必要对自耕农的没落大做文章。一个主要的因素是，长期以来总是有人愿意出好价买好地；虽然有些卖地的人可能成为无地的劳工，但许多人的情况不可能都是这样。原先的自耕农可以在正在兴起的佃农阶层，在正在成长起来的工业工匠团体中，在商业世界的新人中，以及在向新世界移民的不断洪流中找到他们的踪迹。农业变革的结果是食品的质量提高了，而且比较丰富，然而价格并不一定比较便宜。此外，再加上生活环境比较清洁了，医疗条件得到改善以及婴儿死亡率的降低，这就促进了人口的增长。大约到了18世纪中叶，人口增长的速度达到了可观的程度。

工业中，国内外的需求和中间商可以获得的资金以及劳动大军均有增加，这就导致更大的生产。但是，这多半是在商人和工匠们所熟悉的组织的范围之内，并没有利用新的发明物，1733年发明的凯氏飞梭直到这一时期末，才开始使用，但它并没有引起织布业的革命。1742年一架纺纱机就投入工作，但直到1760年机械纺纱依然极为罕见。具有比较直接的重大意义的发现是，18世纪初阿伯拉罕·达比发现的用焦炭代替木炭的炼铁法。这就使奄奄一息的炼铁业摆脱了对本地木材的依赖，并且为一个大发展时期铺平了道路。但是，即使是这样一个重大的发明，到18世纪的中叶以前，还鲜为人知。对于大多数资本家来说，剥削廉价劳动力要比安装昂贵的试验用的机器容易得多。但是，工业发展的最难以逾越的障碍还是国内交通的不足。这种情况只是在人们被诱使在一些长远的发展计划上进行投资后才得到改变。沃波尔和佩勒姆所推动的低息贷款为长期投资创造了条件；但是，往往还是缺少刺激投资的因素。1759年布里奇沃特公爵开始开凿一条7英里长的运河以便把他在沃斯利煤矿的煤运往曼彻斯特。这个尝试的成功，在英国经济史上开创了一个新时期，因为它不仅说明了可以指望从这类投资中获利，而且也指明了统一全国经济的方法。

回顾往事，18世纪初期并不像人们至今有时仍然认为的那样，是一个停顿不前的时代；它是英国历史上颇有创造性的时期之一。在一个小小的"有教养的"社会表象背后，是一个草创的时代；在这个时代中，最弱小者惨遭败北，而那些敢于奋力追求者，其报偿不管在哪个方面都是巨大的。无数个人的成就主要表现在贸易的扩张，农业的改良，巨大的财富，乡间的房屋富丽堂皇，城镇的住宅坚实牢靠上；表现在赢得了一个印度帝国和取得七年战争的胜利上。所有这一切，都是在一个对其治下臣民的福利担负责任甚少、只不过保持社会力量平衡的政府领导下取得的。然而，这些成就是同一个政治制度不可分地联系在一起的。不管现代的学者想做出何种限定，英国人在这个制度下觉得他们是自由的。这种自由感是17世纪各种冲突的结果。但是，如果不是汉诺威王朝在英国的统治稳固，这个果实是不可能成熟的。

（乐瑞夫　译）

第 十 二 章

西地中海地区和意大利

　　18世纪初，西地中海地区和意大利受西班牙控制。西班牙新建的波旁王朝在野心勃勃的伊丽莎白·法尔内塞激励下取得了令人瞩目的复兴。自1714年伊丽莎白·法尔内塞来到西班牙成为菲利普五世的第二任妻子，直到1746年她在丈夫死后退出西班牙政治生活中心为止，她同一系列能干的谋臣们一起积极大胆地活动，使西班牙在有关地中海地区的外交谈判中取得了主动权。由于她同帕尔马、皮亚琴察和托斯卡纳等地有亲缘关系，她的野心也集中在这些领地上，意大利因此受到重新活跃起来的西班牙外交的影响。葡萄牙的情况恰好相反，尽管西班牙波旁王朝第二任国王的王后来自葡萄牙，但葡萄牙却很少卷入当时地中海地区的外交活动。它刚重新获得独立，心满意足。巴西殖民地为它提供了一笔非常可观的收入。在1750年以前，它满足于享受独立和繁荣，绝少参与欧洲的外交事务，对欧洲文明贡献也极少。在1750年之后，随着蓬巴尔的出现，葡萄牙才突然在改革活动方面奋起超过了西班牙。

　　伊丽莎白·法尔内塞和她丈夫的主要大臣能在18世纪初期为西班牙取得外交主动权，这是个非常了不起的成就，因为在查理二世统治末期西班牙的经济资源已经处于全面崩溃的边缘。1692年西班牙王室第三次宣告破产。虽然在17世纪中各种赋税已经增加不少，1639年所有出售商品的营业税增至11%，1663年增至14%，1621年对制碱灰用的藜草开始征税，1637年征收印花税，1642年对油类、酒类和醋征税，1649年对肥皂甚至冰块也征收新税；但这一切权宜措施不仅无法满足王室的需要，反而加快了国家的崩溃。到了17世纪后半期，有许多确凿的迹象表明西班牙的经济已经病入膏肓。往来于西班牙和西印度群岛之间的西班牙船队的运输量比 100 年前下降了 75%。许多 16 世纪初以其制造业闻名的城镇,早在 1655 年就在抱怨它们已陷于贫困了。托莱多、塞维利亚、格拉纳达和巴伦西亚这些原来以丝织业闻名的地区以及以皮革制品而出名的科尔多瓦都纷纷要求救济。许多原来兴旺发达的行会到了 1655 年几乎销声匿迹了。马丁内斯·马塔提到的这类行会有 30 个。托莱多的呢绒制品在 17 世纪的前 60 年中锐减了近 3/4。这些城镇的人口也减少了。托莱多和塞哥维亚在 1594 年至 1694 年间据说居民减少了一半以上。1687 年德洛斯·贝略斯侯爵把居民移居美洲称为国家的灾难。1681 年法国大使也提到成千上万的人移居外国。国内贸易几乎已不复存在,对外贸易也急剧减少。以至于到了 18 世纪人们都说由每年一度的庞大船队运往西印度群岛去的商品中,唯一由西班牙本国提供的只剩下"一些西印度人民喜欢的糖果蜜饯了"①。农业停滞不前的迹象出现得甚至比工业还要早。在 1523 年以来国会中发出的怨言里以及一些作家在评论 1578 年、1600 年、1608 年和 1619 年西班牙的经济状况时都提到这种情况。1619 年的一份卡斯蒂利亚法院报告中就提到许多住房沦为废墟,农民纷纷外逃的景象。

  造成经济崩溃的原因是多种多样的。即使波旁家族清楚地知道这些原因,要想消除它们也并非易事。一个主要原因似乎是 1550 年到 1600 年间从西属美洲流入的大量黄金所造成的通货膨胀。大量黄金使西班牙人一味追求奢侈生活,变得越来越好逸恶劳。直到 1782 年还有许多行业在西班牙被认为是"下贱的"。西班牙人把体力工作看作可耻的。新世界的黄金把人们引往海外,使西班牙的劳动力减少。人们还纷纷离开农村及内地城镇向港口聚集。大量的男女百姓加入宗教团体;还有一部分人担任公职,这都加剧了农村和内地城镇人口的减少。1700 年西班牙的人口估计为 570 万,而在查理五世时期据说有 800 万。陈旧的行会规章阻碍了工业的发展。大量琐碎的规定扼杀了工匠的积极性,如像托莱多的金饰匠在开业前必须缴纳大笔保证金。西班牙硬币币值的变化,特别是从 1550 年至 1600 年间金锭大量流入,然后是 1600 年至 1650 年间货币贬值引起的通货膨胀,进一步

---

① J. 兰普希尔:《西班牙美洲简史》(1741 年),第 300 页。

阻碍了工业的发展。在别的国家里，物价的变化能促进贸易和工业的发展，但是在西班牙由于工资增加比物价上涨快，因此制造商无法从通货膨胀中得到好处。但是西班牙贸易最沉重的负担，如同农业最沉重的负担一样，也许是由于裴迪南和伊莎贝拉时期制定的对一切商品征收的赋税，在17世纪从原来的10%增加到了14%，而且还对各种商品都添加了其他新税目。交通不便也束缚了贸易。直到18世纪，唯一能够畅通的道路，只有从马德里通往各个王宫的大路。像维戈这样一个良港同内地之间竟无交通可言。在西班牙国内由陆路运输商品费用十分昂贵，帕伦西亚的小麦虽然离桑坦德港只有40里格的路程，但在卡的斯的售价却比从法国运来的小麦贵一倍。产地卡斯蒂利亚售价为20里尔1阿罗瓦（1阿罗瓦≈11千克）的酒，在阿斯图里亚斯要卖46里尔。

人口外流、赋税加重和交通不便像阻碍工业一样，也阻碍了农业的发展。但是西班牙农业在波旁王朝时期的凋零景象还有它特别的原因。西班牙的土壤和气候尽管适宜生长优质小麦，但西班牙绝不是一个土地肥沃的国家。多达40%的土地并不肥沃，或者十分贫瘠。在16世纪和17世纪期间即使好地也因为盲目毁林而减产。农民砍树烧炭，流动放牧羊群的牧人则用焚烧树木的办法为来春创造更好的牧场，仅剩的一些肥沃土地亦未得到充分利用。西班牙的中部和南部有不少土地从未有人耕种，因为那是放牧羊群的必经之地。每年秋天多达250万头绵羊，通常以1000头左右为一群从索里亚、塞哥维亚、昆卡和莱昂等地途经那里，来年春天又返回原处。土地的所有制也对农业不利。大贵族有时占有大量的土地。这种情况在收地运动发展迅速的安达卢西亚更为严重。这些土地往往只有部分由一群群从一个地区流动到另一个地区的工人在耕作，甚至在较早有人定居的阿拉贡省也有2/3土地是荒芜的。农民须为军队提供营舍，但是他们要取得贷款却越来越困难。除了这些使经济衰退的原因以外，还有一些其他因素如驱逐摩尔人以及人们都狂热地热衷于关心来世而不致力于现世的繁荣等。因此，菲利普五世在为他争得王位的长期战争结束以后面临着国家经济的凋敝，就不难理解了。

恢复西班牙繁荣的问题极为复杂。这个国家在1713年的社会结构并未减轻这些问题的困难程度。18世纪西班牙社会的最重要组成部分是教会。18 世纪末，在全国 1150 万人口中，职业上同教会有关的人数达 191101 人。其中教区教士占 70170 人，虽然他们中间仅有一半左右的人真正关心灵魂问题。还有 37550 名男人和 24348 名妇女是各种教团或修道会的成员。余下的还有凡人修士、修道院仆人、圣器保管人、宗教裁判所和十字军的雇员以及一些虔诚而又愚昧无知的老百姓。这些人因无望得到做神父的圣职，就担任一些低微的职务或作为献身于上帝的俗人生活在修道院里。另外，从那些被归纳为专职教士的人在人口中所占的比例来看，教会对西班牙日常生活的影响远远超出了他们应起的作用。连最小的村庄也有教堂。人口只有 2000 的小镇奥尔米多竟有 7 个教堂、7 个修道院。人口为 21000 的巴利阿多里德，有 41 个修道院和 14 个教区教堂，修士修女和神父竟超过全部人口的 1/20。整个西班牙到处都有由某个行业的成员或某个地区的居民组成的各种宗教团体。仅在卡斯蒂利亚一地这类社团在 18 世纪末就有 19024 个。这种宗教团体至今在西班牙依旧存在，它们一年四季集会礼拜，开展慈善活动，在复活节前的一周还要穿上长袍、戴上尖顶的高帽上街游行，供奉各个团体特别崇拜的圣像。这些圣像平常保存在教区教堂里，有的还装饰着极其贵重的衣服和珠宝首饰。西班牙教堂中各种宗教礼仪陈设确实非常奢侈华丽。一些本来可用于工农业生产或慈善事业的钱财却被无谓地用在祭坛用具、法衣、圣骨盒、神龛和圣像的饰品上了。虽然在教堂把财产捐献给国家时，人们往往发现它们并不像想象的那么富裕，但即使这样，那些金银珠宝和法衣的价值依然颇为可观，更不用提绘画和雕像了。18 世纪西班牙教会的收入是很大的，教会光从土地上就能收入 359806251 里亚尔，那时候 10 个里亚尔就是 1 比索，而 1 比索相当于当时英国的 4 先令 4 便士。教会从什一税中得到 418000400 里亚尔，从第一次收获中得到 2.3 亿里亚尔，弥撒费为 53732744 里亚尔，洗礼费为 1500 万里亚尔，主持婚礼的收益有 750 万里亚尔、葬礼费有 6000 万里亚尔。此外，还有 363 万里亚尔是通过出售圣方济会的法衣获得的。许多笃信宗教的西班牙人愿意在死时穿上修道士的法衣。化缘也能收到一大笔钱财，有一种估计认为每年可达 5300 万里亚尔。再加上各地方还有一些特别的收益，如对小麦征收的税款归圣詹姆斯的康布斯塔拉教堂。对途经萨拉曼卡省的羊群征收的税款归另一座教堂所有。有些地方还向当地的教会送礼,有时是用实物。托洛萨的地方当局为修士们提供木柴,修士们则在大斋期给该镇派遣一名讲道师作为报酬。教士免交买卖税,杂物税也能减少。许多野心勃勃的神父一有机会就离开乡村到有大教堂的城镇或马德里去,希望能在那里得到一个肥缺。最好的职务是在某个大教堂当神父,因为正如批评者指出的,大教堂的神父们从来不用过问洗礼、婚葬、忏悔、布道和其他行政事务,他们的唯一职责就是定期到大教堂出席礼拜仪式。甚至在教堂里,他们还往往把念祷告、唱赞美诗等实际工作交给出钱雇来的唱诗班去做。那些没能当上大教堂神父的人,许多人满足于靠什一税过着舒适的生活。他们把教区的行政事务交给副神父管理,把布道让给修道士去负责。不少神父对教义十分无知,因为18世纪在西班牙并非每一个主教管区都遵循特伦托会议要求设立神学院的规定。选举乡村教区神父往往只是一出闹剧。特伦托会议曾规定选举中应有竞争,但在18世纪的西班牙,候选人常常在竞争之前就已经选定了,"好像他们都已被上帝事先任命了似的"①。当然不少耶稣会会士是很有学识的,西班牙的主教也决不像法国的主教那样贵族化或那样世故。比如菲利普五世曾指派过一名烧炭人的儿子当托莱多大主教,许多其他高级教士的出身相对来说也比较低微。那些布道的修士颇受人们爱戴。在18世纪,日后成为西班牙特点的那种宗教上狂热和政治上反教权主义并存的奇怪现象似乎还未出现。18世纪西班牙布道坛和忏悔室的影响十分强大,尽管有一些圣洁的、乐善好施的高级教士对促进经济改革饶有兴趣,他们设立示范农场、推广先进农具,但教士的更普通的作用则是以其见识局限于修道院四壁之内,害怕与世俗世界有任何接触的修士为代表的。那些尚未看破红尘的教士则热衷于兴建耗费巨资的华丽的教堂,其中有卡的斯、莱里达、比克等地的大教堂,还有马德里格兰德河畔的圣弗朗西斯科修道院和圣塞瓦斯蒂安的圣玛丽教堂,等等。他们在复活节前一周及基督圣体节还组织盛大壮观的活动,带领庄严的游行队伍游行。但是他们也鼓励世俗社会的保守和迷信;对新兴的法国王朝的改革劲头,全西班牙的教士极少给予帮助,就绝大部分而

---

① 1776年,德斯德维斯·杜·德塞特引自《18世纪的西班牙社会》,见《西班牙评论》,第64卷,第238页。

言，只不过是一种阻碍。

跟宗教界的大部分人一样，大多数西班牙贵族对改革的态度不是实际上敌视，就是无动于衷。甚至到了18世纪末，贵族阶级的人数还有50万，几乎占总人口的5%，相比之下，宗教界的人数是191101名。在比斯开省和吉普斯夸省每个人都声称自己是贵族的后裔。有些乡绅的贵族身份只在自己的村子里得到承认。也有一些人是因为他连续生了7个儿子才被算作上等人。但是不管这些贵族有多穷，他们都可以免服兵役，也不用为军队提供食宿。他们欠了债可以不遭逮捕。在他们家的门上可以刻上盾形纹章，人们在同他们讲话时得称他们"先生"。各种收入甚丰的职务也因为他们的出身而对他们开放。普通贵族和卡斯蒂利亚500名有封号的贵族和119名西班牙大公都可以在军队中各级任职。圣詹姆斯骑士团有87名军官，其中有一名的年俸是206971里亚尔，有5名的年薪在10万里亚尔以上。卡拉特拉瓦骑士团有55个职务，其中有6个年俸在10万里亚尔以上。阿尔坎塔拉骑士团有37个职务，最好的一个年俸是178096里亚尔。就连不怎么富裕的阿拉贡的蒙特萨骑士团也有13名军官，其中年俸最少的一个是12348里亚尔。国王可以随心所欲地把这些官职分派给下属。到18世纪，那些有幸得到这些年俸（或者说这些年俸的一部分，因为国王有时把这些官职的薪俸一部分给这个人，一部分给另一个人）的贵族，没有做出廉洁宣誓，或实际承担任何重要义务的麻烦。贵族们还有希望在宫廷中谋到职务。宫廷内部是个拘谨刻板、装模作样、无聊得令人感到压抑的世界。唯一能使人兴奋的事情，只有国王的生日或王族的婚礼。当国王生日到来时，贵族们从国王和王后面前鱼贯而过，前去吻一下他们的手。王族举行婚礼时，宫内张灯结彩或燃放烟火。当时过访者的报道都证明18世纪西班牙宫廷社会是十分沉闷单调的。宫廷里演戏，有时还有歌剧或音乐会，也举行狩猎活动，但极少交谈。法国客人对西班牙贵族的愚昧无知颇为震惊。那些大公们侈谈他们的祖先参加过的各个战役，但很可能他们对这些战役发生的地点一无所知。在巴伊拉克修道院院长所描述的76位大公中，大部分只是以他们的姓氏、封号和财富才为人知晓。这些人并不反对在西班牙建立一个有效的专制政府，但几乎没有人对国家的复兴做出任何贡献。实际上，土地所有制，至少是贵族的庄园按照限定继承权制度必须传给长子这部分，被霍韦利亚诺斯等人指摘为西班牙农业衰败的主要原因之一。继承人按照限定继承权继承的土地不能出卖，甚至不能用它做抵押来筹款进行必要的改革。在英国可以看到限定继承权不一定使乡村的地主失去进取心，但在西班牙农村中的贵族却完全是麻木不仁的，正像宫廷贵族们一本正经地悉心研究各种礼仪细节和先后次序问题一样。

到18世纪末期，从波旁王朝统治中得益最多的是城镇居民、专业人员、商人和官员，但在1713年这些阶层几乎没有表示出朝气勃勃的迹象。城镇的规模很小，除了教堂、修道院和教会经管的慈善机关外，大部分建筑物都破破烂烂。住房十分简陋，空空如也，用西欧其他地方的标准来衡量，根本谈不上舒适。17世纪流行的服装样式在西欧其他地方已经过时，但在西班牙依旧存在。服装通常是深色的，剪裁十分朴实。食品很简单，烹调水平按法国标准是原始的。妇女的主要工作是上教堂祈祷，男人则照管生意并把大量时间消磨在聚会、闲谈和抽烟上。喜欢这种景象的观察家可能强调它宁静的一面：

> 地主们生活舒适，工匠们有活可干，要饭的亦能在修道院门口得到施舍。税款与财产相称。神父受到人们尊敬，教会统治集团比任何时候都英明，国王的权力得到英勇的捍卫。政府当局既不专横暴虐，又能惩处一切理当受罚的罪恶以保护富人。到处都能体现国王的意旨；一人当朝，众人皆服。……我们幸福安宁地生活……在世俗的事务上服从国王的权威，在心灵上则尊重上帝的神威。①

而对此持批判态度的观察家则完全可以把对1797年危地马拉人的境况的一般写照用来描绘18世纪初的西班牙人：

> ……这个人说得不多想得更少，或者更确切地说，他根本就不思考。他满足于按别人事先安排好的和别人已经做过的去做。他的生活方式单调、刻板，一成不变。他自己也永远不会改变，

---

① M. 费尔南兹：《我们祖先的庄园》，第2页。

你根本无法同他探讨任何会引起他改变的事情。当改变的好处，或者说改变的必要性已是十分明显时，他唯一的行动指南和准则就是按习俗办事。①

这就是当时西班牙从毕尔巴鄂到加的斯各地城镇里人们通常的思想状态。农村中人们的思想对任何改革更是没有好感。

尽管有这一切阻力，波旁王朝的几位国王在18世纪还是在他们统治西班牙的那段时期里进行了改革。查理二世在1700年去世时，西班牙只有一支两万人的军队和一支20只舰船组成的舰队，它的财政业已崩溃。到了1800年西班牙的军队有10万人，舰队中舰只多达300艘，国库里有6.5亿里亚尔财富。在18世纪，西班牙人口从570万人增加到10541000人。它还能够不时地推行强有力的外交政策，这些外交活动即使没有为西班牙国王，至少为西班牙王公们收复了一些在乌特勒支条约中失去的意大利领地。大部分引人注目的改革是在18世纪后半叶查理三世在位时期进行的，但有些重要的步骤是在1759年以前做出的。做到这一点颇不简单，因为不管是菲利普五世还是裴迪南六世都根本不是改革家。18世纪前半期西班牙复兴遇到的问题在于两位国王，前一位是个怀疑症患者，后一位是个无足轻重的人。在这种情况下，如何发起并推行改革呢？甚至可以说，西班牙第一个进行改革的专制君王是法国国王路易十四。路易在1701年给法国大使马辛的指令中写道："看起来西班牙的国王自查理五世以来不仅不想保住自己的王业，而且似乎一直在用他们自己的恶行毁掉这个国家。"② 菲利普五世带着法国专家来到西班牙，从此以后宫廷里就有了通晓法国办事方式的人。有时候国家的主要官职可能由一位像波托卡雷罗这样的西班牙人担任，但幕后总有以科尔贝尔的传统培养出来的官员在活动。在接下来的6年里，虽然不时有短暂的宫廷革命的干扰，法国人奥里还是出了不少力，使西班牙能够筹集经费支付为抵制奥地利大公争夺王位而进行的长期战争。他最早的改革之一是废除许多前朝设立的耗资巨大的机构、特许、年金和补助。1703年他

---

① 《危地马拉时报》，1797年2月20日。
② 引自《对法国驻外大使指令集》，第七集，西班牙部分，A. 莫雷尔和H. 莱奥纳东编（法蒂奥，1898年），第6页。

第十二章 西地中海地区和意大利

又进一步试图厉行节约和精简。奥里始终无权制订一项全面的改革计划。他至多只能使西班牙摇摇欲坠的行政和财政制度变得稍微有效一点。现在再也没有得宠的人浪费国家的钱财了，税收也征集得比较有效和正当了。这些改革的结果使西班牙国王能设法筹集足够的钱饷支付军队，一直维持到1710年到1711年间的战役决定了菲利普对西班牙的控制。战争耗费财力并造成破坏，这在加泰罗尼亚地区特别明显。但是在一定程度上它又大大促进了西班牙的改革。国家能进行一场战争，能驱逐外来侵略者并能实现它挑选自己的国王的权利，这个事实对唤醒冷漠的沉湎于宿命论的西班牙人有很大的作用。国王前往他在意大利的领地时表现出来的精力和勇气，在面临军事上严重挫折时的毅力和来自萨伏依的年轻王后玛丽·路易丝的精明和胆识，都增强了西班牙人的自尊心。尽管菲利普后来退化成了一个长期患怀疑病症的低能儿，拒绝洗脸或换上干净床单，嘴里含着手指痴呆地躺在床上，但是即使这样也不能打消他在1714年以前留在西班牙人脑际的勇敢有为的形象。1714年以后他已经处于他的第二个妻子、爱揽权的伊丽莎白·法尔内塞的控制之下。在此后的32年中，法尔内塞的野心给了西班牙进行进一步改革的强大推动力。

伊丽莎白·法尔内塞绝不是一个改革家。但她有充沛的精力和不屈不挠的野心。她寸步不离她那位怕老婆的丈夫，宠信那批能在西班牙搞到钱财以使唐·菲利普和唐·卡洛斯立足意大利的顾问们。阿尔韦罗尼不仅只是个富有冒险精神的外交家。[1] 像他自己所说的那样，他精力充沛足以使西班牙人望而生畏。他掌权时，西班牙的岁入由于对阿拉贡、巴伦西亚和加泰罗尼亚进行了更有效的控制而增加了几乎1/3，西班牙的开支却由于失去了在佛兰德和意大利的耗钱的领地而减少了一半。[2] 他认识到通过中央集权可以大大改善西班牙的行政。他有效地削弱了西班牙政府中各种委员会的权力。在他任期内，国务参议的职务变得徒有虚名。为了增加王室的岁入，他不仅继续奉行奥里的削减年金、消除征税中的弊病的政策，而且还尽量促进贸易的发

---

[1] E. 布尔热瓦在《给孔泰·I. 罗卡的私人信件》（1892年）中提供了纠正人们普遍认为阿尔韦罗尼是西班牙积极对外政策发起人这个形象的有用材料。
[2] 巴布1716年2月19日致斯坦厄普信。大英博物馆手稿2171号，第136页。B. J. 鲁德提供了这一情况。

展。他着手改革关税制度以排斥外国制造商。同时他做了一些努力鼓励本国的制造商。1718年他开设了一家印刷厂，并在瓜达拉哈拉开办了一家织布工场。他还继续执行奥里开始的吸引外国工匠来西班牙工作的政策，免除了这些工匠的食品税。1718年他尝试用派遣单艘注册船只前往西印度群岛来代替等待派遣一年一度的船队的办法。但是阿尔韦罗尼的主要成就，是建立了一支新的西班牙舰队。他在加的斯创办了一所海军学院，做出了特别的安排来招募水兵，并分别在加利西亚和加泰罗尼亚兴办了两个造船厂。他采取措施使货物在西班牙国内比较容易流通，而且就在他短暂的任期内，他还做了改革赋税制度的试验。巴伦西亚的年度收入一直是靠对零售货物征税5%，对进口商品和农产品征收关税5%和对某些特殊商品再征税5%这种办法取得的。1717年除了在海港征收的关税外，其他所有税收都取消了。代替这些税款的是唯一一项盐税。这种做法对巴伦西亚的生产大有好处，织机的数目从1717年的300台增加到了1722年的2000台。

里佩尔达对西班牙复兴的贡献主要依靠他在外交上的厚颜无耻。他竟然能让西班牙在一段时期里与它的宿敌奥国皇帝结盟，使得欧洲各国政府一片混乱。但是他对恢复西班牙的繁荣也有一些很有趣的规划。也许因为里佩尔达是在联合省出生和受教育的，所以他对贸易非常感兴趣。1719年阿尔韦罗尼下台后，里佩尔达负责经管王室的制造业。他赞成在塞哥维亚开设织布工场和引进外国工匠。据说他还有一项发展西班牙与西印度群岛之间贸易的计划，并提出了如何减少英国人的走私活动，甚至如何使英国人放弃他们根据贩奴合同新获得的向西班牙所属殖民地供应黑奴的权利的办法。他指望西班牙国王会采取经济保护政策复兴西班牙工业；他认为通过设立一家西班牙银行，还可以进一步促进工业发展。据传他曾声称靠着这一系列措施，西班牙国王可以有能力维持一支13万人的军队，一支100艘舰船的舰队，并享有每年200万埃居的收入。

里佩尔达还未来得及实施这些经济计划就在1727年垮了台。但不久接替他的那个人却把西班牙的经济治理得欣欣向荣，王室的岁入从1700年的1.42亿里亚尔上升到1737年的2.11亿里亚尔。堂·何塞·帕蒂尼奥出生在米兰公国一个与军队的财政和给养有关的西班牙人家庭。他曾学习神学，考虑过当耶稣会教士，后来改攻法律。在西班牙王位继承战争期间，他回祖国担任一个临时性的行政职务。这使他受到了菲利普五世的法国盟友的注意。1707年西班牙国王指派他担任军事条令委员会参事。但是时间不长，因为他被派往埃斯特雷马杜拉担任行政长官了。帕蒂尼奥在这里开始获得声誉。埃斯特雷马杜拉本来就十分贫瘠的资源在与葡萄牙的战争中已被搞得山穷水尽，但这位新上任的行政长官却使军队恢复了秩序，甚至通过改进税收制度给他们发了军饷。后来帕蒂尼奥被调往加泰罗尼亚。他在那里的强有力的经济和他的效率为菲利普五世的军事胜利做出了重大贡献。在加泰罗尼亚期间，帕蒂尼奥还掌握了建造舰船的各个技术环节。1717年他被派到加的斯担任陆军和海军总监和负责重建舰队的合同局局长。帕蒂尼奥在那里获得很大的成功。他发现船只都因缺少沥青填塞船缝而在港内腐烂，但3个月以后开往布宜诺斯艾利斯、哈瓦那和维拉克鲁斯进行贸易的船只已经航行在海上了。帕蒂尼奥还开设了一所确实能生产军火的兵工厂。由于阿尔韦罗尼曾指派他领导一个根据乌得勒支条约设立的由西班牙商人和英国商人共同组成的委员会来研究关税改革，他还因此增长了在财经工作方面的经验。委员会的工作虽被战争打断，但帕蒂尼奥很可能已对英西两国间的贸易内情有所了解。这对他以后的工作十分有用。帕蒂尼奥被从加的斯调往巴塞罗那，他在两周时间内将阿斯杜里亚亲王号军舰装备完毕。主要由于他的努力，1717年一支由13艘军舰组成的舰队得以启程前往撒丁。一年以后，西班牙已能派遣22艘战列帆船、3艘武装商船和300艘运输船进攻西西里了。担任西西里行政长官的帕蒂尼奥被迫断送了他自己在担任加的斯行政长官期间建立起来的那支舰队。虽然他是在提出抗议后才服从了阿尔韦罗尼的命令，但在西西里的冒险遭到失败后的数年里，帕蒂尼奥还是受到了冷遇。他后来重又担任了加的斯行政长官，但先后两名海军大臣都不信任并且讨厌他。里佩尔达也不喜欢帕蒂尼奥，曾威胁要把他派到驻外使馆任职，这在帕蒂尼奥看来等于是流放。

正当帕蒂尼奥在马德里等候指示之际，里佩尔达下台了。帕蒂尼奥的朋友施加影响使他在1727年当上了负责海军和西印度事务的大臣。三个月以后，他又负责经管王国的财政。在1729年到1732年的危机中，由于信奉天主教的国王和王后认为他比拉帕斯能干，又让他担负了首席国务大臣的重任。帕蒂尼奥在任职期间，设法建造了另一支海军来代替在西西里附近损失的那支舰队。1732 年一支由 600 艘舰船组成的舰队从阿利坎特出发征服了奥兰，这证明了他的巨大成功。在加的斯和哈瓦那的兵工厂和船厂能够装备舰只，水兵们都领到了军饷，训练军官的学院为当朝培养出了唐·豪尔赫·胡安和唐·贝尔纳多·乌略亚两位杰出的人物。帕蒂尼奥还想方设法从西属美洲征收到远远超过他的前任们认为可能的大量钱财。他坚持要求殖民地总督每年上交定额的贡金。南海公司的代理商们后来报告说，西班牙美洲欠南海公司的债务到期不还的借口之一，就是每年必须向西班牙交纳一笔贡金。帕蒂尼奥还尽量从一年一度的贸易船队榨取钱财。1728 年他用改变币值的手法得到了大帆船队 1/3 的财富，而在往常只有 1/4。1729 年他又对来自西印度的货物额外征收 4% 的关税，其中至少有 2% 是归王室所有。"凭借着因洞悉内情才能想出来的种种诡计，他千方百计地为他信奉天主教的国王多搜括一些钱财。"① 1731 年加的斯的商人同意借给国王 20 万西班牙古银币，同年帕蒂尼奥还说服商人们同意把从西印度运来的货物税率从 5% 提高到 8%。他不再进一步提高税率而是满足于迫使商人们定期把船队开往西印度。帕蒂尼奥不关心商人们的商品能否找到好市场，他只要他们把货物运来西班牙以便他能为王室财库征收更多的税款。他从来就没有能进行彻底全面的改革，他只是千方百计地搜刮钱财来满足伊丽莎白·法尔内塞实现政治野心的需要或供菲利普五世实现他在圣尔德丰索兴建第二座凡尔赛宫的宏伟计划。王室的岁入确实从查理二世时期的 1.42 亿里亚尔增加到 1737 年的 2.11 亿里亚尔。同奥里和阿尔韦罗尼一样，帕蒂尼奥的主要功劳就是他尽力地保证了伊丽莎白·法尔内塞和菲利普五世的野心从未因为缺少舰船或钱财而受到影响。

伊丽莎白·法尔内塞的野心的主要目标是意大利。在 18 世纪初期的观察家眼中，意大利是个有特殊魅力的地方。"所有那些出于好奇或因公务来到意大利的人都一致同意"，对这个国家最确切的描绘

---

① 引自凯莱 1729 年 8 月 25 日致纽卡斯尔的信。

就是"把它称作一座大花园"。① 对 18 世纪初期的旅行者来说，翻越阿尔卑斯山是件使人惊恐而乏味的事情。但是在胆战心惊地走过了紧挨着悬崖的小道，挣扎着爬上那几乎难以攀登的高山，在经年不化的积雪中忍受了寒冷和一片荒芜和"满目凄凉"② 的极端无聊之后，旅行者发现意大利是个人间天堂。这里温和的气候被誉为在欧洲首屈一指。农村的土地，至少在北方，极为肥沃。整个国家"像个大柑橘园"。③ 城镇之多，建筑之精美使旅行者一致公认意大利是举世无双的。在一位像德国人比尔费尔德这样头脑清醒、知识渊博的 18 世纪中期的旅行家眼中，意大利是繁荣和进步的。这就不难理解伊丽莎白·法尔内塞除了出于家族的自豪和母亲对儿子的奢望外，为什么要如此费尽心机为她的两个儿子得到在意大利的领地。在比尔费尔德和其他旅行者的眼里，意大利的工业和它的自然条件相得益彰。意大利的美酒名闻全欧，柑橘、柠檬和其他水果在北方有稳定的市场。意大利的橄榄油在那时同现在一样极受人们推崇。渔产不仅丰富，而且意大利人擅长腌制保存。采石场生产的优质大理石不仅为意大利建筑增添了光彩，而且受到全欧洲王公贵族们的欢迎。意大利还生产世界上最精美的丝绸。那里出产的天鹅绒、丝袜、罗纱和其他上百种物品工艺超群，外国人都争相购买。比尔费尔德看到的意大利经济的唯一弱点是它出产的谷物不足以自给，但从西西里、希腊群岛和非洲的进口弥补了这个不足。比尔费尔德还注意到意大利人对航海冷淡，他们把通商贸易让给了更热衷于航海事业的国家。但是他记录了意大利人欣欣向荣的文化生活来抵消这些缺陷。18 世纪中期美术界依旧把意大利视为首府。绘画、雕塑、建筑和音乐在意大利都达到了最完美的境界。科学和文艺的发展也毫不比美术逊色。18 世纪的旅行者看到为数众多的大学、学院和著名的学者遍布于各地的城镇中。这种对意大利，特别是对罗马的称颂在歌德口中也有反映。但是他们却都没有提到农民的悲惨景况；连罗马和威尼斯这样的大城市也普遍存在犯罪活动，法律的野蛮和混乱，以及教会的迷信和对异端的不容忍态度。

---

① 比尔费尔德：《政治机构》第 3 卷（1774 年），第 269 页。
② 同上。
③ 同上书，第 269—270 页。据说，此书的草稿完成于 1757 年，但最后一卷是在比尔费尔德死后才出版的。

18世纪的意大利是一个豪富与赤贫对比极为显著的国家。虽然那里城镇数量很多，但中产阶级却为数甚少，这使贫富间的对比更显得触目惊心。南方绝大部分属那不勒斯王国，那里的情景同那些刚翻越阿尔卑斯山脉来到伦巴茅平原的旅行者看到的人间天堂大不相同。南部地区，特别是阿普利亚、卢卡尼亚和卡拉布里亚等省主要是农村。莱切、布林迪西等小镇贫穷萧条，土地贫瘠。气候有时也会变得很坏，干燥酷热，水源缺乏，树木稀少。那里疟疾流行，使农民衰弱不堪毫无干劲。即使在今天，卢卡西亚还流传着一句谚语，说耶稣基督从来也没有光临过埃博利以南的地区。18世纪早期那不勒斯王国农民的景况就更可怜了。他们必须把地里的出产卖给他们的地主，在地主设立的法庭里受审。在从罗马以南到威尼斯南缘的那些由教皇统治的国家里，情况也好不了多少。在意大利几乎每个国家的教会都是个特别棘手的问题。那不勒斯王国就是个特别突出的例子。教会在那里占有将近1/3的土地。在这个人口约有500万的国家里，修道士和修女有5万名，教士有5万名，主教有165名，大主教有21名。教会每年的收入约为1200万德克特。①　在这个欧洲最肮脏贫穷的国家里，大量的教士却过着穷奢极欲的生活并免交一切赋税。死于1723年的托斯卡纳大公科西莫三世认为，在他的辖区内每一个教派至少有一个修道院是体面攸关的事。在皮埃蒙特，宗教裁判所的活动迫使人们恪守正统，像巴雷蒂或阿尔菲耶里这样的作家只好逃往他乡。意大利许多地方的风俗习惯是野蛮的。那不勒斯王国的贵族养有武装打手，既能用他们镇压农民又能用来恫吓中央当局派来的代表。在教皇统治的国家里，在1759年到1769年这10年间共发生了1.3万件谋杀案。在富庶时髦的米兰，暴力犯罪活动也屡见不鲜。威尼斯从1741年到1762年共有7.3万人被处死刑或送往军舰上终身服劳役。法律的惩罚很野蛮，拷打通常是刑事审讯的一个步骤。但是虽然有贫穷、压迫和教会的审查，意大利的文化生活在1713年以后却颇为活跃。这也许是由于那不勒斯和米兰人摆脱了西班牙控制的结果。维科、贝卡里亚、亚历山德罗和彼得罗·韦里、杰诺韦西（欧洲最早的政治经济学教授之一）、菲兰杰艾里（他写了一部立法史）、帕加

---

① 欧洲当时流通的金币名称。——译者注

诺、德尔菲科、加兰蒂和加利亚尼等人，都表明知识界的活动在意大利并未绝迹。

意大利各国的这种景况在 18 世纪变化甚大。部分原因是乌得勒支和约解除了西班牙对那不勒斯和米兰的控制并把它们划归哈布斯堡皇帝治理，更重要的是伊丽莎白·法尔内塞的种种活动的结果。法尔内塞在 1748 年已把唐·卡洛斯立为那不勒斯和西西里国王，把唐·菲利普立为帕尔马公爵。哈布斯堡家族得到了托斯卡纳的继承权作为它失掉那不勒斯的补偿。皮埃蒙特得到了撒丁以补偿失去的西西里。这些直到 1748 年才完成的变动是经过 35 年艰苦的外交活动和 5 场战争后才实现的。当 1713 年西班牙王位继承战争结束时，欧洲大国一致同意承认昂儒公爵菲利普为西班牙和西印度的国王菲利普五世。但他们不承认他是 16 世纪以来一直属于西班牙国王的米兰、那不勒斯、撒丁和西西里等地的统治者。米兰、那不勒斯和撒丁划给了奥国皇帝，弥补他没有当成西班牙国王的损失。西西里给了萨伏依公爵，以报答他在战争期间为盟国事业做出的贡献，尽管当时他对这一事业是极其动摇的。在那时意大利的王公们有代表性的看法是宁可让哈布斯堡家族扩张权力，也不愿让萨伏依兴旺起来，意大利人的这种嫉妒心理在整个 18 世纪都对哈布斯堡王朝有利。1717 年伊丽莎白·法尔内塞对撒丁发动武装袭击，1718 年又对西西里发动另一次袭击。英、法、奥等列强一致行动打败了西班牙，但随即决定奥国皇帝应把撒丁让给萨伏依来换取西西里。

意大利各国政治区划的下一场变动发生于伊丽莎白·法尔内塞为她的长子唐·卡洛斯争取对法尔内塞家族的帕尔马和皮亚琴察领地，以及在无嗣的美第奇家族最后一人死后对托斯卡纳大公国的继承权的时候。伊丽莎白在康布雷国际会议过程中一直想实现这个计划。它在 1725 年引起了一场外交风暴，当时西班牙和它的宿敌奥国皇帝结盟，震惊了欧洲各国朝廷。但是当奥皇表示不愿冒险打仗来实现伊丽莎白的计划时，她就不惜让谈判结盟的黑佩尔达信誉扫地，于 1729 年和英法两国缔结了塞维利亚条约。1731 年最后一名法尔内塞家族的帕尔马公爵死后，英法两国均支持唐·卡洛斯继承公爵领地。1733 年波兰的王位继承权问题引起了一场大战，伊丽莎白·法尔内塞以此为借口让唐·卡洛斯向奥军发起攻击并一举登上了那不勒斯的王位。

1735年的维也纳条约确认了这个现实,并把已答应给玛丽亚·特蕾萨的丈夫、洛林的弗兰茨的托斯卡纳重新给哈布斯堡家族,作为它失去那不勒斯和西西里的补偿。奥地利王位继承战争①又一次为法尔内塞替儿子掠取领土提供了机会。根据1748年的埃克斯·拉·夏佩勒和约,帕尔马和皮亚琴察划给了唐·菲利普。

这些统辖权上的变化总的来说,对意大利是有利的。米兰在1713年由西班牙统治改为由奥地利统治以后,整个治理有了起色。长期受压制的自由思想又在米兰的沙龙里和帕维亚大学内活跃起来。封建的特权和豁免权逐渐减少了。地方政府得到精简,财政进行了改革。土地自1757年开始只要缴纳一项统一的赋税。这种做法推动了精耕细作,使伦巴第富裕了起来。在日后约瑟夫二世当政时期对教会也进行了改革尝试。多达一百来个男女修道院被取缔。1757年和1784年的政教协定规定16世纪后新取得的教会财产也应该纳税。18世纪的米兰为贝卡里亚和其他改革者聚会讨论他们的规划提供了场所。托斯卡纳在约瑟夫的兄弟利奥波德当政时期成了欧洲治理得最好的国家之一。农奴制被废除,刑法得到修改,酷刑和秘密审讯被禁止;国内的关税哨卡被取消,行会制也废除了;宗教裁判所被取缔,宗教法庭只准受理有关宗教事务的案件。那不勒斯和西西里则比较难办,因为那里的教会和贵族势力非常强大。但是,查理在热衷改革的律师贝尔纳多·塔努奇的帮助下也取得了相当的成效。依据1741年的政教协定,他纠正了教会的一些最严重的弊端。教士们也必须纳税,尽管税率只有平常人的一半。教士的数量从10万人逐渐减少到8.1万人。在法律方面,塔努奇也取得了长足的进步。审讯的过程不那么野蛮了,贵族的封建司法权受到了限制。但是即使塔努奇本人也无法订出一部全新的法典来。那不勒斯人继续受11种不同法制的管束。在财政方面,查理设法从包税人那里赎回了一部分收税权。他还设立了一项统一的财产税并着手发展对外贸易。在帕尔马和皮亚琴察,宫廷在1748年以后成了法国文化的中心。出身波旁家族的公爵在抵制教皇的宗主权时表现出相当大的勇气。唐·菲利普甚至还废除了教士的豁免权。

---

① 关于在1739年导致西班牙和英国之间战争的那场英西冲突,请参阅第九章。

在统治机构没有发生变化的意大利其余地区，情况依然同17世纪完全一样。威尼斯宁静地躺在海滨的泻湖畔，对政治毫无兴趣。只有狂欢节的庆祝活动和哥尔多尼最新喜剧的上演才能给它带来一点生机。热那亚牢记它的安全全赖于它严守中立。在罗马，克莱门特十一世对罗马的圣米凯莱监狱的刑法进行改革，成了这方面工作的先驱。本尼狄克十三世是个虔诚的教皇，他禁止赌博和戴假发，但他把政治上的事务全交给科夏处理，因为他自己对世俗的事情一窍不通。克莱门特十二世年老体弱，在1732年以后的最后8年教皇任期内，他是个盲人。1740年到1758年在位的教皇本尼狄克十四世随和聪慧，是伟大的艺术保护人。霍勒斯沃波尔称他是个"受罗马天主教徒爱戴，受新教徒称颂的人。是个谦虚无私的教士、没有宠臣的王公、不任人唯亲的教皇"[①]。他订立了一系列宗教协定，从而使那些反对教会的革新家们相信教皇的统治是软弱无力的。在1758年接替本尼狄克直到1769年一直在位的克莱门特十三世，既没有办法避免又无能力控制一场开始威胁到耶稣会生存的风暴的来临。在罗马教廷里当大使依然是一件无上光荣的事。但是18世纪的教皇们在国际外交活动中无足轻重，他们对自己辖区景况的改善也几乎毫无作为。在意大利北部，于1720年改称撒丁王国的萨伏依，仍旧隔绝在意大利局势发展的主流之外。萨伏依家族的统治者在危险的外交赌博中下了很高的赌注。他们在1713年获得了大片领土并在1720年后得到了国王称号。维克托·阿马戴乌斯根本不想限制他手下的贵族们的权力或约束教会或宗教裁判所的压迫活动。

那个受德国的旅行家们如此推崇、遍地橘树、空气芬芳的大花园确实是个令人愉快的好地方。那里许多居民在奥地利哈布斯堡家族和波旁家族的统治下正在开始恢复生机。但是那些没有改换到他们统治下的国家，在18世纪的绝大部分时间里依旧是一片污秽、迷信和封建压迫的可怕景象。

1746年西班牙国王菲利普五世去世，伊丽莎白·法尔内塞不再支配西班牙的政策，西班牙对在意大利的领地也不再有新的图谋了。

---

① 引自1757年6月20日对霍勒斯·曼恩爵士的谈话。

它的外交政策出现了明显的变化。意志消沉的斐迪南六世连他父亲对军事问题的那种兴趣都没有，他那有气喘病、不会生育的妻子——布拉干萨家族的巴尔巴拉，更缺少伊丽莎白·法尔内塞那样的精力和野心。新的王室对外交事务兴趣不大，对国内的改革也漠不关心。唯一使他们真正感兴趣的是音乐。他们让曾用歌声减轻过菲利普五世的忧郁症的法里内利当了宫廷剧院的总监。斐迪南受他的忏悔神父、耶稣会会士拉瓦荷的影响很大。拉瓦荷定期向他转达耶稣会一个小小的委员会的建议。斐迪南在对外政策上一般是平和的，在1748年艾克斯－拉－沙佩勒和约缔结后，他满足于按他的大臣堂·何塞·德卡瓦哈尔－兰开斯特制定出来的一套制度办事。卡瓦哈尔留下的两份政治遗嘱为人们了解他的政策提供了依据。一份遗嘱写于1745年他上台之前，另一份写于他去世的前一年1753年。卡瓦哈尔的基本考虑是西班牙既是个欧洲大国又是个殖民主义强国。他和帕蒂尼奥一样希望能够开发西属美洲的资源，并利用那里的财富来实现他雄心勃勃振兴西班牙工业的计划。按照卡瓦哈尔的意见，一个强国要能成为西班牙的盟国，就应具备海军力量并能随时阻止其他国家在西属美洲进行走私活动。与他大部分同时代的人一样，卡瓦哈尔把欧洲大陆看作一架天平，法国和奥地利各悬在天平的一端。他认为一切政策的目的应是保持这架天平的平衡，借此来防止战争。他希望使西班牙强大得能够举足轻重，从而做到这一点。他深信恢复西班牙实力的最好办法是在国内进行工业改革。同外国结盟只能是一个辅助措施。在欧洲各国中，卡瓦哈尔主张同葡萄牙结盟，因为同它和好相处就能使西班牙只需防守一边的边境。法国背弃西班牙的次数太多了，两国的国王是争当基督教世界霸主的对手。此外，卡瓦哈尔还认为由于两国王室是近亲关系，因此两国的国王即使不缔结盟约也能保持和好。奥国皇帝常常是西班牙攻击的对象，他又没有海军，所以同他结盟毫无吸引力。荷兰太弱小，不能指望它帮助抵消在西印度群岛地区的巨额非法贸易，而如果它成为西班牙的盟国，非法贸易又是必须容忍的。普鲁士在卡瓦哈尔眼中仍旧只是法国的一个附庸，再说它也没有海军。同样，俄国人在西印度群岛也起不了什么作用。丹麦在西印度群岛有领地，卡瓦哈尔的前任坎皮略曾认为同这个国家结盟很合适，但卡瓦哈尔却认为丹麦太弱小，不久就把这个联盟废除了。意大利各国、波兰和瑞典都太弱小，作为盟国无多少用处。剩下的唯一一个大国，其财力足以在欧洲称雄，其商业在新世界也很强大，它的国王也不垂涎西班牙在西印度的属地。这个强国就是英国。尽管有着宗教分歧和从1588年到1667年期间并一直延续到18世纪前半期大部分时间的传统敌对情绪，但卡瓦哈尔仍然认为英国是个最有吸引力的同盟者。在他的任期内，甚至在1754年他死后由理查德·华尔掌管西班牙外交政策期间，西班牙一直对英国奉行和解政策。1750年两国缔结了一个贸易条约。英国对它的船只在西印度遭到掠夺提出的指控也得到西班牙从未有过的友好处理。但是当斐迪南死后由他较活跃的异母兄弟卡洛斯于1759年继位后，对英国的友好态度开始发生了变化。洪都拉斯洋苏木砍伐者引起的争端、英国人对西班牙船只的抢掠，再加上法国施加的压力，终于促使西班牙向英国宣战。但是，从1748年到1761年的间歇时期，西班牙曾经有过使它的经济复兴取得更大进展的机会。

卡瓦哈尔振兴西班牙的愿望造成过一些颇为有趣的事件。同英国的和解一实现，卡瓦哈尔就迫不及待地向驻伦敦的西班牙大使发出指令，让他把有技术的工匠引诱到西班牙去。有时候，人员和机械被偷偷地运出英国，有时候船只却会被英方截获。还有些时候，那些工匠会丢下他们的新主人逃回英国老家。有一名到西班牙的英国毛呢织工据说技术在欧洲首屈一指。但是，招募这些工匠并设法把他们偷运出英国，对西班牙驻英大使来说是件十分头痛的工作。1750年西班牙海军将领唐·豪尔赫·胡安到伦敦收买造船工匠。英国当局起了疑心，唐·豪尔赫不得不化装成一名普通海员，替船长专用的小艇划桨，才算登上了一艘刚巧驶离泰晤士河的比斯开湾人的船而得以脱身。这件事结束了卡瓦哈尔通过驻英使馆招募英国工匠的努力，因为这样做对西班牙工业没有什么好处，危险却出奇的大。1750年以后，有技术的外国工匠主要通过已在西班牙国王那里工作的爱尔兰人私下招募。在加的斯、卡塔赫纳和费罗尔等大海军基地，逐渐形成一个爱尔兰人的派别。加的斯有个名叫穆林斯的人甚至组织起一个船队专门用来运送合法的货物和非法的爱尔兰移民。

恩塞纳达侯爵的改革比起卡瓦哈尔为西班牙工业获取新鲜血液的努力来要更加认真，其影响也更深远。恩塞纳达是在1743年进行改革的大臣坎皮略死后从意大利召回西班牙的。他当上了负责财政、陆军、海军和西印度事务的大臣。他的经历直到那时主要是在海军方面。他在18岁时担任的第一个职务就在海军部。1730年他被任命为卡塔赫纳的会计检察官。1733年他随一支参加征服那不勒斯的舰队出征。1736年他被那不勒斯的卡洛斯封为侯爵以表彰他的功绩。恩塞纳达回到西班牙以后就大力改进卡塔赫纳和卡拉加的兵工厂，并把加的斯建成一个第一流的海军基地。他还改进了招募海军志愿人员的方法，并在1751年写了一份著名的备忘录，阐述海上贸易和捕鱼业的衰落如何导致了西班牙海军的崩溃。恩塞纳达对西班牙生活的其他许多方面也很感兴趣。他是第一个认真考虑道路问题的大臣。他修起了一条横跨瓜达拉马河连接新旧两个卡斯蒂利亚的道路。1749年他大力革除关税机构中的弊端，禁止海关官员贪污西班牙船只装载的各种食品货物。无疑，恩塞纳达对振兴西班牙的经济做出了很大贡献，但他也常常热衷于撰写冗长的报告和制订一些从未付诸实施的计划。他曾经有制订一项统一法典的计划；他还做了大量准备想用一种单一的税收来取代西班牙五花八门的进口税。他派出一个专门委员会为此进行调查，但调查尚未结束，他就在1749年下令实施这种单一税。结果这一措施无人理解，他的命令被西班牙官员们称作一项"只得服从却又无法执行的"命令。恩塞纳达在1754年失势下台，尽管他在查理三世登基后又一次上台，但不久又被罢了官。他的许多宏伟的计划一直停留在纸面上，但他继续推行了奥里、帕蒂尼奥和坎皮略进行的改革。他的为数众多的报告为查理三世的大臣们进一步深入研究改革创造了条件。

随着查理三世在1759年即位，特别是在1763年和平恢复以后，波旁王朝的改革进入了一个新阶段。在菲利普五世和斐迪南六世统治时期，改革主要是出于外交和海军方面的需要而被迫进行的。这两位波旁家族的国王从任何意义上讲都称不上开明君主。但是查理三世却是一个对改革真正感兴趣的国王，此外他还有在那不勒斯的20年统治经验。他和他的大臣们的成就确实是值得称道的。① 如果他有一个像他一样能干的继承人，如果西班牙没有先是卷入拿破仑战争后来又陷入内战，如果西班牙也有使北欧国家在工业革命中能飞快地繁荣和

---

① 有关他在1759—1763年间的外交政策细节，请参见本书第九章。

强大起来的那些物质资源,他们的这些成就本来也许会使西班牙重新回到欧洲强国的行列里来。

18世纪前半叶,西班牙在新的王朝,野心勃勃的王后和一系列有远见、有干劲的大臣们推动下正在复兴;意大利至少也有一些国家在波旁家族和哈布斯堡家族有革新精神的王公们治理下,正从长时间的沉睡中逐渐苏醒。在此同时,靠巴西资源而富裕的葡萄牙却正醉心于虔诚的祈祷和葡萄酒生产。这个国家一直到1750年蓬巴尔上台后才开始进行改革。

葡萄牙的土地并不贫瘠,但它的粮食在18世纪还不能自给。当时像比尔费尔德这样的观察家对葡萄牙的状况提出了尖锐的批评。据当时的旅行家们声称,在该国约300万人口中,教士所占的比例高得惊人。乡绅的人数肯定也很多,而这种人是完全不劳动的。一些人是受雇的外国人,还有些人长期航行在开往西印度或巴西的海船上。宗教上对异端的不容忍态度,使得外国人都不愿问津葡萄牙。当时还传说葡萄牙的气候不利于生儿育女,那里妇女的生育期都不长。无怪乎能从事工农业、贸易或搞学问的男人数量很少。18世纪中期的葡萄牙几乎没有什么工业,除了生产一些干果和糖果以及修道院里制作的假花和其他花哨的小玩意以外,葡萄牙几乎什么工业品都不能生产。但是靠着出口"英国人必不可少的"① 红葡萄酒和从殖民地帝国的大量输入,特别是18世纪来自巴西的源源不断的黄金输入,葡萄牙十分富裕。这些财富一部分被花在建造马夫拉城上,还有一部分被约翰五世用来从教皇那里购取特权。1716年他获准把他宫廷内的小教堂变成一个主教辖区。1739年教皇同意这个新教区的主教可享有红衣主教的职权,并同意该职位可由葡萄牙王室成员担任。里斯本建造了一所特别的教堂,设立了大教堂神父的职位,并把葡萄牙全部教产的1/4作为他们的薪俸基金。国王向罗马的进一步捐赠使得那些大教堂神父都变成了红衣主教,而大主教的地位几乎同教皇本人不相上下。1749年葡萄牙国王想得到一个相当于"最信仰基督教的陛下"、"信奉天主教的陛下"或"信仰保卫者"之类的称号。经过反复谈判和

---

① 比尔费尔德:《政治机构》第3卷(1774年),第7页。

赠送值钱的礼物后，他得到了被人称为"信仰最坚定的陛下"的权利。那时候葡萄牙也许是全欧洲宗教机构名目最多的国家，据说全国有近900个修道院。教会不仅控制着全国人口的将近一半，而且占有全部土地的2/3。三个骑士团，即基督骑士团、圣詹姆士骑士团和阿维斯瓦莱骑士团，同西班牙的骑士团一样都是宗教性质的。第一个骑士团有454名军官，第二个有150名，第三个有49名。教廷在葡萄牙特别有势力。科英布拉大学、里斯本大学和埃武拉大学都是宗教团体的组成部分。宗教裁判所的活动也很活跃。

葡萄牙的政府基本上是君主政体，但是布拉干萨家族不像西班牙的波旁家族那样为国家增添活力。葡萄牙在1640年反抗西班牙时，这个运动曾带有反专制的色彩，因为引起葡萄牙反抗的原因之一，就是西班牙国王未经葡萄牙国会同意就把赋税强加在这个国家头上。但葡萄牙国王的权力逐渐地变得同过去西班牙国王的权力一样大了。国会曾经因为声言要节制国家的开支而遭解散，摄政王曾因国会没收了他的礼品而拒绝接受王位。从理论上讲，要是布拉干萨家族后继无人或是国王想要征收新税都应先和国会商量，但实际上布拉干萨家族子孙兴旺而从巴西输入的大量黄金也使得征收新税没有必要。因而，从1697年直到18世纪中叶，国会就根本没有召开过。葡萄牙的统治机器和18世纪初期的任何其他专制君主国家差不多，这个统治机器的历史可追溯到葡萄牙独立之时。新国家最初的紧迫任务是和西班牙作战。它对行政机构无暇做全面的改革，即使有所改变也是零星的。1643年的一项法令明确规定在全国起义前存在的一切机构都应继续工作。国王由一个四人组成的国务会议协助工作，此外为了应急还设立了一个军事会议。根据1641年和1642年颁发的命令，由财政专家担任的财政监督官增加到3人。1642年设立了一个海外事务委员会来处理葡萄牙海外领地的大部分事务，但有些经济问题仍由财政监督官处理。宗教事务由过去设立的负责道德规范的机构处理，该机构在1532年就开始工作了。这些机构纯粹是咨询性质的，一切重要决定都必须由国王做出。他在行政能力方面得到国务大臣的辅助。在17世纪时国务大臣只有一名，称作枢机大臣。不久，由于工作量太大而增加了一名。国务大臣手下有时有数名官员做助手，有时却可以集一切职务于一身。但是和欧洲其他地方一样，葡萄牙的总的趋势也是朝专门化方向发展。

蓬巴尔在任国务大臣期间推行了一系列改革。这些改革在27年时间内取得的成绩比西班牙半个世纪里取得的成就还要显著。约翰五世在患了8年痴呆症后于1750年去世，在他患病期间，政府由一个摄政团领导。国王一死，摄政王后便召请塞巴斯蒂安·约瑟夫·德卡瓦略·厄梅洛担任国务大臣掌管外交事务。此人就是后来的蓬巴尔侯爵。这位新大臣设法完全控制新国王约瑟夫一世。直到1777年约瑟夫去世以前，他在葡萄牙始终行使绝对的权力。蓬巴尔以前曾担任过驻维也纳和伦敦的大使。他看到葡萄牙和英国相比，尽管有殖民地的财富却显得萧条和虚弱。蓬巴尔是个很有胆识的人，他毫不迟疑地向教会发起了攻击。教会压制全国的精神生活，它还吞占了来自巴西的一大部分财富，并能对葡萄牙的外交政策施加非常强大的压力。1751年蓬巴尔开始采取行动；从此以后宗教裁判所没有政府批准不得执行任何宗教法庭的判决或死刑。接下来他攻击耶稣会。在1754年到1755年期间，当西班牙决定用转让7个传教地区来换取长期以来它认为是属于西班牙的新殖民地领土时，耶稣会曾进行过武装抵抗。它对蓬巴尔在1755年开设的与马拉尼翁和帕拉进行贸易的公司也十分仇视。蓬巴尔不失时机地将国王的耶稣会忏悔神父免职，并禁止耶稣会会士接触宫廷。葡萄牙的宫廷在约翰五世在位时曾花钱从教皇那里获取宗教特权，现在却向教皇指控耶稣会会士在美洲的恶行。1758年教皇派遣红衣主教萨尔达尼亚到"信仰最坚定的陛下"辖区里巡察和改革耶稣会。一个月以后，萨尔达尼亚命令耶稣会会士停止贸易、布道和听取忏悔等活动。1759年1月根据对一项阴谋杀害国王的指控进行调查后得出的证据，耶稣会在葡萄牙的一切财产均被查封。9月耶稣会被逐出葡萄牙。里斯本的耶稣会学院被改成了一所普通贵族学院，蓬巴尔在科英布拉大学开设了学习自然科学的科系。

就在对教会斗争取得速度惊人的胜利的同时，蓬巴尔又把矛头转向了贵族阶层。1758年9月有人企图行刺国王，同年12月一些反对蓬巴尔最激烈的贵族被逮捕，经调查后他们因犯有煽动这项阴谋的罪行而被处决。正是在这场审讯过程中所发现的文件，使蓬巴尔掌握了他驱逐耶稣会的证据。由于摧毁了葡萄牙仅有的两种能进行有效抵制的势力，蓬巴尔得以执行一项全面的改革计划。1761年他改革了国内的行政制度，废除了许多耗钱却又无用的机构。他简化了司法制度。他通过设立一家与马拉尼翁和帕拉进行贸易的公司和在1756年开办一家有特权用固定价格收购一切酒类的波尔图酒类公司促进了贸易。这种做法虽然使英国人非常恼火并在1757年在波尔图引起了可怕的骚乱，但蓬巴尔仍坚定不移地执行鼓励葡萄牙本国贸易的政策。他加强了葡萄牙的海军使它拥有13艘战列帆船和6艘快速帆船。他修复了要塞，改组了陆军。蓬巴尔的充沛精力和冷酷无情，他对教会毫不犹豫毫不妥协的进攻，使他和（米兰）哈布斯堡家族的约瑟夫二世有许多相同之处。同那不勒斯的国王唐·卡洛斯相比，他是18世纪改革家中一个更为典型的代表。这些改革家到了18世纪中叶已经开始革新生活的每个组成部分，致使行政、法律、经济生活甚至教会都感到了新时代的凉爽清风。葡萄牙在18世纪初还是西地中海地区也许除了那不勒斯以外最无生气的一个国家，但是到了1763年它在通向有效的专制主义道路上已超越了一切其他国家。后来开明君主统治下的旧政体就是以这种专制主义为特征的。

（乐瑞夫　译）

第 十 三 章
普鲁士的组成与崛起

1640年至1786年期间，四代霍亨索伦王朝的统治者们，把普鲁士从一个由许多分散的和组织松懈的联合体，变成为一个欧洲强国。由于兰克以及继承他事业的德意志的学者们（特别是施莫勒、欣策和哈通）在普鲁士国立档案馆的辛勤劳动，我们今天才能够对于这一个半世纪里普鲁士国内的"实际情况"有准确无误的了解。我们可以方便地从编辑完好的《普鲁士卷宗》的各卷中考证证据。关于大选侯腓特烈·威廉一世国王和腓特烈大帝的人格如何，以及他们是否值得后代世人们赞美和仿效，由于历史学家们的政治背景不同，伦理观念不同，因此他们所表示的观点也各自不同，这是理所当然的。但是有一点大家的观点却是一致的，即指导这些君主行动的先决条件是无人置疑的：王权是天赋的职守；专制制度是唯一合理的政体；这个政体的主要宗旨是增进国力。腓特烈大帝在政治遗言中说："国王的臣民们的幸福，实乃与国力并行不悖，但指导整个体制的精神乃是强权政治，不是福利法则。"[1]

要估价普鲁士统治者们的成就，我们必须记住他们从1713年起是如何创业的。勃兰登堡-普鲁士当时不过是那些比较小的和非常小的国家拼凑成的神圣罗马帝国的许多"领地"中的一个。它只是在外交语言中才被总称为"普鲁士"。对于普通官员来说，"普鲁士王国"系指帝国疆域以外的东普鲁士。而"普鲁士国王"，对于勃兰登堡来说，则是"选侯"；对于波美拉尼亚、马格德堡和克勒韦来说，

---

[1] O. 欣策：《1752年腓特烈大帝的政治遗言》。转载于 F. 哈通所编《论文集》，第3卷（莱比锡，1943年）。

是"公爵";对于马克和拉文斯堡来说,是"伯爵";对于哈尔伯施塔特和明登来说,是"亲王"。这些不同的头衔,反映了这个国家通过继承获得土地,而不是通过军事或外交行动逐渐成长壮大的历史。德意志统治者的权力就是这样以对许多分散的领地拥有合法的头衔作为基础的,这是正常的。但是,比较重要的王朝长期以来却一直在努力仿效大的民族国家的样子,在自己的国土上建立强有力的中央政府。在勃兰登堡,大选侯有力地维持他对地方"等级会议"、小贵族以及在向货币制度过渡时期就已如此不服从它们以前的封建上级约束的城市自治机构的权威。他通过改进对王室领地的管理和采用间接税制度(货物税),以及接受法国的津贴等办法,使中央政权在财政方面实际上摆脱了对等级会议的依赖。这些变革导致了一个新的中央集权的官僚机构的开端,它同各省旧有的官吏一并存在;中央的号令通过这个官僚机构大大加强了这个国家的经济地位。同时又第一次建立了一支有用的常备军并奉行雄心勃勃的外交政策,以与所有这些措施相协调;因此,腓特烈大帝认为,普鲁士强大的基础是大选侯奠定的。

但是,普鲁士要真正称得上是欧洲的一个独立国家,还必须首先要克服许多严重的困难。这些困难是由于各省的地理位置分散、经济不发达、人力不足造成的。中央地区跨越易北河和奥得河,勃兰登堡、东波美拉尼亚、马格德堡和哈尔伯施塔特。没有天然边界,也没有良好的港口,一直到1720年才通过兼并西波美拉尼亚的部分地区有了什切青。维斯杜拉河以远的东普鲁士,与中央地区隔开,相去甚远,战时难以防守。莱茵河和威悉河畔的那些小省,情况也是一样。腓特烈花费了很大代价夺取并占有的西里西亚,无疑为中央地区增加了一块珍贵的土地。萨克森更为宝贵,所以对之总是梦寐以求的。第一次瓜分波兰中划归普鲁士的西普鲁士及其邻近地区,最后终于使东普鲁士和中央的大块领土连成一片;不过,这是1772年以后的事情了。

普鲁士一直到19世纪,基本上仍然是一个农业国。1713年,人们使用千年未变的方法,在这个沙土平原的贫瘠土地上耕作。如同在任何一个其他的德意志国家一样,土地保有制对于农业发展是不利的,越是往东的国家,对于农民越是有压制性。即使在大庄园里,主要的目标也是供应家庭的需要,交通很糟糕,而且市场通常相距太远,因而只能是维持生计的经济,即使从技术上来说可以生产剩余的产品。城镇很少,而且很小;实际上没有什么对外贸易可言,只有一种消极的贸易,主要是为贵族从法国进口奢侈品。家庭工业只为当地市场生产最必需的物品,它们受到行会组织的阻碍。行会不再能够顺利地发挥作用,它们最害怕的莫过于自由企业了。

除经济落后外,再加上三十年战争给勃兰登堡、波美拉尼亚和东普鲁士带来的惨重的后果,以及瑞典—波兰战争、鞑靼人的进攻,最后还有1709年在东普鲁士发生的瘟疫所造成的后果也是惨重的。据估计,东普鲁士有1/3的人死于瘟疫和饥馑,而政府却无余力去避免。在1709年到1710年的一年时间里,仅柯尼斯堡一地就死了1.8万人。这种情况并不使我们感到意外:东普鲁士的人口密度大约是法国的1/4,还不到符腾堡、萨克森或英格兰和威尔士的1/3,而勃兰登堡的人口密度也高不了多少,波美拉尼亚的则要低得多。

大选侯在三十年战争结束以前就已持有这样一种见解,即只有在他拥有一支完全由他支配的军队,一支在各个分散的省里为他服务而不受当地的统治阶级——等级会议过问的军队,才能维护王朝的利益。在战争期间,边远各省在当地会议的领导下,已经各自为政。如果由选侯继承的所有各省都进行合作,奉行一种共同的政策,在当时除了对王朝有利外,还看不出有别的什么明显的好处;而且,只有选侯强迫那些不愿合作的省份同意才能做到,必要时还得使用武力。1644年,第一次建立了一支常备军,和平时期兵力则有所减少。接着,中央政府和地方等级会议之间便发生了一系列激烈的斗争,就像所有那些在结构上类似而又野心勃勃地要走向专制的德意志国家的情况一样。等级会议并不认为有必要建立一支常备军,它们尤其反对交纳赋税来维持这支军队;而且它们也不希望卷入野心勃勃的政策中去,而愿置身于大国的争端之外,和和平平地听从上帝的意思。选侯在勃兰登堡这个他的家族中最古老的领地中,没有遇到什么困难。等级会议于1653年同意征收直接税——"特别税",只要贵族免于纳税,并确认他们对于农民的权力。在边远的省份,事实证明则需要逮捕领头人并以使用武力相威胁;但到最后,选侯还是如愿以偿了。各省的会议并没有正式废除,但由于等级会议同意征收一种事实上的永久税，它们已经丧失了它们的主要作用；即便是在莱茵河流域的各省，由于它们地处边远因而最具有独立性，但从此以后它们也只是关心当地的行政事务而已。到1713年，各省会议的行政职能几乎已经完全由中央政府新任命的常驻官员接管。

腓特烈·威廉一世甚至更不尊重各省自治机构拥有的传统权力和特权，并且蓄意奉行一种极权主义的政策，以便建立一个强大的中央集权的君主国。但是，他也是满足于建立自己的无可争辩的权力，并且谨慎从事，以免触犯贵族个人的特权，首先不去触犯他们免纳赋税的特权。然而，在中央各省，国王则重申早就被认为是过了时的封建权利。并且不顾"诸侯"的强烈反对，强迫他们每年缴纳过去由于占有土地应服兵役的折偿金。根据同样的精神，他还提出了一个其后果更为重要得多的要求，即贵族子弟应在军队中充当"容克"，即下级军官，要把它看作是他们对于他们的阶级应尽的义务；并将他们的表现系统地记入"诸侯表册"中以备查核。最初，这一措施也遭到强烈的反对，但是由于建立了一支培养年轻贵族的军官候补生团队，由于提高了军人的社会地位（这是国王亲自关怀和以身作则的结果，他是欧洲最先经常穿着军服的君主之一），一种强烈的集体精神和共同责任感便逐步形成。贵族占据本省的主要官职，这是长期以来贵族把持不放的特权。这时，为了公正，为了形成更为广泛的爱国心，在其他省里这些官职则转由他人担任。彼得大帝时代的俄国的许多措施，同这些十分相似；但在俄国，纪律不得不更加严格。而且，由于种种原因，那个国家的贵族一直是一伙乌合之众，很不可靠，远不如德意志的贵族因经常向国王表示效忠，1752年被腓特烈称赞为"受尊敬的、忠诚可靠的贵族"。

如果贵族最初并不把在1713年的那种普鲁士军队里服役看作一种光荣的事情，这并不足为怪。这是一支雇佣军，是由团长们从普鲁士国内外任意使用武力强征入伍的。这些团长只要根据合同使自己的团队达到规定的兵力，就可以得到一大笔钱。自三十年战争以来，许多军官一直由外国人和冒险家担任；这时他们逐步由普鲁士人取代，主要是由贵族，但并不完全是贵族。官方不赞成强行征兵，因为扩大军队遭到了反对，特别是遭到因征兵而失掉劳动力的地主的反对。但是，强行征兵依然实行，普鲁士得到了一个坏名声。从1721年起，强行征兵仅限于下层阶级,主要是束缚在土地上的农民子弟。有时候,他们的东家就是他们的长官。一两年后,他们就获准回农庄重又从事劳动,只是在秋季被召回参加两个月的演习。但是,从普鲁士境外招来的士兵日渐增多,专门从事招兵的军官多达1000名之众,他们带着大笔金钱,不择手段地在那里招兵买马。国王特别愿意出高价为自己的那个驻扎在波茨坦的团队招募"高个子兵"。有时军队里的外籍兵竟达2/3。最后,国内于1733年采用分区征兵的制度。根据这种制度,全国分成若干个"区",每区5000户。各区必须为驻扎在本区或本区附近的某一团队提供补充兵员,而兵员仍然是来自下层各阶级,即农民的和工匠的子弟。这种带有非常明显的阶级歧视的制度,反映了国家的社会结构,在整个18世纪中一直实行,它为全民服兵役制铺平了道路。为了防止许多强征入伍的士兵开小差,仍然不得不实行极端严峻的纪律;但士兵们也受到一些基本训练,养成了守秩序、讲服从的习惯,这就形成了全国人民的特征,特别是下层的普通文职官员几乎全部是从前军人中招用的。

人们会说,这样一来,原先是私营的工业渐渐地国有化了,给整个国民经济带来非常重要的后果。部队驻扎在一些卫戍城镇,全部住在私人房子里。他们占城市人口的一个很大比例,往往达一半或更多一些,他们的补给和装备只有较小的一部分来自中央的仓库。驻军的出现,对于当地的贸易有很大的影响。因此,国家实行控制物价(这是经济生活的一个特点),在许多情况下是为了他们的利益,而且在一定程度上还要靠驻军的司令官们来实施。国家的和城市的行政制度的制定,实际上着眼于军事需要,充满了军事精神。事无巨细,国王都要亲自过问,因为他生来就是一位组织家,热爱秩序和简约。他会在办公桌前一连坐上几个小时计算数字;为了保护军服,还戴着亚麻布的护袖。他在波茨坦使用德绍的利奥波德所制定的行之有效的方法,对他的巨人团队进行操练,这就算是他的休息了。无疑地,他本来是要想对全国人民进行操练的,而且他在这方面也走得很远了。

政府主要的问题,是要设法解决军队由于不断扩大所需要的巨大开支。正是由于这个原因,遂在财政和行政方面导致了许多重大改革,并且在发展各种生产和促进内部的殖民政策方面做了巨大的努力;腓特烈·威廉一世统治时期,在这方面非常突出。在他即位时,国家岁入主要有两个来源：一是王室领地的收入；二是两种形式的税收，乡村地区缴纳的"特别税"和城镇征收的"货物税"。在他的统治时期由于进一步开发这两方面的财源以及厉行节约，国家的收入增加了一倍多，同时在战争中又积聚了一批财富。

王室领地非常辽阔。据1710年当时人的估计，全部农民中有1/4到1/3是王室领地的农民。腓特烈·威廉一世改变了他的父亲统治时期曾试行过但发现有缺陷的制度，即将房屋和牲畜出售，并将王室土地"世袭地"无限期地租给农民，每年收取一定租金。这个计划虽有许多可取之处，但由于管理不当，而且收益大多被王室挥霍一空。腓特烈·威廉一世改用短期出租的制度。这个制度几乎没有什么改变地一直沿用到19世纪。根据这个制度，王室把整个"阿姆特"（一个规模相当大的庄园）租给一个人，包括自用农场、边远农场和农民村落以及所有的附属设施，每年收取固定租税。此人可将其任何部分转租给他人。在6年的租期里，王室管家实际上取得了一个土地贵族所有的那种权威和权力。他的一部分职责是要维持治安和管理司法。作为报酬，他可将罚款和关税占为己有，可以像庄园主那样享有对磨坊或酿酒厂，尤其是对于农民各种封建劳役的垄断权利。由于他担负一切风险，政府才可指望从王室领地上得到一笔固定的现金收入，从而可以编制预算。农场主无力交租或效能低劣者，可以立即更换。这个制度促进了一个农村中产阶级的成长，他们是农业发展的先锋。这个制度至少是要想通过定期检查、固定劳役并逐渐使之减轻从而使农民免受剥削的一种尝试。进一步的结果是，现在不能像过去那样用实物给官吏和朝臣送厚礼了。一些传统的根据特权而享有的东西继续存在一些时候，但总的趋势是一切事物都要以客观规定的金钱为基础，对此，财政部门则严格地负有责任。

在腓特烈·威廉一世统治的末期，从王室领地所得的收入，大致与征税的收入相等。到1713年，"特别税"和"货物税"都已确立下来。"特别税"这种农村的税收，是一种复杂的财产所得税，而不是实际的地产税。大约在一个世纪以前，这种税就首先在勃兰登堡征收，通常是为了军事目的而征收。只是在建立常备军以后，各省的等级会议才同意把特别税作为永久制度。然而各省等级会议原来征收此税的税务官员，逐渐由所谓军粮供应部的文职官吏取代；除东普鲁士以外，各地贵族都成功地抵抗住了对他们自己的土地征收这种税。根据各地的调查，特别税早已过时了；勃兰登堡是根据1624年的调查。各地的税率也大不相同；但又只是在东普鲁士，连腓特烈·威廉一世也敢坚持进行修改，要采用比较公平得多的"统一胡符税"①（Generalhufenschoss）。腓特烈二世在新取得的各省（1742年在西里西亚，1772年在西普鲁士）中也采用了类似的措施。但在其他省份，特别税实际上原封不动地一直实行到1861年。这对农民是一种沉重的负担。根据欣策的说法，特别税平均约为一个农民净收入的40%。此外，我们不要忘记，农民在许多情况下，还必须向地主缴纳差不多同样多的钱。

本来，城乡都征收特别税。但是后来发现对城市的征税过低，于是大选侯便在勃兰登堡实行征收货物税；最初，只是在一些选定的城市中实行，以代替原来的特别税；最后，则成为对城市的统一税收制度。货物税包括数量不大的地税、职业税和人头税，但主要是对食品、酒和各种商品征收的一种间接税；只有极少数的货物可以免交货物税。这种税一部分是通过制造商或销售商征收，一部分是在商品运进城市时征收。腓特烈·威廉一世把他即位时在三个省所实行的货物税推广到所有的省份中实行，并使货物税成为一种控制经济的手段，这种手段不久即成为必不可少的了。即便是在他的继承人统治的期间，货物税仍然只是对城市的中产阶级征收的税。在城市中，工商业都得到精心的管理，以便增加国库的收益。"劳役金"是城市的又一种负担，这是向各户征收的为解决军队住房而提供的公共基金。

17世纪，德意志的许多其他国家也试行过类似的货物税。荷兰曾经带过头，而理论家们普遍赞成间接税。然而，收税并不总是像看起来的那么简单，因为这需要有许多在严格控制下的可靠的官员。施莫勒说，在普鲁士，"主要由于货物税的需要，遂涌现出一支有能力的、办事认真的文官队伍，这支队伍在货物税的影响之下发展起来"。如果我们研究一下负责征收货物税的"地方军粮供应员"的职责，就可清楚地看到货物税的双倍重要性，它既是国家岁入的来源，又是控制经济的一种手段。地方军粮供应员是省军粮供应局派驻城市

---

① "胡符"是德意志农户占有土地计量单位，大小因地而异，合7—15公顷。——译者注

的代表。而在腓特烈·威廉一世在位的最初几年里，省军粮供应局又受柏林的军粮供应总局的控制。要了解这些机构的职能，我们必须研究一下腓特烈·威廉一世时期进行的民政改革。这是一个非常能够说明这个强权国家兴起的事件；这个国家小心提防着国内自治机构拥有的权力，对其公民经济上的福利表示关怀，但首先决心要每个阶级都为军事实力的建立做出贡献。

城市在军事方面所要担负的职能，是要为一支庞大的常备军提供住房，并且通过货物税为这支军队支付一笔份额很大的费用。先是步兵，继而是骑兵均先后移住到城市中来。后者是在1718年才进城的，因为在城市里控制他们的行为比较容易，特别是可以保证做到他们买东西要付钱，因为农民曾不断地受到他们的剥削。但是，城市往往是由腐败无能的寡头政治家们统治着，生活过于安逸，讲究传统，首先是独立性太强，不合权力主义政府的口味。于是成立了政府委员会，根据城市的大小，一个一个地或一批一批地对它们进行检查，并且对它们的结构、行政管理和财政制度进行改革。整个过程花了相当多的时间，但大都在1740年以前完成。地方军粮供应官的责任是维持新的秩序，并且极力保证一切运转正常。

这时，进步分子的精神，就是启蒙运动的精神。他们喜欢合乎条理、讲究理性和实际的事物，毫不尊重个人的传统特权或任何其他过去遗留下来的东西。委员会将原有的市议会一扫而光，代之以一些由人数较少、领取工资的官员组成的机构。这些官员终身任职，严格地对政府负责。到腓特烈二世时代，如果这些机构已可以信赖，则准许它们行使增选权（这种权力起初只是有名无实的），但它们仍然是中央政府的地方机构，完全受中央政府的控制。3名市长分别负责治安、司法和经济事务，由6名或6名以上来自商业或各行业的市议员协助工作。市议会任命一名书记员、司库和秘书。如果它要召集市民代表开会，只需宣布一下有什么事情要办，比如地方军粮供应官要查年度账。检查市议会的工作，尤其是检查市议会管钱的情况，这是地方军粮供应官的事情，与市民无关。在改革期间，国家承担了现存的一切债务，但市议会也因此失去了征税的权力。所有市镇在城外都拥有土地，如庄园、森林、公地，虽然可能非常分散，但面积却往往相当大。这些土地像王室领地一样短期租出，给市镇带来一笔固定收入。市镇的行政经常开支、官员的薪金、街道和公共建筑等的修筑和维修费用，都必须从这笔钱中开支，如有必要，还得从货物税收入中拨款补充。

地方军粮供应官不但要代表政府对一切事物进行监督并与驻军司令官合作，而且还要提出许多城市的改进计划。他管辖的地区，也许是一个大城镇，也许有六七个或更多的小城镇。他居住在这个地区内，并且要定期到辖区的各处走走，随时听取意见和建议。他的日常工作主要是治安问题；这是那个时代（不仅是普鲁士）家长式的各级政府所赋予的含义十分广泛的"治安"。他要检查度量衡，为食品的质量取样，协助确定面包、啤酒和肉类的价格，并为出售烈酒颁发执照。他要极力做到给身强力壮的乞丐安排工作，把身体有病的送进医院治疗。他甚至还要管非社会的行为、酗酒、好逸恶劳和不满情绪等。他是政府在地方的代理人，政府通过他来控制工商业，因为在腓特烈·威廉一世的统治后期，手工业行会已经失去其大部分的作用，政府自己担负起管理工业、调节竞争和维护工业品质量的责任。

但是，地方军粮官全部职责中最重要的一项是，要保证最大限度地征收货物税，而且收集时要诚实和节俭。他指派收税员和关卡记账员，检查他们的每日簿记，向上级报送月统计数字。在一个由如此众多的分散部分组成的国家中，在边境上征收关税并非易事，因此重商主义政策不得不主要通过货物税来实行。重商主义政策是那个时代的特点，腓特烈·威廉一世及其继承人特别起劲地奉行这种政策。正如施莫勒所指出的，重商主义并不能用它的关于增加钱财或贸易差额等理论来衡量。它的背后实际上是企图要使经济力量和政治力量达到比在城市或（德意志）的领土国家所达到的更加高度的统一，并且为实现这一目的而改组社会和政府机构。腓特烈·威廉一世的意图肯定地是想通过货物税来调节贸易流量，促进国内的各种生产，尽量不让外国奢侈品进口，或对需要进口的货物课以重税。所有这一切，都是为了他的国库的利益，归根结底是为了军队的利益。根据同样精神，1721年又对谷物征税，这是针对波兰谷物的进口的，1732年则完全禁止进口波兰谷物；根据同样精神，1718年又禁止原羊毛出口；这项禁令一直实行了90年。补充措施则是：禁止进口外国布匹和棉花，在小城镇建立羊毛仓库，在柏林开办"货栈"，以便生产军官制服用的细布，这个企业后来曾一度由国家接管。尽管采取了所有这些措施，并且给予制造商和熟练工人特别是给予外国人以鼓励，但贸易仍然出现逆差，因为普鲁士的工业仍然处于初建阶段。

政府认为，普鲁士的工业发展特别受到了因循守旧、效能低劣的行会制度的阻碍。四周被农村包围的城市，几乎是一个自给自足的单位。现在，人们认为，既然有了一个觉得自己应该根据作为一个整体的国家的利益而组织一切的中央政府，因此，改革过去曾经适应当时工业需要的城市体制的时候已经到来。有充分的证据说明改革是必要的，但是也可以清楚地看出，政府本着它的权力主义的热情加速改革的步伐，不容许任何组织像行会那样要求在其有限的范围内实行自治。

当时的行会制度最明显的缺陷是，师傅们无法在学徒期满的徒工和徒工中间维持应有的纪律。但是，人们也有许多别的抱怨，认为熟练工人受到行会的已经过时的规章制度的限制，不能成为独立的师傅；抱怨行会与行会之间，城市师傅和所谓"骗子"的农村匠人之间，为了谁行谁不行的问题争吵不休。已经学徒期满而还没有成为师傅的工匠，早已有了自己的行会组织；整个德意志各地的每个行业的这种行会中心，都已建立了联系。这些被称为"兄弟会"的行会中心，从15世纪创建时起，在一个如此重视一个人要在许多不同的中心取得经验后才能定居下来的国家中，是很有用处的。学徒期满的年轻工匠来到一个陌生的城市时，能在他的这一行业开会的客店里获得指教，找到朋友，如有需要，往往还可得到资助，特别是能够得到帮助找到职业。但是，一批年轻气盛的人，有时难免会有越轨的行为；如果他们一无牵挂，一旦出了事就可轻而易举地逃往自己的行业在另外一个城市、甚至另外一个国家的行会中心去。各个德意志国家长期以来一直在设法对付这些工匠的罢工和混乱状况，1672年甚至采取行动通过了一项帝国法律，但没有奏效。可是，在18世纪20年代中，这个工匠问题在普鲁士变得尖锐起来，因为他们的罢工干扰了兴旺一时的同俄国的布匹贸易（俄国也需制作军服的用布），虽然事实很快证明普鲁士人竞争不过英国人。在腓特烈·威廉一世的倡议下，德意志各国家经过8年的磋商后，出现了一个小小的奇迹：1731年帝国议会实际上通过了一项各国一致同意的措施，虽然这个措施只有各个国家采取行动才能生效。在普鲁士,所有各个行会章程都尽快地修订了,1732年到1735年间还制定了一部新的普鲁士工业法,将行会置于国家的严格监督之下,实际上使它们成了政府工业政策的工具;自治团体只有得到许可才能存在。

工匠这个产生动乱的主要根源终于受到了严格的纪律约束。他们的工会被取缔,所有的文件被没收,但每个行业仍可像从前一样有个客店作为集会场所(仍然可以作为招工处),仍可保留疾病保险基金,但要受到监督。工匠们仍可像从前那样各处流动,但只是在普鲁士领土范围以内。过去行会的陈旧习俗和用做暗语的由来已久的行话,均被废除,代之以由行会的职员和最后一个雇用他的业主所开具的证明文件,证实他的身份,证明他的品行端正。除非他能提出这种文件,否则无人会雇用他。他在新的雇佣地点,必须把他的出生证明书连同学徒证明书一并交给他的行会。如要更换工作,他必须更换由他现在的业主所开具的证明书。这个制度在德意志普遍使用,事实证明它是一种行之十分有效的管制形式。

即使在这次改革以后,普鲁士中世纪行会制度的残余,还是要比资本主义远为发达的英格兰多得多。但是,旧的形式业已适应这个管理得井井有条的国家的需要,而且一切事物都变得比德意志的其他地方更为官僚化、不讲人情而且平淡无奇。私人企业在某些方面被给予更多的活动余地,但总是在国家的监督之下,而工人则受到比以前更加严格的控制。熟练工人不得离开这个国家,但却欢迎外国的工人移居普鲁士。学徒期满的工匠同农民一样,要被迫去服兵役,但是工匠师傅以及城市里其他有一定地位的人物,则可以免服兵役,因为国家需要他们为岁入缴纳货物税而做出十分重要的贡献。

政府越是努力要最大限度地开发国家的资源并增加其军事实力,就越是尖锐地感到人力的不足。我们已经看到,这支军队则是从国外大量招募来的。据估计,18世纪从国外招募来三四十万人,其中大部分人在普鲁士安家落户。从大选侯时代起,政府积极鼓励从德意志的其他各地以及从国外向普鲁士移居。统治家族属于新教中的改革派或称加尔文派,而其大多数的臣民则属于路德派;这一事实使得官方政策即使在那个哲学家国王的时代启蒙运动控制普鲁士以前,就已异乎寻常地允许信教自由了。大选侯欢迎在南特敕令取消以后从法国逃出来的胡格诺派教徒。他们当中许多人拥有财产，掌握一些普鲁士还没有发展起来的工艺，还有一些人则是杰出的专业人才。1672年—1700年，总共约有2万名法国资产阶级中的出类拔萃的人物在普鲁士定居下来；他们构成了柏林的一个重要的组成部分，对于知识界和经济界的生活产生了持久的影响。1732年，又有大约同样多的新教徒难民被逐出萨尔茨堡教区，来到普鲁士。他们是普通农民，历经无数困难，大多在东普鲁士定居下来。这是人数最多的几批。但是一直到腓特烈大帝统治末年，来自欧洲所有各国的移民，特别是后来从其他德意志国家来的移民，源源不断地前来。各个中心都有普鲁士的代理人在物色合适的人才，还设有专门的组织接待他们。我们从腓特烈的信件中可以得知，例如，如果萨克森的某个城市发生了火灾，他本人就会亲自吩咐他的一位官员去寻找现在可能愿意移居的有用人才。当然，要吸引人才，光靠宣传还不行，还要向他们提出，可以发给路费，开始时要给予某种支持；如果是农民，则可以给予土地，也许还有牲口和家具；如果是工匠，则可免费或不经正式手续就可取得开业权，而且在一段时间内可以不纳税，当然还可免服兵役。工厂主还可以自己提出条件，他们备受欢迎。施莫勒说，根据保守的估计，1786年普鲁士全国人口中，有16%—20%是1640年以后的移民或其后裔。而根据迪特里希统计的数字，例如勃兰登堡的人口密度在18世纪期间增加了两倍多，从每平方"哩"636人增加到1930人，这个增长率是普鲁士以外的任何一个德意志国家以及他所提到的许多欧洲国家中的任何一个国家所不能与之比拟的。比如，在英格兰和威尔士，1809年的人口是1700年的一又五分之四，而法国是一又六分之一。

  腓特烈·威廉一世的国内政策的目的和结果已经简述如上，但是他在在位期间对政府机构所做的改革，对文职人员的改组，以及他亲自掌握控制大权的方法等，仍有待研究。在这些方面，就像他所缔造的军队一样，他给他的儿子提供了一个工具，这个工具无须做多大调整就能胜任腓特烈要求它完成的任何艰巨任务。

  我们已经了解，中央政府在城镇的代表——地方军粮官执行着形形色色的任务。地方军粮官是从团队军粮官发展而来的。当军队还在招募中，还在配备团长的时候，团队军粮官就照管着国王的利益。对他来说，这是一种有利可图的私人企业。他的全称为"军粮和税务官"，这反映了他的职位源于军队。他的主要职责仍是为了军事目的而收税。

在中部各省非王室领地的农村中，始终另有一套平行的官员在行使类似的职能。他们叫作"农村税务监督官"。每个税务监督官负责一个特定地区，监督对农村赋税，即特别税的征收；负责农民的（最广义意义上的）"治安"，即领导他们按照中央政府的意图办事。这些税务监督官，原先是等级会议在地方税务委员会的代表，现在仍是乡村绅士。他们住在本区，由地方绅士阶级选举产生，除非对这个阶级抱着怀疑态度的腓特烈·威廉一世提出反对意见。他们只领取很低的薪水。他们不同于我们的治安官，在自己的庄园之外没有司法权。我们已经说过，租借王室领地的王室管家自己负责本地区的"治安"。而且，由于那里不缴纳特别税，承租户已经保证王室可以有一笔固定的收入，所以农村税务监督官无权管辖他们，也管不着他们的农民。

城市的"地方军粮官"和乡村的"农村税务监督官"都对其负责的省级机构称为"军粮局"。军粮局是由一些常任官员组成的、由集体负责的委员会。每个军粮局又受柏林的军粮总局领导。军粮总局也是一个"委员会"式的机构，就是说它是由委员会投票做出决定。所有这一套官员的安排，时间还不长，是出于国家要维持一支费用日益增大的常备军的财政需要而建立起来的。他们的职责要求他们应该有这样一种利益观念，即普鲁士是一个统一的君主国，是一个正在崛起的大国，而不是一批小省的集合。

然而，正如泽莱所说，普鲁士过去的历代国王都是"将军和地主的混合物"。他们不但关心战争，而且也关心王室产业的有效管理。因此，除军粮总局以外，同时还有一个历史比较悠久的财政权力机构，叫作"财政管理总局"。财政管理总局下设若干"所"，每省一个所，通过分布在全省各地的王室管家（每块王室领地，即每个阿姆特，有一名王室管家）管理王室领地。这些所的官员们的眼界要比军粮局官员的褊狭。他们感兴趣的是农村的经济，是开辟除王室领地以外的其他王室岁入的财源，例如盐的专利和啤酒税。不管怎么说，这两套班子经常发生争吵，不利于他们努力的共同目标，因此两者于1723年合并成为一个管理系统。柏林的中央权力机构叫作"财政和领地"管理总局。各省的军粮局和管理所合并成省军粮和领地管理所。城市的"地方军粮官"、乡村的"农村税务监督官"和王室领地的"王室管家"也合并在一起，仍由原来的地方官员担任。

这种等级制度几乎原封不动地一直沿用到18世纪末。管理总局负责整个勃兰登堡-普鲁士的全面行政管理；负责管理它的财政，主要从军事需要出发；并且负责监督贸易和工业，以便促进全面经济繁荣，从而增加国家岁入。在腓特烈·威廉一世时代，这个机构由4名大臣和若干枢密财政顾问官组成，这些顾问官的人数不断增加，起初是三四人，最后竟达20人。每名大臣负责一个或几个特定的省，但同时还负责一些全国性的工作。一名大臣负责邮政和造币工作，另一名则管理军需品，再有一名大臣负责土地利用政策和国家的边界问题。我们可以看出，大臣们的分工同时遵循着两条原则，即每个大臣既要全面负责一个指定地区的包罗万象的事务，又要负责所有地区的一项特定工作。地方管理所的职能同样也混乱。它们除了具有行政管理的职能外，还具有重要的司法职能，使得情况更加复杂。结果便产生了摩擦，后来这种摩擦由于腓特烈又建立了与管理总局平行的职能部门而加剧了。因此，施泰因对行政制度进行大刀阔斧的改革，在1808年已经成为当务之急了。

即使是管理总局里的几名大臣级的成员，其职权也是受到严格限制的。每个大臣只能初步考虑本部门的工作，一切问题都要提交全体会议讨论，通过投票做出决定。委员会的集体决定如经国王批准，则由他监督执行。真正的主动权通常是来自国王，他是委员会的主席，但原则上从不参加委员会的会议，只是在阅读大臣的书面报告后，以"内阁命令"的形式发布指示。尽管在行政法明文规定的任何问题上，管理总局本身可以冠以"奉国王命令"发布政令，无须进一步请示国王，但是这种做法属于小心谨慎，把所有重大问题交由国王去做出决定。这种"内阁统治"（同今天英国实行的内阁政府当然截然不同）的专制制度并不是腓特烈大帝的发明。他是从他父亲那里承袭下来的。唯一不同的是，他做出决定以前很少向他的臣属深入了解情况，而他的父亲则常常乐于听取他们的意见，并根据他们的意见办事。

这些就是腓特烈·威廉一世以充沛的精力，在 1/4 世纪的时间里，对整个普鲁士国进行改革中，在军事、财政、经济和行政方面所做的主要改革，为普鲁士在他儿子的统治下迅速地壮大准备了条件。整个政府机器的运转极为良好，国家岁入可达 700 万塔勒尔①左右，其中 500 万可用于军事。剩余部分不但可以支付文职人员和宫廷的全部费用，每年还可拿出部分储存国库以备战时之用。到 1740 年，已经节余了近 800 万塔勒尔，这些钱装入木桶，藏在王家城堡的地下室里。最重要的是，腓特烈·威廉一世对于军队的关心，已经远远不止特别宠爱他的高个儿的近卫团了。在一个居民不过 200 余万人的国家里，他建立了一支训练有素、装备精良的野战军（就是说不包括守备部队），和平时期的兵力达 7.2 万人，是他父亲在战时所能征召的人数的两倍，可与法国的 16 万、俄国的 13 万和奥地利的 8 万到 10 万的正规军估计兵力相比拟。

如果没有这些成就，普鲁士就不可能朝着它后来发展的方向迅速前进。这些成就是在做出一种抉择后取得的，包括相对地忽视了生活的某些方面；而这些方面直到那时，却一直是德意志的各个路德宗小国的主教政府所关心的头等大事。腓特烈·威廉一世一心追求权力，他把维护下面小国的正义和提倡纯正的教义为来生做准备等均置于从属的地位。他笃信宗教，但又不拘泥教义，具有虔信教徒的倾向。这位国王的宗教政策的目的，是要平息新教徒之间的宗教论战——这在教义上是明确禁止的——并且使路德派（他们是臣民中的大多数）和处于少数的改革派（王族也属于改革派）团结一致，都成为好百姓。他甚至允许军队里的天主教徒拥有自己的牧师。但是，他不愿和耶稣会会员来往，特别是 1724 年他们在波兰的托尔恩城对待新教徒的态度，当时他曾试图营救被判死刑的主要人物失败以后，更是如此。

国王在 1722 年的政治遗训中概述了他的政策，提醒他的继承人不要让任何宗教的牧师干涉世俗事务。而这些牧师全都一心想要成为小教皇。普鲁士的小学教育仍然掌握在教会手里，同别的地方一样不为人重视，就是在腓特烈大帝统治时期，也没有什么进展。农村学校极少，教师也只有老兵充任，也许还有坐着干活的工匠，比如裁缝，

---

① "塔勒"系德国旧时的一种银货币。——译者注

他们一边缝衣，一边教书。腓特烈·威廉一世也瞧不起高等文化学校，除非是一些明显地有某种实用价值的，如能为军事服务的卫生学校，或能实际训练文职人员的经济学讲座。

至于法律，国王在1722年说，他已经不遗余力尽快地实施法律，不得拖延，并且减少不公正的行为，但收效不大。他后来也没有认真地要求改革法律。他的目标是，一件民事诉讼即使在向两个高等法院提出上诉，也要在一年以内得到最后的解决。长期以来，人们一直要求将普鲁士的法律编纂成法典。至少在东普鲁士，萨穆埃尔·冯·科策伊公布了一部现代形式的省法典，使司法行政有条不紊。腓特烈·威廉在位的最后几年里，科策伊出任首席法官时，他的改革热情在反对者的阻挠下，没有取得什么进展，这主要因为没有得到国王坚定的支持。总的来说，国王对法学家们是瞧不起的，他强迫律师穿着短得可笑的袍子，以便"让公众知道他们是在跟谁打交道"。在他即位初期，勃兰登堡首先开始对刑事程序做了小小的改革，后来又扩大到其他各省，其结果主要提出了一些中央控制庄园法庭和民事法庭的措施。对被告进行预审以后，诉讼依然完全以书面形式秘密进行。尽管启蒙运动已经取得进展，有些惩罚之严厉，仍然有增无已，虽然已经禁止严刑拷打。窃贼通常仍被绞死，杀婴犯要被装进麻袋活活淹死。

随着王储腓特烈逐渐长大成人，父子间性格上截然不同，由于父亲处理孩子的教育问题，由于家族中的意见分歧以及政治上的钩心斗角，遂导致了德意志的史学家、小说家和剧作家们经常描述的那种戏剧性的意志冲突。这对于像普鲁士这样一个国家来说，是一个头等重大的危机，因为这个国家的不受控制的专制制度，在很大程度上要取决于统治者的性格和能力。"假如腓特烈真的干了根据过去的种种传说他所想干的事情，下令处决他的儿子，那么他本想维护的这个国家，反而会处于顷刻崩溃的危险境地。"① 但是，普鲁士还算幸运，王储在目睹了他的朋友卡特被国王下令斩首以后，屈从了不可避免的命运，虽然他起先满腹怨恨。对于企图出逃之事唯一应当负责的是腓特烈本人，卡特却成了他的活生生的替死鬼。但是，从他后来的行为

---

① L.冯·兰克：《普鲁士历史十二卷》（德国科学院全集，慕尼黑，1930年）第3卷，第341页。

第十三章　普鲁士的组成与崛起

可以清楚地看出，他开始看到在他父亲可怖的狂热背后，有一个与他自己的本性并不是完全格格不入的动机。他在屈斯特林熟悉了地方的政事，并且在有了自己的团队后了解到普鲁士军队的精神以后，这个动机对他来说变得日益重要了。他被感染，意识到对于比自己个人更为伟大的事业的责任感。这种责任感，一经与对权力的爱好相结合，那种曾经促使他同父亲对抗的一意孤行，就变成了对于光荣、对于现实权力的追求。这种追求在他当上国王以后，就促使他采取了他的第一个决定性行动，入侵西里西亚。

1737年11月，这位王储就已写信给格鲁姆伯科说："上帝似乎已经注定国王做好智慧和谨慎所要求的一切战前的准备工作。谁能说上帝不是已经赋予我使用这些准备工作的光荣使命，去实现国王的远见所推进的那些目标？"腓特烈已经认识到，要把继承父亲事业的基本作为自己的任务，但在这样做的同时，又要表现出他自己的生机勃勃的性格。

> （正如兰克所说）在老子身上，专制制度仍然以独断专行的形式出现，完全表现为17世纪时的那种赤裸裸地迷信武力，再加上带有虔信派教徒的那种宗教感情。因此，他即便是在对他自己的利益不利的时候，也会认为德意志帝国必须有一个总的秩序。另一方面，在儿子身上，从他早年起就表现出一种朝着他自己的个性发展的生机勃勃的劲头；他以自学者那种双倍的热情吸收他的那个时代的知识；在宗教方面，他只坚持那些最一般的原则；帝国授予他权力时，他就承认帝国，要求他尽义务时，就翻脸不认账。①

要研究这位近代史中最杰出的国王的性格，不属于本章的范围。这位国王的天赋，在许多方面等于天才，虽然这些天赋在他的活动里，十之八九表现为一种能够吃苦耐劳和忍受难以忍受的事物的无限毅力。我们要研究的是，他对于普鲁士的组织和崛起所做出的独特贡献，他

---

① L. 冯·兰克：《普鲁士历史十二卷》（德国科学院全集，慕尼黑，1930年）第3卷，第341页。

在继承父业，在逐步建立军队、行政管理和财政方面所做的贡献。他在遗嘱里恰如其分地声称，他为他作为其中一分子的那个社会的兴盛，按照他的理解，像每个人一样，尽了他应尽的义务。他在他所做的成就中指出了他维护法律，改革司法，管理国家的财政，通过明智的纪律建立了一支欧洲最精良的军队。正如他坦率地承认的那样，为了实现这些目标，他始终遵循着腓特烈·威廉一世克尽职守献身国家、严格节约时间和金钱以及不惜一切代价提高军事效率的传统。此外，他还增加了新的一条，关心作为经济发展前提的司法管理。最重要的是，他冒着前功尽弃的风险，策划了两场战争。结果，普鲁士幸运地第一次成为欧洲的一个强国，它的国王成了一位传奇人物。

在这些方面，主要的事实是一清二楚的。但是，史学家们对于这些事实的解释，对于未来行动能够从中吸取什么教训，在不同的方面要强调什么，由于他们的国籍、政治观点以及总的哲学思想不同而大不相同。在塑造普鲁士性格方面，腓特烈的贡献要比他父亲的明显，尽管影响也许没有那么深远。腓特烈·威廉一世建国过程中产生的集体行为方式，保持了两个世纪，并从普鲁士发展到整个德意志。但是，在他从事第一次战争后被欢呼为"大帝"的腓特烈，甚至抓住了当时对他的政治目标持反对态度的人的想象力，就像年轻的歌德那样使他们在感情上"德国化"，如果说不是"普鲁士化"的话。而对于普鲁士后来的统治者和军人统治阶级来说，他则成为无与伦比的完美榜样了。

腓特烈·威廉一世死时可以瞑目了，他知道普鲁士的命运已掌握在可靠的人的手里。但是，当时那些并不了解父子之间和解的全部内情的人们，却吃惊地看到一位在莱茵斯贝格时身边围着许多法国才子、显然热衷于法国启蒙运动文化的年轻王子，一位跟伏尔泰通信，不但用当时的文体写作法文诗歌，而且还写过鄙视征服者、歌颂真正人性的《反马基雅维利》的年轻王子，几乎一夜之间变成了一名狡猾和不抱幻想的外交家，一名大胆而果断的将军，一名冷酷而又有能力的行政管理者。然而，《反马基雅维利》一书远不是像表面看来那样同腓特烈式的马基雅维利主义相矛盾的。它的矛头主要针对宗教上的忏悔；针对小公侯们无能的独裁统治，抨击这些人可耻，只要抓到权力就感到心满意足了。腓特烈明确表示过的理想是，一个国王应当是国家的天字第一号的公仆,应当孜孜不倦地为促进民族的繁荣昌盛而鼓励工商业——他可能还要加上这一条,以此作为取得真正权力的手段。

腓特烈即使在登上王位以后,还在他的诗歌中常常谈到(某些为他写传记的作者还认真地把它当作一回事),他的最深刻的愿望是要摆脱战争和一个君主的操劳,"静静地躺在哲学的怀抱里"。但是,他在莫愁宫一面的生活和他另一面的生活之间的紧张关系,与其说是实在的,不如说是表面上的。"哲学"主要指文艺生活,就是法国反教权的贤人过的那种怀疑宗教教条、自以为摆脱了庸俗幻想的优雅生活。腓特烈用从法语中汲取的而又始终未能完全掌握的格调和情调写诗,的确从中得到了真正的乐趣和休息。在那个堕落的时代里,一个政治家同样可以做做填写字谜来消磨光阴的游戏。他热望既是名副其实的国王,同时又当聪明睿智的王子,但当国王却是他的命根子。他有时以伊壁鸠鲁的态度,时而(尤其在他的晚年)用斯多葛派的态度,努力从哲学的观点去看待生活中的邪恶。他在后期写给达伦贝特的一些信件中,似乎显示出从上述这些源泉激发出来的并受到艰苦生活检验的真正的智慧。但是,总的来说,腓特烈并无哲学家的超然境界。他的基本信念是,"人生来就要行动",至于他怎样看待世界,那是无关紧要的。在信心十足的青年时代,他曾希望"通过深思熟虑来迫使命运屈服",但是随着岁月的流逝,他越来越充分意识到,有的事物比自己个人更为伟大、更为持久,意识到自己的责任感;他要达到一个他不理解但坚信是存在着的目的,因为尽管他怀疑宗教,但他仍然是一个深信不移的自然神论者。在他毫不犹豫地接受继承而来的权力以及由此而带来的责任的背后,也许就带有一些这种感情,虽然在他的意识中更多的是对于可能属于他的权力和名望的欲望。

在组织一个强大的国家中,我们认为腓特烈·威廉一世所完成的带有普鲁士特色的工作已经很多了,腓特烈在这方面似乎已经没有什么可以作为的了。正如哈通所说:"建立普鲁士国家的工作,在1740年以前已经大体完成。腓特烈大帝对其基本面貌并未做什么改变。"[①]他使这个制度继续朝着强化专制的方向发展。但是,他同他的父亲一

[①] 《15世纪至目前的德国宪法史》,第2版,(莱比锡和伯林,1922年),第74页。

样，根本上是一个实干家，而不是一个组织者，只是他更加雄心勃勃，更能做出坚持不懈的努力罢了。他的无限的自信和勇气，可与他卓越的天赋才智媲美，因此从一开始，他的政治目标的形成以及由此而对欧洲主要国家特别是对奥地利的态度，正如兰克对父子二人所做的鲜明的对比一样，与他父亲的大不相同。腓特烈·威廉一世性情暴躁，动辄对惹他生气的人挥舞拳头——腓特烈年已18岁时，还当众挨打受辱，因此愤然逃走——但作为一个统治者，他却爱好和平，愿意节省潜力。军队是他的掌上明珠，决不轻易动用。腓特烈不像他父亲那样尊重帝国的传统，而对于自己的以及他的王朝的尊严，却怀有更加强烈的感情，因此他认为普鲁士在他父亲的统治时期，在与奥地利的关系中扮演了一个不光彩的角色。当查理六世皇帝死后，哈布斯堡家族没有男嗣时，腓特烈当即决定了一项大胆的侵略政策。他认为，通过一场速战速决的战争，他就能拥有扩张普鲁士的势力所需要的下一个目标。政策说：“我们必须承认，几乎没有什么理由可以对西里西亚提出明确的、毫不含糊的法律上的权利要求。”[①] 腓特烈甚至连谈判都不愿考虑。他不顾一切忠告，不加警告即入侵西里西亚；他低估了玛丽亚·特蕾西亚的志气和品格，坚决要让她面对既成事实。他让法学家们去编造权利要求，那是他们的职责。根据同样精神，他在这场战争的过程中，曾两次计划并在第二次实现了单独媾和。对于这种事情，《反马基亚维利》一书曾明确地加以谴责。

　　无须着重说明，所以罗列这些事实是为了理解后来的德意志政策。但是，应当记住，腓特烈完全可以这样声称，对于他的对手们，他是以其人之道还治其人之身；在国际政治中，正如他在1768年的《政治遗嘱》中所说，他是在跟"骗子们和窃贼们"打交道。伴随着战争的每一进程的曲折的外交史，揭示出法国和其他大国同样不顾普通的道德。腓特烈在1743年的《我的时代历史》一书的序言中直言不讳地宣称，个人的道德并不适用于（国际）政治。在国际政治中，只有本国的利益才是决定性的，一个统治者必须准备在必要时自食其言。这一段话在1746年的版本中说得比较缓和了，但"人民的利益"仍被认为是要首先考虑的因素。在1775年的最后一版里，则试

[①] O. 欣策：《霍亨索伦家族及其业绩》（柏林，1915年），第324页。

图对由此而给予君主的这种危险的自由有所限制，只是在盟国首先违约或在国家实际上不可能履行诺言的情况下，才允许不遵守条约义务。腓特烈声称道德并不能适用于国家之间的关系，因为在这方面没有以制裁做后盾的高等法院可以向之提出上诉，这就把道德与法律混淆起来。从《政治遗嘱》的第一个版本（1752年）中就可以清楚地看出，他已经认识到自己一直在进行一场危险的赌博；普鲁士已经以实力和决心而闻名于世，但也已因残忍和不可靠而出名了。在这个遗嘱里，他提醒自己的继任者，食言不要超过一次，无论如何不要超过两次。在第二种版本（1768年）里，他争辩说，无论大事小事，即使是权宜之计，要做无人能够信任的马萨林①那样的无赖小人，都是不明智的。他在七年战争中懂得，没有一个国家能仅仅依靠自己的力量，而他这时需要的是俄国的支持。整个论述说明了欧洲国际关系的无法无天的状态。这就是例如坎特的论文《论永久和平》写作的背景。要建立他所说的国际联盟的先决条件之一，就是不应再把和约看作是下一次战争的准备工作。因此，他认为，只要外交行动按照"先动手，再找借口"或"如果你干了骇人听闻的事情，就说你没干"这样的准则行事，那么就不可能建立持久的和平。

要研究腓特烈的和平时期的政府体制，最好研究1746年到1756年这10年。这个时间介于两次战争之间，他的主要成就都是从此时开始的。七年战争以后，他的任务是使国家得到恢复，发展已经开始的规划。正如他的《政治遗嘱》所表明的，他始终意识到，作为普鲁士国王，必须经常备战，并把整个政策立足于这种准备。他负双重义务，既要按他家族的传统行事，作为国王又可凭自己的意志行事。欣策从中看到了一种悲剧性的因素，因为"这种自由行事的结果，逐渐形成了决定他的一生的那种命运"。古奇根据这种解释，做了德国的历史学家们认为是典型的英国式的道德评论："比较公正的观察家们可能喜欢用这样的老话来说：他是自食其果。"

腓特烈沿用他父亲的"来自国王密室的统治"这一制度，而且更加相信自己，更不相信他人。他根本不相信他的臣民大众的人格，

---

① 马萨林是法国枢密主教黎塞留的继任者，法国首相，曾组织法国与紧靠法国边界的德意志各州的防御联盟（莱茵联盟）。——译者注

并且蔑视他们的聪明才智,因此他甚至把自己的国务大臣们只看作是一种工具而已,对待他们粗暴无礼。但是,他自己的精力和效率却是无法表扬的。他一夜只睡五六个小时,黎明即起,早饭前批阅大使们的公文和贵族的来信;到正午中饭以前,来信已一一作答;对于如何处理所有的请愿书、政府部门的报告和其他国家的文书(这些已由他的私人秘书分类,供他做出最后决定),则以书面或口头做出明确的指示。威廉二世皇帝后来也仿效这种直接在文书上用铅笔做简单眉批的做法,只是别具一格而已。

这位不知疲倦、勤勤恳恳的国王,事必躬亲。他总是高高兴兴地随时集中精力处理手边的工作,日理万机,坚强地承受着沉重的负担。他没有家庭的牵挂——他的那位可怜的王后虽然养尊处优,表面上受到尊敬,但自西里西亚战争以后,却一直没有见过他的人影——事实证明,他是一个铁石心肠的人。他书桌的台历上记着当天和本周要处理的工作,重要报告预定报来的日期等。全年的工作也有安排,这样他就能在5月到8月之间有计划地视察他的王国,并在秋天视察军队。他出门时总是带着秘书,还是像在家里一样日理万机。

但是,这种以一人为轴心的中央集权的政治制度,其缺点不仅是,在一个世袭的君主国家中,不可能保证连续出现它所必需的一系列的超人。而这个国家的事务,像如今的普鲁士那样错综复杂,即使有腓特烈这样的人物充当元首,这种制度也不会运转自如。正如W. L. 多恩[①]所指出的,"中央行政管理机构严重缺乏和谐的协调",因为腓特烈做事太不自量。他几乎完全靠书面文件来了解情况,因此文件必须尽量写得简单明了,否则送来的文件堆积如山,他是看不过来的。他同大多数官员没有直接的接触。他们的经验和判断是用不上的,因为不允许他们发挥主动精神。因此,在非常专门的问题上,他就会草草做出决定,势必要犯错误,然而在原则上他是从不承认错误的。他疑心重重,独出心裁地利用各种形式的查核和反复查核;他让官员们互相暗中监视;又派出名叫"检察官"的特务去监视所有的官员;他直接同下级官员联系以核实他们上司的报告;他每年收集关于所有官员的行为的秘密报告;而且,他还尽量利用每年巡视的机

---

① 《政治科学季刊》,第47卷(1932年),第75页。

会，亲自检查一切。但是，尽管如此，像西里西亚的霍伊姆这样狡猾的大臣，肯定要尽力使用隐瞒和欺骗的手段，使自己免遭灾殃。① 据本肯多夫说，另一个名叫赫尔·冯·富克斯的大臣在床边藏着一只箱子。他死后人们打开他的箱子一看，发现里面装着的不过是一些法令之类的东西，还有一张纸条，上面写着："据我所知，这些法令均未得到贯彻。"② 虽然真正的腐败并不多见，但报喜不报忧、隐瞒事实真相，许多人只是想讨好国王，也许还有点想炫耀自己。在希特勒统治时期，这种情况依然发生。

总管理局很快失去国王的宠信，因为他办事速度太慢。他在1748年为该局起草的经过修改的指示中，直言不讳地指出该局官员的缺点；如果他们同贵族或农民发生争端，他倾向于要他们承担责任。他还提醒他们不要为了增加岁入而去剥削二者中的任何一个阶级。因为他需要一个忠诚可靠的农民阶级做他军队的后盾，所以不能增加农民的负担。他也不能随心所欲地去解放农民，因为他需要贵族忠心耿耿的支持。出于同样的道理，他不打算像腓特烈·威廉一世过去所做的那样，为王室领地买进贵族的产业。在他所制定的经济政策中，他像他的父亲那样，是一个重商主义者，不过他的观点有着明确的理论基础。他对他的官员们说："有两件事对于国家的福利有利，一是把外国的钱赚进来，这是商业的任务；二是不让国内的钱不必要地流出去，这是制造业的任务。"③ 他即位后第二年，就发现总管理局不能胜任促进贸易和工业的任务，于是便成立了他的第一个职能部。七年战争爆发前，他又分别成立了另外两个部。一个是1742年成立的负责新近获得的西里西亚的事务；另一个是1746年由于在战争中接受了军粮局常使他失望这个教训以后建立的负责军事行政管理的部。

在七年战争后的艰难岁月里，腓特烈对总管理采取了最不客气的态度。1766年，他建立了"税务署"，这就使得他的许多重要官员几乎达到了空前公开对抗的地步。他采取非常步骤，建立了一种在法国

---

① 《政治科学季刊》，第46卷（1931年），第417页。
② 《普鲁士粮食贸易政策》，第3卷，第40页。
③ F.哈通引自经过修改了的指示中的眉批，见《普鲁士行政管理之研究》（柏林，1942年），第23页。

包税商德洛内和大约200名法国职员领导下的新的货物税制度。这就表明，他对这些征收货物税的税务官员们的工作效率，甚至他们的诚实程度完全不考虑了。这些法国人引进了法国的收税方法，并且从这位国王的臣民超过1765年收益的部分中榨取了一定比例的金钱。要是挑选出的代理人能做出必要保证的话，国王会像法国人所做的那样，把收税工作全部承包出去的。邮政也曾一度（1766—1769年）操纵在法国人手里。这种别具一格的民族主义，是理性时代非常突出的特征。后来又另行建立了采矿部（1768年）和森林部（1770年）等部。政府的另外几个部门被置于只向腓特烈本人负责的官员的控制之下，即造币厂（1751年）、政府银行和烟草专卖局（1766年）以及咖啡专卖局（1781年）。外交部和司法部甚至在腓特烈·威廉统治时期，就已和总管理局分开。

这些专职的部，摆脱了总管理局的烦琐手续以后，办事速度快多了。为了同样的目的，腓特烈也告诉总管理局本身的各个大臣，无须征求其他部门的意见，就可独立行事。他跟他们通信，而且常常跟他们的同事个别通信，于是集体负责的原则便逐渐被破坏。这样，国王的负担在一个方面减轻了。因为像他一向所做的那样，他通过详细的"章程"向政府的一个新的部门下达"进军令"后，他们就全面地掌管起全部的日常工作，通常效率极高，虽然都急于按照一套陈腐的方法去行事。但是，也有严重的不利方面，就是没有任何规定，对于共同问题必须要像正常的内阁政府那样加以讨论。他们却要在他们之间公文往还，这样就使原已堆积如山的文件更为增加，而且除国王外谁也看不到一个部门与整个政局的关系。然而，省议会继续控制着各自省内的整个复杂事务，仍然保持着集体责任制。这些机构本应属于总管理局管辖，但国王却绕过总管理局，越来越信任它们，让它们去组织这些情况迥然不同的地区的经济生活，而地区中各个不同部门之间的合作却是必不可少的。各省议会的议长总是贵族，他们成了地方上最有影响的人物，经常同国王保持密切的接触。在他们的领导下，农村监督官（也是贵族）在王室领地以外的所有乡村地区，这时不仅在中部各省，而且在除边远的格尔德兰和东弗里斯兰以外的所有地方，行使广义上的"治安"权。而地方军粮官像以往一样，实际上继续统治着城镇。西里西亚被占领后，它的行政管理机构也按照其他省份的方针组织起来，但是正如我们已经知道的，它是被置于一位只对国王负责的大臣的管辖之下。

　　企图促进国家的经济生活，始终是腓特烈主要关心的一个问题。这种企图就像他的父亲的企图那样，并不是为了每个百姓的利益，而是为了国家的利益，为了国家的军事力量。他继续努力推行国内的殖民政策，其结果我们在上面已经叙述过。为这些殖民者安家落户做好准备，是省议会最棘手的任务。每一英亩土地都要利用起来，即使是沙质荒地、高沼地和沼泽地也都辛勤地开垦出来。这样，在战争间歇期间，在波美拉尼亚、勃兰登堡和奥得河流域的沼泽地带，便有近300个新村庄建立起来，大多数是在新开垦的土地上建立起来的。七年战争以后，有更多的村庄出现了，当时有4000多万塔勒尔用于各种改建计划，主要是发展农业。在这一时期，还大力引进英国最新的农业方法和新的作物，其中最重要的当然是马铃薯，虽然后来也种植甜菜。像对待所有其他的改革一样，农民们顽固地拒不接受这些改革。马铃薯虽是在18世纪40年代就引进的，但一直到1770年至1772年间才开始大量食用，这时如不生产马铃薯，就有发生饥馑的危险。最后事实终于证明，种植马铃薯要比为控制谷物贸易而采取任何煞费苦心的措施还要行之有效。政府试图巩固土地的承租权，但是很不成功。因此，只是为了维护州县的征兵制度，农民的土地才受到保护以免被地主圈为己有。乡村仍是封建性的体制。在绝大多数私人庄园里，尤其是在东部地区，农民仍然是束缚在土地上的半农奴，往往要负担无穷无尽的劳役。城乡之间保持着鲜明的差别，按照传统的原则，每个阶级都要为国家的军事力量做出自己的贡献，士兵主要由农民充当，贵族则提供军官和主要官员，商业和工业阶级提供军费。

　　腓特烈特别指望工业能增加国家的岁入，把他父亲时代的消极贸易差额变为积极贸易差额。从这个观点来看，手工业是无关紧要的。它只提供国内广大百姓家庭消费用的普通消费品，而且数量较少，因为今天商店里出售的许多商品，在当时都是在家庭中制造的。在腓特烈·威廉一世的改革以后，行会已经成为由国家监督的机构，用来控制手工业工人和手工业。它们仍然维持原样。腓特烈的注意力集中在制造业上。在这一方面，普鲁士同萨克森和莱茵河下游的某些地区比较起来，是落后的；与英国、荷兰、法国或瑞士相比，则更为落后。

煤和铁的时代还没有开始；在发展这种早期的资本主义的过程中，机械只起着很小的作用，主要还是依靠古老的手工艺。然而，工人是按照家庭工业，或旧概念中的"工厂"进行组织的。例如，手织机工人用中间商人提供的纱线织布，可以在他们自己的家中织，也可以在中间商人的车间里干。中间商销售产品，他们从中间商那里得到劳动报酬。一些制造业在政府的特别许可下建立起来，摆脱了行会的清规戒律。腓特烈·威廉一世按照这些方针鼓励生产羊毛制品的企图，被积极地继续下去。他的儿子腓特烈对于丝绸更感兴趣，由于缺乏丝绸，国家花去了大量的金钱。他甚至想让柏林附近的乡村牧师和学校教师种桑养蚕，但是不大成功。而用进口原料生产上层阶级大量需要的奢侈品丝织品和天鹅绒，倒是收效不小。我们已经知道，普鲁士特别注意寻求具有技术或拥有资本的移民，千方百计地劝使他们在城市——特别是在柏林和波茨坦——定居下来。腓特烈所需要的是个体企业，而不是国营工厂，虽然他接管过一家处于困境的陶瓷厂。但 1749 年以后，他就像担任商业大臣一样，像指挥打仗一样地领导工业化计划。他与所有有关的人员保持接触，利用普鲁士的驻外代表充当商务代理人。同 19 世纪的工业相比较，所收效果从数量上来说虽然微不足道，但在当时的情况下仍然非常重要。因此普鲁士，尤其是柏林，已经顺利地开始走上工业化的道路。腓特烈统治的末年，丝织品和毛织品是普鲁士最大的出口项目；从勃兰登堡运往外国（当然包括其他德意志国家）的丝织品价值达 65 万塔勒尔，毛织品达 62 万塔勒尔；运到普鲁士其他各省的丝织品和毛织品的价值分别为 47 万塔勒尔和 50 万塔勒尔。棉织品的价值还不到二者之中任何一项的价值的一半。这时，贸易顺差达三四百万塔勒尔，工业总产值估计约为 3000 万塔勒尔。

从 1747 年起，腓特烈定期地把贸易统计数字用于制订经济发展的计划，调节货物税率以控制商品的流通。在中部各省和西里西亚，国内贸易的关卡已经减少到最低限度。易北河和奥得河之间、易北河和哈弗尔河之间以及哈弗尔河和奥得河之间，均开凿了运河，沟通了柏林的水运贸易，奥得河畔的法兰克福和什切青被迫放弃了它们的主要权利。同时，又设置了种种障碍以阻止进口货物，因此为了保护各新兴工业便进行了一场关税战，特别是与汉堡、萨克森（莱比锡）

和奥地利的关税战。海外贸易的某些不为过分的企图，终成泡影。谷物贸易（主要是黑麦，有钱人才吃白面包）继续通过国家仓库（已从原来的22个增加到32个）加以控制。这是为了备战备荒，保持粮价稳定；这主要还是为了军队的利益，因为军队在和平时期必须自购口粮。在较大的城市里，他们至少占成年男性人口的1/3，波茨坦和柏林的比例还要大得多。事实上，这种经济制度，尤其在保证军队具有战斗力方面，证明它是正确的。七年战争中，普鲁士的支出虽然增加到约1.5亿塔勒尔，但它无须另行征税就能应付过去。当然，英国的津贴（1758年起每年400万塔勒尔），在占领区征收的战争税（在萨克森，一年从500万到1000万塔勒尔不等），以及货币的大幅度贬值，也为筹措战争费用起了很重要的作用。在腓特烈统治时期，军队增加了一倍多，从7.2万人增加到19.5万人，最后占人口的4%，差不多需要国家岁入的2/3，才能维持这支军队。同时，战费金库也从800万增加到5000万塔勒尔。差不多一半岁入仍来自王室领地，其余的来自征税。乡村地区的特别税保持原来的固定税率，但货物税却随着中产阶级纳税能力的提高而提高了。

这里，我们无须阐述腓特烈在和平时期是如何采用一切可能的方法来不断地改进他的军队和国家的防务的。他修筑了新的防御工事，特别是在西里西亚；改进了战略补给线上的粮仓制度；定期操练和检查各种武器；写了一本关于战争艺术的指挥手册以及一首引人注目的诗。还密切注视着每年军事演习的各项事务。

腓特烈在建设国家的过程中，首先在司法行政管理方面，几乎没有从他父亲那里得到什么帮助。在这方面，他实行改革的动力也是出于经济和军事的需要。司法也必须由国家管理，才能完成巩固国家权力的过程。西里西亚战争一结束，科策伊就能够继续进行在前任国王统治末期业已中断的工作。1746年，他在谒见国王时提出了一项计划。这个计划有三个主要目的：（1）在全普鲁士境内建立一个单一的中央集权制的司法系统，使用新的统一的程序，尽量减少拖延；（2）精简工作人员并提高其水平；（3）将法律汇编成法典，供全国使用。前两项目标经过5年的努力达到了，但是汇编法典之事到腓特烈统治末年，仅仅是个计划而已，一直到1795年才由卡默尔完成。改革结果，每省只设一个中心法院。诉讼当事人对该法院多数法官的裁决，只能向柏林的高等法院上诉。法官人数减少，报酬优厚，但不能像以往那样把收费和罚金占为己有，也不准把档案材料送到大学法律系去征询意见。地主必须提供经国家批准的、受过专门训练的法官来主持他们的庄园法庭。城市中的其他初审法庭则已经过改革。各地的司法程序都简化了，在来自上面的压力下，速度大大地加快起来。在拖延最为严重的波美拉尼亚，头一年内就解决了3000件突出的诉讼。律师经过考核，一些不合格的被清除出这个行业；他们不得已地继续穿着招人忌恨的短袍褂，腓特烈要求他们这样打扮成法官的模样。

科策伊甚至试图废除行政司法，却没有成功。各省议会在任何涉及"公共利益"，尤其是在国家岁入的问题上，保留了很大的司法权。但是，国王本人原则上同意不干预民事案件的正常审判过程，例如在处理请愿书的时候；然而，在刑事案件中他常常进行干预，随意撤换或惩罚他认为不满意的法官，在莫愁宫磨坊主这一著名案件中就是这样。现在事情比较清楚了，在这一案件中，他是错的。总的来说，这些改革大大保障了普通百姓的民权，特别是在财产方面，因此为资本主义的发展奠定了坚实的基础。

（严维明　译）

第十四章
俄　　国

　　1709年在波尔塔瓦打败瑞典以后，俄国进入了一个新时期。彼得大帝在那次战役前所做的变革都是临时性的和试验性的，大多为了适应战争的直接需要。当波尔塔瓦战役取得胜利，俄国摆脱遭受入侵的威胁之后，他就着手进行一项周密的、坚定不移的改革计划。他的那些永垂青史的业绩，都是通过这项计划取得的。

　　在彼得大帝时代，俄国财富的主要来源是森林，南方肥沃的草原地带尚未开垦。向南推进的殖民运动的开路先锋是顿河流域的哥萨克人，他们大多数是逃兵，躲避迫害的持不同政见者，以及逃亡的农民。他们都鄙视农活，靠沿河打家劫舍维持生计。莫斯科省中部是俄国的主要农业区，一些农民烧去小片森林，刀耕火种三四十年，然后转移到别处，再重复这一过程。就是在比较长久定居的居民的地方，农民也不愿花力气让土壤肥沃起来，因为他们的小片土地每7年到12年就要重新分配一次。多数农民使用一种带有铁犁头的轻便木犁，然而有些人仍然喜欢一种已在俄国使用700年之久的原始钩犁。虽然彼得大帝努力推广长柄大镰刀，农民还是使用普通镰刀收割庄稼。黑麦是俄国中部的主要作物，但是彼得说服波罗的海地区的地主生产供出口用的亚麻和大麻。从圣彼得堡到喀山一线以北几乎没有农业，居民大多是伐木者、设陷阱捕兽的人和捕鱼人。但是，整个北部森林地区出产黑貂、貂、狐狸和松鼠皮毛，还出产盐，尤其出产木材，仍是俄国财富的主要来源。

　　在彼得统治时期，俄国铁产量大量增加，军需品可以自给自足。荷兰工程师维尼亚斯于1632年在图拉建立的铁工厂，经过扩建，为1695年彼得对土耳其人的最初一战提供了大炮和船具。对瑞典的战争开始以后，又利用在拉多加湖西岸发现的铁矿资源，在奥洛涅茨和圣彼得堡建立铸造厂。但是，勘探者已在乌拉尔山脉发现优质铁矿石，那里有大量木材可供冶炼之用。1699 年，图拉的工头德米多夫被派往涅夫扬斯克建立铸造厂。彼得去世以前，又有 10 个铸造厂在乌拉尔投入生产。波尔塔瓦战役结束不久，俄国停止了铁的进口；到了 1716 年，反而自给有余，可供出口了。到 1725 年，俄国的铁产量已达 2 万吨，其中一半以上出自乌拉尔。

彼得还希望看到他的军队都穿上用俄国自己生产的布制作的制服。但是，虽然在他统治时期莫斯科地区新开办了 15 家纺织厂，他的这一雄心壮志却始终没有实现。到 1725 年，俄国已有各种工业企业 200 多家，许多拥有几百名工人。作为一种应急措施，彼得通过国家的直接投资为其中的一些企业提供资金，但是他不赞成长久使用这种办法。从 1712 年起，他坚持商人应当把贸易的部分利润用于工业。北方大战之后，他下令将国营企业交给私人。

新企业在劳动力供应方面没有遇到什么困难。在城市，私人企业雇用当地穷人，国营工厂则使用窃贼、妓女、醉汉和孤儿充当工人。在人口稀少的地区，铁工厂和其他企业大量征用属于国家土地上的农民。1.2 万多农民应征进了奥洛涅茨工厂，2.5 万左右进了乌拉尔的矿山和工厂。从 1721 年起，允许商人开办的工厂的老板购买农民。为了避免侵犯贵族的权利，这些农民在法律上永远不属于工厂老板，而属于工厂。劳动力虽然非常充足，有技术的工匠却为数不多。一些俄国人受到了在俄国工作的外国工匠的训练。1711 年以后，国家要求工厂经理为 15—20 岁的徒工开设训练学校。但是，尽管做了这些努力，工业技术水平在彼得统治时期并无提高。

在战争的刺激下，交通条件有所改善，但是发展国内贸易的许多障碍依然存在。彼得即位以前，铺筑过的大道不过是在土路上铺一层木板。彼得考虑过建设一个石铺道路网的可能性，但后来放弃了这个念头，而赞成改善水运。1708 年，他开凿了连接伏尔加河和涅瓦河的运河，使波罗的海的造船木工用上了伏尔加河中游的栎木。1718 年，另一条沿拉多加湖的运河破土动工。但是，运费仍很昂贵。比如，粮食从库尔斯克运到彼得堡，价格要增加 1600%。私人贸易还受到关税阻碍，城市以及俄罗斯和乌克兰之间的边境上均设有关卡。

另外，虽然贵族、农民和教士可以免税从事商业活动，每个商人却要交付占营业额5%的年税。信用设施还几乎没有发展。商人们自己建立了一个私人票据兑换制度，国家也用它来进行交易。在俄国的欧洲部分，以及西伯利亚西部地区，人们用现金支付小笔款项。但在西伯利亚东部，当地居民依然喜欢物物交换。

彼得在波罗的海沿岸建立了立足点以后，俄国对西方的出口量便逐年成倍增长。攻占英格里亚以后，他要求那些控制着跟西方的大部分贸易的外国商人将他们的仓库从阿尔汉格尔斯克迁往彼得堡。17世纪90年代，每年只有五六十条外国船只停靠阿尔汉格尔斯克。而在1720年，开进波罗的海诸港的商船就有100多条，1725年超过650条。彼得并未有意追随科尔伯特，但他急需钱花，因此基本上实行了重商主义政策。1715年，俄国在西欧开设领事馆，推销俄国商品。国家还出钱派俄国商人出国学习经商之道。1724年，彼得对所有奢侈品和国内能够大量生产的商品强行征收25%—75%的进口税。到彼得去世时，俄国每年出口价值420万卢布的货物，而进口货仅值210万卢布，其中还包括同中东和亚洲的贸易。俄国从这些地区进口棉花、丝绸和茶叶，而几乎没有出口。因此，彼得对西方的贸易政策的成功是特别引人注目的。

彼得发展了工业，扩大了对外贸易，但是还很难得到足够的钱来支付军费。1701年，他没收了教会的岁入。1710年，他又降低货币的交换价值，引起了城市居民的很大不满。国家还扩大了垄断商品的范围，把烟草和食盐包括了进去，连蓄胡、擦窗、洗澡和许多其他事情也要征收间接税。1718年，彼得修改了直接税制度。过去，直接税是按户征收的，但农民一直用结成大户的办法来逃税。彼得访问巴黎归来后，采用了法国按人头征收直接税的制度。他下令普查男性农民的人数，要他们平均分担陆海军的费用。1718年第一次人口普查时，没有明确职业的神父和商人阶级均被划为农民。迄今不纳税的奴隶，现在被宣布解放，也要尽纳税的义务了。男性农民共计550万人，按照新税制，每人每年应纳税74戈比。这样，对每个农民的征税数额差不多增加了两倍。由于所有男性农民都有纳税义务，一个成年农民不得不挣到足够的钱来为他的男性孩子，也许还要为他丧失劳动力的父亲纳税。但是，新的征税制度促进了农业的发展，因为农民为了纳税耕种了更多的土地。通过这些财政改革，彼得使国家岁入在15年里增加了2.5倍。1724年，国家岁入达到了850万卢布，其中460万卢布是征收人头税得来的。

1725年，俄罗斯帝国的总人口略略超过1400万，绝大多数是俄罗斯族人。在其他民族当中，在爱沙尼亚和利沃尼亚的德国地主受到宽宏大量的待遇，以便在1721年兼并那两省以后赢得他们的忠诚。乌克兰人却在政治上、经济上受到同化，特别是在1708年马泽帕背叛彼得以后，那时俄国驻扎官和两团俄国军队进驻了乌克兰首都，乌克兰的土地也赐给了俄国贵族。1722年以后的将近30年里，俄国没有在乌克兰设司令官，乌克兰由彼得堡的一个委员会负责管理。1750年任命了乌克兰人西里尔·拉祖莫夫斯基担任司令官，但是他与彼得堡宫廷关系密切，因而继续推行将自己民族俄罗斯化的政策。俄罗斯化政策在伏尔加河中游的鞑靼人和芬兰族人中、在乌拉尔的巴什基尔族人中尤为明显。许多巴什基尔族人被送到乌拉尔矿上劳动。谁不信仰东正教，谁就无权拥有农民。

在人口为俄罗斯族的地区，彼得没有从根本上改变社会结构，但是在他统治的最后15年里大大简化了那里的社会结构。他明确规定了四大阶级的任务，把许多小的社会阶层分别与其中之一合并。1718年的财政改革扩大了农民阶级的范畴。这个阶级到1725年包括了90%以上的人口。贵族占总人口的2%，商人占3%，教士占2%。商人特别受彼得的青睐。彼得不但消除了商人同其他社会阶级之间的隔阂，而且在1721年还给予城市很大的自治权。他从里加和列维尔两地得到启示，将每个城市的居民分成两个行会，一个是富商和实业家的行会，另一个是小业主和工匠的行会，由两个行会的会员选举产生的市长和市政官负责城市的税收和司法管理工作。商人虽然是彼得实施改革的一个非常重要的工具，但是他们保留了传统的服装和习俗。许多人是旧教徒，大多对彼得的文化革新深感遗憾。

农民跟商人不同，他们并没有从彼得的改革中得到任何好处。实际上，他们现在除了要给地主做工或交钱以外，还得向国家缴纳名目繁多的附加税。60%以上的农民是附属于地主的农奴，他们大多居住在中部诸省和从波兰—立陶宛征服过来的西部地区。在莫斯科以南土地肥沃的地区，农民每周得为地主做工两天到三天。在土地贫瘠的地区，农民依靠制鞋、制陶、画圣像等家庭手工业维持生计，每年缴纳50戈比到两卢布的税。农民交多少钱，做多少工，都由地主决定。地主还有权决定配给农奴多少土地，有权重新分配村里的土地，控制农奴与庄园以外的人的经济联系，包办或阻止农奴的婚事，带土地或不带土地，甚至不带家属出卖农奴。农奴没有地主发给的护照，不得擅自离开村庄。彼得死后不久，地主受权征收人头税。15%左右的农民依靠属于教会的土地维持生计。教士作为地主，通常比普通地主更加苛刻，因此教会土地上经常发生农民闹事，许多教会农民逃往西伯利亚，或投奔顿河流域的哥萨克人。13%的农民生活在西伯利亚和俄国欧洲部分的北部边缘地区，那里几乎不存在农奴制。但是，彼得决心让这些农民负担一定的特别税。他们除了缴纳人头税以外，每年还要向国家缴纳40戈比的年税。国家农民是彼得的主要流动劳动力，他们被用来挖运河，建设圣彼得堡，或在矿山做工，但是他们的生活比地主的私人农奴的生活要好。此外，还有皇室农民和独院小地主，后者在东南边境地区屯垦，拥有小片土地；这两种农民都为数不多，本可划为"服役贵族"，但是在1718年人口普查中均被算作农民，到18世纪末他们已经成为国家农民的一部分。

　　彼得较改变其他阶级更大地改变了服役贵族阶级。16世纪，永久占有土地的贵族和只是在服役期间才拥有地产的"服役贵族"之间有着重要的区别。到了17世纪，这个区别消失了，因为所有地产都已世代相传。1714年，彼得宣布所有地产都可以永久占有，从法律上承认了既成事实。他还用其他方法从根本上改变这个阶级的成分。彼得吸收其他社会阶级的成员，以壮大贵族队伍；他规定，这种办法即使在他死后还要使用下去。1722年，陆军、海军和政府中的职位都划为相同的14个等级。彼得坚持每人都应从最低的级别干起：谁升到从最高算起的第八级，谁就被授予贵族特权。贵族还被强迫采用新的生活方式。俄罗斯式的服装和胡须均被禁止。彼得推行一种带强制性的款待客人的制度。根据这一制度，每个贵族都要轮流宴请他们的同僚和皇帝。这种款待制度同俄罗斯的传统是背道而驰的，给那些买不起勃艮第葡萄酒和香槟酒、买不起法国织锦和英国家具的贵族带来了经济上的灾难，而这些东西被认为是必不可少的。许多贵族拼命模仿西欧人的穿戴服饰和花天酒地的生活，不到几十年就倾家荡产了。除彻底改革贵族的社会习俗以外，彼得重申了贵族应把一生的主要精力用于为国家效劳的原则。这一原则是在16世纪宣布的，但在他即位前一度被搁置起来。他甚至想封授一批无地贵族，这些贵族会因经济所迫而不得不为国效劳。1714年的《限定继承法》就是为此目的制定的，这部法律与俄国传统的继承法截然不同，它宣布地产不可分割，必须完整地传给一个儿子，或者传给主人选定的一个亲属。1725年，俄国贵族从10岁起强制上学，开始为国效劳。到了15岁，不管愿不愿意，一律离开学校。凡年过15岁还留校者，均被视为逃避为国效劳的行为。年满15岁的年轻贵族大多申请文职工作，但往往3人倒有2人应征入伍，在3个近卫军团中的一个军团中当5年士兵，然后被派往别的部队去担任军官。很少有贵族志愿进海军服役。那些年满15岁考试不及格的，就被强制送入海军。但是，即使采取了强制手段，海军仍然兵员不足，彼得不得不雇用丹麦人和荷兰人担任船长。年轻贵族如能进入政府，起先可能在参政会或"院"的办公厅，省长办公室，或俄国驻外使团任职。

　　陆军是另一个被彼得彻底重建的机构。大多数年轻贵族在此服役。在他的前辈统治时期，陆军由外国雇佣军和贵族招募的农民组成。纳尔瓦战役之后，彼得用一支编制划一、征募入伍的常备军取而代之。1705年，每20农户征丁一名。在后来的几年里，每年征兵人数不等，但是1724年的兵力超过了20万，还不包括10万左右的哥萨克轻骑兵和其他半正规军。军饷由国家负担，但所有驻扎在国内的部队的住房、粮食和军马饲料都得由农民供给。各级人员均为终身服役。

　　彼得像改革军队一样从根本上改革了行政体制。他1711年动身去进行普鲁特战役前，把政府交给了由9人组成的参政会。回来以后，他保留了参政会，让其为他准备立法出主意，指导地方行政工作，并起最高法院的作用。参政会还附设一个办公厅，负担处理杂务。彼得严密监督着参议们的工作。从1711年起，一名近卫军军官参加他们的会议。该军官奉命逮捕行为不端的参议，并报告他的情况。1722年撤出了近卫军军官，由一名称作"总监察官"的常驻官员代替。彼得还任命一名财政官员，监督国家资金的合理使用，从而完善了监督制度。

第十四章 俄国

从1715年起，彼得感到参政会工作过于繁重。他请教了荷尔斯泰因的菲克，甚至还请教了哲学家莱布尼兹等外国专家，于1718年发布一个总规程，废除了50个俄国"衙门"，将政府分成9个院，每院负责一个方面的行政工作。它们起着参政会和地方政府之间的桥梁作用。一个院负责收税，另一个院负责支出，再一个院监督并协调这两个院的工作。还有两个院分别控制商业和工业。其余4个院处理外交、陆军、海军和司法事务。每个院由院长、副院长和4名委员组成。每个院均设有自己的办公厅，在"监察官"的监督下分头工作。这种设若干院的体制是从丹麦和瑞典抄袭来的，各院的副院长起初都是由外国人担任。

在地方政府的改革方面，彼得进行了许多试验，但是没有一项获得完全成功。1708年顿河流域的哥萨克人发生骚乱之后，整个俄国划分为8个大省，每省置于省长的控制之下。要是再次发生骚乱，省长有全权动用军队。1713年，彼得将这一治安措施发展成一个全面改革地方政府的计划。他在每个省建立了参事委员会，负责收税，并协助省长处理其他非军事事务。理论上，参事由当地贵族选举产生，但实际上大多由参政会委任。1715年，省又划分成许多地区，每个地区由一名参事管理。这个体制于1719年摒弃。在那一年，俄国划分成50个省，每省由参政会任命的省长管理。省长在一名收税员，一名森林官和另一名负责征收军粮的官员协助下开展工作。收税员由负责国家岁入的那个院指派，其他的均由参政会任命。然而，这种新体制证明代价太高，彼得死后3年就摒弃了。即使彼得在世的时候，新体制在很大程度上也是多余的，因为在1722年以前，大部分军队驻扎在俄国的欧洲部分，团级指挥员受命收税和征收军粮。

地方官员甚至用不着管理司法，因为彼得的目的之一就是保持行政和司法分离。1725年，俄国有10个审判区，每区都有自己的巡回法庭。然而，法律程序又慢又烦琐，因为1649年以前就没有一部法典。彼得一直想把1649年以来颁布的法律，协调一致但是只有刑法得到阐明。1715年，一部军事法典准备就绪。次年，彼得宣布，法典中关于刑法的部分也同样适用于全国百姓。100多种重罪犯可被判处绞刑、枪决、杀头、烧死、刺刑和车裂等死刑。轻罪犯则被罚送到船上或矿山做苦工，降低社会地位，或坐班房。国家不向普通犯人提供膳食，他们手镣脚铐地被带出去沿街求乞。按照1698年的一项法规，法庭只需考虑书面作证，但是1723年彼得发布了新的指示，允许法官面对面地听取证人和被告的证词。证词的有效程度取决于证人的社会地位。法律规定，教士的证词要比俗人的有效，贵族的比农民的有效，男人的比女人的有效。但是，最受重视的证词是被告的供词。

在对待教会方面，彼得废除了大主教，使教会服从他本人，终于赢得了一场持续两个多世纪的斗争。1721年，乌克兰主教费欧凡·普罗科波维奇为沙皇的这一行动辩护，指出，大主教声称"自己跟沙皇本人权力相等，甚至更加崇高"，在政治上带来了许多不便之处。后来普罗科波维奇又断言，虽然君主直接从上帝那里得到了至高无上的、无可争议的权力，但是专制制度也因得到了全体人民的赞同并为全体人民谋利益而得以存在。那第二个论点是彼得的外国行政顾问提出来为国家的存在辩护的。彼得本人于1721年宣誓效忠这个国家。废除大主教以后，1721年设立了宗教会议来管理教会。宗教会议在结构上与"院"相似，但起先完全由教士组成。然而，第一任主席死后，这个职位被废除了，由一个非神职人员担任监察官，指导宗教会议。彼得在教会管理方面的改革，对教区教士无甚影响，虽然他曾命令宗教会议提高这些人的纪律和教育水平。另外，彼得把大约1.4万名修士和1万名修女视作社会寄生虫。为了防止他们人数继续增加，小的修道院被关闭，进其他修道院也受到严格控制。至于旧教徒，彼得不准他们进入国家机关供职，并向他们加倍征税。但是，作为一个教派，他们还是享有信仰自由；只有在政治上发表批评意见的人，才受到拷问或监禁。

彼得建立一个普通教育制度的努力，几乎得不到人们的合作。17世纪末，俄国只有一家出版社，一个教育机构——莫斯科斯拉夫语—希腊语—拉丁语学院。两者都掌握在教士手中。1701—1715年，彼得开办了一所海军学院、一所工程学校、一所炮兵学校和一所医学校。但是，上学的人很少，1714年不得不强迫贵族子弟入学。1715年，各省"为各阶级的年轻人"开办了第一批小学，由海军学院提供教师，海军部承担经费。到1722年，共有小学42所，学生2000名左右。然而，到了1725年，学校只剩下28所，学生只剩下500

人，主要因为主教规劝教士不要让自己的子弟进普通学校读书。主教们已在1721年着手在自己的管区内开办学校。到1725年，已有教区学校46所，由斯拉夫语—希腊语—拉丁语学院为他们提供教师。彼得死后几个月，海军部提议将普通小学和教区学校合并，但遭到了宗教会议的拒绝，剩下的普通学校也大多关门大吉了。

彼得还企图通过提供合适的图书的办法来教育贵族、商人和文职官员，但这一企图也同样没有成功。他亲自挑选了莫斯科宗教会议出版社印刷的许多书籍；圣彼得堡的一家出版社和荷兰的两家出版社也奉命专门为他出版算术、航海和天文等方面的教科书，其中还包括第一部关于哥白尼学说的俄文著作。然而，有关圣徒生平的书籍倒还销售了数千册，奉彼得之命印刷的书籍却很少有人问津。有文化的俗人爱看描写外国年轻贵族谈情说爱的小说，而在1750年以前，这类小说在俄国没有出版过。

1725年彼得死后，君权的专制性质形式上没有改变，但此后再也无人像彼得那样亲自地、直接地行使那个权力了。紧接着的几位继承者大多数是女人。她们追求舒适，喜欢娱乐，对令人生厌的朝政毫无兴趣，乐于找人代行职务。

彼得死时，没有人知道谁将继承皇位。他的独生子阿列克谢据说参与了1719年企图推翻彼得的阴谋活动，已被处决。3年以后，皇帝修改了继承法，允许在位的君主自选继承人，但他却未能指定自己的继承人。他死后，唯一在世的男性后嗣就是他的孙子、倒霉的阿列克谢的儿子彼得。彼得·阿列克谢耶维奇对皇位提出继承权，得到了戈利钦、多尔戈鲁基和俄国其他主要贵族家族的支持。他们希望，一旦一个10岁的孩子当了皇帝，他们就能把彼得带进贵族的新成分清洗出去，恢复特权贵族的杜马，让俄国重新回到彼得使其偏离的轨道上去。在其他对皇位提出要求的人当中，陆军元帅缅希科夫特别支持皇后叶卡捷琳娜。叶卡捷琳娜本是个利沃尼亚的农家姑娘，后来成为皇后。她的地位的变化同缅希科夫的地位的变化同样是巨大的，她跟他一样关心保住自己的地位。

缅希科夫处于非常强有力的地位，坚持叶卡捷琳娜的权力要求。作为陆军院院长，他指挥着近卫军。他事先重赏了普列奥布拉任斯基团的官兵。正当开会讨论皇位继承问题的时候，他命令该团包围了圣彼得堡皇宫。在这种情况下，多尔戈鲁基家族及其同伙别无他路，只得屈服。叶卡捷琳娜依据自己的权力被宣布为女皇，但实际上的独裁者是缅希科夫。缅希科夫也很清楚，选择叶卡捷琳娜只是权宜之计，因为新即位的女皇健康不佳，她的生活方式也未使情况得到改善。如果她死了，他没有第二个候选人可以支持，不得不提出同特权贵族联盟妥协。因此，只要他的对手同意彼得跟他的一个女儿结婚，他就准备接受彼得·阿克列谢耶维奇为叶卡捷琳娜的继承人。交易做成了。按照1722年继承法的条款，叶卡捷琳娜立下遗嘱，提名彼得·阿列克谢耶维奇为第一继承人，彼得后面是她的两个女儿叶利扎维塔和安娜·彼得洛夫娜。

多尔戈鲁基家族方面的成交条件是要求分享一部分叶卡捷琳娜给予缅希科夫的权力。结果双方达成协议，成立由两派人士参加的最高枢密院。新成立的枢密院的会议本当由女皇亲自主持，但是，几次会议之后，叶卡捷琳娜对枢密院工作失去了兴趣，允许枢密院在她缺席的情况下也可制定法律。到1727年，枢密院已经接管了参政会和那些院的许多重要职责。彼得大帝设计的那个行政体制不复存在了。

1727年5月，叶卡捷琳娜驾崩。缅希科夫履行自己的诺言，宣誓效忠彼得·阿列克谢耶维奇。但是，彼得是多尔戈鲁基家族的候选人，这是个无法改变的事实。新皇帝一即位，缅希科夫就感到自己的地位很不稳固，因而心神不安。1727年夏末，这位陆军元帅身患重病。他深信自己将不久于人世，就写了一封遗书，要求皇帝照管他的家属。6个星期以后，他病好了。但是，当他去上班的时候，发现在他生病期间多尔戈鲁基家族并没有虚度光阴。他们赢得了最高枢密院里独一无二的中立者——副院长奥斯特曼的忠诚。他们还将自己家属的一名成员安插到皇室，当上了皇上的教师。最为严重的是，他们已经控制了普列奥布拉任斯基和谢缅诺夫斯基两个近卫军团。缅希科夫试图恢复自己的权力，但是没有近卫军的支持，他毫无希望。他遭到逮捕、审讯，同全家人一起被流放。他一走，多尔戈鲁基家族马上着手巩固自己的地位。缅希科夫的支持者被逐出最高枢密院。皇帝同阿列克谢·多尔戈鲁基的女儿叶卡捷琳娜订了婚。政府迁回莫斯科。"机密处"被废除。彼得大帝庞杂的地方政府体制，在节约的借口下被废弃。省长得到了完全的自治权。有两年半时间，皇帝在莫斯科附近的乡间打猎，消磨了整个春夏。由于最高枢密院的成员奉命陪驾，国内的管理工作实际上已经陷于停顿。

假如彼得活到成年，他祖父的事业很可能荡然无存。但是1730年1月，就在指定他跟叶卡捷琳娜·多尔戈鲁基结婚的那一天，他出天花死了。最高枢密院需要挑选一个新的候选人，但是内部意见发生了分歧。阿列克谢·多尔戈鲁基在一份文件上伪造彼得的签名，提名叶卡捷琳娜为继承人。枢密院的大多数成员则支持该院另一名成员德米特里·戈利钦提出的不同方案。戈利钦记得瑞典的君权在查理十二死后是怎样被限制的，认为此刻正是向俄国君主专制体制发起一次类似进攻的时机。他挑选彼得大帝的一个侄女、死了丈夫的库尔兰公爵夫人安娜·伊凡诺夫娜作为皇帝候选人。他提出，假如安娜事先同意接受戈利钦本人提出的一些"条件"，那么就把皇位给她。这些"条件"是：在她自己的婚姻、选择继承人、宣战、缔结和约、任命上校以上头衔的官员或处死贵族等问题上，事先要取得最高枢密院的同意。枢密院还将拥有对军队和近卫军的指挥权。

他们给住在米塔瓦的安娜去了信，信中提出了上述建议。她接受了"条件"，动身前往莫斯科。但是，在她抵达首都之前，最高枢密院遭到了一些意想不到的人的反对。1730年1月，各地贵族云集莫斯科，准备参加彼得的婚礼，结果却发现要他们决定君主政体的命运。他们获悉安娜已经答应与最高枢密院分享权力时，无不感到震惊。有些贵族认为，要分享君权的话，也应跟整个贵族阶级来分享。另一些贵族则论证说，只有恢复专制制度，才最符合贵族的利益。

2月25日，安娜抵达莫斯科后两个星期，在克里姆林宫接见贵族代表团。诗人外交家安季奥奇·坎捷米尔率领一个代表团请求女皇收回专制君主的称号和权力，还提出了一些别的方案供女皇考虑。但是，当近卫军侍官把刀剑摇得叮当作响，明确表示希望恢复君主专制体制的时候，安娜拿起并撕毁了她在米塔瓦签署的"条件"书。最高枢密院被解散，逮捕、处决或流放了除奥斯特曼以外的所有其他成员。其中有些活得长的，后来在新君主即位时得到赦免。但是，特权贵族联盟从此从政治舞台上永远消失了。安娜保证继承彼得大帝的事业，并将宫廷迁回圣彼得堡，以表此意。

戈利钦为不能实现自己的计划而深感遗憾，预言"那些现在使我哭泣的人，将来会哭得更加伤心"。他的预言证明是对的。贵族阶级虽然使君主专制制度摆脱了心怀叵测的最高枢密院，但却发现面前出现了一个新的敌人。他就是女皇的宠臣恩斯特·约翰·比伦。比伦生于一个威斯特伐利亚人家族，这个家族在17世纪时来到库尔兰定居，并接受了贵族头衔。1718年，安娜曾经帮助过他。安娜登基以后，他跟着来到莫斯科。他在俄国只担任过御马总监（因为他和女皇都喜欢骑马），没有担任过别的官职，但他为人阴险毒辣，影响巨大。安娜根据他的建议，恢复了"机密处"。在她统治的10年里，一万多臣民因有谋逆嫌疑而遭逮捕。俄国贵族把比伦看作"德国邦"的化身。在整个18世纪30年代，德国邦在宫廷里、在政府里均占统治地位。皇室的高级官职统统给了比伦的从库尔兰跟来的朋友。米希赫是个官运亨通的军人，他于1716年跟随彼得大帝，现在成了陆军总司令，副院长奥斯特曼也担任了新的官职。

安娜解散最高枢密院时，曾答应恢复参政会在彼得大帝时代享有的全部特权。但是，时隔不久，参政会又一次遭到贬斥。从1730年3月起，女皇得到由奥斯特曼和两名俄罗斯人组成的女皇陛下办公厅的辅佐。次年，这个人数很少的办公厅重新命名为"大臣内阁"，正式起着女皇和高级政府部门之间的桥梁作用。最后，安娜终于仿效叶卡捷琳娜的做法，准许这个内阁代理朝政。1735年她宣布，内阁的决定和圣旨具有同等效力。由于内阁里的两名俄罗斯人在政治上是无名之辈，行政大权实际上掌握在奥斯特曼手里。

奥斯特曼本人起初对俄罗斯贵族并不抱敌视态度。安娜从米塔瓦到达莫斯科的时候，是他劝告她要深谋远虑，对贵族做些让步。安娜接受劝告，于1730年废除了彼得大帝的限定继承法，并在次年为贵族担任军队官职做出安排。新设立的贵族军事学校，吸收年满15岁的贵族子弟入学。进军校是这个阶级的特权；到20岁离开军校时，他们可直接到团里担任少尉，无须当兵见习。1736年，女皇进一步满足贵族要求，将服役期限于25年，并允许每家留下一个儿子管理家产。可是贵族也真不走运，这项让步是在跟土耳其的战争爆发后不久做出的。在战争期间，1736年圣旨暂停执行。1739年签订和约以后，此项让步按照比伦的指示仍然不予贯彻。

到1739年，贵族中的一批民族主义者公开反抗朝廷中的德国派，为首的叫作阿尔捷米·彼得罗维奇·沃伦斯基，他是彼得大帝手下的一名杰出而又肆无忌惮的年轻行政官。沃伦斯基 1729 年曾担任阿斯特拉罕省省长；但安娜登基后，他回到首都，向比伦献媚求宠，最后在大臣内阁里得到一席之地。进入内阁以后，他感到羽毛已经丰满，要和比伦一刀两断。他把首都所有的不满分子都聚集在自己的周围，其中有教士，也有贵族。比伦知道他们在密谋反对自己，但直到沃伦斯基直接恳求安娜罢免她的宠臣时，他才采取行动。沃伦斯基当即被捕。他在机密处受到拷问后招供：他想毒死女皇，篡夺皇位。比伦处死了沃伦斯基，但是只要近卫军留在首都，他就感到不可能不受到贵族的攻击。早在 1730 年，他为了确保卫队内部对他本人的支持，创建了一个新的团队——伊兹迈洛夫斯基团。该团由他的一个德国朋友指挥，士兵都是从爱沙尼亚人、利沃尼亚人及其他跟俄罗斯贵族毫无关系的人中招募的。沃伦斯基事件以后，比伦跟一个朋友私下谈过，他打算把近卫军干脆调离圣彼得堡，用普通军队取而代之。

  不过，比伦的垮台倒不是由于俄国贵族的民族情绪，而是因为他的德意志同事们的妒忌。安娜在世时，他们不可能劝她跟比伦分道扬镳。但是 1740 年 10 月安娜一死，他们就不甘心扮演次等角色了。安娜的继承人是她的侄女安娜·列奥波多夫娜和不伦瑞克的安东·乌尔里希亲王的儿子伊凡·安东诺维奇。由于皇帝仍是个婴儿，就由比伦出任摄政王。但是，伊凡的母亲是个野心勃勃的女人。她认为自己对摄政王这个位置有优先权，于是谋取明尼赫的支持，把比伦赶下台。明尼赫亲自带领普列奥布拉任斯基团的一支部队夜袭比伦的宫殿以后，安娜·列奥波多夫娜就任摄政王。明尼赫以她的名义管理了三个月朝政。奥斯特曼自彼得大帝死后甘愿实行伺机而动的策略已 16 载，现在感到机会终于来了。他说服安娜·列奥波多夫娜让自己取代了明尼赫的职位。但是，他们的好景也不长，因为 1741 年 11 月，外国的干涉触发了另一场宫廷革命。

  自彼得大帝死后，俄国军队的战斗力已经减弱，但是对波尔塔瓦战役的辉煌胜利，欧洲人依然记忆犹新。奥地利、法国和英国都把俄国视作军事上的盟国，先后请其帮忙。奥斯特曼曾于 1726 年和奥地利结盟，但是自那以后，法国政府不止一次地想把俄国拉入自己的阵营。在波兰王位继承战争中，红衣主教弗勒里曾派使者来圣彼得堡建议结盟，他提出的条件连奥斯特曼也认为是值得考虑的。随着战争的进行，两国中断了外交关系，但是在1739年又互派了大使。弗勒里派了谢塔尔迪侯爵前往圣彼得堡，明确地指示他破坏奥俄联盟。为了达到这一目的，侯爵奉命——如果必要的话——策划一次宫廷革命，把奥斯特曼赶下台去。谢塔尔迪抵达俄国不久，就和彼得大帝唯一还活着的女儿叶利扎维塔公主进行会谈。叶利扎维塔本人并没有政治野心，但是她深受普列奥布拉任斯基团士兵们的爱戴（她在圣彼得堡的宫殿紧挨该团的营房），贵族中的那批民族主义者认为可以推举她为君主候选人。

在劝说叶利扎维塔夺取皇位的过程中，谢塔尔迪得到了瑞典大使和公主的私人医生莱斯托克医生的支持，这位医生每年从法国政府那里得到一大笔钱。叶利扎维塔有几个月举棋不定，然后同意下列计划：瑞典向俄国宣战，瑞军直言不讳地要把俄国人从德国人的桎梏中解放出来，并让叶利扎维塔登上皇位。

瑞典军队已经出动，但是叶利扎维塔仍然犹豫不决。然而，当1741年11月近卫军奉命离开首都开赴前线时，她不得不当机立断了。莱斯托克使这位公主相信，如果她不趁近卫军还在的时候采取行动，那就要坐失良机了。11月24日夜，她在普列奥布拉任斯基团的营房里受到热烈欢呼，带着该团的一连士兵向皇宫进发。到次日凌晨三点，皇帝、他的担任摄政王的母亲、他的父亲、明尼赫，以及奥斯特曼全部被捕。叶利扎维塔发布了登基宣言。她拿出她母亲叶卡捷琳娜一世的遗嘱为自己的行动辩护。她母亲曾安排好皇位继承人的顺序：彼得·阿列克谢耶维奇之后是叶利扎维塔和安娜·彼得洛夫娜。安娜已于1728年去世，但是她的儿子荷尔斯泰因公爵被指定为叶利扎维塔的继承人。为了表示感激之情，叶利扎维塔保证在有生之年不判处任何臣民死刑。奥斯特曼和明尼赫受到模拟处决，然后被流放。大臣内阁被解散，参政会重新享有过去的特权。

从法国的观点来看，这次革命是一个失败。奥斯特曼被捕以后，亚历山大·别斯图热夫－留明出来负责俄国外交，他没有履行叶利扎维塔对瑞典或法国许下的诺言。北方的瑞典军队不但没有被当作解放者来欢迎，反而被打得越过芬兰的沼泽地带狼狈逃窜。而俄国却一丝不苟地履行了对奥地利的义务。莱斯托克做出最后努力，编造证据使奥地利驻圣彼得堡大使德·博特侯爵名声扫地,以便同维也纳断交。德·博特被说成是卷入了推翻叶利扎维塔的阴谋,他的同谋是宫女纳塔莉亚·洛普基娜以及别斯图热夫家族的成员。经过长时间的调查以后,洛普基娜和一名别斯图热夫家族的成员被当众鞭挞,割去手足。德·博特被召离圣彼得堡,但是奥地利政府并没有认真对待对他的指控。

十多年以后,英国驻圣彼得堡代表查尔斯·汉伯里·威廉斯爵士倒真想干预叶利扎维塔对继位的规定。18世纪50年代初期,普鲁士可能进攻汉诺威,英国政府大为惊慌。他们指示威廉斯去见叶利扎维塔,提出如她命令俄国军队开进普鲁士,英国政府愿出重金酬谢。叶利扎维塔起初不愿出动俄军保卫汉诺威,但是1746年以来一直受英国人雇用的别斯图热夫把这一建议说得娓娓动听,于是两国在1755年签订了一项协定。然而,叶利扎维塔还未来得及批准,这项协定就因威斯敏斯特条约的缔结而失效了。英国突然同普鲁士结盟,使圣彼得堡大为惊恐。叶利扎维塔登基后第一次学着她先辈的样子,把权力委托给一个"附属于帝国宫廷的会议"。这个"会议"掌握对外交和军事政策的最高控制权,它的大多数成员赞成恢复俄法两国的友好关系。别斯图热夫和汉伯里·威廉斯决心不惜一切代价阻止这一事态发展。由于女皇同情亲法派是众所周知的,他们就寻求"年轻的朝廷"的合作。汉伯里·威廉斯毫不信任荷尔斯泰因公爵,因为他是个不中用的年轻人,体质虚弱,头脑迟钝,对俄国政治一窍不通。但是,他在1745年娶了安哈尔特-策布斯特的索菲娅·奥古斯塔公主。这位公主一加入东正教,就改名为叶卡捷琳娜。他们的婚姻并不幸福,叶卡捷琳娜在孤独之中将时间用来研究她丈夫的国家的生活和利益。她是个意志坚定的聪明女人,威廉斯认为她能成为一个极好的同谋。英国大使从她的情人斯坦尼斯瓦夫·波尼亚托夫斯基那里发现,她经济上很不宽裕,就赠给她1万英镑的厚礼,并概略地向她提出了他的建议。由于女皇经常患中风,人们普遍认为她将不久于人世。如果荷尔斯泰因公爵即位,叶卡捷琳娜就将宣布为皇后,地位和权力都和她的丈夫相当,就会保证"会议"中止跟法国的谈判。不过,叶卡捷琳娜十分谨慎,她没有拒绝英国大使的建议,但是也没有承担义务。

七年战争爆发了,威廉斯的计划未能实现。1756年12月,俄国加入凡尔赛条约；1757年5月，在战场上由陆军元帅阿普拉克辛指挥但又得听从圣彼得堡的"会议"指示的俄国军队，越过了普鲁士边界。别斯图热夫和汉伯里·威廉斯认为他们的事业已经失败，但是1757年9月又出现了新的希望。阿普拉克辛在库涅斯多夫村打了胜仗之后，女皇又病倒了。如果她死了，叶卡捷琳娜就要掌权，就会中止对普鲁士的军事行动，退出同法国的联盟。但是女皇康复了；在法国新任大使德洛皮塔尔的敦促下逮捕了别斯图热夫。阿普拉克辛也被召回首都，并被逮捕，因为据说（也没有什么根据）他在库涅斯多夫村战役后撤到梅梅尔的决定是在别斯图热夫的要求下做出的。由于别斯图热夫已将文件烧毁，没有发现不利于叶卡捷琳娜的证据。但是她仍然受到怀疑，因为1757年夏天她一直跟阿普拉克辛书信来往。她受到女皇的谴责。吃过一次苦头之后，她再没有反对叶利扎维塔。她完全退出了宫廷，跟伊兹迈洛夫斯基团的一个名叫格里哥里·奥尔洛夫的军官勾搭。起先，叶卡捷琳娜干这种勾当只是为了消遣，但是她熟谙过去一些年月的历史，知道这种关系在政治上大有好处。

1761年12月，叶利扎维塔去世，她的遗嘱得到顺利执行，荷尔斯泰因公爵即位，皇号彼得三世。他一登基，就停止了对普鲁士的敌对行动。皇帝本人非常钦佩弗雷德里克，打算前往波美拉尼亚，将俄军和他本人都交由弗雷德里克支配。但是，他在贵族中很不得人心，他还没来得及出国就丢了皇位。

在整个叶利扎维塔统治时期，贵族继续为争取解放而斗争。叶利扎维塔即位后，曾确认1763年谕旨，把服役期限定为25年，并准备做出更多的让步。18世纪30年代，贵族想出了一种逃避服役的新办法。男性孩子一出世，就把名字写进了近卫军的花名册。这样，他们在婴儿时期就能晋升到军士军衔；刚满10岁，还没有离开父母时，他们已被任命为军官了。而到了25岁，许多人已经达到了将军级别，根据1763年谕旨的条款已够退休资格。比伦曾想阻止这种做法，要叶利扎维塔予以法律制裁。到18世纪50年代，有些贵族强烈要求彻底废除义务兵役制。叶利扎维塔准备做最后让步。但是"会议"劝她至少等到对普鲁士的战争结束以后再说。1761年战争中止后，贵族们要求新即位的皇帝免除他们的义务。彼得显然不知道这会产生什么后果，答应了这项要求。他于1762年2月发布"贵族解放宣言"，准许贵族除战时以外可以随时离开军队，准许贵族到国外自由旅行，条件是，接到皇帝召令后要立即返回。对于宣言的得益者来说，只有一条不足之处。贵族辞去军队职务以后，终身不得再进宫廷觐见。

1762年的宣言完成了贵族的解放事业，但人们并没有因此而对皇帝感恩戴德。对此他也只能责怪自己。他以嘲弄东正教仪式为乐。他侮辱教士，当众辱骂自己的妻子。普列奥布拉任斯基团的步兵连在1742年11月革命中功勋卓著，曾被授予叶利扎维塔"御前近卫队"的称号，它现在被逐出了首都，换上了一支来自荷尔斯泰因的部队。荷尔斯泰因的一位亲王被任命为俄军总司令。

贵族们再也不能忍受任何更多的侮辱。1762年2月，格里哥里·奥尔洛夫和他的几个兄弟开始在伊兹迈洛夫斯基团和谢缅诺夫斯基团里鼓动官兵支持叶卡捷琳娜。6月，推翻皇帝的准备工作已经就绪。6月中旬，皇帝离开首都去乡间度假，然后前往波美拉尼亚和军队会合。在他不在时，奥尔洛夫的一个同谋被捕。奥尔洛夫担心阴谋败露，决定提前行动。6月29日夜，他把叶卡捷琳娜叫到伊兹迈洛夫斯基团营房，唤醒士兵向新女皇宣誓效忠。伊兹迈洛夫斯基团跟彼得的支持者发生了小规模的战斗，但是到天明时，他们领着叶卡捷琳娜来到喀山圣母大教堂，举行了登基谢恩祈祷仪式。

教会没有参与18世纪的宫廷革命。费奥凡·普罗科波维奇在1730年危机时曾主动介入，捍卫君主专制政体，但是宗教会议作为一个整体，不加区别地为每个君主祝福。官方教会的经济地位很不牢固，使它的领袖无意重返政界。

有8年时间，安娜·伊凡诺夫娜朝廷对教会一直敬而远之。但是在1738年，内阁会议抱怨教会农民所欠的人头税达到了不合情理的数字，参政会受权从宗教会议手里接管了教会土地的管理权。叶利扎维塔生性比她的前任更加虔诚，她最先采取的行动之一，就是让宗教会议重新控制教会的土地。然而，七年战争爆发了，宗教会议又一次而且永远地失去了主教的和修道院的地产。1757年，这些土地临时由政府官员管理，他们将一小部分收入分配给宗教会议，其余的交给了财政部。战争结束以后，成立了一个专门委员会，代表财政部永久管理教会土地。

尽管教会在财政上很困难，但是，1721年建立的主教管区的学校到18世纪60年代仍然是教育制度的骨干。1737年，宗教会议指示主教们将教区学校改成神学校，给予学生至少小学以上的教育。由于缺乏资金，这一改变不能顺利进行，但是到了1762年，全国已有26所神学校，大约6000名学生。教学水平并不是很高，但这些神学校向圣彼得堡科学院和莫斯科大学输送了许多学生。

圣彼得堡科学院是一个范围比其名称所表示的更广的机构。它不仅包含一个科学院（按照这个词的本来意义），还包含一所大学和一所大学预科学校。自1726年创建以来，科学院一直兴旺发达。彼得大帝生前曾聘请第一批院士，其中有来自莱比锡的历史学家格哈德·米勒，巴黎的地理学家约瑟夫·德利尔，蒂宾根的博物学家约翰·格梅尔，巴塞尔的数学家尼古拉和丹尼尔·贝努利，以及全欧洲其他真正出类拔萃的学者。到叶利扎维塔登基之时，科学院的一些职位已在俄国人手里。朝廷里的民族主义派和德国帮的政治冲突，反映在俄国教授们想清除科学院内的外国影响方面。1745年，两名德国教授因坚持说9世纪时在留里克领导下定居俄罗斯并建立俄国的北欧人是斯堪的纳维亚人而被免职。别的教授也纷纷离开科学院以示抗议。到1750年，有才能的外国人只剩下米勒一人。

大学和大学预科学校发展得不如科学院快，因为入学的学生很少。从1730年起，教区学校和莫斯科斯拉夫语—希腊语—拉丁语学校的毕业生上大学的费用均由国家负担，但是就连这种方式的劝诱也没有取得多少成功。科学院的教授们认为，首都生活费太昂贵，学生负担不起，而且在一个有着许多纯实利主义教育机构的城市里，大学是不可能兴旺发达的。1755年，圣彼得堡又开办一所大学，设有法律、历史、自然科学和古典文学等系科。这里的情况也是一样，自愿上学的学生人数很少，然而叶利扎维塔答应，上大学的时间可以算作服役时间，以此来引诱贵族子弟入学。

即使做出这一让步以后，上莫斯科大学的贵族也还不如上军事学校的多。军校学员除接受军事训练以外，还学习举止、唱歌、跳舞和外语。到叶利扎维塔统治末年，军事学校已成为首都文艺生活的中心。有个名叫苏马洛可夫的学员翻译了高乃依和拉辛的悲剧，并在俄国宫廷首次上演。他自己还用俄语创作了第一部有独创性的悲剧。军校学员担任这些剧中的角色，在女皇御前演出。学员们还从英语、法语、德语翻译了许多道德题材的文章,发表在米勒院士创办的第一家文学期刊上。18世纪50年代,他们互相协作,出版了第一批小说(几乎都是翻译作品)。与此同时,法语如果说还没有成为宫廷的官方语言,也已是非常时髦的语言了。富裕一点的贵族直接向巴黎订购书籍。叶卡捷琳娜在登基前已经知道孟德斯鸠的《论法的精神》和伏尔泰的《论国家的风俗和精神》。

随着兴趣范围的不断扩大,贵族越来越感到经济上难以支持。在安娜·伊凡诺夫娜统治时期,宫廷成员花费在文化娱乐上的钱越来越多,最后不得不通过立法来限制住房、家具和服装等方面的支出。但是,叶利扎维塔一登基,这种比阔气的风气又重新抬头。贵族以女皇本人为榜样,拼命在圣彼得堡仿制路易十五宫廷里的每一样用品。在叶利扎维塔去世以前,彼得大帝封赠的贵族有不少破了产。还有一些贵族借了贵族银行的钱。那家银行是1754年由财政部提供资金开办的,它用贵族的地产做抵押,以6%的利率提供贷款。接受银行援助的贵族,当时并未认识到他们在把自己置于国家的束缚之下。这家银行开办80年以后,贵族全部地产的2/3以上已抵押出去,而且没有希望赎回。

有远见卓识的贵族将钱投资于工业。18世纪60年代末期,根据一项估计,在325家工业企业中,贵族拥有或管理的就有68家,其比例超过了这个世纪的任何时候。比伦的一个朋友以他的名义向国家租借了乌拉尔的一批铁工厂,比伦从中得到了一大笔收入。中等财力的贵族,特别是实行缴纳年税的地区的贵族,利用农奴劳动力在自己的庄园里开办了酿酒厂、制革厂、麻织厂和棉织厂。

然而,对大多数贵族来说,增加收入的唯一途径是对土地实行精耕细作。在许多缴纳年税的庄园里,每个农民的应付款增加到4卢布。在土地比较肥沃的省份,农民每星期要被迫为地主干6天活。他们根本没有自己支配的土地,而是靠从地主那里领取固定的口粮维持生活。结果,农民经常反抗、逃跑。中央政府希望摆脱维持农村治安的重担,于是,授权地主对付不服管的农民。到叶卡捷琳娜即位的时候,地主无须公开起诉,就可将农奴放逐或判处徒刑。

彼得大帝死后,国家财政管理混乱不堪,一连几年没有收支账目。在和平时期,农民缴纳人头税有很大的灵活性,然而一旦战争爆发，他们必须立即付清全部欠款。18 世纪 30 年代，常用这种应急办法筹集足够的现金，支付军队和政府费用。但是从叶利扎维塔登基之日起，国家几乎一直濒于破产。1749 年，叶利扎维塔将恢复财政平衡的任务交给了参政会的彼得·舒瓦洛夫。舒瓦洛夫展示了彼得大帝手下"赚钱能手"的那种才略。他采取的第一个步骤是提高各种国家垄断商品的销售价格。贵族银行的资本是由国家伏特加垄断企业的利润提供的。舒瓦洛夫将盐价提高两倍，一年就筹款 50 多万卢布。七年战争初期，他按照彼得大帝的办法，把一大部分教会收入拨给了财政部。后来遇到急需花钱的时候，舒瓦洛夫又将征收个别间接税的权力交给了商人；商人在得到这种特许权以前，必须事先交付一笔数目可观的钱。

舒瓦洛夫关于经济事务的进谏，并不限于预算。1753 年，他建议废除国内所有的关税关卡。这一建议在次年得到实施。为了补偿因国内不征关税而造成的经济损失，遂提高了外国商品的进口税。1731 年曾降低奢侈品的进口税，作为对贵族的一项让步，但是 1757 年舒瓦洛夫起草了一部新的关税法，征收高达 100% 的关税。1725 年到 1762 年间，俄国的对外贸易增加了 3 倍多，每年的出口总额达 1100 万卢布，进口额将近 850 万卢布，收支差额的比例缩小了。最重要的出口商品是乌拉尔的铁，最大的主顾是英国。18 世纪 30 年代，英国商人在圣彼得堡享有优惠特权。就是在七年战争期间，英国虽然是俄国的敌人，两国的贸易也没有遇到严重的障碍。

（严维明　译）

第 十 五 章

斯堪的纳维亚和波罗的海沿岸国家

斯堪的纳维亚各国之间断断续续进行了长达一个半世纪以上的艰苦卓绝的战争以后，随着北方战争的结束，斯堪的纳维亚各国进入了一个迫切需要的和平时期。这场战争归根结底是丹麦和瑞典两个强国为在政治上、经济上控制松德海峡和波罗的海而进行的斗争，但是其他斯堪的纳维亚国家，挪威由于和丹麦属于同一王朝，芬兰公国由于是瑞典王国的组成部分，因此也都受到严重影响。这场斯堪的纳维亚国家之间的冲突到了最后阶段，即在北方战争期间（1700—1721年），与另一范围更为广阔的斗争——许多国家反对瑞典用武力建立的波罗的海帝国的斗争——错综复杂地交织在一起。丹麦—挪威在战争中的盟国先后包括萨克森、俄国、波兰、普鲁士和汉诺威。

就斯堪的纳维亚国家之间旷日持久的冲突来说，北方战争后的解决办法维持了将近一个世纪，而当时划定的丹麦、瑞典和挪威三国的边界却一直沿用至今。丹麦对用武力收复17世纪时丧失给瑞典的斯科特、哈兰德和布莱金格三省已经完全不抱希望，挪威对失去黑尔耶达伦、耶姆特兰和布胡斯伦三省同样也只能望洋兴叹。1718年查理十二死后，瑞典立即放弃了征服挪威的企图，直到18世纪末才又重新打算兼并挪威，不过那时已经不再使用赤裸裸的武力征服的办法了。

在北方势力范围内，丹麦—瑞典战争使两大斯堪的纳维亚阵营之间出现了均势，这种均势一直持续到大动荡的拿破仑年代。从欧洲的力量对比来看，这场旷日持久的冲突所产生的最重大的结果是俄国和普鲁士成为波罗的海沿岸的强国，斯堪的纳维亚国家则降为二流国家。从1720年起，瑞典和丹麦不再是欧洲强权政治的主要参与国。

在18世纪的剩余年月里,它们的历史很大程度上是由大国的政策,尤其是俄国、英国和法国的政策决定的。

斯堪的纳维亚国家战后所面临的问题在许多方面是相似的。丹麦—挪威和瑞典—芬兰都迫切需要一个和平环境和时间来恢复北方战争给它们的财政和经济生活造成的破坏。两国所能用来对付战后问题的人力资源非常接近,都有150万左右人口。它们为解决恢复和重建问题所采取的许多措施也大致相同。两国都为筹款而变卖王室的土地;为供养与日俱增的人口而发展农业;还按照当时欧洲盛行的重商主义原则鼓励工业、商业和海运业。两国都急于跟高一级的富裕大国结成联盟,签订补贴条约,以恢复自己在欧洲的地位;两国都想巧妙利用外交形势,利用自己在船舶、军事和商业方面的资产,来获得这样的条约和联盟。最后,两国都尊重欧洲国家的礼让,都具有欧洲人的见解。像在其他欧洲国家首都一样,重商主义理论在哥本哈根和斯德哥尔摩占支配地位。但是,随着时间的推移,自由经济理论从英国、法国和德国传到了北方,重商主义理论开始经受考验。西欧国家对科学和技术研究表现出的兴趣,在斯堪的纳维亚也表现得十分强烈,重农主义思想在两国也得到迅速反响。18世纪初期,虔信主义运动声势浩大;1750年以后,理性主义和启蒙思想渐占优势。当时的这些宗教、艺术和文化的推动力也很快推移到北方。

虽然丹麦—挪威和瑞典—芬兰战后所面临的问题大同小异,虽然斯堪的纳维亚国家都具有类似的思想基础,但是两国对国内问题,对外来影响的反应却各不相同。由于两国有着不同的历史背景,有着不同的社会结构,它们对问题强调的方面也不同,每个国家都在不同的社会和宪法结构里行事。两国过去长期不和,因此看不到彼此存在着共同利益,而理论上互相对立的政体,又使这两个国家彼此产生隔阂。对于丹麦—挪威来说,18世纪丹麦的特点仍然是认为专制政体——仁慈、开明的专制政体,但仍是专制政体——是最好的政治制度。而18世纪瑞典的主要特点则是直到1772年一直强烈反对专制政体,试行议会政治,名曰"自由时代",即要摆脱专制政体。

整个18世纪,丹麦王国的多数臣民对专制政体心满意足。专制政体是1660年政变后采用的政治制度,一直要沿用到1848年。他们感到庆幸的是，"孪生王国"（这个名称通常用来指1660年到1814年期间的丹麦—挪威）没有像1718年到1772年间的瑞典那样经受党派斗争之害，他们的命运和别的君主国比较起来，也还算不错，别国的专制政体还不如奥尔登堡王朝那样仁慈，那样开明。1660年政变是针对旧贵族的。然而，奥尔登堡王朝至今对他们还抱怀疑态度。1730年打开腓特烈四世的遗嘱时，发现里面包含对他的继任者的告诫，要他警惕旧贵族企图通过使用武力或渗入政府机关的办法恢复政权。这种担心在很大程度上是缺乏根据的，因为旧贵族已被剥夺特权，又遇上了一个农业萧条时期，到了18世纪已无力与专制政体分庭抗礼。旧贵族的人数在不断减少，他们的社会和经济地位跟奥尔登堡王朝封授的新贵族以及正在崛起的市民阶级相比，也相形见绌。然而，奥尔登堡朝廷的担心说明，历代丹麦国王对于旧贵族，甚至对于居高位的非贵族人士，抱着不信任的甚至是病态的怀疑态度。因此，非常明显，在1776年以前的整个时期里，政府宁可使用非丹麦人。德意志各邦跟丹麦在地理上相邻，王朝之间的关系也相似，野心勃勃的人便源源不断地来到这个国家；来自挪威以及石勒苏益格和荷尔斯泰因公国（前者完全、后者部分地为丹麦君主占有）的人常在政府里、军队里干得很出色。18世纪奥尔登堡王朝的君主们知道怎样选贤举能来帮助专制政体运转。其中著名的有舒林、毛奇以及伯恩斯托尔夫叔侄两人，还有其他一大批次要而又胜任的文职官吏。国王按照专制政体的传统，想亲自掌握外交和军事大权，但是1746年以后，这个王朝的两代君主一代不如一代，缺乏领导能力，直到1784年为止这些方面的决策工作也已变成为大臣们的职权范围。

启蒙运动的批判和推理精神，在丹麦并不针对体制问题，虽然它激烈攻击旧政权的社会和经济制度。总的来说，这种积极的批判精神受到君主的鼓励，因此当时人们感到，专制体制的家长作风使得合理的变革更加可能，更加切合实际。不管怎样，君主独裁体制经受了考验：虽然大臣和统治者不断更迭，不同的政务委员会却具有连续性。1766年前奥尔登堡王朝的三个君主当中，通常认为腓特烈四世（1699—1730年）最为成功：他是个有才能、有干劲的君主，满腔热情地致力于解决战后国家存在的问题。他的儿子克里斯蒂安六世（1730—1746年）却是个不大出色的国王，不过他强烈的责任感和虔信宗教，使他急于促进他的臣民的教育和福利事业。即使意志薄弱、放荡不羁的腓特烈五世也能选用好的顾问，尽管他无意在国家管理中发挥独立作用。在他统治时期，政务委员会的权力越来越大，国王的顾问们，或者委员会的委员们（他们统称大臣）的影响是如此之大，以至出现了一种委员会政体，这跟君主专制主义理论是水火不相容的。腓特烈五世在世的时候，这种体制还很成功。但是，他的儿子克里斯蒂安七世开始统治时，他父亲留下来的由大臣掌权的委员会政体，跟希望遵循1660年腓特烈三世为专制君主规定的训谕的年轻国王发生了冲突。这一冲突，加上克里斯蒂安七世患有精神病，便为1770年到1772年的施特鲁恩泽试验铺平了道路。

丹麦在18世纪最引人注目的国内问题，是丹麦农民与国家的农业发展和繁荣之间的关系问题。丹麦农民的地位和挪威农民有很大不同，丹麦已经几乎不存在自耕农，而挪威的大部分农民拥有土地，因为当地的贵族已经消亡，17世纪和18世纪初期出售王室的土地时，王室佃户可以购进土地。在丹麦，虽然王室土地同样供出售过，但是这里的佃农无力购买土地，土地都卖给了富裕的新贵族和市民。这两个阶级一般来说，都是不在地主。18世纪40年代的一场牛瘟，结束了对德意志和荷兰的、迄今有利可图的牛出口贸易，使日德兰半岛的最后一批自耕农破了产。国王请来了德意志农业专家，着手开垦日德兰半岛的荒地，种植马铃薯，想以此来改善那些自耕农的命运，但是这样做进展势必缓慢。对于丹麦的广大农民，那些岛上的佃农，国王则无能为力。腓特烈四世为了使佃农摆脱对庄园主的完全依赖，曾于1702年废除家奴制（该法将农民终生束缚在他出生的庄园中），规定除了在6年服兵役期间，农民只要事先通知地主，就可以自由迁徙。然而，战争和农业萧条使地主和佃农都贫困不堪。佃农拖欠地租，地主则用增加佃农在庄园的劳动量来进行补偿。农民开始逃离土地。年轻的农民前往城市，或者加入由不满的农民和逃兵组成的乞丐队伍。由于这一发展，庄园主向国王施加压力，要求恢复家奴制。国动拒绝采纳这一倒退办法，但是在1733年，克里斯蒂安六世为确保土地有足够的劳力，军队有足够的兵员，同意了一个折中方案，即"农民附属于土地"法，规定农民在服兵役年龄（即14岁到36岁）不得离开庄园。地主利用这一法令，将农民更加牢牢地束缚在庄园上。后来，士兵服役期满后按照法律也要返回自己出生的农庄里，跟废除家奴制前的情况并无明显不同。

虔信派教徒和理性主义者都从道德的角度抨击"农民附属于土地"法，而政治经济学家则极力主张需要改良丹麦经济的支柱——农业。他们列举了挪威的例子。在挪威，国王奖励种植块根作物，奖励改良牛种，促进了农业发展。在丹麦，由于一向实行公社式的耕作制度，农民对这种鼓励无动于衷，因此收效不大，或者毫无结果。国王以及许多进步的庄园主和对农业新思想感兴趣的农村教士，都竭力教育国民实行变革。为培养有志进国家机关工作的青年贵族而开办的索勒学院也鼓吹农业改革。1755年国王生日那一天，腓特烈五世邀请臣民提出全面发展"孪生王国"经济的建议，并答应由君主花钱出版所有有价值的建议。于是，1757年到1764年间出版了8卷《丹麦—挪威经济杂志》，用大量版面刊登了改进耕作方法的建议和改善丹麦农民命运的方案。"农民附属于土地法"被认为同农奴制并无两样，受到了批判，公社式的耕作制度也受到谴责。他们建议允许佃农的孩子继承土地，因为在废除公社式耕作制并用固定地租代替旧制度的自然地租和劳力以后，这样做也许不但能鼓励农民赡养家庭，还能鼓励他改良土地。他们恳求君主实施这些以及其他变革。但是，王室的收入是通过征收土地税得来的，这得依靠地主，军队兵员的补充也得依靠地主，因此国王不能操之过急。1757年，他任命了一个委员会，仔细研究废除公社式耕作制的办法。他虽然没有马上实施改革，但也颁布了一些有利于变革的法令。委员会的工作对宣传新思想大有好处，一些地主个人在改进耕作方法和改善佃农命运方面所树立的榜样作用甚至更大。因此，本章所论述的时期是为18世纪末期的伟大土地改革和农民解放准备条件的一个过渡时期。

奥尔登堡专制王朝总的经济政策，是要使"孪生王国"互相补足。因此，1735年宣布整个挪威南部地区停止进口外国谷物。挪威的铁、玻璃和其他产品在丹麦市场享有垄断权，丹麦商品在挪威也得到对等的特权，从而进一步统一了两国经济。然而，应当注意到，这一制度始终受到大规模走私活动的考验，尤其在挪威，人们十分重视同英格兰和苏格兰的传统贸易关系，而且发现英格兰纺织品比哥本哈根的产品质量好，价格（即使是走私货的价格）便宜。丹麦—挪威奉行重商主义制度，向准许进入国内市场的外国商品征收高额关税。从1735年起，随着本地工业企业的上马，越来越多的商品被下令完全禁止进口。1736年丹麦开办了一家银行，为帮助工业提供利率公道的贷款。但是，虽然银行办得很成功，许多新建工业仍然有名无实。请来的外国专家有时是在本国找不到出路的冒险家，国王和政治家在产品和工厂的问题上常常容易上当受骗，白白花去大笔钱财。回过头来看，还是加工和销售"孪生王国"及其殖民地的土产品有利可图。但是应当记住，就是在新工业没有牢固建立的领域，重商主义政策的目的在一定程度上也已经达到：它提供了就业机会，防止了两个王国的金银外流。至于宫廷把浩大费用花在宏伟的建筑工程和奢侈品上，这种开支对国民经济的不利也必须从重商主义的角度去看待。

贸易和海运同样受到鼓励。王室对西印度公司、非洲公司和贸易总公司等贸易公司大量投资，保证其正常营业，并劝告或强迫（如采用按比例克扣政府官员工资的办法）他们的臣民也照此办理。最成功的是亚洲公司，它经营的东方货物在欧洲销路很好。1746年到1756年期间，国王跟许多地中海国家议订了通商条约。这些条约在七年战争期间促进了丹麦—挪威在地中海的贸易和货运的发展。战争年月为斯堪的纳维亚国家的海运业普遍带来了繁荣。

重商主义的垄断原则在本章所论述的时期只是略有改变而已。"孪生王国"的其他城镇对哥本哈根享有的许多特权非常不满。由于大家的批评，国王取消了首都进口盐、烟、酒和蒸馏葡萄制成的白兰地酒等"四种"所谓贵重商品的特权。哥本哈根作为国家经济的神经中枢的地位是毋庸置疑的，但是在挪威，年轻的新兴城镇也分享到旧港市的一些特权。对挪威来说，这个世纪是在物质上和文化上都得到发展的一个世纪。挪威人开始感到中央集权政体已不如从前那样适合他们国家的生活方式了。他们请求拥有挪威自己的政务委员会、高等法院、银行和大学。但是这些要求全部遭到拒绝，因为违反了中央集权制国家的精神，中央集权国家要求为了整个君主国的繁荣昌盛而将地方利益搁在一边。请求者这时还没有想到脱离丹麦，也没有批评奥尔登堡专制王朝的意思。专制政体确实大大改善了挪威对于丹麦的地位。1660年前倾向于把挪威看作丹麦统治下的一个诸侯国，现在则认为它是"孪生王国"的平等伙伴了，因此在动荡的大革命和拿破仑时代产生一个主张脱离丹麦的民族主义运动以前,专制政体广为挪威人所接受。①

国王一方面重视恢复"孪生王国"的经济,另一方面还努力提高丹麦在欧洲的地位。表面上,丹麦—挪威是北方战争的一个战胜国,但同反瑞典联盟的其他伙伴相比较,它实际上得利很少,用当初的期望来衡量是令人失望的。得益最明显的是在财政方面,丹麦把自己占领的日耳曼诸省归还给瑞典,把不来梅归还给汉诺威,瑞典和汉诺威都付了钱;瑞典还放弃了自 1613 年以来它一直享有的松德海峡关税豁免权。然而,丹麦最重大的胜利是瑞典放弃了同荷尔斯泰因－戈托尔普公爵的传统联盟,同意将石勒苏益格公国的公爵领地部分交给丹麦王。腓特烈四世把石勒苏益格公国分散的公爵领地部分和王室领地部分合并起来,终于能开始扭转把石勒苏益格和荷尔斯泰因两个公国分裂成公爵领地部分和王室领地部分的进程了;这一进程是从 16 世纪中期开始的,当时克里斯蒂安三世从两个公国中把土地分给他的兄弟们。到 17 世纪,这种做法的潜在危险日渐明显,瑞典跟独占两个公国非王室领地部分的荷尔斯泰因－戈托尔普公爵在王朝上和政治上结成了联盟。通过这一联盟,瑞典获得了一扇在战时能进入丹麦王国领土的后门,挫败了丹麦用武力重新并吞石勒苏益格—荷尔斯泰因的公爵领地部分的企图。1720 年和约标志着丹麦重新有效控制两个公国的政策取得初步成功。然而,丹麦人都意识到,瑞典改变传统政策可能不会持久。和约是由瑞典的新国王——黑森的腓特烈议订的,他放弃荷尔斯泰因－戈托尔普事业有他的个人原因:与他争夺瑞典王位的劲敌,就是荷尔斯泰因－戈托尔普年轻的查理·腓特烈公爵(见原书第 332、351—352 页)。假如腓特烈没有子嗣,到时这位公爵很可能被选为瑞典国王。果真这样,他肯定会拒不执行 1720 年条约中那些与他在石勒苏益格的利益相违背的条款。为了以防万一,腓特烈四世得到了丹瑞和约的两个调解国——法国和英国——就他对整个石勒苏益格的权利所做的保证。

在 18 世纪末,丹麦的外交政策有两个主要目标:一是劝说英法

---

① 我们有时仍可在挪威历史学家的著作中看到 19 世纪流行的那种反丹麦态度的痕迹,那是 J. E. 萨尔斯的观点的共鸣,但是总的来说,大家日渐认为,奥尔登堡专制王朝真心实意地想要实现两国的幸福昌盛。

以外的其他国家承认丹麦王室对整个石勒苏益格的权利；二是劝说他们承认丹麦王室也是荷尔斯泰因那些分散的公爵领地部分的合法主人。北方战争期间，这些领地大多被丹军占领；但这一占领没有得到任何大国的承认。由于腓特烈四世（他是荷尔斯泰因王室领地部分的君主）和荷尔斯泰因－戈托尔普公爵的太上皇查理六世皇帝表示反对，有些领地只得归还。

虽然这两个目标在1773年以前一直是丹麦外交政策的指导原则，但在最后取得成功之时，两个公国仍是丹麦王室的领地，并没有成为丹麦王国的组成部分。腓特烈四世解除了他在石勒苏益格的新臣民对荷尔斯泰因－戈托尔普公爵的效忠宣誓，但是两个公国仍由丹麦大法官厅中负责德意志事务的部门分别管理，没有让负责丹麦事务的部门来管理，后者管理"孪生王国"。两个公国与丹麦本土之间原有的海关关卡依然存在。按照老传统，荷尔斯泰因是日耳曼民族的神圣罗马帝国的组成部分，而北面的石勒苏益格虽然不是神圣罗马帝国的一部分，但根据1460年宣言同荷尔斯泰因永久结合在一起。这种老传统造成了许多困难，使得腓特烈四世无法实现他行政管理一体化的愿望。对于腓特烈四世的新臣民在1721年向丹麦王室效忠宣誓的措辞，历史学家向来有各种不同的解释①，虽然这方面的问题要到19世纪的民族主义时代才有些实际意义。

347 由于俄国支持荷尔斯泰因－戈托尔普公爵，1723年到1727年出现了战后第一次围绕石勒苏益格—荷尔斯泰因问题的危机。沙皇彼得对腓特烈四世十分恼火，因为他拒绝让他的儿子娶沙皇的女儿安娜为妻子，甚至不让他接受沙皇头衔。因此，俄国开始实施一个新的计划，要把安娜嫁给丹麦国王的不共戴天之敌，荷尔斯泰因－戈托尔普的查理·腓特烈。俄国邀请他去圣彼得堡，并保证他继承石勒苏益格和荷尔斯泰因的公爵领地。丹麦逐渐感到忧虑，担心俄国可能会发动一场战争来收复这位年轻公爵的遗产。这种担忧驱使腓特烈四世向英格兰的乔治一世靠拢，因为英格兰国王是汉诺威的选帝侯，如果北方发生新的战争，他也会为不来梅和费尔登担心。1723年到1726年间

---

① 见克里斯蒂安·埃尔斯勒夫1901年、1902年和1913年的三篇论文，载《历史研究论文集》(1937年）和霍格尔·伊尔霍特著《1921年戈托尔普斯克并入森代尔耶兰德，成为王国的一部分》(1945年）。

的气氛非常紧张。当时瑞典的荷尔斯泰因派（见原书第355页）势力很大，他们准备宣布查理·腓特烈为瑞典王位的法定继承人，这样他就能拥有一支俄瑞联军，就可进犯丹麦，收复他的公爵领地，进而为瑞典重新征服不来梅和费尔登。然而，荷尔斯泰因派在1726年到1727年的瑞典国会里倒了台，因而任何这样的联合进攻都成为不可能的事了。1727年5月叶卡捷琳娜一世去世，形势变得对丹麦有利。旧俄罗斯派现在在圣彼得堡得势，抛弃了查理·腓特烈的事业，他和他的妻子不得不逃离俄国。1727年到1738年期间，瑞典的外交政策掌握在霍恩伯爵手里，他迫切希望遵守和约。1730年克里斯蒂安六世成为丹麦国王以后，哥本哈根的体制也有了改变，新国王撇开他父亲的顾问，着手改善同瑞典的关系。1725年由英国、法国和普鲁士组成的汉诺威联盟，在一定程度上已把瑞典和丹麦拉入其势力范围，因为瑞典于1727年3月参加那个联盟，成为它的正式成员国。丹麦在乔治一世的倡议下，也根据1727年4月的一项协定，答应在军事上支持联盟。

1731年英法联盟的解体，给克里斯蒂安六世带来了问题，因为从那时起，伦敦和巴黎（经过14年合作之后）在争取北方两个国王的支持方面又一次成为冤家对头。丹麦的最后抉择受到两个因素的影响，一是丹麦已和瑞典建立起友好关系，二是克里斯蒂安六世希望丹麦—挪威和瑞典—芬兰将来能实现王朝联盟。由于荷尔斯泰因派在瑞典已经失宠，查理·腓特烈至少暂时没有成功的希望。克里斯蒂安六世确信，他的儿子——丹麦王太子腓特烈有可能当选为瑞典的王位继承人。因此，当瑞典在讨论王位继承问题的时候，克里斯蒂安为了增加他儿子当选的可能性，于1742年排斥英国，选定与法国结盟，以取悦瑞典的当权派——亲法的礼帽党。这样，法国在外交上争取丹麦的长期斗争终于取得了胜利。从1742年到1762年，"孪生王国"一直属于法国集团。与法国结盟的结果，丹麦几乎无偿地得到了有益的补贴，克里斯蒂安六世成功地使国家置身于奥地利王位继承战争之外，腓特烈五世的大臣们在七年战争期间坚持了中立政策。

然而，在瑞典王位继承问题上，克里斯蒂安六世却注定要大失所望。瑞典农民对丹麦候选人倒还表现出热情，但是，为了赢得其他等级所做的殷勤款待和所花的大笔钱财，都付诸东流了。只有农民一个等级赞成君主主义一事，说明它打算选一个受专制主义传统熏陶的亲王当国王。1743年，瑞典选定荷尔斯泰因－戈托尔普－欧丁的阿道弗斯·腓特烈亲王为王位继承人，廉价从俄国那里换取了1741年到1743年战争后的和约。丹麦大为失望，又开始担心俄国和瑞典会联合起来支持丹麦的敌人。叶利扎维塔女皇已经通过1741年政变成为俄国的统治者，她不但已同荷尔斯泰因－戈托尔普家族和解，而且还宣布1739年以来担任该家族族长的查理·彼得·乌尔里克公爵（查理·腓特烈和安娜的儿子）为她的继承人。由于公爵可能成为未来的沙皇，他的侄子和继承人（因为他还没有子女）可能成为瑞典未来的国王，丹麦的地位看来很不稳固。当阿道弗斯·腓特烈拒不放弃对他可能继承的石勒苏益格—荷尔斯泰因的任何权利时，克里斯蒂安六世很想马上对瑞典宣战。他开始动员丹麦和挪威军队，但是没有发起进攻，事情很清楚，丹麦不会得到任何外国的支持，而瑞典则可指望俄国帮忙。从丹麦—挪威的地位和它当时的财力来看，和解政策是唯一可行的政策。腓特烈五世统治时期也继续奉行这一政策。1751年，汉诺威出生的外交家伯恩斯托夫开始掌管丹麦外交政策，他对通过外交手段实现国王完全占有石勒苏益格—荷尔斯泰因的目标抱有希望。虽然在1762年只是因为丹麦对形势无能为力才避免了战争，但是伯恩斯托夫几乎活到亲眼看到这一目标沿着他1763年到1767年亲自制定的政策路线得以实现。伯恩斯托夫于1770年被迫辞职，1772年去世。交换约定最后于1773年由他的侄子A.P.伯恩斯托夫贯彻实行（见原文第350页）。伯恩斯托夫任期届满时，石勒苏益格—荷尔斯泰因问题已经取得一些进展。当俄国暂时放弃荷尔斯泰因－戈托尔普事业的时候，查理六世曾与安娜女皇一起签订一项协定；根据这项协定，他于1732年承认丹麦占有整个石勒苏益格，换取丹麦对"国本诏书"的保证。在阿道弗斯·腓特烈因不愿屈从叶利扎维塔而失宠于这位女皇之后，丹麦人于1746年得到俄国友好解决两个公国问题的允诺。更为重要的是，1743年战争危险消除以后，瑞典和丹麦之间出现了谅解。掌权的礼帽党于1749年同意，如果阿道弗斯·腓特烈放弃在石勒苏益格—荷尔斯泰因可能继承的一切权利，他就可以得到丹麦的奥尔登堡和德尔门霍斯特公国以及一笔钱。1751年，伯恩斯托夫和礼帽党人安排了腓特烈五世的女儿索菲娅·玛格达里娜

第十五章 斯堪的纳维亚和波罗的海沿岸国家

和阿道弗斯·腓特烈的儿子古斯塔夫未来的婚事，这笔交易也就敲定了。

然而，查理·彼得·乌尔里克公爵于1754年得了一个儿子（未来的沙皇保罗），这些可喜的安排便全都失去了意义。公爵拒绝丹麦提出的关于友好解决石勒苏益格—荷尔斯泰因问题的一切建议。公爵还再三宣称，一旦他当了沙皇，他不但要把丹麦王室从两个公国，还要从丹麦本土撵出去。因此，当1762年1月公爵成为沙皇彼得三世，决心用全俄国的军事力量来收复家传遗产的时候，奥尔登堡王朝和丹麦便到了危急关头。

直到此时，丹麦—挪威还一直置身于七年战争之外。伯恩斯托夫试图奉行对英国和法国两面讨好的政策，没有锋芒毕露地利用1756年与瑞典安排的武装中立来反对任何一方。"孪生王国"的贸易和海运从战争中捞到很大好处。但是，荷尔斯泰因－戈托尔普公爵将要登上俄罗斯皇位的前景，在叶利扎维塔女皇在世的最后一年里日益引起焦虑。当公爵登基成为事实之后，俄国和丹麦之间的战争看来是不可避免的了。沙皇彼得立即与普鲁士的腓特烈二世讲和，以便腾出手来进攻丹麦；腓特烈五世的大臣们决心用武力阻止任何想从丹麦国王手里夺取前石勒苏益格公爵领地部分的企图。丹麦完全占有整个公国是得到欧洲多数大国的保证的，丹麦现在已经请求它们给予援助。看来，腓特烈五世通过军事胜利来无可争辩地兼并他从来没有得到过保证的荷尔斯泰因的公爵领地部分的时刻也已到来。丹麦军队已在一年前完成战时编制，大约3万人马现在浩浩荡荡地前去迎战日渐逼近的俄国军队。丹麦舰队的状况要比俄国的好，哥本哈根宫廷人士有理由对陆军接火以后肯定会发生的海战的结果充满信心。在陆上，形势却难以预料，俄国拥有一支经过充分动员和实战训练的军队。还使人感到不安的是，英国和法国对丹麦要求援助都毫无反应。与法国的同盟关系虽然要到1763年才满期，但由于丹麦对法国1762年的态度感到失望，这种关系显然已经冷淡下来。

丹麦和俄国之间的问题没有使两国较量起来。彼得三世突然被废黜并死去，他的妻子叶卡捷琳娜即位，她立即向腓特烈五世表示友好态度，在两国军队已经进入阵地的千钧一发时刻排除了危险。

叶卡捷琳娜二世对北方问题的态度使丹麦改变了外交政策。这是跟俄国（代表年轻的保罗公爵）达成和解的一个不可错过的良机。为了最终解决石勒苏益格—荷尔斯泰因问题，伯恩斯托夫愿意牺牲同瑞典和法国的友谊。会谈立即开始。到1763年，女皇已经答应，在她儿子达到法定年龄时达成一项友好的解决办法。1767年签订了一项条约。根据这项条约，保罗公爵一宣布成年，立即安排实行交换协定。叶卡捷琳娜答应，到那个时候，公爵将调换荷尔斯泰因的公爵领地部分，放弃对石勒苏益格的公爵领地部分的要求，换取奥尔登堡、德尔门霍斯特和一笔钱。克里斯蒂安七世则答应继续奉行伯恩斯托夫在1762年为讨好叶卡捷琳娜而制定的政策：同俄国一起支持瑞典宪法，即防止瑞典回到专制政体的老路上去，因为女皇担心专制政体与反俄的侵略外交政策是同义语。1773年，保罗公爵达到法定年龄，"交换协定"立即付诸实施。丹麦国王终于无可争辩地完全占有石勒苏益格和荷尔斯泰因。然而，由于古斯塔夫三世于1772年发动政变，丹麦和俄国所保证支持的立宪政体这时实际上已经完蛋。"交换协定"的双方都无意阻止这次政变，因为俄国正全神贯注于土耳其和波兰事务，丹麦则全力以赴地在对付施特鲁恩泽之后紧接着出现的国内动乱，除非俄国要它信守协定，这是无论如何不想介入了。

瑞典的"自由时代"① 从1718年查理十二世之死开始，到1772年古斯塔夫政变结束。在这个时代里，政权掌握在国内四个等级手里。反专制主义力量在1718—1719年期间所以取得胜利并被认为是正当的，是因为反对派一直在秘密地准备利用如弗雷德里克谢尔德枪

---

① 对于"自由时代"的评价众说不一。第一个评价这一时期的历史学家 S. 拉格尔布林迫不及待地为古斯塔夫三世的政变辩护，因此他强调党派间的激烈斗争，强调这些斗争给外国干涉瑞典提供了机会，使瑞典到了像波兰那样分裂的危险地步。19世纪历史学家 G. 盖耶和 N. 顿伯格继承了 S. 拉格尔布林的批判态度。19世纪唯一不持这种批判观点的历史学家是 A. 弗赖克塞尔，他赞扬"自由时代"是黄金时代，瑞典国王的权力受到有效的抑制。C. G. 马尔姆斯特累姆是第一位对这一历史时期做大规模研究的近代历史学家，他写下了《从查理十二世逝世到1772年政变期间的瑞典政治史》，共6卷（1855—1877年）。1893年到1901年出版了这部著作的修订本。这部著作虽然主要写的是政治和外交斗争，对党派斗争仍持批评态度，但直到今天仍有重要价值。1915年，F. 拉杰勒思发表了《自由时代的立法》，对这一历史时期的众所公认的观点提出重大的挑战。他是个赞成立宪政治的历史学家，在这部著作以及后来的著作中强调"自由时代"的重要性，它上连瑞典遥远过去的民主传统，下接19世纪末期和20世纪初期民主制度的发展，起着极其重要的桥梁作用。综合性的近作有：L. 斯特富纳的《迄止当代的瑞典历史》（1922年）第9卷（修订本《迄止20世纪的瑞典历史》第7卷）中的"'自由时代'1718—1722年"；C. 哈伦托尔夫的《瑞典人民史》（1928年）第4卷中的"自由时代"；E. 亚尔纳的《从瓦萨时代到自由时代》（1929年）；H. 梅兰德的《瑞典通史》第3卷（1949年）中 W. 霍尔斯特写的有关章节。近年来还发表了有关这一时期各个方面的大量专题文章，兴趣集中在社会、经济、立宪政治和人物等题目上。

击事件所提供的机会。这样，反对派领袖就可在瑞典出现某种危险局势的时刻采取主动。查理十二世没有直系后嗣，也没有解决王位继承问题。对王位提出要求的两个人是他的妹妹乌尔丽卡·埃莱奥诺拉，和他姐姐的儿子、荷尔斯泰因－戈托尔普的查理·腓特烈公爵，他们是冤家对头。前者只是在事先发誓抛弃君主专制政体的情况下，才得到了反对派的支持。由四个等级组成的议会于 1719 年 1 月开会。会上，反专制主义派（一个由有影响的地主、武装部队军官和政府官员组成的松散组织）也取得了胜利。为表示与专制政体决裂，议会甚至在辩论王位继承问题以前就审判已故国王的顾问——荷尔斯泰因出生的戈尔兹男爵。他被指控在查理十二世和他的臣民之间散布不信任，更严重的是剥夺政务委员会和政府参与统治瑞典的合法权利。由于这一罪行，他被判处死刑。戈尔兹与荷尔斯泰因的关系损害了议会里那些支持荷尔斯泰因－戈托尔普公爵继位的人的地位。乌尔丽卡·埃莱奥诺拉的丈夫、黑森的腓特烈，却巧妙地同反专制主义派合作，使妻子当选为女王。1719 年 5 月，乌尔丽卡登基，因为她事先表示愿意签署并信守等级议会将要制定的宪法。然而，制宪工作尚在进行，政务委员会和政府各院已经开始对任性固执的女王感到失望。她的举止行为表明，她从小受着专制主义的熏陶。因此，反专制主义派的领袖霍恩伯爵说服乌尔丽卡把王位让给她的丈夫。他们希望她的丈夫会比较顺从等级议会的愿望，因为他对王位毫无世袭权。他们并且商定，如果她的丈夫死在她前面，乌尔丽卡可以继续担任女王。但是，荷尔斯泰因－戈托尔普公爵的追随者再次大失所望，等级议会为了在腓特烈和乌尔丽卡万一一死后无子女的情况下保持讨价还价的强有力地位，挫败了他们提名公爵为第二继承人的愿望。查理·腓特烈随即离开瑞典，前往俄国沙皇彼得处避难。他满腹怨气地说，瑞典人太性急，要把时钟"一下子从 12 点拨到 1 点"，用未经试验的黑森王族的新家规来替代瓦伏依和卡罗来纳的旧传统。

腓特烈一世正式签署了 1720 年宪法。它最引人注目的特点是削减了君权。政务委员会内部实行少数服从多数，由于国王只有两票之权，意味着君主也可能处于少数。君主封授贵族的权利受到很大限制，其任免官员的特权几乎无效。由于政务委员会已经不再是国王的政务委员会，而是 4 个等级的政务委员会，因此政务委员会要由议会而不是由国王提名,国王只能从等级议会提出的名单里挑选。宪法强调,委员本身不过是等级议会委任的全权官员,在议会休会期间照管4个等级的利益,一切要对4个等级负责。宪法最后规定,议会至少3年开一次会,国家所有官员都要宣誓拥护宪法。

1719年到1720年建立的宪法机器,并不一定能顺利运转。一个强有力的国王尽可以将宪法搁置一旁。但是,腓特烈一世(1720—1751年)和他的继承者阿道弗斯·腓特烈(1751—1771年)都不能这样做,他们两人都是出生在外国的人,是在事先明确发誓抛弃专制政体的情况下才当选的;两人都没有感到自己是瑞典人。1772年,查理十二世以后第一个瑞典出生的国王古斯塔夫三世在这方面倒占了很大便宜。

由于君主长期处于缺乏影响的地位,政务委员会和等级议会可以自由行事。战胜君主以后,两者之间的某种冲突上升到显著地位。斗争结果,等级议会占了优势。如同君主主义的失败一样,这一胜利也不是不可逆转的。瑞典的早期历史表明,政务委员会懂得怎样控制等级议会。在"自由时代"的最初几年里,尤其是1727年到1738年霍恩伯爵在政务委员会里的势力十分强大的时候,瑞典好像又处在一个为土地贵族、高级官僚和高级教士利益服务的专制独裁的政务委员会统治之下。然而,政务委员会的组成在1720年发生了重大变化。17世纪完善的政务委员会由各院院长(当然成员)和国王的私人顾问组成。所有的政务委员都是终身制(瑞典政府里的其他官职习惯上也是如此)。但在1720年,政务委员会和各院的联系中断了(只有一个例外:政务委员会主席一如既往,要兼任大法官厅厅长);这种改革为"内阁制"的发展铺平了道路。由于各院院长不再是当然成员,政务委员终身制的概念受到削弱。随着政党制的发展,有人提出要求,应当根据每次新议会开会时从四个等级的组成反映出来的各个政党的成败情况,对政务委员做相应的更换。然而,1720年以前的那种政务委员终身为国家官员的概念渐渐消失,必要的弹劾手续被用来罢免那些犯有叛逆和渎职罪行而又不愿自动辞职的政务委员。但是,议会政治原则,即按照议会里各党派地位的相对变化来相应改变政务委员会的组成,在整个"自由时代"还是很盛行。正是这一发展,结束了政务委员会统治时代,保证了等级议会在立宪斗争中至高无上的地位。另外，等级议会小心翼翼地保护着自己的至高无上的地位，防止作为4个等级"内阁"的政务委员会发展成一个强有力的行政机构。等级议会里最有影响的委员会——重要的"秘密委员会"，接管了原先属于政务委员会的许多权力，但即使是这个委员会，等级议会也不大愿意把实权交给它。究竟如何建立一个强有力的而等级议会又能放心的行政机构，这个问题到1772年还没有得到解决。

四个等级内部也互相倾轧，关系紧张。第一等级并非像其他三个等级那样通过选举进入每次议会，而是由瑞典和芬兰的每个贵族家族的首领（或首领的代表）充当代表。1720年以前，第一等级按照地位的高低分成三个阶级，按阶级投票选举代表；因此两个上层阶级虽然人数很少，但可以通过投票压倒下层贵族。下层贵族主要包括被封为贵族的文职官员和武装部队军官。1720年，他们赢得重大胜利，因为这一年规定了不按阶级而按人数投票。1734年又安排通过秘密投票产生该等级在各个委员会和代表团中的成员，进一步削弱了上层贵族的影响。贵族院的这一民主化，部分原因是上层贵族在查理十一世和查理十二世统治时期陷于贫困，部分原因是官僚阶级（即下层贵族）的权力的增长。这是"自由时代"的特点。

教士组成第二等级，大主教担任主席，主教是当然成员，由教区教士选举产生的大约50名代表通常出席议会的会议。在这个等级以及第三等级身上可以觉察到某种"反贵族"态度。第三等级由市民组成，他们的代表人数一般在120名左右。这些代表常常是市长或城镇的其他要员，差不多都是有钱人，热心于发展贸易、工业和海运。第四等级是农民，由拥有土地的自耕农选举产生，通常有100名左右代表。其他三个等级不信任农民，因为农民同情君主主义。农民持这种态度并不是因为他们喜欢把专制主义作为制宪理论，而是希望有个强有力的国王来约束一下官僚阶级中的小霸王。正如农村有句俗话所说："这些年月，戴假发的人都认为自己是土皇帝。"为了抑制第四等级，贵族、教士和市民虽然允许这个等级选择自己的主席，但坚持认为职位的秘书要由其他三个等级的主席提名，他们通常找一个管得住那些同情君主主义的农民的人来担任。第四等级还有一个不利方面，即按照法律，重要的秘密委员会里不准有农民代表，只是在国家危急时刻才邀请25名农民参加这个由50名贵族、25名教士和25名市民组成的机构。

　　虽然第一等级里的上层贵族和下层贵族之间存在摩擦，但当其他等级起来攻击贵族要求的特权时，贵族院却站在一条阵线上。贵族要求的权利包括：贵族的土地属于贵族专有，如非贵族占有这种土地，必须将土地卖出；实施古代禁止贵族与非贵族通婚的法令；确认贵族的各种经济特权和司法权，酌量免除贵族的税，给予贵族某些管制庄园佃户的法定权利；最后，贵族应享有担任政府（包括政务委员会）和军队高级官职的重要特权，以及担任其他官职的优先权。三个非贵族等级拒不承认这些要求。1723年，霍恩伯爵以在困难的国际形势面前需要团结一致为理由，设法使双方达成和解。贵族放弃了在担任低级官职方面享有优先权的要求，同意非贵族可以和贵族联姻，并在某些情况下占有贵族土地。作为回报，贵族在政府和武装部队里担任高级官职的特权，以及担任政务委员的特权，得到了确认。然而，在整个18世纪，第一等级和非贵族等级之间的斗争一直没有停止。非贵族要求改变贵族独霸高级官职的状况。他们的最终目标是：大小官职都应任人唯贤，贵族与非贵族机会均等。一直到1809年，贵族才同意了这个要求。

　　"自由时代"发展起来的政党，打破了彼此利害冲突的等级和阶级之间的界线。所有党派一致认识到与专制政体相对立的立宪政体的重要性，都希望恢复瑞典的国际威望，都认为需要加速国家的经济恢复工作。他们意见不一致的地方是：第一，关于瑞典的王位继承问题；第二，关于外交政策的路线问题；第三，关于恢复繁荣的方法问题。

　　第一个泾渭分明而又寿命短促的政党是黑森党。这个党是以腓特烈一世为核心，以他主张的对外政策为基础建立起来的。他主张向汉诺威、普鲁士和丹麦做重大让步，换取同汉诺威—英格兰的乔治一世联盟，以便在波罗的海得到英国海军的支持，共同对付俄国。但是对沙皇彼得发动一场欧洲攻势的宏伟设想落了空，因为南海骗局和劳的垮台使英国和法国把注意力转向国内事务。于是瑞典不得不听凭俄国的摆布，被迫接受1721年尼斯特兹和约的苛刻条款；腓特烈一世名誉扫地，黑森党遂告破产。

第二个有影响的党是荷尔斯泰因党。这个党把希望寄托在荷尔斯泰因-戈托尔普的查理·腓特烈公爵身上。由于俄国支持公爵,荷尔斯泰因党制定了一个同俄国友好的纲领,想以此来恢复一部分已经失去的波罗的海帝国。据认为,如果查理·腓特烈被宣布为瑞典王位继承人,沙皇彼得很可能愿意归还俄国占有的一些省份,或者会用军队支持瑞典收复它割让给普鲁士和汉诺威的土地。1723年议会开会时,荷尔斯泰因党证明十分强大,为查理·腓特烈弄到了一大笔礼金和"殿下"的称号,表明他并未被拒绝继承瑞典王位;次年,该党迫使议会通过同俄国联盟。这一联盟意味着瑞典有可能对丹麦发动战争,又因英法在石勒苏益格问题上做过保证,很可能在欧洲产生反响,因而促使霍恩伯爵和腓特烈一世实现和解。霍恩伯爵自1721年以来一直担任大法官厅厅长,因此又是政务委员会主席,他迫切希望维持和平;腓特烈一世也不希望战争,因为战争只对荷尔斯泰因-戈托尔普有利。出生于汉诺威的英王乔治一世担心,如果北方局势动荡不安,会威胁到不来梅和费尔登的安全,于是帮助促成了这次谅解。因而在1726年议会开会期间,霍恩伯爵与荷尔斯泰因党决裂,并于1727年使瑞典加入由英国、法国和普鲁士组成的汉诺威联盟。这一行动只是在得到国王两票的情况下,才在政务委员会上强行通过。

以霍恩伯爵为核心建立了第三个政党——"自由时代"党。这个党由黑森人、赞成汉诺威联盟、传统上亲法的家族,以及不想追随荷尔斯泰因党内极端派去冒战争风险的荷尔斯泰因温和派组成。俄国继续支持那个极端派,甚至在彼得大帝死后还支持。它一会儿用金钱收买,一会儿用武力威胁,要把瑞典拉到俄国一边去。然而,1727年叶卡捷琳娜一世逝世,使查理·腓特烈突然失去了在圣彼得堡的靠山。结果,瑞典的荷尔斯泰因党开始失势并解散。原来组成极端派的那些人依然反对霍恩伯爵,成为"礼帽党"的一个核心力量。正如他们所预言的,当英法恢复抗衡和倾轧的时候,他们亲眼看到了霍恩伯爵陷入困境。

汉诺威联盟的解体,大大削弱了霍恩的地位,他的总政策受到多方指责。在经济方面,他很快发现反对派的力量不可忽视,不得不违心采取了一些强硬的重商主义措施,例如在1731年成立了瑞典东印度公司。这一行动引起了同英国的纠纷。在外交事务方面,霍恩谨小慎微的政策也受到攻击。反对派鼓吹爱国主义政策，尖锐地批评他试图对英国奉行调和政策，并在俄国放弃对荷尔斯泰因－戈托尔普公爵的支持以后对俄国也奉行调和政策。新一代人已经成长起来，他们只隐约记得战争带来的贫困和灾难，他们称赞查理十二世是抗击俄国、保卫北方的勇士，叫嚷要用武力恢复瑞典的波罗的海帝国。波兰王位继承战争激起了反对派的热情。许多瑞典人志愿参战，支持查理十二世原来的候选人斯坦尼斯瓦夫·莱什琴斯基继承波兰王位。他们认为，瑞典和波兰必须团结一致，共同对俄。而霍恩由于在1735年准予延长1724年与俄国签订的条约而被称为卖国贼。

在选举1738年议会期间，反对派以一个组织完善的政党出现，自豪地称自己为"礼帽党"，意指战士光荣的头盔。他们把自己的对手称为"睡帽党"或"便帽党"，意思是，霍恩和他的追随者不过是昏昏欲睡的儒夫，头戴睡帽的老头。这次竞选运动清楚地反映了"自由时代"的一个特点——政党的组织性：他们在咖啡馆举行集会，大量使用政党口号，广泛佩戴党徽，出版小册子，不但便帽党和礼帽党收买选票，就连外国代表也收买选票。外交家慷慨地款待议会代表，支付他们的路费及其他竞选费用，并在等级议会举行重要的投票以前分发财物礼品。到"自由时代"末期，一些爱国者开始反对外国收买选票的极端做法，但是整个"自由时代"人们普遍认为外国金银内流有利于瑞典经济；给代表们资助在政治上也有好处，能尽量延长议会的开会时间（否则这是不可能的），从而加强4个等级，防止专制政府东山再起。

在1738年的选举中，礼帽党赢得决定性的胜利，进入了执政时期，一直持续到1765年。霍恩伯爵自动辞职。经过弹劾手续以后，对霍恩在政务委员会里拒绝辞职的同事进行了宣判。所有的人都被判决有罪，认为不能继续担任政务委员职务。政务委员会里的空缺，由礼帽党党员填补。瑞典历史学家一直认为，解除顽抗到底的政务委员（即所谓"顽固派"）的职务，是"自由时代"议会政治发展中最重要的阶段。霍恩本人在他掌权时期，虽然也很想保持政务委员会对于等级议会的强有力地位，但没有打算妨碍政务委员会里他的那些政治对手的尊严和地位。出于同样的理由，礼帽党里比较稳健的人也不想强迫霍恩的追随者辞职。但是，这个党里的极端派占多数，他们认为，如果让他们的对手继续留在政务委员会里，他们就无法通过那个机构推行礼帽党的政策。多数派的意见获胜，但是开创了一个后来也可用来对付礼帽党的先例。

在经济和外交政策方面，礼帽党里的稳健派的观点也比自己党内占多数的极端派的观点更接近霍恩。他们想继续奉行他温和的重商主义政策；他们虽然想恢复瑞典波罗的海帝国，但希望通过谈判，通过巧妙的外交手腕，通过孤立俄国然后要求修改尼斯特兹和约的办法来实现。然而，在这些方面，稳健派也被迫仓促行事。因此，18世纪20年代荷尔斯泰因党严格的重商主义政策得到恢复（此项政策在1724年的"产品法令"和1726年的进口法中确立下来。"产品法令"以英国的航海条例为范本制定，对荷兰和英国在波罗的海的海运业打击很大）。礼帽党大力扶植瑞典工业，同时采取了对付外国竞争的强有力的保护性措施。回过头来，我们可以清楚地看到，正是由于瑞典和芬兰稳定的出口贸易，尤其是瑞典的铁，获得大量利润，礼帽党才能在很长时间里对新的制造业继续进行重商主义试验。但是，在1762年到1763年的危机（部分因瑞典参加七年战争，部分因国际财政危机的影响所造成）之前，便帽党虽然不断想要抑制执政的礼帽党，但对礼帽党的经济政策理论并没有提出强烈的反对意见。同样，两党的农业政策在有些方面观点也一致。查理十一世和查理十二世曾从贵族手里回收王室土地，在瑞典制止了隶属地主的农民阶级的发展（此种情况在丹麦很有代表性）。到1700年，土地大体上平均掌握在王室、贵族和农民手里。在"自由时代"，王室佃农被鼓励交付一笔钱，成为自由纳税农民。这种地位变化没有给他们带来多少经济利益，但增加了他们的社会威望和政治力量。1757年，等级议会颁布法令，农民如果愿意，可以终止传统的以村为单位的公社式土地耕作制。这场称之为"斯托尔希夫特制"（叫这个名字，是因为它强调交换小片土地，最后使土地合并成整块）的改革并没有产生立竿见影的效果，因为要农民改变保守态度，拥护这项改革，并不是一朝一夕的事，但从长远来看却极为重要。值得注意的是，两党都意识到，瑞典在失去利沃尼亚粮仓以后，需要增加农业生产，因此都鼓励"斯托尔希夫特制"。1739年成立科学院，它委任利纳亚斯巡视瑞典各省，提出改进耕作方法的建议，并鼓励沃根廷开始人口统计工作，因而得到了礼帽党和便帽党的支持。1749年建立的瑞典政府统计局，是近代欧洲第一个这样的机构。

两党的重大分歧是在外交方面。礼帽党一上台就使瑞典跟法国结盟，而便帽党则憎恶这个联盟。在奥地利王位继承战争期间，法国在外交上怂恿瑞典进攻俄国，以防止俄国支援玛丽亚·特蕾西亚。结果，瑞典还没有做好适当的军事准备就仓促投入战争。礼帽党领袖认为没有必要把大笔钱花在军队身上，说瑞典无意单枪匹马对付俄国。1740年以后，欧洲形势使他们产生了希望，希望在应邀支持彼得大帝的女儿叶利扎维塔赶走沙皇伊凡四世以后，能够收复东波罗的海各省。双方在法国的调停下做了秘密安排：瑞军进攻俄国，同时声明叶利扎维塔一登基立即撤军；作为报答，新女皇把瑞典失去的波罗的海沿岸国土归还瑞典。便帽党反对这种冒险行径，但是要唤起群众对进行一场反俄战争的兴趣并不困难。1741年7月，瑞典人开始敌对行动。

满怀希望的瑞典人不久就大失所望。战争初期，在俄国尚无准备之时，强大的进攻本可奏效，但瑞军受到同叶利扎维塔的协议的约束，一开始表现了克制。在叶利扎维塔看来，计划进行得不错；瑞军开进俄国境内，1741年秋天对圣彼得堡造成威胁，这证明是她政变成功的重要因素。然而，她一登上皇位，就拒绝或无法兑现协议中她这一方的诺言。瑞典人听到叶利扎维塔登基的消息以后，已经立即撤到芬兰，所以失去了时机；当俄国人开始采取主动时，战争对瑞典人越来越不利。他们的海军此时比俄国强大，但水兵中因流行病而丧失了战斗力。陆军则缺乏指挥员。礼帽党和便帽党之间的党派斗争也带到了战场，瓦解了军队的士气。1742年8月，瑞军在赫尔辛福斯投降，听凭俄国像在北方战争后期那样重新占领芬兰。

1741年到1743年的战争，严重阻碍了芬兰实施它在签订尼斯特兹和约后开始的、由1725年到1727年的一个政府特别委员会制订的恢复计划。1721年以后，逃亡到瑞典的人回来了；一些战俘也设法回来了。俄国人为了在俄国和瑞典之间建立一个缓冲地带，曾有意把奥兰群岛和奥斯特贝登夷为平地，现在两地都又有人定居；城镇（如奥布，俄国人曾拆毁那里的石头房屋，为圣彼得堡提供建筑材料）得到重建。1738年到1741年间，芬兰连年农业歉收，加上1741

年到 1743 年的战争，这个公国本来有所改善的境况暂时又很不佳。但是，当俄国代理人在芬兰投降后巡视那个国家，提出给予芬兰人在俄国统治下的自治，引诱他们抛弃与瑞典的关系的时候，芬兰人却无动于衷。

芬兰的失守，给礼帽党造成严重的困难。1742 年议会选举时，便帽党在除市民等级以外的三个等级里获得多数。他们学着 1727 年霍恩的和 1738 年礼帽党的样子，用便帽党人填补秘密委员会里的空缺，并且信心十足地预言礼帽党就要垮台。礼帽党之所以能够战胜 1742 年到 1743 年的急风暴雨，是因为他们无耻而又聪明地把国家的注意力集中到了王位继承问题上。乌尔丽卡·埃莱奥诺拉在战争期间（1741 年 11 月）去世。当时有人建议，应当宣布荷尔斯泰因 – 戈托尔普公爵、14 岁的查理·彼得·乌尔里克为瑞典王位继承人。公爵是查理·腓特烈和安娜·彼得洛夫娜的儿子，因此，通过巧妙利用这位年轻公爵同彼得大帝的血统关系，有可能迫使叶利扎维塔信守同礼帽党领导人的协议。然而，叶利扎维塔女皇用先发制人的办法阻止了这一计划，她邀请她的侄子留在圣彼得堡她的身边，公爵欣然接受邀请。1742 年议会开会时，按照宪法无须提出王位继承问题，因为 4 个等级早在 1720 年已经做出决定，要到王位空缺时才进行这样的讨论，但是礼帽党故意要转移人民对于在芬兰失败的注意力，开始在议会辩论。这一问题引起了全瑞典的巨大兴趣，并与俄国的和谈错综复杂地交织在一起，在所有对北方感兴趣的国家当中也产生了紧张的外交活动。在瑞典，人们普遍感到，荷尔斯泰因 – 戈托尔普公爵很明显会被选上，因为他的姓氏表明，他不但是彼得大帝的外孙，而且还是查理十二世的侄孙。1742 年 10 月，农民等级带头选他为王位继承人，其他等级也跟着照办。他们派出代表前往圣彼得堡，提议在腓特烈一世死后由公爵继承瑞典王位，并邀请他去瑞典居住。但是代表去得太晚了，因为叶利扎维塔女皇对瑞典国内事态了如指掌，已经说服公爵做他自己的接班人。女皇授予他大公头衔，作为他在俄国的前程的保证。至于公爵本人，他在瑞典代表抵达俄国首都前几天已经皈依东正教。现在，女皇可以对瑞典人采取强硬态度了，她通知他们，只有等级议会选举她亲自挑选的王位继承人，她才同意归还芬兰。她心目中的候选人是查理·彼得·乌尔里克的表弟和假定继承人，吕贝克的亲王兼主教——荷尔斯泰因－戈托尔普—欧丁的阿道弗斯·腓特烈。

斯德哥尔摩现在不得不重新讨论王位继承人的问题。许多人提到丹麦王太子腓特烈。1743年3月，第四等级出来支持他。礼帽党倾向于支持法国中意的候选人茨魏布吕肯的巴拉坦伯爵（他和瓦萨王族有亲戚关系），而便帽党则按照英国人的意见支持腓特烈一世的兄弟黑森的威廉亲王。丹麦保证，它的王太子如果当选，它愿意用自己的海、陆军帮助瑞典收复芬兰。但是，三个地位高的等级不愿认真考虑丹麦候选人，因为他们担心，如果丹麦王太子当选，将来必然会试图增加王室的权力。因此同俄国讲和的问题显得越来越紧迫。预备会议在奥布一开始，俄国候选人便日渐名列前茅。不久，礼帽党领导人准备同意阿道弗斯·腓特烈，只要俄国愿意归还整个（或大致上整个）芬兰。至于俄国人，他们想尽量保留芬兰南部地区，以确保圣彼得堡门户的安全。1743年春和初夏，瑞典的骚乱在继续发展。第四等级临时派代表进入秘密委员会，这是局势严重的确凿标志。全国农民对于战争中表现出来的软弱无能，对于官吏的暴戾专横，对于其他等级拒不支持丹麦王太子，感到非常恼怒。他们从达拉尔纳谷地，从其他地区，向首都进军，以示抗议。当瑞俄两国在奥布草签和约的消息传来时，5000名农民已在拥进斯德哥尔摩。和约规定：瑞典牺牲一小片芬兰领土；在阿道弗斯·腓特烈当选为王位继承人之后，俄国立即把其余部分全部归还瑞典。这些条款用船全速划过奥兰海送来，使形势为之改观。礼帽党又一次占了上风，因为农民提不出建设性的意见，只是要求大致上归还整个芬兰。阿道弗斯·腓特烈当选为瑞典王位继承人，并有权将王位传给自己可能有的男嗣。这一条严重损害了1720年等级议会所珍视的那种将来跟国王讨价还价的能力。8月初签订了奥布和约；同月底，阿道弗斯到达瑞典；10月，1.2万俄军跟着来到，驻扎在瑞典境内，以防止丹麦用武力废除王位继承协定。

奥布和约的直接结果是使瑞典隶属于俄国。那个王位继承人因女皇改善了他在世界上的前程而对她感恩不尽。他在政务委员会里享有一票之权，在腓特烈一世缺席的情况下还可以使用国王的两票，可以用此来表达他的亲俄态度。俄国在瑞典国土上驻军，并派了一个中队

第十五章　斯堪的纳维亚和波罗的海沿岸国家

进驻瑞典海军，进一步表明了俄国对瑞典的控制。然而，从长远的观点来看，这种状况对礼帽党也有清醒作用。1754年以前，稳健派特辛伯爵担任礼帽党的领导，他坚定不移而又小心翼翼地要使瑞典摆脱俄国的干涉和控制。虽然阿道弗斯·腓特烈拒绝放弃他在石勒苏益格—荷尔斯泰因可能继承的任何权益，但特辛通过同便帽党的合作，通过交换宣言，同丹麦暂时达成了谅解。宣言的大意是：两国停止动员，按照现存的友好条约行事。这些宣言批准以后，俄国没有理由再把军队留在瑞典。到1744年7月，俄军已经全部撤出。特辛本想通过阿道弗斯·腓特烈和一位丹麦公主联姻来加强同丹麦的友好关系，但是这一计划遭到英国的反对。如同1742年到1743年的王位继承危机时期一样，英国决心防止将来出现一个斯堪的纳维亚联盟的可能性，认为一个强大集团控制波罗的海入口的局面对自己很不利。因此，他们在普鲁士王室为这位王位继承人找了个新娘。1744年夏天，腓特烈大帝的妹妹路易莎·乌尔丽卡跟阿道弗斯象征性地结婚后，特辛亲自护送她来到瑞典。这位普鲁士公主和特辛伯爵之间逐渐产生了友谊。前者非常爱好文艺，后者是礼帽党世界主义文化的代表。通过这种友谊，使阿道弗斯·腓特烈放弃了对俄国的依赖。他的妻子摆布着他，有几年把他带进了礼帽党的阵营。他们两人都希望通过同礼帽党领导人的合作增加君主的权力。但是，虽然他们给礼帽党的帮助，尤其在瑞典—丹麦关系方面的帮助，证明是很宝贵的，但是他们的希望却落空了。叶利扎维塔女皇一发现阿道弗斯·腓特烈已经摆脱她的监护，马上想拉丹麦跟她自己和英国站在一起，在瑞典的党派斗争中支持便帽党，反对礼帽党，而礼帽党又从法国，有时还从普鲁士得到帮助。俄国答应友好解决石勒苏益格—荷尔斯泰因难题，对丹麦人很有引诱力，他们对俄国人的建议做出了响应，1746年到1748年间，丹麦在瑞典的党派斗争中多次与俄国和英国积极合作。为了消除便帽党得到这种与日俱增的支持以后可能带来的危险，礼帽党的领袖利用他们对路易莎·乌尔丽卡的影响，劝她丈夫放弃他可能从荷尔斯泰因-戈托尔普公爵那里继承的权力。这一行动为1749年瑞典和丹麦之间的友好条约，并为1751年古斯塔夫（阿道弗斯和路易莎1746年生的儿子）和一位丹麦公主的订婚铺平了道路。通过这些安排，礼帽党和伯恩斯托夫合作了一个时期。直到叶卡捷琳娜二世统治时期，俄国才从丹麦那里得到了叶利扎维塔曾想得到的那种对便帽党的可靠支持。

18世纪40年代，礼帽党和便帽党的组织都更加完善。现在，两党都有一个由主要领导人组成的、决定方针政策的中央委员会；每个党都把党员分成小组，便于严格管理；每个党都有组织秘书，负责召集党员，传达领导的命令。从18世纪40年代中期开始，两党在4个等级内几乎势均力敌，但礼帽党设法处于执政地位，部分因为他们玩弄了巧妙的政治花招，部分因为便帽党不如礼帽党那样团结一致，便帽党里的稳健派讨厌并怀疑他们的党对俄国的依赖。

1751年腓特烈一世死后，党派斗争增加了一个新因素。身为王后的路易莎·乌尔丽卡不像从前那样愿意默认等级议会对君权所规定的限制。在精神上她仍属礼帽党范畴，但在政治上，当特辛证明不愿意推进她的计划时，她决定跟他们一刀两断。她开始把为数不少的真正保皇分子以及许多因为失望而从两大党脱离出来的人团结在自己的周围，着手建立一个宫廷党。宫廷党的出现，导致了礼帽党和便帽党之间一定程度的和解。两党互相协作，阻止国王在王后的怂恿下对1720年宪法做任何有利于君主的解释。在围绕国王左右文武官员任命的权力、国王接受政务委员会多数决定的义务等问题进行的一系列激烈斗争中，君主遭到了决定性的失败。为了彻底剥夺国王在官员提升方面的影响，决定以资力作为提升的唯一标准，这一改变对文武官吏和武装部队都十分不利。为了避免国王拒签自己不同意的多数派决定这种尴尬情况，便摹写国王的签字，使那样的决定合法化。王后对礼帽党和便帽党的对抗措施十分反感。1756年夏，她默许她的追随者用武力夺权的革命企图，王室因此蒙受奇耻大辱。他们的8名主要支持者被处决；古斯塔夫的教育不准他们再管；不可一世的王后被强令听取教士代表对她邪恶行为的训斥；国王被迫宣布，如果他再有违反宪法增加王权的企图，等级议会就可以停止履行对他的忠诚宣誓。4个等级喜气洋洋，制作了一枚徽章来纪念他们的胜利。

瑞典站在普鲁士的敌人一方参加七年战争，在某种程度上，可以看作是教训那个普鲁士籍王后的政策的继续，虽然主要原因是想从普鲁士手里收复在北方战争中丧失给霍亨索伦王朝的领土。礼帽党确信，腓特烈二世无能对付这个矛头指向他的大联盟，认为瑞典只要站在普鲁士的敌人方面参战,就可收复波美拉尼亚。然而,像1741年那样,他们犯了盲目乐观的错误。这场战争(瑞典人称为波美拉尼亚战争)同对俄战争一样没有成功。1741年举国上下情绪激昂,而这一次基本上无动于衷。许多人还同情腓特烈二世,认为他像查理十二世那样英勇善战。由于没有取得辉煌战果,礼帽党的地位日益不稳。礼帽党的极端重商主义政策,必然造成财政上的铺张浪费,迄今还不大明显。现在,由于战争开支造成国家财力紧张,情况就明朗化了。时运倒转使礼帽党内部产生了不和。王后在战争初期一直为礼帽党和便帽党的爱国合作尽力,现在则开始向便帽党靠拢。她本能地感到礼帽党已经日薄西山,希望同便帽党达成有利于宫廷的协议。彼得三世即位后,俄国立即退出了反普联盟。腓特烈二世调过人马,向波美拉尼亚的瑞典人发起强大进攻。为了避免军事上的失败,礼帽党不得不恳求王后去同她的兄长谈判,为瑞典单独签订一个和约。

　　1762年的和约既没有给瑞典带来好处,也没有带来损失,只是恢复了原状。但是礼帽党终于威信扫地。在为定于1765年2月召开的战后第一次议会举行的竞选运动中,礼帽党为了继续取得国民的信任,强调他们为瑞典的经济生活带来的许多好处:他们促进了工业,他们控制了物价,他们建立了工业法庭,扩大了渔船队和商业队,瑞典东印度公司也很成功。然而,反对党知道怎样利用这一总的繁荣景象背后的阴暗面;许多工业贷款没有偿还;为了支付贷款、奖金和红利,纸币的发行量超过了国家迅速回收的能力;制止农民使用谷物(无论是消费还是出售都是一种运输方便的、立可销售的农作物)家酿烈酒的难题没有解决,即使在丰收年份还需进口粮食。反对党自称便帽党,主动强调跟霍恩伯爵时代的便帽党是一脉相承的,但历史上则称其党员为"青年便帽党人",因而也强调了这个党想要实行新思想。这个党很大程度上继承了老年便帽党的那种小心谨慎的作风。它急于避免冒险主义的外交政策,宣布它打算放弃礼帽党跟法国的联盟,并跟与维持北方和平有关的两个大国——俄国和英国建立更加密切的关系。与礼帽党的世界主义态度迥然不同,青年便帽党具有独特的瑞典观点,并且引以为自豪。在竞选活动中,人们议论纷纷,要求恢复瑞典人简朴的风俗和生活方式,反对礼帽党政权的铺张浪费。然而,青年便帽党所主张的改革,同18世纪后期欧洲各国的反对派所鼓吹的改革一模一样,那就是,放宽重商主义政策,制定积极的农业方针,改革行政管理以调动积极性,反对贵族的特权地位,实行新闻自由以促进政治言论自由。

青年便帽党在1764年到1765年的选举运动中获得成功,在4个等级里都赢得了多数席位。他们使用了现在大家已经熟悉的弹劾办法,强迫那些不愿主动下台的礼帽党政务委员辞职,提名自己的党员填补秘密委员会里的空缺。政党的交替——青年便帽党用这种和平手段推翻了旧政权——本身就是议会政治发展的结果。礼帽党、便帽党和青年便帽党都把这一发展看作"自由时代"的主要收获。

(严维明 译)

第 十 六 章
萨克森人国王统治下的波兰

波兰史中所谓的萨克森时期（1697—1763年），在1717年以后是一个和平不稳定、繁荣虚幻和领导不善的时期；这是一个衰落的时代，波兰蜕化成为萨尔马特（Sarmatia），它是它的居民中少数人的人间天堂，在外部世界看来，它却是一个由地主阶级统治的野蛮而愚昧的地方。"小贵族民主制"一词有时用来形容1572年至18世纪下半叶之间波兰的体制。这是一个自以为是，而又自相矛盾的不当用词，特别是对1697—1763年这个阶段来说，尤为不当。这一制度在其情况最佳的时候，也绝不是一个民主制，不过是一个以可以选举君主的君主制为幌子的贵族统治。这种君主制在17世纪下半叶采取的是寡头政治的形式，而在18世纪上半叶则已沦为无政府状态。

萨克森时期的主要缺点之一，也就是它的明显特色，就是这个国度中的一些重要的家族，为自己争权夺利而进行不断的、毫无结果的斗争。他们的失败，国王又不能制服其敌人而实行自己的权力，这就使斗争持续下去，耗费各派的精力，最后终于使政府机器陷于停顿。

在15、16世纪波兰共和国发展的最初几个阶段中，小贵族在整个国家中来说，虽然是属于贵族统治，但在他们自己的阶级中间却是平等的。可是，到了萨克森时期开始时，小贵族比过去更自由了，但已不再是平等的了。主要的财源是土地，而土地的绝大部分掌握在居于统治地位的贵族主体——权贵，即严格意义上的贵族的手中。立陶宛、罗塞尼亚的大庄园是他们的，教会和国家中的高级职位连同其岁收是他们的，结果，权力也是他们的。小贵族们梦寐以求的民政和军队中有利可图的职位以及土地的租赁权，全都直接地或间接地由权贵们赐予。无地的小贵族只有依附贵族和地主维持生计，充当他们的代理人、管家、侍从和小土地承包者。无论是有钱人，还是穷人，为了报答权贵们的恩惠，都要在地方议会中投票选举他们为候选人。这种互惠关系使小贵族和小乡绅依附于贵族而为其所利用，以此来对付与国王联合、其首领可以获得更大恩惠的另一派，或者用来作为向国王进行勒索的一种手段。在这种情况下，每个议员可以否决议会决议的权利，便在17世纪中期重又盛行而且被滥用，作为单独一名议员便拥有了可破坏整个议会工作的一种手段，而且总是为了某个地方权贵，或者，在1680年以后，则是为了某个外国的利益。而在此以前，这种否决权实际上已中止，已经不再被人们认为是为了达到理论上的一致而作为议会做法中的一个合理部分。二三十名权贵和大约70万名小贵族作为一方，国王和权贵们作为另一方，双方之间新的契约关系，非常荒谬地使波兰的社会结构变得比中世纪时还要封建主义。这种比拟，由于通常由某个贵族派系所操纵的地方议会在军事和财政方面拥有广泛的自决权而更为强烈。在17世纪中，他们有责任在他们的巴拉丁领地中招募军队，并用他们向他们下属的各阶层征收的税收来维持这些军队。他们的权力远远超过了地方行政司法长官的权力，这些地方行政司法长官，过去曾经是国王在各县的臂膀，现在则是他的日益减少的权力的代表。地方行政司法长官的行政职责是很轻松的，就是公布国王的法令，收集赋税、欠款和维持他所驻在的城镇的秩序。他在司法方面的职责比较繁重，但是却可以而且往往也是委派他人代理的。巴拉丁（省长）也是由国王指派的，过去负责现已废除的"总动员"；他仍然是一个地位显赫的人物，在参议会中拥有一席之地，但已不再是一名官员了。他在审理犹太人和非犹太人之间的诉讼案件中所担负法官的工作，以及他在实施经济管制方面所拥有的权力，就像地方行政司法长官那样，大都交由他自己委派并付给报酬的代理人。岁收的征收工作由在全国议会或地方议会中从小贵族中间选出的征收员和财务管理员办理，地方如有需要，岁收也可由他们处理。在城镇中，市政当局负责征收现行税；在乡村中，则由地主或由授予特权的村社征收。正是由于这种事态——政府为小贵族所有，由小贵族所掌管，为权贵而服务——当时有一位外国旅行者因此就说，波兰这个广阔的共和国，它的文职官员比小小的卢卡公国还要少。

第十六章 萨克森人国王统治下的波兰

波兰中央政府的职能和组织，自中世纪晚期以来一直没有改变。按照规定，大法官履行首相职责，副大法官则履行外交大臣的职责，大马夏尔实际上是警察局长，而宫廷司法官则是宫廷大臣。两名司库分别掌管国家和宫廷的财政，大盖特曼为总司令。波兰的每名大臣，在立陶宛都设有相应的官职。波兰国王兼立陶宛大公，是由选举产生的立宪君主。除了委派大臣以外，他还可以从 150 名参议员（大主教、主教、巴拉丁和城堡主）中挑选 28 名顾问，称作常驻参议员，其中 7 名伴随国王，半年轮换。但是，由国王连同其政府和大法官以及参议会全体成员构成的上院，却要服从两年一届的议会的意志，未经议会批准，就不能做出任何重大的政策决定。国王仍然保有一项原有的权利，就是任命国家中的全部官员的权利。但是，即使在这一点上，国王的权力也是不完全的，因为官员们是不能撤换的，除非犯有重罪才予撤职。国王还有一项特权，就是"将面包分配给当之无愧的人"，换言之，就是把王室的领地终身地分给有资格获得封赏的人们。还有一部分王权，就是给予国家的各个机关以资助，因而这些机关的官员很少是有薪金的。

至于司法行政方面，全国没有统一的法制，甚至连一部完整的波兰法典也没有。农民处于庄园主的裁判权之下，庄园主既是立法者，也是司法者。有一些村庄则除外，在那里，原有的居民曾获得由日耳曼自治城市法律规定的特权。在这些村庄中，他们的后代子孙，享有一定程度的合法的自治。同样，城市也有自己的法庭，根据日耳曼法律实行审判权。小贵族是根据成文的和传统的波兰法律受审并判决的；刑事案件首先由地方行政司法长官审理；而民事案件，则由宫廷经济官或地方法官审理。两造可以根据对他们的判决向几个职能似乎有所冲突的高等法院中的一个，即由选举产生的陪审法庭提出上诉。由国王、参议会和一些代表组成的议会法庭，审理违反习惯法的案件、刑事案件和冒犯官吏的案件；大法官与国王从教会和政府的显要人物中指派的顾问们一道审理对市镇法院判决提出的上诉，并审理指控它们的案件；大臣法庭则审理王室庄园的农民对官吏们或承租人提出的上诉。由于两造社会出身不同而产生法律上的矛盾，则根据波兰法律自行解决。法官没有法人团体，既没有律师的职务，也没有法官的职位，但只有职业的抗辩人，他们是经过学徒制受到训练，并且得到这几个法庭的承认。从理论上来说，国王仍然是最高法官，所以在国王空位期间，一切司法程序均告停止，而成立几个临时法庭。但是，事实上，由于立法完全无视行政与司法，所以，议会就像最高法院那样行使权力，并且往往宣布陪审法庭的判决无效。地方议会也根据同样的原则办事，往往也宣布地方行政司法长官、地方法官或宫廷经济官所做的判决无效。当人们认定国家的全部机构已不能行使其职能时（这在各届萨克森人国王统治期间是司空见惯的），小贵族为了自卫，或者在所谓自卫的幌子下，组织一种联盟，这是一种为了达到共同的政治目的而自由组合起来的同盟；从理论上说，它的权力来自国王，但实际上却大都是针对国王的。

  如果说，波兰的制度赶不上时代，那么它的经济则是落后的。1719 年的议会拒绝再进行任何战争，这是不足为奇的。自 1648 年至 1717 年的 70 年中，战争、饥馑、火灾和瘟疫一直闹了 55 年。本国的和外国的军队的掠夺，比实际的军事行动造成的毁坏还要大。财产遭破坏或被掠夺，金钱被盗窃而告匮乏。人口大约减少了 1/3，耕地面积因此也减少了。谷物自然也要减产，大约在 1750 年以前，情况更为严重，由于缺乏资金，技术无法改进。由于徭役有增无减，平均每周达 3 天，因此农奴劳动的产量下降了。农民向地主应尽的其他经济义务，如劳务、现金赋税等，在 18 世纪上半叶也达到了顶峰。农民的法律地位仍然未变，仍旧束缚在土地上，到 1768 年以前地主一直对农民持有生杀大权。从各种意义上来说，七八百万农奴正在向小贵族做出让步。在 17 世纪下半叶的大变动中，很大一部分农民失去了他们对农庄所拥有的传统权利。地主这时可以专横地减少农奴租入的土地，或者强迫他出售其中的一部分。因此，中等庄园所占比例减少了，从 17 世纪的 25% 到 18 世纪降到了只占总数的 11%；同时，第一次出现了农业劳工，无土地者则为全日制劳工，如只属于土地短缺者，则为非全日制劳工。顺便提一下，分成阶层的已不仅限于农民阶级了；权贵们（中等小贵族几占一半）与其无土地的小兄弟之间的平等，早已名存实亡了。但在乡间的某些地方，人们认为重建以农奴制为基础的老式庄园所费不赀，因此弃而不用了，代之以契约制。根据契约，农民以免役税换取继续拥有其农场。这种变更就曾在立陶宛的王室领地的某些庄园中和波兹南公国的一些村庄中实行。萨克森

第十六章 萨克森人国王统治下的波兰

时期波兰的农业状况，从由外国船只装运的谷物出口中，就可以充分地反映出来。1700 年到 1719 年间平均为 2 万拉斯特（但泽拉斯特约为 3107 升）；1720 年至 1762 年期间上升到 3.1 万拉斯特，出口增加约为前一世纪上半叶平均记录的 1/3。在欧洲市场上成功地与波兰竞争的国家有英国、勃兰登堡、利沃尼亚，特别是在 18 世纪的中期还有俄国。

城市居民总共约有 50 万人，他们的生活状况甚至比乡村还要糟。撇开华沙不谈，那里的居民在 1772 年达 10 万人以上。但泽、克拉科夫、维尔诺、利沃夫的居民在 2000 人以上。波兹南 1773 年约有 5000 人。托恩和卢布林 1772 年居民约有 1 万人。还有几十个小城市的居民人数在几百人到几千人不等。但是，大小城市都没有从战争的创伤中复苏的迹象，而且正在逐步走向痛苦和毁灭。工商业濒临凋敝。造成这种事态的原因，尚有待全面的研究，但是，可以肯定地说，在比较小的城市中，无论如何地主的剥削和不公平的竞争毁坏了手工匠人，使城市变成了一个农业的庄园。地主首先使市政会从属于自己的权力之下后，就专横地对手工业行会课以沉重的赋税，最后又在城市的某个地方建立自己的作坊，不受市政的管辖，由农奴充当作坊工人，这就终于使手工匠人停业。同时，地主又置当地的商人于不顾，径自进口外国货，从而摧毁他们。绝大部分的商人和大多数的手工匠人，为了维持生计，不得不在城郊从事农业，并且让为土地法所禁止种地的犹太人起着中产阶级的作用，充当小商人和小手工艺人，但主要是充当地主的各种经济专卖事业的特权的赋税承包人，如出售酒、焦油、干草和磨坊的税收等。在王室的自治城市（Boroughs）中可以看到类似的过程；这些自治城市被肆无忌惮的地方行政司法长官们压榨得民穷财尽。按照资本主义方针组织起来的羊毛业，从这个世纪的中期就在大波兰的一些城镇中兴盛起来，只有在波兰的普鲁士、华沙和克拉科夫才能与它并驾齐驱；这种羊毛业是个例外，没有受到这种死气沉沉的统治。但是，在其他的地方，由于没有保护关税，由于缺乏资本，城里人因而不愿在工业方面进行开拓。第一批的实业家，绝大多数都是小贵族。铁工厂少得可怜，编织地毯、帘幕和制镜子等工厂也寥寥无几，这些都是在奥古斯特三世统治的后期建立起来的。它们之所以存在，全都归功于一些开明权贵的倡导。这种做法虽然有用，但它仍然不能够弥补乡村生产力与制造品消费二者之间令人心烦的差距。虽然小贵族对于不得从事商业感到有所损失，但他们实际上不纳税，免缴出口税；除此以外，还准许他们同样免税进口自用物品。仅仅这些特权，就非常有助于说明波兰中产阶级的贫穷与匮乏。至于就对外贸易而言，小贵族们实际上是暗地里的商业贵族。商人不可避免地索价较高，这就使他失去竞争能力，从而沦为代理商。经济控制也对小贵族有利。国内机制品的价格所以保持很低，是根据农产品的价格；结果，土地所有者的利润提高了，而手工匠人的利润则降低了，这就使投资成为不可能的了。前一时期所带来的货币危机，使萧条更加严重起来。铜货币有剩余，新出现的银币价值降低，只有金币仍保持其价值。银行业仍处在初建阶段，而且是掌握在几个外国人的手中。

很明显，波兰的经济，正如同它的社会和政治结构一样，由于头重脚轻因而是不可靠的。它在物质上的脆弱，在很大程度上是由于它没有一个建设性的财政和财经政策，而这个政策的目标本应是把集中在少数宠儿们手中的财富收入的绝大部分转向于国库。

在这种非生产性和孤立的农业社会中，西欧城市的和世界主义的文化是没有生存的余地的。教育已不再昌盛。加尔文派教会学校以及在其以前的阿里乌派教会学校，在17世纪的下半叶均被迫停办，从而与西方联系的一个重要环节也就消失了。路德派教会学校是德意志的，因而没有产生什么影响。札莫希奇学院已奄奄一息，维尔诺学院也不过是一所耶稣会士的学院而已。克拉科夫大学是一个培养教师的摇篮，它把它最后所有的300万兹罗提①都用在为约翰·坎蒂乌斯行宣福礼上面去了。小贵族的教育，几乎全部掌握在耶稣会会士的手中。每个乡间在每个时期都有其值得一提的耶稣会会士。波兰的耶稣会会士已经消除了持异议者所有的竞争，这时认为他们的使命已经完成，因此甚至连教学规则的戒律也不愿遵守了。他们教拉丁文法靠死记硬背；拉丁文诗歌变成了韵律的练习，刻板，大都是颂词式的、讲究拉丁文修辞的夹杂着拉丁文的波兰文；他们的道德教育就是反复灌输自由否决权，小贵族天生超人一等，讲究仪式，宗教上不容异说以

---

① 1杜卡特（ducat）＝3.42克纯金＝36兹罗提。

及对教会持有毫不犹豫的忠诚等思想。

学问已经熄灭。这个时期最有价值的学术著作是 K. 尼西斯基的纹章书（波兰王冠……）。最有特色的著作是 B. 季米洛夫斯基的百科全书《新雅典》，S. 皮冈把它说成是惊人无知的典范，关于这一点，现在很难确定更应推崇什么：是编纂者的单纯或勤恳，或者还是作者引用假想的材料时的精确程度。在 1750 年以前，当虔诚会教士冒险出版了哥白尼学说的某些节录时，还没有一本文字著作提到过地球绕太阳运行的说法。当克拉科夫主教兼波兰大法官 A. S. 扎鲁斯基把他的私人图书馆向公众开放时（1747 年），才在这片黑暗的国土上透进了一线光明。这批藏书最后达到 30 万册，手稿 1 万件，这在欧洲是独一无二的。这个时期的文献，主要是宗教信仰方面的——圣贤传、赞美诗集、圣经的传奇和韵文释义。世俗所喜爱的文艺作品的风格是诗体的浪漫文学。但是，能读法文消遣的，就不去读波兰文了。在 18 世纪转向下一个世纪以前的五六位政论作家，既没有能够明确说明波兰的无政府状态所以产生的原因，也没有提出什么像样的改革计划。他们的著作没有一个是能激动人心或具有说服力，足以与《自由、女王与宫殿主妇》一书的那种自负的乐观主义相比。这本书的手稿在 1670 年前后问世后，曾出过 3 个版本，即 1727 年、1736 年和 1745 年版，它阐述了一般小贵族的政治观。这位耶稣会会士作者写道："自由的炼狱比专制的地狱好。感谢上帝的保佑，我们虽然在不断地沉沦，然而我们却在发光；我们虽然在不断地毁灭，但是我们却活着……尽管我们处在我们这样的无政府状态，由于政府采取了极其微妙的去芜取精的办法，我们却像其他人一样，居然取得了成功。"造成无政府状态的主要原因，是随便使用"否决权"。这个主要原因在斯坦尼斯瓦夫·莱什琴斯基在其"使自由可靠的自由发言权……"（1749 年）一文中第一次对它进行抨击（不管是多么转弯抹角地）以前，主要是被掩盖起来了。又过了十多年以后，恰尔托雷斯基家族的被保护人斯坦尼斯瓦夫·科纳尔斯基才发表了他的《论有效的辩论行为》（1761—1763 年）一书来清除《自由、女王与宫殿主妇》一书的有害理论。他在书中提出要有一个对两院制议会负责的、遵循多数决定的政府。这一改革计划一直到下一代才得以实现，但是这本书产生的直接影响，却是重大的：该书第 3 卷于 1762

年问世后,没有一届议会产生分裂。科纳尔斯基对公众的其他巨大的贡献,就是1753年对他所属的天主教虔诚会所办的学校进行的改革,改革是按照1740年他本人在华沙所建立的贵族学院的模式进行的。自此以后,虔诚会的学校便讲授批判性的思想、明晰的表达、公民权、科学的基本原理以及现代和古典的语言。耶稣会会士为了和他们的对手竞争,也不得不照样做。于是,国家的两项最迫切的需要,即一个政治改革计划和一个新的教育体制,就由一个人解决了。但是,科纳尔斯基的活动预示,受到这些活动的全部影响的是随后而来的那个阶段,而不是奥古斯特三世的时代。

1717年,萨克森选侯腓特烈·奥古斯特在经历了20年国内外几乎不断的危机后,终于和他的叛逆的波兰臣民达成了协议。奥古斯特当选后两年于1697年面临着一伙人拥戴一位对立的波兰国王的局面。1697年6月,孔蒂亲王弗朗索瓦·路易受到为数众多的人的拥护,而推选萨克森选侯腓特烈·奥古斯特的人却是少数。两人都动身前往波兰,但是这位法国人于9月底到达但泽时,却受到敌对的接待,并且发现奥古斯特已在半个月前加冕了。他打算与彼得大帝和丹麦国王一道进攻波罗的海沿岸的瑞典领地,这就导致了奥古斯特于1701年7月的惨败,瑞典人紧接着席卷了维尔纽斯、华沙和克拉科夫,并利用在1697年至1699年间反对奥古斯特的那些波兰人,于1704年选出一位名叫斯坦尼斯瓦夫·莱什琴斯基的人为波兰的对抗国王。奥古斯特实际上已于1706年被迫放弃王位。当1709年俄国在波尔塔瓦打败瑞典以后,他虽然能够返回波兰,但他的地位是不牢靠的。莱什琴斯基的支持者们于1711年,其后又于1712年从北方进攻,1714年波兰本国出现了不安定的迹象,到1715年对萨克森军队撤出波兰的要求呈现出一些危险的方面。从国王与小贵族(塔尔诺格罗得联盟)之间的实力较量中,一个想坐收渔利的第三者出现,并在波兰成为一个强有力的政治因素,他就是俄国大使。11月间,在这位俄国使节的倡议下,国王和联盟的领袖们签订了《华沙条约》,这个条约于1717年2月1日得到短命的议会的默认。1717年的条约,是整个萨克森时期唯一一个立法成就,它对于波兰的宪法没有引起任何深刻的变化。它的大多数条款注定是要成为一纸空文的,仅仅使得妥协的各方挽回面子而已。国王的一切决定,必须要经过常驻参议员中大多数

第十六章 萨克森人国王统治下的波兰

人的同意；他在波兰保持的萨克森人的卫队不得超过 1200 人和 6 名萨克森人官员；其他的条款也说不上有任何好处；作为军队的财政长官的盖特曼的权力，大大地减少了，他在国王选举中不得充当候选人，但仍为终身职务；这个职务是有害的；军队的编制固定在 2.4 万人，人数即使如此之少，但也得不到足够的信任。

条约的经济方面，则是比较令人鼓舞的。军队的编制，一如既往，由本国人和外国的志愿雇佣军组成，如果说它人数少，但它至少是常备军，并且根据情况不再为以后各届议会所固定的了。更为重要的是，波兰的财政在历史上第一次将按照类似预算一类的东西进行管理。岁入已明确包括 "克瓦塔"（Kwarta）在内。这种赋税是根据已经过时的地籍调查从宽估计，实际上占国王领地上的佃户——"将面包分给当之无愧者"的官员和接受者——收入的 2/5，而不是 1/4 了。包出的关税每年为 35 万兹罗提，葡萄酒税为 5.8 万兹罗提，最后是向犹太人社会征收并由其收集的一次总纳税额 22 万兹罗提。因此，1717 年至 1764 年，国家每年收入约为 90 万兹罗提；这些岁入司库必须向每届议会汇报开支情况。预算的半数以上充作军队的开支；此外，军队还自己另有安排，征收价值近 400 万兹罗提的人头税，是向整个基督教徒人口征收的，不过最沉重的负担是压在农民阶级的头上，而且是以过时了的人口调查为基础而征收的；干草钱，即所谓的 "越冬费"（Hiberna），由国王和基督教会的产业支付军队，价值约为 100 万兹罗提。各巴拉丁议会丧失了为军事目的而征税的权力，但却获准对零售酒类征收零售税（照字面上称为 "酒钱"），这是一项以前由国家征收的税，这项收益可用于地方的需要。

调解国为这次妥协而索取的代价是昂贵的。沙皇不仅没有撤退他的军队，反而占领了库尔兰（1718 年 5 月）并违背了他早先与奥古斯特达成的协议，拒绝交出利沃尼亚，要把波兰从波罗的海的沿海地区排挤出去。根据法律规定，库尔兰应在这个公国的克特勒王朝灭绝后归还波兰。另外，他还阴谋扭转与查理十二世的大臣格尔茨结成的各个联盟。波兰的小贵族们只有到了这个时候才明白他们一直是在为谁帮忙，因此对彼得提出了责难。这位波兰国王在这一反响以及由于沙皇在西欧各国宫廷中日益不得人心的鼓舞下，遂采取了一种摆脱沙皇监护的政策。格罗德诺议会于 1718 年年底成功地抗住了俄国和普鲁士利用贿买"否决权"的办法分裂议会的企图,并且准许国王采用让议会休会这种非同寻常的权宜手段;用那位感到震惊的俄国使节的话来说,"好像他是一位专制君主似的"。促使沙皇撤军的是波兰的这种强硬态度,是出于增援瑞典前线的需要,而不是由于签订了维也纳条约(见下文)。①

奥古斯特在1717年的条约签订后在使自己摆脱俄国监护所做的努力中,日益向维也纳靠拢。1718年萨克森内阁大臣弗勒明成功地使腓特烈·奥古斯特(未来的奥古斯特三世)和查理六世的侄女玛丽亚·约瑟夫缔结婚姻。这种个人关系的联盟无独有偶,在维也纳条约中也有一个,即1719年1月在奥地利、乔治一世和萨克森之间缔结的联盟。有关各方一致同意要迫使俄国撤出梅克伦堡和波兰,保证波兰的边境和它在其属地(库尔兰)的权利,并采取措施保卫奥古斯特二世不受外国阴谋的破坏,以便使他能够实行宪法改革。瑞典在形式上仍与萨克森处于战争状态(一直到1719年12月),但瑞典的友好态度一如既往,而奥地利、瑞典、波兰和萨克森之间反俄结盟的可能性也是可以设想的。现在仍然有待议会(已于1719年年末复会)批准条约并迎来一个军事荣耀的和奥古斯特暗地里希望的权力改革的时代。他的希望不久即令人失望。议员们不仅没有批准条约,而且还反对采取任何可能使波兰卷入另一场战争的政策;他们认为,这场战争将使小贵族们的产业遭到彻底的破坏。1720年,国王再次企图说服议会参加结成一个反俄集团,但是没有结果。在这次惨败后,奥古斯特二世和波兰人便各行其是;国王则在谋取韦廷家族的利益;而小贵族们则在虚假安全感的欺骗下,吃、喝、玩、乐,并在他们的无政府状态、愚昧无知和宗教偏执的园地里耕耘着。

天主教徒们希望"在一个天主教王国里只有一种信仰,它的公民们只有一条心、一个灵魂";在这样一个国家中,持不同宗教信仰的人自然要发现"国家不成其为国家,却成了可悲的场所,奴隶的牢笼和压迫的牢笼"。波兰的20万新教徒,大都是由皇家普鲁士和大波兰的德意志路德宗的同乡和移住民组成的,但也包括1000个出身高贵的波兰家族。他们的处境自奥古斯特统治的最初时日起,就每

---

① J. F. 钱斯:《乔治一世与北方战争》(1909年),第292页,注3。

况愈下。在瑞典人占领的短暂期间，他们的日子自然要好过一些。查理十二世恢复了久已被人忘怀了的礼拜自由，而且将会使新教徒的宗教权利与天主教徒的宗教权利相等，要是莱什琴斯基没有使他相信他们不能让他们的同情心去伤害小贵族们的宗教感情。奥古斯特复位后，新教徒的敌人们便利用了他们与瑞典人的勾结。国王的保护对他们的帮助不大；而且，一有机会，就要他们安分守己，丝毫不得越轨。华沙条约的第 4 条禁止恢复原来的新教教堂，并且命令将在 1704 年至 1709 年间建立的那些新教堂摧毁。在这个时期建立的新教教堂禁止举行一切礼拜，否则第一次将课以罚款，第二次将予监禁，最后则予流放。一切事物都是平等的，担任文官和军职时，天主教徒则优先于新教教徒。天主教的狂热信徒们把措辞松散的条文解释成为是一种法律根据，由此可以在持不同宗教信仰者回到罗马天主教的信徒行列中来以前，剥夺其全部的宗教权利和大部分的公民权利。反对新教徒的行为这时可以提交普通法庭审理，这些法庭清一色地由天主教徒组成，而不是由国王指派的混合人员或由议会委派的代表所组成。至于教堂，人们争议说，它们要是老教堂，即原来是信奉天主教的，则必须使之恢复正常活动；或者是新的，则必须予以摧毁。1717 年，立陶宛的法庭以宗教的理由，将它的 4 名新教徒成员排挤出去，此后，即不允许异教徒担任立陶宛法庭的审理工作。同年，议会也将其 7 名新教徒代表中的 1 名代表排斥出去；1718 年，这一做法又用于所有的新教徒，并且成为惯例。在奥古斯特二世统治的其余年代里，对于新教徒的迫害虽然没有什么增加，但是极端分子的敌意并未消除。1733 年他们说服公议会宣布说，"在本王国内，摈弃那些外国的崇拜"，并且不许非天主教徒担任所有行政机关的职务，"现在任职者则可安于职守"。奥古斯特三世是 1572 年以来第一个不需要在各种基督教宗派之间保持和平的国王，他在 1736 年批准了这一法律。破坏新教教堂和关闭新教学校的事件不断地出现，这些事件在新教徒的死敌大主教 K. A. 谢姆贝克 1748 年去世以前，与其说是为多数的小贵族所赞同，不如说是在他们的纵容之下。据估计，在 1718 年至 1754 年间，仅大波兰一地新教徒就失去了 30 座教堂；在小波兰，他们的损失也不在其下；在立陶宛，原有的 51 座也减少过半。

波兰的邻国迅即抓住宗教问题作为进行干涉的机会。不信奉国教者，甚至在他们自己开始向新教国家申诉他们的不满并向这些国家请求保护他们的权利（1713年）以前，他们就成了各国之间（普鲁士与瑞典；1707年，1705年，1707年）条约的一些条款的主题。俄国和普鲁士于1730年首先共同保证保卫新教徒和东正教徒社会的权利（见下文）；但是一直到1724年，彼得大帝对波兰的在宗教上居于少数的教派的关注，只限于对至少有60万人的东正教徒社会。东正教那时在波兰的东部和立陶宛是一个正在没落的精神力量。到1702年，东正教合并派①的礼拜式，已经席卷了东部除莫希勒夫以外所有的主教管区；1708年波兰东正教的主要据点——利沃夫的十字派②公会，落入巴西勒派之手。只有俄国的帮助才能挽救东正教社会进一步的解体；但是，一直到彼得一世懂得了它作为一种世俗政策工具所具有的潜力时，才提供了这种帮助。1686年的"永久和平"条约的第9条保证东正教徒享有公民权和宗教权利，不过只是在1720年当他在波兰的势力减弱时，以波兰境内的东正教徒社会保护人自居的彼得，才卖劲地与波兰国王进行抗争。奥古斯特二世满足了彼得一世的要求，发表声明保证莫希勒夫主教的福利，进一步明确东正教的全部权利和特权。但是，这样一种个人的声明是背着议会发表的，没有法律的作用。这位沙皇提出抗议，要进一步采取行动；他派出一名代表前往莫希勒夫，要他就波兰境内东正教的状况（1722年）提出报告。但是，两年后在托伦发生的一场吵闹，并没有引起他以进攻作为回敬。

托伦是一个制造业城市，居民中波兰人和讲德语的人数几乎相等；但是却由后者居民治理，因为他们在手工业行会中占优势。天主教的堡垒、不断挑起新教徒的愤怒的，就是当地的耶稣会学院。这两部分居民之间的长期不和，在1724年7月26日达到了顶点。当时一群新教徒的暴民，在一名耶稣会学院学生的挑衅下，闯入了该学院的校园，亵渎了校内的小教堂。这个问题提到参议会后，国王本人虽然对此表示冷淡，而且一般来说，他对于不信奉国教者并不是不表同情的。但他急于迎合天主教徒的意见，未将此案交由他自己的法庭或议会法庭审理，而于10月间交给了司法官裁决。而这个法庭清一色地

---

① 指主张与罗马天主教合并的东正教教徒。——译者注
② 一种直属于主教或大主教的宗教机构。

由天主教徒所组成，它遂判处 12 名主要暴乱分子，以及市长和其副手以死刑，因为他们没有制止这场暴乱；法庭还命令修复一所天主教堂，并将市议会的一半席位分配给天主教徒。新教徒们因此遂向西方同宗教的各国提出呼吁。新教各国接着便提出了协调一致的抗议①，但这个抗议没有得到俄国的支持：彼得一世没有重复他早先提出的公正对待东正教这个少数教派以及新教徒的要求。奥古斯特正式拒绝了这个抗议，但他私下暗示，除非让他合理地改革波兰的宪法，否则他就不能对这些令人遗憾的事件承担责任。俄国不愿承担义务的态度和普鲁士害怕被卷入的担心，使危机逐渐不了了之。但是，除非波兰国王陛下的不仅每一个新教徒臣民，而且每一个东正教的臣民都对教皇表示悔改，而且两个教会之间的这场对于波兰将产生可怕后果的斗争在未来 40 年里不会愈演愈烈，罗马天主教的统治集团将不会是手软的。东正教的教士们会一次又一次地通过俄国驻华沙的大使向圣彼得堡提出呼吁，要求阻止这种强迫各教会、全体信徒和各修道院改宗的做法。圣彼得堡将会指示其大使提出正式的抗议，对此大使只能收到一个多少是闪烁其词的答复，事情也只能到此为止。要采取任何进一步的行动，势必要触怒边境地区的那些也是俄国方面支柱的权贵，因此这样做自然要被人认为是不适当的。不仅如此，抗议有时也是毫无根据的，因为改宗决不总是被迫的。莫希勒夫的主教伏尔昌斯基在 1753 年致俄国大使的一封信中说，各教会的会众之所以转向"合并"，是由于教士们"信仰不坚定"。

波兰 1720 年的议会拒绝加入维尔纳条约，这就使条约不能实现，而且促使俄国和普鲁士实行它们于同年 2 月在波茨坦缔结的秘密协定的条款。两国保证保护波兰的政治体制，换言之，即促进波兰的无政府状态；保护不信奉国教者的权利；并阻止由萨克森人继承波兰的王位，从而为以后的 1726 年、1729 年、1730 年、1732 年、1740 年、1743 年和 1764 年的条约树立一个样本。奥古斯特对于这个阴谋毫无觉察，却由于小贵族们拒绝了他的民族政策而被激怒，遂一反常态，制订了一个新的肢解计划而与俄国和普鲁士打交道。沙皇此时仍然扮

---

① 没有证据支持 J. 费尔德曼的这种说法，即对普鲁士、苏格兰、爱尔兰、直布罗陀和米诺卡的天主教徒采取了报复行为。见其所著《奥古斯特二世时代不信奉国教者的问题》，《波兰的宗教改革运动》，第 3 卷 (1924 年)，第 115 页。

演一个波兰保护者的角色,遂以此行动向小贵族们透露了这项计划,造成了一种极好的印象。俄国根据尼斯特兹条约取得利沃尼亚是不得人心的。这个条约是在第二年(1721年)在没有波兰参加并且仅规定它可加入的情况下签订的。1720年与土耳其签订的君士坦丁堡条约,实际上是让彼得摆脱了不干涉波兰事务的义务,并且公然让俄国插足进来。

1720年以后,奥古斯特集中全力去争取其臣民和其他国家的统治者们支持由一位萨克森人来继承波兰的王位,但在这两个方面都遇到了理所当然的、顽固的反对。韦廷家族的人在小贵族们中间如此不得人心,因此1726年当库尔兰的贵族们要把这块公爵领地交给奥古斯特二世的私生子、萨克森的莫里斯公爵时,议会既不予以承认,也不给以帮助,并且要求把库尔兰并入共和国,不过并没有指示盖特曼们要抢在俄国人前面采取行动;他们把这位萨克森人赶走,恢复了以前的状态。奥古斯特自己没有权力。他过去的许多支持者现在都弃他而去支持沙皇。他自己的仆从几乎都已去世,没有给他留下一个强有力的宫廷党同。包括权贵们在内的小贵族大众,对于这位萨克森人国王是不满意的;他们希望改换王朝,并且赞同由他们的首领波托茨基家族(大主教蒂奥多和罗塞尼亚的巴拉丁约瑟夫)制定的一个纲领,以便确保自1725年以后即成为法国国王岳父的斯坦尼斯瓦夫·莱什琴斯基最后当选为波兰国王。这就是他们1729年和法国大使蒙蒂侯爵达成协议的目的。为此目的,他们寻求奥地利和俄国的支持。如果他们得逞,莱什琴斯基从他们手中接过王位,波托茨基家族除了拥有更大的大庄园,拥有比其他任何贵族家族更多的教会的和世俗的职位,享有更多的"将其分配给当之无愧者的面包"以外,还将行使国王的权力。邻近各国也竭力要挫败奥古斯特为他的儿子腓特烈·奥古斯特取得波兰王位所做的努力。尽管国王已在1713年承认了"国本诏书",但皇帝还是担心国王或他的儿子参加争夺奥地利王位的继承权。1726年,为了避免这种可能性,他遂与俄国结盟,以便阻止在波兰建立萨克森王朝。奥古斯特孤立无援,而且自1728年即疾病缠身,他遂设法寻求腓特烈·威廉一世的私人友谊和政治友谊,只是又一次在斗智中败于俄国人之手。1732年俄国和普鲁士签订了一个秘密条约,这个密约是由俄国驻柏林大使 C. 勒文沃尔德起草的,它把腓特烈·奥古斯特和莱什琴斯基两人都排除在波兰王位继承权之外。如果这位国王在此同时企图搞一次政变，俄国和普鲁士的军队就将开进予以制止。1733 年 2 月，奥古斯特在走向坟墓的边缘时，曾对他的"好友"大臣格鲁姆巴科吐露了他的关于在俄国、普鲁士和韦廷家族之间瓜分波兰的"宏伟计划"。

在国内，奥古斯特可以在有限的程度内依靠一个非常类似的宫廷派的，即古老的但至今一直默默无闻的立陶宛的恰尔托雷斯基公爵家族。这个家族在斯坦尼斯瓦夫·波尼亚托夫斯基的领导下崭露头角。波尼亚托夫斯基过去追随莱什琴斯基，现为马索维亚（即马佐夫舍）的巴拉丁；他由于婚姻而成为恰尔托雷斯基家族的姻亲，在他们和宫廷之间起着媒介的作用。通过 A. A. 恰尔托雷斯基与波兰的最富有的女继承人结婚（1731 年），这个家族遂成为这个国家中最富有的家族之一。这个家族和波托茨基家族比较，人数较少，因此比较团结，受过比较良好的教育，而且热心公益；他们一样地反俄，但却不是一样地亲法；恰尔托雷斯基家族并不缺乏野心，但其目标却不仅是攫取权力而已；他们不是把他们的国家当作野心家们愉快追逐的猎场，而是他们将要医治的有病的政治机体。他们的正直为他们招来了权贵们的敌意和中产阶级小贵族们的同情。他们不总是支持宫廷的，只是偶尔的，而且是有原则的和出于权宜之计。他们向国王保证（1726 年），要在下一次的选举中投票选举他的儿子，这种保证因而也是含糊的，不能认为它是具有约束力的。奥古斯特依然认为，提名斯坦尼斯瓦夫·波尼亚托夫斯基任波兰军队的总司令作为任命他为波兰的大盖特曼的第一步，是得策的。但是，由于这种任命只能由一个完全合法的议会提出，而把盖特曼这一官职视为自己家族垄断的一个部分的波托茨基家族，自 1729 年以后每当一届议会集会伊始，即使它陷于分裂，其中也包括 1732 年的那一届，也就是奥古斯特二世统治期间的最后一届议会。宫廷和恰尔托雷斯基家族聊以自慰的是，他们知道在每一届议会中，他们都将拥有多数。在第一个萨克森人国王统治下，陷于分裂的议会的数字是，在总共 13 届的议会中就有 9 届。

据说，强者奥古斯特在弥留之际曾说过："我的整个一生罪恶不断。"这番话极好地道出了他那可耻的私生活的特色。但这一点不能扩大到他作为君主的一生经历。对于此人，传说他在上帝面前申辩说，自己从来没有有意伤害波兰；而且，实际上为公众的利益和维护和平而工作。不管情况如何，正如第二句说法不会开脱他的罪责一样，第一句话也绝不会对他进行谴责。事实仍然是，甚至在他认识到他自己亲政已不可能，而且他执行了一种往往不符合国家利益的对外政策以前，就在逃避宪法改革的责任。事实证明，他如此不顾一切地在北方进行的冒险所造成的后果，就像对它的邻国有利一样，对波兰是一场灾难。波兰可能收复的或取得的疆土（东部的摩尔兰和利沃尼亚，西部的瑞典属地波美拉尼亚）成了俄国和普鲁士进行的命运攸关的扩张的桥头堡。另外，至于谴责他发明了并且向波兰的敌人提出了瓜分波兰这一主张，是不公正的。① 在北方大战分裂的气氛中，这个在1656年第一次设想出来的主张，不仅为奥古斯特并且也为莱什琴斯基所考虑；一直准备和他的朋友或敌人瓜分这个共和国，只要他自己仍然当国王；并且也为立陶宛的分离主义分子所考虑，他们于1705年，又于1714年两次倒向俄国。

在奥古斯特二世逝世前夕，法国驻华沙大使蒙蒂侯爵向法王通报说，尽管在这个国家中一片和平气象，但在其表象的下面，几个为首的家族却在阴谋策划，兴风作浪。但是，在随后而来的空位期间，蒙蒂利用他的说服人的本领和手头的大量钱财等手段，终于使波托斯基和恰尔托雷斯基两个家族和解，并且说服他们接受莱什琴斯基作为他们提出的共同候选人。他的傀儡统治中的这段可悲历史，到这时已为人们所谅解，或者已被人遗忘，而在那个干涉的年代中，他那被人理想化了的人格，在小贵族们看来，成为波兰的自由、伟大和民族传统的象征。

蒂奥多·波托茨基大主教一心要使这次选举的结果成为一个不可避免的结局。他从道义上迫使宗教会议议会通过一项决议，一切外国人不得充当国王候选人，换言之，也就是指莱什琴斯基的所有可能的竞争者。这种排斥一切的行为，是经过全体议会代表签字并宣誓的；要是这些比较滑头的签字者没有保留"一切有关自由选举的立法原封不动"以此来使他们的赞同成为适当的，这种做法就构成了对波兰国王经过自由选举这一原则的违反。与此同时，萨克森运用外交手

---

① 参见《剑桥波兰史》（1941年），第2卷，第24页 W. 科罗普琴斯基的文章。

腕，说服了奥地利和俄国放弃它们排斥腓特烈·奥古斯特以及莱什琴斯基并在波兰扶植葡萄牙王子的计划。很明显，在这种情况下，只有萨克森的腓特烈·奥古斯特才能够与这位皮亚斯特家族的成员竞争。1733 年 7 月，他和这两个帝国宫廷达成谅解。为了报答它们的支持，他事先放弃了波兰对利沃尼亚的要求，答应将库尔兰归于安娜·伊凡诺夫娜的宠臣比伦，并且保证他要尊重波兰的自由。罗马教廷从旁相助，宣称对于排斥外国候选人的决议所发的誓言不具有约束力。华沙又一次出现了大批出高价收买选票的萨克森代理人；不过真正的卖主还难以发现。当斯坦尼斯瓦夫按照红衣主教弗勒里的命令，隐匿身份经由陆上旅行突然在波兰首都出现时，受到了人们几乎一致的热情欢迎。9 月，大约 1.2 万名选举人拥戴斯坦尼斯瓦夫为国王。伏尔泰写道：斯坦尼斯瓦夫一露面就当上了国王——不过好景不长：仅仅由小贵族们的意志来决定国王选举的时代已经一去不复返了。一支 3 万人的俄国军队正在出发，前去保护聚集在维斯杜拉河对岸的布拉格的亲萨克森的少数派。摇摆不定的分子感到惊慌，他们叛变了，渡过了维斯杜拉河，这是轻而易举的事，因为许多人都接受了双方的贿赂。英国大使乔治·伍德沃德写道："如果说人们在这里看到的就是自由，上帝就不要赐给我们这种自由。这就是他们所称的大、小贵族，他们彼此轮流着充当奴隶。到处都是一片混乱。这个民族的民族性就是，顺境时趾高气扬，逆境时则低三下四。"[①] 俄军一到达，大约有 3000 名选举人便拥戴奥古斯特三世为波兰国王。这 3000 名选举人大都是依附于立陶宛的权贵们的，如果选出一个"不受欢迎的人"，他们的产业和特权就将丧失给安娜女皇了。

莱什琴斯基在俄军逼近以前就逃之夭夭。他在但泽避难，并在那里等待瑞典和法国的援助。路易十五认为自己必须宣战。正如阿尔让松所说的，"陛下是与一位平民缔婚的，因此王后必须要成为国王的女儿"[②]。波兰王位继承战争不是在波兰的疆土上进行的，而且它最终只是对法国有利。法国在伦巴第的进攻，成功地牵制住奥地利的军队；但是法国的外交活动，尽管经过了最大的努力，却并没有能够促

---

① 国家档案局，S. P. 88/42，第 8、9 卷，1735 年。
② 引自 M. 波蒂埃姆金编《外交史》，第 1 卷（巴黎，1947 年），第 247 页。

使土耳其和瑞典采取军事行动。瑞典人唯恐重犯 20 年前的错误；土耳其人鉴于安娜女皇破坏了 1711 年和 1713 年的条约，本来是会进行干预的，但是由于他们正和波斯作战，因此不愿在两条战线上作战。所以，莱什琴斯基和他的追随者只好自己单独面对着萨克森人和俄国人了。1 月，俄国人围攻但泽。路德教派的居民希望改善他们和法国的商业关系，并且为了能有一位宽容的国王即位，于是就向莱什琴斯基提供各种帮助。他们的由雇佣军组成的军队在封锁、攻击和轰炸下守住了城市，一直守到不得不放弃从海上和陆上获得解围的一切希望。2000 名法军于 6 月到达，但是这并不足以扭转局面，使之有利于防御者。一支人数不多的保王党军队企图杀透重围进入但泽，但是他们被打败了。法国大使提出报告说，这些波兰人既没有军队，又没有大炮，也没有军火和金钱；自（1683 年）维也纳解围后，就没有什么波兰的军队，这只是在报纸的专栏里说说而已。莱什琴斯基已失去信心，并且为他的安全担心，于是就在 1734 年 6 月底，偷偷地逃出了这个城市，前往柯尼斯堡的腓特烈·威廉一世处避难去了。7 月，但泽城投降。显贵们，包括陪同莱什琴斯基一道逃亡的后来称为恰尔托雷斯基家族的主要成员在内，被允许向奥古斯特宣誓效忠。8 月，斯坦尼斯瓦夫受到来自凡尔赛的充分的鼓舞并且对瑞典和土耳其的干涉抱有充分的希望，可以号召他的追随者继续进行战斗，甚至打算入侵萨克森。11 月，在 A. 泰洛的领导下在吉科夫（桑多米埃什附近）组成了一个联盟。参加联盟者通过他们的特使奥扎洛夫斯基，于 1735 年 9 月与法国签订了一个纯属形式的友好条约，而莱什琴斯基则打算实现法国和普鲁士恢复友好关系，目的在于把普鲁士拖入战争，但是没有成功。弗勒里急于要结束敌对行动，为斯坦尼斯瓦夫做了一次最不该做的努力，试图劝说俄国：他将会是一个比奥克斯特远为合适的邻居。但是，在他没有得到反应后，遂与奥地利媾和。最后的和约规定，莱什琴斯基退位（1736 年），但允许他保持他的国王头衔，并且把法国在战争中赢得的洛林公爵领地给予他作为安慰奖。

在波兰，国王与参加联盟者之间的分歧是在 1736 年 6 月到 7 月的"媾和议会"中形成的。议会授权奥古斯特将库尔兰作为封地授予一位由当地议会挑选并为俄国、普鲁士和波兰所接受的诸侯，这是为以后指定比伦的一种婉转说法。莱什琴斯基的第二次的流亡，对洛林是有好处的。他在那里以个人资格做了许多好事,对于波兰来说则不是什么重大损失。他在1733年就像他在1705年时那样的出丑。流亡20年可能使他学到了许多政治哲理,但并没有使他成为一名军人或政治家。他对于自己福利的关怀有增无减,他比以前更愿意用他的那顶沉甸甸的王冠换取一笔像样的补偿金。他远不是一个"哲学家国王",而是一个使国王背离其比较正确判断的哲学家。奥古斯特三世作为一个男子汉或统治者,甚至更没有什么可以称道的。他是一个虔诚的天主教徒,1712年就根据他父亲的命令而抛弃新教;但是,他既不会说波兰话,也不爱波兰。撇开1733年至1736年这个时期以及在七年战争期间他不愿待在华沙以外,他在波兰总共待了大约两年的时间。他是一个蠢材,除了美术以外对其他毫无兴趣,他有一个嗜好——打猎;他把他的良心交给了一个耶稣会会士的忏悔神父,并且把他的权力交给了他的宠臣们,1738年以前是打猎队长 J. A. 苏尔科夫斯基;以后是萨克森的首相、最强有力的 H. 冯·布吕尔,一个三等的"他的那个时代的黎塞留、梅迪契、罗思柴尔德"。他把波兰的利益从属于萨克森的利益,萨克森的利益又服从于他的王朝野心。

> 每一个人都承认(莱什琴斯基1734年用当时的本国文和拉丁文夹杂的文体写道)我们共和国辉煌的结构"堤坝本身就会自行毁坏";它必须要获得援助;实际上,如不出现奇迹,它就不能够继续存在下去……我们的四壁牢靠吗?四处大门洞开,敌人长驱直入,深入到我们国土的心脏地带,他们在全国各地横行霸道,横征暴敛,到处放火抓人。一个国家,法庭上没有正义,政府部门之间不能协调一致,军队中纪律荡然无存,国库空空如也,政治混乱,它将如何能够继续存在下去?①

在以后的30年间,这种令人吃惊的事态每况愈下。在奥古斯特三世统治时期,议会的自由和国王的权威之间不稳定的平衡完全被打乱了;15个议会中,只有一个议会能够按常规进行活动。在宪法上唯一能够制止国家政治机体陷于瘫痪的补救办法,就是组织邦联,往

---

① S. 莱什琴斯基:《自由之声,自由卫士》,1749年出版,1733年写作。

往是组织了，但却从来没有应用。国王在行使其特权时，只是任命官吏和控制对外政策，从未超过这些权限。这个国家唯一的真正权力，则归属于权贵们所拥有的财富和官职。如果这些权贵们为了一个共同的目的团结一致，这种权力就可行之有效；但是，布兰尼茨基家族、萨佩哈家族、桑古斯克家族、拉济维乌家族、热夫斯基家族、维西涅夫斯基家族、卢保米尔斯基家族、泰洛家族以及其他二十几个家族，却分成各派，情愿在波托茨基家族和恰尔托雷斯基家族的领导下彼此展开争斗。经过进一步的研究后，现在看来，波兰历史"居然是一部一小撮家族及其争吵的历史"[①]。无论恰尔托雷斯基家族，还是波托茨基家族，谁也不是强大得足以压倒另一方（用选票压倒对方也无济于事，因为"自由否决权"使多数票毫无意义），双方都依靠他们似乎都认为是奉行一种外交政策这个办法，但是里通外国，不论实际上是无偿的，或是贪财的，不过总是卖国的。

波托茨基家族的目的是结成联盟把国王赶下台，并与俄国开战。法国或俄国援助的代价是非物质的。它们在1740年至1756年之间喜欢采用的行动方式，就是用普鲁士或法国的金钱贿买一名议会代表来阻挠宫廷或恰尔托雷斯基家族，并且为了一笔可观的佣金而分裂议会。这些比较明智和正直的自封的"共和派"或"爱国派"和"黄金般的自由"的护卫者，暗地里希望建立一个由约翰·索别斯基的孙子查尔斯·爱德华·斯图尔特统治的君主立宪制。恰尔托雷斯基家族1736年后对于法国非常失望，此后仍继续为争取最高权力和改革而努力。他们向各国宫廷寻求保护人，1756年后则只向俄国寻求。

大多数对立的权贵们和宫廷看来意见完全一致的唯一问题是扩军问题。不过，如果说大家都希望扩军，其动机则各不相同。波托茨基家族希望奥古斯特把由波兰的大盖特曼（1736—1751年）约瑟夫·波托茨基指挥的新建团队交给法国人和普鲁士人支配；恰尔托雷斯基家族则要奥古斯特率领他们加入奥俄阵营。恰尔托雷斯基家族都以各种形式不断地向1736年到1752年间的各届议会提出拨款计划，但是，由于各派之间缺乏信任，各派领袖缺乏政治家风度，议会代表没有公益精神，因此，这些计划从未得到批准。军队扩充要有钱，要钱

---

① A. 布吕克纳：《波兰文化史》，第3卷（1931年），第12页。

就要征税，可是没有一届议会甚至会同意取消先前已答应给予某些困难省份的减税要求，更不用说还要通过征收新税。双方的这种不可妥协的态度，首先是在俄土战争期间显示出来。当 J. 波托茨基正在筹划一个联盟，并寻求瑞典、土耳其和普鲁士的支持时，恰尔托雷斯基家族则在试图说服俄国大使支持他们的扩军计划。俄国 1739 年的胜利，使双方的希望破灭。1741 年波托茨基家族又一次企图组成一个自称以扩充军队为目的的联盟，这些建议是他们在最近的一届议会上所反对的，也就是那个要国王下台的秘密建议。到同年年底，又一次与俄国开战的瑞典派出了一些密使，企图要心怀不满的波兰人在俄国的后方采取牵制行动。在这两次事件中，闹事者都是从普鲁士那里得到暗示的。在 1742 年至 1744 年的外交和军事事件的背景下，波托茨基家族，由于他们极力要求结盟和依靠普鲁士的倾向，看起来就像是宫廷的天敌。另外，由于恰尔托雷斯基家族对俄国和奥地利的同情，他们看起来就像是宫廷的天生盟友。由于这种关系，他们于 1744 年又一次向议会提出重整军备的建议。形势与 1719 年的很相似，甚至更为有利。俄国赞同真正的改革，可以用来换取参加反对另一个死敌普鲁士的联盟的特权。恰尔托雷斯基家族获得了女沙皇不进行干涉的许诺，国王则通过同意 J. 波托茨基提出的关于保持对一支扩编军队的指挥权的意见，而成功地将波托茨基家族争取过来。布吕尔也决心不让事态听其自然发展。他知道普鲁士为了分裂议会而在暗中进行破坏活动，遂利用一些坐探，其中一名在议会辩论的关键时刻，将一个装满普鲁士金币的钱袋抛在议会的地板上，指控 10 名议会代表接受了贿赂。议会得到拯救，不过只是成了怒气冲冲地进行反诉的场所，一直到会期结束也没有采取任何措施，甚至也没有惩办卖国者。波兰失去了唯一一次机会，腓特烈二世从他那 1.5 万杜卡特廉价的困境中解脱出来，其中 4000 杜卡特落入了他的主要代理人 A. 波托茨基的腰包。两年后，恰尔托雷斯基家族为了实现他们倡议已在 10 年以上的改革，与波托茨基家族又一次达成谅解，而波托茨基家族又使议会陷于分裂。1748 年，恰尔托雷斯基家族好像要清除破坏议会的有害的权力似的，过早地宣扬即将来临的议会是等级的私产。这种做法只持续到让这个家族有足够的时间在议会被法国和普鲁士收买的"共和派"破坏以前，提出了要成立一个赋税委员会的建议。

尽管恰尔托雷斯基家族在议会中受到挫折,但是他们这时却是占优势的;但是,把这个家族推上权力顶峰的布吕尔,不久又使他们垮台。1748年,他们成功地诱使法庭根据伪证证实布吕尔系出生于一个波兰的贵族家庭,这就触怒了对他们的特权原已持有妒意的小贵族们。波托茨基家族利用这一事态。在法院的下一个会议开幕时,波托茨基家族的追随者们就强迫阻止新当选的主席(恰尔托雷斯基家族的一名成员)就职,并对要参加审讯工作的属于对立一派的每名当选法官的授权提出质疑。恰尔托雷斯基家族采用同样的策略,因而法庭没有成立,波兰的(而不是立陶宛的)司法行政部门就停滞不前,一直到波托茨基家族控制了下一届的法庭。此刻,立法和行政机构已是无权的,现在又加上了一个无权的司法机构。1750年的议会本来是要审议司法改革问题,就此被波托茨基家族破坏了。根据宪法打破这一僵局的唯一剩下的办法也不能使用,因为女沙皇拒绝支持一个邦联,而普鲁士人则暗示说,如果要在俄国的庇护下成立一个邦联,他们就将首先在华沙出现。足智多谋的恰尔托雷斯基家族要求采取行政措施以结束危机。他们提议,让国王不考虑传统、地位高低和势力大小,把官职授予那些愿意与国王的政府合作的忠诚之士。波托茨基家族对于提出这样一个将使权贵们成为贵族统治中的一名公仆的建议表示厌恶;至于布吕尔,则不愿把全部赌注都押在恰尔托雷斯基家族的身上;他仍然按照通常的办法任命官吏。他和国王已对改革丧失信心,这时便把他们的注意力转向王位继承问题。恰尔托雷斯基家族极力要保持他们日渐衰落的势力,他们向布吕尔提出保证,他们要在即将召开的议会中支持他的关于在波兰永远建立韦廷王朝的计划;作为回报,他们为他们的一名萨佩哈家族的男亲属取得了立陶宛的副首相的职位。但是,波托茨基家族打算在国王一旦去世时支持孔蒂亲王作为国王的候选人,他们肯定要坚持自由选举国王这一原则的。布吕尔认识到,没有外国的金钱和军队的援助,要废除这一原则是不可能的。他就向奥地利和普鲁士两个方面求助,但都遭到拒绝。这个计划无论如何是注定要失败的。这个计划将提交给1752年的议会。但是这届议会在其开始时即遭到波托茨基家族的破坏。布吕尔这时便不再为韦廷家族的利益效力,并且也不需要恰尔托雷斯基家族的合作,径自谋取自身的利益。J. 姆尼策赫是一个有野心的阴谋家,他曾想娶波尼亚托夫斯基家族的一名成员为妻,但遭到拒绝;他就娶了布吕尔的女儿(1748年),因而有恩于布吕尔。布吕尔在姆尼策赫的得力协助下,在宫廷中向共和派施加影响。恰尔托雷斯基家族在失去了布吕尔的同时,又失去了另一个盟友,即1751年以后任波兰大盖特曼的J. K. 布兰尼茨基,他倒向了爱国派一边。恰尔托雷斯基家族决定,阻止他们家族垮台的唯一办法,就是分化对手。1753年他们一心想要用共同分享奥斯特洛格(Ostróg)的继承权的办法,将某些共和派拉到自己的一边。为此目的,他们已经做出将奥斯特洛格非法瓜分的计划。正好和这个家族的期望相反,而且使他们感到极端为难的是,这个交易不仅没有做到悄悄进行并为人所默认,却在议会中被人揭露出来,并且受到责难。恰尔托雷斯基家族头一次感到他们自己不得不采取破坏议会的手段。国王因此遂将奥斯特洛格这个产业交由他的专员们管辖,并且通过布吕尔和姆尼策赫对兴高采烈的共和派恩宠有加。但是,波托茨基家族的政治见解及其政治关系仍然没有改变,这就使布吕尔认为,要用他们来代替恰尔托雷斯基家族,是不可接受的。

波兰在七年战争期间国内形势的一个永久不变的特色,就是外国军队一直不断地在波兰的领土上出现。只有充分考虑这一事实,才有可能看出波兰的所有各派的惰性和眼光短浅,已经达到何等惊人的程度。1757年春天敌对行动开始后,俄国军队就进驻立陶宛,一直到战争结束。1758年年初,俄国驻军就驻扎在包括埃尔平和托伦在内的王室普鲁士的主要城镇,不过但泽除外。这些驻军从普鲁士向南移动进入大波兰,并留在那里达4年之久;在1758年到1761年间,他们反对普鲁士的军事行动,就是以这一地区为基地的。交战一方的出现,必然要招来另一方。1758年普鲁士军队袭击了俄军的供应站;参议会认为不得不承认,他们是在他们的权利范围之内的,因为波兰让俄国人进来,就已不能保障它的中立了;1761年他们又进行了一次袭击,1762年他们回来强迫土地所有者以平价将谷物卖给他们;1763年他们组织了一次将普鲁士移民强迫遣返的行动,并且为这些移民的土地争取了一笔偿金。

奥古斯特三世在战争刚开始时(1756年)在皮尔纳的败绩,给恰尔托雷斯基家族在宫廷中和全国内重居优势提供了一个机会。在头一年，这个家族的恩人、英国大使查尔斯·汉伯里·威廉姆斯爵士曾把小斯坦尼斯瓦夫·波尼亚托夫斯基带往圣彼得堡。这位未来的波兰国王在那里试图取悦于以叶卡捷琳娜女大公为代表的俄国宫廷，请他们劝说奥古斯特宠信恰尔托雷斯基家族。这时国王派遣他作为萨克森的特使前往俄国首都，并指示他要求俄军立即远征东普鲁士。在立陶宛，恰尔托雷斯基家族对姆尼策赫及其盟友节节让步，而俄军的即将到达，使他们赢得了对议会的控制（1756年）。1758年，J. K. 布兰尼茨基在舆论指责他侵犯了波兰边疆的情况下，遂拿出布吕尔作为替罪羊，并在国王面前指责他违反宪法、心怀叵测地干涉波兰的事务。国王对于这些指控未予理睬，布吕尔遂进行报复，取缔王室管辖奥斯特洛格产业的限定继承权。如果说恰尔托雷斯基家族没有重新掌权，这主要是因为他们选择了要与宫廷斗争，而不是与它合作的缘故。同年，当国王希望为他的儿子查理亲王取得自1741年起即正式空缺的库尔兰公爵领土时，参议会竟批准了他的暂时的封地要求；这并不归功于恰尔托雷斯基家族，而是置他们的反对于不顾；因为这个家族决心要破坏由萨克森人继承波兰王位的机会，他们想要把这个王位由他们家族中的一名成员继承。恰尔托雷斯基家族已经破釜沉舟，不顾一切了，并且就从这个时刻起，他们和宫廷的关系，就是不共戴天的了。姆尼策赫自1742年起即担任议会议长，掌握了最高权力，终于得以充分推行他的妥协政策，并提拔亲信。反对他的有恰尔托雷斯基家族和布兰尼斯基（这时他曾一度站在布吕尔一边，后来又和他吵翻了）以及由于"联盟大颠倒"而分散的"法普派"的残余分子。恰尔托雷斯基家族向法国人提出为他们服务，同时又追求英国和俄国的援助，这时正等待叶卡捷琳娜女大公的即位。恰尔托雷斯基家族自从结识查尔斯·汉伯里·威廉姆斯爵士并几次访问伦敦以后，就成了英国狂；他们有几次确实提出要为英国服务。1759年他们希望争取到能够自称为英国派的权利；1761年他们宣称他们准备在俄国的交通线上组织一次起义；1763年春，他们请求乔治三世给予2万英镑的补贴。英国内阁对于这些友好表示何以冷淡，从乔治三世追述过去英国自汉诺威王朝统治以来对波兰的态度的基本原则，就是最好的说明：他在1763年写道，"我的王国只对涉及我的盟友们的波兰问题感

第十六章 萨克森人国王统治下的波兰

兴趣"①。

1771年为解决货币改革问题而召开的特别议会遭到破坏。政府所能做的,只不过是颁布了4个连续的法令,把已贬值的货币的价值从名义上降低到实际的价值。罪犯是腓特烈二世。他不仅对大波兰进行掠夺,并且在1757年至1762年之间借助于从萨克森造币厂弄来的冲模和一个由犹太人掮客组成的网,设法把波兰全国的正式货币搜括干净,并且用一种价值不到一半的假币替代它。他得到的好处相当于他从皮特那里接受的补贴数,即2000万塔勒。② 一时通货猛烈膨胀,民怨沸腾;在司法选举中,小贵族们投恰尔托雷斯基家族的票以表示他们的感情。1762年叶卡捷琳娜二世夺取了大权,这是他们最后向宫廷采取攻势的信号。在这一年的议会中,他们对布吕尔之子的归化是否有效问题提出非难,借此来破坏议会;在参议会中,他们猛烈地批评政府无能,并且捍卫叶卡捷琳娜的权利,认为她有权把查理亲王逐出库尔兰并恢复布吕尔原来的职位。1763年夏天,恰尔托雷斯基家族在获得叶卡捷琳娜答应给钱,给武器,如果需要还要进行军事干涉的许诺后,就开始组织一个邦联。胡贝图斯贝格和约一经签订,国王在布吕尔和姆尼策赫的陪伴下回到他那可爱的德累斯顿打猎和观赏歌剧去了(1763年4月)。恰尔托雷斯基家族的战争准备在全力进行。叶卡捷琳娜在N.帕宁的怂恿下,掌握了主动权并为她自己保留了对波兰事务的决定性的发言权;当萨尔蒂科夫率领8000俄军正在向维尔诺开进时,她突然命令他撤军,并停止一切援助直到空位期间。这种意外的发展,使恰尔托雷斯基家族的追随者们造成混乱,处于为难的境地,但是却使他们的敌人胆大起来。以J.K.布兰尼茨基为首的共和派的权贵们威胁说,要在议会复会时使用武力对付恰尔托雷斯基家族。1763年6月国王猝然去世,这就挽救了这个家族,并且引起斯坦尼斯瓦夫·波尼亚托夫斯基用伏尔泰的《穆罕默德》中的一句话来评论说: "每个民族轮流主宰世界,现在轮到阿拉伯人了。"

在奥古斯特三世统治时期,波兰与其他欧洲国家的关系大都是由

---

① W. F. 雷德韦引自《大不列颠与波兰,1762—1772年》,载《剑桥历史杂志》,第4卷,第3号(1934年),第224页。

② 塔勒(thaler),德国过去的一种价值3马克的旧银币。——译者

萨克森的外交家们保持的，波兰的使节很少在外国的宫廷中出现。这种做法反映了奥古斯特的对外政策的性质。这种政策首先是为萨克森的利益服务的，其次是为韦廷家族，波兰只是偶尔的。这个对外政策的基本原则似乎是和他的东部邻国一边倒的友好关系。这个基本原则是受到那些共和派的不忠以及他的那些领地的地理位置所支配的。

俄国人巧妙地利用了他的弱点。对于俄国人在俄土战争期间对中立的波兰领土的侵犯，波兰除了获得不再发生的保证以外，没有得到任何令人满意的东西。由于波兰在战争期间采取不介入态度的结果，土耳其人在弗勒里的劝说下，没有坚持在贝尔格莱德的和约（1739年）中重新提出保证波兰领土的完整，狼狈不堪的波兰外交官们也没有被允许陈述这样一种意见，即波兰曾经对土耳其表示善意，拒绝了奥地利要站在波兰一边参战的请求。1740年普鲁士新国王腓特烈二世在国王的代表尚未到达之前，就急急忙忙地向波兰表示敬意，这就引起了波兰和萨克森的怀疑。但是，1741年萨克森人抵抗不住腓特烈提出的慷慨（虽说是代替他人提出的）建议的诱惑，即把摩拉维亚以及一条介于波兰和萨克森之间经过西里西亚的走廊给予萨克森；并且，在俄国的同意下，他们和普鲁士同命运共呼吸地一起来反对奥地利。他们在军事上遭受到重大的损失；但是，当腓特烈经过秘密谈判与皇帝媾和（1742年）时，萨克森人却没有得到任何腓特烈曾许诺给他们的报酬。普鲁士人这时却占有整个西里西亚；大波兰和王室普鲁士几乎全被包围起来，而且从新边疆要去克拉科夫只有两条路才可到达。布吕尔发誓要报复。他遂抛弃了腓特烈，于1745年12月和1744年2月，分别与奥地利和俄国结盟。波兰和萨克森之间领土的合并，是要在损害普鲁士的情况下才能完成。反普联合的各个成员指望奥古斯特能把波兰拉入这个联合，但是他们的希望，由于1744年11月在格罗德诺召开的一届议会遭破坏而落空。但是，奥地利、英国、荷兰和萨克森仍然抱乐观态度，于1745年1月签订了华沙联盟条约。条约中除其他各项外，还包括一条秘密的义务，要支持奥古斯特即恰尔托雷斯基家族的改革纲领。但是，在这一年还未结束时，西里西亚战争，由于萨克森人及其盟友被打败，遂在1745年12月缔结了德累斯顿条约而告结束。奥古斯特国王1746年4月与法国签订的补贴条约支持了萨克森的军队；而他的女儿玛丽亚·约瑟夫嫁给了法国的皇太子，这就给这个王朝增加了威信。他作为波兰的国王，既没有也不能够对路易十五做出回报，阻止俄军越过这个共和国前往西部战场并返回（1747—1748年）。如果说奥古斯特是一个无用的盟友，路易则是一个两面派的朋友：他想要把孔蒂亲王路易·弗朗索瓦扶上波兰王位的阴谋，就是从此刻开始的。法国的补贴条约满期后，布吕尔1751年与由查尔斯·汉伯里·威廉姆斯爵士为代表的英国谈判了一个类似的条约，并利用这位英国大使的斡旋，来试探圣彼得堡对于缔结一个保证由萨克森人继承波兰王位的国际协定的意见。他建议说，如果俄国愿意给予这一保证，它可以劝说奥地利和它一道行动。但是，到这时为止，两国中没有一国对于加强波兰的政府一事感兴趣；相反，两国均不赞同恰尔托雷斯基家族进行政治改革的企图。俄国使节在1748年就已经做出安排要破坏议会，如果其他方面没有这样做；而且，玛丽亚·特雷西亚也已经宣称，她将认为废除"自由否决权"是有害的。法国大使布罗伊伯爵在俄国的冷淡态度的鼓舞下，不遗余力地试图把这位波兰国王拉进与法国和波托茨基家族结成的同盟中去。他在失败后，于1755年提出要用150万里弗尔来换取一个反俄联盟。叫嚣战争的"共和派"的反应是令人极为失望的；但是"联盟大颠倒派"则认为他们的保留态度是正确的，虽然这是出人意料的。在七年战争期间，俄国不仅利用波兰作为一个军事基地，而且还利用它自己和法国结成的同盟以及军事形势，在1759年至1761年之间两次坚决要求法国同意修改波兰的东部边界。舒瓦瑟尔认为，只有削弱"黄金般的自由"才能使法国的利益受到损害；因此他准备进行合作，但是却为国王秘密的指导者们所制止（恰尔托雷斯基家族曾通过一名特使向他提出呼吁），并且奉命要通过比较温和的俄国首相沃龙佐夫作为中间人以缓和俄国扩张主义分子的狂热。彼得三世在其短暂的统治期间退出了战争，并且恢复了在此以前传统的关于波兰问题的谅解。彼得三世和腓特烈二世之间将于1762年6月签订的互助条约中的秘密条款，规定了在波兰采取的共同政策。下一届国王应是波兰人，由缔约各方扶持其登上并保持王位。3个星期后，叶卡捷琳娜二世夺取了王位。1764年春天，她和腓特烈在秘密条款中填上了她过去的情夫斯坦尼斯拉夫·波尼亚托夫斯基的名字。

"萨克森"时代最特有的特点是司法或行政都未能进行政治改革。国家的政治机体完全陷于瘫痪，这就导致了波兰的内部主权和外部主权的削减。它在国际政治中已不再是一个伙伴或对手，它已沦为各国争夺的猎获物，因为奥古斯特二世已经从彼得的盟友沦为他的附庸（1709年）。在波兰议会拒绝加入维也纳条约（1719年）后，奥古斯特便调整波兰的对外关系，使之适应本国王朝的计划。奥古斯特三世实际上是俄国的一个附庸，利用波兰的战略地位来进一步推进萨克森的利益。由于缺少必要的民族团结，因此在1720年和1744年曾两次使波兰不能执行一种可以使波兰恢复一个大国的地位并至少遏止它的危险邻国之一进行扩张的政策。在波兰，外国的阴谋层出不穷，但全国性的对外政策却一个也没有。在国内，没有一个个人或集团可以在没有外国的影响下决定任何重大的问题。在各届萨克森人国王统治下召开的28届议会中，有23届遭到破坏。普鲁士和法国常常是波兰的伙伴，二者之中每个国家都与7次破坏议会事件有牵连，俄国则与11次有关联。只有6届议会是被波兰人自己破坏的。在萨克森人统治的60年期间，波兰的领土实际上没有遭受什么损失，但它的日益软弱正造成了一种真空，只有更新或外国的占领才能填补。俄普两国可以不受惩处地侵犯它的边境，并且把波兰的国土当作"路边客栈"。与政治分裂相随而来的是经济的落后和文化的停滞不前。文艺复兴的迹象并不多见；可是解体的思想，正如所见到的那样，却颇为流行。维持波兰的无政府状态，是普鲁士以及俄国的政策的一个原则。腓特烈·威廉一世在他的"告诫"（1722年）中，向他的继位者告诫说，要与波兰共和国友好相处，要向它不断地表示他的信任，并要永远地在波兰议会中形成一个亲普鲁士派，以便在适当时可以破坏它。他必须尽力地进行工作，务必使波兰仍然成为一个自由的共和国并且不得有一个主权的国王。作为皇太子的腓特烈二世宣称，普鲁士占领波属波美拉尼亚将是"必要的"，他正在这一主张最后执行以前，在他的1752年和1758年的政治遗言中一再重复这一点。他在别的地方还宣称，他的利害关系要求波兰事务应该仍然处于永远混乱的状态，而且任何一届议会都不应该持续下去。他认为，勃兰登堡王族的力量和波兰共和国的"自由"是相伴随的。俄国以波兰封地的保护人自居。彼得大帝帮助奥古斯特二世建立他的统治，安娜实际上把

第十六章 萨克森人国王统治下的波兰

他的儿子扶上了王位。她的第一内阁大臣奥斯捷尔曼,继续奉行彼得的在采取决定性行动的时刻到来之前,要一直削弱波兰的政策。在叶利札维塔统治期间,俄国的安全被人认为是要依靠它的盟国的,即滨海各国,玛丽亚·特蕾西亚,还有作为抵挡普鲁士和瑞典侵犯的屏障的波兰国王,只要他也是萨克森的选侯。只要俄国和普鲁士是潜在的或实际的敌人,波兰的准独立就有了保证,无论这种独立是多么的不可靠。俄国的大使们奉命要对波兰国王表示忠诚,并且不要站在任何党派的一边,即便是恰尔托雷斯基家族。但是,俄普联盟和奥古斯特三世之死,招致了波兰的毁灭:它作为一个可以竞争但不可侵犯的势力范围的角色,已告结束。普鲁士的领土要求已做明确规定;俄国的领土要求在1763年的 Z. 车尔尼雪夫的计划中阐明,这个计划为了"完整和安全"起见,要把帝国的西部边疆拓展。奥古斯特一旦去世,俄国军队就要占领的领土大致与它在第一次瓜分波兰时所吞并的领土相同。波兰国王去世的消息一经收到即行召开的大臣会议,同意这个计划,但却一致认为,有鉴于某些情况,国家从这个计划付诸实现所获得的巨大利益,只是可望而不可即。在萨克森时代结束时,俄国部分地肢解波兰一事,除了出现奇迹以外,已是预料中必然的结局。

(严维明 译)

第 十 七 章
哈布斯堡领地

　　乌得勒支和约签订后，查理六世单独对法国作战几个月；但1714年3月7日欧根亲王以查理的名义签订了拉施塔特和约，根据和约，查理保持了他在意大利的领地和西属尼德兰，但必须与荷兰就一项屏障条约达成协议。对法条约于次年得到帝国的批准，屏障条约于1715年3月15日在安特卫普签订。和西班牙尚未达成协议。

　　与此同时，查理不得不调整在自己领地中的地位。他被选上帝位至少是得到一致赞同的，即便是他必须在其上签字的"永久和约"使他的权力比他的父兄更加受到限制。在奥地利和波希米亚领地①，三级会议既没有权力，在大多数情况下也没有意愿去过问他的继承或现已建立的政府体制的继续问题，这不仅使得君主可以随意决定中央的政策，而且也把主要的行政职能让给了他在各领地的总督（Statthalters）。只有在匈牙利，他的地位尚未得到调整。约瑟夫一世在有生之年看到了1712年索特马尔和约的谈判，这项和约结束了拉科齐一世领导的长期残酷的战争。然而和约实际上是在约瑟夫死后才签订的，而且还有待批准。再者，它更像停战协定，而不像真正的和约：它规定了停止敌对行动，实行大赦，并继续泛泛而谈匈牙利（包括克罗地亚）和特兰西瓦尼亚的权利和自由；但是它把对所有具体问题的讨论，推迟到将于1712年召开的议会中去进行。

　　双方都有人反对和约。查理的军事顾问们，特别是欧根亲王，对匈牙利人的怀疑根深蒂固，像利奥波德二世一样，他们认为匈牙利人

---

① 奥地利领地包括上、下奥地利，施蒂里亚，卡林西亚（克思滕），卡尼奥拉，蒂罗尔，布雷斯戈和布尔戈。波希米亚领地包括波希米亚，摩拉维亚和西里西亚。

"是一个难以对付而好造反的民族，只有用野蛮的手段才能使他们屈服"；而在匈牙利，十字军精神①并未死亡。然而总的来说，双方都有更加广泛和真诚的愿望要达成几十年来未有的持久的解决办法。查理本人深信，为了他自己的利益，需要安抚匈牙利。他有一次指出，"在这个国家里保持平静是非常重要的"；而他看出除了通过妥协，他没有力量达到这一目的。他又写道："匈牙利人必须摆脱他们是在德意志人统治之下的这一想法。"此外，他个人一点也没有他家族中普遍存在的对匈牙利的那种反感。至于匈牙利人，他们已疲惫不堪、精神沮丧，而且他们大多数人非常高兴要抓住索特马尔和约所提供的较宽厚的条件，从灾难中拯救自己和自己的财产。于是，当查理批准和约后在波兹索尼按时召开议会时，匈牙利人颇为迎合他；在谈判中最难对付的一派，实际上是匈牙利的"步兵派"贵族，他们担心如果对大赦做出过于宽大的解释，他们可能失去从他们的"十字军派"对手那里没收的领地，这些领地他们或已获得或正打算据为己有。

  议会的过程拖得很长，因为瘟疫的流行使议会不得不长期休会。然而在主要问题上轻而易举地达成了协议。查理接受加冕并举行了加冕宣誓。他在即位证书上完全按照约瑟夫一世使用的形式签了字。这样，查理就宣誓要尊重三级会议的权利并保卫国家的完整，尤其保证不把匈牙利的某些部分并入他的其他领地。他还庄严地许诺，他只按照匈牙利自己现在已有的或将来合法制定的法律，而不"按照其他各省的模式"来统治匈牙利。特别是在维也纳的匈牙利大法官法庭将保持完全独立，不隶属于任何法庭的权威；同样，匈牙利的财政机构将独立于皇室度支局。许多具体的问题交由各专门委员会解决，有一个委员会为匈牙利的现代化制订了一个计划，这个计划比1942年以前制订的任何计划都更彻底、更富想象力。但这个计划为了进一步考虑而推迟了，宗教问题因为天主教徒和新教徒不能取得一致意见也被推迟了。只在其他的两个重大问题上做出了决定，这两个决定最终都对匈牙利的民族事业有害，但当时这样做有一定的道理。匈牙利的贵族由于人数锐减（全国只剩下约3.2万家），农民的人数也大减，

---

① Kurucz（意为"十字军"）和 Labanc（意为帝国军队中的"步兵"）是当时在匈牙利用来分别指反哈布斯堡派和亲哈布斯堡派的。

所以他们是在真正困难的情况下艰难地工作的。政府作出了全面的规定，以防止农民离开主人的土地，并对国防体系的整个基础也进行了修改。"贵族动员"这个老制度保留了下来，但是议会本身承认，"动员"所能提供的兵力不足以保卫国家，因此投票通过建立"一支强大的常备军"。这支军队最初是由2/3的匈牙利人和1/3的"外国人"组成，后来根据匈牙利人自己的愿望，这个比例颠倒过来了。议会同意它应为这支军队出钱，但成功地捍卫了免除贵族直接税的特权，只同意为了维持这支军队投票确定每年的金额。只有在紧急情况下，国王可以通过"谈判"（Kon Kurszusz）或者三级会议的代表委员会对金额表示同意。这笔钱要由传统的纳税人即佃农支付，他们已负担过重的双肩上又压上了一个重负。当时曾提出要成立一个专门的匈牙利国防委员会，但这个许诺从未实现，而且匈牙利人甚至往往不得成为中央皇室国防部的成员。因此常备军仍然是一个纯粹的中央机构和国王手中的一种强大工具。由于在和平时期常备军的大部分驻扎在匈牙利，这个工具就更为有效，这样做部分原因是为了节约，部分原因是为了防止重新出现骚动。军队的指挥官们可以不与地方当局商量便自己做出安排。由此再次可见，民族独立所丧失的正是贵族们的钱袋所获得的。

在这些谈判过程中，首次提出了后来成为查理整个统治时期的主旨的那个问题，即奥地利王位继承问题。他哥哥的死使查理成为哈布斯堡家族的最后一名男嗣，而他本人1708年的婚姻尚未给他带来子嗣。在母系方面有许多远房的旁系亲属，但剩下的直系亲属只有约瑟夫一世的两位年轻女儿。根据1703年的"相互继承的协议"（纯属家族内的协议）查理在他侄女们之前即位，而他的儿子（如果他有的话）将继承他，但如果他死后无嗣或只留下女儿，那么约瑟夫的女儿们就要继承他。在奥地利和波希米亚领地，国王决定继承人的权利得到承认，没有任何事情排除由女性继承。另外，在匈牙利，根据当时的情况，事情并非如此：如果男系绝嗣，根据现有的条约，国家将恢复其选举国王的权利。

由于女性无论如何不能登上帝位，建立一个强大的王室（Hausmachf）对查理尤为重要；他也下定决心，如果他生一个女儿，她应继承家族的领地，而不是他的侄女们。

第十七章　哈布斯堡领地

有证据表明，克罗地亚议会在波兹索尼令人意外地自动提出了这一问题，它指示它在匈牙利议会中的代表们宣布，如果国家恢复选举国王的权利，它就要选举应该统治施蒂里亚、卡林西亚和卡尼奥拉的哈布斯堡家族的那位女性成员。奥地利的这三个省份过去由于防卫起见，曾与旧克罗地亚联合。由匈牙利议员组成的一个委员会提出，匈牙利也应赞成选举一位奥地利女大公，为了支持这一建议，他们不仅承认而且敦促为了匈牙利的防卫利益，她应不可分离地与奥地利和波希米亚领地联合。但是，这个委员会也提出，这个赞同应是和约的一个部分，和约必须包括有利于匈牙利的相当广泛的让步，尤其是在经济方面的让步。查理不愿意开一个与他的所有领地的三级会议讨价还价的先例。暂时他同意了如果男系绝嗣，匈牙利议会则有权选举国王。但1713年4月19日，在他的枢密顾问官们面前，他庄严地颁布一个单方面的宣言，声称，根据长子继承权的规定，他死后他祖传的所有王国和领地应完整地传给他亲生的男性合法继承人。如果男系绝嗣，这些领土则传给他合法的女儿和她们的子女，这还是根据长子继承权。如果女系绝嗣，则由旁系亲属继承。事情这时就此做出决定。对法国的战争有待结束，对西班牙的战争仍在继续。后者在这最后阶段更多地使用的是外交武器而不是军事武器。但在随后的几年里发生了一次比较严重的战役，它是查理在他漫长的统治期间所取得的唯一有成果的战役。1714年土耳其政府向威尼斯宣战，并很快地占领了威尼斯在克里特和摩里亚的许多属地。1716年查理与威尼斯重新结盟，并要求土耳其放弃在巴尔干半岛上的所得。土耳其政府拒绝了这一要求，它向奥地利宣战并派遣一支15万多人的军队越过匈牙利边境。欧根亲王的军队虽然只有6.2万人，但他在彼得罗瓦拉丁迎战土耳其人，并于8月7日把他们打得一败涂地，以至他们到了贝尔格莱德才得以重新集结。10月13日奥军占领了在土耳其手中165年的特梅斯瓦尔，肃清了匈牙利的整个东南部。这一年战斗暂时停止，但1717年一支得到大量增援而且有从荷兰调来的河上舰艇支援的军队，在匈牙利南部集结，经两个星期的围城战，贝尔格莱德于8月17日陷落，军事行动至此结束。随后开始了旷日持久的谈判，1718年7月31日奥地利和土耳其缔结了巴萨罗维茨和约，根据和约，土耳其政府不仅将巴纳特（从此历史上的整个匈牙利重新统一于哈布斯堡家族统治之下）割让给查理，还割让了小瓦拉齐亚，包括贝尔格莱德的北塞尔维亚，以及北波斯尼亚的一片土地。

当这一切正在进行时，查理于1716年5月29日与英国结盟。1718年8月2日他参加了前一年由英国、法国后来又有荷兰参加签订的反对西班牙的联盟。此时查理放弃了对西班牙王位继承的要求，承认了西班牙王子唐·卡洛斯对托斯卡纳、帕尔马和皮亚琴察的继承权，并将撒丁让给萨瓦的维克多·阿马戴乌斯，作为他得西西里的交换条件。在西西里的战斗一直继续到阿尔贝罗尼的陷落导致于1720年2月17日与西班牙签订海牙和约，和约批准了查理与西方各国所订条约的各项条款。

对查理来说，继承问题这时成为压倒一切的重要问题。1716年他得了一个儿子，但同年便夭折。他身边只有两个女儿，1717年出生的玛丽亚·特蕾西亚和比她小一岁的玛丽安。看来查理这时肯定不会有亲生的男嗣，于是他认真地转而要使他的女儿获得王位继承权。1720年，他把有关文件的副本，特别包括1713年他的宣言，送给他所有领地的议会，要求它们正式批准这些文件，以便"各王国和领地的持久和不可分离的联合"得到保证。就大多数议会而言，这只是一种预防，因为当蒂罗尔（匈牙利境外表现出这么多独立性的唯一领地）的三级会议表示反对说，这个文件在颁布之前就应该向他们提出进行磋商时，他们被告知说，"没有一个领地有权违反君主的意志决定继承的问题"；要求议会的，不是同意，而是"纯粹的服从"。事实上，所有日耳曼奥地利领地，波希米亚和摩拉维亚，意大利属地以及荷兰的三级会议，最后都无条件并带有"谢意"地接受了这位君主的意志的表示，虽然其中也有一两个地方的三级会议提出了附加条款，说明这种或那种特殊的意愿。因此，这件事情并没有使这些领地中的任何一个领地与君主之间的宪法关系发生任何变化。

另外，在匈牙利，议会显然有权受到磋商，而查理极想得到议会的同意。他很幸运，1722—1723年将这些文件提交给议会，议员们持支持态度。议员们很清楚，只有帝国军队才把土耳其人赶过了多瑙河。没有人愿意看见另一次土耳其人侵，而"步兵派"也不愿看见最近已解决的问题由于自己的对手"十字军派"重新掌权而再次被提出。与此同时，情况似乎有利于国王和国家之间的关系达成最终的全面解决。1722年6月30日议会一致同意接受女性继承——正如一位议长所说，"无论如何，我们不能选举莫斯科人或某个其他国家的人"。由于这一决定和随后的讨价还价，遂达成了一项重大的宪法解决方案，这个方案一直到1848年，而且实际上一直到1918年，一直是个基础。根据1723年的第一法和第二法，匈牙利接受了女性继承，它声明这是遵循君主在其他领地颁布的命令。然而，匈牙利法律和奥地利王位继承之间存在某些不同；前者不仅特地将其范围限于利奥波德二世的男性或女性后嗣——如果他绝嗣，国家就恢复自由选举国王的权利；而根据奥地利的王位继承做法，则可根据由更远的旁系亲属继承王位而提出要求，这是可以争辩的——而且列举了资格条件，不仅列举了合法性和天主教教徒，而且还有大公的地位；从而排除了与下层社会女子婚生的子女。假如弗朗茨·斐迪南大公活到20世纪继承弗朗茨·约瑟夫的话，这一点就可能成为很重要的了。

只要这样规定的王位继承做法不变，匈牙利便认为它与国王—皇帝的其他领地"不可分割地"联合在一起，这个联合"在任何事态下和对付外敌"均有效。但是国王重复了他1715年的决定，即不是按照其他省份的模式，而是根据匈牙利本身的法律来统治匈牙利并保持它的完整。他许诺说，每一位君主通过加冕宣誓以及有关文书应该肯定这一许诺，并在总的方面许诺尊重匈牙利的自由和权利。在这些许诺中，查理肯定了除非事先得到传讯，贵族享有免受逮捕的特权；并承认贵族享有免税的权利，作为"王国贵族的基本特权"。他还许诺定期召开议会。

在维也纳的匈牙利大法官法庭的完全独立性得到承认；它只对国王负责，不受任何法庭、包括枢密院的要求的束缚。为了进行日常工作便模仿波希米亚的州政府（Landesregierung）成立了一个"王室地方委员会"。这个机构将在波兹索尼开会，它以巴拉丁为主席，由三级会议的22名成员组成。它必须执行议会制定的法律，它还可以以议会的名义向国王陈述意见，并监督有关共同军队的决定在匈牙利得到执行。它通过在维也纳的匈牙利大法官法庭和国王保持信息往还。

常备军变得更为重要，因为贵族服役的义务这时只限于特殊情况，即匈牙利受到外国敌人的攻击时。另外，国王可以根据他的判断，在国内或国外，为了进攻或防御目的，使用常备军。一个由巴拉丁主持的议会委员会分配各县、镇应付的"战争税"的比率，以所拥有的佃农数字为计算单位。在低一级，国王须任命各州的首席行政官（称为州长 föispán），对这个组织没有任何变动。州首席行政官须至少每三年召开一次州议会并主持选举自己的行政副手（副州长 alispán），这个副手和其他州的官员同以前一样，由州的贵族选举。建立了常设在佩斯的最高法院，在匈牙利几个不同地区还有4个其他法院，并且在克罗地亚设立一个法院。一旦达成这些安排，查理的地位就清楚了；1724年12月6日他庄严而公开地重新颁布他1713年的宣言，并经他的各个领地表示同意，这一切遂构成了真正的"国本诏书"。

从此刻开始，查理生活中的主要目标就是要使"国本诏书"能获得国际的承认和保证，以便现在看来肯定会成为他的继承人的玛丽亚·特蕾西亚能完整而无争议地继承他的全部领地。的确，当萨克森选侯于1720年和约瑟夫一世的长女玛丽亚·约瑟夫结婚时，以及当巴伐利亚选侯于1722年和她的妹妹玛丽亚·阿玛利亚结婚时，他们都庄严地宣誓承认"国本诏书"优先于"相互继承的协议"。然而查理感到不能放心的是，可能还会对他的各处领地提出这样或那样的要求。欧根亲王建议他要依靠一支强大而有效的军队并立即着手建立这样的军队，但是欧洲最大的军队也不能够使外交成为不必要的。查理在王位的继承问题上坚持己见，只是给已是一团乱麻似的国际局势又增加了一根线，这对查理是一根主线，但它与十几个国家互相冲突的野心和利害关系交织在一起。没有这根主线也很难改变随之而来的那个时期的性质，这个时期被称为"会议毫无成就、联盟毫不可靠"时期，是颇有道理的。

最初，查理同时与英国、荷兰、法国和西班牙发生争执。所有这些国家都感到它们的商业利益，由于他成立了东、西印度贸易公司（下文将论及）而受到威胁。法国和西班牙之间的竞争，使查理能够把西班牙分离开来；并且根据1725年4月30日和5月1日签订的文约，既取得了西班牙对"国本诏书"的承认，又取得了它对东、西印度贸易公司在西班牙各港口享有特权的承认。英国、法国和荷兰便结成赫伦豪森联盟（1725年9月30日）作为回答。这个联盟也包括普鲁士在内。查理遂又能够于1726年8月6日与俄国结成同盟与此进行对抗，并因此而带来了他所需要的俄国保证。为了避免与各海上国家造成不可弥补的破裂，他暂时停止了该公司的活动达7年之久。欧根亲王也从普鲁士国王那里获得了他对"国本诏书"的保证以及许诺支持玛丽亚·特蕾西亚丈夫的帝位候选人的资格，只要她嫁的是一个德意志人。西班牙则于1729年11月与英国、荷兰和法国缔结塞维利亚条约作为回答，但是这个联盟却未能维持下去。英国与奥地利靠近；根据维也纳条约（1731年3月16日）查理放弃了奥斯坦德公司，同意西班牙占领帕尔马和皮萨琴察作为回报，他收到了英国、佛兰德和荷兰对"国本诏书"的保证。帝国于1732年采取同样行动，巴伐利亚、萨克森以及3个巴拉丁家族则持不同意见。但是，第二年当奥地利与俄国、普鲁士一道支持奥古斯特三世作为波兰王位继承的候选人以对抗法国的候选人斯坦尼斯瓦夫·莱什琴斯基时，萨克森选侯便改弦易辙了。

  在以后的3年中，查理一直在和一个以法国为首的新联盟进行战斗；在意大利，西班牙和撒丁与这个联盟联合在一起；在德意志，则是巴伐利亚、巴拉丁领地和科隆的维特尔斯巴赫公爵；而俄国作为奥地利的盟国，在波兰冲锋陷阵反对斯坦尼斯瓦夫·莱什琴斯基。1735年10月3日在维也纳签订了预备和约，并且将与此有关的事项作为久远的因素也作出了规定。洛林和巴尔公爵弗兰西斯·斯蒂芬已在查理的宫廷中长大成人，他是查理为他的长女兼女继承人选择的可能成为她丈夫的人物之一。他最后推迟解决这个问题，以便顺从与西班牙结盟的可能性。但是，对这个问题真正做出决定的还是玛丽亚·特蕾西亚本人的愿望，因为她除了弗兰西斯以外，决不考虑其他人充当她的丈夫。1736年2月12日举行了婚礼。1738年11月8日的最后和约基本上肯定了在维也纳所决定的安排。在这个最后和约中，意大利王位的继承问题的解决办法是，将帕尔马和皮亚琴察分给皇帝，诺瓦拉和维杰瓦诺分给撒丁，那不勒斯和厄尔巴岛分给西班牙，托斯卡纳则分给弗兰西斯·斯蒂芬；弗兰西斯·斯蒂芬则放弃洛林，给予斯坦尼斯瓦夫·莱什琴斯基，莱什琴斯基死后则归属法国。撒丁于1739年2月5日，西班牙于4月31日先后遵循和约。所有缔约国家均承认"国本诏书"有效。

  后来的历史学家们对于查理的统治，除外交和军事两个方面

（在多数的历史学家，就像查理自己一样，均把他们的主要注意力放在这个方面）以外的其他各个方面所做的判断，一直是大不一样的。有些人缅怀维也纳曾是"世界政治、哲学、建筑和诗歌的真正中心"的那些年代，以及"奥地利的"精神达到其极端完美的综合与其力量达到鼎盛时，总抱有恋恋不舍的感情。另外一些人则把这些年代看成是一个理智上处于蒙昧、社会和政治陷于停滞不前的时代，在这个时代过程中，各国人民的真正利益屈从于贫乏的王朝野心。这两种看法各有千秋。

这个时期的"极端巴洛克型的"（Hochbarock）文化是社会和教会之间内在联合的一种表露于外而且可以目睹的迹象；这个社会是一个献身于各种形式信仰的高度贵族化的社会，这个教会则是一样的等级森严、非常世俗的教会。这种文化在查理宫廷中的表现，无论在壮丽方面，或是在纤细和无比优美方面，都是欧洲其他任何地方都不能超过的；因为这个宫廷不仅是欧洲的一个已成为最威严的王朝的所在地，而且也是一个独一无二的聚集地，在这里，来自德意志、意大利、西班牙和荷兰的各种势力聚集在一起并与多瑙河流域各民族的势力相汇合，产生出不仅是辉煌的，而且也马上产生出地方的和普遍的结果。主调是意大利的：两位意大利人，阿波斯托洛·芝诺和更有名的梅塔斯塔齐奥，相继拥有宫廷诗人的职位，他们在这个职位中的主要任务是为当时时尚的娱乐形式歌剧的剧本编写歌词；但是，从特色来说，虽然意大利歌剧包括了维也纳的新剧院卡恩特纳托尔的半数剧目；但它也轮流拥有用维也纳方言编写的、人们广泛欢迎的笑剧。

这种生活的中心是宫廷本身；查理亲自编写了一个歌剧，歌剧在掌声中上演，他的女儿们在剧中跳芭蕾舞。宫廷的光辉照亮了维也纳，仅在半个世纪以前，土耳其的杂牌军队的铁蹄就曾在维也纳的城下驰骋；可是，到如今它却像一枝盛开的玫瑰花。不仅霍夫堡本身得到扩大实现现代化，而在它周围的大贵族们，他们获得荣誉最大的可能源泉是来自他们的嗜好和雄心，而不在于他们恪尽职守，他们建造的豪华宫殿与在数量上相等的辉煌的教堂交相辉映。菲舍尔·冯·埃拉赫、多纳以及和他们一起工作的艺术家们的艺术，用喷泉和雕像装饰大街和广场；工匠和商人络绎不绝地来到维也纳，或奉皇帝之命从德意志和瑞士被带到维也纳来为一个辉煌、奢华的社会提供所需要的必需品。

不过，维也纳的情况特殊；它的光荣是在牺牲各省中心城市和乡村的情况下发展起来的。大贵族中只有比较少数的人占有了大部分国家，特别是在波西米亚各领地，情况更是如此。大贵族们到他们的乡间产业去，只是为了打猎和消遣。他们从他们的农民劳动中榨取的岁收，是在首都花费掉；他们根本连各省的中心城镇的边都不去。玛丽·沃思利·蒙塔古夫人1716年去布拉格，她在写到这个城市时这样写道，它虽然保留它"过去辉煌的某些陈迹"，但是这个城市"建筑陈旧，居民稀少"。妇女们的衣着"就像埃克塞特人模仿伦敦人那样"，追随维也纳的时尚。至于波希米亚的其他地方，她发现这些地方"就是我在德意志见到的最荒芜的地方；村落如此贫穷，驿栈如此简陋，连干净的草料和饮水都不总是可以找到的，而比较好的居住环境，更是没有指望"。

贵族们之间争夺国家的高位，因为大多数的高位只有他们才能担任，因此他们对于地方事务不感兴趣。对"国本诏书"表示同意的波希米亚的议会，由18名贵族和22名骑士组成，这是一个出席人数非常多的议会。比较小的贵族和乡绅同样都是淡漠的，他们也不敢坚持自己的意志以对抗来自中央的强大的反对力量。地方独立性是查理统治的一个特征，这种独立性所以日益减少，并不是由于来自维也纳的任何系统的压力，而是由于三级会议本身表示冷淡；因为查理的表现虽然专横，而且在某些方面非常固执，但这是由于环境的影响，而不是属于性格问题。他的性格，还有他的爱好都说明他倾向于讲究贵族派头，而不是官僚式的统治。因此，在他统治时期在政府机器（匈牙利除外）中实行的这些革新，绝大部分是对现有的中央机构进行一些比较无关紧要的改变。重大的政策是在查理亲自领导下，由枢密院决定的；严格地说，是由参加人数比较少的"枢密会议"决定的，因为"枢密官"这一头衔分布很宽，它只是一种荣誉头衔。皇帝缺席时，由皇室事务总管（obersthofmeister）主持会议；而管辖查理的所有领地的其他官员，是主持皇室国防部和皇室度支局的两主席，分别负责防务和管理由国王直接控制的那些财源；第一奥地利大臣则掌管皇室事务。第二奥地利大臣是负责德意志—奥地利事务的行政首脑，只要这些事务属于皇帝的职权范围之内；波希米亚、匈牙利和特兰西瓦尼亚的事务由类似的大臣们负责。此外，查理还设立了两个新的大臣职位，分别负责尼德兰和意大利各属地的事务。实际上，由于职权范围不清，这些大臣往往日益拥有最后决定权，置三级会议和各地市政当局于不顾；但是，这并不是故意，而是出于当时通行的做法。枢密院秘书巴滕斯泰因乃是政府机器的真正首脑。顺便说一下，这位在查理的有势力的顾问圈子里唯一的非贵族，对于这个君主国家五花八门的领地上的各种机构实行中央集权或使之一致化方面，在增进对于所有这些土地普遍通用的各项制度的数量和影响方面，并不特别努力。因此，尽管"国本诏书"在某种意义上奠定了奥地利帝国的基础，但是在查理统治期间，在这些基础之上并没有什么建树。

这种说法在两个方面并不是完全符合实际的。欧根亲王已尽力地改善并扩大了常备军，但是，在他死后所出现的瓦解情况表明，他所实行的改革深度不够：这些改革缺乏必不可少的政治和经济的背景。在财政方面也是一样，查理和他的顾问们痛感缺乏金钱，因而使他们所有的政策都受到阻碍；他们千方百计地寻求补救办法，但是他们不知道如何才能找到这些补救办法。奥地利的中央财政能够置于牢靠的基础之上，只是靠彻底的政治改革，但是他们不打算这样做。他们坚持不懈地继续寻找支持国家信贷的手段；由于每次试验都是在其他的试验清理以前就已开始，因此就造成了财政制度的极端复杂化，简直无法存在下去；维也纳市银行成立时并不起眼，但实践证明它却是一个例外。于是就试图由国家组织来扶持工业，因此便在皇室领地中建立了纺织、瓷器以及其他的工厂，不过产品大多是劣等货；而不幸的是，这些企业中最兴旺的却是建立在西里西亚，不久便都失去了。顺便说一句，这些尝试都遭到行会的坚决抵制。

确切地说，查理统治期间，许多扩大奥地利国际贸易的雄心勃勃的计划，实际上便已出现。东方公司成立了，以便对东方进行贸易；又从莫卧儿大帝手中取得科罗曼德尔海岸的科布隆港口；迫使威尼斯承认在亚德里亚海自由进行贸易的权利，并宣布的里雅斯特和阜姆为自由港。在的里雅斯特建立了一支商船队和一支人数不多的海军；1722年皇帝又批准了东印度公司的特许状，给予该公司作为一个独立的实体在东、西印度群岛以及非洲进行贸易的权利，准其与外国签订自己的商业条约，只要向政府缴纳其纯利的6%的税款。但是，这个企业开始时满怀希望，只是招致了各海上大国的忌妒；最后，查理为了他的女儿的王位继承权这个更加重要的目的，终于将这个企业作为牺牲。这支舰队于1736年卖给了威尼斯。这个企业主要是以查理在尼德兰的属地作为基地，因此这个计划对于奥地利的各省没有产生什么影响，只是的里雅斯特和阜姆发展了，通向这两个港口的交通得到了改善，其中包括通过克罗地亚越过塞默灵山口和"卡尔施特拉斯"的那条著名的公路。

奥地利和波希米亚各省真正的统治者是基督教的教士，特别是耶稣会的教士。基督教的繁荣昌盛并不局限于首都一地，即使在首都，许多新建的宏伟建筑物，包括宏伟的卡尔教堂在内，都是基督教建造的；也正是在这些日子里，维也纳才第一次成为一个总主教教区。但是，尽管在维也纳以外许多奥地利的非基督教的大建筑物，都是属于查理统治期间以前的或其以后的时期的，可是却出现了梅尔克、克洛斯特新堡和迪尔恩斯泰因这些大修道院，以及布拉格的一些令人叹为观止的基督教巴洛克式的建筑（如同同时期在萨尔茨堡这个当时归并于帝国的城市以及帝国的其他城市那样）。不过，即便是耶稣会的活动，基本上也是消极的。1729年在布拉格举行的庆祝内波穆克的圣约翰宣为圣徒的盛况空前的典礼却是一个积极的行动，不过这是一个例外。否则，耶稣会本身这时对于世界文化和学识就将无所建树，他们在这段时间里的记录主要是镇压。特别是在波希米亚，有许多秘密的传教士和布道士越境进入该地，对新教徒不遗余力地进行迫害；监禁、拷打、被判处绞刑等，言之不尽。1722年至1723年萨尔茨堡普遍地驱逐新教徒，皇帝还授权甚至派出军队予以支持；在此之后，卡林西亚、施蒂里亚和上奥地利于1723年至1725年间又相继发生类似的驱赶事件。新教文学和学问被扑灭，它们不得其所。这些驱逐事件对于造成贸易业和制造业不断衰落，是一个很重要的因素，因为在这两个方面新教徒是一些披荆斩棘的先驱者。

在这一段时间里，捷克的民族主义达到了最低潮，这是偶然发生的情况，并非出于人为。它所以受到挫折，并非出于捷克人和德国人之间的民族敌对，而是由于它和新教有关系；再者，原有的捷克贵族在过去几十年的迫害中已经消灭，而波希米亚的贵族将会发现与捷克的民族主义结成联盟可以从中得到政治上的好处这一天,则尚未到来。关于这时的波希米亚,现代的主要史学家写道:"没有比这再单调的生活,再普遍的冷漠,再低下的理智和道德水平了。"① 奥地利本土的史学家蒂罗尔、施蒂里亚和卡林西亚对于他们各省的情况所做的判断也非常相似。

匈牙利的状况,实质上与奥地利和波希米亚一直大不相同。匈牙利的史学家们并不认为查理是真心实意要恪守他对这个国家的许诺;尽管他们可能在一定程度上对他个人是不公正的,但是可以肯定的是,以欧根亲王为首的他的许多主要谋士,对于这个反叛民族的不信任根深蒂固,因此他们对于查理的这些许诺总是做出极其限制性的解释。在几个重要的方面,特别是在这个国家的领土完整方面,他们自作主张,自行其是。特兰西瓦尼亚一直是作为一个独立的单位;有争议的"地方"则分给特兰西瓦尼亚和匈牙利。巴纳特根据帕萨罗维茨和约收复后,在欧根亲王的建议下,作为一块"新获得的领土"而置于军事总督梅西伯爵的管辖之下,他是直接接受维也纳的命令的。巴纳特的收复,使两个新建立的"军事边境地区"毛罗什和蒂萨变得在战略上是多余的了;但是,它们却维持下去,因此在它们以西的一些现有地区,甚至稍有扩大;这样,从特兰西瓦尼亚边境走向亚得里亚海便是一条完整的线了。

1727年以后,查理再次召集议会,于1728年至1729年举行了一次相对来说不太重要的会议;但是,此后就一直没有举行了。甚至在巴拉丁,巴尔弗1732年去世三级会议应开会选举他的继任者时,查理也不召集会议;而且,他还任命未来可能是玛丽亚·特蕾西亚的丈夫的弗兰西斯·斯蒂芬代表他主持这个"委员会",同时却又向匈牙利人保证说,这一步骤只是"临时性的"。事实证明,这是一个很不得人心的步骤,因为弗兰西斯·斯蒂芬很少到这个国家来,而且来时对待这个国家的上层社会显然非常无礼。匈牙利的宫廷大臣们发现他们事实上是维也纳议事会的下属,他们的意见需要呈报议事会做出决定,并且还要呈报奥地利首席大臣。既没有成立一个匈牙利的王室国防部,也没有成立一个匈牙利的王室度支局;匈牙利发现它在由这

---

① E.德尼:《从白山开始的波希米亚》。

两个机构控制的事务方面，就像任何一个省一样，要严格地听命于维也纳。

最后，在匈牙利的天主教徒和新教徒，他们自己一再不能取得一致意见以后，查理便根据1731年的所谓"卡罗利纳决议"，将他的其他领地中新教徒所受到的许多限制，强加于匈牙利的新教徒。罗马天主教遂成为国教。除了1681年经过批准的那些地方以外，新教徒只能私下里举行礼拜，而且当时仅限于家庭成员参加。他们必须遵守天主教的节假日；而且，如果他们使用新教牧师主持礼拜，也必须向天主教的司铎（Stola）交费。用于公职人员就职宣誓的誓文，规定公职人员不准参加这种礼拜。

然而，尽管有这些限定，匈牙利在相当大的程度上保持了内部的独立性，而匈牙利的三级会议对于自己的事务和国家的事务，拥有一定程度的权力；这种权力比当时欧洲大陆的（瑞典除外）任何一个相等的阶级拥有的都要大。他们把地方事务大部分的控制权完全掌握在自己的手中，在中央的问题上做出的让步只是很小的一部分。贵族们始终不懈地为之奋斗的、每次都取得胜利的一个问题就是，为他们自己争取免税的问题；这个问题对于国家的前途来说，也许是不幸的。查理一再要求，所有领土，不论是由只交租但不服兵役的佃农耕种的，或是由贵族直接经营的，均应征收战争税，而贵族们总是拒绝牺牲他们的基本特权。像玛丽亚·特蕾西亚所能进行的那样加强王权，肯定会对国家有利，并且可以减少社会上的不公平，而贵族们捍卫他们的合法权利就为这些不平打开了道路。实际上，他们自己就在不止一次的"谈判"（Konkurszusz）争论说，农民已承担不了日益增加的赋税，并且使他们的意见得逞。但是，从长远的观点来看，即使这一点终究证明它是一种假惺惺的祝福。由此，在匈牙利向国库所交纳的贡献与其他领地向国库交纳的贡献之间，就造成了不平衡，从而引起了这些领地的忌妒和中央当局的不满。贵族们的吝啬，也使得匈牙利不能建立一支强大的国家军队，而匈牙利后来却是非常需要这样一支军队的。

匈牙利的贵族在捍卫他们的事业中之所以如此顽固如此得手，是因为他们一直是以匈牙利为怀的；而且，尽管在查理统治期间，贵族自身阶级中的社会成分已发生了影响深远的变化。原有的家族有很大一部分已经消亡，或者已被摧毁，而大赦并未真正地恢复失败者的命运。"新获得领土委员会"在1715年以后已废弃不用，这时地契的验证工作已交由一个匈牙利委员会进行；但是，即便是在这个委员会中，也是只讲人情，证明文件是不起作用的。在巴兰尼亚的农村中，15世纪时曾经有540个贵族地主，现时只存在6个大庄园和18个小庄园。已经有人对6处庄园提出认领要求，全都没有成功。一直无人提出认领的庄园，则交由国王，通常由查理赠予他的文武官员，以作为偿还欠薪之用。波希米亚在80年以前就采用同样的办法，查理就像他的波希米亚前辈那样，他主要赠予外国人：1715年，在这个基础上，对250个非匈牙利人的贵族家族赠予了"土地拥有权"（Indigenat）。但是接受赠地的德意志人、西班牙人或意大利人，却和波希米亚接受赠地者不同，他们却无法利用他们新的产业，因为这些产业往往是成平方英里的沼泽地或沙地，远在某个无法接近和毫不吸引人的地区，而且是处在一些怪异的、令人望而生畏的人们中间。在大多数情况下，他们卖掉这些产业。买主有时是希腊、塞尔维亚或亚美尼亚的移民；但是，更普遍的是一位匈牙利人，或者是一个拥有土地的"步兵派"（Iabanc）家族；或者是一位出身十分低贱者，这也是常事；因为巧买巧卖，才容易发财。由于绝大多数的"步兵派"家族本身就是新生的，因此这时在匈牙利已变得势力强大的"权贵"阶级，主要是由一些新人组成的。由于这一贵族获得其产业，同样希望保持其产业全靠宫廷的恩典，他们遂建立了一个"宫廷"阶级，而哈布斯堡在匈牙利的统治则主要依靠这个阶级（它的另一个主要支柱则是罗马天主教）。但是，在匈牙利还是靠当地人，甚至在政治方面仍然要靠匈牙利人，因为波希米亚的贵族已不再是捷克人了。

　　查理的统治在匈牙利还出现一种迅速持续的过程，尽管这个过程既非开端，也未完成；它具有非常重要的、直接的政治和经济后果；而一个世纪以后，它所产生的政治结果，其影响还要深远。这就是新居民移居于这个国家。

　　据估计，在马提亚一世时代，匈牙利有400万人口；而普遍公认的估计人口在1715年时匈牙利人本身总人口只有170万人，特兰西瓦尼亚为80万人。近来的调查者则称，这一估计少估了50万人，也许甚至少估了100万人。但是，无论如何，可以肯定地说，土耳其的占领以及以后的历次战争使匈牙利的人口锐减。再者，匈牙利的人口在地理分布上也有变化。在中世纪，北部和东部的大片山区，实际上荒无人烟。而在中部平原，村落和集市城镇则是星罗棋布。这时，在一些屏障地区（在北部和西北部），则拥有相对来说比较密集的人口，而中部和南部则重新变成了沼泽地和大草原，那里的村落消失了，为数不多的幸存的人们，为了安全起见，麇居在像塞格德或德布勒森这样的一些大的"乡镇"中。在尼特拉州，1715年的居民为12.5万人；波兹索尼为8万人；肖普朗为8.5万人；沃什有11.8万人，而阿拉德才有5000人；乔纳德2500人；琼格拉德9700人；巴奇－博德罗格为1.2万人，这个州已有大批移民迁入。在这些地区内，正如旅行家们所证实的，可能走上好多天也见不到一个有人烟的地方。

由此可以推断，与中世纪相比较，各种种族成分的比例有了很大改变。斯洛伐克和罗塞尼亚两个地区逃避了战争的主要压力，而塞尔维亚人由于在利奥波德统治时期的移民而力量大增。纯属马扎尔人的地区完全处在军队必经之路上，虽然许多马扎尔人已经逃往哈布斯堡边界线那面避难去了，然而根据某些计算，他们在人口中所占的比例，在15世纪时曾达到总人口的90%，但这时只是40%多一点。根据上面引用的起码的计算，他们在1720年的人数只有116万人；估计高一点，为125万人到175万人。

在匈牙利的比较有屏障的地区，1715年以前的人口可能已开始再次增长。但是，增加的过程在全国范围普遍出现，还只是在索特马尔和约以后，更进一步则是在帕萨罗维茨和约以后。这时，人口增长非常迅速。到1787年（下面的数字均适用于这个时期），全国整个来说，人口增加了两倍；查理的统治在这种增加中起到了充分的作用。当然，这个国家不同的地方所受到的影响程度也大不相同，因为增长的过程非常复杂。由于匈牙利全国各地的战斗停了下来，人口遂普遍增长；由于这一点，甚至有屏障的地区的人口也翻了一番。与此同时，包括所有民族在内的匈牙利人，普遍从这些地区流向中部和南部的空旷空间。这种流向一定程度上出于自发，而实际是对当地地主要想制止这种人口外流的各种企图的一种对抗；一定程度上也是由于接纳地区新的土地所有者的组织，这些土地所有者中财富比较充实的，包括国王在内，也从匈牙利境外引进大批移民，其中大多是来自奥地利和南德意志的德意志人，由此他们总称为"士瓦本人"。对此，管制巴纳特和军事边境的军事当局，由于征集了更多的由塞尔维亚人组成的小分队，从而得到了加强；而且，从多瑙河流域各省也涌来了大量罗马尼亚人的移民，简直无法控制。自然，到了查理的统治结束时，甚至在其统治结束以后很久，匈牙利仍然远为缺少一种最适人口，或者说，缺少它已有人口的最适分布。虽然西北部的一些地方已被人认为（已知当时的耕作方法）人口密集，而南部却拥有可供以后几十年使用的空间，而且有相当多的地区，一直到20世纪还是完全空旷的。虽然如此，新居民的移入和人口的重新分布这两个方面的过程在18世纪上半叶，已在大步前进，这个国家开始恢复某种欧洲的面貌。

新居民的移入，使匈牙利的职业结构没有发生多大变化。梅西伯爵打算在巴纳特引进工业，他从西部带来的居民中有许多人就是工匠。匈牙利西部的某些大土地所有者，也沿着相同的路线进行试验。但是，交通状况仍然太原始，工商业无法有任何重大的发展；再者，土地所有者们为了争夺为数不多的可用劳动力，便无情地拼命使用压力以阻止城镇的发展。匈牙利在极大的程度上仍然是一个农业国，它的各种地区间最大的社会区别是：在北部、西部和特兰西瓦尼亚，土地主要是由只交租但不服兵役的佃农耕种的，而在新的大庄园里，则主要是由地主直接经营，这是一种大多数地主所愿采取的经济形式，由于他们的土地当时仍然由贵族直接经营的，因此不必纳税。不仅如此，劳动者在土地使用权的保障上，则不如只交租但不服兵役的佃农；而地主从他们的劳动中所取得的利润，通常要比他从只交租但不服兵役的佃农勉强从事的徭役（不管是多么无情的榨取）中所取得的利润大。巴纳特以及国王亲自掌握的某些地区，居住的是自由的农民；而在"军事边境"中，农民则由于服兵役而免除其义务。

"移入居民"的一个重要后果是，在不断损害马扎尔的成分的情况下，使由于土耳其战争而开始的民族成分的变化进一步加深。这是在一定程度上由于政策的缘故，不过只是在一定程度上而已。民族的迁移主要是出于自发，在这种迁移中，马扎尔人迁向平原，斯洛伐克人和罗塞尼亚人则步其后尘；这种迁移使北部马扎尔人与斯洛伐克人之间的、马扎尔人与罗塞尼亚人之间的民族边界向南推移了许多英里。在东部，罗马尼亚人不仅在特兰西瓦尼亚增加了他们的人数，而且也在"某些地方"和巴纳特出现；而在一个世纪以前，他们在那里是无人知晓的。匈牙利中部主要的仍然是马扎尔人，但是地主们在这里填补了许多无人居住的地方，有时用斯洛伐克人，不过主要的还是"士瓦本人"。在南部，政策是审慎的。军事当局在政治上和军事上对马扎尔人是不放心的，因此有意地设法加强其他的民族成分以对付他们。军事当局宠信的是德意志人，因为他们普遍可靠，此外还有塞尔维亚人。马扎尔人被有意地从巴纳特排挤出去。巴纳特的居民曾经有一个时期包括有 17 个不同的民族，其中有加泰隆人、法国人和哥萨克人，德意志人的人数最多；巴纳特的人口 1720 年不到 4.5 万人，50 年后则超过了 70 万人。塞尔维亚人对于匈牙利人来说，是一个特别的绊脚石；当然，塞尔维亚人对于维也纳的图谋，也是心中了然的；再者，在所有的民族当中，他们单独地提出要求（而且他们可以提出支持他们这一要求的许诺）要在"匈牙利国"的范围内享有一种单独的"民族"地位。议会一再努力要把这些不受欢迎的客人遣送回塞尔维亚（这时处在奥地利的统治下），或者另行让他们处在自己的直接控制之下；但是总未奏效。不错，局面对于塞尔维亚人来说，同样是不能令人满意的，他们希望在一个单一的地区居住，在世俗和宗教方面有他们自己的领袖，他们只对皇帝效忠。与此相反，他们却是散居在边境一带，在奥地利的军事指挥官们的管辖之下。布兰科维奇死后，他们曾经一度被允许选举一名副总督（Vice-voevoda）约万·莫洛斯特里耶（Jovan Monosterlije），但是他在处在奥地利人管辖之下的，他所召集的唯一的一次议会，却被军方解散了。他死后，这个职位就无人再来担任，留给塞尔维亚人的唯一的"民族"权力就是他们有一个主教，主教的权力实际上是很大的；1731 年主教的权力扩大到贝尔格莱德和"新获得的领土"塞尔维亚，而且信奉东正教的罗马尼亚人也在它的管辖下。但是，塞尔维亚人即使没有一个他们所希求的组织，但他们仍然是一个好斗的民族成分，1734 年至 1735 年，他们率先在蒂萨—毛罗什区举行一次认真的起义；但是起义的原因却是出于社会的，或者说甚至是出于匈牙利的政治的，而非出于塞尔维亚的民族原因。叛乱者有罗马尼亚人、各个民族的农民，甚至还包括被放逐的拉科齐的匈牙利党人。

查理统治的结束是不幸的。他所从事的许多次战争，使奥地利付出了昂贵的代价，不仅付出了军人的或平民百姓的鲜血（他的一种自圆其说的说法就是，这些战争不是在奥地利的本土上进行的），而且还付出了更短缺的东西：金钱。任何一个合理的解决办法总是欧根亲王第一个提出的，这是有代表性的。1736年4月1日，这位富有经验的军人去世了，就事态所表明的来说，他没有给奥地利的军队留下一个即便是才干平庸的指挥官；而且是在特别需要他的天才和他的特殊经验的时刻。俄国已经进攻克里米亚的鞑靼人，因此土耳其宣战。于是俄国便请求奥地利根据1726年的条约给予援助。通过英国和荷兰的调停，于1737年8月举行了尼米诺夫会议；查理自己在会上只要求在摩尔达维亚和塞尔维亚做不是重大的边界调整，还有维丁要塞。但是俄国的要求却如此之广泛，因此土耳其政府中断了谈判。奥地利的军队在塞肯多夫元帅的统帅下，于会议期间进入塞尔维亚，并且攻下尼什。但是，当土耳其政府转而认真地进行抵抗时，帝国的军队便被断然地赶了回去，塞肯多夫在被召回以后即被逮捕。土耳其人向前推进时费伦奇的长子居奥治·拉科齐在他们的战线后面自立为特兰西瓦尼亚亲王。

拉科齐的呼吁完全是徒劳无益的，而且他本人也于次年去世；但是，1738年指挥奥地利军队的柯尼希泽格伯爵，并不比他的前任更成功，而于1739年继他之后的沃利斯则在贝尔格莱德附近的克罗茨卡被打败，被围困在要塞内。奈佩格伯爵被派去进行谈判，他和沃利斯两人（两人后来都被监禁）遂于9月1日签订了非常不利的贝尔格莱德和约，根据这个和约，奥地利失去了它根据帕萨罗维茨和约所获得的除巴纳特以外的全部东西。

由于查理对这个条约感到羞辱，这就加速了他的死亡。他于1740年10月29日去世，留下了只有23岁的玛丽亚·特蕾西亚面对着这样一个世界：军队组织涣散，士气低落；国库空虚；不仅在长期不满的匈牙利，而且在德意志各省和波希米亚，都出现了毫不隐藏的不忠；而在她的边界的另一边，不知疲倦的弗勒里在忙于给奥地利的敌人打气，于是一个包括巴伐利亚、萨克森、普鲁士和西班牙在内的新联盟的轮廓，正在成形。

结果很快就表现出来。当玛丽亚·特蕾西亚向欧洲各国宫廷发出通告，要求对她继承王位一事予以承认时，巴伐利亚选侯便立即援引一个老的文件（巴伐利亚的阿尔布雷希特五世和斐迪南一世的女儿安妮的婚约）为他自己争取继承王位这一权利要求。紧接着，普鲁士的腓特烈二世要求割让西里西亚的大部分（他只是后来才提出了这个要求的法律根据），并向玛丽亚·特蕾西亚提出，如果她将这个省割让给他，他将支持她对付巴伐利亚，并确保弗兰西斯·斯蒂芬当选为帝国皇帝。玛丽亚·特蕾西亚毅然地拒绝了这个建议；因此，腓特烈遂于1740年12月突然入侵西里西亚，并且轻而易举地攻下了布雷斯劳。萨克森选侯这时便推翻它对"国本诏书"的承认，重新提出他妻子根据"相互继承协议"应有的权利要求。西班牙则要求匈牙利和波希米亚，以及撒丁、伦巴第。1741年5月，法国与巴伐利亚缔结了宁芬堡条约；西班牙、普鲁士和萨克森后来也追随这个条约；普鲁士、萨克森和巴伐利亚之间取得一致意见，要瓜分波希米亚的各领地。玛丽亚·特蕾西亚只剩下了奥地利的东部各省，还有匈牙利。

最初，玛丽亚·特蕾西亚能保持这种状态，似乎已成为问题。维也纳有一个强大的集团，公开支持巴伐利亚的事业；在匈牙利，形势也极不稳定。查理去世时，匈牙利的议会在休会12年之后，出于需要而召开会议来考虑加冕典礼的仪式问题。对于王位继承本身，并未发生严重的争议，但是三级会议可以完全有理由地抱怨查理没有实现对他们许下的许多诺言，他们希望从他们的新君主那里得到一个比较严格的加冕誓言和就职状。幕后进行了艰苦的讨价还价，这是由新巴拉丁亚诺什·巴尔弗伯爵（索特马尔和约调停者之子）和权贵们，或者说是由首席法官格拉索科维奇代表特蕾西亚巧妙地进行的。格拉索科维奇最后终于说服议会接受了原有的誓言和就职状，只有一条补充，就是"贵族土地"免税要成为一个基本法，并且不能更改。

这个问题解决了，加冕典礼于1741年6月25日举行仪式，但是，与此同时，国际局势继续恶化。7月31日，法国和巴伐利亚的一支联军进入奥地利。查理·阿尔贝拿下林茨，那里的三级会议承认他为他们的国王；然后他又北上进入布拉格，他在那里也受到同样的接待。玛丽亚·特蕾西亚的地位几乎已绝望。她的原来就不足的军队,大多已陷在西里西亚。大量援军的唯一可能来源是匈牙利,而那里的议会却固执地一个又一个不停地诉说"不平"。玛丽亚·特蕾西亚做出了一系列的让步。她答应驻跸布达,并在那里建造一所宫殿;匈牙利的世俗的或教会的高级职务,完全由匈牙利人充任;尊重匈牙利官职的独立性,并将王国当时另行管辖的各个地方,重新统一起来。每项让步都引起了一项新的要求。

9月11日,玛丽亚·特蕾西亚召见两院议员,向他们说明局势,并且庄严地宣称,她把她自己的、她的孩子们的以及她的国家的命运,信托给他们的英勇和忠诚。与会的匈牙利人被她的年轻、美貌和苦恼所打动,终于按照惯常的程式"生命和血"同意了要求。9天以后,弗兰西斯·斯蒂芬举行副摄政的就职宣誓(议会已经承认他为副摄政)。玛丽亚·特蕾西亚将她的嗣子介绍给与会的三级会议的成员们,他们对于这种场面热情欢呼;约瑟夫二世后来对于他们的态度,注定证明了他们的判断是大错特错了。

从直接的军事观点来看,议会的姿态主要是象征性的。议会答应,在匈牙利本国由"贵族动员"征兵2.5万人和3万名农民兵,再加上特兰西瓦尼亚、军事边境和巴纳特的军队,这样匈牙利可以出兵(从其最广泛的意义来说)10万人。可是由贵族动员和农民兵组成的军队,征募需要时间,而且从未达到所许诺的数字。第一批开赴战场的军队,到头来是最多的一批;它们是由奥地利人指挥的来自军事边境的军队。一些来自匈牙利的军队,他们一旦到达后,即英勇作战;但是,除此之外,匈牙利议会的姿态所起的政治作用,无论是在促使奥地利的王家领地效法这样做法方面,还是提高玛丽亚·特蕾西亚的威望和加强她的地位方面,都是很大的。这主要是因为她看来不再是孤立无援的了,国际形势发生了这些变化,反过来又缓解了军事形势。1741年10月9日,她不得已向腓特烈交出下西里西亚;但是,下一年她的军队便将敌人从奥地利清除出去并占领了巴伐利亚。在随后而来的长期斗争中,虽然运气时好时坏,而且盟友屡次更迭,但是,奥地利君主国的存在,不再像1741年夏天那样处于危急关头了。最后,在1745年12月25日玛丽亚·特蕾西亚勉强地与腓特烈在德累斯顿缔结和约以后,长期的争斗由于在1748年10月至11月间签订了艾克斯拉沙佩勒和约而告结束。根据这个和约,腓特烈保有

第十七章 哈布斯堡领地

了他在德累斯顿取得的东西,即除特申、特罗鲍—猎人村和格拉茨以外的全部西里西亚;但是,玛丽亚·特蕾西亚保住了她父亲其余的遗产,除了割让给西班牙的帕尔马、皮亚琴察和瓜斯塔拉。与此同时,弗兰西斯·斯蒂芬已于 1745 年 10 月 4 日被选为皇帝。

从艾克斯拉沙佩勒和约到七年战争开始之间的 9 年,是玛丽亚·特蕾西亚的"第一个改革时期"。在这 9 年期间,奥地利君主国的内部结构实际上进行了许多意义至为重大的变革;然而,基本上这还是一个过渡时期,而不是平静的结束时期,它是为一些特殊目的进行准备。诚然,玛丽亚·特蕾西亚在欧洲的仁慈的专制君主的画廊中,拥有一个光荣的地位,她总的人生观犹如其人。她认为在上帝的统治下,她在她的领地各地行使她的至高无上的意志,乃是她的无可置疑的权利,她的职责只向上帝负责,而不是她的臣民,虽然她也认为,她应当为她的臣民的福利行使她的权力。她利用中央集权以及用一个中央集权的官僚机构来代替原有的三级会议权力这样一些常用的办法,来追求她的目的。然而,她采取的是一些本质上特殊而非一般的措施。她自己经历了贪婪的邻国的进攻,她的整个地位受到威胁,并且失掉了西里西亚让它落入普鲁士的腓特烈之手。她对于这一损失耿耿于怀,因此她决心要弥补这一损失,并且要为自己向腓特烈报仇,她对他深恶痛绝。她这时开始采取的措施,是从经验中得来的,目的是要达到这一目的;而这些措施所采取的形式,则是由她和她的顾问们从过去 8 年事态中(也是她父亲统治的晚年的事态中,而她曾是这些事态不耐烦的观察家)所汲取的经验的演绎。中心的结论(姑且不谈那些与国际形势直接有关的)是,军队不能胜任它所担负的即便是保卫奥地利的任务,更谈不上收复西里西亚了。玛丽亚·特蕾西亚总是愿意向敌人学习,她把腓特烈的优良的军事效率这一教训,以及许多目的在于直接提高军队的技术效率的措施,深深地铭记在心;对于这些措施她自己非常注意。在这些措施中,有在维也纳新城建立的军事科学院,建立正规的营房,进行对抗演习,改进军官和其他军职人员的状况。但是,她对军队缺乏战斗力有沉痛的经验,而其较深刻的原因却在于政治体制:三级会议仍然掌握批发和扣发给养的大权,即使发给,也是不充足的。最根本的需求,还是要增加国家岁入的来源,这意味着要提高她的人民整个的支付能力的水平;但是,在这个问题能够解决以前，现有的这种来源必须要使之能够归于国王，而要做到这一点则又要涉及简化政府机器并实行中央集权。正如在她后来编纂成册以教训子女的备忘录中所写的，她早在签订德累斯顿和约时就看出，她必须集中精力治理她的各个领地的内部事务，而首要的弊端是："各个部门同时都把自己的部门看作是他自己的领地。各部首长（Capi）和大臣们是由三级会议付给薪水的，因此他们可以随心所欲地支付他们的酬劳；这也是一个大弊端，它削弱了行政机构"，因此他们"永远依赖"三级会议。

玛丽亚·特蕾西亚讲究实际的意识，包括她也承认自己的局限性，因此她并不打算在她的所有领地中普遍采用改组这个同一的措施。意大利和尼德兰的大臣，实际上通过有关领土的总督，仍能继续相当独立地起作用，在尼德兰是洛林的查理（弗兰西斯·斯蒂芬的弟弟、玛丽亚·特蕾西亚妹妹马利安娜的丈夫）；在伦巴第，先是斐迪南·哈拉赫伯爵，其后是卢卡斯·帕拉维奇尼伯爵。尼德兰的宪法实际上毫未触动，而伦巴第也是轻轻地触动一下，虽然后来在别的地方进行的一些改革，首先是在伦巴第实行的；这些改革是编制有条理的土地登记册，作为解决土地税的预备措施，以及实施教会财产有责任纳税的原则（在与教廷进行了重要的谈判以后，于1757年实施的）。

匈牙利也被豁免。玛丽亚·特蕾西亚绝不是对于匈牙利宪法的狭隘、寡头的性质有目无睹；她也并不认为匈牙利的三级会议在本质上比奥地利的或波希米亚的更可靠；但是，撇开这个事实不谈，即她曾保证她对匈牙利宪法所做的誓言，特别是对"贵族的"土地免予征税的誓言，她对匈牙利人在紧急关头在波兹索尼给予她的援助，感到有一种强烈的义务感。再者，她的经验引导她做出与她祖父相反的结论；她写道，匈牙利人本质上是一个好民族，人们可以从他们那里获得不少的好意。她打算通过说服从1751年的匈牙利议会那里获得定期的供给，但却失败了；而她在别的地方通过强硬的办法硬行取得的同意，使她感到羞耻；但是，当豪格维茨提出把他实行的改革扩大到匈牙利时，她回答说："我认为在匈牙利实行任何变革是不可取的；因为在没有一个议会的情况下这样做，是不可取的；因为我还考虑到那里的情况特殊，这就更不可取了；否则就会产生痛苦的后果。"

第十七章 哈布斯堡领地

因此，议会就这样没有召开。这些谨慎的做法，避免了匈牙利方面提出新的要求。但是，玛丽亚·特蕾西亚也避免了违反宪法这一愚蠢的做法，她却是在权贵中间逐步建立起一个对她自己有利的派别以达到她的目的。她甚至迎合匈牙利的某些愿望。毛罗什和蒂萨的"军事边境地区"被取消，并在斯拉沃尼亚实行州县制。此后，塞尔维亚的事务由"伊利里亚宫廷专使"管辖。特兰西瓦尼亚没有重新合并，但玛丽亚·特蕾西亚同意她以匈牙利女王的身份，统治这个地方。在佩斯建立了王宫（虽然从未按其原意加以使用），几名匈牙利人被任命担任了要职。

因此，她早期的改革，仅限于在奥地利和波希米亚的各个领地，而且，即便是在这里，她也没有立即开始。她年轻即位，而且没有经验，因此在她统治的最初年代里，有那么多迫在眉睫的战争与外交问题需要处理，不允许她花费许多时间在一些弱点的背后（这些弱点并不总是很清楚的，因为在某些情况下，原来的政府机器似乎效果不错）寻找它们的根本原因，再者，就像她所写到的那样，她左右的那些大臣们"偏见太深，提不出什么有用的建议；而且他们德高望重，又无法解除他们的职务"。因此，在这些年代中，她除了解决查理的复杂的财政机构外，没有进行重大的变革；这样，恢复王室度支局作为解决国家财政的唯一中央机构，并且把管理皇室事务的权力从奥地利的大臣手中交由一个新的机构"王室—宫廷—国务枢密院"。但是，事实证明这个机构的第一任官员乌勒费尔德伯爵是巴滕施泰因的一个工具，而不是一个执行玛丽亚·特蕾西亚自己意愿的人物。

巴滕施泰因这时权势通天，炙手可热，因为"上帝"从玛丽亚·特蕾西亚那里"夺走了"斯塔勒姆贝格、哈拉赫和金斯基的生命。枢密会议新的成员科洛雷多、克芬许莱尔和包贾尼都不是这位富有经验的"秘书"的对手。但是，最后"上帝给她派来"三个可以与之共事并可以通过他们进行工作的人。其中最有名的一位是考尼茨，他最初主要负责外交事务。然而，在他 1753 年继乌勒费尔德出任首相一职后，他掌握了对一切政策的控制权。另外两位是路德维希·豪格维茨伯爵和鲁道夫·肖特克伯爵（Count Rudolph Chotek）。

豪格维茨是西里西亚的一名贵族。他曾被雇用来改组西里西亚由奥地利保有的那部分地区的事务。他在这个方面取得的成功，使他被邀请就奥地利失去其最富庶的省份后所出现的大量问题（这一形势显然是巴滕施泰因所不能应付的），陈述他的意见。豪格维茨立刻制订了一个完整的计划。他盘算，奥地利的安全需要一支至少有10.8万人的常备军。要维持这支军队，每年需要1400万盾，比三级会议通常通过的拨款多出500万盾。为了筹措这笔额外的款项，豪格维茨提出，征税应扩大对一切财产课税，包括贵族的财产在内，并且为了保证连续不断性，应预先批准10年。一旦这样做，"忠诚和服从的三级会议"就要"与军方没有任何交道可打了"，就是说在这个方面再不要有进一步的开支了。除了为军队提供宿舍，而且这也只是在兵营建成之前才这样做。

三级会议得到保证说，这种新的安排绝不会削减他们的权利，但却有不少人反对这样做，首先是来自枢密院内部，在枢密院内，哈拉赫伯爵就自封为贵族的发言人；其次，则在各地议会中，还必须逐一与之进行令人痛苦的商讨。但是，最后各地取得一致意见（卡林西亚除外，那里的改革必须由政府明令强制进行），因此君主掌握军队成为可能的了。然而，马上就可清楚地看出，新的情况要求对奥地利和波希米亚的各个领地的内部机构进行彻底的改组。改革在这些领地内一体进行，而且只是在玛丽亚·特蕾西亚的领地内进行；这一事实立即就使这些领地更亲密地团结一致，而与其他的领地则形成鲜明的区别。玛丽亚·特蕾西亚在这些领地内推行的下一步措施，就考虑了这种情况。1749年1月15日，帝国政府命令公布司法与行政分开这一根本原则；在继之而来的5月1日，奥地利和波希米亚的宫廷大臣们的职权，迄今为止，都一直在同时执行司法与行政的职能，在格拉茨和因斯布鲁克保存下来的中央机关中都被取消。另外成立了两个新的机构取而代之，每个机构的权限都适用于奥地利和波希米亚的各地，"最高法院"作为"上诉法院"和一切司法问题的最高权威；而内政部（或称政治与财政管理部）则掌管除外交事务以外的一切行政管理的最高权力，它仍然是"王室—宫廷—国务枢密院"的一个部门，而国防则仍属王室国防部管辖。

这两个新机构反过来又都发现，必须要进行大规模的改组。工作是从准备制定新的、统一的法典开始的，既有民事法典，也有刑事法典。但是，这两部法典只是在多年以后才完成的。新的政治管理机构则是在早一些时期成立的。根据管理部的规定,每个领地都要设立一个最初名叫"代表处",后来称为"王室代表财政处"的机构;再后来在不同的领地中使用的名称就各色各样了——总督府(Guberni-um)、政府(Regierung)、州当局(Landesbauptmannsehaft)。这些机构原来的职能,就是处理有关军队的一些问题——征兵、薪饷、军队驻地等。这时三级会议已经不管这些问题;但是,由于经过一段时间后,国王将过去属于三级会议的部门掌管的、或者完全无人管理的一个又一个的问题掌管起来;这些问题中每一问题不是向三级会议而是向"总督府"(Guberni-um)负责。权力的扩大,和第二个例子的管理性质的改变是同样重要的。波希米亚早就分为"帝国行政区"(大体上相等于英国郡的单位)。奥地利的大部分土地则分为类似的小单位,这些小单位是由三级会议任命的、付给薪金并接受其指示的官员们管理的。这些机构以后到处都称为县公署(西里西亚除外);它们这时已经根据一个统一的计划而成为系统。它们被置于国王的一名称作县长的官员的管辖之下。它们的工作人员则由其他也是国王臣仆的官员们充实。由于行政区原有的职能没有被取消,因此它具有两重地位,在某些问题上向三级会议负责,在另外一些问题上则向国王负责。但是,由于国王的活动扩大了,它们后一个方面的工作就日益盖过了前一个方面,而这些机构起初只是由县长(Kreishauptmann)(通常是当地的一名贵族)、两名助理和一些秘书和信差组成;这些机构本身已发展成为整个奥地利行政体系最重要的部分。凡不是特定地属于任何其他当局范围内的工作,则交由"政治的"管理机构办理,即管理部(Direcforium),在其下则交由"特派代表团"(Depu-tortionen)和县公署"Kreisämter"办理,这不久就成为一种通常的做法了。

甚至在18世纪40年代末,以后又在18世纪50年代中,这些新设置的官员们发出大量的命令,其中从规定大学的课程到禁止老百姓不得过不必要的节日,一直到规定必须要控制住麻雀的数量。

与这些国内的举措同时进行的,还有外交方面的紧张活动,主要目的是相同的,就是要收复西里西亚。这特别是与考尼茨伯爵这个名字有关联,他多年来一直是玛丽亚·特蕾西亚的最忠实、最可信赖的策划者,考尼茨在某些外交谈判取得成功后,于1748年被准许参加国务会议。在艾克斯拉沙佩勒和约签订后,当玛丽亚·特蕾西亚要国务会议的所有成员就奥地利应奉行何种友好同盟政策陈述己见时,考尼茨还是一个资历不深的成员。大家在与此目的有关的问题上意见一致;但是,为了达到这个目的,其余所有的人都主张要维持奥地利与海上大国以及俄国的关系。考尼茨虽然也同意说,奥地利原有的盟国都是它的"天然朋友",但是只有他一人认为,只有与普鲁士不可能保持奥地利所能接受的和平。政策的主要目标,必须是孤立普鲁士,为了达到这个目的,必须抛弃一切偏见。特别是法国,奥地利必须尽可能地把它争取过来。

　　玛丽亚·特蕾西亚接受了考尼茨的见解。为此,考尼茨耐心地进行工作,首先出任驻法国的大使,1753 年 5 月以后,又充当大法官兼首相。这是一个艰难而又微妙的任务:艰难在于法普的关系密切;微妙则因为在新的友谊牢靠地取得以后放弃旧的才安全,而且走错一步就会使奥地利陷于孤立。法英在尼德兰问题上的争端,使考尼茨有了机会。1755 年这就导致了 1756 年 1 月的英普条约;但是,这就使法奥有可能缔结凡尔赛条约,接着便于 5 月 1 日签订了条约。8 月,腓特烈揭开了七年战争的序幕,这时他没有进军波希米亚,而是开进了萨克森。

　　这次战争的具体情况,属于欧洲史而不是奥地利史。奥地利早期在外交和军事方面都取得了胜利,但却未能继续取得胜利。军队再次失败;将军们无能,军队纪律涣散。三级会议几乎到处都表现不忠诚,因此玛丽亚·特蕾西亚要从它们那里获得在战役的某些极为关键的时刻必须恢复她的军队所不可缺少的补贴,就遇到了困难。1763 年 2 月 15 日,她不得不批准赫伯特斯堡(Hubertusburg)条约,这个条约大体上进一步确定了 1745 年柏林条约的条款,从而再次承认失去西里西亚以换取腓特烈答应投票赞成选举约瑟夫为罗马人的国王并承认奥地利对摩德纳的王位继承权利。奥地利的内部弱点再一次暴露无遗,于是玛丽亚·特蕾西亚便回过头来进行国内改组这一任务;这一次并不是为了战争的直接目的,而是出于更有建设性的精神。

(严维明 译)

第 十 八 章
奥地利王位继承战争

　　1740年10月查理六世的突然死亡导致了一场战争，这是不足为奇的。虽然"国本诏书"得到大多数欧洲国家的保证，但一个国家如对抵抗侵略缺乏准备，仅靠别人尊重条约来保卫自己，似乎是很不够的。玛丽亚·特蕾西亚继承了一个空空如也的国库和一支士气低落、缺乏战斗力的军队。她留用了她父亲时代的大臣，他们都老态龙钟，不能胜任；她自己也没有受过政治训练，丈夫弗兰西斯是个不得人心的庸才。更使她陷入困境的是，她不能指望她臣民的忠诚。奥地利和波西米亚的许多贵族准备服从跟她争夺王位的巴伐利亚选侯查理·阿伯特·马扎尔贵族看来更热心于削弱哈布斯堡家族在匈牙利的权势，他们不愿意保卫玛丽亚·特蕾西亚。而查理·阿伯特则公开表示自己有权继承查理六世，虽然这一要求没有根据，他却信以为真。不过，他单凭自己是无能为力的：他债务累累，军队缺乏战斗力，将领和大臣无能。他只有依靠法国的支持，对于这种支持他却满怀希望。

　　根据1727年签订的条约，如果查理六世死后没有男嗣，法国保证支持选侯对任何哈布斯堡领地提出的这一正当要求。然而，1735年法国对"国本诏书"作了保证；不过，可以争辩说，这一保证并不损害第三方的权利；这一点维也纳应当知道，因为在查理统治的最后几年里，法国曾经表示愿意从中斡旋帮助解决巴伐利亚的继承权的要求，虽然没有得到反应。查理六世一死，选侯马上请求法国支持。他能否得到支持还不一定。1726年以来一直掌管法国政策的弗勒里生来为人谨慎，倾向于一次只追求一个目标。皇帝去世之前，他一直为法国站在西班牙一方干预詹金斯的耳朵战争做准备。支持查理·阿伯特，不但可能引起同玛丽亚·特蕾西亚的，而且还可能引起同荷兰共和国和英国的战争，因为如果荷兰和英国允许摧毁这个哈布斯堡国家，就会危及他们的自身安全。然而，法国对选举新皇帝的态度，与它对查理·阿伯特的领土要求的态度是紧密相连的。根据1727年条约，法国保证支持查理·阿伯特为候选人。但是，如果在给予这种支持的同时不设法扩大他的世袭领地，那也是不切实际的做法。一个皇帝需要大量的财源来维持自己的尊严。要得到大量的财源，查理·阿伯特只能从玛丽亚·特蕾西亚手里抢夺。

而且，在这个时刻，弗勒里的地位削弱了，因为路易十五开始听信那些极力主张他乘机摧毁哈布斯堡家族势力的人。弗勒里既没有辞职，也没有被免职。但是法国却违背他的意志，逐渐被卷入要肢解哈布斯堡国家的企图；不过，他还能使用他仍然保持的权利去阻止法国将其全部人力物力都投入支持这一企图中去，从而使其失去成功的极好机会。在一个短暂的时间内，他确实延缓了法国做出任何重大的决定。1740年12月普鲁士侵犯西里西亚，形势才急转直下。

如果说某个人要对奥地利王位继承战争承担责任，那么这个人就是腓特烈二世，因为普鲁士的政策完全掌握在他的手里。普鲁士的确有理由对西里西亚部分地区提出要求，虽然理由很不充分，但在腓特烈看来，这些理由之所以有用，只是因为可以用来美化他为了加强普鲁士的实力、取得个人荣誉而采取的行动。很明显，西里西亚是一块值得弄到手的地方。腓特烈认为，如果弄到整个省不大可能，弄到下西里西亚是大有希望的。如有必要，他准备为此打一仗，但他希望速战速决，不发生重大的战斗就能得到它。驻扎在那里的奥地利军队力量薄弱，只能守住几个设防城市。入侵开始以后，腓特烈向玛丽亚·特蕾西亚提出建议：如果她愿意割让西里西亚，他准备付给她一笔钱，支持她保卫其他领地，并在选举皇帝时投她的丈夫托斯卡纳大公弗兰西斯的票。使他大吃一惊的是，她拒绝了。她对他的侵略行为感到愤慨，根本不相信他提出的建议。她争辩说，她放弃任何领地都将违反"国本诏书"，因此会削弱她对其他领地的权力。她还建议对腓特烈采取强有力的行动。但是，花了几个月的工夫她才调集起一支小部队去攻打西里西亚的普鲁士军队。她希望，战场上的迅速成功会阻止其他的潜在侵略者，促使"国本诏书"的一些保证国给她以支持。

普鲁士军队已有1/4世纪没有打过仗，它的战斗力还不大清楚。

1741年年初，玛丽亚·特蕾西亚满希望会得到乔治二世的援助的。乔治既是汉诺威的选侯，又是英国之王。他倾向于首先考虑他的德意志领地的利益，因此反对普鲁士的扩张。但是，英国的舆论对腓特烈的野心并不特别持有敌视态度。真正引起英国顾虑的是，法国同西班牙结成反英联盟的可能性；而对付这种威胁的最好办法莫过于发挥沿海国家同奥地利和普鲁士传统联盟的作用。英国的政策并不由国王一人决定。乔治作为选侯，拥有绝对的权力；作为国王，一项政策如果没有下院的支持，他就不能贯彻。凡在当时认为不明显违背英国利益的政策，都可能得到这种支持，因为他们指望国王起领头作用；但是，即使是有要把英国的利益从属于汉诺威的利益的苗头出现，也肯定会引起轩然大波。然而，玛丽亚·特蕾西亚始终没有正确理解乔治的奇特地位。起初，他的言论使她相信，英国和汉诺威都会支持她反对普鲁士。同时她还希望，也可以把萨克森和俄国拉入反普鲁士的联盟。

俄国的支持特别重要，因为腓特烈在所有的国家中最怕俄国。萨克林选侯奥古斯特也是波兰国王，他的王位是由于俄国的支持才得到的，因此他可能唯俄国的马首是瞻。实际上，俄国在当时还帮不了忙；它的国内局势不稳定，跟瑞典还在打仗（1714—1743年）（很大程度上是由法国在斯德哥尔摩的影响造成的），一时还顾不上中欧事务。俄国不能采取行动的直接后果是，这位选侯采取了伺机而动的策略。他迫切需要得到一块土地，以便把萨克森同波兰连成一片。而要得到这样一块土地，他只有损害腓特烈或玛丽亚·特蕾西亚的利益。他倾向于亲奥地利，反普鲁士。但是，玛丽亚·特蕾西亚拒绝为赢得他的支持而割让即便是西里西亚的一部分；她只准备给钱和一块可能从普鲁士那里弄过来的土地。她极不愿意同意支持，也不允许奥古斯特在他一旦当选皇帝后支持把自己的世袭领地变成王国。她认为，这样做是同帝国宪法背道而驰的。虽然奥地利和萨克森于1741年4月签订了同盟条约，但她迟迟不予批准，因为根据该条约，她有义务给予这种支持。

早在3月，已有迹象表明乔治无力控制英国的政策。沃波尔不愿看到英国卷入与普鲁士的敌对行动。他的影响到这时仍占上风，因此英国驻维也纳的使节奉命极力劝说玛丽亚·特蕾西亚同腓特烈达成和解。她拒绝了，但尽管如此，议会仍然在4月底给了她一笔补助金；她被告知，英国愿意按照1732年条约的要求，向她提供1.2万人的军队以捍卫"国本诏书"。给予这种帮助并不一定引起战争；英国准备充当玛丽亚·特蕾西亚的辅助盟国，而不是主要盟国。玛丽亚·特蕾西亚仍然希望英国和汉诺威都能在实际上提供援助，并且希望乔治会利用自己的影响为她获得萨克森的支持。

在进行这些安排的同时，对玛丽亚·特蕾西亚的威胁也在增加。1741年3月，法国派出贝尔岛元帅为特使，游说那些可能支持查理·阿尔贝特当候选人的德意志各邦的选侯。他很快改变了自己的使命，企图组织一个肢解哈布斯堡国家的大联盟。他轻而易举地得到了巴拉丁选侯的支持；基督教各国的选侯迄今为止对法国的贿赂和法国的威胁都做出了反应，答应投票赞成查理·阿尔贝特，并且明确表示，他们不会积极反对法国插手支持查理·阿尔贝特的领土要求。然而，腓特烈迟迟没有表态。他的8万军队现在是中欧政治生活中的一个重要因素。他的部队首战告捷后，他讨价还价的地位更加有力了。4月，奥地利人终于向西里西亚境内的普鲁士军队发起进攻。腓特烈的军队战线拉得很长，只是由于奥军前进缓慢才免于被各个击破。两军在莫尔维茨遭遇。战斗一开始，普鲁士骑兵就被奥地利骑兵击溃。之后，腓特烈认为大势已去，落荒而逃。但是，普鲁士的步兵却岿然不动，最后终于将奥地利的骑兵和奥地利的步兵都击退。奥地利步兵主要由新兵组成，并不是难以对付的敌手。这次胜利还显示了注重火力的普鲁士步兵训练制度的价值。普鲁士步兵继续不负已经赢得的盛名。而且，腓特烈采取果断措施，改进了他的骑兵。

玛丽亚·特蕾西亚并没有因为莫尔维茨战役的失败而给予腓特烈想要的东西。但法国现在肯定想贯彻贝尔岛计划，对此她实际上已经答应一半。然而，查理·阿尔贝特和法国之间的安排表明，选侯并不处于讨价还价的地位。他没能使法国以条约的形式保证他得到玛丽亚·特蕾西亚的任何领地；他得到的只是一笔补助金的许诺和一个由贝尔岛制订的关于法国—巴伐利亚联合作战的计划。根据这一计划，法国和巴伐利亚军队在占领帕绍主教管区和上奥地利部分地区后，就要进攻波希米亚并拿下布拉格。他们希望普鲁士和萨克森同这些部队

第十八章 奥地利王位继承战争

将会合作。6月，腓特烈在玛丽亚·特蕾西亚拒绝他的条件以后，最后与法国签订了一个条约，这样，合作的希望更大了。但是，即使在这时，他也没有承担很多义务。他答应投查理·阿尔贝特的票，保证法国在欧洲的领地。作为报答，他得到了对于他自己领地和下西里西亚的保证，他还得到法国帮助查理·阿尔贝特对付玛丽亚·特蕾西亚的保证。但是，腓特烈仍可跟她讲和。不管他当时的真正目的是什么，他再三催促查理·阿尔贝特和法国迅速而狠狠地出击。

贝尔岛计划进行得很慢，很不合他和腓特烈的心意，不过确实在进行，而玛丽亚·特蕾西亚从其他国家得到军事援助的希望却受到挫折。7月，乔治看到自己的选侯领地受到普鲁士和法国两支军队入侵的威胁，遂拒绝为她而动用他的2.5万名汉诺威军队，并企图通过同她的敌人达成协议来确保汉诺威的安全。萨克森也中止了同玛丽亚·特蕾西亚的谈判，接受了法国的友好表示。7月底，查理·阿尔贝特占领了帕绍。不久之后，一支强大的法军越过莱茵河，前来和他会师。法国—巴伐利亚联军迅速攻占了上奥地利，腓特烈催促他们向防守很差的维也纳挺进，因为奥地利军队的主力在上西里西亚，守卫腓特烈想要攻占的坚固要塞尼斯。如果奥军奉召保卫维也纳，无疑对他有利。但是，腓特烈的建议虽然不是无私的，但在战备上也许是正确的。然而，法国拒不采纳这一建议，而查理·阿尔贝特又得按法国的意志行事。10月下旬，入侵波希米亚便开始了。

由于维也纳面临威胁，加上英国的压力，玛丽亚·特蕾西亚不得不认真努力同腓特烈实现和解。先前，她曾试图用在低地国家和意大利的领土来收买法国和查理·阿尔贝特，但是遭到了拒绝。她还表示愿意把低地国家的一部分地区割让给腓特烈，也同样遭到了轻蔑的拒绝。为了能使用她在西里西亚的军队对付法国—巴伐利亚联军，她再次求助于腓特烈。结果，两国于10月初缔结了克莱因·施内伦多夫协定。奥地利和普鲁士的全权代表都没有签署文件，但英国派到腓特烈那里的使者海因德福德勋爵按双方同意的条款起草了一个备忘录。腓特烈同意让奥地利军队撤离；玛丽亚·特蕾西亚则同意让他在假围攻后攻占尼斯，并让他在没有抵抗的情况下占领这个要塞和整个下西里西亚；年底前就正式和约的问题开始谈判；同时，协定要保密；如果走漏消息，协定对腓特烈则不再有约束力。写进最后这一条，只能为恢复敌对行动提供了一个借口,如果需要一个借口的话,因为保密是不可能的。腓特烈还不准备签订一个最后的条约,玛丽亚·特蕾西亚本人也不一定想要一个条约。

协定立即产生的直接结果是,腓特烈得到了尼斯,奥地利军队以用来保卫波希米亚,这时法国和巴伐利亚的攻势显然要转向那里。法国—巴伐利亚联军向布拉格挺进,一支萨克森部队在城下与它们会合,法国为了得到萨克森的这个支援,答应把摩拉维亚和下奥地利部分地区给予奥古斯特,将其建成一个王国。他们在萨克森的支援下猛攻布拉格。其后不久,腓特烈恢复了对玛丽亚·特蕾西亚的敌对行动。

1742年1月,查理·阿尔贝特当选为皇帝,之后,他自称查理七世。他得到了全部选票——8票。他甚至还得到汉诺威的一票;因为上年9月,乔治为了保护他的选侯领地,曾答应投查理·阿尔贝特一票;作为选侯,他仍将保持中立。然而,意味深长的是,波希米亚的一票没被接受。玛丽亚·特蕾西亚已经任命她的丈夫为波希米亚的两摄政王之一,选举团不承认她通过她丈夫来行使投票的权利;他们也不承认查理是波希米亚国王,虽然他已在布拉格自封为王。决定拥护两者之一,都意味着决心用武力支持这个决定,那就是要让帝国参战。查理在任何具体领土要求问题上从未获得帝国的支持;法国的支持使他当选为皇帝,但仅此而已。

因此,选举对于战争的进程毫无影响。玛丽亚·特蕾西亚可以采取强有力的行动。她把原来保卫维也纳的部队和从意大利调回的其他部队,用来进攻在上奥地利的法国和巴伐利亚军队。这次的进攻是成功的;上奥地利很快获得解放,接着便入侵巴伐利亚,很快就攻占了慕尼黑。在波希米亚的法军处境危险;加上指挥不善,情况更加糟糕。法军的指挥权已经交给布罗伊元帅。他老态龙钟,患中风病,不喜欢自己的工作。他还不信任腓特烈,腓特烈也不喜欢他,这样就无助于法普之间的成功合作。腓特烈原来希望法军能得到有力的加强,并置于贝尔岛的指挥之下。前者没有实现,而贝尔岛虽然来到波希米亚任职,但布罗伊是他的上级,仍然掌握指挥权。

1741年到1742年的冬天,玛丽亚·特蕾西亚的军队不断增加,这主要是匈牙利的贡献。1741年夏末,玛丽亚·特蕾西亚召集匈牙利议会，呼吁马扎尔人给予支持；为了得到他们的支持，她不得不在政治上做出各种让步。双方就让步的确切程度进行了艰苦的讨价还价。最后，她得到了一小笔钱和派出一支大军的许诺，这支军队的费用由匈牙利承担。实际上，真正到达前线的军队人数要比期望的少得多。不仅如此，由于缺乏纪律，喜好劫掠，严重损害了马扎尔骑兵的价值；马扎尔步兵的表现较好。但是，尽管玛丽亚·特蕾西亚没有从匈牙利得到她希望得到的那么多东西，她还是得到了一些可以感受得到的东西，而且是在什么都缺乏的时刻得到的。

到了1742年春，出现了腓特烈想同玛丽亚·特蕾西亚媾和的迹象。他对年初在摩拉维亚的进攻失败感到烦恼。这次进攻是在萨克森和法国军队答应支援的情况下进行的。不管是对是错，他认为萨克森人表现很差，法国人也没有尽到本分。他还担心法国不同他商量或者不考虑他的利益，就安排玛丽亚·特蕾西亚和查理七世和解。他记得他在波兰王位继承战争中曾经背着盟国单独媾和，因此相信关于法奥谈判的谣言。腓特烈想要讲和还有别的原因。普军的许多部队自1741年12月以来一直在打仗，迫切需要休息；他父亲积累的战时基金也渐渐耗尽。要补充上也不是易事；在国内借债很不容易，而在国外贷款则根本不可能，因为，且不说他缺乏信用，只要他同玛丽亚·特蕾西亚还处于交战状态，英国和荷兰的金融市场的大门就不会向他开放。

英国渴望实现奥普和解。汉诺威的中立态度很不受英国舆论的欢迎，它促使沃波尔于1742年2月下台。英国首相不得不为汉诺威选侯的罪恶付出了代价。人们预期重新组成的内阁会大力支持玛丽亚·特蕾西亚，支持她反对法国，不是反对普鲁士。新上任的负责北方事务的大臣卡特里特希望劝使腓特烈最终加入一个反法联盟；实现这个目标的第一步是重新对玛丽亚·特蕾西亚施加压力，以便争取腓特烈。作为报答，英国愿意给她更多的补贴，并派英军援助。有一个计划将一支英国部队派往尼德兰，同已在那里的奥地利军队和一支荷兰部队会合，然后从那里进攻法国。计划看上去很不错，因为法国边界的防守很差。它的缺点是要依靠荷兰的支援，而这种支援是很不可能得到的。

荷兰共和国比大约30年前参加西班牙王位继承战争时弱得多；

而且控制着这个国家的城市寡头统治集团强烈地倾向于和平。虽然荷兰共和国曾对"国本诏书"做过保证,但只要本国安全不面临危险,就不愿意打仗。如果法国占领了尼德兰,就会对它的安全构成最明显的威胁。为了防止这种威胁,荷兰人获得了在那里的一些城镇——一些关隘要塞——驻军,并且每年从尼德兰的岁收中提取一笔钱以支付驻军费用的权利。但是,荷兰人知道,没有英国的支持,他们不可能保卫这道屏障。荷兰共和国虽然从未沦为一个附庸国,但担心失去英国的支持不止一次促使它按照英国的意愿来制定自己的外交政策。然而,荷兰人这次却对乔治二世产生了怀疑。1741年,荷兰人曾认真考虑过履行对"国本诏书"的保证,而这时汉诺威宣布中立引起了反作用。1742年英国没有能说服他们参加对法国的战争,特别是因为汉诺威没有保证参战。在这种情况下,从尼德兰进攻法国的计划不可能付诸实施。然而,荷兰共和国继续奉行它在1741年开始的扩军政策。这项政策不仅因为荷兰人决心抵抗法国可能对尼德兰发动的侵略,并且准备在德意志给予玛丽亚·特蕾西亚以军事援助,如果事态发展使得这样做对荷兰有利的话;而且也因为城市里的主要寡头统治集团想以此来向敌视他们的那一部分荷兰舆论表明,他们是多么爱国,多么富有远见。奥兰治的威廉四世希望在共和国里获得和威廉三世同等的地位。他的野心得到许多人的支持,特别是在民众之中。事情很清楚,如果寡头统治集团看来不能有效地保卫荷兰的荣誉和利益,那么势不可当的群众运动就可能使他上台。而且也不能忽视这样的可能性:由于威廉是乔治二世的女婿,英国可能希望他成为一个有用的工具,因此会煽起这样的运动。所以,共和国的领袖们所面临的问题是特别错综复杂的。

然而,1742年春天,凡尔赛担心而维也纳则希望荷兰人会参加对法国的进攻。这种希望是使玛丽亚·特蕾西亚倾向于同腓特烈和解的因素之一。另一个因素是普军在5月打败了她的军队。而腓特烈自己现在也愿意同她和解。他担心布罗伊眼看就要彻底被打败,他想要在此之前退出战争。6月,布雷斯劳和约草案宣告奥普战争结束;腓特烈得到了下西里西亚、格拉茨和上西里西亚的大部分。不幸,玛丽亚·特蕾西亚在谈判中把她的利益委托给了英国驻普鲁士的使节。由于英国的政策是实现和解,他没有为她尽力。如果他多做些努力的话，本来可以为她保留除尼斯以外的整个上西里西亚。腓特烈的背叛使布罗伊的军队备受威胁，法军看来几乎处于绝望的境地。几个星期以后，萨克森根据和约草案中的一个条款，也加入了和约，虽然它一无所得。凡尔赛听到这些消息自然陷于一片恐慌。现在，挽救布罗伊的军队成了法国政策的首要目标。1741年以来，一直处于马耶布瓦指挥下的军队是为了对汉诺威造成威胁而一直驻扎在威斯特伐利亚，现在则奉命开进波希米亚以掩护布罗伊撤退。但是，由于担心马耶布瓦可能突然被召回去对付来自尼德兰的入侵以保卫法国，所以要他不要过分冒险。他没有冒险。他向巴伐利亚挺进，迫使奥地利人撤出了被他们所占领的一些地区，然后又进入波希米亚。但是当他发现交通线受到威胁，补给品快要用完时，就迅速撤回到巴伐利亚。然而，布罗伊把自己的军队交给贝尔岛指挥后，就前往巴伐利亚，接过了马耶布瓦的指挥权。法国还企图使用别的办法来挽救在波希米亚的法军，但同样没有成功。弗勒里准备同意把法国军队撤出巴伐利亚，并至少暂时实际上抛弃查理七世，如果玛丽亚·特蕾西亚同意让法军安全撤离波希米亚回国。然而，玛丽亚·特蕾西亚拒绝了全部建议。贝尔岛终于避免了投降这场灾难；年底，他和他的大部分军队逃脱了奥军对布拉格的相当松懈的封锁，撤到了巴伐利亚。他留下的守军威胁要焚烧城池，因此获得了有条件投降，被准予返回法国。但是波希米亚战役使法国遭受巨大伤亡；同样重要的是，这次战役也使他们感到不想重返中欧打仗。

虽然玛丽亚·特蕾西亚对波希米亚战役的结果感到失望，但1743年她在德意志大有成功希望。马耶布瓦奉命救援布罗伊之后，乔治认为现在可以放心地在他的选侯领地之外使用汉诺威军队；1.6万名汉诺威军队已领受英国的军饷，编入了驻尼德兰的英军。他们讨论了奥地利—英国—汉诺威三国联军从尼德兰开进德意志的计划，在那里，联军可以同驻在巴伐利亚的奥地利军队采取一致行动。然而，玛丽亚·特蕾西亚不能把她的军队全部集中使用于德意志，她还得保卫她的意大利领地免遭进攻。

在西班牙国王菲利普五世看来，查理六世之死好像为他的家族提供了一个统治意大利的机会。由于波兰王位继承战争的结果，他已把他第二任妻子伊丽莎白·法尔内塞生的一个儿子查理立为那不勒斯国王。现在,他希望为伊丽莎白所生的他的次子菲利普把玛丽亚·特蕾西亚在意大利的全部或大部分领地弄到手;如有可能,还有弗兰西斯的托斯卡纳大公国。菲利普国王实际宣布,他对整个哈布斯堡遗产有权提出要求,但这只是一个讨价还价的砝码,使他有可能同查理·阿尔贝特达成协议。根据1741年西班牙和巴伐利亚的宁芬堡条约,西班牙答应给予查理·阿尔贝特补贴;作为报答,后者承认菲利普对哈布斯堡家族的意大利领地的要求。现在,就待菲利普去尽力争夺了。

不过,要集结一支强大得能在意大利作战的军队,还需要一些时间;在此期间,研究了把这支军队运到意大利的办法。鉴于英国的地中海舰队的阻挠,要把军队从海上运去是很危险的,而且,不管西班牙步兵用什么办法过去,大部分骑兵还得走陆路。菲利普希望,法国不但会让西军通过它的领土,而且还会积极支持他在意大利的计划。但是,凡尔赛认为这些计划不大可能实现。显而易见,撒丁国王的态度对意大利事态的进程有很大影响。不通过他的领地,军队无法从法国开进意大利;当时的撒丁国王查理·伊曼纽尔拥有一支3万人到4万人的有战斗力的军队,可以利用皮埃蒙特的山区给入侵意大利造成很大的困难。由此推断,在进攻玛丽亚·特蕾西亚时如能得到他的支持,那将是非常宝贵的。西班牙能否得到撒丁的支持则是可疑的,因为他的利益所在是要在意大利保持波旁家族和哈布斯堡家族之间的均势。只有让他扩大领土足以使他认为把哈布斯堡家族逐出意大利不会威胁到撒丁的安全,才是一个可能把他争取到波旁家族一边来的机会。但是,西班牙希望为菲利普王子弄到一块领地,他不愿意为了换取撒丁的结盟而牺牲大片的领地。弗勒里对于这个问题却有不同看法,他敦促西班牙和撒丁达成协议,但西班牙却不愿意。西班牙的固执态度促使查理·伊曼纽尔准备同玛丽亚·特蕾西亚成交。他对"国本诏书"从来没有做过保证,查理六世死后还对米兰提出过要求,但他准备以一定的代价给予玛丽亚·特蕾西亚有限的支持。玛丽亚·特蕾西亚极不愿意付出这个代价。伊曼纽尔不仅要求一大部分米兰公国的领地,而且还要求1713年查理六世卖给热亚那的菲纳莱。英国敦促玛丽亚·特蕾西亚付出这个代价,因为它同法国一样明白跟撒丁结盟的重要性,同样准备牺牲第三方的利益来换取这一结盟。在随后的几年里,查理·伊曼纽尔始终可以指望英国支持他的多数要求。事实上，主要是因为他认为英国的友谊是持久的，他才对菲纳莱提出要求。得到菲纳莱，皮埃蒙特就有了一个出海口，使英国舰队的支持更有价值。因此，在战争的整个过程中，撒丁的要求始终是英国和奥地利之间以及法国和西班牙之间发生摩擦的根由。

查理·伊曼纽尔想按照自己的条件实现结盟还有待时日。但是，事态的发展很快迫使他与玛丽亚·特蕾西亚进行合作。1741年年末和1742年年初，强大的西班牙军队在意大利登陆，其中一部分在属于那不勒斯国王的一个托斯卡纳港口奥尔贝特洛，另一部分在热那亚领地的斯培西亚。这些登陆之所以能成功，只是因为法国准许它的土伦舰队保护西班牙运兵船，支援了西班牙舰队。当时英国的地中海舰队力量非常弱，无法进攻法西联合舰队。西班牙军队在意大利登陆以后，开进了罗马天主教国家，本尼狄克十四世无力加以阻止。他们在那里和一支那不勒斯军队会师。然而，联军仍然力量薄弱，它的司令官——西班牙人蒙特马尔无法发起迅速有力的进攻。不过，这支军队构成的威胁，促使查理·伊曼纽尔和玛丽亚·特蕾西亚于1742年2月达成了一项奇特的协议。查理·伊曼纽尔答应支持玛丽亚·特蕾西亚保卫她的意大利领地，但保留自己对米兰公国的要求，并且约定在通知对方一个月后可将协定废除。

随着这个协定签订之后，两国便采取了强有力的联合行动。他们在西班牙—那不勒斯援军开到以前一举占领了同西班牙结盟的摩德纳公国。事后不久，英国一支海军中队威胁要炮击那不勒斯，迫使查理国王召回在蒙特马尔军队里的那不勒斯部队。英国之所以能造成这一威胁，是因为它已经加强了它的地中海舰队。1742年1月以后，只有一国的船只把军队或军需品从西班牙运往意大利。西班牙多数的增援部队只好从陆路过去；那就要穿越法国，然后强行通过撒丁领土。

1742年下半年，在意大利没有发生什么具有重大意义的事态。蒙特马尔力量不足，无所作为；查理·伊曼纽尔也不愿参加进来对他进攻。年底，他实际上还把自己的大部分军队调往萨沃依，因为以法国领土为基地的西班牙军队侵入了这一地区。然而，他未能赶走入侵者，不得不在阿尔卑斯山冬天无法通行以前撤退。1743年年初，已经接替蒙特马尔的加吉斯奉命发动进攻。结果，西班牙军和奥地利—撒丁联军在罗马天主教国家的康普-桑多发生战斗。双方都声称取得了胜利，但是加吉斯撤退了。追击是不可能的，因为查理·伊曼纽尔不让他的部队参加。他在同玛丽亚·特蕾西亚达成有决定性的交易之前，决定不再进一步援助她的军队。与此同时，他还听取法国的建议，法国越来越想把他争取过去。

法国的政策——如果说它受到控制的话——现在则控制在路易十五的手里。弗勒里已于1743年1月去世。他去世以后，国王宣称，他要干出像路易十四在马萨林死后干出的业绩。但是，路易十五和他的曾祖父迥然不同。他虽然聪明，但既懒惰而又优柔寡断。要有效地领导法国度过危机，是超过他的能力的；但是，他自己既不能干的，却又不愿任命一位首相来替他干。路易遇事藏头露尾，就使情况更加糟糕；大臣们为了做好本职工作，应当知道的情况都并不总是能够知道。在这种情况下，国王的政策往往得不到满意的贯彻。但是，效能差有时还有一个更为严重的原因：缺乏固定的政策。不过，可以非常肯定的是，路易在弗勒里死后首先想要在不严重损害威信的情况下，设法终止敌对行动。从法律上讲，法国实际上并不处于交战状态；它只是查理七世的辅助者。但是，要达成一项解决办法确非易事，除非法国彻底抛弃查理，而路易又不愿意这样做。因此，他面临的前景是继续斗争，对其结果他则毫无信心。存在着这样一种危险，即不能不面对一个大联盟而自己却没有一个强大的盟友。法国和西班牙之间还没有条约。人们担心西班牙可能同英国和奥地利达成协议，除非法国出高价去争取它的支持，而这样做法国就要承担广泛的义务。因此，跟西班牙结盟的价值，主要取决于将来能否得到撒丁的援助。

1743年，英军在欧洲大陆的积极干涉活动，配合了英国的外交努力。这年年初，迄今驻扎在尼德兰的英国军队同汉诺威和奥地利军队并肩开进德意志。之后，乔治便取得所谓的"国务军"的指挥权。同他一道前来的有随从秘书卡特里特；然而，卡特里特并不具有战略方面的才干；据知，他也没有过问过军事。军事由乔治一手处理，而乔治只有勇气，而无将才。他的缺陷造成了严重后果。6月，国务军落入了指挥一支进行阻击的法军指挥官诺阿耶在美茵河上的德廷根设下的埋伏。由于诺阿耶的一名部下无能，以及一些法国步兵表现很差，战斗以法军败北告终。虽然国务军没有追击，但这次失败大大动摇了法军的军心。法军不仅在德廷根受挫。在德意志由布罗伊指挥的另一支法军，面对着由弗兰西斯的兄弟、洛林的查理指挥的奥军，就从巴伐利亚撤退了。没有法国的支持，皇帝的缺乏战斗力的部队就一事无成。那些没有投降的部队撤到了弗兰科尼亚。由于一项协议规定他们保持中立，奥地利人就允许他们平安无事地待在那里。

法国帮不了查理七世的大忙，因为他看来面临一次被入侵的危险，而且他对能否打退入侵毫无把握。洛林的查理和乔治二世的军队构成了一支令人生畏的兵力。此外，一支荷兰部队就要派往国务军，实际上也在作战季节结束前加入了这支军队。可是，对法国的威胁并没有转变成为强有力的行动。德廷恩战役以后，国务军实际上毫无作为；洛林的查理的军队单独也不能起什么作用。国务军之所以按兵不动，原因不止一个。英国至今还没有同法国交战——它只不过是玛丽亚·特蕾西亚的辅助者。入侵法国可能引起法国宣战；而且，如果得不到荷兰的支持，英国任何一个政治家都不想同法国交战，除非英国获得荷兰给予支持的保证。但是荷兰人仍然决心尽量避免同法国开战。英国还得考虑另外一个因素——普鲁士的态度。腓特烈一直拒绝英国劝他同法国打仗的企图。另一方面，他从一开始就表明他不喜欢国务军在德意志进行干涉。打败法国并不符合腓特烈的利益；而且普鲁士出面干预以支持法国的可能性，也不容忽视。

在国务军实际上仍然按兵不动的同时，英国的外交活动却非常活跃。卡特里特的目标之一，就是要说服皇帝加入反法联盟。他希望，如果把查理争取过来，他就能劝说帝国对法国宣战。而皇帝自己也早就想同英国达成协议，这样就有助于使他个人得到一些好处。他的希望迄今一直落空，主要因为他要求太高，不愿和法国一刀两断。1743年年初，他在腓特烈的启发下，转过一个念头：使一些教会封地世俗化，兼并一些自由城市，他就可能扩大自己的世袭领地。在16世纪和17世纪中都有过使教会领地世俗化的先例，但天主教舆论却普遍地（虽然不是一致地）反对这种做法。当有关这个计划的消息泄露出去时，玛丽亚·特蕾西亚立即宣称她是保卫教会的战士，查理也赶紧否认与这个计划有关系。德廷恩战役以后，查理陷入了困境，看来他很可能成为英国的傀儡。卡特里特同皇帝的使者达成了一个协议，即所谓的"哈瑙条约"。根据这一条约，查理答应遣返法国的辅助军队，努力实现帝国同沿海国家的合作，以便促使法国接受一个全面的解决方案；此外，查理还答应放弃对玛丽亚·特蕾西亚的领地的所有要求；作为交换，他的世袭领地亦将如数归还，并且为了增加税收，还有所扩大。而巴伐利亚则将成为一个王国；在实现这些事情之前，他将得到一笔补贴。然而，这个协议始终没有实现。查理的补贴只能来自英国。卡特里特在英国的内阁同僚得知这些条款时，表示坚决反对。没有他们的支持，就没有希望使下院批准这笔款项。

他们之所以不喜欢卡特里特，跟他同事们的态度很有关系，但他们并不是只受这一方面的影响。英国的舆论很不赞成国务军按兵不动。汉诺威的军队有一大部分是领取英国的薪饷，他们似乎光拿钱，不干事。人们怀疑乔治完全是在追求汉诺威的目标。英国的大臣们虽然不知道在同查理的协议中有保证选侯乔治的利益的条款，但他们也猜到有这类东西存在。

卡特里特感到欣慰的是，奥地利、撒丁和英国于9月缔结了正式的同盟——沃尔姆斯条约。条约保证查理·伊曼纽尔支持奥地利和英国一直到大家都同意媾和，以此报答英国答应给予查理·伊曼纽尔的补贴，玛丽亚·特蕾西亚让给他米兰公国的部分地区和皮亚琴察，以及放弃收复菲纳莱的权利。正如她坦率地承认的，她实际上并没有这样的权利。但是，英国必须出钱，还要强迫热那亚接受这场交易。玛丽亚·特蕾西亚很不愿意接受这些条款，但在英国的压力下被迫接受了。当时查理·伊曼纽尔威胁说，如果这些条款被拒绝，他就要接受法国和西班牙最近向他提出的有利建议。不过，根据条约她将来也可能得到一些补偿。条约规定，如有可能，那不勒斯和西西里将被征服；那样，玛丽亚·特蕾西亚可以得到那不勒斯，西西里则将归于查理·伊曼纽尔。这一规定无助于奥地利和撒丁的合作，因为查理·伊曼纽尔并不希望把波旁家族赶出意大利。另一方面，条约导致热那亚公国支持波旁家族，并促使普鲁士再次参战。1743年年底，腓特烈又气又怕。他非常正确地认为，玛丽亚·特蕾西亚想要合并巴伐利亚或者巴伐利亚的一部分。他决心反对奥地利在德意志的扩张。他试图建立一个由德意志各诸侯组成的联盟，以此来加强自己的地位。联盟旨在保卫帝国宪法和皇帝的权力，但是这个计划由于得不到支持而破产。1744年年初他发现，沃尔姆斯条约对"国本诏书"的保证没有除去在布雷斯劳割让给普鲁士的那部分领土。他从这一忽略中觉察到了一种阴险的意图，于是着手制订一个计划，趁奥地利不太强大之时，向它发动进攻。

路易十五方面听到沃尔姆斯条约的消息后，深信自己必须同西班牙结盟。为此目的，他于1743年10月保证帮助菲利普国王重新征服直布罗陀和米诺卡岛，并为菲利普王子弄到帕尔玛、皮亚琴察和伦巴第。然而，这些保证是在一时担心的情况下做出的，路易很快就认为它们没有约束力。

1743年的事态发展在英国本土产生了重大的反响。乔治未能给予这个国家它所期待的战时领导。他回到英国时，威信扫地，不得人心。其结果之一是，他从此不能再赴疆场。结果之二，人们更加强烈地反对他的宠臣卡特里特。的确，由于乔治的支持，卡特里特竟能留任到1744年11月，但他继续执政并不意味着国王的政策总被采纳。他辞职以后也没有发生什么明显的变化。乔治无力控制他的大臣，他的大臣中也没有一个能够同时控制他的同僚和国王。由于主要的大臣常常意见分歧，英国的政策很不稳定。它虽然在战争方面做出了很大的努力，但由于缺乏正确的领导，效果大受影响。1743年年底实际上已有迹象表明，人们越来越强烈要求英国退出大陆上的军事行动，通过外交途径实现和解，即使那种和解需要玛丽亚·特蕾西亚做出更大牺牲。然而，1744年年初，法国直接威胁英国安全的消息激起了反法情绪。

法国做好准备派遣一支军队同年轻的觊觎王位者一起从敦刻尔克去英国。英国及时得到情报，立即采取对策。只是由于一场风暴，法国的战舰和一支强大的英国舰队才避免了一场遭遇战。当法国人明显地看到入侵有许多困难时，便放弃了这个计划。但是，他们继续执行另一个计划。1741年以来，一支西班牙舰队一直在土伦避难。1744年2月，它和法国的土伦舰队一起出海。这支联合舰队奉命去搜寻并摧毁马修斯海军上将指挥下的英国舰队。这支英国舰队一直在封锁土伦的西班牙人。结果是马修斯在土伦附近海面先向联合舰队发起进攻。战斗结果，法国和西班牙联合舰队向西班牙港口逃窜，尽管它们所受到的损伤相对来说是微小的；因为马修斯的副手没有给予适当的支持，而他自己也没有奋力追击。英国人把这一战役看作国耻；西班牙人——他们的舰艇在战斗中首当其冲——则将其视作胜利，但他们强烈地埋怨法国人没有很好地支持他们的舰队。此后，法西两国舰队没有再进行认真的合作，恢复西班牙和意大利之间的海上交通，已经毫无希望。

在这些事情之后接踵而来的是，法国于3月间向英国和汉诺威宣战；5月，法国又向玛丽亚·特蕾西亚宣战，并侵入尼德兰。法国是为了履行对西班牙的保证才向这些国家宣战的。它之所以入侵尼德兰，是因为那里是法国很可能取得胜利的战场，法国又急需取得胜利以重振它的士气。入侵部队由路易亲自率领；但实际指挥权还是在萨克森选侯的私生兄弟莫里斯·德·萨克斯手里。萨克斯长期以来一直为法国服务；由于他是个外国人，又是新教徒，路易一直不愿让他统领一支大军。但是他才能出众，最后晋升为元帅，并被挑选为指挥尼德兰前线的得当人选。他证明自己是当之无愧的，在那里一直服役到战争结束。路易本人不是一个将才，但他有自知之明，很少否定萨克斯的意见。实际上，萨克斯可以用辞职另谋他就相威胁来支持自己的意见。

1744年尼德兰战役的最初阶段对法国有利，这是不足为奇的。法国的精兵强将和敌对的奥地利、荷兰和英国军队相比，绝不是旗鼓相当的。联军在数量上处于劣势，又缺乏统一指挥，因此无法阻止法军占领梅嫩、库特莱和伊普雷。后来，另一战线上的事态发展给他们提供了机会；按照预定计划，洛林的查理率领一支强大的奥地利军队渡过了莱茵河。敌军太弱，无法将其击退。为了防止法国遭到入侵，路易带领一支强大的部队赶来增援，留下萨克斯尽力抵抗联军。这时联军在数量上已超过法军。然而，萨克斯胸有成竹，而联军将领们则意见不一致，结果他们一事无成。

联军不仅在尼德兰失去了机会。奥地利人入侵法国也冒了极大的风险，因为腓特烈早已再次许定要进攻玛丽亚·特蕾西亚。他不但已经跟黑森和巴拉丁领地结成法兰克福联盟，表面上为了保卫皇帝的权力，但是他也同路易达成了协议。腓特烈要在入侵法国开始以后入侵波希米亚；如预期那样，当奥地利召回它的军队时，法国人就可趁它撤退之际予以重创，如果说不能将它消灭的话。而且，法国人准备给皇帝补贴，让他能够征集一支庞大的军队。这个计划很有希望成功；腓特烈开始时也很顺利。他按计划侵入波希米亚，攻占了布拉格。但是，当格林的查理奉命撤退时，他几乎是平安无事地撤了回来。路易在前往阿尔萨斯的途中病倒在梅斯，法军司令诺阿耶不愿追击。路易病愈后，他决定法国的主要目标是占领弗赖堡，经过长时间的围攻，他们攻克该城。但是，这对腓特烈毫无帮助。皇帝也帮不了大忙。他带领他所能征集到的一些军队和一支人数很少的法国部队，进入了奥地利已无力保卫的巴伐利亚。1745 年 1 月，他死在那里。然而，腓特烈不得不面对奥军的主力。由于奥军不断地威胁他的交通线，这就迫使他在 1744 年年底前撤退到西里西亚。

下一个战役开始时，他的前景看来颇为不妙。这时，玛丽亚·特蕾西亚的主要战争目标是收复西里西亚；为了促进这一目标的实现，她同巴伐利亚的新选侯马克西米连·约瑟夫于 1745 年 4 月在维持战前状态的基础上实现了和解。腓特烈不可能指望法国会给予直接的军事援助，即便是他要求给予补贴，所得到的答复也是含糊其词的。另外，萨克森对普鲁士存有戒心，沿海国家又答应给它补贴，因此它已成为奥地利的辅助国。沿海国家不能眼看玛丽亚·特蕾西亚被制服。入侵萨克森会给腓特烈马上带来战略上的好处，但他举棋不定，因为这一行动可能触怒俄国。于是，他等待奥地利—萨克森联军在西里西亚发动进攻。他看准机会，掌握主动，在霍恩弗里德堡打了个大胜仗。这一战役不但是普鲁士军队的胜利，也是腓特烈个人的胜利。他希望这将使他能够讲和。他准备按照他已在布雷斯劳接受的条款媾和。但是，尽管沿海国家一再敦促，玛丽亚·特蕾西亚还不愿意承认这些条款。腓特烈为了施加压力，再次入侵波希米亚，但被赶了出去。这次撤退以后，虽然普鲁士军队在西里西亚的索尔又打了胜仗，但玛丽亚·特蕾西亚仍然寸步不让，尽管英国警告说，如果她不同普鲁士讲和，英国就不再给予补贴。然而，两支普鲁士军队于 12 月迅速侵入萨克森，腓特烈又一次挫败了奥地利和萨克森计划中的进攻。他们打败了萨克森，攻占了德累斯顿。这年年底之前，在那里缔结了和约。腓特烈虽然节节胜利，但他只要求回到布雷斯劳协定。他之所以采取温和立场，是因为他害怕俄国以及财政枯竭。萨克森别无他路，只得求和。然而，玛丽亚·特蕾西亚同意与腓特烈妥协，只是因为她最近对法国所做的友好表示遭到了拒绝。她曾表示，如果法国放弃同普鲁士的结盟，她愿意把尼德兰的部分领土割让给法国，把意大利的部分领地割让给菲利普王子。但是，虽然法国在 1745 年没有帮腓特烈多少忙，他仍把普鲁士看作是对奥地利的一个重要平衡力量。9 月，玛丽亚·特蕾西亚成功地使弗兰西斯当选为皇帝，而法国对于任何会加强哈布斯堡家族在帝国中的影响的事情，都将不会同意。

1745 年，萨克斯在尼德兰又取得胜利。战役一开始，他包围了图尔内。联军这时在乔治的小儿子坎伯兰公爵的指挥下企图为之解围，萨克斯在丰特内打败了他们。英国人和荷兰人都把失败归咎于对方。荷兰共和国还没有——始终也没有——向法国宣战，它努力促进和平。英国也有一个主和派。但是，当荷兰人想在协定里包含一个条款来规定尼德兰未来的中立地位时，英国却不赞成这样的条款。另外，英国也很不愿意归还它在 6 月攻占的布雷顿角。为了英国人能保住这块征服地而继续打仗，对于荷兰人当然不利。因此，他们有充分理由持不同意见。关于和约条款的谈判还在继续时，萨克斯的军队又占领了一些地方。接近夏末，苏格兰爆发了詹姆斯党人起义，因此许多英国部队从尼德兰奉诏回国，这就更加有利于萨克斯的任务。然而，由于 1745 年的叛乱，在法国不但愿意停止对王位觊觎者的支持，而且对"国本诏书"重新做出它 1717 年做出过的明确保证以前，英国肯定不愿媾和。叛乱失败以后，它准备讲和了，但到那时，意大利的事态已经几经戏剧性的变化。

1744 年，玛丽亚·特蕾西亚试图征服那不勒斯，奥地利在那里仍然有许多支持者。但是，加吉斯的军队得到一支那不勒斯部队的增援，在天主教国家的南部边境坚决抵抗。双方在韦莱特里打了非决定性的一仗。接着，奥地利军队撤退；他们不得不去支援查理·伊曼纽尔，因为他的领地遭到了一支强大的法国—西班牙联军的攻击。但是，由于法西两国司令官彼此不和，入侵没有取得多大成果。接着，冬天来临，不宜打仗。1745 年，波旁军队进展比较顺利。热那亚同意让他们穿越它的领土，并用一支辅助部队支持他们。玛丽亚·特蕾西亚的大部分军队这时正忙于对付普鲁士；撒丁军队太弱，已无法坚持。加吉斯能够和沿热那亚海岸进入意大利的法西联军汇合一起。但是，两军会师以后，法国和西班牙两国将领意见发生分歧，这就给了查理·阿尔贝特一个喘息机会；加吉斯奉命占领尽可能多的指定给菲利普王子的领土，因此他占领了帕尔玛和伦巴第的许多地方。法军指挥官马耶布瓦坚持认为，一切都得服从于粉碎撒丁抵抗力量这个大目标。他只能调动自己的军队，但是他还是能够包围亚历山大里亚，并打算在攻克亚历山大里亚之后攻打都灵。查理·伊曼纽尔发现自己面临军事惨败的前景，于是认真考虑与法国讲和，以保自身。西班牙仍然没有改变对他的敌视态度，但法国仍然愿意付出高价与撒丁结盟。法国的外交大臣阿尔让松对意大利有一个宏伟计划：废除那里的皇权；奥地利要失去它在意大利的领地；最后，意大利各邦组成一个邦联。西班牙强烈谴责这样的计划，查理·伊曼纽尔也几乎同样反感。他认为，这个计划如果得以实现，他就要听从波旁家族的摆布了。法国的压力最后迫使西班牙同意对撒丁做出让步。但是，奥地利在德累斯顿和约以后很可能派来增援部队，因此查理·伊曼纽尔采取了更加强硬的路线。1746年2月，当法国人未能全盘接受他提出的停战协定的条款时，他突然中断谈判，同奥地利人一道发起了强大的进攻。

这次进攻一开始取得了胜利，主要因为波旁军队措手不及。西班牙把它们的挫折归咎于法国。路易担心西班牙会同奥地利单独讲和，因此为了安抚西班牙，他下令马耶布瓦先是服从加吉斯的，后是服从在7月接替加吉斯的拉·米纳的命令。表面上的指挥统一没有能够使将领们步调一致。波旁军队实际上逃脱了被摧毁的命运，但主要由于西班牙的坚持，他们撤退到法国的领土上，让热那亚人去听天由命。接着，路易又进一步按抚西班牙，让贝尔岛接替了马耶布瓦。但是，贝尔岛同拉·米纳仍然不能和睦共事。

奥军将领和查理·伊曼纽尔之间的关系同样糟糕。查理·伊曼纽尔虽然把与法国谈判一事告诉了英国，但对奥地利却想保守秘密。然而，会谈破裂以后，玛丽亚·特蕾西亚察觉到谈判的一些情况。她从此不再信任查理·伊曼纽尔，并且认为自己不再受沃尔姆斯条约的约束。奥地利对撒丁持怀疑态度，这对于军事合作的成功不利，特别是在时运倒转的时候。

波旁军队撤走以后，热那亚寻求和解。奥地利人坚持要占领这个城市的城门，并索取大量战争赔款。热那亚的屈服，使英国主张的一个计划能够付诸实行：在地中海舰队的支援下，奥地利和撒丁联合入侵普罗旺斯，目标是占领土伦。然而，1747年年初，入侵者没有取得多大成功，便退进了皮埃蒙特。他们之所以撤退，不仅是因为遇到了贝尔岛的顽强抵抗，而且是因为热那亚发生了暴乱。12月，热那亚暴民揭竿而起，赶走了城里为数不多的奥地利人。接着，热那亚政府决定反抗；奥军包围了该城；法国和西班牙想来解围；贝尔岛和拉·米纳接到命令，如果可能，就去解围。他们的进攻在1747年进展不大，不过还是对奥地利—撒丁联军施加了足够的压力，使其解除了围攻。1748年4月签署了和约草案。之后，意大利没有再发生重大的战斗。

1746年7月，菲利普五世突然去世，和解的机会增加了，因为他的继承人费迪南德胸无大志。的确，他希望为他的同父异母兄弟菲利普王子弄到一个公国，但只要面积很小的一个就心满意足。1746年到1747年，西班牙和英国举行谈判，但由于西班牙要求归还直布罗陀，在贸易问题上也毫不让步，谈判遂告失败。然而，路易听到谈判的消息之后，更对西班牙失去信心。不仅如此，法国越来越感到战争的压力，经费越来越难以筹集。英国的海军优势使法国的海上贸易大幅度减少；法国和它的殖民地之间的交通日益困难。意义深长的是，英国人在1747年攻击了由两支法国舰队护航去殖民地的商船队，取得了相当大的胜利。这些事件是很重要的，但仅仅这些还不起决定作用。路易求和，并不因为他缺乏物力，而是因为他不想再打下去。法国在尼德兰的胜利也没有消除他的厌战情绪。

萨克斯继续在那里打胜仗。1746年，他又征服了许多地方，并在娄库打败了当年由洛林的查理指挥的联军。萨克斯本想入侵联合省，以便恐吓它们退出战争，但直到1747年他才被允许这么做。1747年，他旗开得胜，占领荷属佛兰德。这更使联军感到耻辱，因为他们是满怀希望投入战斗的。他们曾计划调集一支空前强大的军队，由坎伯兰公爵指挥，这时他正因克洛顿战役的胜利而享有威望。但是，联军的实际力量要低于估计数字；而且坎伯兰也不是萨克斯的对手。荷属佛兰德的失守在这个共和国里产生了重大的政治影响。人民大众深信，只有奥兰治亲王才能拯救他们的国家。于是，他们举行起义，吓得迄今一直反对恢复执政制的五个省的议会慌忙选举威廉。威廉已经是其他各省的执政。英国欢迎威廉晋升，因为这似乎保证了该共和国成为一个强大的盟友。不过，这对于战争不会产生任何直接的影响。

7月，萨克斯在马斯特里赫特附近的洛费打败了坎伯兰，但没能阻止他后撤去掩护那个要塞。然而，法国人却包围并攻占了荷属布拉邦特的巨大要塞贝亨－沃普－索姆。它的陷落使共和国在下一个战役中处于极度危险的境地，除非联军能得到强大的增援。获得这样一支增援部队的最好办法似乎是雇佣俄国军队。

俄国军队是可以得到的。俄国有富裕兵力而且愿意受雇去为别人打仗，因为它已经跟瑞典达成了它认为是比较满意的协定。实际上，俄国已经同意以一笔补贴为代价保持一支军队，如果腓特烈再次进攻玛丽亚·特蕾西亚，这支军队就可以用来对付他。如果俄国能够获得它的要价，它还愿意派出3万兵力去西欧支援联军。贝亨－沃普－索姆的陷落使俄国做成一笔好交易，但俄军征途遥远，它还没有参战，和约草案就已经签订了。

1748年年初，奥兰治的威廉通知英国政府说，除非英国给共和国一大笔贷款，否则它将退出战争。之所以采取这一行动，不是因为无法筹集资金，而可能是因为厌战情绪。但是，这将使讲和成为不可避免的了。议会不会批准给荷兰人贷款，而没有荷兰人的援助，英国就不可能在欧洲大陆打仗。不仅如此，英国有理由相信，路易不会想保持他在尼德兰的征服地。1746年到1747年的布雷达谈判之所以破裂，不是因为法国为自己要求大量利益，而是因为英国想要保住布雷顿角。但是英国不准备为此目的继续进行单纯的海战。但是，如果法国想要兼并尼德兰的大片领土，英国可能会把海战继续下去；这种可能性就使得路易仍然保持温和立场。实际上，在1748年年初召开的艾克斯拉沙佩勒会议上，玛丽亚·特蕾西亚提出，如果路易不反对她夺回西里西亚，或允许她收复割让给查理·伊曼纽尔的地方，她愿意将尼德兰的一部分割让给法国。法国的全权代表利用这些建议在奥地利和英国之间挑拨离间，希望恶化两国的关系。但是，决定性的谈判是在英国和法国之间进行的。两国于4月就条约草案、10月就正式条约达成了协议。其他交战国家别无选择，只得接受提交给他们的条款。

这个解决方案几乎就是恢复战前状态，例外情况很少。帕尔玛公国和皮亚琴察公国给了菲利普王子；查理·伊曼纽尔保留了玛丽亚·特蕾西亚根据沃尔姆斯条约割让给他的全部地区（皮亚琴察除外）。荷兰人虽然重新享有在关口要塞驻军的权利，但未能像过去那样每年从尼德兰的岁收中提取维持这些军队的费用。条约也没有确保尼德兰中立。西班牙答应英国恢复"专卖契约",一直到1752年。还需要提及两点。第一,解决方案的各项条款都在一个条约里得到体现,而不像1678年、1697年以及1713年到1714年那样分别包含在一系列的个别条约里。第二,普鲁士虽然不是签字国,但艾克斯拉沙佩勒条约都有一条保证腓特烈占有西里西亚。然而,从条约的措辞来看,这一保证是否有效还不一定,除非腓特烈愿意对整个条约做出保证,关于这一点,他却明确表示不愿这样做。但是,法国和英国都希望通过这很明显是毫无意义的规定来讨好腓特烈。两国都希望将来一旦发生战争,他们能够得到他的支持。谁也不相信条约会开创一个持久和平的时代。

这个时代所产生的领土变化绝不是奥地利王位继承战争的唯一结果。具有头等重要意义的是,1741年到1742年期间面临亡国危险的哈布斯堡国家,终于作为一个大国幸存下来;实际上,尽管它遭受了一些损失,但1748年的哈布斯堡国家在某种意义上比1740年的时候强大了。它的行政管理和政策都注入了活力;它的军队在数量上增加了,士气也提高了;完全可以预料,只要经历一个短暂的和平时期,玛丽亚·特蕾西亚就可以实行改革,从而进一步提高她的领地的战斗力。她已经证明她是一个伟大的统治者,但拯救哈布斯堡势力的并不是她一个人;外国的帮助起了一定作用;她的敌人的惰性和相互猜忌,甚至起了更大的作用。仅用当时的战争条件和战略理论,其本身并不足以解释最初对玛丽亚·特蕾西亚的进攻何以软弱无力。更为重要的是,1741年到1742年期间,弗勒里不让法国尽其最大可能的努力;而腓特烈,不管他的愿望如何,也没有尽其一切力量去促使哈布斯堡国家的毁灭。如此良机,一去不复返了。虽然腓特烈在1744年制订了一个计划,这个计划如果实现,即会把哈布斯堡国家从大国的行列中排除出去,但由于法国的惰性,加上他自己犯了错误,奥地利人又奋力抵抗,遂使这个计划落空。腓特烈在那一年他的战役失败后,只指望能恢复战前状态。1745年的胜利大大提高了他的威望,他的臣民因此开始称他为"大帝",但德累斯顿和约并没有对他占有西里西亚的权利给予保障。因为条约使得玛丽亚·特蕾西亚仍然能够保持强大,足以考虑打一场战争夺回西里西亚，并有一定的成功希望。虽然这个哈布斯堡国家独自很难成为普鲁士的对手，但玛丽亚·特蕾西亚在不久的将来也并不是没有获得盟友的希望。腓特烈知道自己所面临的危险，因此在其财政允许的范围内继续不断地迅速扩大他的军队。他的政策是严阵以待；他不想进一步冒险，因此他冷淡地抗拒了法国在签订艾克斯拉沙佩勒和约以前诱使他再次参战的努力。唯一能打动他的是对普鲁士安全的迫在眉睫的那种威胁，而这种威胁要到几年以后才出现。

玛丽亚·特蕾西亚对腓特烈的敌视态度有一个副产品，就是意大利有了一个平静的时期。1748年和约以后，玛丽亚·特蕾西亚认识到，如果她能有一个实现反对普鲁士的政策的机会，她就必须牺牲其他的抱负，而设法终止波旁家族和哈布斯堡家族在意大利的长期对抗。由于她在那里所剩下的领地不再受到威胁，所以她要做到这一点是比较容易的。费迪南德六世一旦为他的同父异母兄弟唐·菲利普弄到一块不大的领地，便无意再插手意大利的事务。他并非爱菲利普，他之所以设法要在意大利为菲利普找一块安身之地，只是因为菲利普留在西班牙将会是一桩麻烦。菲利普方面则毫不满足，虽然他知道对于费迪南德不能有多大的指望，但他希望他的岳父路易十五有朝一日会帮他弄到一块比较好的地方。但是，路易虽然慈悲为怀，却无意为了菲利普而另起战端。意大利的另一个波旁国家的统治者，即那不勒斯的查理国王，他满足于等待有朝一日继承身体虚弱、没有子嗣的费迪南德，登上西班牙国王的宝座。与此同时，查理有机会巩固他在那不勒斯迄今不太牢靠的权力，因为玛丽亚·特蕾西亚放弃了奥地利重新夺回那不勒斯的希望一旦显示出来，那里的亲奥派也就没有生气了。因此，1748年以后，意大利不存在发生波旁家族和玛丽亚·特蕾西亚发生冲突的危险。对撒丁的查理·伊曼纽尔来说，这意味着既没有机会，也没有危险。如果说他没有希望征服更多的领土，他的领地也不会被人肢解。不仅如此，他在1742年到1748年间奉行的两面讨好的政策，如果说这种政策没有给他带来他所希冀的全部好处，但也有助于避免了他最担心的事——波旁家族或哈布斯堡家族任何一方被完全逐出意大利。他们讲和也罢，打仗也罢，他既不受玛丽亚·特蕾西亚的摆布，也不受波旁国家联盟的支配。

　　对法国来说，战争的直接后果是较难估价的。最后的协议肯定地与它在1741年所希望的，也与它在1743年德廷恩战役以后所担心的，都大不相同。这场危机是法国花了很大力气挑起来的。它不但在没有损失领土的情况下度过了危机，而且还获得了被人认为是重大的但却是无形的间接好处。如果说削弱哈布斯堡家族在德意志的势力符合法国利益（当时有许多法国人这么认为），那么，普鲁士征服西里西亚无疑做到了这一点。虽然法国未能阻止选举弗兰西斯继承查理七世当皇帝，但弗兰西斯也没有能像利奥波德一世和查理六世在波旁家族和哈布斯堡家族早期冲突中所做的那样，让帝国对法国宣战。只要玛丽亚·特蕾西亚和腓特烈不和解，法国对帝国就没有什么感到可怕的。不仅如此，战争的进程似乎使法国的敌人之间的冲突更加尖锐。对于荷兰人来说，和约签订的正是时候，使他们避免了再打一仗，如果再打下去，其结果肯定是灾难性的。他们当然不想参加另一场同样性质的战争，在外交政策上比以往任何时候更不想追随英国。凡尔赛清楚地看到，英荷联盟削弱了。玛丽亚·特蕾西亚准备疏远同英国的关系，这也是明白无疑的。她在1745年和1748年提出的建议清楚地表明了这一点。伦敦和维也纳之间的敌意显然对法国有利，而法国的外交活动的所作所为则助长了这种情绪。的确，由于法国没有可靠的盟友，它在这些方面的得益则有所抵消。法国在艾克斯拉沙佩勒谈判中在支持西班牙的利益方面很少尽力，因此条约签订后法西关系冷淡了。普鲁士也靠不住。鉴于法军的实力以及它从前的敌人之间关系的状况，法国看起来自然是令人可畏的。英国人无疑是这么认为的。在英国，人们感到很庆幸，和约使他们摆脱了危险的境地，他们对于未来忧心忡忡。人们认为，英国不能孤立，必须采取步骤找到未来战争中的盟友。虽然在刚刚结束的这场战争中，英国与荷兰共和国和哈布斯堡国家的旧的合作体系不大奏效，但英国的统治者们对它仍然抱有信心；他们没有认识到玛丽亚·特蕾西亚对普鲁士的敌对情绪具有什么力量，因此很不愿意为了确保同玛丽亚·特蕾西亚的联盟而让他们国家奉行反普政策。他们害怕的是法国。他们假定，哈布斯堡国家将来同过去一样，也有充分理由害怕法国。这种假定是错误的，但是在路易十五明确地表示法国准备终止它对哈布斯堡家族的传统敌对情绪以前，还无法证明它是错误的。但是，无论是在1748年，还是在随后的一些年代里，他并没有做出这种表示。这不是人云亦云：一场外交大变动势必要发生，因为玛丽亚·特蕾西亚需要它。

（严维明　译）

第 十 九 章
外交大变动

  从欧洲的近代史开始时起，法国和哈布斯堡家族之间的对抗，就是不言自明的了。因此，人们通常认为这些国家的和解，就是最重大的外交变动。1756年，奥地利中止了它与英国的协约，而法国又放弃了它与普鲁士的联盟。在奥地利王位继承战争期间，原有的种种联盟并不是一帆风顺的。英国和奥地利一致认为荷兰人拆了他们的台；但是，在其他问题上，两国则不能取得一致的意见。英国埋怨说，奥地利人要求的津贴太过分，它派遣的军队却从未达到规定的数额，而且把精力集中在德意志的战争上了。奥地利则反驳说，英国从来没有给予充分的援助，却以威胁强迫奥地利在领土问题上向敌人让步，并且违背了卡特里特关于奥地利的损失可予补偿的诺言，最后竟然完全抛弃了奥地利。但是，战争期间却出现了一个新的因素，从而改变了英奥的关系。普鲁士一跃而成为强国，这种突然的变化使人感到吃惊。在德意志，便从此开始了"两雄并列"的时代。这不仅使奥地利成了一个实力已被削弱、不能胜任的盟友，而且使英国获得了它至今未能得到的东西：一个可以取代奥地利的反法盟友。在整个战争期间，英国的一些政治家们就已在鼓吹与普鲁士结盟以取代与奥地利结盟。即便是那些并没有走得这么远的政治家们也承认，旧的联盟体系由于普鲁士的背离，已经"不中用了"，于是他们就进行狂热而无效的努力，要实现这两个德意志强国真正的和解。纽卡斯尔公爵在经过旷日持久的斗争以后，最后终于在战争结束时取得了对英国的外交政策有效的控制权。1742年，他就持有"这样强烈的偏见，即奥地利王室是不值得支持的"，可是，这时他却断定，奥地利正是他希望列强联合起来反对法国野心的联盟所必要的基石。他坚决地拒绝了腓特烈大帝提出的由普鲁士取代奥地利,成为英国在欧洲大陆伙伴的建议。为了赢得玛丽亚·特蕾西亚的欢心,他极力要让她的长子当选为罗马天主教徒的国王;并且与德意志各邦的那些见利忘义的诸侯缔结津贴条约,以此来削弱神圣罗马帝国内的亲法派。但即便是在这时,当英国王储弗雷德里克1751年逝世时,玛丽亚·特蕾西亚还对坎伯兰公爵在伦敦宫廷里日益增长的势力感到悲叹,因为她认为坎伯兰偏向普鲁士。

纽卡斯尔政策的基础,是建立在对奥地利的意图和野心完全的误解上的,这对于其本人和英国都是不幸的。虽然考尼茨在1753年以前并没有担任奥地利首相,但早在1749年,他就对维也纳的外交政策有着决定性的影响;在奥地利王位继承战争期间,他曾在都灵和布鲁塞尔担任重要的外交使节,后来又在艾克斯-拉-沙佩勒和会上任奥地利的代表。他在布鲁塞尔的经历使他深信,如果法国决心进攻尼德兰,尼德兰是无法顺利得到保卫的;而且,无论如何,由于海上国家对奥地利在尼德兰的主权所做的种种限制,这个尼德兰省已没有什么价值。他后来在艾克斯-拉-沙佩勒的经历使他确信,英国在使西里西亚回归奥地利问题上,将不会有所作为。而且,他已明白,奥地利要恢复其领导的大国地位,收复西里西亚是一个必备条件。在艾克斯-拉-沙佩勒时,他曾经与法国的代表讨论了以法国支持奥地利收复西里西亚来换取把尼德兰的领土割让给法国的这一主张。虽然法国最后愿意与海上各国家而不是与奥地利单独媾和,但是它并没有断然拒绝这个交换计划。因此,考尼茨在1749年3月为奥地利女皇和国会准备的那篇著名的国情咨文中,就开宗明义地提出:收复西里西亚对于奥地利是至关紧要的。所以,奥地利当时的首要的敌人是普鲁士,而不是由一个软弱无能的国王和意见不一的内阁统治下的法国。因此,奥地利就应当设法使法国相信它的和平意见;并且通过说服法国,要它相信普鲁士是一个多次出卖法国的、不可信赖的、自私自利和背信弃义的盟国,从而断绝普法联盟。

玛丽亚·特蕾西亚接受了考尼茨的计划。从此以后,除了在她统治的晚期有过一次明显的例外,她总是同意考尼茨外交政策中的各项目标,并且甘愿由他去选择实现目标的手段。要不是受到考尼茨的影响,她本来大概会集中精力于国内的改革的;而对于国内的改革,她的兴趣比较大，而且也懂得较多，这就给她的继承留下了更多的人力、物力，可以用来对付普鲁士这个头号敌人。在她的内心中，信守诺言的焦急心情和西里西亚迟早必须归还奥地利的信念之间，可能会发生冲突。考尼茨向她表明如何了却心愿而又不致问心有愧。由于考尼茨把德意志内部的争夺最高权力的斗争——一个强权政治的问题——说成是，反对寡廉鲜耻和信奉异教的普鲁士国王，从而就保卫了神圣罗马帝国、法律和罗马天主教，因此他就赢得了女主子坚定不移的支持。1750年秋，玛丽亚派他前往巴黎设法执行他自己的计划，但是不到几个月的时间，他就不得不承认他的动摇法普联盟的尝试已告失败。撇开法国怀疑奥地利的建议是与英国秘密取得协议的这一点不谈，法国对于这位使节也没有什么好的印象，因为他用两种腔调讲话，一方面坚持说他的君主是出于和平的意图，同时又暗示，需要组织一次欧洲的十字军以压制野心勃勃的普鲁士国王，使之不得为害；而普鲁士国王被人公认为神圣罗马帝国内亲法派的首领。尽管考尼茨极力掩饰，但他的提议无疑地有冒犯法国的成分。他把他的这次使命的结果总结为：他只是成功地劝说法国不要仇恨奥地利。

与此同时，维也纳的玛丽亚·特蕾西亚小心谨慎地不让英国和荷兰的外交官知道她的这一坚定的抉择，即只要能够做到便与法国结盟。她表面上一本正经地否认这一谣传的真相，即她为了收复西里西亚正准备再次对普鲁士开战；她对于说她把英国的津贴用来兴建她心爱的申布伦府邸的传说表示愤怒。她明确表示，她并不重视纽卡斯尔的选帝计划，这个计划只会增强德意志各邦诸侯的胃口，并促使反对选举计划的法国和普鲁士更加紧密地联合起来，而她最大的夙愿就是要拆散两国的联合。她一再敦促英国政府，如果英国有钱资助欧洲大陆的话，就应当津贴俄国，而不要把它浪费在德意志各邦那些小诸侯的身上，这些小诸侯在军事方面的人力物力无足轻重，而其忠贞充其量也是可疑的。她在豪格维茨的辅助下极力实行国内改革；同时，她还坚决拒绝恢复海上国家以前在损害她的尼德兰臣民利益的情况下，在尼德兰所享有的广泛的军事和商业特权。甚至在考尼茨1753年从巴黎返回维也纳担任首相时，显然纠正了他对法国的政治上的偏向，同时并决心同海上国家维持公认的并不令人满意的联盟时，奥英关系也并没有得到真正的改善。

第十九章　外交大变动

回顾这段历史，可以清楚地看出，奥地利和英国的联盟从来不是真正亲密的，到了18世纪40年代和50年代则每况愈下了。英国越来越专心致力于殖民地的扩张和世界的政治问题。奥地利对欧洲的西部越来越不感兴趣，而把注意力越来越多地集中在英国不感兴趣的中欧和东欧的力量平衡上。当英国固执地对联盟的第三个伙伴尼德兰联合省的衰落视而不见的时候，玛丽亚·特蕾西亚却采取比较现实的态度，但她不愿为了一个几乎无用的盟国而削弱自己的力量，只是在屏障要塞和荷兰人在尼德兰的商业特权问题上做出让步。但是，当时很少有人对所发生的事情有所认识。1754年年底，当与法国的战争在北美洲和大西洋上即将爆发的时候，英国人还普遍指望奥地利会在欧洲大陆上的这场反对法国的战争中贡献出它的一分力量，为保卫尼德兰而投入大量的兵力，而纽卡斯尔则认为尼德兰是我们英国人、荷兰人和奥地利人共同感兴趣的国家。人们还以为，如果有必要，奥地利在汉诺威也会助一臂之力。再也没有什么比这种希望与奥地利女皇和首相的意图相去更远的了。如果英法海战引起了陆上战争，女皇和首相绝不会分散奥地利的兵力，而是要把兵力集中起来对付他们的最危险的敌人：普鲁士国王。

过去有几次奥地利遇到困难时，曾不得不求助于英国，接受的是英国愿意提供的援助。现在两国间的地位发生了变化，奥地利却决心在援助问题上尽量地讨价还价。英国必须与巴伐利亚、萨克森、黑森等德意志各邦缔结津贴条约，并且把这些德意志的军队与英国自己的军队、汉诺威的以及荷兰的军队联合编成一支大军，以便在德意志和尼德兰使用。英国必须自己出钱争取撒丁国王对奥地利在意大利的利益给予有效的保护。最重要的是，英国必须立即与俄国缔结一项津贴条约。这一条约已被搁置多年，但如今不仅对于保卫汉诺威和奥地利，而且对于防止法国和普鲁士控制神圣罗马帝国，都是必不可少的。英国同意给予俄国以足以换取其合作的津贴；同意雇佣8000名黑森雇佣军以保卫尼德兰；并同意设法与巴伐利亚和萨克森恢复原有的津贴条约。但是，英国对共同事业所做的这些贡献是有条件的，即奥地利必须立即增派2.5万名至3万名军队去尼德兰；如果汉诺威遭到进攻，奥地利女皇必须派遣军队参加汉诺威的防御；并且，如果法国进攻英伦三岛，奥地利必须采取牵制行动。考尼茨于1755年6月回答说，鉴于荷兰人完全不采取行动，英国所要提供的援助是不够的，要在尼德兰抵抗法国是没有任何成功希望的。然而，英国的贡献如此微弱，却反过来指望要奥地利在汉诺威遭到进攻时出兵援助并对普鲁士采取牵制行动。尽管如此，奥地利为了挽救原有的联盟体系做出了最后的努力，将于1755年夏季提供2万名军队保卫尼德兰，只要英国同时也提供数量相等的英国军队或德意志雇佣兵，而且尼德兰联合省和汉诺威也提供数量较少的部队。此外，英国还必须立即与俄国及德意志各邦签订津贴条约，必须采取有效的步骤保障奥地利在意大利的利益。

当考尼茨的最后通牒得不到答复时，他便向国会提出了一项"新计划"。这个新计划就是他原来提出的与法国结盟对付普鲁士的那个老主张。这时，法国军队已在尼德兰边境集结。由于考尼茨认为保卫尼德兰是不可能的，所以他必须迅速采取行动。奥地利必须主动把尼德兰的大部分领土让给路易十五的女婿唐·腓力，以收回在艾克斯－拉－沙佩勒和会上划归唐·腓力的三个意大利公爵领地。法国可以取得奥斯坦德和纽波特作为抵押。这些建议将由奥地利驻巴黎大使斯塔勒姆贝格提交路易十五，但不是以通常的方式通过路易十五的大臣提交，而是在获得国王的绝对保密的保证后，经由蓬巴杜夫人或孔蒂亲王送达。这一困难的决定则由斯塔勒姆贝格自己去决定。他决定通过这位国王的情妇而不是国王的这位负责外交事务的心腹顾问送交国王。

法国由于倾听了奥地利的建议而没有损失却有所得。于是贝尼斯便被路易十五选派去与斯塔勒姆贝格进行谈判。贝尼斯是蓬巴杜夫人的被保护人之一，他是一位一文不名的教士，出身世家，以才气闻名，新近担任了法国驻威尼斯大使这个闲职。看来没有什么理由可以怀疑，那些逐步导致8个月后签订了第一次凡尔赛条约的种种决定，都是由国王亲自做出的。路易十五早就希望与奥地利结盟，他认为，只有这一结盟才能保证长期的和平，才能保护天主教会。他不信任普鲁士，鉴于腓特烈二世在奥地利王位继承战争中的行为，这种不信任是完全有道理的。也许不仅是腓特烈的妙语使路易感到不满，而且他对普鲁士人的僭越态度也感到愤恨，一名勃兰登堡的侯爵在法普联盟中竟成了一个平起平坐的伙伴。他不得不与一个他曾经有一次把他比作罗马皇帝变节者尤里安的不忠贞的异教徒结成伙伴关系,他那偏执的性格总是感觉受到了触犯。玛丽亚·特蕾西亚在与路易十五的交往中,一直谨慎地强调宗教利益的共同性。路易十五的情妇和特蕾西亚的朋友贝尼斯教士出于他们自身的利益,可能怂恿过他,但与奥地利的和解基本上却是路易十五自己的作品。

贝尼斯后来在其《回忆录》中为这种新体系做了典型的辩解。自从神圣罗马皇帝查理五世统治以来,奥地利就已丧失了许多王国和行省,不能再指望君临天下了。但是,它仍然是一个强国,因此它不失为一个有价值的盟友,特别是因为到这时为止它一直是抵抗的核心,其周围聚集着法国的敌人。除了德意志外,法国不必担心受到侵略。与这个举足轻重的德意志强国联合,就可以保护法国边界上的这一薄弱环节,使法国免受战争的灾难和不幸。再者,法国和奥地利的联盟将有利于波旁王室的其他支系,加强他们在西班牙和意大利的地位。最后,由于英国是法国的真正敌人,而奥地利至今是英国最强大的盟友,因而使英国失去奥地利的支持是明智的策略。贝尼斯及时驳斥了反对法奥联盟的主要论调,即联盟将会使奥地利在神圣罗马帝国中变得过于强大;并且回答说,他的得意之作第一次凡尔赛条约,是以奥地利完全、绝对地遵守威斯特伐利亚条约为基础的;一旦玛丽亚·特蕾西亚违反这一条约,法奥联盟就会解体,回到原来的状态。

当贝尼斯接到奥地利实际的提议时,他认为这些提议给法国带来了真正的好处。奥地利断言英国和普鲁士彼此已在进行秘密谈判,这种断言给他以深刻的印象。一定程度上正是由于这个原因,尼韦努瓦公爵遂奉命赴柏林探听腓特烈二世的真实意图。倘使尼韦努瓦立即履行了他的职责,而未在法国延误时机的话,这场外交大变动完全有可能无限期地推迟。与此同时,贝尼斯有意地拖延时间:斯塔勒姆贝格于1755年9月只获得这样的保证说:法国国王热诚希望维护艾克斯-拉-沙佩勒和约,并将欢迎奥地利为这个有益的目标而进行合作。奥地利对此答复大为恼火,反驳说:既然奥地利的建议显然不为法国所赞同,奥地利将等待法国的合作建议。于是,贝尼斯便提出了一个由法国和奥地利相互保证的适用于两国欧洲属地的条约。两国的盟国将应邀加入这一条约,但英国总是除外,因为英国早已破坏了艾克斯-拉-沙佩勒条约。

在此阶段，贝尼斯于1755年12月说服法王任命四位大臣——马肖、塞谢勒、鲁耶、圣-弗洛朗坦——组成一个枢密院的委员会，领导与普鲁士进行的谈判，从而能够减少（贝尼斯希望）他被关押死在巴士底狱中的可能性。玛丽亚·特蕾西亚对于法国对她第一次提出的建议所做的答复感到失望，遂指示斯塔勒姆贝格在谈判中放弃反普鲁士方面的问题。但在1755年年底以前，她又重新采取进攻。斯塔勒姆贝格又奉命去设法完成几年前考尼茨未能做到的事情，就是要说服法国，使它相信法普结盟违背常情，从而达到破坏这个联盟的目的。普鲁士一旦达到其目的，就会成为法国最危险的对手，就会抛掉它至今戴着的虚伪的假面具，立即倒向对方。事实上，普鲁士只是狡猾地利用法国，把它当作一种实现其目的的工具，因此法国能愈早地认识到这一点，就对它愈好。只要法国信赖普鲁士，奥地利和法国之间就不可能达成持久的谅解。这位奥地利的女皇最后表示说，法国不妨等待英国和普鲁士的政策揭示无遗时再对奥地利的建议做出决定，比较有利。

在奥地利王位继承战争之后紧接而来的几年中，英国和普鲁士的关系达到最坏的程度。英国在战争的过程中，捕捉了普鲁士的商船，并拒绝赔偿。于是，普鲁士就对西里西亚债券的英国持有人停止支付腓特烈曾经保证偿还的本金和利息。英国于1750年就已加入奥俄两国女皇1746年签订的条约，虽然它并不同意该条约的第四项秘密条款。腓特烈很清楚，这个条约是针对他的。在18世纪50年代中，英国在和俄国谈判一项津贴条约。腓特烈相信，这项条约一旦签订，也将是针对普鲁士的。腓特烈进行反攻，摆出一副支持奄奄一息的詹姆士党人事业的姿态，并且带头反对罗马人的国王①计划，而乔治二世和纽卡斯尔公爵对于这个计划却是极为重视的。

当共同的利益使英国和普鲁士联合起来时，这些争吵都得到了解决，而解决之容易和迅速都说明这些争吵不过是小事一桩。如果认为普鲁士在1745年以后已是一个心满意足的国家，显然是大错特错，但是腓特烈二世心中非常明白，再要进一步获得领土并非易事。他早就对萨克森和西普鲁士虎视眈眈，一心想要把这些领土并入他的版

---

① 即神圣罗马帝国的预定继承人。——译者注

第十九章 外交大变动

图。但是他征服西里西亚之举，已使所有的邻国有所警惕。特别是，只要俄国还在他的东部边境上持敌对态度并严阵以待，而且还可能获得英国的津贴，要想重新扮演他的成功经验的任何企图，将不仅是枉费心机，而且是危险的。只要别斯图热夫被推翻，他的继任者被收买来为普鲁士的利益效劳；要是英国由于乔治二世去世而陷入因少数党执政而不可避免要出现的困境之中；要是奥斯曼帝国是由一位不负苏莱曼大帝英名的继承人统治；要是法国是由一位雄心勃勃、有无限权威的外交大臣所控制，那么，一场可以进一步给普鲁士带来好处的侵略战争才会吉星高照。这就是腓特烈在他的1752年的《政治遗嘱》中所提出的纲领。到1755年，他的这些条件一个也没有实现。在这一年的最后几个月中，他思想中的主要动机与其说是贪婪，毋宁说是担心。

1755年夏，英国和普鲁士之间开始谈判，不伦瑞克公爵充当中间人。英国起初要求普鲁士国王单方面宣布他将不进攻汉诺威，因为法国先前确曾提议要他不妨进攻汉诺威以表示他与法国结盟的诚意。腓特烈对于受到欧洲这两个主要强国的追求，真是求之不得。他的虚荣心感到满足，他希望充当英法两国之间的调停人。只要他处事得当，总是会有机会给普鲁士带来物质上的好处的。他正确地做出估计，英国对他的接近标志着英奥关系的冷淡，如果说实际上还没有达到破裂的程度，那是因为奥地利不愿为英国火中取栗的结果。他对法国因循怠惰的态度越来越感到厌恶；他对法国在军事上毫无准备则越来越感到吃惊。法国的财经紊乱，大臣们软弱无能而且意见分歧，法国宫廷关心的不是外交政策这个根本性的问题，而是蓬巴杜夫人的地位以及教会和政府之间的长期争吵。他斥责起草给尼韦努瓦的指示"含糊不清、极其不当"，他像多数人一样认为，法国极力想避免参加欧洲大陆上的战争，因为这样做就会减小法国在这时已难以避免的对英海战中取胜的机会。

在腓特烈看来，由于他的盟国软弱无力和明显地企图在大陆战争中尽量少起作用，这就可以让他，实际上是迫使他为了自己的安全而采取他可能采取的行动。1749年至1754年间，法国建造了38艘大战舰，1756年它就几乎拥有70艘大战舰可以投入战斗。只要法国在陆战中不起重大作用，这支海军力量就可以使它把上次海战结果反转过来。法国大概不会反对德意志中立化,因此,腓特烈向英国政府建议用一个中立条约代替英国原来提出的单方面声明。他怀疑法国正在与奥地利进行谈判,要求奥地利在法国不进攻尼德兰的情况下答应不给英国以支持。他现在向英国建议的东西,将与这一协议相似,而且,在他看来,他的建议与他和法国结盟并不是不相容的,因为这个联盟纯粹是防御性的,而且它并不涉及目前在欧洲以外的地方打起来的英法战争。

在此期间,腓特烈又接到关于俄奥对普鲁士持有敌意的新的报告。这些报告中并没有什么新的东西,因为至少从1746年两国女皇签订条约以来,这种敌意已很明显而且是臭名昭著了。新的情况是英国于1755年9月签订了圣彼得堡条约,这个条约看来把英国与俄奥两国女皇对普鲁士的敌意更紧密地联系起来。这个条约近10年来一直是英俄外交关系的中心问题。它最初是由别斯图热夫提出的,目的是要补充俄国根据防御性的1742年俄英条约所应担负的义务,即英国一旦受到攻击时,俄国应派遣1.2万名军队保卫英国。玛丽亚·特蕾西亚极力赞同这个新条约,认为它是加强旧体系所必不可少的。俄国将在毗邻东普鲁士边境的西北各省保持数量强大的正规军队。这些军队将保持战备状态,接到通知即可行动,并且有波罗的海的桨帆船和战列舰作为支持。所有这一切都需要花钱,这笔钱必须由英国政府供给。

虽然乔治二世不是以汉诺威选侯的身份加入俄奥两国女皇的条约,但英国入约的条件规定,如果由于忌恨汉诺威遭受进攻,俄国和奥地利则有义务保卫它。奥地利政府曾敦促英国签订一项津贴条约作为交换条件,但长期以来未获成功。纽卡斯尔宁愿推进选举约瑟夫大公为罗马人的国王的谈判,从而使英国和普鲁士之间的关系恶化。然而,不久他就不得不勉强地承认,即使是被他收买的德意志各邦诸侯也不敢投票支持这位大公,除非有一支俄国观察部队驻扎在普鲁士东部无掩蔽的边境上以保护他们不受普鲁士的报复。随着英国在实际上放弃了选帝计划,这一有利于俄英条约的论点也就失去了力量。可是英普关系并未得到改善。随着法英两国在美洲的冲突开始,英国政府不得不面对着普鲁士进攻汉诺威的这一可能性,进攻或是出于普鲁士自身的考虑,或者更可能是作为法国的代理人。无疑地,乔治二世对

第十九章 外交大变动

他心爱的选侯领地的担心,就使英国的大臣们四出活动;但是,他们责无旁贷,必须想尽一切办法在欧洲大陆上加强英国的体制。

即使俄国认为普鲁士进攻汉诺威的问题包括在1742年条约所考虑的情况之内,但是很明显,1.2万名俄国援军对于直接保卫汉诺威用处也不大,因为这些援军在最有利的条件下也需要几个月时间才能开到作战地点。比较更为有效的办法是,俄国立即而强有力地从东面牵制普鲁士。到了1755年4月,英国内阁决定,他们必须付出他们至今一直认为俄国为其所要采取的行动索取的过高的代价。"我们没有荷兰人就不行,荷兰人没有奥地利人就不行,奥地利人没有俄国人也不行",托马斯·鲁宾逊爵士这样写道,"当我们是俄国人的主子时,我们就可为所欲为"。因此,甚至在条约实际签字以前,英国原想的这个条约的用途就已根本改变了。这时伦敦的想法是要用这个条约给普鲁士一个威胁,并且希望从而能够防止它进攻汉诺威,也许还能防止欧洲大陆上的任何战争。这对纽卡斯尔特别具有吸引力,因为这样做花钱最少,收效最大。

甚至在腓特烈二世获悉俄英津贴条约已经签订之前,他的丰富的想象就已经构成一幅幅普鲁士遭到进攻的情景:俄国人从东面进攻,奥地利人和萨克森人从南面进攻,汉诺威人在英国雇佣的其他的德意志军队的支援下从西面进攻,而英俄联合舰队则封锁并炮击他的波罗的海沿岸。在这场战斗中,他深信他不能指望得到他的唯一盟国法国的任何有效援助,因为法国正一心想要赢得海上和殖民地的对英战争。再者,如果法国真正希望避免卷入欧洲大陆的战争,那么,腓特烈就会争辩说,德意志的中立对于这个所希冀的目的,就是一种相当大的贡献。他希望这样一来就可使他摆脱困境。看来,由于他在战争中是法国的盟国,势必要冒遭到英、奥、俄三国联合进攻的可怕风险。而在这场战争中,即便是事实证明普法两国出乎意外取得了胜利,普鲁士也不可能捞到什么好处。唯一的办法似乎只有拒绝援助法国,这就是说,一个曾经给普鲁士帮过大忙的联盟要最后破裂。这个联盟的终结会损害普鲁士在帝国中的地位,并且清除了迄今为止一直阻碍奥地利和俄国实行反对他的计划的一大障碍。这些考虑说明了为什么这个在奥地利王位继承战争中不顾一切的冒险家现在却变成了一个和平迷;为什么他发现他当初没有十分认真对待的英国建议,却具有意想不到的吸引力。

英国和普鲁士这时有了一个共同的利益——就是维护德意志的和平。1755年12月，英国议会在辩论俄英津贴条约时，英国的大臣们大声疾呼地说，这个条约纯属防御性的，只是在一个欧洲国家进攻英伦三岛或汉诺威时才会援用。他们将英俄条约（尚未经批准）的一个副本送交腓特烈，然后又送交给他一份旨在使战争远离德意志的条约草案。腓特烈接受了条约草案，但由他的大臣波德维尔斯提出了一个重大的修改意见，即低地国家不包括在中立区之内。腓特烈故意让法国在尼德兰可以放手地行动，如果法国以后一旦在违反他自己的和法国自己的愿望下，要在陆上以及海上和英国开战的话。条约草案经过这样修改后，于1756年1月16日在白厅签字，但人们习惯上称它为威斯敏斯特协定。

协定的前言叙述了英国和普鲁士要确保欧洲普遍的，特别是德意志的和平的愿望。根据第一条，两国做出许诺，互相不进攻对方的领土，尽力制止各自的盟国对这些领土采取任何敌对的行动。根据第二条，两国同意两国的军队联合起来抵抗任何外国的军队进入或通过德意志以保持德意志的和平。协定附带的一项独立的秘密条款明确地把尼德兰排除在条约的范围以外，理由是，根据德累斯顿条约（1745年）普鲁士只保证女皇的德意志属地。虽然这个协定算不上是一个同盟条约，只不过是一项维护德意志中立的特别协定，但它很快对于微妙的外交平衡产生了缔约双方完全没有预料到的作用。

纽卡斯尔认为威斯敏斯特协定是把普鲁士纳入英奥联盟的第一步。他通过他的代言人、负责北部事务的国务大臣霍尔德内斯，向奥地利人阐明，圣彼得堡和威斯敏斯特两条约给予他们以反抗普鲁士的绝对安全，从而使他们可以不冒任何风险地把大量援军派往尼德兰，这是他们至今一直借口需要保卫波希米亚而拒绝派遣的。至于俄国，纽卡斯尔和霍尔德内斯甚至就更为傲慢了。他们的态度是，谁出钱谁就说了算数。腓特烈二世对于他的盟国的态度和意图并不像纽卡斯尔那样盲目，可是他也估计错误了。他不仅过高地估计了英国对圣彼得堡宫廷的控制，而且也低估了他的出人意料之举对傲慢的凡尔赛宫廷产生的影响。

1755年8月开始的法奥谈判，到了1756年1月还未取得多大进展。法国坚持要奥地利为进攻汉诺威给予法国间接的但却是实在的援助；奥地利则断然拒绝，并且另外提出一个包括德意志和低地国家在内的中立条约。威斯敏斯特协定签订的消息打破了这一僵局，法奥这才能够取得一致意见而签订第一次凡尔赛条约。英国的盟国反对的是威斯敏斯特协定的实质，而法国主要反对腓特烈不与法国协商就秘密地与路易十五最痛恨的敌人谈判条约的这种做法。法国的一个重要盟友似乎已在战争前夕卑鄙地抛弃了法国，并在设法剥夺法国于1648年取得的代表受压迫的德意志各邦诸侯在神圣罗马帝国内部采取行动的权利。更使法国大丢面子的是，当行动迟缓的法国大使尼韦努瓦公爵带着重修法普联盟的指示来到柏林时，正好及时地从腓特烈那里收到普英协定的草案；同时又得到消息说，条约大概已在伦敦签字。诚然，法国外交大臣鲁耶也争辩说，当英国正在对法国展开一场进攻性的战争时，无论在法律上或道义上普鲁士都无权签订这样一个协定。但从根本上讲，法国的愤恨是针对腓特烈的行为卑劣以及他在欧洲公众的眼中把路易十五置于可笑的境地。

倘若腓特烈愿意放弃这项条约，或者愿意采取顺从的态度以消除法国人的虚荣心，法普联盟也许尚可挽救。但腓特烈对于法国把普鲁士当成一个次等国家的待遇非常愤恨；他曾经这样说：当法国的盟国等于当它的奴仆。确实如此，尼韦努瓦1755年11月的指示就明确地是以这样一种思想为基础的，即与普鲁士结盟对于法国来说是有用的，而与法国结盟对于普鲁士却是必不可少的。因此，腓特烈直截了当地反驳法国的责难说，根据国际公法，他的所作所为完全是正当的；不管怎么说，这样做是为法国的利益服务的；如果法国不喜欢它，那么他就不得不把他和英国的协约变为联盟。最后，他把自己为了帮助法国进行一场法国所要进行的战争而采取的行动，与法国比较密切的盟国西班牙的完全无所作为做一比较，他就无疑地触动了路易十五及其大臣们的痛处。

在威斯敏斯特协定的消息传到凡尔赛之前，考尼茨又在无可奈何地再次推迟实施长期以来梦寐以求的反普鲁士的进攻性计划。1755年12月28日，法国明确地拒绝在这一计划中进行合作。它却提出可以与奥地利另外签订一个条约，相互保证法国和奥地利现有的属地以及各自的盟国，唯独要把英国排除在外，因为英国已经破坏了艾克斯-拉-沙佩勒条约，而且未经任何正式宣战，即对法国开战。这一条约将与防御性的同盟没有什么区别，因为条约规定，缔约任何一方如果在其欧洲属地上遭受进攻，将提供人员和金钱的援助。此外，法国提议，奥地利应保证在英法战争中保持中立；把全部英国军队排除在尼德兰以外；反对英国雇佣的俄国援军通过神圣罗马帝国；如果俄军得以接近法国的边境或进攻神圣罗马帝国内法国的盟国的话，应允许法军在奥地利领土上作战；最后，与波帝朝廷一起采取有效措施维护意大利的和平。这些提议说明，法国和奥地利之间在进行了4个月的秘密谈判以后，仍然存在的鸿沟既深又阔。

玛丽亚·特蕾西亚和考尼茨在进行秘密谈判时，必然会怀疑这些谈判是否有价值。但是，1756年1月27日他们在不知道威斯敏斯特协定的情况下，就指示斯塔勒姆贝格有条件地接受法国的建议。他们特别反对做出保证要反对俄国和其他国家的援军通过德意志并允许法国军队在奥地利领土上与俄国和其他国家的援军作战。这一答复还未到达斯塔勒姆贝格手中，威斯敏斯特协定就已传到凡尔赛，法国的谈判者对这位奥地利大使毫不掩饰他们的愤慨心情。斯塔勒姆贝格尽力利用新的形势。他指出，奥地利早就向法国提醒普英谈判，事实证明奥地利是多么正确。他还进一步煽动法国人的愤怒，以便取得法国对反普联合的积极支持。鲁耶和贝尼斯这时愿意讨论1755年秋天已被路易十五拒绝的奥地利原来提出的计划了，可是他们一接触具体问题时，严重分歧就出现了。

法国已经决定与普鲁士的盟约在1756年6月到期后不再延续。但是法国由于1747年的法—普—瑞典的防御同盟，仍然要对普鲁士承担义务，因为这个同盟要到1757年5月才到期。所以，法国建议，奥地利的反普鲁士计划至少要推迟到1757年夏天。再者，即使到那时，如果法国要放弃它与普鲁士的联盟的话，奥地利就必须无条件地放弃它与英国的联盟。贝尼斯对斯塔勒姆贝格说，由于奥地利无意积极参加法国的反对对奥地利过去的盟国英国的战争，奥地利也不能指望法国积极参加奥地利的反对法国的盟国普鲁士的计划。法普和解必须以绝对的、完全的互惠为基础。

当斯塔勒姆贝格试图争辩说，拟议中的联盟的真正基础应当是摧毁普鲁士国王这个暴发户以保卫欧洲和平时，贝尼斯却不愿听。法国

第十九章 外交大变动

要放弃普鲁士，不愿尽举手之劳保护它不受奥地利和俄国的侵犯，可是，普鲁士失去了西里西亚，这作为它缔结威斯敏斯特协定，而应受的惩罚也就够了。奥地利要求在普鲁士的邻国间瓜分普鲁士邦的计划，走得太远了，法国无论如何也不会积极参与这个拟议中的对普鲁士的进攻。斯塔勒姆贝格本人曾经评论说，法国将会高兴地看到神圣罗马帝国内部重建一种合理的均势，但无意恢复奥地利享有至高无上的权力。威斯敏斯特协定使法国和奥地利能够就奥地利原来建议的基础上进行谈判，但它显然没有保证谈判成功。

所以，玛丽亚·特蕾西亚于1756年3月6日指示斯塔勒姆贝格在讨论奥地利原来计划的同时，继续就1755年12月28日的法国建议进行谈判，她希望中立条约与保证可以用来作为奥地利的进攻计划的基础。在考尼茨看来，他的消灭普鲁士的计划，是一个不可分割的整体；而且，为了保证打败他的头号敌人腓特烈二世，他除了需要奥地利和俄国的军队外，尤其需要法国提供的"第三方军队"的合作。不过，他的特长是有耐心。如果路易十五愿意的话，他十分愿意接受法国分期支付的款项。但是，法国最终必须同意派遣一支6万名或7万名的军队用于威斯特伐利亚。这样就能制止汉诺威以及其他新教国家援助普鲁士，促进奥俄反腓特烈的活动。使他感到惊讶的是，他了解到，法国实际上甚至拒绝了缔结贝尼斯本人在1755年年底提出的中立条约。法国解释改变态度的原因是，现在缔结这样的条约会使法国难堪，会使腓特烈二世加倍地努力去延长他与法国的联盟。虽然路易十五不会继续普法联盟，可是法国宫廷里还有一个以贝尔岛和阿尔让松为首并得到驻柏林大使尼韦努瓦有力支持的强大的亲普鲁士派。人们指责腓特烈，说他已使这位大使成为欧洲的笑柄。甚至在1756年2月谴责普鲁士行为不当时最响亮不过的鲁耶，却在一个月以后一时不留神地对斯塔勒姆贝格说，与普鲁士结盟是法国的需要。鲁耶等法国大臣们对奥地利女皇的计划了解得愈多，就愈感到吃惊，对于奥地利结盟乍看起来似乎对法国具有的好处，也就愈加感到可疑了。

然而，法国确实已经走得太远，无法返回了。路易十五因为普鲁士悍然签订了威斯敏斯特协定，迫切地希望给它以惩罚。而最能公开进行惩罚的最好办法就是与奥地利签订一项条约。奥地利威胁说，如果法国一意孤行，坚持拒绝签订中立和保证条约，那么，奥地利就要回到原有的体系去。这一威胁甚至给那些对普鲁士颇有好感的法国大臣们留下了深刻的印象。法国在欧洲没有一个举足轻重的盟国，那么它就得面对着奥地利、俄国、海上国家，甚至也许还有普鲁士的人力物力联合起来的局面，而西班牙充其量不过保持中立而已。因此，在贝尼斯大病初愈时，于4月19日对某些大臣（阿尔让松是其中最重要的人物）介绍了他们迄今为止一无所知的法奥谈判的秘密。于是法国的政务会议批准在中立条约和防御同盟条约上签字。这两个条约合称为第一次凡尔赛条约（1756年5月1日），虽然条约实际上是在鲁耶的乡间别墅儒伊签字的。鲁耶和贝尼斯为法国的全权代表，斯塔勒姆贝格代表奥地利签字。

中立条约是仿效威斯敏斯特协定的。玛丽亚·特蕾西亚保证在已在进行的英法战争中严守中立；路易十五则许诺不进攻、不危及奥属尼德兰或女皇的任何其他领地。第二个条约是正式的防御同盟条约。条约的序言声称，签字各国的唯一目的是保障各自领土间的和平并尽他们力所能及地保持欧洲的和平。如果缔约的一方在它的欧洲领地上遭到不论哪一个国家的威胁或进攻时，另一方将首先进行斡旋，使威胁和入侵不致发生，如果斡旋失败，则保证派遣一支由1.8万名步兵和6000名骑兵组成的部队，援助其盟国，除非受到进攻的一方不要援军，而愿意接受每1000名步兵每月津贴8000弗罗林和每1000名骑兵每月津贴2.4万弗罗林。法英战争显然不在第二个条约所考虑的情况之内。法国小心谨慎地取得了威斯特伐利亚条约的承认，从而保持了它在神圣罗马帝国内的权利；奥地利则重新获得了法国对查理六世著名的"国本诏书"有效性的承认，从而在新的哈布斯堡－洛林王室中保留了哈布斯堡的领地。

这个条约附有五项秘密条款，其中四项十分重要。第一项规定，在目前的英法战争中，如果英国的一个盟国（即使以援军的身份行动）进攻法国或奥地利在欧洲的属地，那么这将属于条约所考虑的范围。这就清楚地说明，主条约的正文中不提目前的战争是有条件的：普鲁士作为英国的盟国而进攻奥地利，就将迫使法国去援助奥地利，而普鲁士援助英国以抵抗法国对汉诺威的进攻，就会使奥地利参战。第二项秘密条款说明，西班牙、两西西里和帕尔马的波旁家族统治者以及玛丽亚·特蕾西亚的丈夫以托斯卡纳大公的资格，都将以列国身份应邀加入这项条约。其他国家在取得相互的协议后，亦可加入缔约国之列。根据第三项，法奥两国为了使彼此之间的真诚谅解得以持久保持下去，同意为完成艾克斯－拉－沙佩勒会议的工作而继续谈判，以便最终解决危及欧洲和平，尤其是意大利和平的所有领土争端和其他争端。根据第四项，法国和奥地利保证，在目前英法战争期间，如果没有缔约另一方的了解和参加，不得与任何其他国家订立或延续任何条约。这一条款的目的显然是要防止延续旧体系的任何企图，它也表明新的盟国之间还是缺乏一定程度的相互信任。

但是，这些秘密条款都不能支持这样一种说法，即已经争取到法国的默许，帝国宫廷可以进攻普鲁士。实际上，第三项秘密条款表明法国和奥地利之间存在着明显的分歧，因为这一条款证实了，艾克斯－拉－沙佩勒条约的主要特点就是：欧洲承认西里西亚并入普鲁士，1756年危及欧洲和平的主要领土争端是奥地利希望收复西里西亚。其实，这一条款的两个部分显然自相矛盾。对于法国而言，也许这一条款真正的问题是指意大利，实际是要为路易十五爱女的丈夫唐·腓力在尼德兰确立某种地位。

总而言之，法国和奥地利在1756年5月1日达成的协议，不管其最终意义如何，在当时来说，它标志着考尼茨争取法国积极参加他的反普鲁士联盟的努力已告失败。法国和奥地利签订一项预备条约，以便调整法英战争期间两国的关系；其后再签订包括俄国、神圣罗马帝国皇帝和波旁王室各分支在内的第二个条约，以便消除法奥之间引起摩擦（尤其在尼德兰和意大利）的原因并巩固法奥联盟；这些主张构成了贝尼斯原来对斯塔勒姆贝格建议的签复的一个部分。1755年9月这些主张曾使玛丽亚·特蕾西亚和她的首相大为恼火，可是他们现在却乐意接受了。

比这更为重要的是，这项条约是建立在缔约国之间误解的基础上。法国主要的大臣们、蓬巴杜夫人，甚至路易十五本人都把协议看作是目的本身，以为条约将会保障欧洲的和平，并可使法国腾出手来全力以赴地去进行海上和殖民地的战争。他们非常愿意考虑奥地利要求法国在普鲁士与奥俄两个帝国宫廷之间的战争中保持中立而愿付出的代价。而且，如果这些出价很高，法国就可能接受。另外，对于考尼茨和玛丽亚·特蕾西亚来说，第一次凡尔赛条约只不过是走向欧洲全面战争道路上的一个里程碑而已。在威斯敏斯特协定给人们带来了希望之后，这确实使他们感到失望。但是，他们所以认为条约有价值，是因为它公开表明法普联盟已告破裂，并且向他们保证，如果普鲁士进攻奥地利，法国则将给他们以援助。从法国做出这项保证，到如果奥地利进攻普鲁士，法国将保持中立这一诺言，在考尼茨看来，似乎不算一大步骤，因为像他这样有能力的外交家从来不需要打一场"进攻性的"战争的。他所需要的和想要得到的东西只是法国答应通过给予津贴和派遣辅助部队的办法，积极参与他计划中的对普鲁士的进攻。事实证明，双方的意见如此明显地相左，对于奥法联盟并不是致命的，其原因倒不是因为考尼茨的外交手段如何高明，而是由于考尼茨的对手普鲁士国王腓特烈的愚蠢。但是，在第一次凡尔赛条约签字的时候，他们就已准确地估计了普鲁士国王的性格和预见到他犯错误的可能性，这要归功于奥地利的谈判者们。"我们迟早会实现我们的伟大计划的，"斯塔勒姆贝格这样写道，"也许普鲁士国王自己将会成为我们最有力的帮手。"

但是，这些问题要到以后才会出现。条约签字时，除了像阿尔让松侯爵等几个老式守旧或不满现状的政府批评者外，两国宫廷对于这笔交易皆大欢喜。教皇对这两个主要天主教国家的和解感到非常高兴，他把贝尼斯晋升为红衣主教，但是考尼茨却迫切地希望不要引起宗教的狂热，所以本尼狄克十四世告诫他的外交代表绝不要谈及"宗教战争"。相反地，腓特烈却极力做出一副欧洲新教保护者的姿态；而且，在英国，这种姿态在一定程度上却为人们所相信，虽然即使在英国，人们通常也认识到，腓特烈"叫嚷宗教，就像人们需要帮助时就呼喊失火了一样"。信奉新教的荷兰人和丹麦人没有参加这场战争，而信奉路德教的瑞典人却加入了法国和奥地利一边。

第一次凡尔赛条约在交换批准书后公布了，这在欧洲引起了轰动。尼德兰联合省也许是受到它的最直接的后果影响。在那里，英国使节约克上校一直在试图劝说尼德兰联合省的议会承认威斯敏斯特协定所考虑的情况，并根据以往条约的规定，把援军派往英国。法国的外交代表一直在敦促尼德兰联合省的议会宣告中立。由于奥地利的背叛，尼德兰共和派和都统派之间在外交政策上的内部斗争遂告结束，因为没有奥地利的帮助，要保卫尼德兰对付法国的进攻显然是不可能

第十九章　外交大变动

的。因此联合省议会宣布，如果法国向他们保证它对联合省以及尼德兰内的屏障要塞没有敌意的图谋，联合省愿意严守中立。路易十五于1756年6月14日彬彬有礼地接受了这些条件。这场外交大变动不仅分裂了英国和奥地利，而且在一代人的时间里破坏了海上国家之间比较密切的关系。

英国与俄国的关系也同样受到直接的而且是灾难性的影响。俄国外交政策的决策人物是女皇叶利扎维塔和首相别斯图热夫。别斯图热夫毕生的经历表明，他是一个老谋深算、始终一贯的反法分子；而叶利扎维塔却暗暗喜欢法国。法俄关系自1748年以来即已断绝。但是，1755年秋天，一个自称叫薛瓦利埃·道格拉斯的人，作为法国政府的代理人到达圣彼得堡，目的是要恢复法国和俄国之间的正常关系。此人的真名叫麦肯齐，他是一个出身西福思贵族世家的军官候补生。这时，俄国宫廷里已经形成了一个有组织的亲法派；这个派别以左右一切的宠臣伊万·舒瓦洛夫为首，包括他的一些亲戚和胆小怕事的副首相沃龙佐夫。由于他们玩弄阴谋诡计，致使俄国对英俄之间1755年9月订立的津贴条约的批准推迟了几个星期；但是，首相最后终于迫使女沙皇批准了这一条约。但是，女沙皇坚持要把条约中没有阐明的事情写清楚：俄国为了换取英国的津贴而答应要采取的牵制行动，只有在普鲁士进攻英国或英国的一个盟国时才采取；而且，俄国军队在任何情况下，决不派往莱茵河、汉诺威或尼德兰。

两天以后，圣彼得堡获悉威斯敏斯特协定的消息。这使首相的处境极为尴尬，因为由于他强调了英国作为一个反普鲁士盟国是有价值的，才获得了女沙皇对1755年9月条约的批准的，但是威斯敏斯特协定证明，英国作为一个反普鲁士的盟国是毫无用处的，因而也就破坏了俄英联盟的政治基础。俄国签订津贴条约是为了取得用联军进攻普鲁士国王的便利时机，而英国正是利用这一点与普鲁士达成了谅解。这一做法虽然保证了德意志的中立，但却使普鲁士可以放手地在德意志以外的地方展现它的侵略倾向，其矛头也许是针对俄国的。事实上，由于这个条约保护了普鲁士的后方，实际上也就鼓励了它这样做。

女沙皇叶利扎维塔立即成立了一个由她的主要内阁大臣和朝臣们组成的特别委员会或政务会，指示他们为了削弱普鲁士的力量拿出办法并采取行动。委员会提出的并经女沙皇以非同寻常的决断批准的第一个建议，包括与维也纳宫廷接近，以便通力合作直接进攻普鲁士。委员会还提议要争取法国的好感，如果可能，还要争取法国保证不去阻挠反普鲁士的联合行动，并且对普鲁士力量的削弱处之泰然（1756年3月）。应当注意到，俄国早在几年前就已敦促奥地利采取直接行动以反对普鲁士，并保证给予支援。与过去不同的是，鉴于英国的背信弃义，现在已经正式决定谋求与法国的和解。

考尼茨的外交才干在处理俄国的问题上，就像在与法国打交道中一样，已经清楚地表现出来。他的计划总是假定俄国是愿意进行合作以反对普鲁士的，但是他对俄国政策的不稳定性却有着深刻的印象。自1748年以来，叶利扎维塔在外交事务中的态度变化多端，但总是具有惊人的侵略性质。起初，她向瑞典耀武扬威，不断地使欧洲的各国政府一直感到惶惶不安。接着，她于1753年又把活动的矛头转向对付普鲁士。次年，她又威胁要发动俄土战争。考尼茨宁愿失去俄国的友谊，也不愿在任何一个这样的侵略计划中给予俄国以帮助，因为这些计划造成奥地利和法国的关系紧张，而又使法国和普鲁士联合起来。然而，他掩盖了他对于这个轻举妄动、毫不老练的盟国的自然的厌烦情绪，并故作恭敬姿态。这种态度，与英国政府对待一个想要得到英国津贴的国家的那种恩赐的、几乎是轻蔑的态度相比较，效果就要好得多。事实上，考尼茨已经认定，到与普鲁士算总账时，俄国将会帮助他的；他决心把时机的选择掌握在自己手中。不过，在他只有俄国一个盟国时，他决心不去进行收复西里西亚的尝试。他不仅需要一支"第三方的军队"，而且他也明白，要使俄国笨重的战争机器转动起来，就需要给予补助，而奥地利自己的国库是无法提供这笔补助的。法国仅仅袖手旁观也是不够的，它必须在摧毁它以前的盟国中进行积极的合作。

因此，考尼茨便及时地通知俄国说，英国和奥地利已经分裂，并解释分裂的原因是：英国的唯一仇敌是法国，而普鲁士则是各帝国王朝的真正敌人。当威斯敏斯特协定传开后，他声称这个协定使俄国和奥地利对英国产生了共同的不满。他暗示说，这个条约很可能在法国导致体制的政变，这对于各帝国王朝是有利的。接着，玛丽亚·特蕾西亚于1756年3月13日又指示她的驻圣彼得堡的大使把奥法秘密谈

第十九章 外交大变动

判的消息秘密地告知女沙皇，并建议奥俄在取得法国同意的保证后，就向腓特烈发起联合进攻。除了女沙皇并不那么深信有必要与法国合作这一点而外，这个建议恰恰与圣彼得堡过去做出的决定不谋而合。这样就进一步推动了正在进行的、旨在削弱普鲁士国王势力的军事和外交准备工作。4月，俄国提出，如果奥地利愿意采取同样的行动，俄国将于1756年出兵8万进攻普鲁士，并保证一直打到玛丽亚·特蕾西亚收复西里西亚和格拉茨时才住手。

这样，在第一次凡尔赛条约签订以前，考尼茨就已经向俄国吐露了心事，并且取得了女沙皇的完全赞同。当条约签订的消息在圣彼得堡公布时，不论是亲奥地利的人士，还是朝臣中致力于法俄和解的有势力的集团，都表示热烈的赞同。道格拉斯又在俄国出现，这一次他毫无困难地安排了两国朝廷间的正常外交关系的恢复。他还受权谋求俄国在英法战争中保持中立，并对俄国因放弃与英国签订的津贴条约而给予俄国以补偿。俄国在对这一提议的答复中，企图用相当笨拙的手法激起法国对普鲁士的敌意。于是鲁耶便有点粗暴地反驳说，法国政府决心维护欧洲的和平；并且至少用暗示的方法拒绝了俄国的对普鲁士开战的计划。虽然1756年5月奥地利和法国间的分歧很大，可是法国和俄国间的分歧甚至更大。

尽管如此，到了这时已经可以清楚地看出，俄国已经决定与奥地利共命运，并且唯考尼茨马首是瞻。可以想象，这一决策本来是可能完全被颠倒过来的。别斯图热夫那时还在职，但是，他的地位和威信已严重地动摇。他本人既仇恨法国，又憎恶普鲁士，感到无所适从；即使他在朝廷中仍然有强大的势力足以迫使女沙皇接受他的政策，他大概也不可能制定出一条明确的政策路线。只要叶利扎维塔健在，英国就不能控制俄国。但在1756年夏季，女沙皇的健康情况每况愈下，这就使由法定继承人彼得大公和他的夫人（即后来的叶卡捷琳娜二世）组成的"年轻的宫廷"得到至今还未享有的重要的政治地位。尽人皆知，彼得大公是腓特烈二世的崇拜者，而他的夫人这时已成为英国政府重金收买的附和者和坐探了。可能在一定程度上由于他们的影响，俄国一直到1756年12月31日才正式加入第一次凡尔赛条约。然而，之所以拖延的更重要的原因是不难找到的。俄国要求得到500万卢布的津贴；法国则拒绝直接给予俄国任何津贴，只是答应通过奥地利给予一笔为数小得多的补贴。法国坚持要维护它与土耳其的联盟，不承认把俄土战争问题包括在条约考虑的范围之内。关于法国的另外两个盟国瑞典和波兰，也有类似的困难；因为俄国一心想要把它的控制权扩大到这些国家。考尼茨担心，俄国加入第一次凡尔赛条约可能会使英国和普鲁士引诱土耳其进攻奥俄两国女皇；他特别担心的是，一旦反俄的波兰人结成联盟，起来抵抗俄国军队取道波兰进军，并且向土耳其求援。

最后，终于取得了妥协方案。法国在腓特烈入侵萨克森以后，认识到必须取得俄国的有力合作来对付普鲁士，因此放弃了反对俄军在波兰领土上采取行动的立场。法国则得到了俄国的保证，在使用这一权利时不致损害波兰的自由（这一保证不久就证明是毫无价值的）。另外，俄国勉强地接受了法国的这一论点：为了使俄国的军事援助达到所期望的规模，法国提供的津贴必须经由奥地利之手。俄国的女沙皇放弃她的这样一些企图就更勉强了，即断绝法国和土耳其的联盟，或者至少得到保证：一旦俄土之间发生战争，法国除了给予补贴外，不得给予土耳其以其他援助。现在，欧洲大陆上三大强国的联合这时已是既成事实。但是，至今还没有什么对付普鲁士的进攻性条约；而且，俄国与奥地利不同，在整个七年战争期间还与英国保持了正常的外交关系。

因此，纽卡斯尔便与俄国缔结了津贴条约，并且天真地（如果说不是无知地）试图把这一条约和威斯敏斯特协定结合起来；这就彻底地破坏了他自己和大多数他的同时代人都认为对于英国的安全是必不可少的那个联盟体系。他于1756年3月表示希望奥地利"现在可以向低地国家派遣相当数量的增援部队，而不必担心在德意志境内会受到进攻的风险"；他所表示的这种希望，看来是真诚的。但他没有想到神圣罗马帝国的两个选侯事先不经与皇帝商量，就径自为帝国的和平做出安排，维也纳宫廷当然有理由对此感到恼火。他更没有意识到，已在和法国进行深入谈判的考尼茨，会把英国重新搬出的这个办法当作一种克服法国宫廷中对第一次凡尔赛条约阻力的武器。

1756年4月7日，英国驻维也纳的使节把威斯敏斯特协定的副本送交考尼茨。他坚决表示，英国宫廷确实愿意优先考虑与奥地利的联盟；并且断然声称，英国政府将拒绝参加反对普鲁士的进攻性计划，因为"这些计划必然会带来毁灭和不可避免的破坏"。同时，他要求奥地利对正在进行的奥法谈判做出解释。考尼茨让他等了一个月才给予答复。玛丽亚·特蕾西亚在随后接见这位英国使节时断然地对他这样说，英国与普鲁士缔约就是对她的背叛，"最初获悉这个条约时好像突然患了中风症一样"。当问到她作为奥地利的女大公，是否会卑躬屈膝地投入法国的怀抱时，她回答说："不是投入法国的怀抱，而是站在法国的一边。"她接着又言不由衷地说，她至今还没有和法国签订什么条约，而且也绝不会签订任何违背英国利益的条约。玛丽亚·特蕾西亚和考尼茨都指出，威斯敏斯特协定的条款特别令人不快，因为它把尼德兰排除在要保持中立的地区以外，这就招致了法国对这块奥地利属地的进攻。这一考虑无疑地使他们更加迫切地希望法国做出正式的保证，不去进攻低地国家。

当第一次凡尔赛条约的条款传到伦敦时，纽卡斯尔认为最迫切的需要是成立一个与之抗衡的体系。因此，他做出加倍的努力去争取俄国。这是当务之急，因为没有俄国，甚至连普鲁士对威斯敏斯特协定的忠诚也是令人怀疑的。但是，正如我们所知道的，他在圣彼得堡获得成功的希望并不比在维也纳的大。他在1756年6月就已在考虑另一个办法，就是把欧洲大陆全部放弃给法国，而单枪匹马地和它打一场海上和殖民地的战争。在这场战争中，布雷多克在美洲的失利和约翰·宾在地中海的受挫都是不祥之兆。纽卡斯尔沮丧地承认，他的1756年1月的杰作已是作茧自缚。英国和普鲁士越来越被欧洲的其他大国所不齿；两国可以有效地而且成功地联合起来的这一主张，早在伦敦出现之前，就已在波茨坦被人所理解了。

腓特烈签署威斯敏斯特协定时，与纽卡斯尔一样，并无改变联盟体系的意图，虽然他确实预想到条约的结果将是英国和奥地利的分道扬镳。他极力地要说服法国相信，这一条约是暂时的，其作用只限于目前的这场战争，并不会影响他与法国的持久联盟。他使尼韦努瓦相信，条约并不像鲁耶所相信的或假装相信的那样附有任何秘密条款。他指示他的驻巴黎公使克尼福森设法与蓬巴杜夫人建立友好关系，但她有意避开他的友好表示。当法国表示它对腓特烈缔结这一条约多么不满，尤其反对用这一条约使先前签订的1742年的威斯敏斯特条约得以延续时，腓特烈就比他最初打算的更进一步地向英国靠拢了。他郑重地警告法国说，法国如果继续采取目前的态度，就可能迫使他考虑真的和英国结盟。他获悉了奥地利和法国会谈的情况，但最初对此并不感到十分震惊，因为他认为法国还不至于不了解本国的真正利益之所在，以至为哈布斯堡－洛林这个新王室的扩张效劳。

当他得知法国无意延长与他签订的防御条约时，他就于1756年3月邀请英国派一位公使前来柏林。可是几个月前，他还解释说，这样的外交使团会使他难堪。他开始谈论建立一个以英国和普鲁士合作为基础的新教国家联盟。在威斯敏斯特协定签订后，他曾经认为奥地利主要是急于希望避免卷入法英冲突。但是，到了1756年5月，他已经形成了这样一种看法，即维也纳的宫廷迫切需要的是一场全面的战争；这种看法主要是根据法国宫廷泄露出的关于奥地利对法国提议的性质的消息而形成的。如果情况果真如此，那么，一旦普鲁士因为签订威斯敏斯特协定而受到进攻，显然就迫切需要英国保证给予积极而有力的支持。尽管英国公使安德鲁·米契尔于1756年5月到达柏林，并且立即赢得了腓特烈的信任，但在1756年的夏季，英国和普鲁士并没有采取什么有效的步骤把彼此的关系搞得更为密切。

这场外交大变动和欧洲大陆上七年战争的爆发之间有什么关系，尚需加以考虑。一些历史学家争辩说，联盟关系的逆转使欧洲大陆的战争不可避免。这种观点是以一种谬见为基础的，即第一次凡尔赛条约虽然在形式上和表面上看来是一个目的在于保障欧洲大陆和平的防御性条约，但实际上却是反普鲁士的进攻性联盟的基石。人们一致公认，这就是始终鼓舞着玛丽亚·特蕾西亚和考尼茨的那种前景。但是，他们很清楚，他们要达到他们的目的，还要走过一段漫长而艰难的道路。他们已经成功地打断了法普联盟；现在，他们必须使法国相信，它的利益就在于积极地参加一场十字军，以便摧毁它以前的盟国。因此，这个问题的答案取决于奥地利和法国在1756年夏季继续谈判的过程和结果。

第一次凡尔赛条约改变了法国和奥地利的相对地位。路易十五和蓬巴杜夫人签订这一条约是希望避免一场欧洲大陆的战争。因此，当斯塔勒姆贝格开始怂恿法国对普鲁士发动战争时，就再也得不到国王及其情妇的全心全意的支持了。避免战争是蓬巴杜夫人之兴趣所在，战争可能使她与国王分手，并且可能就像奥地利王位继承战争对于在她之前的那位情妇一样，也是一场灾难。战争也会使她的敌人——国防大臣和朝中亲普派的首领之一阿尔让松伯爵的地位提高，势力增大。再者，根据贝尼斯的看法，斯塔勒姆贝格在此以前具有的最大有利条件是，如果法国不接受奥地利的提议，他可以用奥地利将站到法国的敌人一边相威胁。第一次凡尔赛条约一旦签字后，这种威胁不能再使用。奥地利必须约束自己在英法战争中保持中立。如果它在新的条件下使用旧的威胁，就会引起它的新盟国的强烈猜疑，使条约带来的实质性好处付诸东流。最后，最有势力的法国大臣们，特别是阿尔让松，还有海军大臣马肖和外交大臣鲁耶，由于不同的原因，即使对法奥联盟并无真正的敌意，但全都心存疑虑。他们无意使两国的关系进一步密切起来。斯塔勒姆贝格早就尝到阿尔让松和鲁耶的恶意的苦头，而现在要由国王出面干涉克服他们的阻力的可能性就更小了。与法国谋士们的犹豫不决和意见分歧形成鲜明的对照，奥地利的谈判者们仍然具有目标明确的有利条件，可是他们已不再占优势了。

因此，虽然贝尼斯在第一次凡尔赛条约签字的那天向斯塔勒姆贝格宣读了路易十五对最近奥地利提出的联合反普建议的答复，可是在接着而来的两个月中，继续进行的秘密会谈只起了强调法国和奥地利之间分歧的作用。路易十五想以不援助普鲁士的诺言和支付一笔现金为交换条件，为他自己和他的女婿立即把整个尼德兰拿过来。奥地利要求得到法国的一大笔津贴和反普鲁士的有效的军事合作；并且只有在战胜腓特烈并收复了西里西亚和格拉茨后，才许诺把尼德兰的全部或部分领土割让给法国。而且，除非普鲁士被瓜分并且一蹶不振，否则奥地利就不会感到收复的领地有安全保障。然而，保持德意志的两雄并列的局面显然符合法国的利益。法国希望自己尽量少出力、少花钱以防止奥地利成为神圣罗马帝国实际的君主的可能性，并利用德意志联合的人力、物力来对付法国。

有一种说法认为，法国已同意在入侵萨克森之前就进攻普鲁士；这种说法完全根据1756年8月国王驻跸贡比涅期间，斯塔勒姆贝格在和亲奥派领袖贝尼斯进行一系列非正式的秘密会谈后所写的报告。贝尼斯在他的《回忆录》中明确地否认这一说法，并且争论说，只有在普鲁士先已破坏艾克斯-拉-沙佩勒条约后，他才打算让计划中的进攻性联盟的义务付诸实施。因此，拟议中的法国和奥地利之间的协定与两位女皇的1746年条约的著名的第四项秘密条款恰好相似。不错，贝尼斯的这番声明是几年以后所做的，但也绝非公证之论。斯塔勒姆贝格这时肯定不了解，要执行贝尼斯和他共同精心拟定的协定时，肯定还有这样一个前提条件；但是，这种误解在非正式的会谈中是很容易出现的。即使人们把贝尼斯的说法当作事后他为洗刷自己的名声和政策而完全加以否定，但也没有证据可以说明，所商定的措施是经过路易十五的批准的。再者，斯塔勒姆贝格在他的8月20日的得意扬扬的报告中说，法国愿意与奥地利合作，以便达到考尼茨的目的。这个报告说明了谈判者之间仍然存在着一些有分歧的问题，这些分歧问题肯定会拖延达成协议，而且可能最后还要阻挠达成协议。

报告为了确切地说明这些分歧，附有内容不同的附件不下7份。例如，其中一份附件列举了6个问题没有达成协议。另一份附件提到了斯塔勒姆贝格答应向他的朝廷转达的法国谈判人提出的8个问题；其中一个问题是一项建议，即奥地利应当放弃瓜分普鲁士的主张，并且应当利用割让低地国家领土的办法以便在它进攻普鲁士时能够得到其他国家的援助。这一点在一定程度上支持了贝尼斯在其《回忆录》中的说法，因为这意味着法国尚未最后同意考尼茨的计划。法国充其量以毫不掩饰的勉强的心情许诺在一定条件下考虑削弱普鲁士的手段。条件就是：奥地利在反对英国的战争中给予法国积极的支持，允许法国占领佛兰德的各港口，并向英国船只关闭的里雅斯特、阜姆和特斯康各港口。此外，在战争结束时，奥地利必须同意减少英国和汉诺威的属地，减少程度相当于奥地利期望普鲁士被削弱的程度。即便这时，贝尼斯仍不愿让一支法国的辅助部队对普鲁士采取行动，虽然他要付给奥地利女皇一大笔津贴，并将2.5万至3万名日耳曼雇佣军由她调遣。

确实没有必要更进一步研究细节问题。因为到了这个时候，拟议中的于1757年进攻普鲁士的计划，在外交的讨价还价中已经越来越明显地成为一种书生空谈了。无论在凡尔赛，还是在维也纳，关于普鲁士军队集结的报告清楚地表明，战争很可能在1756年以普鲁士发动进攻而发生。尽管法国提出了警告，英国提出了低声下气的抗议，但腓特烈还是盲目地走进了考尼茨为他安排下的圈套。由于他自己的轻举妄动，欧洲结成了对他的联盟；不然，这样的联盟是绝不可能形成的。欧洲大陆上的七年战争是普鲁士对于真正的或假想的被包围的危险做出强烈反应的一个早期例子。考虑到腓特烈二世的性格，这场战争也许是外交大变动的一个自然的结果；但可以肯定地说，它并不是一个不可避免的结果。

（潘永樑　译）

第 二 十 章
七 年 战 争

欧洲的七年战争是由于腓特烈大帝于 1756 年 8 月 29 日入侵萨克森而开始的。这次战争不过是英法在世界范围内斗争的一个部分。这场斗争 1754 年就已在美洲开始，虽然两国之间的战争到 1756 年 5 月才正式宣战。虽然普鲁士为生存而奋斗，是欧洲战争的主题，可是欧洲大陆上的战事，由于动用了这两个竞争中的帝国的能力和资源，就演变成了更大规模的斗争。

1756 年的普鲁士还是一个立国未稳的新国家。它通过联姻，由于各种死亡造成的机会，以及通过征服，把各个分散的部分联合在一个国王的统治之下；这个国家没有真正的边界，没有地理上的统一，它的臣民把邻省的人民看作外国人，他们共同效忠的只是君主和王权。这个国家的领土很分散，从涅曼河一直到莱茵河，分成三部分：东部是普鲁士；中部是紧紧相连的勃兰登堡、波美拉尼亚、马格德堡、哈尔伯施塔特和西里西亚；西部是威悉河畔的明登和拉文斯堡这两小块领地，鲁尔河畔的马克和莱茵河畔的克勒韦斯公爵领地。在这些属地的边缘，延伸着一些有争议的土地，主权归属未定，有可能是承袭的产业。普鲁士的统一是人为的，而且是不牢靠的；它的边境长期以来争讼不息，纷争频仍；普鲁士不是保就是失，不是前进就是后退，不是扩张就是解体——它从来没有感到满足过，因为它从来没有感到安全。"在普鲁士，一切都是紧张的，紧绷绷的，紧张得到了限度，而且往往超过限度；这种政治上的改建进行得简直使人无法忍受。"[1] 普鲁士欲成就的大业，几乎是力不从心的，因此它总是濒于

---

[1] A.J.P. 泰勒：《德意志历史的进程》（伦敦，1945 年），第 28 页。

崩溃的边缘。它的生存在一定程度上靠征服，因此，它更加适宜于充当征服他人的征服者。

这些因素既说明了腓特烈1756年的行动，也说明了欧洲列强何以结成联盟一致起来反对他的诱因。奥地利的主要目的是要收复西里西亚，并且要把普鲁士降为一个德意志小邦的地位。俄国也有要把普鲁士降为一个小邦的意图，并且希望从而吞并东普鲁士（公爵领地）。瑞典希望征服普属波美拉尼亚。法国则希望吞并莱茵河畔的韦塞尔和克勒韦斯的公爵领地。与奥地利对抗，在法国已是一个习惯问题，对奥战争已成为传统，夺取奥属尼德兰已成为法国的夙愿。作为这场外交大变动（第十九章）的结果，而且作为法国与一个老盟友打仗的代价，难道法国不可以获得在以往战争中没有得到的奥属尼德兰作为补偿吗？但是，肢解普鲁士，结果是使奥地利和俄国的势力扩大了，而法国却从中一无所获；对于法国来说，在欧洲攻城略地，尤其是从英国手中夺取汉诺威，就能够在和平条约中抵消在殖民地的损失。而要保卫汉诺威不受法国的进攻，英国军队势必要参战，否则英国军队就会卷入法国与其死敌英国之间的更大范围的斗争中去。这场外交大变动也说明了为什么这次战争的许多战役开战时都是踌躇不定的——人们私下里普遍相信：列强新的组合不久必将被旧的体系所取代。

根据1756年1月16日的威斯敏斯特条约而与普鲁士结盟的英国，面对着它一向所处的进退两难的困境。这个条约的性质完全是防御性的：条约规定，任何国家（显然指法国）一旦入侵德意志，即应给予普鲁士以援助，两国有义务保障德意志的安宁。英国政府把普鲁士拉入它们的防御体系，就是希望要使法国在欧洲处于对峙的僵局之中，而把敌对行动限制在北美洲的范围内。乔治二世在欧洲的主要目的是维护汉诺威。一旦战事开始，英国是否应该让英国在18世纪战争中坚定的盟友汉诺威（还有普鲁士）听天由命，而在海外集中全力对付真正的敌人法国——实行"海洋论"？或者，英国应该在殖民地和海上进行主要的战争努力的同时，继续保持欧洲大陆上的各种同盟关系——即"旧体系"，从而把法国的军事资源和经济资源从海外吸引回来投入欧洲大陆上的战争中去？第一种办法，在欧洲各国反普鲁士联合一旦成功时，就意味着失去汉诺威，而法国则可完全腾出手来在别的地方对英国发动战争。第二种办法，即是说动用英国的经济优势给予汉诺威、黑森和不伦瑞克的军队以补贴，与普鲁士结成军事同盟以提供军事领导。英国不能在欧洲向法国发动决定性的进攻，但是可以在殖民地削弱法国的努力，而英国人则仍然认为殖民地是主战场。在任何情况下，让汉诺威完全落入敌手，对于乔治二世来说，也无异于被革出教门；这就是说，在媾和时就要做出牺牲，得不到殖民地了。英国政策最后产生的实际结果，就是采取一贯使用而极为有效的折中办法，老威廉·皮特（1708—1778年）指导战争的态度不断发生变化，便是明证。

皮特在1757年出任负责南方事务的国务大臣主管战争之前，曾强烈反对英国为汉诺威的利益而做出牺牲，希望严格集中全力于殖民地的和海上的目标。正像他的那些英雄崇拜者往往所说的那样："责任心使这位雄辩的爱国者终于清醒地认识到，他所曾谴责过的东西原来是必不可少的……他的伟大之处就在于能够接受教训，而不是认为没有什么可学习的。"① 正如巴兹尔·威廉斯说，皮特的自我否定是他的晋升之阶。他逐渐承认了在欧洲继续作战的价值——其中包括：从1758年4月开始给普鲁士军队以津贴（第472页）；派遣英军与德意志其他各邦的军队组成各支联军协同作战；对法国海岸发动海陆联合进攻，使法国人惊恐不安，从而迫使他们把军队撤出欧洲的战役。有人批评对法国海岸的进攻，如1757年9月进攻罗什福尔，1758年进攻圣马洛和瑟堡，以及1761年进攻贝尔岛等，耗资巨大，而且徒劳无功。然而，这些却是精心策划的战役，使法国惊恐不安，牵制了一部分法军，并且削弱了法军对腓特烈和不伦瑞克的斐迪南公爵统率下的联军的作战努力。比特在1758年写给皮特的信中总结这些战役说："执行时胆怯，即使是最明智的计划也将失败；没有得心应手的工具，即使是有才智的见解，也将一事无成。"② 如果说这些战役总的来说指挥失当，这绝不是指责其固有的价值。1760年，为了要在欧洲取得某种决定性的结果，为了向尚未就范的一部分法军发起攻击，从而使战争免于陷入僵局，皮特甚至把他的主要重点放到欧洲的

---

① R. 佩尔斯：《美洲对欧洲大陆的战争，1739—1763年》，载《英国历史评论》，第51卷，第460页。
② 布赖恩·顿斯托尔：《查塔姆伯爵威廉·皮特》（伦敦，1938年），第209页。

第二十章 七年战争

作战方面——因此,伊斯雷尔·莫迪乌特在同年发表的《对于目前德意志战争的考虑》一文中对他提出指责。这篇文章声称,皮特已让牵制战成为这场战争的主要战斗;文章还重弹海军和殖民地作战论。莫迪乌特认为,要在欧洲与法国打仗,只有一个办法,就是恢复原来的"大同盟"。奥地利和普鲁士之间的冲突是一场德意志的内战,因此英国偏袒任何一方都只会加剧和延长这场内战;英国应当起调解作用,使和平得以尽快恢复,并引导冲突双方把武器指向法国。皮特的希望是在欧洲大陆进行决定性的打击,使法国人清楚地认识到要想在汉诺威夺回它在海外丧失的利益,是枉费心机的;但是,他并没有成功。到了1761年,英法之间陷入了战略上的僵持局面。法军在海上被打败了,法国的殖民地被占领,法国的贸易被破坏。但是在欧洲,法国及其盟国似乎已稳操胜券,普鲁士显然不是对手。只是由于叶利扎维塔女沙皇凑巧于1762年1月5日去世、反普鲁士的联合随之垮台,这才结束了这场僵局。

从一开始,普鲁士的前景就不妙。1756年它的人口400万,只是奥地利人口的1/3,法国人口的1/5。东普鲁士完全被分隔开来;西里西亚只有一条仅7英里宽的走廊与马克-勃兰登堡相连接;萨克森的边境离柏林只有7英里。腓特烈在3条战线上作战,围攻的敌军集团占压倒优势,他只能指望打机动战,轮番逐个地对付敌人,而首先必须要防止奥俄两军会师。只有这样,他才能运用他的军事技术的优势。分别来说,他可以与任何一个对手较量;但是,他们联合起来他就寡不敌众了。腓特烈的目标狂妄到完全失去理性的程度,而且不择手段。他所受的教育使他具有极大的组织才能,并且具有为达到某一既定目标而全力以赴的本领。欧洲的七年战争,尤其是对1757年战役的指挥,都显示了他的军事天才,他的高明的防御战略,他的迅速而果断的攻势和遭到挫折时坚韧不拔的精神。战争中没有一成不变的取胜之道。腓特烈的优点在于坚持简单的原则和审时度势灵活地运用这些原则——这与他的对手用兵方法墨守成规形成鲜明的对照。腓特烈的指挥统一,内线作战,并有纪律严明的国家力量,这就使他能够充分地发挥他的军事上的人力物力。但是,即便如此,他之所以能在各次的危急关头得救,只是由于他的对手固有的弱点——几个朝廷在合作中相互猜疑有余而共同利益不足,各国企图推诿所承诺的义务，或试图分别缔结和约——并且也因为敌军的军事指挥官们平庸无能，或者甚至是不称其职。反普联盟一直采用防御性的机动战术，尽量避免重大的交战，因此很难看清它有什么进攻意图——这是18世纪中直到法国革命时所有战争的共同特点（参见第八章）。

对于腓特烈入侵萨克森，从而展开了这场欧洲的战争一事，现在有两种观点。第一种观点认为，外交大变动与欧洲七年战争密切有关，两者可视为因果关系。腓特烈后来断然声称：奥俄已缔结进攻性同盟，并且取得协议对他采取军事行动，只是为了完成准备工作，行动才被推迟。根据这种观点，七年战争是由纯粹防御性的威斯敏斯特条约引起的，奥地利和俄国利用这一条约作为对普鲁士采取敌对行动的借口。腓特烈用一个比喻为自己的行动辩护。他把自己比作欧洲的王公们狩鹿时的那头鹿。他们邀请了他们的朋友一起前来参加这次杀戮。按照这种观点，腓特烈是在别国的挑衅下被迫发动了一场预防性的战争——取道萨克森进军去波希米亚攻打奥地利。腓特烈在他的1752年的《遗言》中就有某些支持这种观点的说法。他说，像征服西里西亚这种闪电式的袭击，就像是一本书，其原著很成功，但仿作却会完全失败了。第二种观点认为，腓特烈蓄意挑起这场战争，希望于1756年征服萨克森，作为进一步攻城略地的预备，以便重演1740年在西里西亚成功的冒险。他曾经一度这样写道："谨慎适宜于守成，但只有胆大才能取得新的属地。"① 无论根据哪种观点，1756年欧洲大陆的战争是否能避免或推迟，显然取决于腓特烈；他负有主要的责任，这是毋庸非议的。腓特烈敢作敢为，严峻苛刻，因为他感到自己四面受到威胁，也因为他决心要保护他的新国家。不管他的动机是什么，他的行动却使反对他的联盟得到巩固，而他对萨克森的入侵无疑是为了防止这种联盟的。1757年5月1日，奥地利与法国缔结了第二次凡尔赛条约。1757年5月19日，奥地利和俄国又结成进攻性的联盟。

腓特烈入侵萨克森开始时，首先把选侯奥古斯特三世指挥的萨克森军队困于德累斯顿附近的皮尔纳，并在离萨克森边界不远的波希米亚境内的洛博西茨阻击布朗陆军元帅指挥的一支奥地利援军（1756

---

① P. 加克索特：《腓特烈大帝》（英文版）（1941年），第180页。

年10月1日)。萨克森军队于10月16日投降。奥古斯特三世被准许隐退到他的波兰王国,其军队被并入普鲁士军队,萨克森被看成是普鲁士的一个行省,遭受勒索和蹂躏,直至战争结束。奥地利遂与法国签订了它的防御条约(即1756年5月1日的第一次凡尔赛条约)作为报复;1757年1月,俄国也接受该条约,并在2月与奥地利缔结了一项新的反普条约。法俄军队这时开进中欧已势在必行;而腓特烈在萨克森的耽搁,使他不得不推迟入侵波希米亚出击奥地利军队的行动。

法国派遣由德斯特雷元帅率领的10万大军的主力部队进军汉诺威,遂揭开了它的欧洲战役的帷幕。英国既不能使这块选侯领地保持中立,也不能保障它的安全;而腓特烈这时正与欧洲首要的军事大国作战,也无力提供有力的援助。乔治二世命令坎伯兰公爵率领他的由汉诺威人组成的军队和从德意志其他各邦招募的雇佣军(总数为4.5万人)的"观察部队"保持防御态势:"我军的态势和作战必须针对我们的主要目的。即对奥地利女皇或任何其他国家都不采取进攻行动,而只保卫我们自己的领地。"① 坎伯兰在哈斯滕贝克战败后(1757年7月26日),奉命退守北海边的施特德。在那里,他在北海和易北河之间被包围,面对着远为强大的敌军,得不到来自英国的援救,遂于9月8日签订了克洛斯特—塞文条约。这不仅使汉诺威和不伦瑞克沦于法国人之手,而且也使普鲁士中部各省暴露,遭受入侵的危险。所有辅助部队均被遣返回各自国家。乔治二世说,他的儿子使他遭到毁灭,也使他自身蒙受耻辱,然而他却恰恰忘记了,坎伯兰所作所为的全部大权,正是他所授予的。诚然,条约中的灾难性条款不应忘却,但也不应忘记这一事实,即从4月以来坎伯兰的军队在极其危险的关头牵制住了法国的全部军事力量,使它不能出动对付腓特烈。

俄军在阿普拉克辛的统率下于8月11日进入东普鲁士,攻占了梅梅尔,并于8月30日在格罗斯耶格尔斯多夫打败了勒瓦尔特。俄军因给养困难,且有反方向行进的显著习惯,并且接到女沙皇去世的

---

① 关于乔治二世1757年3月30日的命令,参见埃文·查特里斯《坎伯兰公爵威廉·奥古斯塔斯》(1913年),第2卷,第252—255页。

不实报告，于是便撤出东普鲁士。但是普鲁士人却不能够利用这一好运气，因为他们不得不调动军队去抗击由施特拉尔松出动的、9月间侵入波美拉尼亚的瑞典军队。俄军于1758年1月重占东普鲁士，直至媾和以后才撤出该地。

1757年腓特烈打了4次大仗，其中3次是决定性的战斗，最后两次是他一生胜仗中最辉煌的两次。这年年底，他的威名大振，以至法国外交大臣贝尼斯主张在腓特烈取得进一步的胜利从而主宰德意志甚至欧洲之前马上媾和；只是由于玛丽亚·特蕾西亚的反对，贝尼斯才打消此议。腓特烈估计这时在洛林亲王查理统治下的奥地利人是他的最强大的攻击者，于是他便开始了迟迟没有发动的攻打波希米亚的战役。先前他对萨克森的入侵就是为此战役所做的必要准备。奥地利人在波希米亚北部的那些大军火库是他们计划中进攻萨克森和西里西亚的基地；所以，只要拿下这些大军火库，就可以有效地使奥地利的作战努力无法行动。他在布拉格未能摧毁奥地利的军队（5月6日），奥军撤入城内，他只得围城。一支由道恩统率的奥地利援军在科林遭到腓特烈的攻击（6月18日）。腓特烈在这里从惨痛的经验中懂得了从正面进攻的困难。他发现奥军在一系列小山上部署阵地，与他的连绵的进军序列平行，并且居高临下。他决定把部队开过奥军阵地，以便在与奥军右翼相交叉时，右转弯排成横阵。奥军看到他的行动，对其意图一目了然。他们能够改变他们的部署，并且加强了右翼。腓特烈的行军纵队的侧翼遭到炮火猛烈的轰击，致使普军的中部违背他的意图，过早地右转弯列成横阵，向奥军阵地的正面发起攻击。腓特烈的计划被破坏了，而且他也被打败了。腓特烈在科林的失败使他深深地认识到，在进攻敌人的侧翼时，必须出其不意才能克敌制胜；如果敌人能够看到他的行动，也就不可能向敌人发起突然的攻击。正是由于吸取了这次教训，他在这年稍后的时候在洛伊特恩遂取得了辉煌的胜利。只是由于18世纪战争的条件的限制以及在追击溃敌时所固有的困难，腓特烈的主力才在科林没有遭到覆灭。普鲁士的失利，必然解除了布拉格之围，并放弃了波希米亚。一位英国的观察家描写腓特烈的处境时说：8月28日"这位普鲁士国王这时面对着的有俄国的军队和舰队，2万名瑞典军队，一支由3万名法军支持的神圣罗马帝国军队和10万名奥地利大军；此外，他的敌人好像还嫌不够多似的，按照协议汉诺威不得设立冬营,这就又有 6 万名至 8 万名法军可以投入战斗"。①

腓特烈的敌人继续全面推进——奥军收复了西里西亚的大部分,于 10 月 16 日进入柏林。在这紧要关头,腓特烈在图林根进攻由萨克斯-希尔德堡豪森的约瑟夫公爵统率的神圣罗马帝国军队和苏比斯统率下的法军。苏比斯起初把法德联军部署在一个有利的位置上,腓特烈不敢贸然对它进攻。后来,在苏比斯的提议下,法德联军被调到另一个有利的位置,以便更好地掩护自己的交通线并威胁普军的交通线。但是这里却暴露出指挥分散这一弱点。约瑟夫公爵决定军队继续向前推进,以便到达普军后方。正在注视这一运动的腓特烈,立即把部队运动到一处山脊后隐蔽起来,以便在行进中的法国纵队的先头部队前面摆开两列横队。约瑟夫的军队已来不及列成横队迎击普军,便顿时大乱,于 11 月 5 日在罗斯巴赫全军覆没——腓特烈描述这次战斗是一次"斯斯文文的交锋"。

他接着转而攻击曾于 11 月 22 日在布雷斯劳打败贝弗恩的奥军。他迅速进军,于 12 月 5 日在洛伊特恩击溃了奥军,从而解救了普鲁士使之不致遭到入侵,并且收复了除施魏德尼茨以外的西里西亚全境。奥军在洛伊特恩布成两列长长的横队。普军列成纵队接近,与奥军阵线呈垂直。腓特烈派一支前卫部队暴露在奥军阵线的前方,以掩蔽其部队在隐蔽下向右转,朝着奥军阵线左翼的延伸部位的某一点运动。他的纵队在这里转成横队,成斜角挺进,直至插入敌人阵线的延伸部。这时,普军直接推进发起攻击。奥军除一小部分外均已来不及改变阵势;在其余的部队还未能投入战斗时,遭受攻击的部分就已被击溃。

洛伊特恩之役最好地说明了腓特烈在七年战争中发展的战斗前进和战斗序列的价值。这是对付数量上占优势之敌的斜进战斗序列。斜进战斗前进已在布拉格战役时应用,但没有取得决定性的战果。这种战术在洛伊特恩、措恩多夫(1758 年)和托尔高(1760 年)均获得成功。只有一次,即在库纳斯多夫一役中惨遭失败。斜进战斗序列包括由普军的一翼发起侧翼攻击,使之在局部上处于优势。骑兵和重炮

---

① R. 洛奇:《18 世纪的英国和普鲁士》(天津,1923 年),第 101 页。

集中在这一翼上，以掷弹步兵营等精锐部队为前锋；军队的另一翼并未投入战斗，而是留作后备队，一旦需要时就可投入正面进攻，万一失利时则可用作掩护退却。这种战术不使用造成18世纪战争重大伤亡的传统的平行战斗序列和正面进攻，而是攻击敌军一翼，通常是在敌军大部队还未来得及变换阵势以前就击溃该翼。一支7万人的步兵大军，如按传统的战术形成纵深三列横队，第一列配置4万人，左右两翼间展开5英里。要变换阵势或阵地都需要很长的时间，因为无论部署什么新阵地，侧翼部队必须行军数英里才能到达新的位置。因此，运用斜进战斗序列就能在大部分敌军尚未投入战斗之前，就取得决定性的战果。

1757年至1758年的冬季，普军进行的各次战役迫使瑞典军队从普属波美拉尼亚撤退，从远至施特拉尔松和皮根岛的瑞属波美拉尼亚撤退。普军只是因为缺乏一支舰队才未能攻占这些地方——因此，普鲁士坚持要求英国提供海军援助（第81页）。这次战争中以后的多次战役都与1757年的战事相似。普军主力进行老一套的进军，一个一个地对付敌人，从奥得河打到易北河，从易北河打到威悉河——几乎毫不停顿地运动。普军很少感到单调和厌烦，而这是18世纪中大多数军队没有解决的重大问题。岁月流逝，腓特烈在战略上可能失败了，但在战术上他却抗拒了无情的命运，虽然从物质上来说，他要把战争进行下去已越来越力不从心了。

与此同时，英国改变政策，恢复了在德意志西部的地位。首先，英国借口克洛斯特—塞文条约没有规定停止敌对行动的期限和法国对条约的解释不符合条约的条款，于11月28日废除了该项条约。其次，英国又采取了一种更为广泛的支持普鲁士的政策。政策声称，必须对普鲁士有更充分的谅解，以防止将来发生类似坎伯兰的失败。最后终于达到这一目的，签订了年度津贴条约（自1758年4月11日起），英国每年给普鲁士67万英镑的津贴，从而任何一方都不得单独进行和谈（第467页）。此外，驻施塔德的"观察部队"也得到加强（英国议会批准1758年度给这支部队拨款120万英镑，而上一年是16.4万英镑）并由不伦瑞克的斐迪南公爵指挥。这项补贴获得了德意志的最精良的军队的服务。这支"观察部队"掩护了腓特烈的西侧，使法军不能穿过汉诺威进行渗透；这就完成了英国牵制行动的整个框架。从此时起至战争结束，斐迪南公爵成功地遏制了不断增加的法军，让欧洲的主要战争由普鲁士对付奥俄两国打下去。这样，斐迪南就使腓特烈能够顽强地抗击这两个强国；否则，这种抵抗几乎就无法进行。如果没有这种援助，普鲁士肩负的沉重负担也就无法支持。此外，法国的注意力和精力被分散用到欧洲大陆上的消耗战和战略上谬误的战争中去；而英国却仍然可以自由地把主要精力用于征服甚至在和谈的讨价还价中丧失了殖民地的筹码后但仍然不失为一个庞大得使人感到麻烦的帝国。

尽管腓特烈在 1757 年的损失惨重（在布拉格军官死亡 400 名，士兵死伤 1.4 万名；在科林军官死亡 400 名，士兵死伤 1.3 万名；在罗斯巴赫死伤士兵 540 名；在洛伊特恩死伤士兵 6000 名），他在 1758 年仍然能够把数量上与头一年相同的军队（即 15 万人）投入战斗。战斗开始时，他又再次首先进攻奥军，结果就像 1757 年一样未获成功。他在再克施魏特尼茨（4 月 16 日）扫清西里西亚之敌后，侵入摩拉维亚，包围奥尔米茨要塞。这次战役说明了 18 世纪战争的另一个主要因素，那就是不能远离弹药库和基地在敌国境内作战，因为辎重车队容易受到袭击（第八章）。7 月间，不得不解除对奥尔米茨之围，因为卢车切断了给腓特烈运送给养和弹药的 4000 辆辎重车队，也因为围城或作战时工兵数量不足——这是引起 18 世纪的许多指挥官抱怨的一个显著原因。护送本身就需要 1.3 万名士兵，而他的军队后来从摩拉维亚退到波希米亚时，全部辎重车队有 4000 多辆大车，需要分兵去保护，这就极易遭受果敢的敌军的袭击。要保护基地与前进部队之间的辎重车队和给养，这是 18 世纪中促使轻步兵和轻骑兵编制发展的有力原因。

就像 1757 年一样，俄军头一个给普鲁士造成真正的威胁。俄军重新占领东普鲁士后，奥地利要求他们更积极地参战，于是俄军在这种要求的鼓舞下，由弗莫尔统率前进去攻打勃兰登堡。俄军和瑞典军队在波美拉尼亚的联合行动也构成一种威胁——瑞典已答应派遣 3 万人参加这一行动。普军在多纳的指挥下一直在封锁施特拉尔松，这时不得不开拔前去阻止俄军前进。8 月 15 日，弗莫尔包围了勃兰登堡境内奥德河和瓦尔塔河汇合处的屈斯特林。腓特烈调动军队前去解救该城；经过这场战争中的最激烈的一次浴血遭遇战，他于 8 月 25 日在措恩多夫打败了俄军。弗莫尔逐步退入波兰境内，勃兰登堡于是得到解救。瑞典军队虽然在失去俄国的支援后已不可能保住普属波美拉尼亚，但它还是保住了很长一段时间，使腓特烈在这一年中不能利用该地的资源——瑞典军队只是到了12月才撤至瑞属波美拉尼亚。

在作战的季节里，腓特烈是得不到什么休整的。他这时不得不迅速进军以迎击已侵入萨克森的奥军。"我们的步兵团队，"腓特烈在给其弟亨利亲王的信中写道，"正在变成三驾马车的驭者和传令兵。"这是一种对步兵团队指挥官们和团队的纪律的意味深长的赞誉之词，称赞他们能够持续不断地去完成对他们下达的号令。道恩在萨克森的目标是再度攻克德累斯顿，他的攻击只是由于腓特烈的到来而转移了目标。与此同时，第二支奥军进入了西里西亚，把尼斯包围起来。腓特烈于9月26日离开德累斯顿，前去解救尼斯之围。道恩据守坚不可摧的阵地，挡住他的去路。腓特烈对道恩的谨慎策略十分恼火，而且他又急于要去解救西里西亚，于是10月10日便在霍赫基尔希迎战奥军。在这里，又是因为奥军未能扩大战果，腓特烈才得以脱身，使他能够进入西里西亚，迫使奥军撤除尼斯之围。

在西部，斐迪南扫清了威斯特伐利亚、汉诺威、不伦瑞克和黑森等地的法军。他攻克了明登（3月14日），在埃梅里希把法军赶过莱茵河（3月27日），并在克雷费尔德打败法军新任司令官克莱蒙（6月23日）。但他未能保持住这些战果，也未能像原来打算的那样侵入奥属尼德兰。斐迪南虽然面对着侵入黑森和卡塞尔的法军在苏比斯指挥下进行的反攻，并且面对着由布罗格利指挥的一支在宗德斯豪森打了一次小小胜仗（7月23日）的军队，但他还是成功地守住了汉诺威和威斯特伐利亚，并且全面拖住了法军。于是，法国外交大臣贝尼斯重又提出和谈的主张，结果他不得不于11月去职，由舒瓦瑟尔取代。

1759年，压在腓特烈身上和他的领土上的沉重负担开始显露出来。他只能在战场上投入10万兵力，而且已经能够发动进攻来取得主动。但奥军还在玩弄七年战争翻版的18世纪战争把戏，等待普鲁士发动通常的那种意料中的进攻。他们等待的进攻落空后，又等待着俄军惯常使用的第二步作战运动。现在充任奥军总司令的道恩是一位等待时机的老手：他曾经计划的唯一一次攻势战役，即1760年的利格尼茨战役，是女皇强加于他的，结果以普鲁士取胜而告结束。俄军在新任司令萨尔蒂科夫的率领下从波兰缓慢地向前推进，这似乎证明腓特烈在给其弟的信中对这位司令官所做的描绘是对的："据说，此人比俄国愚蠢的乡下佬还要笨拙。"萨尔蒂科夫按部就班地侵入勃兰登堡，于7月23日在齐利楚打败普鲁士将军韦德尔，并攻占奥德河畔的法兰克福。萨尔蒂科夫在奥地利的一支小部队的增援下（这时该它出场了），于8月13日在库纳斯多夫彻底打败腓特烈的主力。可以想象，俄军和奥军如果发动决定性的联合进攻（就像在相似的情况下，腓特烈自己这时也会做的那样），本来是可能最后制服这位暂时已告绝望的普鲁士国王的，可是这一回俄军采取行动的动机，又是出于猜忌而不是真正的利害关系。萨尔蒂科夫深信奥地利并没有奋力参战，而且他又决心要保全自己的军队，于是就按原路退兵。

与此同时，帝国军队于8月间攻占莱比锡、托尔高和维滕贝格；9月14日道恩占领德累斯顿。由于俄军撤退，腓特烈便可以腾出手来进兵抵抗这一威胁，收复除德累斯顿外的萨克森全境。腓特烈派遣芬克率领一支军队前往切断德累斯顿和波希米亚之间的奥军交通线；但他率领的这支军队于11月21日在纳克森被道恩迫降；于是奥军保住了德累斯顿。

1759年，西部战事从法军开始；北线法军以韦塞尔为基地指向汉诺威和威斯特伐利亚，以法兰克福为基地的南线法军指向黑森。斐迪南企图首先在黑森出击以防止法军进攻汉诺威。但是，4月13日他在贝尔根被布罗格利打败，并被赶回威斯特伐利亚。法军攻占明登和威斯特伐利亚的大型要塞蒙斯特，对普鲁士构成直接的威胁。只是由于斐迪南8月1日在明登击溃了法军，才挽救了这一局面。这不仅迫使法军从黑森撤退，而且也挽救了汉诺威。但是，这时法国的政策在舒瓦瑟尔的指导下有所改变，要集中兵力对付英国，而让奥俄两国军队去对付普鲁士。根据第三次凡尔赛条约（3月），舒瓦瑟尔把法国对奥地利的津贴减少了一半——600万弗罗林；把派往莱茵河方面的援军限在10万人以内；拒绝把保证西里西亚回归奥地利作为战争的一个目的；并且代表帕尔马公爵唐·腓力放弃奥属尼德兰（根据第二次凡尔赛条约，这一安排是作为帕尔马回归奥地利的交换条件）。舒瓦瑟尔认为，在德意志进行的这场战争只是靠英国的财经支持和物资供应才得以进行下去，而且法国只有在德意志西部才能取得收复在海外的重大斗争中丧失的领土的手段；因此，他设想了一个入侵英国的计划——给敌人的财经心脏以致命的打击，其目的不是为了征服，而是要造成恐慌和财经上的崩溃。正如皮特曾经在一次描述可能在伦敦城散布的惊恐情绪时所说的："当崇高而人为的但却是脆弱的公众信用结构在他们手中崩溃时"，"有名无实的信用就可能在肯特郡遭到入侵"。[①] 舒瓦瑟尔的计划设想要从佛兰德出兵奇袭伦敦：两万名军队从奥斯坦德出发，在埃塞克斯郡沿岸的布莱克沃特河口处的莫尔登上岸，经两天行军就可到达伦敦；两万名军队从布列塔尼出发，在克莱德河口登陆，穿过苏格兰，攻占爱丁堡。由私掠船船长蒂罗带领一中队舰船以敦刻尔克为基地，威胁爱尔兰沿岸，以便把英国的舰队调开；而由孔弗洛率领的布雷斯特舰队和由拉克吕率领的土伦舰队组成的法国舰队主力则集中力量掩护这次军事攻击。皮特没有因为这一威胁而改变他的政策。没有出动国民军，没有招募志愿军，没有发布命令要求人们撤离受到威胁的沿海地区。要把这个冒险计划变成值得一试的军事冒险，唯一的紧要手段就是要打败英国的主力舰队，使之失去战斗力；而英国却满怀信心地完全依赖海军的防御力量。法国战舰只有联合作战才能为这次行动打开道路——而英国的封锁却使这种联合行动不能实现。拉克吕的舰队试图会合时，至8月19日在拉古什遭到博斯科恩的阻击；布雷斯特的舰队出动时，11月间在基贝龙湾被霍克击败。这些胜利，不仅摧毁了法国海军（因而也摧毁了侵英计划），而且也对西班牙的新国王查理三世（那不勒斯的唐·卡洛斯）产生影响，使西班牙继续保持中立。他对英国在奥地利王位继承战争中对待那不勒斯的情况记忆犹新。

可能来临的入侵也暴露出另一个争论不休的问题，即中立的海洋国家在战争期间的权利问题和英国的搜查权问题。舒瓦瑟尔指望鼓动中立的海洋国家结成联盟反对英国，因为英国干涉这些国家的贸易。他希望依靠这一联盟能使荷兰的海军为法国所用，并且得到英国与之没有交战的两个波罗的海国家瑞典和俄国的支持。这样做，就能在入侵英国的关键时刻威胁英国在英吉利海峡和北海的制海权。西班牙和

[①] R. 佩尔斯：《美洲对欧洲的战争》，载《英国历史评论》，第51卷，第441页。

地中海诸邦那不勒斯、托斯卡纳、撒丁和热那亚也与这个问题有牵连；西班牙与英国还有许多其他长期存在的争执，特别是在西属洪都拉斯采伐洋苏木问题上，以及西班牙殖民地与英属西印度群岛之间的走私贸易问题上。

所有中立国家的主要不满是对英国的私掠船对他们的商船所采取的行动和英国对"中立国权利"所做的解释。私掠船是私人所有并由私人装备的船只，根据捕押外国船只特许状而采取行动，即所谓"商人冒险家的结婚证书"①；这是一国政府颁发的，授权这些私掠船捕押敌方的船只，以及载有军队、武器和战争物资——"战时违禁品"——驶往敌国港口的中立国家船只。这些被捕押的船只由海军部法庭处理，如被判为合法战利品，则出售船只和货物所得的收益归捕获该船的私掠船的船主所有——这对于私掠船长一直很有吸引力，常使他们采取过分的行动。英国进一步声称，敌国的货物即使由中立国船只装运，也不能免于被捕押；而中立国则要求，除战争违禁品外的全部货物，均自动地受到中立国家旗帜的保护。英国的解释不仅暗示由中立国装运的敌国货物可能被扣押，而且也暗示英国有权在公海上拦截和搜查中立国船只。根据1756年的规定，英国还要求中立国不得和一个交战国进行任何在和平时期所禁止的任何贸易——因此，中立国不得和法属西印度群岛进行贸易，因为这种贸易在和平时期为法国航海法所禁止，但在战时法国为了获得一般的物资和军火已予解禁。这种贸易可以在法属殖民地与中立国家在西印度群岛的殖民地之间，或者直接在法属殖民地和欧洲中立国之间进行。皮特为了缓和中立国的愤怒，就对战利品法庭施加压力，尽可能多地把捕押的船只释放，并且打算仅限吨位在100吨以上、火炮超过10门的大型私掠船才能获得特许状有权去捕押船只，以此来控制私掠船长们的过分行动。但是，海运权利无论对欧洲的战争有什么影响，总是神圣不可侵犯的。

在1760年这个七年战争重大的最后一年中，腓特烈还能够聚集大约10万兵力来对付22.3万反对他的对手——这真是组织工作的奇迹。他的对手再次掌握了主动权。奥军首先从侵入西里西亚开始，卢

---

① 迈克尔·刘易斯：《英国海军》（伦敦，1948年），第45页。

东 6 月 23 日在兰茨胡特打败了一支由富凯统帅的普军，并于 7 月 26 日占领格拉茨。道恩统帅的另一支奥军和车尔尼硕夫统率的一支俄军进兵支援卢东。这些援军全都近在咫尺（以 9 万对腓特烈的 3 万）；卢东有了这些援军，遂于 8 月 15 日在利格尼茨进攻普鲁士军队，结果一败涂地——这是反普鲁士联盟显然未能协调所致。此时腓特烈正忙于西里西亚问题，奥俄军队遂进入勃兰登堡，占领柏林（10 月 9 日至 13 日）。腓特烈的下一步行动便是前去解救柏林，但却未能截住正在撤退的入侵者。同样，奥军也收复了大部分萨克森选侯领地；他们虽然于 11 月 3 日在托尔高受挫，但仍守住了德累斯顿。托尔高之役是道恩和腓特烈的最后一战。确实，腓特烈在以后的生涯中还上过一次战场，而那一次并没有打过大仗。托尔高战役再次证明，腓特烈在这时显然是战略的僵持中，从战术上来说仍然不失为一位高手。

西线的战事同样是胜负不明。布罗格利在科尔巴赫打败了斐迪南的侄子不伦瑞克王储（7 月 10 日）。于是，王储按照斐迪南的命令在莱茵河下游佯攻，但在洛斯特营被卡斯特里打败（10 月 16 日）。只是由于斐迪南在瓦尔堡打了胜仗才挡住了法军进一步的前进，并且解救了威斯特伐利亚和汉诺威。

1761 年的事态进一步确定了欧洲的这种军事僵局。卢东于 10 月 16 日攻占了西里西亚的施魏德尼茨，因此奥军便能够在西里西亚和西萨克森扎营过冬。俄军进入波美拉尼亚以后，于 12 月占领了沿海要塞科尔贝格，并留在波美拉尼亚过冬。在西部战场，斐迪南于 2 月侵入黑森，但在格林贝格附近被布罗格利打败（3 月 21 日），于是被迫撤退。但斐迪南接着也在菲林豪森挡住了法军对威斯特伐利亚和汉诺威的入侵（7 月 15 日）。普鲁士一直未被征服，但已陷入困境——在此之前一直给腓特烈提供兵源、金钱和军需品并且使他能够将这场力量悬殊的斗争进行下去的各省，现在已不再给他这些支持了；而且随着皮特 10 月 5 日辞职，英国的一直支持和源源不断的补贴已成为疑问。1761 年年终，腓特烈对形势做了这样的概括：

> 每捆稻草、每批新兵、每笔金钱、我能弄到手的一切都是，或者说都成为敌人的恩惠，或者证明他们的疏忽，因为他们实际上能把一切都搜刮殆尽。在这里，西里西亚的每个要塞都任凭敌

第二十章 七年战争

人摆布。什切青、屈斯特林，甚至柏林本身都向俄国人敞开，他们高兴要怎么办就可以怎么办。在萨克森，可以说道恩的第一回合就把我的兄弟扔过了易北河……如果命运继续对我如此无情，我毫无疑问只得屈服。只有命运能使我摆脱目前的处境。①

命运大发慈悲，对腓特烈有所偏爱。由于俄国女沙皇叶利扎维塔于1762年1月5日去世，从1759年以来反普联合背后的推动力量随之消失。正是她坚持反对媾和建议，决心瓜分腓特烈的领土，并且把他降为一名将来对其邻国不能为害的选侯地位。由于腓特烈同样抱有决心，在他统治下的每个村庄绝不能丢失，因此战争将旷日持久在所难免——这场战争，除非发生奇迹，只能以普鲁士君主政体的彻底垮台而告终。叶利扎维塔的侄子彼得三世继位。他不信任奥地利，也讨厌法国，而且几乎崇拜这位普鲁士国王。于是他在5月5日立即与这位普王签订和约，归还所有被征服的领土，从而取得了普鲁士对于为了维护他的家族在石勒苏益格—荷尔斯泰因的权利而对丹麦的战争给予支持。俄军撤离东普鲁士和波美拉尼亚的东部；瑞典也效法俄国的榜样，于5月22日在汉堡签订和约。根据后来于6月16日签订的一项协定，一部分俄军交由腓特烈调遣，于是腓特烈的军力重振，转而攻击孤立的奥军。7月21日，道恩在布尔克斯多夫被打败；10月9日再克施魏德尼茨，于是普鲁士控制了西里西亚。在萨克森，亨利公爵在弗赖贝格打败奥军，这是七年战争中普军未经国王亲自指挥而获胜的唯一大战役。7月，彼得三世被刺，叶卡捷琳娜二世继位，联盟破坏，这显然解救了腓特烈（叶卡捷琳娜不想为普鲁士的利益与奥地利进行战争，更不愿意为荷尔斯泰因而与丹麦开战），同样她也无意与普鲁士再启战端。奥地利要单独打败普鲁士并收复西里西亚是不可能的。由于西里西亚不能收复，法国就不能指望自己在奥属尼德兰得到补偿。因此，叶利扎维塔的去世为缔结和约解决军事僵局打开了道路；在此以前，由于普鲁士和俄国的态度毫不妥协，这是做不到的。

和谈的主要过程是：起初，英法试图单独媾和，未获成功，结果

---

① E. 丹尼尔斯：《七年战争》，载《剑桥近代史》（剑桥，1909年），第6卷，第297—298页。

法国和西班牙于1761年8月15日签订家族契约。接着,由于俄国和瑞典背离反普联盟,欧洲大陆的战争纯粹成为德意志的普鲁士和奥地利这两个统治者之间的王朝争斗。其后英法重开谈判,最后终于取得成功。奥地利孤掌难鸣,无法达到它的战争目的,于是也与普鲁士媾和。媾和的过程反映了战争的双重性质,并证明了这一事实:引起法英战争的目的,在性质上与欧洲其他列强之间的争吵是完全不同的。

腓特烈曾于1759年和1761年两次提议:在举行全面会议着手解决欧洲问题之前,法英应当单独进行谈判以解决两国的广泛分歧。他认为,法国一旦与真正的宿敌媾和,就会很快找到办法迫使奥地利效法其榜样。随着殖民战争的结束,次要的欧洲冲突必定会很快瓦解。腓特烈认为:

> 法英之间单独媾和可以成为全面和约的基础;这两个强国一旦完全解决它们之间的分歧,就可以共同协商,对全面和约的初步条款达成一致意见;其他交战国必须接受这些条款。阻碍这一建议的是皮特。他不愿抛弃腓特烈或考虑把腓特烈排除在外的任何形式的和约。皮特还认为,应当从法国手中夺取更多的东西,然后再考虑和约的条件;他根据18世纪正统的国际关系概念所制订的牺牲法国以夺取海军和商业霸权的计划,是无可辩驳的。即便如此,皮特在辞职前曾建议腓特烈割让领土以换取和平。这种政策成为比特政策的主旨。比特"决心要扮演主角,但没有下定决心要如何扮演这一角色"。①

人们常常责难比特和他的同僚在普鲁士亟须英国补贴的时候却停止了补贴,从而疏远了腓特烈——腓特烈在1773年还谈到当时对待他的这种无耻手段。但是,18世纪外交做法的基调是机会而不是义务。而腓特烈是最不配指责别人在外交关系中违背条约——在这场战争中,他自己就在英国之前提议进行单独和谈。事实上,在腓特烈因为不能接受英国补贴的附加条件而拒绝补贴以前,英国从未断然拒绝给予补贴。1762年,腓特烈在与俄国进行秘密的而且是不忠诚的谈

---

① R.佩尔斯:《美洲对欧洲大陆的战争》,载《英国历史评论》,第51卷,第463页

第二十章 七年战争

判时已经走得很远,如果英国内阁获悉谈判的条款,是不会同意的。彼得三世改变态度,促使腓特烈准备了一个最后瓜分奥地利属地的计划。腓特烈保守他与俄国打交道的秘密,这是引起英国不满的主要原因,正如比特在1762年4月9日写的:

> 普鲁士国王陛下仍然指示他驻在此地的使节……极力要求我们支付以前所给予的补贴。但是,英王宣布的条件是……补贴要用于争取和平,而不是延续战争……令人最痛心的事莫过于目睹我国的慷慨赠予被如此地滥作他用,以致在欧洲酿成新的战乱。因此,英王必须在获得进一步的情报,并且更加清楚地看出可能给予的补贴将做何用途时,再决定是否给予补贴。现在暂停补贴尤属必要,因为,一旦普鲁士国王真的与俄国缔约,结果俄帝国的军事力量在天平的那一头消失,那么他将……没有什么理由要求英国给予任何援助,即使他可能愿意为英王陛下的防务提供一旅之师。①

简而言之,英国不愿为腓特烈和彼得三世打算瓜分奥地利和丹麦领土的战争掏腰包。

比特的失策为腓特烈提供了借口,但不能说明他做得有道理。比特的办法是笨拙的,而且考虑不周;但是,过去给予补贴是为了要维持腓特烈使之不致垮台。1762年,腓特烈与俄国结盟后,他就想用这种补贴延长战争。比特没有继续给予补贴的义务,因为这种补贴原来的目的与腓特烈这时打算把它用于的目的已完全不同。英国和普鲁士的分裂已不可避免,因为联盟虽然自1758年以来作用颇大,但从一开始就存在着根本分歧。"开始时如此突然而且几乎是出于偶然的联盟,很少能够在这样长的时期内忠实地得到遵守的,而且执行盟约时的条件又与原来订约时的条件完全不同。"② 英国与法国交战,需要普鲁士与法国人开仗;可是,对于普鲁士来说,真正的敌人不是法国,而是奥地利。甚至在经济补贴条约签订以前,腓特烈就曾极力主

---

① J. H. 罗斯:《腓特烈大帝和英国》,第2编,载《英国历史评论》,第29卷,第269—270页。
② 同上书,第275页。

张英国派遣一支舰队前往波罗的海以压制瑞典舰队和俄国的舰队，而英国则未曾与这两国交战。所以，这是绝不可能的——且不说有切断来自波罗的海的海军仓库的供应的危险，而英国的海军在其主要的战斗中，要承担更多而且更为迫切的任务。随着战争的进展，英国的目的大都达到了；而腓特烈的目的则不是这样，他希望，为了越来越是普鲁士的利益而不是英国的利益，联盟要继续下去。1760年后，随着普鲁士的境地似已陷入绝境，英国对于这场只是因为腓特烈不愿意牺牲领土给敌人而延长的战争，越来越不感兴趣——英国实际上往往愿意提出忠告，而不愿提供现金。比特由于对18世纪各种关系的基本现实理解错误，过分热衷于和平，在谋略上又完全不是舒瓦瑟尔的对手，而且完全无视战事可能对英国有利这一事实，因此他希望与法国建立永久的和平，而不是传统的不稳定的休战。这就是他在媾和期间何以置英国以及普鲁士的利益于不顾的原因所在。1762年德意志的战事尤其给他在谈判中提供了一种有价值的手段，但他从一开始就轻率地把它抛在一边。这种不顾一切的态度，在以后的10年中产生了严重的后果——英国在美洲独立战争中的孤立；腓特烈大帝在这次战争中极力阻挠英国在各德意志公国招募兵员，并且拒绝任何在英国军队里服役的德意志的士兵通过普鲁士的领土。

皮特的目标是要继续对法国的战争，一直打到法国同意达成保证英国霸权的条款为止。舒瓦瑟尔为了反对皮特的这一目的，则威胁说如果皮特不同意达成较为温和的条件，就要把西班牙拉入战争。1761年7月29日英国提出最后通牒，要求"立即就此事做出明确的回答和最后的决定"后，舒瓦瑟尔就准备在西班牙的帮助下把战争继续打下去。因此，他在1765年制定的一项备忘录中这样解释他的动机说：

> 于是，我向国王陛下建议采取双管齐下的方针：一是继续与英国进行这样的谈判，即这次谈判如果不成功，这次谈判由于其简单明了，可以作为皮特在比特的势力面前下台时必然会举行的全面谈判的基础。同时——这是我认为必不可少的第二种策略——我开始与西班牙交换看法，其设想是这样的：如果我们媾和，西班牙国王将会发现，在谈判中支持我们并保障条约的稳定

性,对西班牙有利。相反,如果我们这一做法失败,我的计划则是把西班牙拉入战争,法国就能在西班牙参战这一新的复杂情况下所出现的事态中得到好处,并且补偿它的损失。最后,如果事态不利,我的看法是:西班牙的损失会减轻法国可能遭受的损失。①

家族契约及其密约规定:在西班牙对英国的许多不平未得补救以前,法国将不媾和;如果到1762年5月1日为止的8个月内不能缔结和约,西班牙就将对英国宣战。西班牙即将在这一天接受法国于1756年5月从英国手中取得的米诺卡岛,并在战争期间派兵守卫该岛。如果战争最后取胜,法国将尽一切努力保证在媾和时将该岛割让给西班牙。其他海洋国家如果希望加入此约,亦应允许加入。葡萄牙将被邀请加入此约,以便对英国关闭其港口和停止贸易往来;如果葡萄牙拒绝,它将被看作法西两国的共同敌人,是英国的盟国。法西两国将协调一切军事计划。西班牙原来计划的拥护者们就像后来的拿破仑一样,总是认为英国的力量完全依靠它的商业;他们在拿破仑之前就向法国建议组成一个欧洲大陆体系,在欧洲各港口把英国贸易排除出去。舒瓦瑟尔准备争取俄国对这一计划给予支持;西班牙自己则将与地中海各国打交道。这个计划根据要获得某些补偿以抵消英国在海外夺取的征服地这一旧的观念,还建议进攻直布罗陀、牙买加和爱尔兰,甚至建议由法国入侵奥属尼德兰——这真是一个防备这一宏伟计划可能遭到失败的奇特的保险政策。舒瓦瑟尔却希望西班牙集中力量对付葡萄牙——葡萄牙拒绝了要它参加进来反英的建议,因此于1762年遭到入侵。葡萄牙在一支英军的援助下,成功地进行了抵抗。只是作为孤注一掷,舒瓦瑟尔才在1762年计划对英国发动一次法西两国联合的反击,以便迫使它接受合理的和平条件,其办法就是渡过一片没有制海权的海洋入侵英国。为了获得5—6个星期的区域性暂时的制海权,则在葡萄牙采取军事行动,并佯攻直布罗陀和牙买加,进行牵制以分散英国的海军防御力量。为了避免由于大批部队集中而引起怀疑,这次行动预计要采取连续波浪式的运动;默兹和下莱茵之

---

① J.S.科贝特:《七年战争中的英国》(1907年),第2卷,第185页。

间的威斯特伐利亚军队作为后备队的10万部队，只是在需要时才向沿海一带进军。

两个波旁国家之间的这个秘密联盟是皮特辞职的原因，因为内阁拒绝了他提出的立即采取措施对付这一可能进攻的要求。舒瓦瑟尔继续与英国和谈，他只是在争取时间等待这个联盟瓜熟蒂落，因此英国终于不得不面对着这个新的敌人。1762年1月2日宣战；到年底，哈瓦那、马尼拉和菲律宾全都落入英国手中，这主要是皮特在辞职前所作的计划的结果。

由于上述种种原因，欧洲列强间所有直接和谈的尝试，在叶利扎维塔逝世之前都未告成功。不妨举例说明。1761年1月22日，法国驻圣彼得堡大使通知俄国首相说，法国由于国内原因需要和平；他还指出，普鲁士由于当时局势危急，肯定会听取合理的建议。第二天，奥地利也提出了相似的建议。女沙皇在答复中坚持：联盟的原来目的，即"在根本上永久削弱普鲁士国王"这一点没有实现以前，就谈不上什么公开的和平建议。此外，她还附加了一些条件；这些条件（奥地利保有在西里西亚实际征服的土地，调整瑞属波美拉尼亚的边境，并把东普鲁士割让给俄国自己），只要还有一点可能继续战斗下去，腓特烈就绝不会接受的。和会可能召开，但战争应该继续进行下去——休战只会对腓特烈有利。俄国驻伦敦大使戈利钦提出的关于所有交战国及其盟国在奥格斯堡开会调整全面和平的建议，没有取得任何结果。

1762年，法英重开直接谈判。和约的前言于11月3日在枫丹白露签字，并于1763年2月10日在巴黎条约中得到确认。根据条约关于欧洲战争的条款，法国同意归还除普鲁士以外的英国所有的德意志盟友的领土，即撤出和归还汉诺威、黑森和不伦瑞克。普鲁士领土（莱茵河领地克勒韦斯、格尔德和默斯），只有在玛丽亚·特蕾西亚知悉并同意的情况下才可撤离。双方同意不再向他们的欧洲盟国进一步提供援助。除非西班牙同时媾和，否则英国将拒绝与法国媾和。于是舒瓦瑟尔劝说西班牙同意于1762年8月进行谈判；西班牙根据最后条约从葡萄牙撤出。

1763年2月15日普鲁士、奥地利和萨克森在胡贝图斯堡议定的解决办法，反映了恢复"战前状态"的这一军事僵局。腓特烈不让

第二十章 七年战争

俄国参加这次为结束战争而进行的和谈,因为俄国早已退出了这次战争。腓特烈依然无可争议地拥有西里西亚,奥地利没有为收复这个省再动干戈的企图。腓特烈甚至在1762年与俄国和谈时就准备放弃东普鲁士以换取萨克森,这时他不得不放弃这块选侯领地了。他本来希望为萨克森选侯奥古斯特三世全部或部分地保住这块领地,虽则他拒绝为该地遭受的损失给予赔偿。腓特烈也许诺投票支持玛丽亚·特蕾西亚的长子约瑟夫大公为罗马天主教徒的国王。

英国放弃了西印度群岛和东印度的法国属地,这就回击了关于它已抛弃普鲁士的讥讽。当一个强国为了保证一个遭受压迫的伙伴恢复"战前状态"而放弃它的一部分征服地时,人们如果认为战胜国的让步与敌国归还该伙伴的领土二者之间有着某种关系,这是合乎情理的。英国政府在英法谈判中所采取的行动,向普鲁士保证了它可以收复其西部的属地;这些属地,普鲁士过去是无力保卫的;而且,如果不是它的盟友英国对法国提出以殖民地作为牺牲,这些属地也是无法收复的。

虽然七年战争没有使欧洲的领土发生多大的变化,但它对欧洲各国的地位和未来的政策却产生了重大的影响。运气以及腓特烈的军事才能,使普鲁士作为一个"大国"免于覆灭。

> 普鲁士的四面边境极易受敌,决无希望可以进行有效的防御免遭侵犯。关键的问题是,这个贫穷、人口不多的小国君主腓特烈是否能够保持一支与两个大帝国的联合力量相抗衡的军队;这两个帝国中的每一个可以投入战场的军队在数量上都超过他的军队,并且具有极大的灵活性。这个问题腓特烈所以能够顺利地做出答案,不仅是由于他的军事天才使他能够一次又一次地进攻并打败敌人,而且也是由于他的奥俄对手联合中存在着缺陷和相互猜忌以及在气质上存在着他能够充分利用的某些根深蒂固的弱点。[1]

7年来,腓特烈坚持住了,没有被奥地利、俄国、瑞典、德意志

---

[1] H. A. L 菲希尔:《欧洲史》,1卷(伦敦,1936年),第759—760页。

南部各邦以及法国的大部分兵力所组成的协调的，但并不完善的联军所打垮，虽然他的属地付出了可怕的代价。普鲁士1/9的人口在战争中死亡；津贴和对被占领地区的掠夺，只能支付战争的财经费用的1/4到1/3。腓特烈自己就这样写道：

> 普鲁士的人口在七年战争中减少了50万。这个数字在450万的人口中是相当大的。贵族和农民遭受这么多军队的劫掠和勒索，如今除了破衣烂衫外，已一无所有。他们已经没有足以维持每日所需的钱财。城镇已不拥有警察，公平的精神和秩序已为无政府状态和自私自利所取代。由于敌军频频入侵，法官和税收机关的工作废弛。随着法纪的荡然无存，轻举妄动和贪婪强暴之风大长。贵族、商人、农民、工人和制造商极力提高他们的劳力和产品的价格。人人似乎都想用敲诈勒索的办法相互毁灭。这就是以前曾经如此繁荣的行省在战争结束后呈现的可怕景象。各省的面貌就像是三十年战争结束后的勃兰登堡。①

据战后第一年的估计，波美拉尼亚需要家畜8766头，每头价值25塔勒；1246家农舍毁于战火，需要重建。诺伊马克损失68866头羊。屈斯特林完全毁于炮火。西里西亚空旷的农村需要3723栋房屋、2225座谷仓和3495个马厩；城镇则需2917栋房屋、399座谷仓1380个马厩。选侯地马克损失25000匹马、17000头种牛、20900头母牛、121000头羊和35000头猪。

腓特烈为了使普鲁士跻身欧洲强国之列，在欧洲几乎完全限于孤立——与英国不和，与法国没有外交关系，总是与奥地利和萨克森为敌。在这种形势下，与俄国结盟势在必然。俄国参加这次战争除了提高声望以外一无所获，这时则和腓特烈共同对波兰王国的命运发生了兴趣。

法国投入了一场精疲力竭而徒劳无功的战争，在欧洲大陆上扮演了一个从属的角色。它在人口和军事资源方面还是欧洲第一流的强国，但在战争中已不负往日的威望了。法国色厉内荏，要他人以欧洲

---

① 菲希尔：《欧洲史》，第765—766页。

第一大国相待，但国内意见纷争不已，国力已经削弱，士气受到打击，全国深受震撼。缔结一项保证英国的海上霸权和普鲁士的军事威望的和约，这对于法国来说只能是"不光彩的和约"，要尽快予以纠正。再者，思想上的习以为常以及政策，使联盟改弦更张变得困难了，这就像使法国陷入这场战争时那样。法国对奥地利的强烈的传统敌意根深蒂固，靠一代人的创造性的外交活动是根除不了的。七年战争灾难性的结果，严重地动摇了法国的王权并为它的垮台做了准备；这个结果是法国政府何以在1791年后匆忙地回到故道上去，回到对奥战争传统去的一个原因——奥属尼德兰被"革命的法国"占领。法国不再是欧洲的仲裁人。在七年战争以后的年代里，力量均势东移。奥地利、俄国和普鲁士控制了欧洲大陆的事务，而法国的势力，特别是在东欧的势力被取代了。一些重大事件，如1772年瓜分波兰和1774年肢解土耳其，都没有法国的参加。

英国不能两全其美。英国能够要求比它已经要求的还要苛刻的条件，这一点是可以肯定的。皮特本来可以这样做的：搞垮法国使之无力进行报复，并且使之降为二等国家。在他看来，和约是不可靠的，因为它使敌人恢复了昔日的威风；而且和约也是不适当的，因为英国得到的地盘抵不上交出的地盘。皮特的现实主义遭到这样一些人们的反对，这些人认为，法国即使被搞垮，也不会永远一蹶不振。像法兰西这样有活力的民族，一定会重新振作起来，报仇雪耻。此外，实际上对海军资源进行垄断，就会激怒各海洋国家，促使他们结成敌对的大联盟。以其人之道还治其人之身而又满足于维持一种使勇武好斗的敌人可以忍受的局面，结果英国毫无意义地做出了很大的牺牲。英国已经走得很远了，超过了法国所能接受的程度。在那个时代，让步表示软弱，而非实力，因此舒瓦瑟尔已在考虑报仇雪耻了。此外，用孤立主义的和约来结束一场干涉别国的战争，是毫无用处的。七年战争的结果意味着，英国和法国之间这场范围比较广泛的斗争，这场争夺统治权而非几块属地的斗争，仍然有待分晓。

（潘永樑　译）

第二十一章
美洲殖民社会的发展

1. 拉丁美洲

由于欧洲列强的克制，西班牙在1714年看起来还保持着它的美洲殖民帝国。西班牙王位继承战争结束时，许多外界的观察家认为，西印度群岛或其一部分会很容易地与西班牙分离开来。但是，不管这种见解是否正确，这样的情况并未发生。西班牙在政治上得到法国的支持；它的敌人需要的是它扩大贸易，而不是要它扩张殖民地。西属美洲仍属西班牙，只是它在政治、军事和经济方面的声誉已一落千丈。在整个18世纪前半叶，在西班牙的国内外不断出现了大批书籍和小册子，抨击西班牙在西印度群岛的行政管理机构所执行的政策以及其软弱无能。

大多数外国作家在这个问题上，一方面对美洲各殖民地附属国的实际或潜在的财富垂涎三尺，另一方面对西班牙的行政管理失当则表示蔑视。例如，在"一个英国商人"（约翰·坎贝尔）于1747年在伦敦出版的《美洲的西班牙帝国》一书中，这种双重态度就十分明显。作者写道："恰当地说，西班牙人的弱点乃是他们政府的弱点。这里既不缺人，也不缺少防御的能力。只是省长们以及其他国王委任的官吏如此玩忽职守，以致造成世风日下，腐败丛生、民心萎靡。"这位"英国商人"接着列举外国对西班牙殖民地的历次进攻，指出其中一些进攻得逞，但更多的进攻却被当地英勇的抵抗所打退。他因此得出结论说："因此，看来毋庸争辩的是，这些地区里西班牙人受挫的原因，不在于西班牙人的软弱，而是历届西印度殖民议会的无能。"诚然，发表这些见解的人出于贸易的利益，对向西班牙开战感兴趣。可是，西班牙的作者们也持同样的看法。豪尔赫·胡安和安东尼奥·德乌略阿在1749年合著的《美洲秘闻》一书的序言中，就有类似的论述："西印度群岛诸国土地肥沃、物产丰富、作物繁茂……由于远离国王和他的首辅，而被置于一群只知个人利益者的统治之下……如今沦落到如此地步……正义不张，讲理无门，以致社会混乱不堪，邪恶横行无忌。"① 序言后的报告正文最直率和最详尽地揭露了卑劣的暴政和行政中的腐败现象。而且这是一份由两位被派往南美洲执行科学考察任务的海军军官写给国王的秘密报告，他们并无诽谤殖民地政府的动机。一些作家把西印度殖民地的财富和潜力跟西班牙殖民当局的无能之间的突出矛盾，与人们对夺取这块殖民地所采取的方式所感到的内疚心理联系在一起。当然，这种自责的情绪并不新鲜——从16世纪以来，西班牙的理论家们就一直具有这种心理——可是，18世纪政治上的悲观主义大大地加强了这种心理。德马克纳斯在他辛辣的《西班牙的遗嘱》一书中，让垂死的西班牙留给它的继承人"……几块有价值的领地。这些领地是一个热那亚人以废黜几个君主和剥夺本地人民自由的方式给我挣来的。我并无凌驾于这些人民之上的权力，正像他们没有凌驾在我之上的权力一样……现在我宣布，我拥有的这些辽阔领地是靠巧取豪夺抢来的……"② 他接着写道："事实上，除了海岸线上一些小小的领地，以及几个岛屿以外，我实际只是控制很少一部分的西印度群岛。那里还有很少一部分土地属于法国和英国。但是，这些国家的勤奋，通过它们的积极活动，也由于我的疏忽大意，使他们能够开发了他们殖民区的内地。"

整个西班牙帝国的实际情况在多大程度上能说明上述悲观情绪是有道理的呢？西班牙本身在经历了漫长的、破坏性的王位继承战争后已变得贫困；这场战争是在死气沉沉的查理二世的统治结束以后发生的；它却使波旁家族的腓力五世登上了国王的宝座。国家在查理二世统治下就已衰败不堪。在整个17世纪，敏感的西班牙人由于贫困、失败和不满，心上早已压抑着一种国势衰落之感。他们对这种衰落感

---

① A. P. 惠特克编：《豪尔赫·胡安和安东尼奥·德乌略阿在他们1749年写的关于秘鲁情况的秘密报告中写的序言》，载《拉丁美洲历史评论》，第18卷，第511页。
② M. 德马克纳斯：《西班牙的遗嘱》（1740年），（墨西哥，1821年），第10页。

的反应是退缩到挑战性的孤立状态中去，对陈规旧俗抱残守缺，拒绝接受或承认外来的思想。17世纪欧洲思潮的主流在哲学、数学和自然科学方面获得了突飞猛进的发展，但它却没有波及西班牙。根据当时的标准衡量，西班牙和西属美洲在思想、政治和经济上都很落后。许多有头脑的西班牙人感到这种落后状态乃是奇耻大辱。

西班牙的经济落后直接影响了西印度，因为殖民地中的欧洲人和混血种人的人口日益增多，但却又不能从西班牙得到足够数量的、价格有竞争性的黑奴和工业品；而殖民地产品，除了金银以外，在西班牙市场上也没有多少销路。西属美洲的繁荣是他们自己努力的结果。他们的许多（也许是大部分）海上贸易都是与走私贩子进行的。来自西欧所有海上国家的商人都公开嘲弄塞维利亚－加的斯的垄断政策，甚至殖民地官方船队也常常运载外国的货物。

如果说西班牙无法供应殖民地的必需品，那就更谈不上能保卫这些殖民地了。西印度殖民地一直到七年战争结束时才有了职业军队；而在此以前，各省极易受到攻击，充其量只能靠组织当地的民兵进行自卫。至于海军，它在腓力二世统治末期遭到惨败后，从此一蹶不振。可能负有在进入加勒比海航路上巡逻以保护贸易的巴洛父托无敌舰队则时有时无，因为维持这支海军的经费多次被挪作他用。在战时，从西班牙本土派出的作战舰队常常装备不良，数量太少，不足以担任所负的任务。在和平时期，殖民地人民只得依靠自己的力量，抗击海盗的袭击。无论在和平时期或战争期间，较小海港的所谓"防卫"实际就是撤退，即带着能搬动的财产，匆忙撤到内地，一直躲到危险过去。这种"防卫"方式并非总是不成功的，因为甜酒和黄热病有助于削弱来犯者。当然，大多数较大港口是设防的，也能进行顽强的防御战，正如1741年英国海军上将弗农在卡塔赫纳港发现的那样，但在那时，情况已有改进。在18世纪初，加勒比海大多数港口的海防工事未受重视，卫戍力量很弱。多亏主要城镇全在内地，这成了殖民地最好的卫戍手段。

然而，17世纪西班牙日渐衰落的最严重征候出现在普通的民政事务中。天主教君主（如查理五世，一定程度上还有腓力二世）在选拔重要官员时是相当慎重的，这是他们的显著特点；但到了哈布斯堡家族后来几位君主统治的时期，则是随意提拔宠臣，最后，竟发展到普遍把官职卖给出价最高的人。出卖官职的做法，从出卖小官职如法律公证人或镇议会的议员，发展到除法官以外的所有各种职务都可以出卖。国王常常无视大臣的忠告，把许多责任重大的职位卖给一点也不称职的人，而这些人往往又通过代理人视事。在查理二世统治时代，甚至连西印度殖民议事会本身的席位也出卖。这样，当这个殖民帝国的制定政策的主要机构的成员职位就被人视为私人投资，整个行政管理机构就不可避免地日趋瘫痪。卖官鬻爵不仅是国王与臣仆之间的简单交易，而且本身就是一宗组织严密的生意。官职不但能用钱买到，而且像其他形式的财产一样，可以馈赠、抵押或没收抵债。人们往往借款来购买官职以进行投机。有时亦可将官职赐予朝廷宠臣，他们再出卖谋取私利。因此，放债人与官职经纪人在交易中作用颇为重要。国王在西印度殖民地的许多臣仆经常债台高筑，就靠合法的酬金和不合法的勒索来偿还债息。难怪17世纪的殖民地官员在诚实的水平、积极性和勤奋方面整个来说都是低下的。哈布斯堡王室政策的一些值得称赞的特点——如对司法的认真态度和对殖民地土著人民的权益比较体贴的态度——往往被他们忘记了。

但是，整个殖民地的行政机构臃肿，繁文缛节，文牍如山，任何能力高强和忠心耿耿的官吏在工作中总是一定会感到到处碰壁，一筹莫展。在理论上，哈布斯堡王朝的体制是高度中央集权制，就是说不请示马德里，对于任何稍稍具有重要意义的事情均不得做出决定，也不得动用款项。这就往往意味着无法做出任何决定。此外，各个中央政府机构即使由能干的大臣掌管，也无力处理每次舰队到达时带来的大量文件。对于一些即使是很小的问题，殖民地总督和检审法院的法官也得等待朝廷的答复，有时要等待几年。决定到达后，执行起来也十分困难，因为在西印度殖民地的发号施令的链条中缺少一些关键的环节。殖民地的各省由省长统治，两个大省则由总督统治，省长和总督都有一个上诉法院为其谋划，上诉法院并起到行政议会的作用。但是，在这些负有责任、享受高薪的命官与地方长官（即今日所谓的地方官吏）之间，却缺少一个环节。地方长官为数众多，除了少数人以外，薪金都很菲薄。他们的辖区大都很小，而且也没有受过什么司法和行政工作的训练。因此，由于上司督察不力，他们中间大多数人的政绩恶劣。无怪西班牙古老的文学中常把地方长官描绘成可笑的人物。但是，总的来说，地方长官无疑是哈布斯堡的行政体制中最薄弱的环节之一。

地方长官的不可信赖，对于印第安人危害最大，因为检审法院虽然特定地负有保护印第安人利益的责任，但它们为数甚少，而且诉讼程序既复杂，花费又大，印第安人根本无法享受上诉法庭的法律保护。监护征赋制——16世纪初西班牙征服者与印第安人之间所建立的旧的准封建的契约形式——到18世纪初期时，在大部分省份里都废弛了。地方长官成了印第安人必须与之打交道的唯一西班牙人，他们的话就是法律。许多地方长官巧取豪夺，横行乡里而不受惩罚。他们估定并征收应向国王缴纳的赋税，强迫有劳役义务的印第安村庄为公共设施服徭役。他们又以地方法官的身份课罚金和收取诉讼费。所有这些职责提供了无休止地侵吞公款和敲诈勒索的机会。此外，他们还以分派劳役制的名义对一些类别的工业品实行商业垄断。这种分派劳役制本来是为了使印第安的耕种者比较容易地买到欧洲生产工具和其他有用物品的一种手段。但在肆无忌惮的地方长官的手中，这种手段却变成了向印第安人强行推销各种无用而昂贵的货物，从而牟取他们私利的手段。

在殖民地官场中，总督、财务官和法官等省级大员与地方长官这些地方小吏之间的这种脱节，虽然是行政管理上的一个严重缺陷，但却不如西印度殖民地白人社会中两个阶层之间日益扩大的社会分裂严重。尽管大部分的"职业"官员，尤其是职位较高的官员，都是欧洲出生的；但财富、社会威望和地方势力却大多掌握在充当市镇议员和市镇长官（"直隶市长"）等美洲出生贵族的手中。这些在美洲出生的西班牙人在惯于使用大量土著劳工的殖民地社会里，养尊处优，妄自尊大，以家长自居。西班牙美洲的白人社会一般来说轻视贸易和体力劳动，他们集中力量从事银矿开发和家畜饲养这类活动，因为这些活动只需监督他人劳动，而不需自己动手工作。庞大的农庄产业和银矿为他们在城里建起豪华的住宅提供资金。广大的"穷苦白人"也以自己的贵族血统自豪，而且也厌恶劳动。在18世纪，"克列奥尔人"[①] 与

---

① 西班牙移民的后裔。——译者注

殖民地社会中的"梅斯蒂索"① 和印第安人的距离越来越大——这一倾向表现在大学越来越排斥混血种人，从而间接地把混血种人排斥在需要学问的职业以外。

与此同时，克列奥尔人与欧洲出生的西班牙人之间的隔阂也越来越大。他们是强烈排外的贵族，怀着嫉妒和蔑视的复杂心情看待伊比利亚半岛来的西班牙人，包括派来管理他们事务的官员在内——这是乡下人对大都市官吏的嫉妒，是拉丁美洲征服者的后裔对靠着殖民地发迹、由穷光蛋变成富翁的职业抄写员的蔑视。殖民地改革者面临的一个问题是：分散行政权力，更多地利用克列奥尔人的才能，还是为了提高效率和王室控制权进一步实行中央集权。许多资深的观察家向国王提出建议要更多地注意到克列奥尔人的愿望。胡安和乌略阿的著作多处提到克列奥尔人的嫉妒和由之引起的宿怨。他们极力主张政府更多利用经选举产生的市镇长官的权力和威望；他们说，这些地方贵族的命令比欧洲人官员的命令更容易为他们的克列奥尔人同胞所接受。腓力五世的一位大臣坎皮略在著作中也持同样主张，应鼓励克列奥尔人与欧洲人家庭通婚，尤其提倡西班牙军队更普遍雇佣克列奥尔人、混血种人和印第安人。然而，尽管有这些反复的告诫，18世纪的西班牙政策还是选择了中央集权的办法，这就普遍地无视了克列奥尔人愿望的种种要求。

西班牙的波旁王室在一段时间里，在把西班牙重新纳入欧洲发展的主流中去，并按时行的方针——当时法国的方针——改组帝国政府方面，起了很大作用。他们的成功只是部分的，而且按照18世纪的标准，往最好里说，也是缓慢的。卖官鬻爵这种到处存在的政府劣迹，虽然在18世纪程度上有所减少，而且比较细致地被置于监督之下，然而，一直到1812年才被废除。波旁王室的大刀阔斧的改革都发生在七年战争以后——如用殖民部代替西印度殖民议会，作为行政管理机关；建立监督管辖区，作为总督和地方官吏之间的联系环节；废除塞维利亚-加的斯的贸易垄断权，以减轻商业的负担，从而使贸易大增；驱逐耶稣会——所有这些改革，本章暂不论及。改革和行政管理合理化的过程从腓力五世时期开始，速度虽不尽相同，但却一直

---

① 欧洲人和印第安人混血儿。——译者注

持续到18世纪末。

殖民地行政管理中的新精神最早的表现之一，就是制定了一系列旨在对付教会财产的法令。修道院教士的庞大人数，教会永久管业的大量土地，以及什一税和其他教会税收的沉重负担，所有这一切都是西班牙和西印度殖民地经济中众所周知的民怨之所在。1717年颁布的一项法令列举了这些不平，禁止建立新的修道院设施。1734年，修士会被禁止在10年以内接收见习修道士。1754年又制定立法禁止正式教士参与起草遗嘱。最后这条法令虽则在以后的几年中三令五申，但显然不能实行。在半个世纪后写作的洪堡是殖民时期结束时修道院教士人数和财产的见证人。西班牙波旁王室的早期统治者的反教士立法，除了限制避难权和扩大民事法庭审判犯罪僧侣的权限等明显的措施外，都是贯彻不力和不认真的。但是，主张限制教皇权力、要求各国天主教自主的运动已在产生影响。波旁王室跟他们的前辈不同的是，他们总是声称教会的庇护权是君主直接赋予的，而不是依靠教皇的特许。在这整个时期，在管辖教会中拥护君权的情绪不断增长。18世纪的君主政体不能容忍国中之国；1767年把耶稣会驱逐出所有西班牙的属地，即是国王权力凌驾教会之上的戏剧性的表现。

波旁王室在另一个不同的国王活动领域中进行了一次颇有特色的试验，就是根据腓力五世1728年颁布的法令进行激进的货币改革。这些法令就是要将制币厂从原来经营的私人承包商手中夺过来。政府将按自己的需要收购金银矿所有的产品并进行加工铸造，不再允许矿主或金银商人擅自铸币。政府制定了详尽的规则，管理新币的设计，从而使偷减币金或制造伪币不能得逞。铸造的金币盾在重量和成色上与银币里亚尔相同；1750年开始实行16∶1的固定金银比值后，一盾值两枚"8里亚尔的银币"。新规定几乎立即在新西班牙实施（1732—1733年），但在秘鲁到1748年才实行。新规定不能完全制止货币减色或金银走私——整个18世纪，人们都在抱怨这个问题——但是，明显地改善了财政，节约了开支。可是另一方面，殖民地小面值货币的短缺问题却长期没有找到解决办法。那时没有铜货币，因此，一直到18世纪，印第安人在小买卖中还继续使用可可籽作为辅币。

重新铸造货币的过程中，金银的产量恰好大增。尤其在墨西哥，制币厂里用于铸币的白银量在 1700 年至 1770 年间增加了一倍。但是，大部分的制币金银产自几个富矿。在一个财富通常投资在土地上的国家里，流动资本供不应求，不能为矿业提供充分的资金，也不能为深矿提供抽水和维修的机械。18 世纪中叶，墨西哥城有 3 家银行专门为矿主提供贷款，但是它们的财源有限，财政状况也不稳定。另外，开矿的方法则十分落后而又草草，结果只有在地表处蕴藏富矿脉的矿才能保证开采成功。这个工业整个来说是没有效率的；大多数的矿都很小，具有高度的投机性质，而且常遭财务危机的打击。一直到查理三世时期，政府才采取步骤将这一重要的工业加以组织，以便能为这些矿提供较多的资金，为其经营者提供适当的技术训练。

早期的波旁王室虽然很少扶持殖民地的采矿业，但却对把矿业品运往西班牙的海上通道极为关心。政府就像它过去一贯所做的那样，把它在经济事务方面的大部分注意力都放在管理西班牙和西印度殖民地之间的贸易上。外国的经济理论还没有强大到足以打破塞维利亚－加的斯对跨越大西洋的贸易的垄断。政府首先考虑的是要打击走私和重振查理二世时代衰落并在王位继承战争期间完全消失的舰队护航的旧有制度。缉私的任务主要交由非正规的缉私船队执行，它的劫掠行为一直给英国造成很大的麻烦。护航舰队在媾和以后不久就开始航行。1720 年签订了关于西班牙大帆船和护航舰队的草约，规定定期派遣船队。在 1715 年至 1736 年间，小型船队每隔两年至三年开往维拉克鲁斯一次。在此以后，由于战争或战争的威胁，航行停止了 20 年之久。在这些年代中，只有 5 个船队航行到波多贝略；1740 年，西班牙大帆船队就停航了。1740 年后，船只得到允许绕过合恩角驶向秘鲁，并经常获准在布宜诺斯艾利斯补充给养和淡水，虽则这个港口在 1778 年以前一直是不向一般来往船只正式开放的。当西班牙大帆船队不再航行后，波多贝略的定期集市不复存在了，同时巴拿马监督管辖区的繁荣也随之消失。新西班牙船队在 1754 年复航，断断续续地维持到 1789 年，护航制度最后被废弃。那时，这项制度早已陈旧得毫无用处了。

在早期波旁家族的统治下，护航制的衰落意味着贸易自由的扩大。越来越多的合法贸易由"注册船只"进行，这些商船自行出航，周转快，效率高。但是，这些注册商船仍然只能由塞维利亚和加的斯的特许商会的成员承运。只是在其他垄断组织成立后，特许商会的垄断权才被剥夺。因为政府利用外国的办法，即合股贸易公司来挽救贸易的衰落。数量有限的几批私营资本家获得了西印度殖民地的一些特殊地区的商业特权，有时还有行政特权，作为开发这些地区的资源和镇压走私活动的报酬。起初，这些特权只是在那些护航船队的货物很难进入而外国走私贩子却能通行无阻的落后地区，才给予的。于是，加拉加斯公司便在1728年成立，并享有了对委内瑞拉沿岸贸易的垄断权；1734年，加利西亚公司获得了每年派两艘商船前往坎佩切的特许权；哈瓦那公司在1740年成立；与伊斯帕尼奥拉岛和波多黎各进行贸易的巴塞罗那公司在1755年成立。所有这些商业冒险大多由西班牙北部的辛迪加开始的，这个地区的商人通常不插手与西印度殖民地的贸易。他们遭到安达卢西亚地区垄断商人的极力反对。这些公司中，除了一家以外，或由于经营不善，或由于运气不佳，或由于政府干涉，结果都在经济上告失败。只有加拉加斯公司是一个例外，它维持到了1785年，最后并入了菲律宾公司。该公司控制了委内瑞拉海岸，镇压了那里不少外国走私活动，使经海路运到西班牙的可可籽增加了一倍，而且大幅度降低了价格。它还发展了烟草、棉花、染料木和靛蓝等这些有利可图的贸易。它像垄断公司通常所遭遇的那样，受到殖民地人民的痛恨。但是，由于成立了这个垄断公司，委内瑞拉的繁荣也随之开始了。

　　殖民地的克列奥尔商人没有从这些发展中得益。尽管成立了这些公司，也许正因为成立了这些公司，加的斯的行会做出不懈的努力把南美其余的贸易更严密地限制在行会成员的范围内。1729年，它获得一项法令，规定只有本行会的有表决权的会员才有权用西班牙大帆船队和护航舰队运送货物的权利。同年，它又颁布规定，禁止美洲的商会充当出口公司的代理人。1735年，又禁止西印度的居民向西班牙汇寄金银用作向西印度出口的货物的投资。克列奥尔商人只有通过行会会员才能在加的斯做生意；虽然此项规定在1749年正式撤销，但实际上在此后的30年内还起作用。帝国内部的贸易自由到查理三世时才扩大到克列奥尔人。这时，克列奥尔商界的怨恨和失望已根深蒂固，单单这一项表示帝国优惠的制度已无法平息。

　　早期的波旁统治者在政治管理方面同样是保守的。他们在选拔殖民地高级官员时比前辈更为谨慎,仅此一点就足以保证殖民地的行政管理有明显的改进。除此之外,他们在行政管理的方法上就没有多少重大的改变。但是,他们却彻底改组了西印度殖民地的行政单位。在南美洲,秘鲁总督曾负责管理整个大陆上包括拉普拉塔河上边远而日益扩大的居民区在内的西班牙领土。18世纪,总督辖区一分为三。安第斯山北部的广大地区,先是在1717年临时地,接着在1739年永久性地从利马划分出去,从而在圣菲(即现在的波哥大)成立一个新的总督辖区。基多和巴拿马两个管辖区保持原样,隶属于这个新的总督辖区。但是,巴拿马作为一个独立的管辖区只维持到1751年,它的法院被取消时为止。它的司法和行政事务就转交给圣菲。另外,新近繁荣起来的委内瑞拉于1742年被宣布为一个单独的省,由其总督管辖,脱离圣菲的管辖。从此,委内瑞拉除了与玻利维亚进行过短期的联合外,一直单独存在。智利同样在1778年也成为单独的都督辖区。

拉普拉塔河地区的行政管理由于西班牙和葡萄牙对该河东岸的归属问题发生争执而复杂化了。葡萄牙人自1680年以来断断续续地在布宜诺斯艾利斯对面保持了一个小小的要塞。西班牙的第一个正式定居点——东方班达的蒙得维的亚①——建于1729年。双方经过多次争执和动武以后,于1751年签订边界条约,划定巴西边界,其走向大致与今日情况相同。这项界约在一定程度上是按照当时领土的实际归属,一定程度上也是按照地理上的便宜条件制定的。它把一些耶稣会传教区移交给葡萄牙。印第安人居民在传教士的策动下进行武装暴动以抵制移交。最后,当西班牙于1762年卷入七年战争时,这项条约终于被废除。但是,在1777年签订的圣伊尔德丰索条约几乎完全重复这项废约的条款,此后就没有再次发生争议。1776年,布宜诺斯艾利斯总督辖区的成立,是出于军事上的权宜之计,也是出于抵制葡萄牙对河东岸领土要求的需要。论争的结果是,在这块现名乌拉圭的领土上由西班牙人而非葡萄牙人殖民;由于耶稣会传教士表现出的造反倾向,西班牙遂在1767年决定把耶稣会从所有西班牙的属地上驱逐出去。

---

① 东方班达是乌拉圭在西班牙殖民时期的旧称。——译者注

另外，在北美洲，新西班牙总督辖区和危地马拉都督辖区保持原状不变；1751年制订的在墨西哥北部成立一个单独的总督辖区的计划，一直没有付诸实施，而于1776年在那里建立了一个单独的军事管理机构，以对付印第安人的侵扰。但是，加尔维斯对这一变动做出正确的估计：贫瘠的北部诸省无力维持一个单独的总督建制的费用。

腓力五世、弗迪南德六世和查理三世的大臣们在所有这一切的改革中，表现出要考虑地理上的便利和行政管理的效率的决心，而没有接受在哈布斯堡王室统治时长期以来就存在的、根据偶然的领土征服而划分的原有边界。18世纪中叶的这些变动大多经受了时间的考验而保持下来。查理三世时代的主要行政单位在下个世纪中差不多都成为各自为政的独立共和国。

随着西印度殖民地原有的行政机构的调整，各个定居省的边境也向外扩展了。这得归功于传教士的活动，他们深入荒漠和森林，远远走在当时的其他探险者的前头。最著名的传教区是耶稣会会士在巴拉那－乌拉圭盆地的瓜拉尼人中建立的30个闻名的村落；但是，在18世纪初期，安第斯山以东的莫霍人和奇基托人中，以及智利南部刚被征服不久的凶猛的阿劳坎人中，也建立了勤劳而有秩序的村社。这些都是耶稣会活动的地域。自1724年以来，圣方济会僧侣在下奥里诺科河盆地也建立了一些成功的传教区。在西班牙属地的最北端，即新西班牙北部的沙漠边境上，圣芳济会修士同样也在扩展他们的教区。新墨西哥这个在17世纪末曾是印第安人进行反抗、从事残忍烧杀的地方；在18世纪上半叶，一系列传教团沿着里奥格朗德河前进，重新在这里定居下来。成功的传教活动于1716年在得克萨斯开始了，而在帕努科河和圣安东尼奥河之间的新桑坦德，则始于1746年。与此同时，耶稣会传教士从索诺拉推进到下加利福尼亚，18世纪末又推进到上加利福尼亚。这些北部的传教区大多得到由小股士兵驻防的要塞（边境堡垒）的保护。它们与瓜拉尼人的村落不同的是：不像那里的耶稣会会士在国王的支持下通常总是把不信教的西班牙俗人赶出教区。撇开这点区别不谈，整个西班牙美洲的传教区，全都是按照似乎相类似的规划组织起来的。他们都在教区神父的指导下从事村社式的农业，以及纺纱和鞣皮等小型辅助工业。许多传教士是农业上的热心革新者，在许多地区引进了本地人原来不懂的家畜饲养和果树栽培技术。今天在不少传教区的遗址上仍能找到果园的断壁残垣。大多数传教区的发展是靠神父们的本事，他们说服半游牧的印第安人在教堂或布道馆附近的村子里定居下来，并从事定居农业生产。在一定意义上，18世纪的传教区是16世纪监护征赋制的继续。在原始的边民中，这种定居手段比别的办法效率高得多。在耶稣会驱逐后，随着18世纪后期对传教活动兴趣的减退，许多传教区由于无人经营而败落了。但是，在许多地区，殖民活动由继传教士之后来到的并同样受到军事保护的牧场主和探矿者继承下来。所以，16世纪只是在发现新矿、建立新的市镇方面胜过18世纪。旧金山、阿尔伯克基、圣安东尼奥、彭萨科拉、蒙得维的亚、库库塔、科皮亚波、兰卡瓜，以及许多较小的城镇，全都是在这段活跃的疆域开拓时期建立的。

在西班牙美洲疆域扩张的同时，巴西的扩张更为令人注目。17世纪，葡萄牙的殖民大多局限在东海岸和东北海一带的一些小城镇和甘蔗种植园；除了搜捕奴隶的小分队外，没有人深入内地。但是，17世纪末，在米纳斯吉拉斯、戈亚斯和马托格罗索发现了丰富的金矿，于是掀起了涌向西部的淘金热，一时间沿海的一些地区的人口大减，并为法国人于1710年和1711年在里约热内卢乘机武装登陆扫清了道路。这种真空在一定程度上由于欧洲移民不断地到来而得到填补。18世纪上半叶，巴西的边界推到安第斯山东麓。在主要按交战国在停战时以占领地为领土的谈判原则而达成的1750年边界条约中，西班牙政府承认了这条大大地推进到原来的托德西拉斯线以外的边界。葡萄牙政府把这些新近勘探的、几乎毫无人烟的广大森林地带组建成新的都督辖区。圣保罗和米纳斯吉拉斯都督辖区建于1709年；这个都督辖区陆续被划为米纳斯吉拉斯（1720年）、戈亚斯（1744年）和马托格罗索（1748年）3个单独的都督辖区。在边远的南部，西班牙人是危险的邻居；那里的南里奥格朗德畜牧省的殖民是在1734年开始的，1735年圣卡塔林纳建成为一个单独的都督辖区。这样，在南方就形成了一个畜牧业和矿业的社会，其经济和政治力量足与北方较资深的种植甘蔗的畜奴省份竞争。北部殖民地衰落的漫长过程早已开始。1751年，里约热内卢成立上诉法院，管辖南部几个都督辖区的司法事务。1763年，蓬巴尔把整个国家的首都从巴亚迁往里约热内卢。

蓬巴尔从1750年至1777年任约瑟夫一世的大臣,他在葡萄牙的同辈人中是一个出类拔萃的人物,他对巴西的贡献就像弗迪南德六世和查理三世对西属美洲的贡献一样巨大。葡属殖民地的行政管理一直比西属殖民地更松散,从某种意义上说,更为封建。蓬巴尔成功地推行了一定程度的中央集权的专制主义,这在如此辽阔和尚未开化的国家是非凡的。他在给予巴西以政治统一问题上,要比任何其他大臣更为尽责;而这种政治统一不像西属美洲那样,巴西竟保持下来了。他废除了很多私人都督辖区,这种辖区显然与时代不合,却一直存在直到18世纪中期,并大大地削弱了王室都督辖区中地方官吏的独立权限。他废除了每年由官方派出船队的笨拙的旧有制度,提倡由商业公司接替葡萄牙的贸易垄断。他对矿业进行了彻底的改造,普遍采用先进的开采方法。他像查理三世一样,并出于相似的原因,但却早于西班牙人8年就把耶稣会从他控制的属地上赶了出去,从而给在巴西印第安人中的传教活动、殖民地人民的教育和普遍的智力开发等带来严重的损失。蓬巴尔最终使巴西成为一个有防御外敌侵犯,并且有条不紊地进行开发的殖民地。其财富和人口已可与母国匹敌,而且不久即将超过母国。

不论在西属美洲或葡属美洲,人们感到殖民地正在超过母国,不满情绪油然而生。克列奥尔人奇怪的(然而却是可以理解的)不满之一,似乎就是许多美洲人访问欧洲时所感到的那种幻灭情绪;马德里比起美洲的城市却是这样的寒酸。18世纪在全拉丁美洲来说是一个伟大的建设时期,拉丁美洲许多城市中精美的巴洛克式建筑就是这个时期的产物;它们的许多"丘里格拉风格"的装饰在形式和技巧上表现了印第安工匠的手艺。拉丁美洲在其他观赏艺术方面并不突出。绘画在殖民地就像在西班牙一样,显然从17世纪就衰落了。18世纪的绘画作品在数量和尺寸上都很可观,但艺术价值不大。然而,对绘画的大量需求证明了财富日益增多,也反映了家庭和城市的自豪感。

在文学创作方面,殖民地仍然远远落后于欧洲。西属美洲的大多数主要城市到18世纪上半叶时有了印刷机,3家殖民地杂志在18世纪上半叶就开始发行。它们是半官方的《墨西哥报》(1772年)、《危地马拉》(1729年)和《利马》(1743年),都是月刊或半月刊——日报差不多到18世纪末才出现。科学、文学或学术性的杂志在上半世纪完全阙如。在整个18世纪，政府和宗教的检查制度虽则并不特别严厉，但却是拖拖拉拉、碍手碍脚的，影响了书籍的出版。一直到七年战争后，拉丁美洲在法国"启蒙运动"的全力推动下，大学中的各专业学院才开始现代化，终于推翻了盖伦[①]和亚里士多德的权威地位；主要城市中出现了"读书界"；"独立运动"以前的一代人普遍对政治理论产生了特有的热烈兴趣。

七年战争严重地震撼了西班牙帝国。西班牙在新世界面对着节节胜利而强大的英国海军，大有遭到孤立的危险。加勒比海最坚固的要塞哈瓦那的陷落，这向西属美洲人民揭示了西班牙能派来保卫他们的正规军队是不堪一击的。然而，除古巴外，殖民地也没有在战争中遭受多大实际损失。倒是西班牙损失惨重，于是西班牙政府自然想通过更充分和更有效地利用殖民地资源来弥补战争损失。查理三世统治的特点是，与法国的关系更为紧密，更有意地模仿法国的方法和主张，彻底检查帝国的行政和军事结构。查理的目标和方法与他的前辈并无明显不同，只是贯彻得比较彻底，比较不讲情面。中央政府对地方官吏进行更为经常和有效的督察，于是美洲社会对西班牙官场的从属关系更加明显和一致了。与此同时，西班牙对殖民地的地面防务承担了更为沉重的直接责任。七年战争表明，地方民兵不能胜任军事的需要，因此，从战争结束时开始，就在西印度殖民地长期派驻一支数量相当大的正规部队，这在帝国历史上还是第一次。这支驻军的高级军官通常是伊比利亚半岛出生的西班牙人，这就使克列奥尔人军官认为（无论是对是错），他们的晋升机会和在军中的社会地位，由于他们是美洲出生的缘故而受到损害。另外，由于自由贸易，捐税减少，以及人口和资源的自然增加，殖民地经济非常迅速地繁荣起来。所以，波旁王朝的改革有助于美洲财富的增长，有助于提高自信心，同时也进一步损害了克列奥尔人贵族已经受到损伤的自尊心，加剧了他们的失意感。这个贵族阶层的传统忠诚是对帝国王朝而非西班牙，是对国家而非王权。当雄才大略的君主世系消失时，中枢无主的官僚行政机构就无法再使克列奥尔人继续效忠了。

[①] 古希腊名医和医术作家。——译者注

2. 北美洲

　　1714年，英国的殖民地仍然是靠着沿海边的狭长地带，从阿尔比马尔湾延伸到缅因河的几个河口，一些孤零零的居民点则南至阿什利河和库伯河，北至新斯科舍；沿着海岸仍有一片片无人居住的土地。北美洲的居民点仍然集中在水位受潮汐影响的沿海低洼地区。

　　移民到达各条河流的瀑布线用了一个世纪的时间。可是从1713年安妮女王战争结束至1755年法国人和印第安人的战争爆发的这段时间内，北美定居地的面积增加了一倍以上。拓荒者跟着翻山越岭追寻水獭和鹿的毛皮商人的足迹，随着在缅因采伐白松和橡木的伐木者的步伐，向大陆内地推进。他们沿苏斯克汉纳河、莫霍克河和康涅狄格河而上，经过地势险峻的阿巴拉契亚谷地，由沿海地带进入缅因和卡罗来那，一心要在这块土地上定居下来。这种人口向外的压力乃是殖民地发展的根本决定因素。

　　1715年至1750年间，殖民地人口从40万增至125万；到1763年，人口已达约200万。一部分是由于一个农业社会的自然增长的结果，在这个农业社会里，土地充足，食物供应不虞匮乏，而且儿童也是一种经济资产。但是，经过由于疾病、事故和印第安人战争所造成的高死亡率的抵消的人口众多的家庭（富兰克林说，一般有8个孩子），只能部分地解释人口的惊人增长。更为重要的原因是移民在边境和边远地区定居。从英国，大批的劳工和匠人加入了横渡大西洋的官吏、商人、教士和教师等移民的行列。不少移民到达美洲后要在一定期限内做仆役以抵偿赴美洲的船资。一些重罪犯人给马里兰提供了可以代替奴隶的劳动力。但是，英国人只占移民总数的一小部分；到1763年，北爱尔兰的苏格兰人、高地苏格兰人、爱尔兰人、法国胡格诺教徒、德国人和瑞士人等大量各民族移民，已开始把美洲变成一个使用多种语言的社会。

　　人数最多的移民集团是爱尔兰的苏格兰人和德国人。从1700年到1776年，约有25万爱尔兰的苏格兰人移居美洲。由于英国纺织工业的衰落和严重的地租剥削，由于他们是长老派信徒而被列为宗教考查法规定的没有担任公职的资格，他们只得背井离乡，移居美洲，特别是在 1718 年前后及 1728 年和 1741 年的饥荒以后，移民数量大增。北爱尔兰的苏格兰人首先到达波士顿，但早已在那里的他们的加尔文教徒的同胞并不好客，他们就向内地的伍斯特、伦敦德里、新罕布什尔和缅因东部迁移。后到的大批北爱尔兰人就像德国人一样，被宾夕法尼亚的信仰自由的教友会和简易的入境手续所吸引，奔向费城。他们经过已有移民定居的城镇，向内地移动，进入新泽西，沿苏斯克汉纳河而上，进入坎伯兰的山谷地带，在 1730 年至 1750 年间建立了主要由苏格兰—爱尔兰人居住的边境地区。这些移民或他们的孩子又从那里出发，沿着谢南多亚河等山谷地带向西南推移，进入弗吉尼亚和卡罗来那。北爱尔兰的苏格兰人在宗教和政治上有传统的反抗精神，不甘心顺从沿海地区的控制，这种反抗精神使他们在后来的独立战争中，大批地加入美洲殖民地军队。

德国移民大多来自在西班牙王位继承战争中遭受破坏的巴拉丁领地。早期的德国移民到纽约省定居，但当地的大地主不愿意让他们占有较好的土地，拒绝颁发土地证，于是他们大部分只能沿着苏斯克汉纳河而下前往宾夕法尼亚，那里土地较多，制度较宽大，而且他们的不少同胞已在那里定居。到 1776 年，宾夕法尼亚大约已有 11 万德国人，约占人口的一半。这些"宾夕法尼亚的德国人"大多是路德派信徒；他们中间也有一些颇古怪的教派，如门诺宗信徒、摩拉维亚教徒、浸礼会教徒和施文克斐尔德派信徒。这些教徒是在那些被佩恩说服参加他的"宗教实验"的早期虔信派教徒的率领下，来到宾夕法尼亚的。这些德国人也向内地迁移，迁向兰开斯特郡的肥沃的石灰石土地；沿高山谷地进入马里兰西部，1762 年在那里建立了黑格斯敦；并迁向弗吉尼亚和北卡罗来那的边远地区。德国人移民同北爱尔兰的苏格兰人移民一样闻名，他们开辟了大片边境的处女地，面对着各种艰难险阻，而且首当其冲。他们不像苏格人移民那样流动，更有决心定居下来从事农耕。他们选择最好的土地，清理土地无比地彻底，建起坚固的谷仓，准备堆肥，饲养良种家畜，这样，他们很快地把中宾夕法尼亚发展成为富饶的农业区，成为西印度的谷仓。他们是寂静教的信徒，希望自己的宗教生活、耕作和农民的精神文明不受干扰。他们在政治活动方面，仍然没有像北爱尔兰人移民那样起着显著的作用。另外还有一个唯一重要的移民集团，就是由运送到种植园殖民地的黑奴组成的，他们的人数从1715年的大约6万人增加到1760年的大约30万人。

　　殖民地的开拓者们以及移民们在充实边远地区方面都做出了贡献。

　　事实证明，新英格兰的沿海殖民地的贫瘠农场，不能维持它的日益增长的人口，于是比较不幸运的人们为了寻求一个较好的生活，就向更远的地方迁移。这样，他们就来到了马萨诸塞的中部、康涅狄格的东部和罗得岛。有一些人不怕风险北向溯康涅狄格河而上，进入新罕布什尔，或西去进入上纽约。但是，敌对的印第安人和佛蒙特贫瘠的山坡地，严重地限制了移民向这个方向扩展。于是，新英格兰的居民越来越多地转向航海，以求生存。精明的"新英格兰佬"利用他们的鱼、木材、甜酒和快速纵帆船，在整个大西洋盆地建立起繁荣的贸易网。波士顿、纽波特和纽黑文，与其他大西洋沿岸港口的贸易接触，促进了人们向东北的缅因和新斯科舍、向西南的长岛、纽约、新泽西以至遥远的南卡罗来那迁移。由于康涅狄格的居民移居长岛东部，纽约与康涅狄格之间在纽黑文与长岛的贸易问题上的敌对状态更加严重了。公理教会信徒继续从马萨诸塞拥入东泽西，这就给这个省的一些地区打上了"新英格兰佬"的标记。

　　在南部的几块殖民地，种植园经济的状况导致了人口的向外分散。在沿海的松林瘠地，谋生乏术的贫苦北卡罗来那居民，靠把大量的森林产品用作海军补给品以维持生活。两种新的主要农作物给南卡罗来那带来了繁荣，也使早期的佐治亚殖民地摆脱了饥饿和匮乏。到1715年时，南卡罗来那沿海地区的稻米栽培已成为投入大批资本的种植业；1730年后，当母国政府准许大米作为列入贸易货物细目单中的商品出口南欧时，大米产量便迅速增长。1742年，又从西印度群岛将更为有利可图的靛蓝引进南卡罗来那。这种染料在英国售价很高，种植者可赢得33%—50%。因此南卡罗来那内地的丘陵地区也开始种植这种染料。与此相比，弗吉尼亚和马里兰的烟草种植者的境况却日益困难。在烟草价格保持稳定的情况下，生产费用却急剧上升，烟草的种植越来越无利可图。由于对大米和靛蓝的需求，每个奴隶的花费从1700年的25英镑上升到1750年的40—60英镑；与此同时，烟草在英国销售时捐税额定得很高。这样，在萧条时期（如

1720年至1734年,及1756年至1765年这两段时期内),烟草种植者损失惨重,欠下了商人更多债务。种烟者在商人债主的摆布下走投无路,只能年复一年地榨取奴隶和土地,而所得利润日益减少。结果是,沿海各县的土地地力消耗殆尽,种烟者只得到边远地区垦荒,因为那里虽无河流航运之便,但可保证较好的收成。大种植园主与小自耕农一样,也苦于缺乏土地。这种对土地的渴望导致有相当多的移民西去蓝岭。经济上殷实和政治上有门路的人,就精明地攫取大片超过他们耕种能力的未经开垦的土地的所有权。由于烟草种植利润的减少,他们便日益指望更多地利用向移民出租荒地的投机手段牟取利润。对烟草种植者的无情压力,结果使弗吉尼亚和马里兰边远地区的移民前锋推进到阿巴拉契亚山脉的丘陵地带,这样就与沿着丘陵谷地从宾夕法尼亚源源南下的移民发生了冲突。弗吉尼亚人发现北爱尔兰的苏格兰人和德国人的占地者挡住了他们的进路。这些"塔卡霍人"与"科黑人"之间在土地所有权、政治代表权和宗教机构等问题上的冲突,是将来紧张局势的主要根源。

佐治亚的早期历史进一步说明,种植园经济有扩张耕地面积和集中成为资本主义大企业的倾向。佐治亚是在本时期建立的唯一新殖民地,其目的是要使它成为一个对付西属佛罗里达、法属路易斯安那和南方的印第安人的堡垒,为了开发这个地区有利可图的毛皮生意,也为了给英国债务监狱中的不幸者提供一个避难所。佐治亚的创始人詹姆斯·奥格尔索普是军人兼慈善家,他设想把殖民地建成为一个边境要塞,由重新开始生活的军垦农民驻守。在这个殖民草创时期,由一个设在伦敦的托管理事会就像指挥军事行动一样指挥其事务。理事会不准签发大块土地的特许证,禁止移民转让自己的土地,并固定自由身份仆人的工资。虽然贸易掌握在私人手里,但政府经营锯木厂和磨粉厂,并鼓励酒、丝和海军供给品的生产。政府禁止黑奴和天主教会,因为一旦与西班牙或法国开战,他们会成为军事上的累赘。为了扶持与印第安人的和睦关系,皮毛贸易受到严格管理,甜酒进口也被禁止。1732年,奥格尔索普以军事行动的周密手段亲自建立了萨凡纳河畔的第一个定居点。到1740年,约有900名英国人和600名其他国家的新教徒已被运送到佐治亚。但是,这一长远规划很快证明是个失算。土地和劳动力的政策使定居者缺乏资金和足够的劳动力,只能限于种植小麦和饲养家畜，从而妨碍了这个亚热带地区的恰当开发。酿酒和产丝的实验都告失败；没有奴隶劳动，稻米生产不能指望与南卡罗来那竞争。由于缺少仆人和甜酒，毛皮商人也裹足不前。殖民理事会被迫逐渐让步。于是，私人占有的土地增加了，土地转让允许了，甜酒和奴隶的进口也得到了批准。控制的放松使殖民地能更自然地开发其资源。来自南卡罗来那的大种植园主把开垦出来的土地合并成有利可图的稻米种植园，由大批输入的奴隶劳力耕种。这些经济改革使原来的试验计划破产。1751年，理事会把管理权交给国王。国王就立即把佐治亚改组成一个王室殖民地，设立由选举产生的议会，委派总督和行政班子。

人口的增加提供了更多的劳力，使新开垦的土地增加了生产，殖民地财富也迅速地增多。内地增加的财富大部分落到商人和土地所有者的手里，广大的小本经营的定居移民和工匠对这些人实行的经济控制越来越感到怨恨。

大地主拥有大片土地的所有权得到限嗣继承权和长子继承权的保护，这就迫使移民大批西进，找寻可以完全保有的地产。弗吉尼亚的费尔法克斯勋爵、北卡罗来那的格朗维尔勋爵、马里兰的巴尔的摩勋爵和宾夕法尼亚的佩恩家族，占有大片地产，为北爱尔兰的苏格兰人和德国人的定居造成了障碍，他们要么绕过这些障碍，要么置之不理，自行占地。哈得逊河畔的大庄园也使南去的移民流向他方。可是，资本雄厚并有政治势力的人，除了原已占有的这些地产外，还利用人口西迁的压力，攫取西部土地的所有权，投机牟利。几批英国人和殖民地的居民在政府的许可下成立地产公司。如伦敦商人亨利·麦克卡洛克的地产公司在18世纪40年代接收了北卡罗来那的大约150万英亩土地；再如弗吉尼亚绅士们的俄亥俄公司在1749年得到国王恩赐的孟农加希拉河和大克瑙沃河之间的土地20万英亩。但投机热不只局限于显贵达官之中。在新英格兰的城镇地区，原有土地所有者的继承人紧紧控制尚未分配的土地，拒绝把公用地的使用权给予新来的移民。结果是，随着人口的增长，无产业的阶层被推出走向边境地区，而地位牢固的地产所有者从地价的增值中坐收厚利，随时可以给新土地投资。这在1725年后导致了传统的新英格兰城镇居民点建立方式的改变。土地不再批给真正的定居移民，而是卖给土地投机者。

这些投机者成为在外地主，如上康涅狄格河等地边境村社的经营情况就是这样。总而言之，从新英格兰到南卡罗来那，这种限制性的土地政策使较早殖民地的富有老户与边远地区贫穷新移民之间的利害冲突日益加深。

土地是这种情况，资金也是一样。相对而言，小自耕农可以自给自足，但他需用自己的产品换取某些商品，从食盐、糖蜜以至工具等。内地过剩的产品不限于农产品，因为殖民地的农民随时留心做生意的机会，来补充从土地上得到的生活资料。在边远地区，农民也猎取毛皮、砍伐木材，还从事土地投机；在沿海地区，农民除了从事农耕外，还可能从事捕鱼、造船以至家庭工业。由于在阿巴拉契亚山脉以西和以南地区开发了新的毛皮生产区，毛皮生意大增。森林出产木材、沥青和松脂等产品，为英国提供了造船的必需材料，并为新英格兰造船业的繁荣奠定了基础。新英格兰造出的船只比母国造的更为便宜和轻快。渔场继续为新英格兰的贸易帝国提供赚钱的主要产品。在农业村社中，日益增加的人口对土布和鹿皮衣服、家庭制作的鞋、家具和家用器皿以及土产铁器等消费品的最低限度的基本需求，大多是自给自足的。但城市人口的增加和殖民地内部贸易的发展开辟了一个更加广阔的市场，结果使商品制造业尝试性地发展起来。随着和平恢复，矿业和生铁生产迅速发展；弗吉尼亚和马里兰的鼓风炉和铁匠作坊冶炼出的生铁，不仅在殖民地，而且在英国也有市场。但是，这初露头角的制造业与正在意识到扩大美洲市场重要性的英国制造商发生了利益的冲突。结果是，母国政府不准殖民地采取保护措施，如在1732年的制帽条例和1750年的制铁条例等法律中严厉限制殖民地商品开辟海外市场，从而遏制殖民地工业的任何重大发展。

农业村社中越来越多的剩余产品运到港口，为生意兴隆的商会打下了贸易活动的基础。边远地区的农民长期缺少资金，只能依赖商人的贷款，由此产生的边远地区与城镇之间的贸易差额对城镇极其有利。有资金支持的商人处于主动地位，能利用农民的艰苦劳动成果而大发横财。食品、毛皮、鱼类及木材等产品的贸易落入一批人数越来越少而财力越来越大的商人之手，并为像波士顿和费城等大港口所控制，而纽黑文和纽卡斯尔等小港口则吃了亏。这些集团日益严重的垄断性做法，引起小生产者的不满，因为他们发现自己产品走向市场的销路被人控制了。例如在宾夕法尼亚，商人和小生产者在维护自由市场和自由拍卖的问题上，在内地产品沿萨斯奎哈纳河而下运到1729年以后兴起的新港口巴尔的摩因而造成费城垄断的威胁的问题上，一直进行不懈的斗争。

信贷和价格标准的问题增加了边远地区农民对商人的愤恨。母国政府禁止殖民地铸造货币，而殖民地的硬币外流无力平衡外贸逆差，于是殖民地的货币流通便出现混乱。外国硬币不加节制地混合流通，还不能满足贸易的需要，尽管不断采用了实物交换、商品抵钱、以膳宿代替工资以及以土地偿付政府债务等办法。因此，殖民地不断靠发行纸币作为权宜之计。殖民地政府为了支付承包商在安妮女王战争期间供应的物资，在征税前就发行了债券。这种债券成为货币的代用品颇起作用，以至在和平恢复，这些债券将要退出流通时，殖民地便设法寻求一种新办法以保持债券的流通。因为农民发现，这些债券提高了物价，从而减轻了他们的债务负担。殖民地议会中有民望的一些党派开始主张以殖民地最大量的资产土地，而不以税收为担保，发行债券。于是，"地产银行"开张了，以债券的形式向农民贷款，而农民则以其土地作为担保。因为农民由此所得到的信贷便利比从商人处借贷容易得多，看来这一新办法是使农民摆脱商人控制的受人欢迎的一剂灵药。商人出于同样的理由反对这一计划，而且普遍地与地主一起反对。引起他们反对的另一更重要的原因是，由于土地成了担保物，债券的发行量就几乎没有任何限制，因此，就无法有效控制必然产生的通货膨胀。结果，在一个又一个殖民地里，民众派强行通过了遭到垄断巨头顽固反对的纸币发行计划，有效地减轻了债务的负担，使债权人躲避要以贬值纸币结账的债务人。在马萨诸塞，纸币于1733年贬值到如此程度，以至母国政府指示贝尔彻总督严格限制以后的货币发行量，并回收已发行的到期债券。农民为了避免受到通货收缩的危害，在1740年组织了一个地产银行发行纸币，其实际流通全赖民众的支持。商人则组织成立了一个以硬币为基础的发行货币的银行，抵制地产银行的纸币，以示报复。结果，农民中爆发了一场小规模的暴乱。用总督的话来说，他们"变得如此胆大妄为，而又厚颜无耻"，居然于1741年进军波士顿。与此同时，商人们向国王申诉。国王立即把"南海泡沫法"的规定用到这些殖民地，宣布地产银行为非法。

结果,许多在银行入股的人破产,其中包括老塞缪尔·亚当斯。在罗得岛,农民在议会中的支配地位达到如此程度,以至他们能在1710年至1750年间先后开办9家地产银行,用新银行的债券支付旧银行的债务。此外,政府继续发行以税收作为支持的债券,但大大超过了税收额,因此贬值到1750年时只有面值的1/8。这时,英国议会采取断然措施通过1751年的货币法,禁止建立新的地产银行,禁止发行当作合法货币用的债券,只准发行由税收支撑的纸币。这项法令结束了由负债人控制局面的全盛时期,在农业村社中留下了怨恨和不平。

  随着殖民向边远地区扩展,宗教精神活跃起来。到1714年,老殖民的比较舒适的环境已使宗教热情消沉。尤其在新英格兰,由于视野的扩大和贸易的繁荣,17世纪清教的清规戒律松弛了。公理教会中神秘的劝诫已让位于布道台的说教。人们对巫术审判的惨剧记忆犹新,对陈旧的神学传统抱有怀疑,在思想上普遍地越来越崇尚世俗和理性。在中部的各个殖民地,公理教、路德教以及荷兰新教等不同教派愈益拘泥于形式,而基督教教友会就像英国国教一样精神不振。在英国国教已经确立的南方各殖民地,持自然神论的宗教观,其教士大多来自英国,就像在英国时一样,马虎松懈,贪图钱财。可是,新到的移民,不论是德国人的虔信派教徒,还是北爱尔兰的苏格兰的长老会教徒,却带来了较为严格的宗教气质,使他们在荒野里生存下去,拓荒者的需求重新提出对一种与个人和感情息息相关的宗教的要求。结果是,宗教精神在福音主义的新教运动中涌现,这从根本上动摇了正统教会。大约在1725年后,这种宗教复兴就可明显地被觉察到了。它重新强调人对上帝的神秘感知、人的犯罪感、个人与上帝的直接沟通以及通过皈依得救的迫切性。这种宗教复兴不管以什么教派形式出现,它在神学理论上都是朴素的和不苛求的。特别是它强调皈依,强调信仰拯救灵魂,这就完全否定了意志自由从而摆脱了守旧的加尔文教义的束缚。马萨诸塞的北安普敦著名的公理会牧师乔纳森·爱德兹使新教运动具有最令人敬畏的理智,并以其令人折服的布道在康涅狄格河谷激起一股宗教复兴的浪潮,这种浪潮在18世纪40年代产生了广泛的影响。① 受到德国虔信派教义影响的荷兰新教牧师西奥多·弗里林海森和新泽西的长老会教徒共同努力，在18世纪30年代进行了一场福音主义的改革运动。从事同样工作的还有在1717年迁居费城并在边境地区的北爱尔兰的苏格兰人移民中从事培养牧师工作的北爱尔兰的苏格兰人长老会牧师威廉·坦南特和他的儿子、即日后成为复兴运动有力布道者的吉尔伯特。由于这些以及其他的传教士的努力，18世纪40年代宗教复兴的精神已在殖民地的教堂会众中鼓动起来，1739年以后达到了高潮。这一年，乔治·怀特菲尔德开始了他从佐治亚到新英格兰的著名旅行，这次旅行在全美洲传播福音主义的热忱方面尽了最大的力量。宗教复兴使正统教会内部分裂成"旧说"和"新说"两派。但是，尽管发生宗派分裂和许多浅薄和虚妄的行为，宗教复兴还是给美洲的宗教生活注入了新的活力，也直接推动了种种人道主义的努力，从鼓动废奴主义情绪，在印第安人中传教，一直到建立普林斯顿大学和达特默恩大学等。尽管宗教复兴的影响普遍存在，但在边远地区尤为明显。在那里，这种在罪与得救之间具有截然区别的朴素而激动感情的宗教，为边境地区寂寞和严酷的生活提供了一种暂时的、有时是持久的慰藉。"新说"的道德热忱，使边远地区不仅在宗教上，而且在政治上反对正统派控制的反叛精神具有力量。

殖民地社会动荡不安。随着人口、居民区和财富的增大，沿海地区与内地的社会的区别越来越尖锐。越来越多的殖民地的开拓者离开沿海地区前往内地。当他们加入向内地进发的移民洪流时，就告别了海洋，与他们在原来的殖民地社会中的损失一刀两断，毅然面对着西边的林莽和群山前进。阿巴拉契亚山脉中漫长的移民走廊消除了殖民地之间的界线；人们发现，每个殖民地的边远地区之间要比他们与各自的沿海地区之间有更多的共同点。各民族杂居，这就开始产生了一个具有明显社会特征的民族混合体。与此同时，有钱有势的人在东部仍然占有财富，并从移民不断进入的内地取得经济利益。但是，他们

---

① 爱德华兹用无可抗拒的逻辑把加尔文主义的神学推到极端：他断言存在一个无情的上帝，人在道德上的努力无法抗拒上帝的不可理解的得救预定论。但是，尽管他持有这样极端的正统观点，却强调皈依是得救预定论的明证，强调深刻理解人们心理上的不合理性，这为宗教复兴的新运动提供了巨大的道德力量。

担心内地的发展会影响他们的地位，就决心要维护并加强他们的控制。在这期间，随着港口扩大，大批的店主和工匠应运而生，他们的利益与占统治地位的垄断寡头不一样。结果是，有钱有势的一个方面与贫穷的新来移民为另一方面之间，在地方村镇与几乎是主要的大都市之间，在边缘地区与中心地区之间，关系越来越紧张。这种紧张同时具有地区的和阶级的性质。

1714年至1763年间，沿海社会变得愈益富有和多样化。内地的发展促使港口迅速扩大。费城在1720年有1万人口，到1763年就成了殖民地中人口超过2万的第一大城市。纽约在1720年时有7000人口，1756年时为1.3万人。查尔斯城1720年为3500人，至1763年为8000人。此外，还有纽波特、纽黑文、纽卡斯尔等20个小港，都拥有繁忙的商业人口。这些城镇中最重要的几个不仅是港口。费城、波士顿和查尔斯城是省会，住着政府官吏、商人、专业人员和旅客，也住着店主和工匠。他们的阶级利益各不相同。公路和客栈的条件改善了。乘马车可从波士顿旅行到查尔斯城，及离主要港口30—40英里的内地。从1754年开始，纽约和费城之间开辟了一条驿站线；本杰明·富兰克林在1753年改组了邮政服务，使通信更加便宜和快速。对于富人和办公人员来说，旅行第一次成了家常便饭。在南方，南卡罗来那的富裕种植园主习惯于在夏季访问省里著名中心城市查尔斯城。结果是，大城镇不仅在贸易和航运方面，而且在专业服务和社交方面，都成为重要的中心。贸易的利润和种植业的长期贷款为豪华奢侈的消费提供了现金；随着休闲去处的增加，城镇的生活虽则还不能赶上伦敦和巴斯，但至少开始效法汤布里奇和约克。人们在住房、陈设和衣着方面追求的新标准体现了殖民地的风格。这种风格虽则常模仿他人，而且颇有土气，但具有明显的美洲特色，给日益增多的工匠和手艺人提供了就业机会。闲暇的增加也促使人们追求文雅的活动，如舞蹈、牌戏和音乐，以至阅读和学术活动。美洲最早的报纸《波士顿时事通讯》虽则到1704年才开始发行，但在1713年至1745年间，至少有22种新报出版。印刷机和图书馆满足了更多阅读爱好者的需要。1744年在费城成立了一个美洲的学府，这标志着普遍知识风气的成长，费城也就成为这一时期美洲的文化首府。富兰克林在"自然哲学"的一切分科中博览群书，所表现出的兴趣和天才，就是在这种新的思想风气与欧洲最优秀的思想发生接触后产生的。

种植业和商业的垄断寡头的财富日益增加，日益变得世故，这与内地的简陋和贫困恰成鲜明的对照。内地逐渐出现一个由男男女女所组成的简朴的社会，他们抛弃了沿海和欧洲的传统社会。这个社会着眼于西部，专心致志解决森林、沼泽地和山区的问题，逐渐形成了具有美洲大陆特色的世界观。它摆脱了传统的习惯，它不停地迁移，使它具有半游牧的性质。它是属于一个由各民族混合的家系，对于英国的传统即使不厌恶，也是越来越隔膜了。人们经受边境上艰难困苦的锻炼，自力更生，对未来充满信心。这个社会在经济生活、社会生活和宗教生活方面，都是建立在反抗的基础上，它对沿海地区的控制——无论是英国的，还是殖民地的控制——越来越持敌对态度。边远地区的社会原来只指望沿海地区保护它不受敌对的法国人和印第安人的侵扰，一旦法国的威胁不复存在时，它就不需要任何一个外界的政府。

母国政府远离殖民地，不了解殖民地中随着人口的增加和定居地的扩大而出现的各种势力。白厅英国政府对殖民地的行政管理依靠沿海的垄断寡头，而垄断寡头所关心的只是保护自己对殖民地事务的控制，以便对付人数越来越多的小农和工匠的要求。在他们看来，小农和工匠是乌合之众，不配有政治权力。在大多数殖民地中，一个由商人和地主组成的狭小集团垄断了政治权力，只为自己的利益服务。正像在母国一样，政治只不过是一种势力问题，经济上有实力并得到社会推举的人，就可得到支持，从而就可以牺牲大众的利益，以巩固自己的权力，寥寥可数的几个家族在国王的庇护下占据了有利可图的位置，尤其是在颁发土地证的问题上，更不会反对拥权自肥。而国王委派的总督对于他的殖民地议会和指望把国王的政策付诸实施时，正是仰仗这些家族在议会中起带头作用。即使垄断寡头想要与民众派联合起来维护议会的权力，以便对付国王，他们也要毫不迟疑地充分利用国王的权力以抵制自下而来的民众压力，甚至还要求助于英国国会的立法，就像1741年把"南海泡沫法"扩大到马萨诸塞殖民地那样。选出的殖民地议会并不总是易于驾驭的，但总是小心谨慎地务必使议员中的大多数有利于财产的占有。选举权受到严格的限制，尽管通货膨胀扩大了投票人的数目。新的殖民地区的代表权审批得极其缓慢，而且被另眼看待，以至于在南卡罗来那，沿海各县有 6 名或 8 名的代表名额，但面积和人口都大得多的边远地区却只有一名或两名。弗吉尼亚的一些滨海县，由于掌握在一些大种植园主手中，实际上成为"袖珍"选区。新英格兰城镇议会中的选举权，只有早期移民后裔的继承人（这部分人的比例正在居民人口中迅速缩小）才有资格享有。在土地权授予投机者的基础上而建立起来的内地殖民地中，投票权仍然掌握在波士顿地主的手里。在司法行政方面也类似，总督在议会中委任治安官和县行政司法长官，但西部各县面积辽阔，因此县法庭往往远离边境地区的诉讼当事人，十分不便。边远地区由于在议会中没有足够的代表权，因此它要想获得符合其利益的政策的企图，总是受到挫败。虽然边远地区必须为维持殖民地设施而交税，有时还要纳税以支持英国国教，但是要在议会中获得足够的票数为边境地区的急需项目征税，就很难了，如筑路修桥和维持殖民地民兵以防御印第安人的袭击等。各殖民地议会一贯拒绝提供充分的防御以对付印第安人的袭击，这是引起边境地区提出特别激烈抗议的一个原因。这种政治歧视的结果是，边远地区的农民感到自己成了严重忽视他们利益的东部垄断势力的牺牲品；而且，因为这个垄断集团受到国王委任的总督的庇护，因此，农民很自然地把王室的旗帜看作压迫者的象征。

阿巴拉契亚山脉的屏障长期把英国人限制在滨海地区的殖民地里。但法国人与这些英国邻居不同，他们有圣劳伦斯河和北美五大湖的巨大走廊地带的便利，可以深入内地寻求毛皮。这种分散状况，在 1714 年时曾形成一个由森林和水道组成的无力的帝国，它从新奥尔良的冲击堤，经密西西比河与五大湖——圣劳伦斯水系相交叉的弧形地区，一直伸展到海潮裂岸的芬迪湾和雾气弥漫的罗耶耳岛。正在艰苦创业的新奥尔良殖民地与远至伊利诺伊境内的一些内陆居民点，组成路易斯安那省。除此之外，法国在北美的殖民帝国集中在圣劳伦斯河的沿岸，构成新法兰西省。安妮女王战争以后，新法兰西省虽则失去了纽芬兰和新斯科舍地峡，但仍然信心十足地扩张势力。法国的信心建立在使殖民地成功的两种主要产品：毛皮和鱼。但是倘若还要指望在这个基础上建立一个能够给法属西印度殖民地供给食品的自给自足的社会，那么则注定要大失所望。因为毛皮和鱼的吸引力不可能使

511

移民真正定居，而几乎没有多少新的法国移民愿意辛辛苦苦地从事收成菲薄的农耕劳作。1744年乔治国王战争爆发时，北美洲仅有的5万法国臣民要面对近100万的英国定居者。多亏加拿大的环境和法兰西的性格结合在一起，才使柯尔贝尔的梦想未能实现。

圣劳伦斯河口的法国殖民地与南方的新英格兰邻居不同，未能以渔业为基础建立渔商农结合的灵活多样的经济。法国政府耗费巨资在罗耶耳岛设立巨大的新要塞路易斯堡，并把纽芬兰的法属渔业人口迁移到该岛。法国政府还希望用同样的方式重新安置在宗主权属于英国的盐碱沼泽地上放牧牲畜的阿卡迪亚①农民。但大多数阿卡迪亚居民顽固地选择仍然居留在气候较温和、土地较肥沃的芬迪湾。法国移民的渔业主要还是由布列塔尼开来的大渔船进行的，布雷顿角常住渔业人口仍旧很少，贸易无足轻重。路易斯堡必须依靠阿卡迪亚供给牲畜，依靠来换取法国人的糖蜜的"新英格兰佬"的贸易双桅船供应面粉、生活用品和木材。

在西部，毛皮贸易的需求压倒一切，妨碍了健全的多样化经济的发展。沿圣劳伦斯河两岸，从魁北克到蒙特利尔，庄园主的权力逐渐削弱。庄园主阶层收入菲薄，但还得装点上流阶层必要的门面。于是就贫困下来，只能靠开店、做毛皮生意或开设小事务所来维持生计。祖籍法国的加拿大居民为了维持生活辛勤耕种土地，但农业的境况很糟，他们的比较有进取心的子孙就弃农而去，在山林中谋生。战争和毛皮业转移了人们的注意力，结果使农业一蹶不振。

毛皮贸易不断吸引着敢于冒险的移民和对圣劳伦斯河谷的贫困生活和教会支配一切的生活感到厌恶的人们。加拿大的河湖上的猎人和船夫组成了毛皮业的中坚，他们虽然受到传教士和定居移民的蔑视，但仍然保持了不顾一切的勇气、无忧无虑、满不在乎的气质和森林中谋生的本领，这种传统是法属加拿大的特色。毛皮贸易的环境正在迅速变化。在南方，曾起了极好辅助作用的易洛魁人已于1713年接受英国人的统治，于是邻近的安大略湖的法国领土就掌握在敌国手中。再往西，印第安盟友的问题由于部落战争而复杂化了。法国人遇到英国人越来越厉害的竞争，因为英国制造商提供较好的贸易商品，如质

---

① 阿卡迪亚是新斯科舍的旧称。——译者注

量更好的水壶和毛织品，还有价廉物美可以取代法国科涅克白兰地的甜酒。法国货不能与这些商品竞争，于是蒙特利尔的商人用皮货与奥尔巴尼堡的英国商人换取这些商品。同时，也由于英国人的这种优势，法国人在俄亥俄河谷开始感到来自宾夕法尼亚人和弗吉尼亚人的竞争。在遥远的西北部也有英国人的影响。在媾和时，哈得逊湾公司从法国人手中收回了它的属地。现在，公司把质量较好的贸易商品经省钱的海路运到水獭的中心产地，所以价格便宜，这样就把印第安商人吸引到公司的贸易站。但在安东尼·亨迪于1754年至1755年间旅行到达此地以前，英国人还几乎没有进入这一流域盆地的内地。而法国人在拉韦朗德里的带领下向西推进，在18世纪40年代就已设立了一系列的贸易站，为他们自己的贸易开发了苏必利尔湖和温尼伯湖之间的地区。这些新地区的开发维持了水獭的供应，稳定了毛皮业的生产。可是，毛皮价格随着成本的增加而提高，贸易利润就愈益减少。由于贸易站远离蒙特利尔1000英里，法国人的货物质量低劣，货物的运输又常被印第安人的战争和英法战争所中断，所以毛皮业的成本急剧上升。尽管毛皮业分布面很广，这意味着小商人对蒙特利尔的大商人能保持较大的独立性，但毛皮是对外贸易，仍然掌握在垄断机构的手中。从1717年起，西印度公司垄断毛皮贸易。当该公司利润减少时，殖民地政府就发生了财政困难，因为政府在财政上依赖毛皮贸易，同时，为了维持边境防御哨所，政府的开支越来越大了。

　　新法兰西实际上受到两个垄断机构的统治：一个是贸易机构；一个是政府机构。以毛皮业为中心的经济未能在大西洋盆地地区发展贸易网，而仅仅依赖圣劳伦斯河与法国之间的单一的贸易干线。同样，政府虽则在内地活动颇为灵活，可是死板地集权于魁北克，而魁北克又严格地隶属于法国海军部。新法兰西的政府始终保持了颇能为毛皮贸易服务的、中央集权的、家长式专制的特色。但是，由于毛皮贸易妨碍了人口稠密定居点的发展，以致政府最后被防御问题弄得计穷力竭，负有全部责任的魁北克总督和各省省长深深缠在防务问题中不能脱身。在总督和省长周围，法国和殖民地的官员与魁北克和蒙特利尔的商人阶层，形成一个大致与巴黎相仿的社会；当战争和通货膨胀的阴影加深时，这个社会越加声名狼藉，腐败不堪。教会是这一摇摇欲坠社会的唯一平衡力量。在魁北克大主教的领导下，教区神父和圣职人员继续维护赖伐尔的传统，提倡定居的家庭生活，坚持在印第安人中传教，反对毛皮贸易中滋生的瓦解社会的影响。但是，甚至教会也卷入了政治，如勒卢特尔等耶稣会传教士在策动印第安人反对英国人的行动中起了重大作用。面对殖民地生活中特殊严酷环境的加拿大教会，不断从17世纪严峻的传统中吸取精神营养，基本上没有受到"理性时代"新风气的影响。因此，加拿大教会培养了真正的加拿大式的世界观，有力地帮助了加拿大民族意识的日益增长。新法兰西虽然垮台了，但这种民族意识依然存在。

（潘永樑　译）

第二十二章
在美洲的竞争

1. 加勒比海

乌得勒支和约使西属美洲保持原状，但在加勒比海存在三个主要原因引起欧洲强国之间的纷争。第一个原因存在于西班牙与其余的国家之间。西班牙人决心要坚持对其属地的贸易实行严格的垄断，并采取一切必要的措施保卫这种垄断权而不容其他的海上贸易国家染指；另外，英国人、法国人、荷兰人和丹麦人同样决心打入这种垄断，他们或是从西班牙政府那里强行取得特许，或是走私，或是采取双管齐下的办法。令人奇怪的是，公开的冲突并不是经常地发生。西班牙人显然无力维持其全面的垄断，这就引起第二个争端，就是在加勒比海的其他殖民大国中哪一国应该从西班牙的商业削弱中坐收渔利。在这个争端中，英国和法国是主要的竞争对手，而它们之间彼此不信任则是两国在一代人的时间里谁都没有与西班牙发生严重争吵的部分原因。此外，在第三个或第三类争端中，即在未被西班牙占领的西印度群岛的归属问题上，英国和法国也是主要的对手。

这些争端在整个18世纪中所具有的重大意义，今天乍看起来很难解释。当然，人们一贯地夸大了西属美洲的财富，但在海盗行径不再是一种半受人尊敬的职业时，贸易似乎成了分享那份财富的唯一明显途径。事实上，西属殖民地的人口——大多数是贫穷、原始的印第安人——的购买力很小，市场上商品容易滞销。但是，这个殖民帝国产品中占很大比例的金银块，激发了重商主义者的想象力。

要与西属美洲进行贸易，就需要在加勒比海设立基地，以便贮存或转运货物，让奴隶恢复体力，走私者也可在这里找到避难所。像牙买加等群岛的主要价值就在于此。实际上，库拉索岛就是有意夺来用作走私者的基地的。此外，西印度群岛中大多数有人居住的岛屿还有其自身的价值。它们生产大量食糖，以及靛蓝、咖啡、姜、棉花等少量的热带产品。这些产品虽则并不总是卖给种植园主，但都可卖给把它们销往欧洲市场的商人，获取可观的利润。为了生产食糖，西印度群岛的种植园主像西班牙殖民者一样，从西非进口大量的奴隶。这样，他们就雇用许多船只，并且间接地使生产"贸易商品"的制造商得到好处，因为奴隶就是用这些商品从非洲海岸上买来的。种植园主还进口食品和木材。法属岛屿是从法国获得一部分这种物资的供应，但英属岛屿的供应几乎都来自北美洲。由于北美洲的居民宁愿向法国人购买售价比较便宜的食糖和糖浆，因此英属岛屿的食品进口就必须用金钱支付。英属岛屿为了获得必要的块金、块银，就尤其需要发展与西属美洲的走私贸易。在坎佩切和后来在洪都拉斯湾违禁采伐洋苏木部分地解决了西印度群岛的现金枯竭问题，虽则这一办法还是不够。加勒比海地区的所有问题和所有争端就是这样互相关联着的。

  英国人在与西属美洲进行的贸易竞争中，具备一大有利条件或表面上有利的条件。只有南海公司的贸易权得到了西班牙的承认，尽管这种承认十分勉强。乌得勒支和约把为期30年的供应奴隶的专卖权分给了南海公司，并可在拉普拉塔河畔设立使奴隶"恢复体力"的地盘和设施。同时，该公司还获得每年向西属美洲运送一船普通商品的新的特权。船舶的大小有限制，而且西班牙国王分享船货的1/4和其余船货利润的50%；除此之外，公司的货物免税进口。西班牙政府的这些特许，虽然还未达到公司的要求，但在表面上令人刮目，使公司的股票价格猛涨。

  然而，英国靠南海公司而拥有的有利条件实际上是春梦一场。首先，每年一船的货物要在贝洛港市场上出售，而且不可赶在西班牙大帆船队到达之前；公司不能像走私者那样选择可以最高价格出售商品的地点和时间，因此它的利润必受到限制。此外，公司为了取得专利权，还特别保证不进行非法贸易。人们公认地，这种承诺是可以违反的——肯定地会被公司本身或公司的个人进行贸易的代理商所违反；而且公司的承诺也不能有效地约束无营业执照的私商。但是，西班牙人却不失时机地重温条约的这一部分；该公司由于持有官方的特许，拥有巨额的股本和在美洲设有花费很大的组织机构，因此容易引起西班牙人的不满而受到损害。公司的董事们知道，一条英国船只的任何越轨行为都可能使公司遭受财产被没收的惩罚。为此，他们有时就劝英国政府和皇家海军军官不要对西班牙劫掠行为采取完全正当的行动。公司为了自身的利益而牺牲那些没有特许权的贸易商的利益，因此它就加倍地不得人心。因为公司显然有取代牙买加私商的意图而遭到他们的痛恨。甘蔗种植园主也痛恨这家公司，因为它提高奴隶的价格，把最好的奴隶卖给西属殖民地，只把无人要的劣货留给英属岛屿。当然，该公司由于不能从英国皇家非洲公司得到充分的奴隶供应，就在牙买加购买许多奴隶。根据专卖契约的条款，公司提供的奴隶也必须符合一定的质量要求；这对公司实在是个严重的障碍。

因为它的走私者运入的奴隶质量较差，售价比公司贩运的奴隶低廉，使西班牙殖民者既买得到又买得起。但是，这种论据并没有缓和种植园主、私商或英国辉格党内支持他们的人的愤恨。

南海公司的活动在英国和英属殖民地尚且为人们所厌恶，在西班牙就更加不得人心。每年一班的航船尤其引起不断的麻烦。在西班牙人看来，这种新花样与他们正常的贸易政策格格不入。只有在彼此抱有诚意和保持亲切关系的情况下，这些特许权才能顺利实施，可是这种情况几乎总是缺少的。1718年和1727年爆发的两次战争中断了贸易；1720年的"南海骗局"危机不仅打断了公司的贸易，而且使公司信誉扫地。即使在正常时期，每年的班船也不能定期航行。西班牙人有足够的理由怀疑：贩奴特权和每年班船未被接受来代替原来的非法贸易，而是被用来掩护走私。该公司来自牙买加的贩奴船除了装运奴隶外，还装运其他货物；每年的班船在贝洛港卸货，但有时趁夜从牙买加重新装货。因此，西班牙政府在给每年的班船颁发特许执照的问题上不断制造困难；事实上，每年的班船在获得特许权的整个时期内只进行过8次航行。南海公司不断抱怨说，每年的班船赢利甚微，而专卖契约则毫无利润可言。西班牙国王方面则怀疑公司为了侵吞他的一份利益而隐瞒了公司的利润。公司一贯拒绝提交账目以供检查，这就更使这种怀疑显得可信。在商定的30年期满以前，西班牙政府早就对整个特许做法感到厌烦；倘使在补偿问题上能达成协议的话，它早就愿意吊销贩奴特许了。

如果南海公司以英国驻马德里大使充当其代理人与西班牙政府进行直接谈判，尚且不能友好地开展稳定的贸易，那么没有特许执照的私商境况怎样呢？三四个外国的殖民地海运船只来往于加勒比海，与各自的殖民地进行合法的贸易，还与西属殖民地进行非法贸易。在政府的严令下，守法的法国商人通常保证不进行非法贸易。另外，荷兰人则武装他们的商船，明目张胆地进行非法贸易；至少，人们一看就知道他们是走私者。英属殖民地的船只远比这两国的船只多，但英国政府决不接受要它像法国那样保证不进行非法贸易的建议。英国在加勒比海的船运包括：南海公司与西属美洲进行合法或表面上合法贸易的商船和贩奴单桅船；正常来往于英国、北美洲或各岛屿的船只；以及驶向拉丁美洲各港口的走私船。为了区别正派的商人与走私者，西班牙人声称有权在西半球海面上的任何地方拦截和搜查外国船只并这样做了。针对这种情况，英国人大声疾呼在公海上航行自由的原则。

西班牙的贸易垄断由海岸缉私船负责实施。这些船只在西班牙殖民地的各港口进行装备，执行当地总督指派的任务。船上配备的水手是在对付海盗的长期战争中训练出来的暴徒。船只由私人出资装备，靠出卖捕获的战利品取得报酬。这些船只在殖民地贸易的正常航道上游弋，拦截遇到的每艘英国船只，搜查"违禁品"。海岸缉私船和西班牙法庭认为，外国船只中装载的任何西班牙殖民地产品——靛蓝、可可、洋苏木或西班牙货币——都是非法贸易的证据。实际上这是一些不足信的证据，因为牙买加生产小批的靛蓝和洋苏木，并生产过可可；而西班牙货币在整个西印度群岛是最为普通的交换手段。此外，一艘商船仅仅因为西班牙法庭认为它在与缉私船遭遇时偏离了驶向合法目的地的直接航道就可被捕获和没收。殖民地总督坐享一份捕获赏金，他们与海岸缉私船船长之间无疑多方勾结。进出牙买加的船只必须驶近佛罗里达、古巴或伊斯帕尼奥拉岛的海岸，许多安分守己的商船就遭到不公道的捕获和没收。正式的上诉过程旷日持久、花费很大，而且通常毫无结果；甚至英国驻马德里大使出面干预也常常不能为被捕获的船只得到赔偿。

由于这些劫掠行径的结果，英国要求西班牙赔偿损失的清单越积越多，国民对西班牙人的积愤越来越高涨。商人纷纷要求赔偿损失，反对党在会议中也支持他们。另外，在1718年和1727年两次短暂的战争期间，南海公司在西班牙属地内的财产被没收，因此要求赔偿损失的清单上又加了一笔账。诚然，这份赔偿清单上应扣除南海公司拖欠西班牙国王的款子——如果有的话，那就是黑奴税和贸易利润的份额，等等——可是公司从未允许将这些账目查明，而各种估计的数字又大相径庭。除了这些财政上的争执和有关航海自由的长期争吵外，还有洪都拉斯的洋苏木砍伐者的问题和边界问题——英国对卡罗来那和佛罗里达未经划定边界的佐治亚提出领地要求的问题。这些争端都没有严重到必然导致战争的地步；战争之所以不可避免是由于英国"国民中经商的成分"求战心切，舆论哗然，特别是由于南海公司的强硬态度。

由于南海公司的特殊要求，结束1727年战争的会议被推迟。在整个18世纪30年代，谈判解决分歧的一系列尝试也因与此相似或相关的原因而失败。1737年，公司提出一个解决与西班牙的经济纠纷的巧妙计划，即用黑奴税和西班牙的利润股份抵消一部分南海公司的赔偿要求。该计划得到西班牙驻伦敦大使的赞同，但在马德里举行谈判时，纽卡斯尔就西班牙海上的劫掠问题发出一份措辞严厉的备忘录，于是谈判中断；在备忘录中，他的部分论点不是依据较为适用的1670年的"美洲"条约，而是根据毫不相干的1667年的英西条约，从而无意中给西班牙提供了一个拖延的借口。西班牙政府利用这一失策，把南海公司的计划和纽卡斯尔的备忘录束之高阁。同时，海上劫掠继续进行。1738年3月，詹金斯船长带着他的著名的悲惨故事出现了。英国下议院立即坚决表示："在美洲任何海域航行是英国臣民的不容置疑的权利。"于是，给英国商人颁发进行报复性劫掠的许可证——这真是一种荒唐的姿态，并派遣哈多克海军上将在地中海进行恫吓性巡航。但是沃波尔和西班牙大使之间最后还是达成一项协议草案。这个草案被马德里接受，并且真在1739年1月得到批准，成为埃尔帕尔多协定。根据协定的条款，西班牙将偿付9.5万英镑，即双方各自劫掠的财物估数中西班牙超过英国的部分。可是南海公司拒绝合作，因为协定没有明确承认其航行权利，也没有保证恢复其专卖合同。该公司只愿意接受它自己的1737年计划作为谈判的基础。到了这时，英国国内的反对党也舆论哗然，反对任何妥协或协议。纽卡斯尔由于像往常一样受到公众舆论的影响，并且对有关法西家族契约的最新报告感到惊恐，便不顾已签订的协定，继续让哈多克在西班牙沿海一带巡弋。西班牙政府就于1739年5月中断专卖合同，作为抗议。9.5万英镑从未支付，英国与西班牙之间遂于1739年10月宣战。

英国的朝野在为西印度群岛的贸易问题而投身于战争时，必然不仅愿意与西班牙作战，而且也愿意与法国作战。法国除了与西班牙有王室的亲缘关系外，长期以来是英国在西属美洲进行贸易的主要对手。英国人满怀贪婪和好战的帝国主义情绪投入了战争，因此他们也渴望永久地征服西班牙的属地，这必然会导致与法国的战争。事实上，卡思卡特勋爵的远征军在出发远征西属美洲以前所做的大量准备工作，已促使弗勒里派出一支由当坦率领的舰队。这本来可能把法国卷入战争，但是当坦的舰队为了等待增援和枉费心机地企图与西班牙舰队会合，在圣多明各长期停泊，以致他的水手患病，给养耗尽，他只得毫无建树地返回法国。在3年中，法国就没有做出更多的努力支持西班牙。弗勒里并不希望战争，他也不特别喜欢伊丽莎白·法尔内塞统治下的西班牙。在1744年以前，法国和英国在海上多少保持了和平状态。

英西战争进展缓慢。弗农摧毁贝洛港要塞的这样最初取得的胜利没有再出现。他只得用1740年的部分时间搜寻当坦的舰队。奥格尔和卡思卡特率领下的大军奉派前去与弗农会师，由于命令含混不清而且意见分歧而吃尽了苦头。他们认为哈瓦那防守力量强大，难以攻占，就选择西班牙大帆船停泊的卡塔赫纳为第一个攻击目标，但是对卡塔赫那和尔后对古巴的圣地亚哥发动的海陆联合进攻都未得逞。事实上，在这场战争中，英国海军除此以外只进行了一次值得注意的战争行动，那就是安森舰队进入太平洋的航行，这次航行虽则成绩辉煌，但对战争进程的影响甚微。另外，英国人捕获了许多敌方货船，使西属美洲的正常合法贸易陷于混乱。战争期间，只有一个珍宝船队到达西班牙，而西班牙大帆船或商船队没有出航过。贝洛港的大帆船队再也没有恢复航行。贸易只得由单个的、不定期的"注册船只"进行——这些船只虽则比被护航船队速度快，成本低，但常被敌方捕获——或者由英国和荷兰的走私船进行。走私贩子大发战争财，这正是他们政府的打算。英国政府明确命令海军上将弗农尽量为英国商人与敌国殖民地的贸易提供保护和护航。

1744年,在西印度群岛公开爆发的英法战争,则完全是另外一件事。左右这次战争的不是出于夺取新的领土和扩大贸易的欲望,而是两组并存的产糖殖民地之间的激烈竞争。在生产廉价食糖以及与欧洲和英属北美殖民地的贸易方面,面积较大而土壤肥力损失较少的法属加勒比诸岛在与英属诸岛的竞争中越来越成功。由于英国不能控制食糖供应,重商主义经济学家所知道的任何和平方法都不能对付这种愈演愈烈的竞争。事实证明,为了阻止法属西印度与英属北美洲的贸易,在英国的西印度利益集团的鼓动下于1733年通过的《糖浆条例》难以实行;这一条例自然激怒了北美洲人,因为它损害了他们的利益。英国政府做出一些财政让步,例如在1739年不再把食糖列入禁运商品细目表而准许直接出口欧洲,但这些措施对英国种植园主帮助不大,因为它们没有消除引起困难的根本原因——高昂的生产成本。英属西印度群岛的经济萧条影响了英国的行业太多,已到了无可容忍的地步。在那好战的贸易竞争时代中,如果和平措施无济于事,人们就欢迎战争作为解决商业问题的一种可行办法。

战争给英国人提供了严重破坏法国食糖贸易的机会,而在公开竞争中他们都不能够打败它。双方的甘蔗种植园主都不喜欢获得新的产糖地;他们担心,生产的增加会降低他们的受到保护的市场内的食糖价格。每一方都希望不是去夺取和开发敌方的殖民地,而是破坏敌方殖民地和减少其人口;尤其是抢夺种植园主资本中最需要的、最有价值和最能移动的部分——奴隶。倘若不能破坏敌人的殖民地,不得已而求其次,就是切断其贸易,剥夺其食品和奴隶的供应,使之困饿以阻止其出售食糖。在这次战争中,特别是海军的活动几乎都局限于这第二类作战行动。到1744年,双方的作战力量都被牵制在欧洲和北美洲,没有兵力可以在西印度群岛进行任何重大的战役;那里发生的战斗不过是将在1756年爆发的一场远为严酷的斗争的预演而已。作为一种预演,这次战争提供了一些教训。它暴露了法国人由于在西印度群岛设有永久性的海军基地而处于不利地位,还暴露了——正如当坦发现的那样——依靠热带岛屿菲薄的食物资源,要给一支庞大的舰队供给食品,是十分困难的。英国人在牙买加的罗亚尔港和安提瓜的英吉利港内建有船坞,永久性地驻有适应环境的舰船分队,粮食供应没有多少困难。但在另一方面，战争也暴露了英国贸易体制的弊端。法属岛屿依赖于北美洲的粮食和木材供应及爱尔兰的牛肉供应，这本来应使英国人取得一种重要的战术优势；可是，不管有无战争，新英格兰的货主继续厚颜无耻地经由库拉索岛或圣欧斯达齐乌斯岛的中立的荷兰港口直接或间接地与敌国贸易。来自马提尼克岛的袭击英国船运的海盗，常常储备着北美的粮食；与此同时，英属岛屿却缺食少粮，有时不得不由英国供应粮食。

艾克斯拉沙佩勒条约没有解决法英之间在西印度群岛的任何重要问题。双方的属地没有易手。向风群岛中4个有争议的岛屿——多米尼加、圣卢西亚、圣文森特和多巴哥——宣布为"中立"，双方同意撤出这些岛屿。但即使两国殖民地政府愿意执行这一协议，要把没有组织的一群群占地者集合起来也很困难，这些人大部分是从较老的殖民地迁来的法国人。这几个岛屿继续成为英国人怨恨之所在和引起下次战争的一个根源。在这方面，就像在其他方面一样，法国和英国之间缔约只是一次休战。补充欧洲的全面和约和结束西班牙与英国海上争执的1750年商务条约，也同样没有结果。该条约不提航海自由，可是战争正是在争取航海自由的名义下开始的。关于洪都拉斯的洋苏木砍伐营地的令人恼火的问题，还是没有解决。南海公司几乎已不再成为问题，因为它已停止贸易，它的"每年的班船"在1733年做了最后一次航行，它的奴隶贸易也在1739年结束。根据条约，公司获得10万英镑，为此它放弃了根据专卖契约所享有的一切权利要求。这样，英国人就放弃了长期以来企图强迫或劝使西班牙人允许英国商人与西属美洲殖民地进行直接贸易的努力。英属岛屿与西属美洲的非法贸易继续进行，但仍如以前一样，它仍属非法的，并且再也得不到专卖契约的掩护了。这个世纪的下半叶，西班牙表明越来越乐意改组其贸易体制，越来越有能力保护其贸易垄断。英国人在这一过程中有所失，而法国人则有所得。法国人一贯坚持传统的贸易方法，把运往西属美洲的货物委托给加的斯的西班牙商人转运。到1750年，这种贸易大多掌握在法国人手里。他们在牺牲英国人利益的情况下，稳步地扩大了在西属美洲的贸易。与此同时，他们在西印度群岛的商业竞争不断扩大，他们对北美的战略压力不断增加。

至少有一位政治家——此人就是皮特——认为：七年战争在美洲

的主要目标无疑就是要夺取加拿大以保卫英属北美洲。可是,西印度群岛再次成为激烈斗争的中心,而且这次在那里动用的军队比上一次战争中动用的军队多得多;顺便提一下,也比正在同时进行的争夺印度的斗争中动用的军队多得多。双方都派遣了大批远征军,而且,远征军的指挥官们这时奉命要吞并敌人的产糖殖民地,不仅仅要掠夺它们。政策中的这种变化,得到伦敦的西印度群岛利益集团的支持,但这只是表面现象,而非实质问题。战争刚开始时,法国已夺取了英国的米诺卡岛。夺取这个重要的海军基地,就使法国的地中海舰队的部队能调到西印度群岛作战,从而对西印度群岛产生直接影响。接着,英国人又从法国人手里夺取了建有巨大要塞路易斯堡的布雷顿角岛。每一方都认为,占有这两个地方极其重要,并且都希望收复失地而不放弃已取得的利益。促使皮特出兵进攻马提尼克的原因,就是为了获得一个讨价还价的筹码和避免为了收复米诺卡岛而放弃布雷顿角岛,虽然后来当胜利超出他的预料时,他开始赞成至少要保留几个在西印度夺取的岛屿,因为它们有保留的价值。即使西印度群岛的殖民地总督们和种植园主也支持这种政策变化。加勒比海大规模海战的出现,提醒他们在对付敌国舰队或奴隶暴动中他们人少力薄;并迫使他们不得不更多地以战略的观点,而不是以纯商业的观点估量自己的地位。对不断的警报感到厌烦的巴巴多斯和安提瓜的种植园主开始认识到:如果马提尼克岛、瓜得罗普岛以及那些中立岛屿掌握在英国手中,至少在战争期间掌握在英国手中,他们的庄园就会更安全些。如果在媾和时决定保留任何从法国人手里夺取的岛屿,那么他们就会面临允许这些岛屿生产的食糖进入英国市场的危险;但是,只要驱逐那里的法国居民和禁止后继的英国移民生产食糖,那么连这样的危险也是可以避免的。①

    战争中大多数激战是在交战国的战列舰队之间进行的。1757年,法国人从事一项巧妙的计划,在北非、西印度群岛和北美洲沿岸进行一个由3支海军舰队协同的行动,这就相当大地破坏了英国的贸易,并使牙买加担心法军入侵达数星期之久;但是法军必须前往救援路易

---

① 这是人们有时提出的主张。见巴巴多斯一位种植园主写的《关于英国在加勒比诸岛真正利益的意见》。伦敦档案局,英国殖民部,28/50。

斯堡，这使法国的海军上将们不能在加勒比海有多大的建树。1757年以后，法国人不再继续在西印度群岛海域保持经常性的换防分舰队。因此，从理论上讲，英国海军保卫西印度群岛的最好方法，就是彻底封锁英吉利海峡和大西洋各港口。英国皇家海军尽管在数量上占优势，但是不能同时看守所有的海港，于是强大的法国分舰队有时就偷偷地溜过去；然而，这些法国分舰队大多是驶向北美洲的。因此，1757年以后，西印度群岛的主动权通常掌握在英国人手中。

  1758年年底，皮特在路易斯堡已掌握了通往加拿大的要冲，并且对于在欧洲取得成功也信心十足。这时，他就向法属西印度群岛发动直接和间接的两次进攻。间接进攻是攻击法国在西非的各站，结果凯佩尔攻占了戈雷达。这次规模较小的战役取得的经济成果大大超过作战部队的费用，它使法国的奴隶贸易一蹶不振，并且严重地阻碍了法属西印度群岛的甘蔗种植园的生产。与此同时，英国海军在地中海和比斯开湾取得的一系列胜利，消灭或拖延了原来准备开往美洲的法国舰队，为英国在加勒比海创造了有利时机。在穆尔和巴林顿统率下出动进攻法属西印度群岛的海陆联军，发现马提尼克岛卫戍力量强大，难以攻克，就于1759年春季夺取了面积很大、经济富庶的瓜德罗普岛；而邦帕尔海军上将率领的法国舰队到达得太晚，未能解瓜德罗普岛之围。瓜德罗普岛的种植园主获准在对他们有利的条件下投降。在英法战争继续进行期间，他们将保持中立；他们的货物将被允许进入英国市场；他们的奴隶将被免除强迫的徭役；他们在英国的军事占领下将保留法国的法律；他们拥有的财产将得到充分的保护。事实上，英国种植园主被禁止在该岛定居；英国也没有采取任何措施改变这块殖民地的法国特点。这个岛屿在修复了战争的最初的破坏以后，开始出现新的繁荣，因为英国和美洲的商人蜂拥而来供应它所缺少的食品、木材和奴隶。无能的种植园主逃避了拖欠法国代理商的债务，获准在从安提瓜来的英国代理商处重新举债。对他们最有利的是，他们终于为自己的食糖找到了一个安全的欧洲和北美市场。瓜德罗普岛的种植园主同时遭到马提尼克岛的本国同胞和英国竞争者的忌妒。这恰好是英国种植园主十分憎恶的那种征服；它直接打击了他们的利益，而没有给他们任何长期的安全保障的许诺。瓜德罗普岛的食糖涌进伦敦市场是1760年糖价跌落的一个原因，也是西印度群岛利益集团强烈不满投降条约的条款的原因。

1759年下半年和1760年全年，皮特全神贯注于对付舒瓦瑟尔对英伦三岛的入侵威胁和为占有加拿大而进行的最后苦斗。在此期间，加勒比海没有发生重大的战事。接着在1761年出现了一段在和谈问题上毫无结果和毫无诚意的讨价还价的时期。这时，舒瓦瑟尔由于有与西班牙订立新公约的希望给他撑腰，就坚持要求达到英国不会接受的条件，以等待西班牙做好参战的准备。

西班牙之所以缔结家族公约，一部分原因是英法战争增加了西班牙对英国不满的因素。在和平时期，英国人对其走私者听之任之，不加限制；在战时，他们像交战的海上列强普遍表现的那样，傲慢地无视中立国的海运权利。当处境困难的法国人对中立国开放其饥饿的加勒比殖民地的贸易时，这种形势就更为恶化，因为"1756年战时条例"的制定和实施导致了更多的船只被英国捕获。更严重的是，当战争形势变得有利于英国和不利于法国时，皮特显然打算（如果他可能的话）夺取北美洲和加勒比海所有的法国属地，包括向风群岛中西班牙曾暗示过主权要求的那些中立岛屿。如果英法在这种情况下媾和，那就会剩下西班牙单独与西印度群岛地区力量无比强大的英国谈判。舒瓦瑟尔为了报答西班牙的支持，答应把满足西班牙的要求作为与英国媾和的一个条件；但在英国看来，把西班牙拉入谈判的做法恰恰使英国不可能与法国媾和，而且使英西战争不可避免。事实上，根据家族公约的规定，如果法英和谈不成，西班牙必须在1762年5月前对英宣战。结果和谈没有成功，英国政府先发制人，在1月向西班牙宣战。

西班牙参战并未解除法国在加勒比海的困境。就在宣战的那个月，罗德尼率领一支强大的舰队刚从英国赶到加勒比海，攻占了马提尼克岛。这时，又有一支强大的法国分舰队在勃雷纳克的率领下，匆忙从法国出发。然而，它在驶往布雷斯特途中由于屡次停下装载必要的给养，起程被耽搁；它到达西印度群岛时已经太迟，未能救援马提尼克岛。勃雷纳克于1762年3月到达圣多明各时，在牙买加引起了那种常有的恐慌。但罗德尼的大舰队占有上风的有利位置，他派出一支足以威慑勃雷纳克的分舰队，使他不敢进攻牙买加。不久，勃雷纳克的远征军发现被孤立无援地封锁在圣多明各。实际上，倘若不是因为牙买加总督和议事会缺乏远见和懦弱无能，坚持把大部分能调动的海军力量留在金斯敦港保护他们的话，法国舰队可能早在到达圣多明各之前就已被歼灭了。

使英国的种植业利益集团恼火的是，马提尼克岛的居民获准的投降条件与瓜德罗普岛的相似。当然，由于没有人指望在媾和时保住马提尼克，它的投降不大可能具有持久的重要性。中立岛屿的运气较差；毫无疑问，这是因为罗德尼认为英国政府可能愿意保有这些岛屿。多米尼加已于1761年6月向一支北美殖民地部队无条件投降；多巴哥实际上早就属于英国；罗德尼在攻陷马提尼克岛后不久就降服了圣卢西亚岛、圣文森特岛和格林纳达岛。西印度群岛的所有法国属地中，只有圣多明各仍在法国手中。

在此期间，西班牙不但未能帮助挽救法属殖民地，反而开始丧失自己的殖民地了。英国政府立即准备进攻哈瓦那。海军部从过去的经验中吸取有益的教训，详细地制订了作战方案，避免了1740年困扰卡思卡特远征军的靠不住因素和耽搁拖宕的弊病。主要困难是西印度群岛驻有勃雷纳克的舰队，它虽然既未解救马提尼克，亦未与西班牙人会师进攻牙买加，但至少人们期望它可能会去援助哈瓦那，尤其当罗德尼这时在背风群岛抽调不出机动舰只来的时候。可是，勃雷纳克由于粮食匮乏和水手患病，让法国舰队继续困守弗朗索角；而在这时，波科克和阿尔比马尔统率部队航行穿过这些岛屿，在牙买加补充了更多的舰只和人员，不受干扰地继续航行，前去征服哈瓦那。而西班牙人一直以为哈瓦那固若金汤。它于1762年8月陷落，引起很大震动。征服者摧毁了一支相当大的西班牙海军力量，获得了巨额的捕获偿金。当胜利的消息传到时，英国政客们欢欣鼓舞，就进一步提高了和谈条件。那一年，西班牙还遭受了另外两次灾难。从东印度群岛出航的一支英国舰队攻占了马尼拉；虽则攻占马尼拉的消息没有及时传到欧洲对和谈产生影响，但是正在进攻马尼拉的消息产生了效果。最后，查理三世原来打算作为牵制行动而对葡萄牙进行的入侵，结果出乎意料地一败涂地。里斯本根本没有受到严重的威胁；英国虽则退出了德意志的战争，但没有从哈瓦那转移力量。1762年10月，查理三世有条件地投降。几个月来，法国人一直在迫使他媾和。哈瓦那陷落后，舒瓦瑟尔只得承认在海上法国和西班牙联合起来也不是英国的对手。法国不能继续承受战争失利的压力，而它的盟国奥地利最后也准备媾和了。

英国的大臣们似乎像舒瓦瑟尔一样乐意媾和，虽然原因迥然不同。乔治三世渴望摆脱在德意志承担的责任。皮特本来会坚持把战争一直打到波旁家族所有的殖民地都丧失殆尽为止，但他已让位于胆小怕事和缺乏经验的比特。许多英国政客对殖民地领域中英国的巨大优势感到精神紧张，担心将来其他的殖民大国会联合反英。北美洲殖民地居民正在变得越来越不受制约；在加拿大被征服后，他们感到已无进一步打仗的必要，他们过去支持西印度征战的那种热忱随之消失。他们毕竟打算继续到法属西印度诸岛贸易，不管这些岛屿是成了英国殖民地或者仍旧是法国殖民地。由于这些原因，巴黎条约是在匆匆忙忙中订立的，也体现了急于成事所需要的让步和妥协。

在英国的大臣们打算加紧和平解决时，战争后期所征服的许多有价值的地盘却使他们感到为难。要媾和，就必须牺牲一些东西；但是为了满足民众的纷纭舆论，又必须保持一些超出战争的原有目标以外的东西。战争的主要目的原来是保卫北美殖民地，为此目的，毫无疑问，加拿大或至少加拿大的一部分必须保留在英国手中。另外，加拿大的贸易和岁收很少，而公众有理由指望被征服的殖民地在媾和时能支付一部分战争费用。法属西印度诸岛会马上带来一笔财政收入。这些岛屿比广袤无垠的加拿大更容易由英国人来殖民；而且，西印度群岛的种植园主习惯于返回英国花钱，而大多数北美洲的移民守着他们的农场和商业，即使有钱的话也是把钱留在殖民地使用。这就是人们主张与其保留北美征服的殖民地，还不如保留西印度群岛征服的殖民地的顺理成章的原因。瓜德罗普岛尤其是一项诱人的战利品。奴隶贩子自然极力要求保持它。甚至西印度群岛利益集团也有点转向拥护并吞这些岛屿的政策，因为种植园主和种植园主的代言人已经明白，马提尼克岛和瓜德罗普岛将会成为危险的邻居，尤其是当它们被用作私掠船基地时就更为危险。在英国，许多人认为应当保留瓜德罗普岛，甚至宁可不要加拿大。这样，要瓜德罗普岛还是要加拿大的问题，就成为许多政治小册子和激烈论战的主题。倘若议论的只是瓜德罗普岛，政府未必会郑重地注意这场辩论；但在1762年又征服了马提尼克岛。这样就提出了一个需要抉择的问题：到底要加拿大，还是要除圣多明各以外的所有法属西印度群岛。罗德尼尤其强调马提尼克岛的战略重要性。看来有可能的是，如果法国一定要占有马提尼克岛才讲和，那么英国就可以保留瓜德罗普岛作为补偿。然而，比特显然认为，法国不会放弃任何已有移民定居的殖民地。于是，他最后决定采取折中办法。他同意归还马提尼克岛和瓜德罗普岛，并把法国的西非贩奴据点也作为必要的附属物一并归还；但他要求法国割让格林纳达岛和所有中立岛屿，以及密西西比河以东的整个北美大陆。这些几乎都是荒无人烟的土地，向英国的开拓者敞开大门，而且法国人寥寥无几，不会给政府制造麻烦。与领土一起转让的还有密西西比河道的航行权。在最后的和约条款中，所有这些要求除一条以外，都得到了同意；这一例外就是，法国坚持保留圣卢西亚岛，因为该岛对马提尼克岛的防御是必不可少的。法国要求保留该岛的理由——正如皮特抱怨的那样——正是英国应该占领该岛的原因。但是法国人的要求得到了满足。

比特的温和提案与法国所希望的不谋而合，可是提案没有考虑西班牙的要求。西班牙为了法国的利益卷入了战争，蒙受了重大损失；现在又是为了法国的利益被催促着匆忙地媾和。查理三世不想让英国人在墨西哥湾海岸出现，因为他们能从那里孤立佛罗里达和在密西西比河航运的掩护下进行走私贸易，并比以前更容易地截去墨西哥的大帆船队。舒瓦瑟尔不得不承认西班牙的论据是有力的，他最后决定把路易斯安那殖民地转让给西班牙，以换取它对和约的默认。

西班牙和英国没有碰到多少困难就解决了旧有的争端。西班牙放弃了对纽芬兰渔场的要求，同意了由英国法庭裁决战时捕获的船只归属问题。洪都拉斯的洋苏木采伐营地首次得到了并不牢靠的承认。西班牙答应让伐木者在那里伐木，并尊重他们的财产；英国则答应不在伐木营地设防。居留地的边界和伐木者的权利都没有明确规定，所以在以后的20年中英国人在洪都拉斯的确切地位仍然是一个有争议的问题。最后，英国把古巴归还西班牙，换取了佛罗里达；西班牙与英国恢复了战争开始时正在实施的商业条约。

布特为了（照他所想象的那样）促成持久的和平，他愿意在殖民地让步。从英国的立场看来，这种意愿是徒劳的，因为在当时与法国保持持久的和平几乎是不可能的。英国、法国和西班牙在美洲的长

第二十二章 在美洲的竞争

期冲突绝没有结束。舒瓦瑟尔根本没有对英国温和的做法感到满意，几乎在条约刚签字时，他就开始在策划和组织报复行动了。布特的和平愿望只使自己接受的条件没有本来可能得到的条件有利——皮特虽则有闹派性的坏脾气，但他这样说还是正确的。英国在西印度群岛所做的让步是惊人的。古巴控制了西班牙在美洲的贸易的大部分，马提尼克岛和瓜德罗普岛控制了许多法国在西印度群岛的贸易，所有这些岛屿又与英属北美殖民地保持紧密而非法的商业往来——这种往来如果变成公开和合法的话，可能会更加兴旺发达。在战略和经济上，英国都很有理由保留一些在西印度群岛的征服地；然而，这些土地都愉快地物归原主，显不出夺取这些岛屿有什么成果。无疑地，必须考虑这场"血腥的和耗费巨大的战争"会拖延下去的危险性；而且，大概英国的和平缔造者们认为，英国即使不占有法国和西班牙的基地，它的海上优势也总会保障对加勒比海的控制权。然而，皮特的预言在他在世时就应验了。在18世纪60年代曾被人们振振有词地假定英国在加勒比海所拥有的制海权，到了18世纪七八十年代就显得十分不够，以致不能阻挡法国夺取背风群岛和向风群岛中的许多岛屿从而威胁整个英属西印度群岛的安全。七年战争中英国在加勒比海取得的极大优势在媾和时被全盘抛弃，换取了北美大陆上一些虽则极大但其中有些却是好景不长的利益。

英国人在一代人的时间内就丧失了北美大陆上大部分殖民地，西班牙人则在两代人的时间内丧失了所有殖民地。西印度群岛除了海地以外，都对欧洲的主子保持忠诚，或者说，在最坏的情况下也不会背叛主子。可是，西印度群岛虽则对欧洲商人和土地所有者还是一个巨大的财源，但在政治家的眼中地位正在下降。它们作为大陆贸易的货物集散地的重要性早就大大地减小了，在1763年以后就更为衰落。它们只能靠出口食糖度日。由于土地肥力耗尽、奴隶劳动力花费大和机械效率低，食糖生产的成本比较高。然而食糖的生产还是越来越多，销售就变得越发困难。除了这些困难外，还有屡次国际战争的破坏。历史较长、面积较小的英属岛屿比法属岛屿更早地表现出困难的征象；但在所有的殖民岛屿上，外在地主和长期负债正在成为惯例。西印度群岛蒙受苦难，并且受苦至今，原因就是这些岛屿被四五个欧洲殖民强国所瓜分，每群岛屿为一个有限的受保护的市场生产食糖。

巴黎和约是把西印度群岛的大部分岛屿统一在同一面旗帜下的最后机会，然而这个机会被错过了。

2. 北美洲大陆

乌得勒支条约签订以后，北美洲的英法殖民地之间虽然隔着广袤的荒野，但彼此越来越感到忧惧。

在短期内，法属殖民地处于较强的地位。它们力量的基础是荒野中的财富，经济上靠毛皮，军事上靠水路交通，外交上靠操纵印第安人部落。毛皮贸易的条件使坐镇圣劳伦斯河流域的总督、公司和教会能控制幅员辽阔、人口稀少的内地。然而，法属殖民地的弱点正是来自对这种荒野条件的适应，到头来弱点反而使力量的基础相形见绌。法国人的毛皮贸易需要的人力很少。由于他们居民人数少，不能发展农业或工业，甚至不能提供足够的兵员。森林的开发很快就达到了使利润减少的程度。毛皮商人就进一步深入内地，就必须与更远的印第安人部落建立联系。他们由于全力集中在毛皮贸易上，就必须依赖法国提供粮食、工业品和武器。新法兰西的生存依赖于制海权，尤其靠控制圣劳伦斯河口，而圣劳伦斯河口现在受到英国占领的纽芬兰和阿卡迪亚的威胁。在这种情况下，法属殖民地的最佳对策是实行大胆的进攻性政策。他们利用集中规划所赋予他们的主动性，在1713年到1754年间把势力从密西西比河和大湖区扩张到阿巴拉契亚山脉。

英属殖民地的力量建立在稳定的定居社会的基础上。从长远来看，这种力量必将压倒法国在北美洲的帝国。它依靠比较稠密的居民人口，其边界具有吸引外来移民的弹性。法国殖民地的发展是靠政府统一规划，占领战略据点的办法；而英国殖民地的发展像是一股徐徐推进的贸易和定居的潮流，它的动向受私有利润法则的支配，甚至限制殖民地居民与英国产品竞争的政策也鼓励了殖民地的扩张，因为殖民地居民由于不能发展自己的工业，就被迫进一步深入荒山老林，以取得能够换取英国产品的原材料。他们开发了缅因和新斯科舍的森林以采伐造船用的木材，开垦了宾夕法尼亚的处女地为西印度群岛生产粮食，发展了南方的新种植园以生产更多的大米和烟草。同时，英国毛织品和金属器具质地优良，使英属殖民地居民与法国对手在对印第安贸易的竞争中占优势，而且开发西部土地所需要的资金中有很多来自英国。英属殖民地所处地位的主要弱点是，英国政治的懒散气质助长了殖民地的自力更生，从而容易产生狭隘的地方主义。对印第安贸易的竞争使弗吉尼亚人与宾夕法尼亚人不和，卡罗来那人与佐治亚人不睦。殖民地议事会不愿意为足够的防务承担费用，殖民地民军只在极其有限的条件下才出动。甚至母国，除了维持保护殖民地的英国海军以外，也不大愿意做更多的贡献。直到1749年，母国才拨款把新斯科舍建成为圣劳伦斯河口的一个卫戍要塞。

只要英法殖民地冲突还是争夺毛皮贸易控制权的问题，法国人就有采取主动并在非正式的战斗中赢得胜利的巨大的有利条件。但当美洲的争执变为欧洲列强之间重大冲突的一部分时，英国的海上力量就截断了把法属殖民地联系在一起的脆弱的纽带。在18世纪上半叶，法国和英国把他们在美洲的争执孤立地处理；但是在1756年联盟关系反过来以后，这些殖民地冲突就并入了一场更大规模的斗争，这场斗争终于使英国在北美洲成为主宰的大国。

1714年以后，法国人开始了有条不紊地扩张。这种扩张比英国的贸易商和移民向荒原漫无目的的迁移更给人以深刻的印象。

这时由于英国占领了阿卡迪亚和纽芬兰因而极其重要的圣劳伦斯河口受到威胁；为了保护这个河口，法国便在罗耶耳岛上建立了巨大的路易斯堡要塞，并企图用种种办法尽量缩小英国在阿卡迪亚夺取的地盘：在阿卡迪亚的西部边界的范围问题上进行争夺；发动阿卡迪亚的法国居民移居罗耶耳岛和圣让岛（这种做法基本上没有成功）；还进行较为成功的权谋使留在阿卡迪亚的居民保持中立，并防止他们接受除了1727年严格限定的忠顺誓约以外的任何政治义务；通过天主教会的勒卢特尔神父的亲自努力，把阿卡迪亚居民对天主教的忠诚与对法国的忠诚结合起来，并通过耶稣会传教士——如在诺里吉沃克传教的拉勒神父——策动阿布纳基印第安人起来反对新英格兰的新教徒。由于英国在阿卡迪亚的殖民进展缓慢，并且忽视了设在安纳波利斯罗亚尔的小型军事设施，就更助长了法国的这种努力。只有新英格兰的居民把他们的居留地推进到缅因地区，在那里采伐造船木材和在纽芬兰沿海捕鱼，才表现出抵抗法国侵犯的样子。

在远隔半个北美大陆的另一端，法国着手利用沿着密西西比河开疆拓土的辉煌成就，在新奥尔良为自己打开了通向其领地的第二个门户。新奥尔良建于1718年，到1722年就成为初期路易斯安那省的首府。路易斯安那没有实现约翰·劳和他的冒险家伙伴们的乐观期望。那里的气候，印第安人的敌意，开办种植园需要的大笔资金，以及缺乏合适的移民，这些都是难以克服的障碍。尽管靛蓝生产取得了一点成功，但这个殖民地仍然不断消耗法国的财政资源。可是它控制了密西西比河沿岸的交通，扩大了法国的势力范围和与海湾内地印第安人的贸易，在战略上十分重要。这样就跟向西推进猎取鹿皮的卡罗来那居民发生了冲突。到了安妮女王之战时，这块边远的荒野已经成为英法争夺印第安贸易中一个不引人注目但很重要的冲突场所。这是夺取密西西比河流域控制权的第一轮斗争。法国人通常能得到乔克托印第安人的支持，而英国人则有切罗基印第安人的支持。其他印第安人部落——值得一提的有奇卡索族和克里克族——的势力大体上偏向于提供较好贸易条件的英国人。但是卡罗来那殖民地的边境如此没有安全保障，以至于在1715年对雅马西人之战以后，英国政府由于担心法国人在南部印第安人中的优势产生影响，就于1721年在阿尔塔姆哈河上建立一个要塞，保护卡罗来那边境。这个要塞在10年以内成为佐治亚殖民地的一部分。1731年建立的佐治亚，虽则主要是针对法国人的，但也跟佛罗里达的西班牙人发生了新的摩擦，因为这块新殖民地整个儿是建立在西班牙人声称拥有主权的土地范围之内的。阿尔塔姆哈河上的居留地把英国沿海殖民地的边境推进到圣奥古斯丁附近，这使西班牙人十分不快。圣奥古斯丁、彭萨科拉和阿巴拉契亚的西班牙据点就与印第安人勾结，并且为卡罗来那的逃亡奴隶提供庇护所。奥格尔索普将军为这块新殖民地制订的计划包括讨伐西班牙人；他于1738年率领一支为此目的而装备的军队，回到佐治亚殖民地。1739年英国和西班牙之间的敌对行动爆发，这就为袭击佛罗里达提供了借口。但是结果并不是决定性的。在1740年的最后一次远征中，奥格尔索普的军队一直穿插到离圣奥古斯丁几英里处，才由于他指挥不当和缺乏海军协同作战而被迫撤退。西班牙于1742年对佐治亚海岸的反攻同样也没有成功。荒野中的环境仍然极其艰难，如果没有充分的海军支持，任何一方的前哨基地都不能在离开自己的栅栏以外很远的地方有效地行使权力。

在密西西比河下游和阿巴拉契亚山脉南部之间的广阔区域，地形十分不便，印第安问题难以对付，路途极其遥远，占有这个地区边缘地带的3个欧洲国家控制薄弱，还不能彼此短兵相接进行搏斗。西班牙的抱负是由更远的欧洲外交的考虑所决定的，而法国和英国的抱负则是由能够动员多少兵力在战场上与对方进行实力较量来决定的。

这时，法国人在沿密西西比河而上划独木舟航行400英里需时几个月才能到达的地方，草创了一个小小的居留地。它位于密西西比河、俄亥俄河和沃巴什河之间的大陆中心部分的伊利诺伊地区。在这里，设防的贸易站夏尔特尔（1718年）、奥尔良（1720年）和文森斯（1732—1733年）掩护了一群6个村落；到1750年，这群村落中已住有1000多法国居民和他们的印第安人妻子，从事贸易和在印第安人奴隶的帮助下耕种肥沃的土地。伊利诺伊生产的玉米给在俄亥俄河谷作战的法国军队提供粮秣，并且在食物匮乏的时节帮助维持大湖区的如底特律等贸易站。因为这个原因，也因为它把大湖区和路易斯安那连接起来的重要战略地位，伊利诺伊地区成为法国在内地势力的关键，于是保护它不受英国的侵犯就成为法国政策的基点。法国毛皮商和代理人以伊利诺伊为基地，沿俄亥俄河做生意，并在皮安卡肖、迈阿密和肖尼印第安诸部落中找到有用的合作者。但到18世纪30年代，他们便与英国人遭遇。先是有几十个卡罗来那商人，接着有宾夕法尼亚商人，在进入西部寻取毛皮时发现西部的印第安人渴望得到便宜的"扬基"甜酒和高质量的英国水壶和毛织品。易洛魁人企图保持独立和在俄亥俄河的势力，抵制英国人对该地的侵入；到1740年乔治国王之战开始时，易洛魁人正与法国人谈判，企图把英国人逐出这一地区。

再往北部的五大湖区一带，法国人也在努力加强他们的贸易和战略地位。这里，6个易洛魁部落的大联盟从位于安大略湖以南的奥农达加总部，控制了从阿迪龙达克河至俄亥俄河之间的地区（从沿海迁移来的图斯卡罗拉部落于1723年加入原来的5个部落的联盟）。虽然乌得勒支条约承认易洛魁部落与英国人的友好联盟，但部落联盟继续实行其传统的中立政策，企图让白人之间互相争斗，抵消力量，从而作为加拿大和纽约之间强大的缓冲国而成功地保全自己。易洛魁印第安人组织强大，它作为一个印第安部落的联盟是异乎寻常地稳定的。英国和法国都尊重他们的中立,这特别是因为它有助于头等重要的皮货的收集和运输,从而带来额外利润。6个部落利用有利的战略位置和充当代理人从更西部的部落收集毛皮,在毛皮贸易中起了至关紧要的作用。法国人的主要贸易路线途经安大略湖和伊利湖。他们很快于1719年在尼亚加拉河上重建贸易站,从这个有利位置成功地控制了大部分的毛皮贸易。但奥尔巴尼的荷兰商人感到了竞争的压力,就在安大略湖沿岸更远处的奥农达加河口建立一个贸易站。这个建于1725年的贸易站奥斯威戈成功地从尼亚加拉的法国人手里夺走了西部毛皮贸易的最好生意。荷兰人成功的诀窍是毛皮收购价格较高,交换的商品更为诱人,尤其是供应大量甜酒。奥斯威戈建立后一年,法国人重建了石头的尼亚加拉堡。纽约来的殖民者针锋相对地在奥斯威戈建立一个坚固的石头要塞;伯内特总督向法国人清楚地表明,英国人将保卫这个要塞反击任何进攻。

但是,奥农达加的印第安酋长们依靠毛皮贸易换取他们现在已不可缺少的欧洲商品,他们决心防止英法竞争酿成战争破坏他们的经济。奥尔巴尼的荷兰人也同样需要和平,他们为了自己的赚钱生意,希望继续保持在安妮女王之战期间与法国人签订的防止该地区成为交火战场的密约。因为荷兰商人与蒙特利尔秘密贸易,靠着用英国人的商品换取法国人的高质量的河狸皮,获得很大利润。这种中立政策也得到在莫霍克流域拥有地产的大土地投机者——如利文斯通家族——的支持。但它遭到魁北克当局的反对,在纽约殖民地也遭到一些主张对法国人采取较为进攻性和较有远见的政策的人士的反对,著名的反对者有连续两任总督伯内特和林顿,还有从事印第安贸易的大商人和谈判老手威廉·约翰逊。但在乔治国王之战期间,拥护中立政策的一派控制了纽约议事会。这样,易洛魁部落的势力和中立政策,加上法国人和纽约的居民都想维持皮货流通这一压倒一切的迫切需要,遂使安大略湖地区英法竞争的压力没有上升到武装冲突的程度。这段隐蔽进攻的时期随着1739年英西战争爆发而结束,而英西战争则并入了更大范围内的奥地利王位继承战争。此后的10年中,北美殖民地的内部竞争因它们母国之间的战争而恶化。但是,母国往往把殖民地的冲突与其他冲突分开,把殖民地冲突的主动权让给本地当局,而只从别的战场上方便的地方抽调海军部队予以支援。这种倾向使殖民地内部竞争的性质保持不变，并使这种竞争不能达到任何重大的结局。法国、西班牙和英国对俄亥俄河以南的北美大陆的控制比较薄弱，这就使他们不能在这个地区短兵相接地较量起来；而易洛魁部落联盟的力量保持了大湖区东南方的和平。只有在两个地点，法国人和英国人有足够的力量可以进行激烈的冲突。他们逐渐认识到圣劳伦斯河口和俄亥俄河上游各个源头的控制权对两国殖民系统的安全都至关重要，于是两地的激烈冲突就成为战争的信号。

具有特色的是，法国人首先采取主动。一接到交战的消息，路易斯堡就出动一个分舰队，立即夺取了小港口康索并骚扰安纳波利斯罗亚尔。英国政府当时正全力应付詹姆斯党人的入侵，不可能在北美洲对法国人发动陆上攻势。但英国国王在新英格兰的一些臣民认为对法国天主教徒进行突然袭击的时机已经到来。这些天主教徒在圣劳伦斯河口要求的权利威胁到他们的渔场、木材、贸易和正在扩张中的新罕布什尔和缅因的边境殖民地。这无异于是对路易斯堡本身发动一场殖民远征。马萨诸塞殖民地能干的总督威廉·谢利以一票的多数说服马萨诸塞州议会同意了这个远征计划，康涅狄格、罗得岛和新罕布什尔也为该计划助一臂之力。1745年河面刚开冻时，大约3000民军在一个基特里的商人威廉·佩珀雷尔的率领下登船向圣劳伦斯河进发。如果没有海军力量从路易斯堡的法国舰队手里夺取海洋航道的控制权，此举只可能是一次愚蠢的轻举妄动。幸运的是，谢利说服了纽卡斯尔命令西印度群岛驻防分舰队司令官沃伦协助这次远征。由于新英格兰民军行动快速、保守秘密和勇敢无畏，法国人遭到突然袭击，措手不及，只得把一处重要的炮阵地放弃给围城的民军。这支小部队利用初战胜利的优势，在防止法国援军到达的沃伦分舰队的得力协作下，于6月17日迫使这个大要塞投降。攻陷路易斯堡是乔治国王之战期间北美的英国武装力量的一个显著战绩。几个殖民地总算准备有效地联合起来，在英国海上力量不可缺少的支援下推进殖民地本身的不言而喻的利益。结果是英方大获全胜。这一胜利倘若在和谈时得到认可的话，本来会使法国最后失去在美洲的立足之地。然而，对新英格兰人不幸的是，1748年在艾克斯拉沙佩勒，路易斯堡只是许多因素中的一个因素而已。为了保持均衡，许多考虑，包括考虑到如果保留路易斯堡，那么在同化阿卡迪亚居民这个已经棘手的问题上，又要增加新的难题，结果决定把这个要塞归还法国。这样就丧失了彻底击败法国人的良机。事实证明，再要找机会使英属殖民地有效地联合起来对付法国人，就不会这样容易了；到时候，就需要打一场耗费巨资的战争和动用英国的军队，才能实现这一目标。

和约刚一签订，双方就采取步骤巩固各自在圣劳伦斯河口的阵地。法国人着手重建路易斯堡和尽力保护路易斯堡与魁北克的陆路交通：他们在阿卡迪亚地峡建立博塞儒尔堡，并通过勒卢特尔神父的告诫和他的做弥撒的米克马克印第安人的威胁，使阿卡迪亚居民效忠于法国。1749年，英国政府终于采取行动加强这个半岛上的阵地。大约3000名英国臣民被送到这里，在被任命为新殖民地新斯科舍的总督的康沃利斯将军的领导下，建立奇布克土湾东岸的港口居留地哈利法克斯。最后决定，为安全计，除了把全体阿卡迪亚居民迁移到战略上比较不易遭受攻击的英属殖民地外别无选择。在对法国和印第安的战争爆发时，大约1万名讲法语的天主教徒被驱逐出他们的农场，流落到远至新奥尔良和布列塔尼等地，开始过着"失所平民"的不幸生活。

与此同时，在乔治国王之战中，为了控制大湖区和俄亥俄之间那块对法国属地的安全极为重要的地区，大陆腹地发生了一场虽则场面较小、但同样重要的斗争。这场斗争几乎没有因媾和而中断，直接导致了敌对行动，从而开始了对法国和印第安的战争。

战争开始时，法国的计划是从俄亥俄地区逐出英国商人，但是没有得逞。获得控制权的关键在于操纵印第安人。印第安部落的目标是在获得他们的经济所依赖的欧洲商品源源不断供应的情况下，尽量对白人保持独立性。印第安人对白人的外交政策虽则反复无常，难以捉摸，但有一种精明而讲求实际的一致性。法国人或英国人都不能指望得到印第安人足够的支持，从而对这个地区建立牢靠的控制；但除此之外，任何一方只要提供较好的贸易条件，就有希望取得暂时的优势。乔治国王之战期间的局势使英国取得这一优势。1741年，法国人干了一件有利于英国人的事：他们把内陆贸易站移交给蒙特利尔的垄断商人，但移交的条件使物价飞涨，从而使英国商人得以容易地以低价竞争。英国商人还跟法籍的"森林中的游荡者"进行有用的走私贸易。此外，随着战局的发展，英国海军封锁的压力在内地造成了贸易商品匮乏的影响。这种情况下，印第安部落对法国人逐渐冷淡，而对英国人表示友好姿态。1747年，由于怀恩多特部落酋长尼古拉斯策划反对底特律的一项影响深远的印第安阴谋过早地暴露，法国人勉强地逃脱了一场灾难。到公开的敌对行动结束时，宾夕法尼亚殖民地和弗吉尼亚殖民地政府企图通过与印第安人的谈判，以便巩固在俄亥俄地区的这种脆弱的优势；而来自迈阿密河地区皮克威勒尼等贸易站的英国毛皮商人，则利用他们已经打开法国人对大湖区河狸皮贸易垄断的大好机会。

1749年，法国总督拉加利索尼埃决心消灭阿勒格尼山以西的英国势力。他派遣一支由正规部队和加拿大移民组成的远征军，在塞莱隆·德比安维尔的统率下，远达俄亥俄河的岔流处，其目的是要对这一地区正式提出领土要求和指望用显示武力的办法威慑正在效法迈阿密河地区迈阿密部落酋长拉德穆瓦塞尔的、怀有异心的印第安诸部落。

因为现在俄亥俄河上除了有英国毛皮商人的活动以外，又加上了英国土地经纪人的活动，所以法国更迫切地需要坚持对俄亥俄河拥有完全的主权，即使这样做会与印第安人疏远也在所不惜。到1750年，英国移民的势头在阿勒格尼山脉西麓的一些地方已经出现；沿海的大亨由于再也不能把资金有利可图地投在贸易和种植业上，就狂热地在俄亥俄河流域无人居住的肥沃土地上投资。由此而成立的一些地产公司正在制订计划，准备在法国早已声称拥有主权的俄亥俄河岔流处附近不仅进行贸易，而且进行殖民。1750年至1753年间，这一地区经过了反复的勘察。俄亥俄公司在波托马克河的威尔斯克里克建立一所商行，并于1752年获得印第安人同意在河流分岔处建立一个要塞。

为了先发制人地阻止这些计划实现，法国人采取了攻势。1752年，一支由法国人率领的奇佩瓦部落和奥托瓦部落的印第安军队除灭了拉德穆瓦塞尔酋长和皮克威勒尼的英国商人，一举扫除了英国在俄亥俄中部的贸易利益。翌年，法国新任总督迪凯纳再次派遣远征军，在伊利湖以南的普雷斯克岛、勒伯夫和贝南戈建立3个连镇要塞，排成一线直指俄亥俄河的分岔处。弗吉尼亚殖民地的总督丁威迪得报后，马上派遣年轻的乔治·华盛顿到勒伯夫堡要求法国人撤退；当法国人置之不理时，就派遣一支小部队在河流分岔处建立一个要塞。法国人驱逐了这些部队,接着修建了更为坚固的迪凯纳堡。于是,华盛顿于1754年再次受命率领一小队弗吉尼亚民军去赶走迪凯纳堡的法国人。他们在孟农加希拉的大草地的小规模战斗中遭遇,并打败了小股法军,但接着在7月在临时建立的尼塞锡蒂堡被法军打败和俘虏。弗吉尼亚军队与加拿大军队已经交火,于是俄亥俄河流域不稳定的停战结束;对法国和印第安人的战争已经开始。

在当时,战争还是以弗吉尼亚人为一方与以法国人和印第安人为另一方的非正式冲突。其他英国殖民地根本没有准备支持弗吉尼亚人打进俄亥俄河流域。卡罗来那殖民地由于白人居民少,而且据说存在黑奴对内部安全的威胁,因此不可能出兵。宾夕法尼亚人妒忌弗吉尼亚殖民地支持下的俄亥俄公司;公谊会控制下的宾夕法尼亚议事会用怡然自得的和平主义掩盖它不愿意为防务而批准征税。纽约殖民地的居民担心冲突会影响与印第安人的关系。法国人向俄亥俄河的进军已使印第安人的原有中立政策无效。易洛魁印第安人深感法国人军事势力的强大,为自己的独立遭受威胁而感到焦急,就极力抱怨英国人没有给他们足够的保护。为了团结印第安人对付法国人,商务部在1754年6月于奥尔巴尼召集会议与易洛魁部落会谈,7个殖民地派有代表参加。会议提出了一项具有政治家风度的印第安政策,但对各殖民地的议事会没有产生多大的影响。关键的弗吉尼亚自治领甚至未派代表参加会议,虽然大会的政策威胁到俄亥俄公司的利益。富兰克林为了给共同防御打下基础而设计的联盟计划,虽然在大会上得到通过,但更不可能被各殖民地的议事会所接受。因此,弗吉尼亚人只得靠自己保卫边境,虽则他们在训练有素的兵员和战争物资的供应方面都不是法国的正规军队和法国的印第安盟友的对手。

因此,英国政府面临一个重要的抉择。有两种办法可供选择。第一种办法是坚持传统的承担有限义务的政策。根据正统的重商主义理论,殖民地的价值首先在于它的商业;对殖民地的投资,如不能在短期内带来利益,就是不值得的。英国皇家海军只对殖民地的贸易路线提供保护,撇开这一点不谈,殖民地防御当地的攻击则是其本身的责任。俄亥俄河流域的冲突是美洲范围内为了争夺毛皮和土地而进行的商业竞争事件。正如纽卡斯尔公爵所说:"让美洲人打美洲人",让英法通过已在巴黎为此目的设立的外交机构进行谈判，和平解决这一争端。

第二种办法是支持弗吉尼亚殖民地的居民。这样做就意味着英法的正规军和海军舰只将发生冲突，并且有使局部战争变为全面战争的严重危险。母国政府负责成立新斯科舍一事就已暗示，纽卡斯尔内阁已做了第二种选择。这一抉择标志英国已认识到，北美大陆殖民地的重要性在整个殖民系统中已占首要地位。这些殖民地经过40年的迅速发展，已成为旧帝国中举足轻重的中心。它们作为商品市场和商品生产者对英国海外贸易网的价值如此重大，因此它不能因斤斤计较防务的开支而使它受到损害。此外，它们已不再被看作仅仅是商业上的种植园，而是已成为享有英国臣民权利的人口众多的英国社会。保卫这些殖民地使之不受法国的侵略，已被视为有关国家荣誉的问题。

英国内阁做出其决策后，于1754年11月得到议会的支持，发动一次英国和殖民地协同作战的有限战役，其目的是夺取迪凯纳堡、尼亚加拉堡、克朗波因特堡和博塞儒尔堡。他们希望这些有限目标将把法国人赶回到1714年的位置，而无须诉诸两国之间的公开战争。于是，一支人数不多的远征军在布雷多克将军的率领下于1755年年初被派往北美洲。这支远征军没有在宾夕法尼亚，而是在弗吉尼亚登岸，因此要比原计划进行更长时间的行军后，才能到达俄亥俄河。布雷多克的战役计划极其详尽，它包括修筑一条能运送重炮通过荒山野林的道路。攻陷迪凯纳堡的计划虽然十分周密，但耽搁和妨碍了部队的行军速度。而丁威迪大抵由于妒忌他的同僚格伦总督在印第安人中的影响，只派遣了很少几个印第安人侦察哨，从而也妨碍了布雷多克部队的进军。当他的部队于7月9日终于开到离迪凯纳堡7英里以内时，一股约有900名法国人和印第安人组成的部队突然成功地袭击了他的行军队列。在接着发生的混乱中，以及由于布雷多克的指挥官们在判断上犯了严重错误，结果一败涂地。布雷多克阵亡，残余部队溃散，辎重丢失，于是整个战役被放弃。弗吉尼亚—宾夕法尼亚边境在印第安人的劫掠面前处于完全没有防御的状态。这样就结束了英国政府对法国人进行有限战争的尝试。

其时，法国人虽然决心保卫他们的边远的阵地，但同样渴望把战争局限于美洲大陆。一段时间以来，法国官员已意识到加拿大在与英国进行任何公开的实力较量中力量薄弱。即使在和平时期，长期的供应匮乏和随之而来的通货膨胀也使比戈省长十分苦恼；这种情况引起的失败主义情绪，只是被拉加利索尼埃等人的爱国主义的论调压倒罢了，对于这些人来说，屈服于英国的扩张是不可思议的。由于法国海上运输不堪一击，并且法国海军还未做好战争准备，法国内阁尤其要避免与英国海军发生公开的敌对行动。因此，他们于1755年用快速海军舰只增援新法兰西，成功地避开了奉命只在美洲水域截击法舰的英国分舰队。结果是，法国在1756年夏季夺取奥斯威戈，从而赢得了西部印第安部落的归顺。法国势力依靠精心计划的连镇要塞，这时迫使英国人撤回到山那边的沿海基地。英国在这灾难的一年中，只是由于一个法国军官的叛变才攻占了新斯科舍地峡的博塞儒尔堡，算是得到了一点安慰。

此时，英国内阁看来显然已认识到，必须用全面进攻新法兰西来取代有限目标的战役。这样大规模的战争能否保持有限和非正式的问题，很快就成为不切实际的空谈。因为1756年年初的几个月内发生了欧洲联盟的大变动，这就预示欧洲对法国的战争将出现一个新的局面。这是由于法国与奥地利结盟，就从欧洲大陆上承担的广泛义务中脱身，腾出力量与英帝国进行海外的斗争。从1756年5月18日开始，英法正式开战。北美洲的冲突终于与欧洲体系的武力冲突合并在一起；从此两个母国都动员军事力量，在美洲大陆上用武力解决问题。

当皮特于1757年就任首相时，英国在美洲的前景是严峻的。新法兰西已得到增援并做好战备。这年夏季，法军打退攻打路易斯堡的一支庞大的远征军并夺取了乔治湖畔的威廉亨利堡。他们占有居高临下的阵地，能够依靠印第安盟友骚扰从新斯科舍到佐治亚的英国殖民地。由于布雷多克的失败而士气不振的英国殖民地的地方武装不能进行有效的防御，只能指望母国给予保护。但是皮特的自信心和组织才能很快在大西洋彼岸起了作用。他决定把美洲作为这次战争的决定性的战场，计划从陆上发动一次分为4路的战役，并且有效地利用海军力量，以扼杀新法兰西。1758年夏季，他的重新组织的战争努力初见成效。博斯科恩统率的海军部队和沃尔夫麾下的军队组成强大的两栖部队，于7月26日成功地攻克路易斯堡。然而，北美新任英军总司令艾伯克龙比对香普兰湖的法军所发动的进攻未获成功。英军和地方部队在进攻提康德罗加时亦遭惨败。再往西去，形势较好，布雷兹特里特成功地攻克安大略湖和福布斯湖畔的弗隆特纳克堡，并在修筑了一条通过宾夕法尼亚山区的新路后，终于在11月夺取法军已放弃的迪凯纳堡。

这些战绩标志战争已到达转折点。法军虽然顽强地坚守香普兰湖的阵地，但已丢失圣劳伦斯河畔的巨大的外围要塞；弗隆特纳克堡的失守威胁了圣劳伦斯河和大湖区之间的交通；而杜凯纳堡的陷落意味着法国在俄亥俄河优势的结束。占优势的英国海上力量压力则更是不妙。路易斯堡的命运早在前一年冬天就已被决定；那时巧妙地使用英国的舰队在欧洲水域里截击了法国海军，使它不能运送足够的部队去保卫这个要塞。英军捕获法国的供应船只，使新法兰西发生严重缺粮。同时，法国由于损失了船只载运的价值无法估计的与印第安人贸易的商品，就更加难以保持印第安部落的忠顺，而这些部落的游击活动一直是法国取得胜利的重要因素。

英军计划于1759年在新近攻克的基地上对圣劳伦斯河流域发动一次全面进攻。这次战役分3路进行：第一支远征军准备攻占尼亚加拉堡，从而完全切断圣劳伦斯河和大湖区的联系；第二支部队取道香普兰湖，进击魁北克；第三支部队从东面海上沿圣劳伦斯河而上。第一支远征军攻下尼亚加拉堡，但未能沿圣劳伦斯河向前推进；第二支部队在阿默斯特的率领下占领提康德罗加和克朗波因特，但未能在冬季开始以前打出香普兰湖地区。因此，一切都取决于沃尔夫将军由圣劳伦斯河口向上游的进军。沃尔夫的两栖部队于9月攻克魁北克之役是一次险仗，全靠海军指挥官的高超航海技术和司令官沃尔夫将军的杰出战术指挥才取得了胜利。魁北克的战果完全证明沃尔夫在权衡利弊后采取的冒险行动是完全正确的。英国军队甚至在打败蒙卡尔姆和占领魁北克的大城堡以后，仍旧面临蒙特利尔的强大的留守法军进行反扑的危险。一切全都有待次年春季开到圣劳伦斯河流域的法军增援部队而定。然而，对法军不幸的是，他们的海军力量在上年11月已被霍克击败于基贝龙湾；4月里从波尔多起航的增援船队又被英国海军打散；结果于1760年5月沿圣劳伦斯河逆流而上到达魁北克的首批舰只是英国海军的。英军控制了圣劳伦斯河的整个下游，蒙特利尔于9月的投降只是个时间问题罢了。

这样,在两个时期的作战中,英军由于拥有制海权,巧妙地利用他们的北美洲的阵地,有效地在北美洲的荒野里部署了第一流的欧洲军队和动员了殖民地中占优势的人力物力,就成功地打垮了曾扬言要把他们赶回北美洲大陆沿海地区的法军。这些胜利成果与其说是殖民地赢得的,还不如说是母国赢得的,因为虽然殖民地提供了充足的给养和像罗杰斯突击队这样的极有价值的辅助部队,但是要打败从法国本土派往"新大陆"的实力强大、组织严密的军队,还需要皮特的组织天才、正规军队的专业技能(尤其当部队在豪和布凯等人的指挥下学会了森林战术的时候)和最为重要的海军优势。

如果说英法在美洲的冲突只是在两个母国间进行人力物力的较量后才最后得到解决的话,那么,"新大陆"上英法势力安排的最后决定同样依赖于其他战场的战争进程。蒙特利尔陷落以后,七年战争又拖了两年。乔治三世即位以后英国内阁的改组反映了国内的厌战情绪,结果英国于1761年与法国开始和谈。但是,比特内阁尽管有和平的愿望,但由于法国和西班牙于1761年签订第三次家族公约,还是被迫在1762年对西班牙宣战。巴黎和约直到次年才签字。此时,英国海军已攻占法属马提尼克岛、西属哈瓦那和马尼拉而进一步取得对法国和西班牙的胜利,从而增加了英国的讨价还价的实力。在和谈中,新法兰西的命运与控制在英军手里的其他法国属地——尤其是法国在西印度群岛的属地——连接在一起。最后,问题归结为:英军是应该给法国归还新法兰西,还是归还盛产食糖的岛屿马提尼克和瓜德罗普。英国保留新法兰西和归还西印度岛屿的决策,代表了英属西印度群岛殖民地的甘蔗种植园主的胜利,他们担心较为富庶的法属岛屿进入英国殖民系统;也代表了英国商人的胜利,他们渴望插手有利可图的加拿大毛皮贸易。最重要的是,这一决策承认了这样的事实;为了保护英国在北美洲大陆的殖民地,就需要消除法国对这些殖民地扩张构成的威胁,即使这样做就必须把西印度群岛的战略阵地归还法国也在所不惜。皮特担心,这些战略阵地一旦交还法国就会把英国的运输线危险地暴露在敌人面前。以后的事件证明,北美大陆殖民地毫无阻挡的发展将导致独立的要求,而母国在法国干涉的妨碍下将不能用武力镇压这种要求。但在当时,英帝国在北美洲从沿海伸展到密西西比河，从赫德森湾伸展到佛罗里达的顶端，因为西班牙为了收复哈瓦那、马尼拉和从法国人手里取得似乎无利可图的属地路易斯安那作为补偿，已经放弃了佛罗里达作为交换条件。这样，远涉半个世界的英国海军力量通过取得佛罗里达，就在奥格尔索普将军曾经失败的地方得到了成功。

（潘永樑　译）

第二十三章
在印度的角逐

从1707年奥朗则布去世，到1763年七年战争结束，这一时期中印度的穆斯林统治日益衰微，而半独立的"省区政权"逐渐发展，对远在德里的莫卧儿大帝的孱弱后代只勉强地表示忠顺。由此产生的无政府状态使法国和英国的贸易公司得以干涉印度的事务。英法两国在商业和领土方面争夺至高无上的权力，结果以克莱武获胜而告终。这样，法国人就被逐出卡纳蒂克，英国的东印度公司就成为孟加拉的实际统治者。但是，如果认为莫卧儿帝国的解体始于奥朗则布之死，那就错了，因为莫卧儿帝国的衰落至少已有半个世纪的历史，而奥朗则布死后产生的无政府状态只是加速了这一衰落过程罢了。要充分理解这一点，就必须先对阿克巴的政策有所了解。

莫卧儿大帝阿克巴的明智而必要的政策，被他的直接继承者贾汗季、沙·贾汗和奥朗则布完全改变了。他曾苦心孤诣地同意以妥协作为帝国的基础，通过实行普遍信仰自由的政策和废除令人痛恨的对非穆斯林居民征收人头税，努力安抚了信奉印度教的臣民，赢得了他们对他统治的忠诚。但是，他的继承人逐渐背离了这些他的统治的主要原则，到奥朗则布在宗教上和政治上实行不容忍的政策时达到了高潮，终于引起了印度教徒影响深远的反抗，并迫使德干高原的马拉塔人和印度北部的拉杰普特人、贾特人和锡克教徒举起造反的旗帜。反抗从南部的马拉塔人的王国坦乔尔起，北至遥远的旁遮普平原。阿克巴政府的另一个基本原则是，向农民征收的税负额不超过他们总收成的1/3，因为在莫卧儿统治的印度，行政管理的效率有赖于田赋估量和征收制度的公平合理。但在他的继承者的统治下，税负负担有增无减，到奥朗则布统治时（如果不是更早的话），税负额已增至农民总收成的一半。这可以从奥朗则布的税负"法尔曼"(诏谕)中看得很清楚。① 另外,阿克巴统治时直接向农民征赋的做法也抛弃了,结果田赋转派大增,包税做法愈益普遍。尤其在帝国疆域扩大的时候,情形更是如此。当时欧洲旅行者写的著作证实了"法尔曼"提供的证据,成为中央政府的包税人和其他中间人压榨人民、横征暴敛的见证。这些著作经常提到农民躲债逃亡和田地荒芜的情形,读者可想而知,当时的老百姓必然是朝不保夕地挣扎在死亡线上。莫卧儿政权是官僚机构,而不是封建制的。这种自私的官僚机构对人民无止境的压榨,已使人口中最重要的交税人——从事农业生产的各阶层人民——日益贫困。

诚然,沙·贾汗在其统治初期确曾采取措施,试图纠正他的前任贾汗季的低效率,但他在中亚推行的侵略政策,他出兵越过兴都库什山对巴尔赫和巴达赫尚进行的征伐,以及他收复坎大哈的用兵,却把帝国推到了破产的边缘。接着,奥朗则布为了征服德干而毫无希望地用兵,犯下了最为严重的政治上的失算和军事上的错误。除了拉杰普特人和贾特人在北方的动乱,使他不能在南方集中全部兵力外,奥朗则布还发现,他不可能在南方各省实行他的不得人心的专制制度,因为南方的地形有利于马拉塔人进行他们特别擅长的游击战。在他统治的后半期,帝国的扩张不仅使财政枯竭,而且致命地破坏了帝国的团结,因为政权的巩固没有跟上土地征服的速度。曾经在德干访问过奥朗则布行营的、学问渊博的意大利旅行家杰梅利·卡雷里记载:莫卧儿军队带着大批嫔妃和随营人员,行军迟缓,在崎岖的山地上无法与行动自如的游击军队作战。所有权威人士都认为,莫卧儿军队这架作战机器已经腐朽不堪了。军队纪律荡然无存,而且奢侈淫逸,娇气十足。敌人的堡垒很少是由于发动正面攻击而攻占的,而奥朗则布镇压马拉塔人的用兵史,是旷日持久的围攻的历史之一,在围城内部没有人叛变的情况下,只得被迫解围。读者也不应忘记,莫卧儿帝国是个外族政府,其力量不是来自古老的传统或民众的支持,而是依赖其军队的效能和皇帝及其主要谋士的才能。大概这就是欧文把莫卧儿帝国

---

① 这些"法尔曼"的波斯文本和英译本,见《亚洲孟加拉学会刊物》(1906年),第223—255页。

的崩溃主要归咎于军队腐败的原因。不能否认军队腐败是一个重要因素，可是，欧文在这里似乎混淆了原因和结果。拉杰普特人组成的大批部队曾经在阿克巴的军队里服役；不应忘记，导致莫卧儿军队衰败的因素之一，就是奥朗则布疏远了拉杰普特人，而阿克巴对他们则是采取安抚的政策。

在印度的莫卧儿时代，没有什么比占领印度斯坦对征服者所产生的腐蚀作用更令人瞩目的了。这些来自中亚的孔武有力的高地人已堕落成专事谄媚的弄臣。从17世纪中叶开始，莫卧儿贵族的品格显然堕落了。年轻的贵族子弟纵情声色，他们流连后宫，为阉奴和出身低微的宠臣所包围，他们投其所好，使这些子弟从小就谙熟各种各样的堕落恶习。所以，由于阿克巴所建立的行政制度日益腐败，帝国内部腐朽不堪，才是莫卧儿王朝崩溃的主要原因。在穆斯林桎梏下深受压迫的印度教各族臣民的反抗，以及各省省督因洞察中央政府日益衰弱而举兵作乱，都促使帝国加速崩溃。与此同时，来自印度河以西相当于今日波斯和阿富汗等地区的军事入侵和掠夺性袭扰，也进一步加剧了帝国的内部混乱。但是，外来的入侵不是帝国崩溃的根本原因，应该说莫卧儿王朝早就出现崩溃的征兆了。

莫卧儿的君权观念咄咄逼人。就像印度教统治者企图成为古代印度的"查克罗婆丁"即最高君主一样，莫卧儿统治者也极力夺取印度次大陆上至高无上的地位。那里没有欧洲意义上的权力平衡观念。1707年后，当帝国解体时，相互交战的各派的目的，不是为了彼此适当地遏制力量，而是为了完全颠覆对方的权力。帝国幅员辽阔，加上交通不便，这使他们争夺最高权力的努力不能得逞，并使中央集权的一切尝试都归于失败。诚然，阿克巴曾明智地制定旨在中央集权的严格规则，并建立了一套煞费苦心的制度以制约省督的权力。但是，在他去世后，随着帝国的扩张和中央政府的日益削弱，对地方的监督和控制越来越困难。因此，莫卧儿君主企图在印度全境牢固树立权威，实在是无法实现的。只有在19世纪后半叶交通发展以后，真正实现中央集权才有可能。在18世纪初，莫卧儿帝国的版图从兴都库什山伸展到科罗曼德尔湾海岸，划分为21个"苏贝"或行省，它们是喀布尔、克什米尔、拉合尔、穆尔坦、塔塔（信德）、阿杰米尔、德里、亚格拉、奥德、阿拉哈巴德、比哈尔、孟加拉、奥里萨、马尔瓦和阿马达巴德（古吉拉特），还有6个德干行省：坎德什、贝拉尔、奥兰加巴德、比达尔、比贾普尔和海得拉巴。但是，当奥朗则布于1707年最后病倒时，他的权威在这些属地中处处遭到抵制。

穆斯林统治最根本的弱点之一，是没有明确的王位继承法。虽然穆斯林君主极力为其爱子谋取继承权，但在旧王已崩而新王未立的权力真空期间，贵族和"乌列摩"①全都权力很大，而且通常行使选择新王的权力，甚至可以废黜先王在世时已宣布为嗣君的王子。穆斯林统治的印度当然不例外。由于没有长子继承权的规定，就发生同胞相残的冲突，随之出现经济大混乱。奥朗则布之死同样符合这样的普遍规律。他的3个幸存的王子兄弟阋墙，互相残杀。长子穆阿柴姆主管喀布尔和旁遮普，阿泽姆·沙刚刚被任命为马尔瓦总督，卡姆·巴克什则管辖比贾普尔。王位之争其实是穆阿柴姆和阿泽姆·沙之间争夺设于亚格拉的帝国金库，据估计金库藏金达2.4亿卢比。穆阿柴姆接到父王死讯，即兼程向亚格拉进发，并自行称帝，取号巴哈都尔·沙。他得到其子阿齐姆-乌什-善的得力支持。其子是孟加拉和比哈尔的总督，很快占领了亚格拉城。阿泽姆·沙则在艾哈迈德纳加尔称帝，但由于经费不足，又猜忌其子比德尔·巴克德，不准其迅速进军亚格拉，遂造成贻误。最后，父子联军在亚格拉附近的贾遮被巴哈都尔·沙打败，阿泽姆·沙和比德尔·巴克德均战死。这发生于1707年。巴哈都尔·沙继而进击拒不承认他称帝的乔德普尔的拉杰普特人统治者阿其特·辛格，但这时他的弟弟卡姆·巴克什在比贾普尔称帝，发动叛乱，使他只得撤离拉杰普塔纳前去德干。1709年1月，卡姆·巴克什寡不敌众而被制服。巴哈都尔·沙平定卡姆·巴克什后，返回拉杰普塔纳以对付阿杰米尔和乔德普尔的不肯就范的王公，但是旁遮普的锡克人发动了叛乱，这迫使他与拉杰普特人妥协。

锡克教原先是一个宗教社团，在第一任"古鲁"即宗教领袖那纳克时代（1469—1539年）摆脱印度教和种姓制度的樊篱而自立。那纳克宣传的是和平的教义，但他的继承者们认识到，锡克教徒在莫卧儿帝国内是得不到和平的。在贾汗季和沙·贾汗的统治下，他们都受到迫害；偏执的奥朗则布也没有对他们表示仁慈，曾残酷地处死他

---

① "乌列摩"是伊斯兰国家有名望的教法学家和神学家。——译者注

们的第九代"古鲁"得格·巴哈都尔。所以，穆斯林的迫害把这个清静无为的团体变成了一个由狂热战士组成的教派。18世纪好战的锡克教神权政体的真正创立者是第十代，亦即最后一代"古鲁"哥宾德·辛格（1675—1708年）。他的大半生都在把他的追随者组织起来以反抗穆斯林的狂热分子。巴哈都尔·沙继位后，哥宾德·辛格加入了帝国军队。他的这一行动，现在很难找到令人满意的解释，尤其是人们记得他的父亲正是被奥朗则布折磨而死的。他在德干为皇帝服役时被刺身亡。对多年的迫害积怨很深的锡克教徒就聚集在一个名叫班达的自封领袖的周围。班达颇有军事领导的才能，他在旁遮普的大片土地上横行不法，屠杀穆斯林，蹂躏他们的妇女。有意义的是，他还以自己的名义铸造钱币。在穆斯林印度，君权有3个最重要的标志：即位；以新君的名义铸造钱币；在清真寺星期五聚礼的"呼图白"祷词中念诵皇帝的名字。造反者以自己的名义铸钱，立即使本来可以视为地方骚乱的事件变成了对中央政府的直接威胁。因此，巴哈都尔·沙急忙挥师北上以对付班达，班达战败后逃匿山区。

巴哈都尔·沙开始统治时已是64岁的老人，既无能力又无精力挽救帝国江河日下的颓势，倒恰如其分地赢得了一个"糊涂国王"的绰号。他的最愚蠢之举是企图让教徒按什叶派的方式背诵"呼图白"。这项宗教革新遭到他的大多数作为正统逊尼派教徒的穆斯林臣民的反对，并导致了在古吉拉特和旁遮普发生骚乱，结果迫使他恢复旧制。要求代代专制君主都是精明能干的，那是不可能的。后期的莫卧儿君主中，可能除了巴哈都尔·沙以外，都是朝廷宠臣和派系控制下的可怜傀儡，因此他们无力采取什么措施制止普遍存在的离心倾向。从1712年巴哈都尔·沙去世，到1719年穆罕默德·沙继位，莫卧儿君主的宝座上曾扶植了5个傀儡。要想了解这些徒有虚名的君主来去匆匆的原因，有必要了解一点朝廷主要派系的情况。

在莫卧儿朝廷中争权的两个主要派系是图兰系和伊朗系。图兰系贵族的祖先与莫卧儿王朝的开国君主一样，来自奥克苏斯河以北地区，在帝国全盛时代曾声势显赫。伊朗系贵族祖先来自波斯，人数较少，但以具有行政管理能力著称。图兰系在军队中形成有势力的集团，属正统逊尼派。而他们的对手则是什叶派。因此，两派之间即使只因宗教原因就一直互相仇恨。反对这两个外来派系的是印度斯坦系亦即印度的穆斯林，他们有的是改宗者，有的是先前移民的后裔。这个集团包括许多拉杰普特族和贾特族的酋长，及信奉印度教的下层官吏。在宫廷里，皇帝和他的首辅"瓦济尔"各自培植亲信和门徒，形成宫廷派系，使情形更加复杂。1707年前，派别斗争尚受到遏止，但到奥朗则布的几任软弱无能的继承人统治时，明争暗斗愈演愈烈。派系斗争应是帝国覆亡的一个原因。

巴哈都尔·沙的去世是他的4个儿子之间发生内战的信号。贾汗达·沙经过战争即皇帝位。这个专横暴虐、贪恋酒色的懦夫，只统治了11个月即被他的侄子法鲁克·西耶尔推翻。而西耶尔之所以能登上帝位，是由于得到当时的著名的国王拥立者赛义德兄弟、阿卜杜拉和侯赛因·阿里的支持。就在西耶尔当朝时，锡克人领袖班达被迫投降，并被惨无人道地折磨而死。西耶尔忘恩负义，阴谋除掉他的恩人，但未能得逞，结果在他统治的第7年被怒不可遏的赛义德兄弟废黜，双眼被弄瞎，最后被处死。在他之后相继即位的两个体弱多病的年轻君主，在此无须赘言。最后，依然声势显赫的赛义德兄弟于1719年9月拥立穆罕默德·沙为皇帝。正当这出戏在印度斯坦上场时，德干的马拉塔人政权一直在稳定地强大起来。

领导马拉塔人起来反对奥朗则布的民族英雄是西瓦吉。萨塔拉的王公们就是他的后裔。值得注意的是，他作为印度教反抗运动的领袖，恢复了使用古老的梵语称呼，他的由8名大臣组成的御前会议就称为"阿什塔·普拉德汉"（八头会议）。他的行政体制既是以印度教的政治传统又是以穆斯林的做法作为基础。他的岁收大多靠掠夺邻邦，向他们征收一种名叫"乔特"的税收，即抽取该地区田赋估值的1/4，有时还要征收一种名叫"沙德什穆克希"的什一附加税。与具有爱国热忱的马拉塔历史学家们的学说法相反，西瓦吉并不因征收"乔特"税而负有承担该地防御外侮和平定内乱的相应义务。因此，它不能与后来华伦·黑斯廷斯和韦尔斯利侯爵所推行的英国的补贴联盟制度相比较。缴纳"乔特"只能使这一纳税地区的居民免受马拉塔军队的进一步的劫掠，然而在西瓦吉死后，马拉塔的军官往往另外又要求征收一种名叫"加斯－达那"的马匹草料费。"乔特"税是以武力作为基础的，盛行于18世纪上半叶。那时在印度的任何一个马拉塔人势力强大的地方，都可征收该税。另外，"沙德什穆克希"什一税则局限在德干境内实施,因为人们相信一种合法的虚构说法:西瓦吉声称自己是德干世袭的"沙德什穆克希"的征收人。

西瓦吉死后,其子桑布吉继位。他不是莫卧儿君主的对手,在1689年被奥朗则布打败并处死。桑布吉之子沙胡成为莫卧儿宫廷的阶下囚,直至奥朗则布去世后才获释。这一表面上像是和解的姿态,实则是一个目的在于削弱马拉塔人力量的狡猾步骤。果然,马哈拉施特拉爆发了内战,战争一直打到沙胡的权力得到了巩固时为止。沙胡的成功几乎完全依靠巴拉吉·维斯万纳特的努力,此人是奇特帕万或孔卡纳斯特的婆罗门,很有能力,1714年被沙胡任命为他的"帕什瓦",即首相。沙胡面临着重重困难,马哈拉施特拉的政局一片混乱,以及沙胡身后的几任继任者的软弱,这些都是帕什瓦所以坐大的主要因素。他们逐步取代萨塔拉的王公,成为马拉塔国的首领。巴拉吉·维斯万纳特担任帕什瓦一直到1720年。他恢复了马拉塔地区的秩序,与起义反抗沙胡的马拉塔舰队世袭统领安格里阿讲和,并以其他的方式巩固了马拉塔政权。他使岁收账目复杂化,从而扩大婆罗门对国家财政的控制。当时,德里时局的混乱也有利于马拉塔政权的巩固。起初,德里的赛义德兄弟一心想遏制马拉塔的僭越行为,阻止他们侵扰战略要地马尔瓦省。可是,当他们发觉,皇帝正在策划谋害他们,他们与皇帝的冲突已不可避免时,就转而与马拉塔人讲和。他们确认沙胡拥有西瓦吉属地原来的核心部分,即所谓"斯瓦拉加"的地方(自治地),承认马拉塔人最近在坎德什、贝拉尔、冈达瓦那、海得拉巴和卡纳蒂克征服的全部土地,允许马拉塔人在德干六省征收"乔特"税和"沙德什穆克希"附加税。马拉塔方面给帝国军队提供一支部队,并且每年进贡100万卢比,作为回报。然而,直到穆罕默德·沙在1719年即位时,他才发布诏书"萨那德",确认了许给马拉塔的这些特权。

马拉塔人的确切目标是什么?现在众说纷纭,莫衷一是。萨德塞认为:西瓦吉并不希望谋取政治上的支配权,马拉塔的权力后来之所以扩大是他们的保教热忱所产生的间接后果,是因为他们的"印度教王权观念"不是扩张领土,而仅局限在宗教领域。他在谈到最初四任帕什瓦的政策时断言:"他们在北方的全部活动,以及他们在与拉杰普特等民族的交往中,他们坚定地争取的目标,与其说是为了建立帝国或夺取权力，还不如说是从穆斯林的控制下解放印度教著名的圣地。"我们很难理解导致这种论断的推理方法。即使十字军东征也不完全是宗教战争，何况引起民族扩张和帝国发展的因素更为众多而复杂。有一点我们可以肯定：宗教动机不是促使马拉塔人渡过纳巴达河侵扰印度斯坦的唯一原因。此外，我们还可肯定，他们侵略成性，以劫掠为业，甚至在奥朗则布之死消除了对德干的直接威胁后，还继续扩张领土。历任帕什瓦似乎懂得，德干太贫困，不能形成帝国的中心，因此，经济上的原因驱使他们侵袭马尔瓦和古吉拉特。马拉塔人起初与信奉相同宗教的拉杰普特人结盟，他们推进到印度的北部，可是他们咄咄逼人的自私政策，令人反感的暴行和掠夺抢劫的癖好，特别是征收"乔治"税的做法，终于使拉杰普特人以及其他印度教的势力与之离心离德。结果，他们发现自己在1761年反对外国侵略者时，处于孤立无援的境地。

马拉塔人在第二任帕什瓦巴吉·罗一世（1720—1740年）统治期间，采取了向印度北部扩张领土的政策。德干六省总督、莫卧儿的副王尼查姆-乌穆尔克姑息纵容马拉塔的扩张政策。穆罕默德·沙即位时，曾把德干六省的行政权委托给赛义德兄弟中年轻的侯赛因·阿里，但不久皇帝策划宫廷阴谋，使其兄阿卜杜拉的地位受到威胁，于是他把弟弟阿里召回德里。尼查姆-乌穆尔克作为图兰系贵族的领袖，反对赛义德兄弟在德里的权势；在这一关键时刻，他认为时机已到，放弃他担任省督的马尔瓦省，而在德干站稳脚跟是可取的。这自然使赛义德兄弟感到恐慌，他们就立即采取措施，欲迫使他就范。但是他们的军队从亚格拉派出不久，侯赛因·阿里就遇刺身亡，此后不久，阿卜杜拉也被德里的图兰系和伊朗系贵族联合起来的强大势力所推翻。一时间尼查姆-乌穆尔克又重新得宠。他委派一名代理人负责管理他的德干各省，自己则前往德里，担任穆罕默德·沙的首相。但是，他对朝廷中不断发生的阴谋感到厌恶，这些阴谋使他对行政改革所做的努力受到挫败。于是他又再次动身返回德干；他在1724年的沙卡契尔达战役中打败了他的代理人，因为他的代理人在皇帝的怂恿下抵制他返回德干。尼查姆在马拉塔人的援助下赢得的这次胜利之日，也就是他在德干确立了他的世袭地位之时，定都海德拉巴。可是，他仍然认为承认皇帝是适宜的，并且不打算以自己的名义铸造钱币或使用皇帝使用的猩红伞盖。在"胡特巴"祷词中依然保留背诵皇帝的名字。正是在这种合法的外衣下，各省总督扩大和巩固了他们的权力。尼查姆了解来自马拉塔人的危险，就同意给他们支付德干诸省的"乔特"税，只要允许由他自己征收，因为如果让马拉塔的官吏干涉他的内政，这显然对他不利。沙胡对此表示同意，但是他的诺言转瞬即不算数了。尼查姆为了保护自己，就开始同一些心怀不满的马拉塔分子密谋，特别是和科尔哈普尔的马拉塔统治者桑布吉的密谋。于是就发生了战争。交战中，尼查姆被比较机动的马拉塔军队包围于帕尔克德，被迫于1728年3月签订蒙格－谢夫冈协定。根据这一协定，尼查姆承认马拉塔人征收"乔特"税和"沙德什穆克希"附加税的合法性，支付所拖欠的税款，恢复被他逐出领土的马拉塔收税官的职务。1731年，科尔哈普尔的马拉塔统治者根据瓦尔纳条约，接受藩属地位与沙胡结盟，于是马拉塔中央政府的地位就得到进一步的改善。最后，于次年，尼查姆与帕什瓦订立密约。按照密约，只要马拉塔人不在德干向他进攻，也不在塔普蒂河谷骚扰他的坎德什属地，尼查姆就让马拉塔人在印度北部自由行动。这一不光彩的条约，不仅促使马拉塔人向北扩张，也使尼查姆得以在卡纳蒂克自由行使他的权力。

马拉塔人对马尔瓦和古吉拉特的袭扰始于奥朗则布统治的末期，以后，印度的中部一直遭受他们的掠夺，毫无安全保障。为了保证"乔特"的征收和巩固迅速扩大的帝国，沙胡和帕什瓦改变了西瓦吉所支持的做法：现金支付，把"扎吉尔"即田赋征收权交予边远地区的马拉塔军事领袖。这种称为萨兰查米制的做法，无疑地促进了马拉塔势力的壮大，但也助长了这些"扎吉尔达尔"的独立性，最终导致了马拉塔人的各个独立王国的出现。这一点在马拉塔联邦以后与英国争夺在印度的至高统治权的斗争中，是一个主要的弱点。在这一时期，马拉塔游击队的领袖中突出的有乌达吉·波瓦、马尔哈·罗·荷尔卡、拉诺吉·信希亚和达马吉·盖克瓦，他们分别在达尔、印多尔、瓜利奥尔和巴罗达建立了半独立的邦国。到1734年马拉塔人已在马尔瓦站稳了脚跟。这在战略上极其有利，因为马尔瓦位于连接德干和印度斯坦的几条干道上，成为进攻古吉拉特和西海岸港口的极好的支撑点。到1737年时，他们劫掠所至已远及本德尔汗德、拉吉普塔纳和恒河上游之间的地区，甚至击败帝国军队于德里城下。穆罕默德·沙在绝境之中只得再次把他的这位势力强大的臣民从德干召回朝廷。这位尼查姆受到隆重的接待，擢升为"瓦吉尔—伊—穆特拉克"即帝国首相，封号"阿萨夫·加"。他受命在本德尔汗德驱逐马拉塔人，但他再次证明不是巴吉·罗的对手。巴吉·罗在博帕尔包围尼查姆的军队，迫使他同意签订屈辱的图兰萨兰协定（1738年1月16日）。根据这项协定，承认马拉塔人为马尔瓦的统治者，并割让了纳巴达河和昌巴尔河之间全部领土的主权。

正当印度中部和北部发生这些战事时，马拉塔人也一直努力在孟买和果阿之间的沿海地带建立他们的势力。这一地区长期以来海盗为患，来往于这一海域的欧亚船只不加区别地一律遭到海盗的袭击。马拉塔人最初集中对付詹吉拉的西迪人即阿比西尼亚人建立的海盗要塞。那里的海盗曾支持奥朗则布对西瓦吉的斗争；作为回报，奥朗则布曾允许他们占据从马拉塔人手里夺取的雷加德等要塞。詹吉拉以北30英里处就是马拉塔人安格里阿的总部科拉巴。安格里阿是沙胡的盟友，指挥一支常常被称为马拉塔海军的、由双桅船和桨帆船组成的海盗船队。从科拉巴和其他中心地出海的马拉塔船只不仅受到西迪人，而且受到以巴塞因为基地的葡萄牙人的威胁。1733年，孟买的英国人与西迪人结成攻守同盟，共同对付科拉巴的安格里阿所进行的海上劫掠。结果是，西迪人在他们日常的海上劫掠时不再骚扰东印度公司的商船。马拉塔人对西迪人用兵也是为了给安格里阿提供保护。1733年至1736年间接连发生的战争中，马拉塔人未能摧毁西迪人的势力，但确实夺回了大陆上的一些领土，包括他们以前的首府雷加德，西迪人占据该地曾使他们的民族自尊心特别蒙受耻辱。马拉塔人反对葡萄牙人的战事比较成功。他们对萨尔塞特岛和该岛相邻大陆上的、具有重大商业和战略价值的葡萄牙居留地垂涎已久。他们于1737年攻占塔纳，但巴塞因的葡萄牙人一直殊死抵抗，直到1739年才被迫投降。巴塞因的陷落使马拉塔人咄咄逼人地推进到孟买附近，并导致了最终签订1739年英国—马拉塔商务条约的谈判。该条约准许英国人免税在德干贸易。马拉塔人这次反对葡萄牙人的战役，在一定程度上说明了马拉塔人何以没有抗击纳迪尔·沙对印度北部的入侵。

在欧洲各国从海路入侵印度以前，来自中亚的入侵曾对印度的历史起了深远的影响。莫卧儿人占领喀布尔具有战略意义的高原，就使他们便于征服印度斯坦。他们一旦在印度平原上站稳脚跟后，遇到的最大问题也是控制和保有这一边远省份喀布尔和毗邻的坎大哈地区。当帝国强盛，帝国军队控制着通向旁遮普平原的山区主要通道的东西两端时，印度就没有遭受入侵之虞。但是具有重要意义的是，帝国衰落时，就为波斯人在相当于今日阿富汗的地区节节取胜铺平了道路。来自中亚的入侵者分为两类：一类入侵者目的是攻城略地，以求巩固他们在印度北部的势力；另一类袭扰者的主要动机是劫掠。帖木儿、纳迪尔·沙和阿赫默德·沙·杜拉尼都属第二类。

纳迪尔·库利·汗是霍拉桑的一位将军，在波斯的萨非王朝的统治覆亡的废墟上崛起。到1736年时，他已使波斯能抵御外来的侵略，使自己的权力得到充分的巩固，使他终于能够废黜了最后一个萨非王朝的傀儡，僭号称"沙"。为了保卫他的东部边境，他被迫对阿富汗西部骚乱的吉尔扎伊人部落用兵。在德里，穆罕默德·沙的大臣和谋士们认识到西北边境上危机临头时已为时过晚，他们满以为坎大哈将是固若金汤。诚然，坎大哈的莫卧儿省督玩忽职守，但是他的失败必然也要归咎于德里方面没有给予足够的支持，因为坎大哈省督一再请求增援，但德里一直置之不理。同时期的《图兹奇拉》（*TuzKira*）一书的作者安纳德·拉奥·穆克利斯就证实了朝廷对边境省份的这种忽视。旁遮普的情形也是一样。然而，我们也不应忘记，由于马拉塔人对南方边境的威胁正不断增长，朝廷忽视北方各省也是不可避免的。当时及后来的历史学家在印度与波斯的断交问题上大做文章，其实是过分地夸大了断交是纳迪尔入侵印度的原因。当然，穆罕默德·沙忽视了与波斯的友好关系，并且故意怠慢了纳迪尔的使者。他许诺阻止逃犯从纳迪尔的领土上逃入阿富汗，实在是承担了一项不可能履行的义务。所有这一切，不过是纳迪尔入侵印度的方便借口。关于尼查姆-乌穆尔克究竟扮演了一个什么角色，众说纷纭。现代的印度教的史学家指责他是叛徒，说他实际上把纳迪尔请到了德里。而穆斯林作家则认为，关于叛徒说没有任何确实的根据，他们宁可认为他是起了一个危机调解人的作用。指责他背信弃义的说法，在早期极为流行，1741年出版的弗雷泽的《纳迪尔·沙的历史》一书中则可见一斑。

蒂洛克·达斯在一首印地语诗歌（写于 1747 年至 1757 年）假定说，当时大家都知道是尼查姆把纳迪尔请到了德里①。有重要的一点要记住，就是，纳迪尔·沙无须邀请，那时印度普遍存在的无政府状态已给他提供了足够的机会。

纳迪尔没有遇到多大的困难就席卷了阿富汗，因为 1738 年坎大哈、加兹尼和喀布尔陷落。他接着强夺开伯尔山口，在贾姆鲁德长驱直入进军平原并且占领了白沙瓦。12 月底在阿克托渡过印度河，1 月初攻占了拉合尔。甚至当喀布尔陷落的消息传到德里后，也没有采取什么措施通过增援以保护旁遮普。一直到纳迪尔的军队席卷旁遮普时，德里才开始准备阻击。穆罕默德·汗的王公贵族们，除了寥寥可数的几个以外，都不想率领自己的军队前去抗击敌人。孟加拉也没有派出一名骑兵前来支援。一直遭到疏远因而没有和解的拉杰普特人，对帝国的覆亡仍然采取袖手旁观的态度。皇帝在绝望中只得求助于马拉塔人，但马拉塔人正忙于攻打巴塞因的葡萄牙要塞，无暇旁顾。印度史学家有时断然声称，这时虽然为时已晚，但若采取果断措施，仍可救帝国于危亡。这种观点未免错误地评价了时局和历史。如果当时一些作者的估计可靠的话，穆罕默德·沙虽然缺乏准备，当时还能调集 20 万军队，人数至少是波斯军队的两倍。但是历史再次证明，与敌军在速度、机动性、突袭战术和有胆识的军事指挥的全局较量中，单纯的数量上优势是无济于事的。1739 年 2 月 24 日，两军在离具有历史意义的战场帕尼帕特以北大约 20 英里处的卡纳尔接战，穆罕默德·沙的军队被彻底击溃。人们一直过高估计了纳迪尔的胜利伟大之处，因为从军事观点来看，卡纳尔不能称为一次战役，只是一场大屠杀而已。这时，纳迪尔占领了德里，在那里诵读"呼图白"祷文中改诵纳迪尔的名字了。一则谣言误传他身亡，这是引起一场群众性暴乱的信号，结果几百名波斯士兵丢掉了性命。接着波斯军队就对德里居民进行了一场不加区别的屠杀。用当时一位作者的话来说，屠杀以后"大街上伏尸狼藉，犹如花径上铺满了残花败叶"②。据不同的估计，被杀人数在 8000 至 15 万之间。③ 波斯人称呼这次战役为"杰

---

① 见《孟加拉皇家亚洲学会会刊》（1897 年），该诗的编译者为 W. 欧文，第 24—62 页。
② H. M. 埃利奥特和 J. 道森：《印度史学家论述的印度史》（1877 年），第 8 卷，第 89 页。
③ L. 洛克哈特：《纳迪尔·沙》（1938 年），第 149 页。

汉—库沙—伊—纳迪里",记载斩杀人数为3万,所获战利品的价值也无法估计。最后,纳迪尔终于感到满意,于是在1739年5月带着沙·杰汗的孔雀宝座和"科·依·诺尔"钻石回师波斯。这次远征,除了夺取了大量战利品和兼并了印度河以西的所有土地外,其主要结果是加剧了印度现存的无政府状态,加速了莫卧儿帝国的衰亡。莫卧儿的威望受到致命打击,从此一蹶不振。

除了波斯人的入侵和马拉塔人日益增大的扩张以外,穆罕默德·沙统治时期的印度史,也是能力高强的冒险家和省督崛起的历史。他们开创了邦国割据的局面。细心的观察家会发现,在马拉塔帝国自己的内部也显然有离心的倾向,虽则马拉塔将领们的权力不断增大,独立性不断增强,促进了而不是限制了马拉塔势力的扩张。这段时期的另一特点是,英法在印度南部的竞争愈演愈烈。当英国第一次干预印度政治时,需要对付的几乎所有重要的"邦国政权",其根源可以追溯到穆罕默德·沙的统治时代。尼查姆-乌穆尔克建立了海德拉巴国。孟加拉的历任纳瓦布-纳济姆都是穆斯林冒险家阿里·瓦迪汗的后裔。而奥德的诸王是该省莫卧儿总督萨达特·阿里汗的子孙。就在帝国这个分崩离析的时期,罗希拉人在罗希尔坎德强大起来,而班加什的帕坦人也在法鲁卡巴德立国。

奥德王朝的开创者萨达特·阿里汗号"布尔汗-乌穆尔克",于1722年至1739年为奥德的纳瓦布。他不仅保持境内的秩序,而且外拓疆域,终于囊括了贝拿勒斯、加齐普尔、江普尔和楚纳尔诸地。他的继承人萨夫达尔·章(1739—1754年)在1748年被任命为帝国"瓦齐尔"。他邀请马拉塔人帮助他反对法鲁卡巴德的班加什的帕坦人,而班加什的帕坦人则请来罗希拉人帮助。这些盟邦由此都承受了灾难性的后果。这时订立的协定形成了马拉塔人后来对罗希尔坎德提出领土要求的基础。萨夫达尔·章的儿子和继承人即纳瓦布-瓦齐尔苏查-乌德-多拉,他是与英国东印度公司日益增长的势力发生接触的第一个奥德统治者。东印度公司始则将他打败,继而扶植他上台,在华伦·黑斯廷斯时期帮助他打垮了罗希拉人的势力。

随着穆斯林的统治在印度确立,大批的帕坦人即阿富汗人进入这个国家。奥朗则布死后,他们在印度的居住地越来越多,正如西亚尔-阿尔-穆塔克哈林所说的,一直到"他们就像无数草叶那样纷纷出土"。他们有的在奥德西北地区定居,被称作罗希拉人即山地人,他们居住的这个地方就称为罗希尔坎德。这个地区罗希拉人政权的奠基人是一个在奥朗则布去世后来到印度的阿富汗冒险家,名叫多德汗。他的养子是个身世不明的改宗者,取名阿里·穆罕默德汗,继他之后成为一支雇佣军队的首领。就在阿里·穆罕默德汗生前时期,这块原来称为卡塔尔的地方改称为罗希尔坎德。起初,阿里·穆罕默德担任这个地区的莫卧儿省督;但后来,他感到自己羽毛已丰,实力强大得足以不再向朝廷交纳赋税,并断言声称独立于皇帝之外。在这一过程中,他受到了由于纳迪尔·沙入侵以后印度出现的无政府状态的鼓舞。罗希拉人势力的崛起,对奥德的萨夫达尔·章构成威胁,因为他的领土就暴露在罗希拉人的劫掠之前。于是,萨夫达尔·章劝说皇帝讨伐罗希尔坎德,结果阿里·穆罕默德向帝国军队投降。但是,这只是暂时的挫折,因为随着阿富汗统治者阿哈马德·沙·杜兰尼的入侵,他又收复了原有的属地。罗希拉人的势力增大的主要原因是德里的中央政府软弱无能,同时也是由于罗希拉人能够利用拉杰普特人的各个酋长与罗希尔坎德的历任包税地主"柴明达尔"之间的内部斗争。

  本书已提到贾特人的起义已形成印度教反对奥朗则布不容忍政策的一个部分。人们通常认为朱拉曼是贾特人政权的奠基人,但他只是一个英勇无畏的游击领袖,1721年宁愿自杀而不愿接受失败。贾特人的巴拉特普尔国的真正创立者们有在纳迪尔·汗入侵后的乱世中崛起的巴丹·辛格,以及在阿哈马德沙·杜兰尼入侵后的政局中同样获得好处的辛格养子苏拉吉·迈尔。

  在孟加拉,许多年来一直对中央政府的命令置若罔闻;历任总督迅速采取独立的态度。1740年,孟加拉、比哈尔和奥里萨三省总督萨尔法拉兹汗被负责管辖比哈尔的一名下属官吏阿里·瓦迪汗推翻。孟加拉独立的"纳瓦布-纳齐姆"王朝的崛起可以追溯到这次篡权。克莱武就是和这个王朝发生接触的。有许多原因促使莫卧儿皇帝承认阿里·瓦迪汗的地位。皇帝很清楚,在纳迪尔·沙占领德里期间,萨尔法拉兹汗实际上已下令铸造钱币,并以波斯君主的名义诵读"呼图白",并把孟加拉的剩余岁收输送给波斯君主。但是,看来莫卧儿皇帝接受了540万卢比的贿赂才加以默许的;这笔钱是阿里·瓦迪汗掠夺所得的财富的一部分。阿里·瓦迪汗成功的另一个重要原因是他得到印度著名的金融家查伽特·塞思家族的财政支持，这些人在日后孟加拉的历次大变革中起了决定性作用。应当承认，阿里·瓦迪汗是个强有力的统治者，完全有能力在他骚乱的统治区中恢复秩序。不幸的是，他还没有得到一点的巩固时间，就几乎立即被号召去反击马拉塔人的侵袭，以保卫他新近获得的领土。

孟加拉的财富对于一个以德干的贫瘠土地为基地的掠夺性国家是一种强有力的刺激。但是，一直到1742年，由于孟加拉与世隔绝，而马拉塔人则忙于在别处征战，因此孟加拉才得救，没有遭到侵扰。随着马拉塔人在贝拉尔的势力在罗怙吉·邦斯勒的领导下得到扩张，孟加拉的边境就暴露在他们的劫掠之下了。除了不断地袭击以外，在1742年至1751年间，曾分别有过5次入侵。马拉塔人利用阿里·瓦迪汗的政变所引起的政治动乱，于1742年在罗怙吉·邦斯勒麾下的一位将领巴斯克·潘特的率领下，首次侵入孟加拉。阿里·瓦迪汗一时被马拉塔军队所包围，但援军的到达使他摆脱了险境。不幸的是，在他摆脱险境之前，马拉塔人已洗劫他的首都穆尔希达巴德，攻占了胡格列，犯下了可怕的暴行。他们不仅在生长作物的农田和桑园中放马，而且抢劫焚烧村庄，奸淫妇女，蹂躏全省。印度的和欧洲的权威人士在这一点上意见全都一致。当时的一位作者描述这些人形的蝗虫是"屠杀孕妇和婴儿的刽子手"。一位近代的印度教徒史学家发现证据，证明他们肆无忌惮地轮奸妇女，令人难以启齿。① 穆斯林作家有时断然声称沙卡尔的历史著作有明显的印度教偏见。但是，在这个问题上，公允的批评家当然会认为这种断言是不正确的，因为沙卡尔的关于马拉塔人对毫无防卫能力的妇女施暴的叙述，是对这一时期在印度发生暴行进行普遍谴责的一部分，不能认为他是想为他的具有同一宗教信仰者的罪恶洗刷。事实上，只有后来阿富人在德里和马图拉一带犯下的暴行才能与马拉塔人在孟加拉犯下的暴行相比拟。阿里·瓦迪汗终于在卡特瓦打败了马拉塔人。到1742年年底，把他们逐出孟加拉和奥里萨。

马拉塔人的第二次入侵发生于1743年，军队由罗怙吉·邦斯勒

---

① J.沙卡尔：《莫卧儿帝国的衰亡》（1922年），第1卷，第87页。

统率。沙胡曾把在这几个省征收"乔特"税的权力交付给他。阿里·瓦迪汗很幸运,因为马拉塔联邦发生内讧,新任帕什瓦巴拉吉·巴吉·罗(1740—1761年)给他提供帮助。引起罗怙吉·邦斯勒与帕什瓦之间竞争的原因很多。帕什瓦声称拥有对孟加拉征收"乔特"税的权利,罗怙吉·邦斯勒对此颇有异议。此外,这位新任帕什瓦夺走了罗怙吉·邦斯勒认为应该属于他活动范围以内的加拉-曼德拉的古老的贡德王国。但还有一层更深的原因,其根源在于马拉塔联邦中的成员日益独立,在于罗怙吉·邦斯勒想要在贝拉尔建立他的势力,独立于帕什瓦;而帕什瓦的政策则要维持这个联邦。在这一意想不到的盟友的帮助下,罗怙吉·邦斯勒遂被逐赶出孟加拉。作为回报,阿里·瓦迪汗同意把该省的"乔特"税付给帕什瓦,外加220万卢比。在这次入侵期间,英国人修筑了马拉塔壕沟以保卫加尔各答,注意这一点是很有趣味的。阿里·瓦迪汗不久就发现,入侵者是不能用金钱打发走的,帕什瓦的承诺也不可靠。因为1744年,他再次被迫与马拉塔人的入侵进行较量。这第三次的天罚是沙胡在帕什瓦与罗怙吉之间进行调解的结果。根据调解,马尔瓦、亚格拉、阿吉米尔、阿拉哈巴德以及比哈尔的一部分划入帕什瓦的势力范围;而罗怙吉则获得比哈尔的其余部分,以及奥德、孟加拉和奥里萨诸省。在马拉塔人的威胁重新临头时,阿里·瓦迪汗遂作孤注一掷,采取背信弃义的手段,在一次会议上杀死21名马拉塔将领,使局势暂时得到缓和。在短期内,孟加拉摆脱了马拉塔人的骚扰,但不久阿里·瓦迪汗又要去对付把马拉塔人延入省内的、拥兵哗变的阿富汗将领。这就导致了1745年的第四次入侵。最后,罗怙吉被赶出了孟加拉,但他继续拥有奥里萨的库塔克。1746年,皇帝希望使这些省份不再受骚扰,遂命令阿里·瓦迪汗每年向马拉塔人交纳一笔款子,作为孟加拉和比哈尔的"乔特"税。然而,阿里拒绝照办,因为他知道支付"乔特"税并不能使自己免受马拉塔人的进一步勒索。再没有什么能比中央政府采取这种优柔寡断的政策和省督对马拉塔人的猛烈抵抗,更能说明帝国的分崩离析的了。阿里·瓦迪汗英勇地继续保卫他的各省,抵抗马拉塔人的进攻,并在1746年至1747年间取得胜利,迫使马拉塔人撤退。但是,马拉塔人在此以后继续用兵,迫使他不得不在1751年与他们妥协,从而同意交纳他们要求的"乔特"税。但是,阿里·瓦迪汗未能把马拉塔人逐出奥里萨。在此以后，奥里萨省除了米德纳普尔周围的一块弹丸之地（即在1765年东印度公司获得财政管理权"迪瓦尼"的地区），其余地区都在马拉塔人手中，并被并入罗怙吉的领地贝拉尔亦即那格浦尔境内。马拉塔人的活动并未局限在蹂躏孟加拉的范围内，因为在这些年代里，他们除了巩固他们在马尔瓦和本德尔汗德的势力外，还席卷了卡纳蒂克的大片地区。

卡纳蒂克的纳瓦布多斯特·阿里汗的首府设在阿尔科特，按理它隶属于德干的莫卧儿总督，但他依照当时的趋势，力图摆脱尼查姆的束缚，争取独立，并将其权力伸延到印度南部。他的女婿昌达·沙依布遵循这一政策，夺取了特利支诺波利等地，并威胁马拉塔人的坦焦尔公国。罗怙吉·邦斯勒以及其他显要的马拉塔人领袖不愿意实行帕什瓦所主张的在印度北部破坏莫卧儿势力的政策，而宁愿在印度的南部巩固马拉塔人的势力。他们说服沙胡侵入卡纳蒂克，尽管根据瓦尔纳条约，他已把这一扩张范围让给了他的表弟、科尔哈普尔的统治者桑布吉。所以，多斯特对坦焦尔的威胁导致了罗怙吉率领马拉塔人的大军对卡纳蒂克大举入侵。罗怙吉于1740年在达马尔治理山口打败并杀死多斯特，接着攻占阿尔科特，多斯特的继承人萨夫达尔·阿里被迫屈服。次年，马拉塔军队占领特利支诺波利，俘获昌达·沙依布，并把他解往萨塔拉。这时，马拉塔人企图迫使本地治理的法国总督迪马交出在他辖地避难的昌达·沙依布的眷属，但未获成功。1742年，萨夫达尔被他的表弟穆尔太柴·阿里谋杀。留守特利支诺波利的摩拉利·罗是著名的马拉塔海盗，他的业绩使普遍存在的无政府状态加剧。当帕什瓦和罗怙吉·邦斯勒在孟加拉相互争斗时，尼查姆于1743年进入卡纳蒂克恢复秩序并重新确立他的权威。他攻下阿尔科特，委派他自己提名的安瓦－乌德－丁担任纳瓦布。他着手进兵围困特利支诺波利，该城在被围攻5个月后投降，并被交由安瓦－乌德－丁之子穆罕默德·阿里管辖。这就是英法卷入奥地利王位继承战争的消息传到印度时印度的事态。一直到这时为止，印度南部的各个欧洲国家的贸易公司，除了在马德拉斯和本地治理两地收容难民外，对这些相互残杀的内部斗争都持超然态度。贸易公司仍然采取防御性政策，其活动仅限于保卫自己的居留地。印度南部这时将成为英法角逐的场所。这种角逐最终导致对印度事务的干涉，从而为欧洲人在印度拥有至高无上的权力奠定了基础。

在18世纪上半叶，欧洲各国在印度的贸易听任"土邦"的摆布。除了孟买的英国商人外，各国商人都承认莫卧儿皇帝的宗主权，他们的贸易特权和其他特权主要是以莫卧儿的"法尔曼"为根据。这种"法尔曼"在半独立的省督和地方官吏的索求下，往往证明是没有价值的。由于商业活动必须获得皇帝的批准，荷兰人遂向贾汉达·沙的宫廷派遣了由凯特拉尔率领的使团。他们虽然获得了重大的特许权，但是，由于皇帝在1713年被害，这些特许权也就成了一纸空文。由苏尔曼率领的派驻法鲁克-西耶尔宫廷的英国使团却比较成功，于1717年获得了帝国的"法尔曼"，确认并扩大了英国人的贸易特权。在此期间，尽管印度时局混乱，但它的外贸额（主要是出口贸易）却大幅度地增长。印度主要出口商品是：棉和丝质衣料、棉纱和生丝。印度出口贸易中的重大变化是香料贸易的衰落，其原因是欧洲人对甜食的爱好现在超过了用香料调味的菜肴，而且由于对牲畜使用冬季饲料，鲜肉供应常年得到了保障。印度主要进口商品是铸币金属，尤其是白银。其次是宽幅细布和其他毛织品、铅、铜、锡和水银。简而言之，印度在18世纪上半叶对外贸易的性质和方向大体就是这样。

到了1744年，欧洲对印度贸易的主要竞争对手是英国、荷兰和法国。葡萄牙人虽还占据果阿、第乌和达曼，但已在17世纪上半叶丧失了在印度贸易中的地位。与英国、荷兰和法国的公司相比，其他欧洲国家的公司，如1722年正式获得执照的奥斯坦德公司，1729年重建的丹麦公司和1731年成立的瑞典公司，都不能算作重要的竞争对手。在葡萄牙势力衰微后的一段时间里，荷兰人是英国人的劲敌。在孟加拉这种情况一直持续到克莱武于1759年攻占钦苏拉才结束。法国人是后来者。在1666年至1689年间，他们已在苏拉特、本地治理、马苏利帕坦、昌德纳戈尔、巴拉索尔和卡辛巴扎开办工厂。此外，又于1701年增加了卡利卡特和1721年增加了马埃两地。最重要的英国居留地是孟买、马德拉斯和加尔各答。此外，还有布罗奇、艾哈迈达巴德、斯瓦列、特利切里、卡利卡特、安金戈、波多诺伏、马苏利帕坦、维扎加帕坦、巴拉索尔、卡辛巴扎、达卡、巴特那和马尔达等英国居民点。英国人很幸运，"伊丽莎白伦敦公司"与1698

的"英吉利公司"之间的争端已在 18 世纪的最初 10 年中由于它们合并为对东印度贸易的英商联合公司，从而得到解决。而法国人却不幸，他们的公司卷入了 1720 年垮台的约翰·罗的包括一切的体系中。此后，法国的公司改组为"印度群岛常设公司"，到 1740 年时就成为英国人在印度的最强有力的对手。

　　英法之间爆发战争的消息于 1744 年 9 月传到印度。起初，本地治理的法国总督杜布雷想谋求通过法英两国在东方的公司达成一项中立条约，以便保护法国的利益。但由于印度的英国公司无权订立这种协定，杜布雷的提议没有成功。杜布雷虽则总是一个盲目的乐观主义者，但他无论对时局抱有什么希望，也都因英国巴尼特的到达而彻底失望了。巴尼特率领一支英国舰队在印度海域扫荡了法国的船运，并捕获他们的中国舰队。杜布雷的下一个步骤就是从法兰西群岛调来拉布东内统率的法国舰队。① 拉布东内到达的时机对法国人很有利，因为巴尼特已死，并由担心怕事、瞻前顾后的佩顿接替。佩顿在与法国舰队进行了一次没有决定意义的冲突后，终于放弃海岸一带，退避入胡格列河，这样就把制海权暂时让给了法国人。这就使拉布东内赢得足够时间攻占马德拉斯。但在如何处置该城的问题上，杜布雷与拉布东内发生了严重的争论。正在他们僵持不下时，天公不作美，一场风暴摧毁了一部分法国舰队，因此，迫使拉布东内回到法兰西群岛进行修整，留下杜布雷接管和掠夺马德拉斯。拉布东内撤离后，英国人的前景好转。随着 1748 年 4 月博斯科恩率领大批海军增援部队的到达，英国人重新又取得完全的制海权。英国人企图夺取本地治理，但未获成功，本章就不再赘述了。根据艾克斯拉沙佩勒条约，马德拉斯被归还英国，以此交换布雷顿角岛的首府路易斯堡。有关这些年代，尤其是有关杜布雷与拉布东内的争执，材料十分丰富，使历史学家们对这次战争大为注意。但就其重要性而言，这样的关注是没有多少道理的，因为这场战争没有解决任何问题。艾克斯拉沙佩勒条约只是提供了一段喘息时间。但是，这次战争确实表明了海军力量具有头等的重要性。

　　1748 年印度的形势十分悲惨。这一年，阿富汗统治者阿哈马德

---

① 法兰西群岛即今毛里求斯。——译者注

沙·杜兰尼开始了对印度北部进行的一系列的袭击和远征中的第一次,对此"各土邦"不能进行任何有效的抵抗。同年,皇帝穆罕默德·沙去世,软弱无能而又荒淫好色的阿哈马德沙继位,但这些事件并没有什么政治上的重要意义,因为中央政府的权威仅局限在德里周围的一小块地区了。1749 年,马拉塔的拉贾沙胡之死也同样无关紧要,因为马拉塔的中央政权接着从萨塔拉转移到帕什瓦的首府浦那只不过是早已发生的事件的逻辑结果而已。尼查姆-乌穆尔克之死则重要得多,因为尼查姆之死导致了德干的混乱,终于使法国人能干预其事务。

英法竞争和法国人要想在印度建立帝国的企图,是一个人们常常讨论的题目。法国人对印度事务的干涉在杜布雷任前就已发生。早在 1676 年,弗朗索瓦·马丹就代表当地的一个酋长攻占本地治理附近的瓦尔多尔要塞。荷兰人也曾与卡利卡特的萨摩林打过仗,并于1717 年占领过一些要塞。法国军队曾被一位土王逐出马埃,1725 年在法雷尔的率领下又占领了该地。就在最近的 1739 年,卡里卡尔被法国总督杜马攻占。已经提到过,孟买的英国商人曾采取步骤保护他们的商业不受沿海海盗的劫掠。所有这些活动其目的主要是为了保护欧洲人的商业。但大规模干涉"土邦"的事务则始于杜布雷。1748年后,英法两国公司之间在印度南部进行着一场非正式的战争。英国人在坦焦尔的继承权问题上偏袒一方,从而首先干涉了印度的事务。然而,这与杜布雷在卡纳蒂克和德干的大规模的谋划相比,真是小巫见大巫。杜布雷第一次进行干涉时也许纯粹出于商业上的理由和个人的利益。即使对他这样想象丰富的人来说,要在印度建立法兰西帝国的念头也是逐渐形成的。他也许是受到布西在德干显然获得成功的政策所启发。评价杜布雷何以未能实现他目标的原因,比阐述遭遇战和围城战更为重要。为此目的,有必要把主要事件作一概述。

1748 年,尼查姆-乌穆尔克阿萨夫·查死后,他的子孙们随即为了争夺德干总督之位而发生斗争。他的长子伽各-乌德-丁远在德里,于是他的次子纳赛尔·章与他的孙子穆扎法尔·章之间爆发内战。在卡纳蒂克,安瓦-乌德-丁死后,他的私生子穆罕默德·阿里与多斯特·阿里的女婿昌达·沙依布之间也发生了类似的斗争。法国人支持穆扎法尔·章当德干总督,昌达·沙依布当卡纳蒂克的纳瓦布；而英国人则支持纳赛尔·章和穆罕默德·阿里的要求。英国人为了要援救被困于特利支诺波利的穆罕默德·阿里，遂派克莱武进攻阿尔科特，以减轻对特利支诺波利的压力。克莱武率领人数很少的守备部队，在攻克阿尔科特后，抵抗昌达·沙依布和其法国盟军的反攻，坚守达53天。斯特林格·劳伦斯在特利支诺波利城下打败法军，劳指挥下的法军投降，以及杜布雷未能扭转败局等事件，意味着杜布雷企图控制卡纳蒂克的谋划已经破产。应当注意的是，英国人是被迫诉诸武力的，因为昌达·沙依布在马德拉斯把英国据点周围的土地让给了法国人。

在德干，莫卧儿皇帝承认了纳赛尔·章为其父阿萨夫·查的继承人。但纳赛尔于1750年12月遇刺。于是，法国人文特穆扎法尔·章继位，并派布西率领法军把他护送到海得拉巴和奥兰加巴德。穆扎法尔·章为了报答法国人对他的承认和支持，就委任杜布雷充任他的代理人，管理克里希纳和科莫林角之间的印度南部各省。当穆扎法尔·章遇刺时，布西立即拥立已故的阿萨夫·查的第三子萨拉伯特·章为总督。萨拉伯特为了报答法国人，就在1751年10月把阿尔科特、特利支诺波利和麦杜拉各省让予杜布雷，杜布雷以后则让给法国，并免除其一切贡赋。现在，布西和萨拉伯特·章又面临马拉塔人的对抗，因为马拉塔人决定把自己的傀儡伽齐－乌德－丁扶植为德干总督。布西感到局势极为严重，几乎要考虑从德干撤退。但这一严重威胁因伽齐－乌德－丁被毒死而暂时缓解。但布西急需金钱，并曾一度想抛弃萨拉伯特·章，因为德干的财政资源不够支持杜布雷的计划。然而，最近的研究中发现，到1753年7月布西已改变看法，接受了杜布雷的思想方式。[1] 可是，布西的困难依然存在。即使萨拉伯特·章把北部各个沙卡尔的征收税负权都让给他，他也不能迫使那里难以驾驭的包税地主"柴明达尔"拱手交出税负。这就是杜布雷在1754年8月被召回法国时的形势。

人们有时武断地认为，英法两国的公司在斗争开始时双方的资源实际上是势均力敌的。这种错误的臆测，看来是根据在卡纳蒂克所获得的资源，它却没有考虑到法国人在印度的居留地总的来说在各个方

---

[1] A. 马蒂诺：《布西与法属印度（1720—1785年）》，（1935年），第107—114页。

面都不如英国人的居留地。莫尔莱在1769年发表了据现在已不存在的文件写成的《印度公司实况回忆》,此书清楚表明,当杜布雷干涉卡纳蒂克和德干时,法国公司的财政状况不能帮助他达到目的。他的乐观和缺乏远见,导致他去劝说法国当局相信他能在印度建立一个本地政权,其税收使他能够做到自给自足,无须母国的财政支持。接踵而至的战争摧毁了这一地区,无法征收他的计划赖以成功的赋税。除此以外,本来应当充入公司金库的资金却进了到印度来做发财梦的法国军官的腰包。杜布雷对此心中有数,因为我们发现他在1751年抱怨布西等军官在德干大发横财。结果是,他年复一年地债台高筑,最后他的存款完全耗尽。所以,不能认为杜布雷是一个在无人过问情况下的牺牲品。他自己没有要钱,而且他也没有接受一分钱。

就以法国提供的部队而论,杜布雷在1750年至1754年间接受了4349名新兵,但是他们是从监狱里扫除出来的垃圾,完全没有受过军人职责的训练。他的军官,除了布西,可能还有曼维尔以外,都缺乏领导能力,不想在部队服役。1750年4月,13名军官临阵脱逃,而1752年到任的军官则乳臭未干,毫无作战经验,以致遭到士兵的嘲笑。杜布雷未能建立一支有效的军事力量,是他的军队屡次打败仗的原因,也是导致他在卡纳蒂克最终失败的主要原因之一。另外,英国的军队和增援部队素质较好,薪金较高,最重要的是统率有方。在卡纳蒂克,没有一个法国军官能比得上克莱武和斯特林格·劳伦斯。这两人在卡纳蒂克对于英国人,就像布西在德干对于法国人一样,举足轻重。但不幸的是,卡纳蒂克正是决定杜布雷成败的关键战场。布西远征德干,就致命地分散了军队,浪费了军力。印度史证明,帝国的创建者需要以富饶地区为中心进行开疆拓土。卡纳蒂克和德干都不能满足这一要求。研究一下杜布雷的书信就会明白,他应该对自己的失败负主要责任。他不仅乐观到了盲目程度,而且性格上还有一个致命的弱点,即低估他的对手。对他来说,英国在马德拉斯抵抗的软弱无力和对本地治理围攻的徒劳无功,就是英国人军事上无能的证据。他没有意识到,他的计划必定会引起英国人的反对。他也没有意识到,在面临坚决抵抗的情况下,他没有必要的军事和经济力量去达到自己的目标。

接替杜布雷的戈德厄到任后,立即与英国人商妥了一项临时条约，结束两个公司间的非正式战争。该约对法国人颇为有利，并且不延及德干。在德干，布西继续得到戈德厄及其继任者德莱里特的支持。所以，伦敦的英国当局建议与马拉塔人结盟，以便把布西逐出德干。幸亏孟买的英国官员拒绝合作。这样，原来准备进行德干战役的克莱武部英军移兵参加了英国人和马拉塔联军对基里阿的进攻，遂于1756年攻克了安格里阿的这个海盗堡塞。假如克莱武被缠在德干不能脱身，他就不会有力量远征孟加拉了。

1756年，阿里·瓦迪汗的继承者、纳瓦布西拉吉－乌德－道拉攻占加尔各答的英国人居留地，并把幸存者监禁在名声不好的"黑洞"监狱。这次事件有确实的历史证据，但许多印度史学家不予承认。西拉吉－乌德－道拉进攻的主要原因看来是担心外国侵略，这种担心归根结底是由卡纳蒂克和德干最近所发生的事件引起的。他指责孟加拉的英国商人未经他允许就在居留地设防，并且滥用1717年的帝国法尔曼所特许的贸易特权，这一指责是颇有道理的。但克莱武轻而易举地重新占领加尔各答，迫使西拉吉－乌德－道拉签订一项条约，确认英国人在以前享有的一切特权。不久就明显地看出，西拉吉无意遵守该约的条款，而与再次跟英国人打仗的法国人合作。克莱武取得曾被西拉吉侮辱和疏远的、有权势的印度教金融家塞思家族的支持，决定以一个较倾向英国公司的傀儡纳瓦布米尔·伽法取代西拉吉－乌德－道拉的副王之位。接着导致克莱武于1757年在普拉西轻易取胜的战事和谈判众所周知，毋庸赘言。但是，这次战役的胜利对英国势力在印度的成长有无比重要的意义，因为此役使英国人成为孟加拉的实际统治者，从而支配印度最富庶的一个地区，利用其资源摧毁法国在卡纳蒂克的势力。于是，克莱武从孟加拉派遣远征军，攻占马苏利帕坦，把法国人逐出了北部的各个沙卡尔，而这些地方的税收原来是特许给布西的。随着克莱武攻占昌德纳戈尔，法国在孟加拉的势力遂告结束。而且，随着一支远征胡格列河的荷兰海军部队受挫和1759年钦苏拉落入英国手中，英国所有欧洲对手在孟加拉的抵抗都告停止。这样，在法国将军德拉利于1758年4月到达本地治理以前，英国已在孟加拉站稳脚跟。拉利首先采取的步骤之一就是把布西召回卡纳蒂克，他正确地判断，卡纳蒂克将是决定战争胜负的中心战场。

七年战争期间，英法在卡纳蒂克的斗争多半取决于海战。虽然拉利攻占了圣戴维堡,但当他接到达什在卡里卡尔近海失败的消息时,就只得撤出在坦焦尔进行的南方战役。接着他企图攻打马德拉斯,但未获成功。有意义的是,正是从孟买经海路运来的英国援军迫使拉利解马德拉斯之围。艾尔库特爵士率领一营正规军从英国来到印度,这表明英国海上势力增强和英国对到印度的长距离海上航线的控制。库特1760年1月22日在万迪瓦什击败拉利,此役对于英国人在卡纳蒂克的地位,就像普拉西之战对英国人在孟加拉的地位一样重要。最后,在英军的海陆联合进攻下,本地治理被迫于1761年1月投降。

在英法竞争的这一期间,马拉塔人几乎蹂躏了整个印度北部,从纳巴达河到开伯尔山口附近的白沙瓦。人们一直断言:没有什么证据可以支持格兰特·达夫关于马拉塔人在印度河饮马的说法。但是最近的研究无可争辩地证明他的论断的正确。[①] 马拉塔人被阿哈马德·沙·杜兰尼从西北边境的前沿阵地逐渐地逐向南方,杜兰尼在当时的编年史中称为阿布达利,是相当于今日阿富汗地区的动乱中的阿富汗部落的领袖。就印度而言,他就像伽色尼的马茂德;帖木儿和纳迪尔·沙一样,不过是一个袭扰者而已;除了信德和旁遮普外,他不想把其他印度领土并入自己的中亚帝国。由于阿富汗土地贫瘠,他不得不掠夺印度北部的城市。为了赢得威望和满足他追随者的掠夺癖性,他不得不采取侵略性的政策。从1747年至1769年,他10次侵入印度斯坦。1748年,他到达拉合尔,向德里推进,但终于被击败,被迫退兵。次年对旁遮普的入侵只能算是一次武力侦察。1752年,他征服旁遮普,并把克什米尔并入版图。在1757年,他攻占德里,洗劫圣城穆特拉。他大肆屠杀,但由于军中发生霍乱,只得退兵。马拉塔人于1758年占领旁遮普,赶走留守总督、杜兰尼之子帖木儿,这就导致了帕尼帕特战役。马拉塔人在阿富汗军队推进以前即迅速撤离旁遮普,退至德里,而阿布达里的军队紧追不舍。

与此同时,马拉塔人与海得拉巴的尼查姆做斗争,后者的抵抗力量由于拉利把布西撤至卡纳蒂克而削弱了。尼查姆的军队根本不是马

---

① 格兰特·达夫:《马拉塔人的历史》(1921年),第1卷,第507页;J. 沙卡尔:《莫卧儿帝国的覆亡》(1934年),第2卷,第76页。证实格兰特·达夫论点的证据可以参阅《萨马荷达卡地区印度史档案(Bharat Itihasa Samahodhak Mandal)》中波斯文新闻信札的手稿,及《昌德拉楚达地方档案》(Chandrachu-da Daftar)第1卷(1920年)和第2卷(1934年)。亦可参阅 H. R. 格普特著的颇有价值的《旁遮普的后期莫卧儿史研究》(1944年),第175—176页。

拉塔人的对手，在 1760 年的乌德吉尔战役中被帕什瓦之弟沙达西夫·鲍打败。尼查姆只得割让一半领土，于是马拉塔人在德干的势力发展到最高峰。现在帕什瓦把将阿富汗人逐出印度北部的艰巨任务交给了沙达西夫·鲍。马拉塔人不仅必须对付与入侵者合作的北部穆斯林酋长联盟，而且还得在没有拉杰普特人和其他印度教政权帮助的情况下孤军奋战，因为"乔特"军事保护税和"沙德什穆克希"什一附加税已疏远了他们与马拉塔政权的关系。马拉塔人顺利地占领了德里，但德里弄不到粮秣和金钱，作为一个基地没有多少用处。于是，他们攻占朱木拿河岸上的昆季普拉，暂时缓解了给养方面的困难。但此举结果却带来灾难，因为更有胆略的阿布达利渡过朱木拿河，切断了马拉塔人与德里的交通。鲍决定在帕尼帕特设防坚守。由于阿布达利的军队较为机动，夺取了马拉塔军队的给养，鲍面对着饥饿，只得离开防御设施，向阿富汗攻击。马拉塔人虽然奋力死战，但顶不住阿富汗人在有将才的阿布达利指挥下的猛烈冲击，终于在 1761 年 1 月 14 日被击溃于帕尼帕特，损失惨重。阿布达利没有想巩固他的地位，于同年 3 月再次班师回阿富汗。

阿富汗人在帕尼帕特的胜利影响深远。它使尼查姆从乌德吉尔的失败中恢复元气，可能还使海得拉巴国避免了灭亡之祸。马拉塔人全神贯注于印度北部的事务，这在很大程度上也帮助了迈索尔的一个独立的穆斯林政权在一个名叫赫德尔·阿里的本领高强的冒险家的领导下崛起。马拉塔人丧失了威势。印度世界越来越看清楚，不论是帕什瓦，还是莫卧儿皇帝，都不能保护他们免受外国人的侵略。此外，1761 年后马拉塔联邦的内部纷争也严重损害了联邦的实力。权力现在从帕什瓦的手中转移到将军们的手中：瓜利奥尔的信希亚、印多尔的荷尔卡、贝拉尔的拉加和巴罗达的土著王。史学家往往低估帕尼帕特战役的影响，强调马拉塔人只遭到暂时的挫折，他们很快又从挫折中恢复了元气。这种观点无视这次胜利的真正重大意义：它使英国人赢得宝贵的喘息时机，从而在孟加拉巩固了自己的势力。

克莱武的政策是加强英国在孟加拉的地位，并通过一个傀儡纳瓦布进行统治。他的继任者范西塔特在废黜米尔·伽法和代之以米尔·卡西姆以后，犯了加强新任纳瓦布权力的错误。米尔·卡西姆在任职伊始就开始维护自己的权威，并在公司职员进行内地贸易的种种弊端的问题上与英国人发生争执。不能否认，公司职员和他们的代理人滥用职权，仗势欺压，劣迹累累，这在华伦·黑斯廷斯当时所做的调查报告中就提出了大量证据。因此，在许多印度作家的笔下，米尔·卡西姆是一个忧国忧民的伟大爱国者。无论如何，有一点很清楚：他的目标是争取完全的独立，他的政策是要扭转普拉西之战的定局。这是英国人所不能允许的。范西塔特的同僚们反对米尔的和解政策，这种态度使米尔大为愤怒。于是，他就在1763年进行了可怕的巴特那大屠杀，一举处死150名英国人，犯下了比加尔各答的"黑洞监狱"惨案更为蓄意的罪行。在米尔·卡西姆失败和逃亡以后，那个较为俯首听命的米尔·伽法复位。此后，名存实亡的莫卧儿皇帝和他的纳瓦布－瓦齐尔、奥德的舒查－乌德－道拉进行了推翻英国在孟加拉势力的最后努力，但他们在1764年被蒙罗大败于布克萨尔。英国人的这次胜利完成了普拉西战役的事业，从此以后，英国人在孟加拉省就成为不可争议的统治者。

(潘永樑　译)

第二十四章
在非洲和远东的经济关系

1. 非洲

18世纪初期，白人在非洲的正式殖民活动已陷于停顿。事实上，一些殖民计划——如刚果的传教士王国、葡萄牙人在非洲东岸的殖民地、耶稣会在埃塞俄比亚的初期传教活动——已被非洲严酷的事实彻底粉碎了。白人移民只剩下安哥拉的商人和开普殖民地的农场主，他们的冲击力，就像他们的繁荣一样，是微小的。但是，如果说欧洲的旗帜或圣经所取得的进展很小，那么，在商业上却正在建立大规模的联系。白人商人的努力、市场的作用和远方各国的需要，正把西非拖进世界经济之中。这倒不是为了获得非洲的原料，因为，如果没有一种更为重要的商品可供贩卖的话，西海岸的黄金和象牙本来是不会吸引多少注意的。

贩卖非洲劳力是一宗非常古老的生意。但是由于17世纪"新大陆"的开发，这种生意从原来向北的方向转成了向西的横渡大西洋的方向，奴隶贩卖成为规模更大和更为令人瞩目的掠夺经济。经常的劳动力的供应，对于美洲的种植园经济是至关重要的；而且，只有移民才能提供这种劳动力，而有利可图的"三角贸易"对于非洲奴隶的经纪人和欧洲的商人，都是有利可图的。奴隶贸易引起大规模的人口转移，其原因就在于此。

所谓非洲西海岸可以看作延绵于塞内加尔与安哥拉之间的、跨越约28度纬度、长约3500英里的海岸线。18世纪，这一整个地区称为几内亚海岸。按照非洲的标准，此地人口相当稠密。黄金海岸和维达港因聚居着被西印度群岛的买主赏识的黑奴货源而得到奴隶贩子的偏爱。但是，船货必须很快备齐，而且价格越低越好，这种需要驱使奴隶贩子深入内地，远至博尼和新、旧卡拉巴尔，那里他们可以开发尼日尔河三角洲的资源。奴隶贩子与这些人口稠密地区的接触，使他们轻率地估计非洲人口可能高达1.5亿。然而，即使有这样多的人口，他们也没有理由为自己的行为辩解。同样，他们的批评者们感情用事地念念不忘"几内亚被囚禁之王"，也是没有道理的。沿岸诸部落的政治和经济情况差异极大，有阿散蒂人和达荷美人的强大王朝或阿坎人部落酋长会议的统治，以至伊博人的小型民主政体；这些人可能开矿，可能经商，也可能务农，很难一概而论，但他们都渴望获得白人的商品，而且大部分受到白人奴隶贸易的影响。

在18世纪，奴隶贸易引人注目的发展是随着蔗糖业的好运而来的；因此，种植园的兴旺就会给几内亚人带来兴隆的生意，除非战争的危险使他们不能出港。1740年以后，直至1770年，糖价一直令人满意地上涨；蔗糖生产（至少在英属诸岛）随之发展。这样就需要大量的劳动力，因此奴隶贩子就加倍地贩卖奴隶。

贩奴的方法尽管大有不同，但在依赖非洲的中间人这一点上都是一样的。中间人的任务是在内地市场上购买奴隶，然后在海岸边把他们集中装船。几内亚人通常从欧洲直驶非洲西海岸，途中在洋流的推送下绕过非洲大陆突出部，接着就开始搜寻船货。它们可以在由本国公司作为奴隶待运站而维持的要塞处停泊；可是，它们如果是私商船只，那么这样做就有困难；还是沿着海岸线随时靠岸，零星地购买奴隶，凑齐船货，较为方便。但沿岸贸易有其零星交易的缺点：这样做旷日费时，没有把握，而且缺乏提供淡水和补给品的良好供应点。因此，较大的公司开始稳定在固定的大市场上做生意，这样就与欢迎他们来办货的本地中间人建立起不断的联系。维达和尼日尔三角洲的巨大贩奴港埠就是这样开始建立的。

这种办法给贸易带来很大便利，但也有其难处。例如，在维达港，商船如不以白兰地、布匹和枪支的形式交付"关税"就不得贸易；接着还得给镇上官吏、划独木舟的人、以及随从用实物交纳许多零杂费用。此外，奴隶买卖的谈判是少数老手才能干的事情。奴隶是以商品换取的；如果商船需要的奴隶还必须到内地购买，那么这些交换奴隶的商品可能必须提前支付。兑换单位概念玄妙，难以了解。沿着向风海岸，兑换单位是铁条；再往东则可能是贝壳或布、铜条或黄金。可是，即使一个奴隶以这种难以弄清的单位定了价格，仍然需要决定用什么商品来支付。最后，还有配备货物以满足难以捉摸的专门市场的需求的问题。黄铜滑膛枪在下风海岸销路很好，但在其他地方买主则很少；有一段时期，在黄金海岸销售的珠子都必须是蓝色的。

在7月从英国起航的船只，要到次年4月才能到达西印度群岛。这样的航行意味着从投资到收益，周期很长。可是，如果试图缩短耽搁时间，就可能导致更严重的麻烦。船只停在一个港埠购买奴隶，周转速度可能较快些，但由于奴隶贩子竞争激烈，又急于要离开时疫流行的河流，还要为信用问题与中间经纪人争吵，最后可能导致开枪或绑架事件，就像1767年在旧卡拉巴尔发生的事件那样，当时英国商船向镇上的独木舟开火，打死几百人，以鼓励其他奴隶船继续做生意。

当然，各国家公司是无法制止这种无法无天的行动的。这些公司在17世纪扩大了这种贸易，主要靠重商主义的观念经营这种贸易。这种观念认为：奴隶应该供给本国的种植园，而不应提供给竞争对手。因此，欧洲各国政府在妨碍其他国家的公司的同时，把支持本国非洲公司作为统一自己的商业帝国的一种手段。于是，在刚果的传教士也鼓励他们的信徒只把奴隶卖给可能是葡萄牙籍的和信奉天主教的奴隶贩子。

由于各国政府希望紧紧控制这种贸易，同时也因为这样的商业冒险中需要大量固定资本，各国就纷纷成立本国公司。据说，这种公司具有相当的官方性质，足以控制这种贸易；还设想，由于这些公司实力相当雄厚，足以稳定这种贸易。这些公司根据特许状进行经营，这种特许状给予各国政府希望在非洲沿岸实施的那种独家经营的权利。这些公司在塞内加尔、冈比亚、黄金海岸和维达修筑的要塞就是其势力的显而易见的标志，也是它们出发去尽力垄断邻近地区的贸易的基地。

这就曾是这种贸易的理论。但是到了18世纪，由于销售机会开始扩大，实际做法起了变化。于是荷兰人愿意向所有买主出售奴隶；葡萄牙人愿意从所有的卖主那里购买奴隶；英国商人获得的贩奴特权使他们在1750年以前一直是西属殖民地奴隶的供应者。此外，这种贸易的吸引力也使无执照的私商跃跃欲试。各国的特许公司尽管情况有所不同，但都同样运气不佳。不论当年生意是否景气，要塞必须维持，守备部队必须发饷，贸易必须努力经营。私商就没有这些障碍，他们能把生意做得更为灵活和大胆，经营方法也可更为机敏利落。他们经营的奴隶比特许公司的多，种植园主离不开私商。18世纪非洲贸易的扩大是私商努力的结果；他们在有利条件下贸易，在任何市场上销货，而与此同时，僵硬刻板的各国国营公司却被迫采取守势了。

在这种新情况下，勃兰登堡公司是最先倒闭的公司，也是从事贩奴业历史最短的新手。1682年，勃兰登堡选侯特许一家公司在黄金海岸从事奴隶贸易。从1686年起，该公司在哥本哈根的同意下把奴隶贩卖到丹麦的西印度群岛殖民地。普鲁士人就以为有了成功的把握，即在黄金海岸建立两个要塞：大弗里德里希斯贝格和塔科拉迪。他们与丹麦人经常发生摩擦，生意不佳，因此到1713年，腓特烈·威廉一世考虑"放弃这种生意"。1717年，要塞卖给了荷兰人，勃兰登堡乃从这项无利可图的投资中脱身。

丹麦人则发现特许公司有其弱点。丹麦所属的西印度圣托马斯岛加上黄金海岸的要塞，似乎提供了建立一个丹麦的贸易三角的条件。于是从1697年起，丹麦的西印度公司开始在非洲为它自己购买奴隶。结果却令人失望，因为风险太大，利润毫无把握，而且丹麦在加勒比海地区的市场又太小。因此，从1733年以后，公司开始把生意让给私商。而私商也发现在丹麦市场上冒险无利可图，他们贩运的奴隶无论在数量上还是在价格上都不能满足种植园主的要求。于是，在1755年和1765年曾两度试图组建新公司，但结果又都不合需要。丹麦人发觉他们的奴隶贸易是一宗蚀本生意，所以毫不奇怪，丹麦是第一个废除奴隶贸易的欧洲国家。

然而，这些只是勉强维持收支平衡的买卖奴隶的公司，主要的奴隶贸易还是由别的国家做的。在贩奴国家中，葡萄牙的作用也许被低估了。葡萄牙人拥有可以进行奴隶买卖的广阔市场；而且，随着巴西米纳斯吉拉斯金矿和钻石矿的发展，他们需要大量劳动力，并使用各种应急措施来满足这种需要。葡萄牙特许的公司中，有几家因为经营奴隶专卖遇到困难，已经倒闭，因此有必要建立一种较为灵活的制度。1724年，一家新公司成立，准许可以有限制地独家经营科里斯科和加蓬河之间的贩奴生意；但从巴伊亚、累西腓和里约热内卢来的私商亦获准在非洲海岸的其他地方从事这种贸易。在尼日尔三角洲和黄金海岸，葡萄牙商人与其他国家的商人和睦相处地做生意，常常从丹麦人和英国商人手中购买奴隶。在安哥拉，他们虽然不能垄断这项贸易，但自然处于那一地区的贸易的主导地位。而在北面的塞拉利昂和冈比亚河一带，他们则得到通常有葡萄牙血统的混血种居民的帮助。这种经营办法是极其灵活的和以经验为根据的。他们由于都在沿岸购买奴隶，就能进行挑选，廉价买进；他们由于和其他欧洲商人保持友好关系，就常常能在其维修保养使他们的竞争者入不敷出的要塞购买船货。因此，英国公司忧心忡忡地谈道"这些葡萄牙人在非洲海岸不设任何要塞，却经营了最大的贸易"①。这是一项明智的政策，它缔造了现代的巴西。然而由于葡萄牙人只有这个市场和缺乏进行广泛投机的资金，因此他们还不能支配整个奴隶贸易。

  荷兰商人立即受到较少的限制，而且装备也较好。他们虽然以荷兰西印度公司设在黄金海岸的11个要塞为基地进行贸易，但也帮助开辟了维达和尼日尔三角洲的奴隶买卖，实际上在任何有利可图的地方都插手。在新大陆，他们同样是自由的经纪人，因为他们愿意在库拉索岛和圣欧斯达齐乌斯岛的货物集散地向任何买主销货，从而充分利用市场的需求。此外，他们精力充沛，财力雄厚，能够经营市场上出售的大部分的黑奴。他们是手段巧妙的商人和精明强干的竞争者。他们不肯给非洲的中间经纪人贷款，这正是他们精明的地方。他们仔细研究市场需求，以有竞争力的价格出售奴隶，这也正是他们的特点，以致使英国商人在1729年沮丧地推测"大多数到非洲做生意的商船的货载大部分是在荷兰上货的"②。但是，英国及印度殖民地工业能力的不断增长逐渐改变了这种成本率。到1750年，荷兰人已失去优势，他们的竞争者已能高兴地宣称"荷属要塞的货物供应已不如以前了"。③

---

  ① 《贸易和殖民专员日志》，1726年4月29日。
  ② 《贸易和殖民专员日志》，1729年3月17日。《枢密院法案，殖民部分文件，1730年3月12日》。
  ③ 《贸易和殖民专员日志》，1750年1月10日。

如果纯粹以经济的观点观察法国和英国奴隶贩子时运的盛衰，那会使人产生误解，因为是18世纪的战争对他们的发展产生了最有决定意义的影响。在战时，航速缓慢、不易操纵的敌方贩奴船是明显的进攻目标；而由于战争的影响，新大陆的奴隶价格上涨。在18世纪四五十年代的斗争中，英国海军力量把法国奴隶贩子逐出海洋；同样，在北美战争期间英国的贩奴贸易本身也陷于停顿。但是除了战争的影响以外，法国对非洲贸易的组织工作需要认真的调查和改进，因为它既不能满足西印度群岛种植园主的需要，也不能使巴黎的政府满意。1716年，奴隶贸易已向所有法国人开放。4年后，约翰·劳把法属西印度和西非零星的公司合并为新的"西方公司"，企图重新规划三角贸易，但这项计划因财政上的软弱和来自加勒比的抱怨而破产。法国人的奴隶贸易，就像其他国家的奴隶贸易一样，愈益落入私营公司之手。这些私营公司以南特、波尔多和圣马洛为基地进行贸易，迫使特许公司让出地盘。

然而，这里又必然遇到非洲要塞的问题，因为除了特许公司以外谁愿意维持这些要塞呢？法国的属地划分为塞内加尔部和几内亚部；法国为了经营这些地方进行了大量努力。塞内加尔地区可算作向布蓝克角以南伸展250里格①的地域，包括设在圣路易的法国总部，还有设在阿尔吉恩、波顿迪克、戈雷和阿尔布雷达等边远地区的分站，以及设在加拉姆的圣约瑟夫堡的内陆贸易站。黄金和橡胶贸易很有价值，但每年奴隶出口平均不超过100名；换言之，这不是私营公司能够有效经营的地区，因为黄金贸易需要不断地联络和补给货栈。因此就必须维持要塞，而维持要塞就需特许公司。法国公司力图把英国的贸易逐出这一地区，并在安德烈·布律有力的领导下极力渗入内地。但是，布律在1720年去职后，这些计划都成了泡影。黑人起了疑心，蓄意破坏贸易，以致到了18世纪20年代时塞内加尔部每年亏损350万里弗尔。其次，英国海上力量强大，法国不是对手。1758年，塞内加尔在威廉·皮特指挥的联合作战行动中被占领，从此它作为新合并的殖民地塞内冈比亚的一部分，被英国统治一直到1783年。

私商在战时也并不称心如意。奴隶买卖在太平无事的年代里也是

---

① 约合750英里。——译者注

铤而走险的事情。对于法国公司来说，1746年至1748年和1756年至1763年期间的战争年代是最艰难的年代。那时，商船不是被捕获，就是担心被捕获。这使奴隶贸易完全无利可图。不过，在和平时期，奴隶贸易却生意兴隆。私营公司比特许公司更有进取心，生意也做得更好。他们在几内亚部贸易，沿黄金海岸把买卖做到维达，并在寻求安全和搜索更廉价奴隶的过程中，一直到达加蓬及加蓬以南的地区。

这样向着能够买到奴隶的新地区移动，是18世纪奴隶贸易史中最重要的趋向之一。英国的奴隶贩子因组织松散和新手众多，特别适应于这种变动。直到1750年为止，英国皇家非洲公司一直是负责非洲贸易的官方机构；但它从1698年以来已丧失垄断地位；在乌得勒支和约签订以后，它的处境十分艰难。贩奴特权本来可能使它时来运转，因为"南海公司"急于要购买它贩卖的奴隶。可是它的供应时有时无，数量甚少，以致"南海公司"在不能得到满足的情况下决定自己在非洲经营奴隶贸易。1729年，当贩奴特权重新得到确认时，南海公司决定不再继续进行非洲贸易，而满足于购买在西印度群岛上岸的奴隶。这意味着它与私商的合作，因为英国商人的生意正愈益落入私商之手。1725年，布里斯托尔的商船贩运了1.7万黑奴，而伦敦的贸易行经手的奴隶数量可能更大；到1750年，布里斯托尔和利物浦在互相争夺大部分贩奴生意；1/4世纪以后，利物浦中了头彩，它的商船装运的奴隶是英国贩运的全部奴隶的2/3。

英国皇家非洲公司面对如此激烈和巧妙的竞争，除了希望从公共资金中得到援助外别无他法。英国设立的要塞有7个在黄金海岸，一个在冈比亚，一个在维达。这些要塞可能代表了走向正式殖民的一个步骤，但它们的价值能与私商不拘形式的帝国相比吗？1726年，贸易和殖民专员忙于应付的就是这些问题。这家公司不能否认，私商贩运到种植园的奴隶数量大大超过公司经营的奴隶数；但它指责私商使种植园主支付较高的价钱。有些种植园主同意这种观点，但专员们不这样认为，他们不会相信奴隶贸易应当回到独家经营的老路上去。

然而，即令只是为了做黄金生意的缘故，毕竟还有一条应当维持这些要塞的理由。议会中人们可以轻蔑地断言，说公司"现在已一文不值"①，但在1730年，议会还是被说服而投票通过给该公司以补贴。不过，破产仍旧难以避免。公司抱怨补贴太少，而开支太大。1750年，经济补贴被废除，尽管西印度殖民地对废除补贴持有异议。要塞被划归一个新成立的较为松散的机构"对非洲贸易的英国商人公司"管理。新公司向在非洲做生意的每个商人开放，并禁止他们以团体的名义贸易，因此充其量只是原来垄断组织的残余痕迹而已。私商已赢得胜利。

他们的胜利，结果在恰到好处的时机给英国的奴隶贸易带来适应性和进取心，因为这时英国经济正在变得特别适应于给奴隶贸易提供价格合理的宜于出口非洲的商品。1750年以后，由于印度政治混乱而竞争衰落，兰开夏的纺织品就得到了机会。英国奴隶商人抓住时机，在1750年以后的1/4世纪中，逐渐控制了整个非洲贸易。在这段时间内，他们把英国向非洲出口（和再出口）的商品价值额提高了400%；在北美战争以前，他们每年贩运奴隶的数量近5万人。他们在贸易中不受节制的性质有助于这种惊人的发展，因为正是那些离开旧有的奴隶买卖中心做生意的贸易行，才能买到大宗奴隶。

尽管如此，私商接着也开始出现少数卖主控制市场的征象。1752年，利物浦原有101家全都是小本经营的奴隶商；但到18世纪末，这项贸易都落入几家大商号手中。法国的奴隶贸易也经历相似的变化，小商人逐渐让位于"安哥拉公司"这样的大联营公司。该公司建立于1749年，经营资本达200万里弗尔，并拥有一支大商船队。荷兰也是如此，"米德尔堡公司"这样实力雄厚的大商行开始插手奴隶贸易。这种趋势产生的原因，可以从西非通商的性质中得到一目了然的解答。奴隶贸易是一种有风险的生意，能否赢利很难预料；即使真有利润，从投资到收益也必须间隔很长时间。要找到投合非洲消费者所好的适当商品颇为困难。此外，还可能必须把货物赊给非洲的消费者，而他们有时干脆进入丛林一去不返。即使在奴隶集中以后，投资者的麻烦也没有结束：中途的航程充满危险，奴隶可能反抗，还要担心船只被捕获。最后，到了美洲时，种植园主可能压低销售价格或拖欠对奴隶商人的债务。这种贸易中充满了种种无法估计的因素。

---

① 历史手稿委员会，埃格蒙特，I.51。

在黄金海岸和维达的传统市场上大量购买奴隶造成激烈的竞争。例如，1739年一艘英国商船在黄金海岸等候船货耽搁了22个月。而在这种贸易中，至关重要的是在西印度群岛贩奴季节刚开始时就把船载的奴隶售出。黑人中间经纪人很快学会了生意的诀窍，他们知道自己占有利地位，就抬高奴隶价格。有充分证据说明，在原来的奴隶买卖中心购买的黑奴成本越来越高。达文南特在1709年注意到这种情况；阿特金斯在1721年发现黄金海岸的黑奴价格上涨；46年以后，据估计价格至少翻了一番。

奴隶贩子很难把这些增加的费用转嫁给种植园主，因此他们渴望开辟新的非洲市场，希望在新市场上出价的竞争不会如此激烈，卖主也不会如此世故。于是，奴隶贸易中更有冒险精神的新手，就向东部和南部前进。有些奔向刚果和安哥拉；有些开始与加蓬做生意；但最重要的动向是向贝宁和比夫拉的海湾，尤其是向尼日尔三角洲的诸港移动。据报道，那里的奴隶价格比黄金海岸的时价低60%。早在1729年，人们就担心"海湾的生意一定做得过分了"①，但是，实际上英国奴隶贸易的霸权正是靠与这个地区的联系才取得的。1771年，英国船只贩卖的奴隶有一半来自海湾；与尼日尔地区的贸易尤其成为利物浦经营的业务。在1784年和1785年，所有利物浦的贩奴船只有63%以上开往尼日尔三角洲的各个港口。

看来，奴隶成本的上涨可能导致了较大船只的使用，在这些船上拥挤不堪的状况不会那么厉害。南特港在1748年至1782年间采购了146799名奴隶，卖掉127133名，平均损失为13.4%。当生意经营得比较合理时，死亡率下降了。

不过，尽管困难重重，获利还是高的。利物浦船"破浪号"1737年的航行赚取了300%的利润，这也许是一次"大获成功"。但是有证据表明，法国商人在奴隶贸易中预期利润为25%或30%。当时的人们认为，奴隶贸易的价值是不言而喻的。因而，早期的反对者批评的是它的不义，而不是它的失策。可是，我们在强调成功的一面时，往往有忘记失败一面的危险。例如，"戴鲁维尔伯爵号"为了等

---

① 布里斯托尔公共图书馆：《霍布豪斯文件》，廷德尔和阿什顿致艾萨克·霍布豪斯信，1729年3月13日。

待船货耽搁 7 个月，然后只装载了两名黑奴就横渡大西洋。总而言之，奴隶贸易不是一项简单的、一帆风顺的事业，而是一种风险莫测的大投机。一些到非洲贸易的商人宁愿做明智的树胶和染料木的生意，而不愿去从事动荡不定的奴隶买卖，这是可以理解的。

奴隶贸易对非洲的影响与白种移民的关系是微不足道的，因为虽然海岸上欧洲人的要塞有朝一日会大有作为，但在 18 世纪，它们对非洲社会的影响很小。例如，在黄金海岸，边境线时有时无，力量薄弱，白人尽力避免与非洲邻邦发生纠纷。事实上，这些邻邦占优势地位，因为是由他们决定开放或关闭通向海岸的贸易通道，决定准许或禁止黄金和奴隶顺利地流向要塞。因此，白人可能被困在海边，而且，任何对内地的渗透，都可能破坏贸易。然而，在北部地区，非洲人力量较弱，欧洲人的领导较强，进展就比较大。安德烈·布律在塞内加尔决心渗透进入加拉姆的金矿区，在那里修建了一个要塞控制这些金矿，甚至想把法国势力扩展到以东 600 里格处的图尔巴。即使在布律回国后，塞内加尔仍有一派人主张向外扩张，但公司作出裁决，认为"我们要开发的真正金矿就是贸易"，不应打搅黑人。英国人在冈比亚河的冒险中连这点也没有做到。在 1720 年的"股票投机热时期"，钱多斯公爵兜售开发非洲金矿的宏大计划，说服英国皇家非洲公司派遣一支远征队上溯冈比亚河找寻金矿。结果这次远征一无所获，公爵的财运就此结束。1732 年进行的另一次远征也同样运气不佳。

看来，只有葡萄牙人在安哥拉和在内陆的活动是成功的。他们在沿海的政治势力比北部的其他欧洲人的势力有更坚实的基础，因此他们能较有信心地徐徐向内地推进，虽然现在不能肯定他们渗透得有多远。事实上，葡萄牙人在 18 世纪是与西非有最大的直接接触的民族。荷兰人对他们要塞中的牧师不感兴趣；英国人派遣了 1 名传教士，发展了 4 个教徒；但葡萄牙人鼓励方济各会修道士和嘉布遣会[①]修士在安哥拉传教，还鼓励他们保持北部基督教残余势力的活动。

如果说欧洲人的渗透微不足道的话，那是大有原因的。白人由于依赖中间经纪人，并且讨厌酷热和潮湿，因此不愿深入内地。但还有

[①] 天主教方济各会的独立分支，正式名称为嘉布遣小兄弟会。——译者注

一种积极的力量把他们局限在沿海岸一带，这就是强大的军事王国的兴起。这些军事王国本身就是奴隶贸易的一个结果。部落越是强大，就越能掠取较多的奴隶，用来交换商品。结果是阿散蒂和达荷美这样的强大军事王国崛起。在这些王国内，有本领的能人为了控制各港口后面的腹地和给商船保持源源不断的奴隶供应，组成了部落联盟。他们这样做后，进而就容易不经中间经纪人就与海岸一带的白人直接贸易。欧洲人的武器的力量使 1708 年登上王位的达荷美国王瓜贾·特鲁多得到深刻印象；1727 年就是这样的火药和子弹帮助他杀向海岸和夺取巨大的贩奴港口维达。同样，阿散蒂人此时也在忙于组建他们的王国；到 1768 年，关于他们的消息开始使住在黄金海岸各个要塞里的欧洲人感到忧虑不安。

人们对大西洋奴隶贸易最严重的指控之一，是它挑起非洲邻近各个民族之间的战争，对非洲社会产生毁灭性的影响。毋庸置疑，奴隶贸易的影响是严重的，但不能说奴隶贸易破坏了大陆的和平。没有理由可以认为，非洲在白人来到之前是个和平的安乐窝。此外，并不是所有战争都产生奴隶，也不是所有奴隶都是由战争而产生的。达荷美人在攻占维达以后的 45 年中，不断与邻国打仗；但结果从该港出口的奴隶减少了 75%。事实上，战争只是获得奴隶的许多方式之一。为了提供保护和缓和劳动力长期缺乏而设置的旧有家奴制度，可以用来惩罚罪行，支付债务，或为没有主人的人提供安全保障。这种制度是世代相传的，在阿散蒂和达荷美这样的社会中，家奴制实际上极为普遍。奴隶一旦托身给主人以后，便享有一些细致限定的权利。但主人在欧洲商品的诱惑下可能不顾这些权利；到达美洲的黑奴中，有一些人肯定曾经是故国的家奴。尽管如此，非洲丧失这么多的人口（虽则他们原来就是被奴役的）也意味着劳动力的严重损失，并使非洲社会中本来很少的起码安全保障变得更少了。

很难说非洲究竟有多少地方受到这种劫掠的影响。人道主义者曾经断言，几乎整个非洲大陆都已荒芜。他们想象长长的奴隶行列，向着海岸长途跋涉，越过非洲，走向海岸。在 18 世纪的记载中，有些证据可以支持这种看法。但也应当看到，这些证据都是道听途说的，因为在 1797 年芒戈·帕克亲自押送一支奴隶行旅以前，似乎还不曾有欧洲人这样做过。另外，还应该记住，以非洲人的观点来看，漫长的旅程不一定指长途的跋涉。贩奴头子不会愿意长途押送奴隶，因为长途跋涉会使他们的货物体力耗尽，也会耽搁船期。正因为如此，主要的奴隶买卖中心（如旧卡拉巴尔）是在人口稠密的地区发展起来的。把奴隶从内陆市场送到那里只需 3 天时间，贩奴船能够很快返航。旧卡拉巴尔这样的中心，也许是条件特别有利的地区；许多奴隶还是从 500 英里以外的地方送来的。但以非洲的标准衡量，这样的距离还不算是长途，也没有远到可以蹂躏中非的地步。对美洲的黑人进行的人类学研究，还未发现他们中残留着中非风俗习惯的痕迹。

当商人开拓的边境正在非洲西海岸形成时，好望角的荷兰人农场主正在巩固一块白人正式定居的地区。这块殖民地建于 1652 年，用作荷兰东印度公司的商船的补给基地。它的经济完全是依赖性的，受该公司的管理并为该公司服务，常常遭受本地移民无法控制的时运变化的影响。但是，即使在 18 世纪初，这块殖民地就在分裂为两部分：一是开普半岛和贝尔格谷地组成的西部地区，一是斯泰伦博希周围的东部农业定居地。后者极力避免与开普敦的政府所在地发生联系，可是他们也受到政府政策的制约。好望角的内部市场很小；农场主生产小麦、酒和肉类，收益甚微。不管怎样，公司妨碍着他们的发展，因为他们只可把产品卖给公司授权的买主，并只可通过公司出口产品。这种制度很横暴，但在这一时期也许任何制度都不能刺激开普殖民地的农业，因为它的产品在母国很难找到买主，而且又没有世界需要的或想要获得的产品可以销往国外。确实，公司曾试图帮助，采取措施种植甘蔗、稻米和靛蓝，以使作物多样化，并把葡萄酒和小麦运到荷属的东印度，但这些计划都未成功。开普的经济只是由于偶然的机会才间或繁荣一下，这样的时机如 1740 年至 1763 年间的战争中，英国和法国的舰队开进桌湾觅取给养。但是，和平对于贸易不妙，进港的船只越来越少，公司陷入债务之中。1717 年，决定运进更多的奴隶解决劳动力的困难。当时的奴隶几乎已有 2000 名，几乎与自由民的人数相等。奴隶继续不断地运入，到 18 世纪末，奴隶人口几达 1.7 万人，超过了自由民的人数，因此，西部地区就不再是一块主要由白人居住的地方。

但在东部却见不到这种不景气的情况。东部与定居地区不同，它呈现出扩张和向内地移动生气蓬勃的趋势。东部边境以外延绵着一片雨量充沛的土地，除了布希曼人和士气低落的霍屯督人以外，不会遇到更大的对抗。象牙猎取者和牧牛人相继穿过山口，发现外边富饶的土地，这些土地是公司势力所不及的。移民迅速向外分散，把边境向北面和东面推移。1752年，开拓者越过凯河；1760年，雅各布斯·科特西已渡过奥兰治河。公司反对这种不加控制的大迁徙，于是在1743年给予边民完全的地产所有权，以便减慢移民的势头。但是，这些18世纪的漂泊者的迁徙势不可当。一种称为租借农场的土地所有权制增加了迁徙的吸引力。它允许农场主无限期地租用土地，这土地在名义上是向公司租的，每年交纳租金12块荷兰银币，后来改为24块荷兰银币。这样就使占用公地合法化，从而鼓励了迁徙。此外，由于公地占用者不可擅自分割土地，他的子孙们除长子以外不久又将迁移，这样就越走越远。甚至公司也被迫于1778年承认了这种新边疆。

次年，开拓者与南迁的班图族前锋科萨人发生冲突；于是，从那时起，南非历史开始了一个新时代。1779年以前，布尔人①所遇到的土著问题，或是不难解决，或可安全地置之不理。那些住在殖民地里的霍屯督人，由于丧失了把部落结成一体的凝聚力，已融合到大多数普通有色人种之中；其中那些仍旧保持部落团结的霍屯督人已退向西南方，或格里夸兰，或奥兰治河，与白人仍旧保持相当友好的关系。依然毫不妥协的布希曼人受到新近扩充的民团组织的追捕。可是班图人却证明更为可怕。

在18世纪，西非和东非的时运显然不同。欧洲人对东非海岸的了解十分模糊，接触极少。大西洋奴隶贸易对东非海岸的影响也微乎其微，因为那里缺少使欧洲人在西海岸做生意的人口密度和与美洲的联系。东非海岸的贸易主要掌握在阿拉伯人手中；他们把葡萄牙人从大部分占有地上驱逐后，拥有对沿海地区的霸权。更为引人注目的是，东非没有力量强大和组织完善的非洲人王国。班图人确实在发展，但仍是尚未定居的小股农民，要到这个世纪末的动乱年代才会联合成为大王国。例如，至少从16世纪以来就在纳塔尔定居的祖鲁－科萨人就是这种情况。他们仍过着小村社式的生活，尚未受到白人的

---

① 荷兰血统的南非白人。——译者注

干扰。1689 年,好望角的当局曾对纳塔尔颇感兴趣,但并未产生结果。1719 年,公司采取较为明确的步骤在迪拉果阿湾建立了一个贸易站,但 11 年后这个站被撤销。从此,在以后的 100 年中,奴隶贩子和失事船只的水手偶尔靠岸就是欧洲和纳塔尔之间的唯一联系。

在葡萄牙帝国的全盛时期,东非海岸曾摆脱默默无闻的状态,因为在这一带海岸上保持基地对葡萄牙在印度洋的商业冒险至关重要,而且这些基地也可用来为葡萄牙赢得几个世纪以来由阿拉伯人经营的与内地进行的黄金和象牙生意。这样,在蒙巴萨、苏法拉和莫桑比克的要塞就成了葡萄牙势力的外部标志。但是,荷兰人一连串的打击打垮了葡萄牙的贸易帝国,改变了所有这一切。随着葡萄牙贸易帝国的崩溃,东非基地也失去了大部分存在的意义。同时,这些基地也受到来自非洲本身的威胁。1693 年的一次非洲人的起义,把葡萄牙人逐出了他们在林波波河和赞比西河之间的大部分的庄园;接着,阿拉伯人东山再起,把葡萄牙人彻底摧毁。到 1698 年,他们已丧失桑给巴尔以北的一切土地;甚至在桑给巴尔以南,阴影也在逼近。葡萄牙只得卖掉苏法拉,并把莫桑比克交给印度政府管理。名义上,莫桑比克省仍然存在,但已有名无实,只在沿海有几处要塞,在内陆保留一批实际不存在的领土所有权。到 18 世纪中叶,它成了一个名存实亡的帝国。甚至连传教的热忱也已消耗殆尽,只有 4 座教堂还属于葡萄牙人。他们满足于把贸易让给阿拉伯人和印度人去经营,只是黄金贸易除外,因为他们仍然与金矿保持着联系。到 18 世纪末班图人动乱时,甚至连这一点贸易也不复存在了。于是葡萄牙人转而经营奴隶买卖生意,因为把奴隶从莫桑比克贩卖到安哥拉,有时还是有利可图的。但这种贸易仅能维持不亏本而已。葡萄牙人在东非的零星属地直到 18 世纪 90 年代的改组以前,在经济上是一宗递耗资产。

莫桑比克以东 300 英里处是马达加斯加岛。从 17 世纪以来,该岛造成的麻烦比它引起的商业兴趣还要大。海盗早已注意到它的战略重要性,把它作为袭击印度洋上商船的主要基地。但海上抢劫的风险越来越大,致使海盗们放弃了抢劫的买卖,开始从事比较受人尊重的贩卖奴隶的生涯。马达加斯加一旦不再受到海盗的骚扰时,就能设法较正式地进行殖民了。法国人企图建立一个集居地的尝试在 1675 年失败,此后巴黎就对该岛失去了兴趣。但是,在 1715 年开始创建的新的法国殖民地法兰西岛,对作为食物供给地的马达加斯加极为关怀。1750年,法国正式占领圣马里岛,从那里他们能够控制非洲东岸的许多地方。另外,马达加斯加在战略上被认为对印度的贸易有用。当法国的势力在东方消失时,舒瓦瑟尔看出该岛能用来弥补法国的损失。因此,法国在1768年并吞该岛。此举虽则在当时意义不大,但它意味着法国对一块土地保留了有用的领土所有权。

葡萄牙人曾经是非洲东海岸欧洲势力的先锋。当他们的势力收缩时,埃塞俄比亚帝国也同样收缩自保。1633年,当改宗信奉葡萄牙天主教的皇帝苏辛尼斯逝世后,葡萄牙传教士被逐出埃塞俄比亚帝国。他们还想在贡德尔重整旗鼓,结果也遭到猛烈的抵制。此后,与欧洲的接触只是试探性质的。埃塞俄比亚陷入隔绝状态,既不跟西非联系,也不再向印度派遣使团。1699年,夏尔-雅克·蓬塞注意到,虽然祖先是白人的本地人依然享有一定的威望,然而"埃塞俄比亚人对穆斯林和对欧洲人几乎同样感到恐惧"[①]。这种强烈的仇外情绪表现在1706年一个方济各会修道士的冒险引起一场旨在重申国家孤立和隔绝状态的政变。可是,这个国家在隔绝状态中存在着无政府状态,几任皇帝的政治权力在一系列的宫廷革命中崩溃了。结果皇帝成了提格雷省总督拉斯·迈克尔·西赫尔控制下的不问政事的傀儡国王。当詹姆斯·布鲁斯于1771年进入埃塞俄比亚,进行18世纪非洲探险中最细致的那次探险时,他发现的就是这种破败和与世隔绝的状况。他逗留了两年,与拉斯·迈克尔和皇帝塔克拉·海默纳特二世一起旅行,忍耐和观察了他经历的一切事物。他发现,阿拉伯人掌握着帝国的贸易,他们经陆路把黄金、象牙和奴隶送往北方。确实,欧洲人在东北非洲,除了埃及以外,没有立足之地;地中海沿岸以南的大部分非洲大陆依然不知道白人的存在。

2. 亚洲

18世纪,欧洲在远东(不包括印度)的经济活动主要集中在欧

[①] 夏尔-雅克·蓬塞:《埃塞俄比亚之行》,第124页,载《哈克卢特协会刊物》,第2辑,C卷。

洲国家已在那里建立起贸易中心的中国、印度尼西亚和菲律宾。从17世纪40年代以来，日本在德川幕府将军们的统治下，几乎处于与世完全隔绝的状态。这种情况一直保持到1853年培理舰长率领舰队到达时为止。在此期间，日本留意的外部世界只是设在出岛的外国人居留地。这是一个位于长崎港内的人造小岛，最大宽度还不到300步，岛上一些荷兰商人生活凄惨，处境难堪。这是日本外贸的唯一渠道。所以，在本章中，我们感兴趣的主要是广州、巴达维亚、马尼拉，以及它们的周围地区。在这些经济活动各不相同的地区，至少有一点是共同的，那就是在他们历史的这一时期中，本地人无须依赖欧洲的工业制品和他们对欧洲的工业制品持漠不关心的态度。①

中　国

> 天朝抚有四海，惟励精图治，办理政务，奇珍异宝，并不贵重。尔国此次赍进各物，念其诚心远献，特谕该管衙门收纳。其实天朝德威远波，万国来贡，种种贵重之物，梯航毕集，无所不有，尔之心正使所亲见，然从不贵奇巧，并无更需尔国制办物件。②

这段话摘自乾隆皇帝1793年接见英王乔治三世派遣的马戛尔尼使团时颁发的敕谕。其年代虽比本节讨论的时期晚得多，但它包含了理解整个18世纪欧洲对华关系的关键。"中央帝国"自给自足，无论在物质或精神方面都无求于西方。然而，皇帝的圣旨虽则在本质上千真万确，却不免失之简单，因为与西方的贸易是朝廷恩准的，而且朝廷从贸易中充分地享有利益。中国出口的主要货物是丝织品、瓷器、漆器和茶叶，还有扇子和屏风等一些奢侈品；对这些货物，中国人只愿接受白银（以及后来的鸦片）作为支付手段。

1723年以后，中国人和外国人的交往只局限于物质利益的基础上。在中国传播基督教的最好机会（如果真有过机会的话）存在于

---

① 例如，英国的毛织品在中国市场上滞销。法律要求这家公司的每艘货船载运的出口商品中必须有1/10为英国货；但铅的销路比毛织品好一些。

② 原文见《英使谒见乾隆纪实》或《粤海关志》，第23卷。——译者注

17世纪；到18世纪20年代，这种机会就已明确地不存在了。起初，天主教传教士以他们的科学造诣在宫廷受到欢迎，但是，他们由于在祖先崇拜和"Heaven"一字的汉译问题上意见不一，就失去了中国人的信任。欧洲商人和冒险家（通常只是海盗而已）声名狼藉，也进一步损害了"基督徒"的名声。传教士曾在康熙皇帝朝代的最初几十年中深受恩宠，但在1723年康熙去世以后一年，他的继承者雍正皇帝（1723—1736年）在全帝国彻底查禁了基督教。

到17世纪末为止，葡萄牙人的敌意一直成功地阻止了英国人在广州获得一个立足之地。1689年，英国国内对所有进口茶叶都已抽税，这表明茶叶贸易已被认为具有抽税的价值。1699年，东印度公司董事会给其大班艾伦·卡奇普尔颁发领事委任状，任命他为英王派驻整个中华帝国和毗邻岛屿的公使亦即领事。这位官员努力开辟贸易，终于在两年后为公司取得了把商船开进舟山或宁波的许可。于是，公司货船携带10万镑白银开到，但中国官吏不合情理的勒索和当地中国商人的全面垄断，使这次商业冒险完全亏损，船只只能撤回。不过，在这期间，公司在广州和厦门的商业冒险中运气较好。卡奇普尔在交趾支那沿岸的昆仑岛设立了一个商馆，但它的结局却很悲惨。马来人（据说在交趾华人的唆使下）于1705年杀害了这个外国人居留地上所有的居民。这个时期，外国商人遭受的风险和压迫极大，只是因为贸易有巨额利润，他们才继续干下去。

广州的对外贸易由粤海关的钦差控制，欧洲人称该官吏为"行保"或"御商"。贸易事务由4名中国商人经办，他们垄断商务，并有权把生意零星地承包给其他商人。这一发展是外商进行贸易竞争的又一不利条件。然而，尽管有这样或那样的障碍，到1720年时贸易已经大大地发展，出口商品数额和价值已大为增加，以致中国人试图建立正规的管理。他们开始对所有货物征收4%的统一关税，以取代"公行"或商会擅自规定的各种税额。"公行"有与外商进行独家贸易的特权，负责外商的纳税事物和保持良好的行为。中国当局现在进一步从贸易中榨取最大限度的利润——把关税增至大约16%；此外，外商除了要向海关的收税官吏交纳苛重的"计量税"外，还得向港口出售船用杂货的商人勒索的费用，船只才能得到食品供应。

外商现在十分清楚，他们若不坚决抵制，这种敲诈勒索是无止境的。1728年，他们向广东总督陈诉，要求解散公行，获得了暂时的成功。但这种制度已证明对中国政府十分有利，它一方面免除了政府控制贸易和管理外商行为的麻烦，另一方面又保障政府坐收一份必得的利润。因此，公行不久重新设立，垄断权得到确认。事实上，对所有出口商品，除了抽取原来的苛捐杂税外，还一律征收10%的附加税。尽管外商再次强烈抗议，但他们不能使中国政府撤销这一规定。直至1736年的乾隆朝代才废止了这项附加税。可是，即使在那时，中国做出让步的方式使欧洲人再次深切感到，他们获准在中国贸易——实际上就是生存的条件，是令人无法忍受的。

皇帝在废止10%的附加税时，要求外商下跪接旨。对于这种做法，连这些为了早日发财而甘愿暂时忍受任何不公正和屈辱的、受苦已久的外国商人，也感到忍无可忍了。他们集合在一起，誓不做出这种奴颜婢膝的姿势，并保证决不在没有告诉其他人的情况下向中国人让步。皇帝还要求，外国船只上所有武器一律交中国人保管；但他后来放弃了这一要求，条件是外国商船必须交纳1万美元。此后不久，外商直接与民政当局交涉的权利被取消。公行的商人（后来被称为"行商"）成为外商与政府联系的唯一渠道。这样，在处理控告行商横征暴敛的案件时，行商就成了法官，为自己的利益服务。

由于这种自杀性的政策，中国当局几乎扼杀了对外贸易。1734年，只有一艘英国商船到达广州，一艘去厦门；但厦门的勒索比其他港口更为厉害，该船只得撤回。1736年，广州的外国船只总共有4艘英国船、2艘法国船、2艘荷兰船、1艘丹麦船和1艘瑞典船。在此以前，葡萄牙船舶只限于去澳门。

1742年，第一艘在中国水域航行的英国战舰驶达澳门，它就是安森舰长的旗舰亦即他的舰队的仅存军舰"百人队长号"。安森舰长正在进行环球航行，同时与西班牙人作战。他无意屈服于中国人蛮横的要求，拒绝在他的军舰补充食品以前驶离珠江三角洲。他的果断而礼貌的态度无疑使中国人得到一个虽则短暂但却良好的印象。在中国水域出现一艘欧洲军舰，而且这艘军舰拥有必要时以武力支持其司令官的要求的手段，这在18世纪还是一个孤立的现象。

在这整个期间，西欧各国中只剩下英国人继续斗争，争取中国方面承认他们的人权。1664年，荷兰使节范和伦访问中国朝廷时，曾受到礼遇，但他的使命没有实际结果。时隔130年后，荷兰才又向中国派遣一个外交使团。不过，俄国人比荷兰人和英国人运气都好。他们也曾在早期向中国派过外交使团，但无实效。1653年，沙皇阿历克赛派遣的代表拒行跪拜礼，结果被打发离境。以后又有一系列的对华贸易使团接踵而至，1689年俄国人真与北京谈成了一项条约。两国在阿穆尔河①沿岸经常发生冲突，叶卡捷琳娜女皇也许以边防前哨的勇武为后盾，在1727年派遣使团，这是所有使团中最成功的一个。当然，这次成功一部分原因是雍正皇帝希望抗衡耶稣会传教士的阴谋。这一年俄国人在平等对待的情况下签订的条约，一直持续到1858年。一位权威人士称之为"记载中最长的条约"。

因为公行继续巧取豪夺，并阻止外商与本地当局直接联系，英国的公司宁愿避开广州，再次试图与厦门和宁波贸易。塞缪尔·哈里森、托马斯·菲茨休和詹姆斯·弗林特（汉名洪任辉）奉命到宁波开展贸易谈判。他们得到良好的接待，但当公司的船只到达时，却费尽周折才装到船货。1757年皇帝颁发一道上谕，饬令凡外商船只只准进入广州。弗林特此时已能用汉语流利交谈（这对于该时期的欧洲商人是个独特的成就），他感到他在宁波的贸易努力徒劳无功，于是设法搭乘一艘本地船只到天津，在那里可以把他的陈诉呈递给在京师的皇帝。令人惊奇的是，此举产生了结果，皇帝不仅注意了弗林特的陈诉，而且派遣一名钦差陪他从陆路回广州。到达后，弗林特即去英国人的商馆。不久钦差召见所有外商，通知他们说，已饬令废止"行保"（即御商），免除超过6%的所有捐税，禁止官吏强索礼品，取消外商船只的吨位税。

可是，随后的事实证明，这次的成功是虚妄的。以后的事件又恢复了中国与欧洲关系多年来的老方式。

钦差大臣做此宣布以后几天，粤督召见弗林特先生，传达皇帝诏令。当他到达后，侍从的官员要他以中国方式行跪拜礼，同时给他出示他们称为圣旨的诏令：因为他违反了外国商船只准许进入广州的上谕前往宁波经商，所以把他驱逐出境，经澳门回英国。同一天，替弗

---

① 即黑龙江。——译者注

林特撰写陈诉状给皇帝的中国人,以"卖国助夷"的罪名当众斩决。① 弗林特本人被捕,解到澳门附近某地,系狱两年半后才获释和准许乘船回英国。看来,公司只要交纳 1250 美元赎金,即可随时获释,但公司争辩说这会鼓励类似的勒索,因而拒绝缴纳赎金,而只满足于为弗林特的释放递交请愿书而已。这样,公司职员中第一个学会汉语、称职胜任的人,第一个甘冒风险主动推进公司利益的人,竟没有得到雇主的多少赏识。

这个时期,外国商人继续遭受艰难困苦,情况毫无好转。中国人遵循的准则是"蛮夷如野兽,不能以国民标准治之",而应依古代皇帝的原则"以苛政治之"。S. 韦尔斯·威廉斯②曾指出,实际上在亨利七世统治下的英国,对外商也施行过同样的原则。中国人关于如何对外国人履行义务的观念与宗教改革前的欧洲流行的那种观念没有什么不同。各阶级的人都轻蔑地对待欧洲人,其显著的原因之一是他们完全不懂口头和书面汉语。当所有的交际活动都是通过双方都蔑视的、不规范的行话(即"洋泾浜的"葡萄牙语和英语)进行时,其结果自然只能是彼此误解和厌恶,常常造成仇恨。这种恶感也因外国水手的行为不端而加剧,他们在度过漫长航行的禁闭生活后上岸消遣时经常酗酒滋事。18 世纪中叶,在黄埔登岸的法国和英国水手很少有相遇而不斗殴的。

当上述的这类斗殴引起任何一方的人员毙命时,中国人的反应就是停止贸易。在 1780 年以前,中国并不干涉只牵连外国人的案件。但在这一年,他们要求交出在一次斗殴中打死一名葡萄牙水手的一个法国人。当这项要求最后得到答应时,犯法的水手即被当众绞死。

然而,1784 年发生的一次案件格外明显地表现了中国人和欧洲人之间司法观念的不同。一艘英国商船"休斯夫人号"在鸣放礼炮时,不慎在炮膛中留下一颗炮弹,结果打死一名中国人。根据中国人对责任原则的解释,炮手应为死者偿命。当时,蓄意犯罪的概念还不在中国人认识范围之内。当中国巡捕知道英国人不想交出炮手时,就逮捕和关押该船大班史密斯先生。他过于轻信中国人做出的只需该炮手回答"质询"的保证,同意把炮手交给中国当局,以换取自己的

---

① 事实上只受到降级处分。——译者注
② 旧译卫廉士或卫三畏。——译者注

自由。事隔6个星期以后，这个倒霉的炮手即被绞决。此举确实违背中国的刑法，因为根据刑法条文，应当允许当事人以20美元赎身。

这一事件虽则发生于18世纪的最后25年中，但突出表现了外国人在以前60年或更长的时间中无能为力的种种不利条件。他们抱怨：船只上货遭耽搁，货物运入广州时遭掠夺，当局每年张贴中伤性布告谴责外国人犯下的可怕罪行，下级官吏敲诈勒索，以及难以接近高级当局。这种形势包含了下个世纪中引起中英冲突的大部分祸根。

印度尼西亚

人们通常认为，东印度的荷兰殖民帝国的创立者是简·皮泰兹·科恩，但实际上尼古拉斯·威特逊对于这个称号更当之无愧。科恩的业绩除了建立巴达维亚城以外都已荡然无存，而该城的名字现在已恢复它还是一个爪哇村庄时的原名（雅加达）。当荷属东印度公司的商业繁荣开始衰落时，主要是由于威特逊的努力，公司作为一个农业企业，不是依靠利润，而是依靠纳贡制，才获得了新的生机。那里早已种植甘蔗和胡椒；在18世纪上半叶，咖啡的重要性还不如这些作物。但咖啡的引进使大规模农业企业成为可能。于是在这个世纪的下半叶，咖啡成为主要的收入来源。范·霍尔恩[①]曾在自己的园地里试种从印度送来的咖啡，但这种植物在爪哇的异国土壤中生长不好。于是，阿姆斯特丹市长威特逊（此人的成就还包括派遣一个画家描画波斯波利斯遗迹的概图、制作西伯利亚地图和为彼得大帝当咨议）就着手完成这项规划。在他的倡导下，咖啡植株于1707年分发给巴达维亚和井里汶附近地区的土著首领。这些咖啡苗与霍尔恩的不同，长势旺盛，结出了咖啡豆。4年后，展玉的爪哇族摄政官把第一批100磅咖啡交付公司的货栈。9年后，咖啡年产量达10万磅；到1723年产量至少已达1200万磅。

这个生产奇迹没有激发荷属东印度公司董事们（当时称作"17人理事会"）的想象力，却反而使他们感到沮丧。大规模生产和在不断扩大的市场上低价销售的办法（这种情况下唯一适宜的政策）不

[①] 中文名字范和伦。——译者注

可能在公司过时的贸易制度中占有一席之地。其原因是，商业的大规模扩展必将使公司的资本大增。董事们对此毫无准备。他们不需要咖啡和其他作物的产量过高；他们希望限制东印度群岛的产品供应。这样他们就能高价出售商品，因此，为了保持垄断地位，他们力主严格控制生产。然而，有一事公司无法控制，那就是走私活动；成千磅的咖啡进入了苏门答腊的英属殖民地明古连。

在东印度工作的公司职员对此情况了如指掌，只是董事们鼠目寸光。在这种垄断制度下，土著摄政官发财致富，而农民则得不到好处。公司由于担心新的财富会给爪哇族摄政官们带来权势和自信心，就采取独断的行动进行控制，并抽取大部分利润以自肥。这就使每担咖啡在巴达维亚本地的价格从50荷兰盾降到12荷兰盾，使种植园受到了限制；并且为了进一步压低价格，巴达维亚的官员还制造了225磅的"山区担"和125磅的"巴达维亚担"的区别——前者用来收货时计量，后者用来计算支付货物的价钱。他们解释，这样做是为了补偿咖啡干燥时的重量损失。这些措施结果使人民群众憎恨咖啡种植。有几年，公司甚至无法获得它要求的有限定额。因此，它就要求农民上缴规定量的咖啡作为纳贡，这样在名义上农民就不再给马塔兰王苏苏胡南进贡大米和其他食品，因为如今公司对马塔兰的勃良安宣称行使主权。咖啡注定会使荷兰统治者和西爪哇的摄政官在利害关系上结成紧密联盟。

在这种政策的影响下，公司现在由一个商业强权变为一个拥有领土的强权（虽然董事们最不欣赏这一事实）。如果不是因为威特逊的首创精神，促进咖啡栽培，为全面改变公司的政治和经济制度铺平道路，那么，荷兰殖民帝国的统治就不会延续到20世纪中期，而很可能随着公司的解体而寿终正寝了。

咖啡种植园的纳贡制度，虽则沉重地压在爪哇农民身上，遭到他们无言的怨恨，但也并非没有附带的好处。例如，J. S. 弗尼瓦尔就指出，在勃良安由于土著王公勒索大米和其他食品形式的贡物，人民不堪重负从未真正地定居。他们不断地从一个山谷迁移到另一个山谷，指望逃避纳贡。因而，他们是从事不经济的农业生产的半游牧农民，随着他们的丛林空地中土壤肥力的枯竭，从一地向另一地迁徙。这就妨碍了社会福利和文明的进步。咖啡种植园则把农民束缚在永久性的居留地上，他们在那里的水稻（sawah）种植园中种植大米。

大约到1680年，荷兰人实际上已在群岛各地确立了势力。从那时候起，大多数的土著首领均须把出口产品专卖给荷兰公司。马塔兰事实上已丧失独立，而万丹相对地不受荷兰人干涉的状况也只多维持了几年而已。不过，这些土邦的瓦解，与其说是由于外部势力的直接影响的结果，还不如说是因为它们内部的虚弱。勃良安地区各县在1677年就落入荷兰人的控制之中，井里汶不久后也是如此。在18世纪中，政治控制的扩大十分缓慢；直到1743年，爪哇的沿海地区才落到荷兰人手中。在我们现在研究的这段时期和此后很长时间内，在印度尼西亚的荷兰帝国，实际上还只有爪哇一地。

华人是荷兰人和爪哇人之间的中介人。他们既是该国的主要手艺人，又充当零售商、包税人、放债人和一般的经纪人。他们尽管时时遭到猜疑浪潮的冲击，但总的说来被视为安分勤劳的居民，其地位在一定程度上比土著居民优越。然而，华人人数不断增加，使荷兰人对他们的存在愈益感到忧虑。到1740年，爪哇约有8万华人。这是荷兰人未能制止秘密移民突然增加的结果。他们中很多人失业，于是荷兰人决定把不能证明自己规规矩矩挣钱谋生的华人送到锡兰去当奴隶。由于荷兰警察的压迫，华人的不满情绪本来就在增长；荷兰人的这一行动更使不满一触即发，结果爆发叛乱，接着演变成一场屠杀。政府显得惊慌失措，无法控制局势，就大肆杀戮，结果1万多名华人丧生。19世纪初期荷兰的爪哇问题权威特明克写道："公正的史学家会同意范·霍维尔的观点：这场灾难只能归咎于1725年至1740年间掌权的殖民地历任总督的愚蠢无能、玩忽职守和专横独断；如果没有他们的虐政，决不会酿成起义的因素。"①

在这次叛乱（如果这样称呼公平的话）被镇压下去，局势恢复平静以后，华人重操经纪人的旧业并扩大了活动。不久，更多的非法移民补充了他们的人数。不过，蔗糖业在动乱期间实际上已被摧毁。

华人渗入爪哇的主要原因之一，是荷兰人把征税权包租给他们。然而，他们增加对当地人民和土地的控制的办法中，最重要的是从土著统治者那里包租大片土地（整个村庄或地区）。土著王公和首领代

---

① 有关这次起义问题的现代权威约翰内斯·特奥多鲁斯·弗尔穆伦在《巴达维亚的华人与1740年的动乱》（莱顿，1938年）一书中进一步肯定了这一结论。

表包租地区的全体居民订立契约向包租人交纳规定数量的产品，提供劳动力和以现金或实物的形式支付地租。包租人通常像封建领主那样进行控制。这种制度在很大程度上使华人在本地人眼中声誉扫地。到1786年，不满情绪已强烈到使人民恳求巴达维亚政府废黜这些苏丹们，在全部领土上建立荷兰人的直接统治。他们认为，这样做会保护他们不受华人的敲诈勒索。但是，这一要求遭到了拒绝。

在整个这段时期里，荷属东印度公司日益衰败。这主要是因为在荷兰的公司管理不善，以致在东印度群岛风气腐败、弊病丛生。可是，在18世纪提交荷属东印度公司董事会的许多改革方案中，没有一个计划触及主要的问题——需要在阿姆斯特丹实行深刻的改革。公司董事会对公司职员实行过度节俭的政策，致使他们接受非法报酬贪污中饱。他们生活的贫富，都取决于他们是否有这种捞钱的机会。因此，月薪700荷兰盾的殖民地总督，能带回1000万荷兰盾的财产。然而，18世纪初，26名公司低级职员却因触犯公司的法律而被总督兹瓦德克伦处死。1731年，董事会突然发动一场反对腐化的新运动，暂时制止了走私活动，但同时也剥夺了数百名巴达维亚人的主要收入来源。1693年，公司的纯利润已达4830万英镑，但由于上述事例所表明的弊政，此后就每况愈下，到1724—1725年，经营中出现了纯亏损。到1779年，亏损已达8490万英镑。可是，这些事实是直到账目在日后慢慢清理时才被发现的。在当时，谁也不知道确实情况。公司的会计制度从一开始就有缺陷（这种制度是简·皮泰兹·科恩亲自建立的，一直沿用到公司结束，从未改变过）。爪哇和欧洲分别记账，但两套账目从未核对或平衡过。不过，到18世纪末，公司内部虽已腐朽不堪，但外表上却像往常一样繁荣兴旺。公司借来高利贷款给股东支付红利，从1602年至1800年公司整个统治期间，红利都保持在18%的平均利率。但是，荷属东印度公司的破产是属于以后一个时期的事情，不在本节讨论的范围之内。

菲律宾

西班牙人在菲律宾建立殖民地时，土著居民生活在称为"巴里奥斯"的村社中，由一个松散的但相当具体的形式的政府进行统治。

村社以150户为单位("巴朗加"),社会划分为农奴、自由民和贵族三个等级。西班牙人就在当地的这个基础上建立了他们的政府,建立了一个一直沿用到1898年美国人到来时为止的行政制度,并且"以它严格的中央集权,为以后的联邦及共和国定下模式"①。土地制度和教会也带有西班牙的不可磨灭的印记。

当西班牙人发现那里没有可占有的黄金和香料的财富时,就转向进行贸易的可能性。他们指望把马尼拉变成东方的商业中心。商船运来锡兰的茶、暹罗的柚木、中国的丝绒、丝绸和锦缎,以及印度尼西亚的香料,都卸在马尼拉港,堆存在库房里,等待装上每年定期的大帆船运往墨西哥。

菲律宾贸易的性质使18世纪中这些岛屿的经济关系史极大地依赖于殖民势力与华人的关系。至于华人对于菲律宾究竟是祸还是福的问题,在整个17世纪,一直使西班牙人焦虑不安。一致的意见认为华人是威胁。指责华人的人,尤其痛恨丝绸贸易。早在1628年,就有人主张,允许中国丝织品进入东印度群岛和墨西哥是极其有害的,因为每年从墨西哥运往菲律宾的货币虽然不得超过25万墨西哥比索或面值8里亚尔的西班牙银币,但是除此以外,外流的货币量无法计算。中国人不愿接受其他货币,也不愿以他们的丝织品交换其他商品。结果,在新西班牙铸造的这些面值8里亚尔的银币大部分被华人攫取,而换得的商品却是"草料,这种制造粗劣丝织品的原料,中国人要多少有多少"②。"他们以此削弱我们的力量和增强他们的力量。这样,他们就能随心所欲地对我们发动战争,而我们却不能对他们造成任何损失。"③

这一争论继续到18世纪。塞维利亚的人士极力主张严格限制马尼拉-阿卡普尔科的贸易,其理由是华人正在耗尽墨西哥的财富。出于这种焦虑,国王在1718年颁布法令,从此以后禁止中国丝织品的贸易。但在次年,墨西哥副王德巴莱罗就对这条禁令提出抗议;他这

---

① 克劳德·A.巴斯:《菲律宾》,载伦诺克斯·米尔斯等编《东南亚的新世界》(明民阿波利斯,明尼苏达大学出版社1949年版),第22页。
② 布莱尔和罗伯逊认为,这可能指产于印度的丛生植物檾麻(Boeheria nivra)。
③ 胡安·贝拉斯克斯·马德:《西班牙及其殖民地压制中国丝绸贸易的经济原因》(1628年10月7日),载布莱尔和罗伯逊编《菲律宾群岛》(俄亥俄州,克利夫兰城,1903—1912年),第22卷,第279页。

样做不仅是为了菲律宾人的利益，也是为了他的墨西哥臣民的利益，他们大多穷得买不起西班牙布匹来制作身上的衣衫，因此依赖中国的衣料。马尼拉和加的斯各自发出请愿书，极力为自己在这场争论中的立场辩护。加的斯一度提出让马尼拉经营墨西哥的香料贸易，以取代中国的纺织品贸易。1720年10月27日颁发给墨西哥副王德巴莱罗侯爵的一项法令规定，每年只能有两艘500吨位的大帆船可以从菲律宾群岛开往新西班牙（即墨西哥）。上述商船装运到阿卡普尔科港的货物总值可达30万比索，投资的商品必须严格限制在下列项目：黄金、肉桂、大象、石蜡、瓷器、丁香、胡椒、印度粗棉布、彩织亚麻布（Lienzos pintados）、印度猎豹皮、印花棉布、罗纱、菲律宾产的棉织品、希利科斯毛毯、丝绸和生丝、索具及同类商品。这些商船不得装运丝织品。马尼拉抗议这项法令对群岛所造成的损害。西班牙国王终于在1734年4月8日颁布一项新法令，准许马尼拉的贸易投资额增至50万比索，利润额增至100万比索。

马尼拉的利益最终胜过了加的斯和塞维利亚的利益。在此期间，许多华人已于1709年以夺走公共财富的罪名被逐出了马尼拉。这类诉讼使这些华人在18世纪迁到吕宋的一些较小的地区定居。1747年，西班牙国王下令把华人全部驱逐出境，但该令没有实行。

西班牙与英国卷入了"詹金斯的耳朵战争"（1739—1748年）和后来的"七年战争"（1756—1763年）。在前一次战争中，大名鼎鼎的安森勋爵在环球航行途中到达这些水域，并俘获了墨西哥-马尼拉的珍宝船。他的随船神父和这次航海史记录者理查德·沃尔特写道：直接输入阿卡普尔科的丝绸制品销售价格比同样质量的欧洲商品便宜得多。他还写道："来自科罗曼德尔海岸的棉花使欧洲的亚麻布制品没有用处。"[①]

当新任马尼拉大主教佩德罗·马丁内斯·德阿里萨拉于1747年8月27日到达菲律宾时，带来一项把华人逐出菲律宾群岛的敕令。驱逐令早已下达过一次，但历任总督出于个人的利益，没有将其付诸实施。这次，新令又出于权宜之计而被搁置一边。1755年，总督阿兰迪亚接到国

---

① 理查德·A. 沃尔特：《安森勋爵在1740—1744年的环球航行》，第3版〔伦敦，登特（平民书库），1930年〕，第220页。

王的一道新令，要他把华人统统驱逐出境，但5115名已成为基督徒的华人和另外1000多名"声称正在研究基督教义的人"除外。中国基督徒只要安分守己从事农业就可留下，但事实上他们大多数仍然做生意。

　　几年以后，当西班牙人又在欧洲卷入战争时，英国人于1762年攻占马尼拉，并占据该城两年。当马尼拉陷落时，仍然留在菲律宾的华人站在英国人一边。于是，代理总督西蒙·德·安达下令绞死岛上的所有华人。1763年，这项命令只在有限的范围内付诸实施。同年，据说在邦阿西楠一地就有6000华人因为支持菲律宾人阴谋驱逐西班牙政权而遭到西班牙人屠杀。1766年，幸存的华人被集中。1769年，排华令尽可能地得到执行。可是，事后不久，勒让蒂就说："我所认识的西班牙人都为华人的离去真诚地感到惋惜，都坦率地承认菲律宾会因此遭受损失，因为印度人无法取代华人。"（这与1603年屠杀华人后总督德莫尔加的叹息如出一辙。）1778年，这项排华令被撤销，但仍只鼓励中国工匠作为移民入境。1766年的另一法令进一步勒令把所有的英军占领马尼拉期间犯有过激行动的华人天主教徒驱逐出菲律宾，只准真正的基督徒继续居留。

　　这项排华令于1788年撤销。

　　当菲律宾的贸易正按上述方式进行时，西班牙的封建土地所有制形成了菲律宾的土地经济。菲律宾所有的土地名义上属于西班牙国王，他把大块地产分配给贵族和天主教修士。一个地主可能领受2.5万英亩地产，有100万户村民住在他的监护区中当他的农奴。他负责征收地方税和国家税，按照自己对劳力价值的理解支付工资；他是领地上奴仆间争执的仲裁人，并且，只根据他的良心，实际上对他们操有生杀之权。他是总督的贪婪的监察员，又是为牧师窥探的耳目，这些牧师坚持教会享有农产品什一税权利。与探险者一同来到菲律宾的天主教修道士——奥古斯丁会修士、方济务会修士、耶稣会修士、多明我会修士、本尼狄克特会修士等——也都被授予大块地产以从事宗教事业。美国人来到后，这种土地制度虽然得到了修改，但并未废除，一直沿用到共和国时期，成为农民对土地制度不满的根源。

（潘永樑　译）

索 引

（此索引中数字为原文页码，印在书中切口一边）

Abdali，阿卜达利，见 Ahmad shah Durrani

Abercrombie，James，艾伯克龙比，詹姆斯，北美英军总司令，538

Abo，奥布，瑞典，359，360

Abo，Treaty of（1743 年），奥布条约，360—361

Acadia，阿卡迪亚，512，529—530，533—534

　驱逐居民（1749 年），534

Accaiuoli，阿卡尤奥利，罗马教皇驻葡萄牙的使节，124

Ache，de，达什，法国海军司令，563

Adam，Robert，亚当，罗伯特，建筑师，69，83

Adams，Samuel，Senior，亚当斯，塞缪尔，大，507

Addison，Joseph，艾迪生，约瑟夫，作家，71—72，80，98

Administrative institutions and machinery，system of：行政机构和制度

　瑞典，144—145，352—354

　俄国，145，323—325

　法国，145—146，153—154，215—221

　英国，146，160—162，256—265

　西班牙，147—148，154—155，487—488，489

　普鲁士，148—149，155，298—300，303—305，312—314

　奥地利，149，155—157，399—400，410—414

　匈牙利，157，391，396—397

　勃兰登堡，158—159，294

　波兰，160，365—368，372—373

　葡萄牙，289—290

　丹麦，341—342

　英属北非，510—511；法属北非，513

　莫卧儿帝国，542—544

　马拉塔领地，546

　另见 Cameralists of the bureaus；Civil Service；Justice, administration of；Taxation

Adolphus Frederick，阿道夫·腓特烈，瑞典国王，16，348—349，360—362

Afghanistan，阿富汗，553—554，563—564

Africa, 非洲
  奴隶贸易, 24—25; 各地区, 566—567; 技术和交换单位, 567; 国家公司控制贸易, 568; 普鲁士和丹麦的奴隶贩子, 568—569; 葡萄牙的, 569—570, 荷兰的, 570; 法国的, 570—571; 英国的, 571—572; 激烈竞争和成本日增, 573; 利润额, 573—574; 对非洲社会的影响, 575—576
  葡萄牙领地, 25, 569—570, 574, 578—579
  欧洲的渗入受到限制, 574—575
  荷兰人在南非的居住地, 576—577, 578; 早期开拓者对班图人的影响, 577
  东、西非的对比, 577—578
Africa Company, 非洲公司, 344
Agriculture, 农业
  农业劳工状况, 52—53
  使用植物研究, 90
  改良方法, 244—245, 267
  英国, 52—53, 243
  西班牙, 270, 271
  普鲁士, 293, 314—315; 七年战争的影响, 484—485
  俄国, 318
  丹麦和挪威, 342—344
  瑞典, 358—368
  波兰, 368
  匈牙利, 406
  美洲耶稣会传教地区, 497
Aguesseau, Henri de, 阿格索, 亨利, 德, 法国大法官, 225
Ahmad Shah, 阿赫默德·沙赫, 莫卧儿皇帝, 559
Ahmad Shah Durrani, 阿哈马德沙·杜兰尼, 阿富汗统治者, 24, 554, 559, 563—564
Aiguillon, Armand, duc de, 艾吉永公爵, 阿尔芒, 布列塔尼省省长, 234
Aix-la-Chapelle, Treaty of (1748 年) 艾克斯－拉－沙佩勒条约 (1748 年), 19, 23, 24, 210—211, 283, 410, 436—439, 620—622, 559
Ajit Singh, 阿其特·辛格, (印度) 乔德普尔统治者, 544
Akbar, 阿克巴, 莫卧儿皇帝, 541—542
Åland Islands, 奥兰群岛, 197, 198, 359
Albany, 奥尔巴尼, 荷兰人在北美洲的居住地, 532
Albemarle, George Keppel, earl of, 阿尔比马尔伯爵, 乔治·凯佩尔, 海军上将, 522, 524—525
Alberoni, Giulio, Cardinal, 阿尔韦罗尼, 朱利奥, 红衣主教, 西班牙政治家, 195, 197, 198, 278—279
Aleksey, 阿列克谢, 彼得大帝的儿子, 326
Alembert, Jean le Rond d', 达朗伯, 让·勒隆德, 哲学家和数学家, 80, 89, 95, 309
Alfieri, Vittorio, 阿尔菲耶里, 维托里奥, 诗人, 282
Ali Khan, 阿里汗, 卡纳蒂克的纳瓦

布，556—557

Ali Muhammad Khan, 阿里·穆罕默德汗，罗希拉人的领袖，553

Ali Vardi Khan, 阿里·瓦迪汗，孟加拉的纳瓦布，553，554—556

Alliances, reversal of, 联盟的逆转，见 Diplomatic Revolution

Alva, 阿尔瓦公爵，163

America, North, 北美洲

 英法殖民和商业的竞争，21—22，512—513

 与西班牙的殖民冲突，22—23

 耶稣会传教团，497，513，530

 18世纪上半叶欧洲人的居住地，500—502，528—529

 贸易，502—503；内部的，505—507

America, North, British, 英属北美洲

 殖民地贸易制度，37—38

 人口增长，500—501，504

 佐治亚的建立和扩展，503—504，530—531

 土地所有制，504—505

 商业制造业的发展，505

 城乡贸易平衡，505—507

 宗教，507—508

 社会结构，508—510；人口，500，502；城市生活，509

 行政机构，510—511

 与法国人的商业冲突，528—529

 英法敌对行动（1740—1748年），532—534；对法国和印第安人的战争，534—540

 另见 West Indies

America, North, French, 法属北美洲，511，521，525—526

 路易斯安那的发展，503，511，526，530；伊利诺伊地区的发展，531；以皮毛和渔业为基础的经济，511—513，528—529

 行政管理，513

 和英国人的商业竞争，528—529

 英法敌对行动（1740—1748年），532—534；（1756—1763年），534—540

America, South, 南美洲

 巴拉圭的耶稣会传教团，123—124，497

 巴西：西班牙殖民地，269，288，496，498；葡萄牙殖民地，498—499，569—570

 西班牙和葡萄牙在拉普拉塔河地区的冲突，496

America, Spanish, 西属美洲，38，297，285—286

 英国的非法贸易，206—208，476，494；南海公司贸易，515—518；1739年战争，518

 行政管理不力，487—488，490—491；行政管理机构的改组，495—496；查理三世统治下的改组，499—500

 依靠地方民兵和装备低劣的战舰的保卫，489

 社会结构，491—492

 反教会的立法，492—493

 货币改革，493

 银矿开采业，493

 调节与西班牙的贸易，494—495

 耶稣会传教团，497

 建筑和观赏艺术，499

启蒙运动的影响，499

七年战争的影响，499，540

佛罗里达的殖民地，530—531，540

American Independence, War of, 美国独立战争，168, 173—174, 183

Amsterdam, 阿姆斯特丹是贸易中心，42—43

Analogy of Religion，《宗教比论》（巴特勒主教），108，136

Anda, Simon de, 安达, 西蒙·德, 菲律宾副总督, 591

Anglican Church, 英国圣公会, 见 Church of England

Anglo-Maratha commercial treaty (1793年), 英国—马拉塔商务条约 (1793年), 550

Anglo-Russian Convention (1755年), 英俄协约 (1755年), 20, 443, 446

Angola, 安哥拉, 24, 569, 574, 578

Angria, 安格里阿, 马拉塔的"海军"司令, 547, 550, 562

Anna, Tsarista, 女沙皇安娜, 14, 203, 331, 335

即位，328—329

恢复枢密院，329

通过大臣内阁会议统治，329—330

与波兰的王位继承，379—380

Anna Leopoldovna, 安娜·列奥波尔多夫娜, 不伦瑞克女公爵, 伊凡六世的摄政, 331

Anne, 安妮, 英国女王, 246

Anne Marie, 安妮·玛丽, 托斯卡纳的科西莫三世的女儿, 201

Anson, George, 安森, 乔治, 安森勋爵, 25, 519, 582, 591

Atigua, 安提瓜, 522, 523

Antilles, 法属安的列斯群岛, 35, 43

Anti-Machiavel,《反马基雅弗利》(腓特烈大帝), 308—309, 310

Antin, Antoine François d', 昂坦, 安托万·弗朗索瓦·德, 法国海军上将, 519, 520

Anton Ulrich, 安东·乌尔里希, 不伦瑞克公爵, 331

Antony of Parma, 帕尔马的安东尼, 201

Anwar-ud-din, 安瓦-乌德-丁, 卡纳蒂克的纳瓦布, 557, 560

Apprentices, 学徒, 见 Guilds, industrial

Apraksin, Stephen, 阿普拉克辛, 斯蒂芬, 俄国总司令, 333, 470

Arab traders in East Africa, 东非的阿拉伯商人, 578, 579

Arandia, 阿兰迪亚, 菲律宾总督, 591

Architecture, 建筑, 2

巴洛克风格的发展, 66—67; 修改了的路易·坎泽风格, 67—68

英国的"古典"风格, 68—69

哥特式, 69—70

在东欧, 70

广场、平台和新月形建筑的设计, 70

有插图的书籍, 81—83

在奥地利, 399

在西属美洲, 499

Arcot, 阿尔科特, 卡纳蒂克首府, 211, 556—557, 560

Argens, Jean-Baptiste d', 阿尔让, 让-巴蒂斯特, 哲学家, 89, 96

Argenson, Marc-Pierre de Voyer, comte d', 阿尔让松伯爵, 瓦耶的马克-皮埃尔, 法国陆军大臣, 141, 142, 143, 160, 224

Argenson, René-Louis de Voyer, marquis d', 阿尔让松侯爵, 瓦耶的勒内-路易, 法国政治家和经济学家, 9, 106, 218
 引用其《日记》, 102—103, 380
 作为外交大臣, 210, 228, 433, 462

Argyle, John Campbell, second duke of, 阿盖尔公爵（第二）, 约翰·坎贝尔, 247

Aristocracy 贵族, 见 Society, structure of, 社会, 结构

Armade de Barlovento, 巴洛文托的无敌舰队, 489

Armies, 军队
 西班牙的军事长官, 154
 炮兵, 167—168, 174
 下级军官无能, 171, 181
 轻步兵的演变, 173—174
 兵役和社会阶级, 175, 176—177, 181, 183—184
 纪律, 176—177, 179—180
 腓特烈大帝关心士兵, 177—178
 全国服兵役的开始, 178—179
 普鲁士军队的服役和纪律状况, 179—181, 295—296
 法国军队的组织, 181—182
 英军征兵, 183—184; 购买军职, 185—186; 晋升, 186—187; 行政管理, 258—259
 彼得大帝改革军队, 323; 安娜的改革, 330
 玛丽亚·特蕾西亚改革奥地利的军队, 410—411, 413
 国务军, 427—429
 观察部队, 469, 473
 莫卧儿军队的衰败, 542—543
 另见 Warfare, art of

Army of observation, 观察部队, 469, 473

Arnold, Gottfried, 阿诺德, 戈德弗里德, 虔信派教徒, 131

Ashanti, 阿散蒂, 非洲军事王国, 25, 567, 575

Asiatic Company, 亚细亚公司, 344

Asiento, 专卖契约, 38, 208, 278, 436, 515—516, 518, 521, 568—571

Augustus II, 奥古斯特二世, 波兰国王（腓特烈·奥古斯特一世, 萨克森选侯）, 16—17, 204—205, 390
 反对他当选, 371—372
 与维也纳条约（1719年）, 373, 389
 迫害新教徒, 374, 375—376
 努力确保萨克森继位, 377—378
 性格和成就, 378—379

Augustu III 奥古斯特三世, 波兰国王（腓特烈·奥古斯特二世, 萨克森选侯）17, 205, 418, 469
 婚姻, 373, 397
 迫害新教徒, 374—375
 继位, 379—380
 性格, 381
 未能防止政治腐败, 389—390

Aurangzeb, 奥朗则布, 莫卧儿皇帝, 23, 541—542, 543—544

迫害锡克教徒，544—545
Austria, 奥地利
　行政机构，149，399—400；文官制度的成长，155—157；财政管理，400—401，412；玛丽亚·特蕾西亚的改革，411—414
　对土耳其的战争和帕萨罗维茨条约，197，394
　"国本诏书"，200，202，204；女嗣继位，393—394，395—396；这项立法，397；有关的贸易特许权，397—398；被废除，408，416
　与伊丽莎白·法尔内塞对意大利的权利要求，200—202，283
　与俄国结盟（1726年），203
　与波兰王位继承战争，204—205
　匈牙利的妥协，391—393；但维持领土的分裂，402；行政主要由维也纳控制，402—403
　"极端巴洛克型的"文化，398—399
　国际贸易，401
　宗教：耶稣会，401—402；迫害新教徒，402
　与1735—1739年的俄土战争，407—408
　玛丽亚·特蕾西亚对军队的改革，410—411，413
　艾克斯沙佩勒会议后的外交政策，414—415；收复西里西亚计划，441—442；与法国结盟的建议，444—445，463；威斯敏斯特条约反应，450—453，460；第一次凡尔赛条约，453—456，462；与俄国的关系，456—9
　与七年战争，465—466，467；被普鲁士进攻（1757年），470—472；（1758年）473
　萨克森和西里西亚战役，474，475；法国津贴减少（1759年），475；占领萨克森，477；和平谈判，479；胡贝尔茨堡条约（1763年），483—484
　另见 Netherlands, Austrian
Austrian Succession, War of, 奥地利王位继承战争，7，9，10，18—19，209—210，310，408—410
　法国的对外政策，227—228；支持查理·艾伯特，419；受路易十五控制，426—427，429
　瑞典的参加，332，358—359
　匈牙利的军事贡献，409—410
　外交的起源，416—417
　普鲁士入侵西里西亚，417
　乔治二世的地位，417—418；420，422
　俄国最初几年按兵不动，418；提供部队（1747年），435—436
　莫尔维茨战役（1741年4月），419
　法国入侵波希米亚，420；被击退（1742年），421，423—424
　普鲁士的和平姿态（1742年），421—422，423
　荷兰人不干涉，422—423，428
　布雷斯芬预备条约，423
　西班牙干涉意大利，424—426；坎波-桑多战役，426；入侵撒丁，433—434
　英国军事行动（1743年），427；卡

特里特的外交活动，428—429

地中海海战，430；西印度群岛海战，519—520

法国入侵尼德兰（1744—1747 年）430—431，435

普鲁士入侵波希米亚（1744 年），431—432；入侵萨克森（1745 年），432

德累斯顿条约，432

英、荷在丰特内战败，432—433

和平谈判预备会议，436

艾克斯沙佩勒条约，436—439

北美洲战争，533—534

印度战争，558—559

Azam Shah 阿泽姆·沙，马尔瓦总督，544

Bach, Johann Sebastian, 巴赫，约翰·塞巴斯蒂安，作曲家，64

Badan Singh, 巴丹·辛格，贾特人的统治者，554

Baehr, George, 贝尔·乔治，建筑师，70

Bahadur Shah（Muazzam），巴哈都尔·沙（穆阿柴姆），莫卧儿皇帝，544—545

Baji Rao I，巴吉·罗一世，马拉塔的帕什瓦，548，549

Baker, Henry, 贝克，亨利，生物学家，91

Bakewell, Robert, 贝克韦尔，罗伯特，牲畜饲养人，59

Balaji Baji Rao, 巴拉吉·巴吉·罗，马拉塔的帕什瓦，555—557

Balaji Visvanath, 巴拉吉·维斯万纳特，沙胡的首相，547

Bánát, the 巴纳特，402，405—407，408

Banda, 班达，锡克教徒领袖，545，546

Bangash Pathans of Farrukhabad, 法鲁卡巴德的班加什系帕坦人，553

Bank of England, 英格兰银行，242，250—251

Bank of the Nobility in Russia, 俄国贵族银行，337，338

Bantus, 班图人，577

Barbados, 巴巴多斯，522

Barbara of Braganza, 布拉干萨家族的巴尔巴拉，西班牙女王，285

Barbeyrac, Jean, 巴尔贝拉克，让，自然法理学家，100

Barcelona Company, 巴塞罗那公司，494

Baretti, Giuseppe, 巴雷蒂，朱塞佩，作家，282

Barnett, Curtis, 巴尼特，柯蒂斯，舰队司令官，558

Barrier Treaty（1715 年），屏障条约，193，194，391

Barrington, Samuel, 巴林顿，塞缪尔，海军上将，189，522

Barrington, William, 巴林顿，威廉，巴林顿勋爵，184

Bartenstein, Johann Christoph, 巴滕施泰因，约翰·克里斯拉夫，奥地利政治家，400，412—413

Bassein, 巴塞因，葡属印度，550

Batavia（Djkarta），巴达维亚（雅加达），585，586

Bavaria，巴伐利亚
　　与波兰结盟（1732年），204；与法国结盟，205
　　与奥地利王位继承战争，209—210，408—409，418—421，424；哈瑙条约（1743年），428
　　与英国的补贴条约，443
Bayle, Pierre，培尔，皮埃尔，哲学家，85，93，98，160
Beaumont, Christophe de 博蒙，克里斯托夫·德，巴黎大主教，116，231
Beauséjour, Fort，博塞儒尔堡，534，537，538
Beccaria Cesare Bonesana，贝卡里亚，切萨雷·博内萨纳，282，283
Becker，贝克尔，财政哲学家，185
Belcher, Jonathan，贝尔彻，乔纳森，马萨诸塞总督，506
Belgrade, Treaty of（1739年），贝尔格莱德条约，205—206，387，408
Belleisle, Charles Fouquet，贝尔岛公爵，夏尔·富凯，法国元帅，9，210，227，418—419，421，424，434，453
Benbow，班鲍，海军上将，187
Benedict, XIII（Vicenzo Orsino），本尼狄克十三世（维琴佐·奥尔西诺），教皇，113，116，122，284
Benedict XIV（Prospero Lambertini），本尼迪克特十四世（普罗斯佩罗·兰贝蒂尼教皇，113，117，118—119，122—124，284，426，455
Benedictines，本笃会会员，118

Bengal，孟加拉
　　莫卧儿皇帝承认的阿里·瓦迪汗王朝，554
　　马拉塔人的入侵（1742—1751年），554—556
　　克莱武的征服，562—563
　　英国统治的巩固，565
Bengel, J. A. 本格尔，圣经学者，132
Bentley, Richard，本特利，理查德，圣经学者，118，132
Bergier，伯杰尔，耶稣会会员，117
Berkeley, George，贝克莱，乔治，克洛因主教，唯心主义哲学家，71，110，136
Berlin，柏林，316，317
Berlin, Treaty of（1745年），柏林条约，415
Bernini, Gian Lorenzo，贝尔尼尼，吉安·洛伦佐，建筑师，66
Bernis, François-Joachim de Pierre de，贝尼斯，弗朗索瓦-若阿基姆·德·皮埃尔·德，红衣主教，法国政治家，9，20，228
　　谈判法奥联盟，444—445，451—453，462—463
　　与七年战争，470，474
Bernoulli family of mathematicians，伯努利数学家家族，89，336
Bernstorff, Andreas Peter，伯恩斯托夫，安得烈亚斯·彼得，丹麦政治家，341，348—350，362
Bernstorff, Johann Hartwig Ernst，伯恩斯托夫伯爵，约翰·哈特维希·埃内斯特，丹麦政治家，341，348

索　引

Berridge, John, 贝里奇, 约翰, 福音派牧师, 139

Berruyer, Isaac, 贝里耶, 伊萨克, 耶稣会历史学家, 93, 117, 125

Bestuzhev-Ryumin, Alexander, 别斯图热夫－留明, 亚历山大, 俄国政治家, 332—333, 446, 447, 456, 458

Bevern, Frederick Francis, 贝芬, 弗里德里希·弗兰西斯, 不伦瑞布公爵, 普鲁士将军, 471

Bhaskar Pant, 巴斯克·潘特, 马拉塔将军, 555

Bibiena, Giuseppe, 比比恩纳, 朱塞佩, 建筑雕刻家, 82

Bielfeld, Jacques Fréderic, 比勒费尔德男爵, 雅克, 弗雷德里克, 旅行家, 政治哲学家, 141, 142, 143, 160, 280—281, 288

Bienville, Céléron de, 比安维尔, 塞莱隆德, 法国殖民地领袖, 535

Bigot, François, 比戈, 弗朗索瓦, 法属加拿大的殖民地长官, 537

Bingham, Joseph, 宾厄姆, 约瑟夫, 不矢忠派, 135

Biology, 生物学, 91

Black, Joseph, 布莱克, 约瑟夫, 化学家, 90

Blackstone, Sir William, 布莱克斯通爵士, 威廉, 法官, 162, 263

Bladen, Martin, 布莱登, 马丁, 贸易与移民专员, 188

Blake, Robert, 布莱克, 罗伯特, 海军上将, 163

Blénac, 布莱纳克, 海军上将, 524

Blondel, Jacques-François, 布隆代尔, 雅克－弗朗索瓦, 建筑雕刻师, 82

Boehler, Peter, 伯勒尔, 彼得, 摩拉维亚教派的信徒, 137

Boerhave, Herman, 布尔哈夫, 赫尔曼, 化学家, 90

Boers, 布尔人, 25, 576—577

Bohemia, 波希米亚, 149, 156, 39 In., 393, 399, 404

　捷克人的民族主义, 402

　行政改革, 413—414

　与奥地利王位继承战争, 420; 法国人的军事挫折, 421, 423—424; 受腓特烈大帝的侵略, 431—432

　与七年战争, 468, 469; 受腓特烈大帝的侵略, 470—471

Boileau-Despréaux, Nicolas, 布瓦洛－德普雷, 尼古拉, 诗人, 文学批评家, 72, 73, 75

Bolingbroke, Henry St John, 博林布鲁克子爵, 亨利·圣约翰, 英国政治家, 101

　政治理论, 253

Bombay, 孟买, 40, 558

Bompar, 邦帕尔, 海军上将, 523

Boroughs, English, 英国的自治市, 245, 261

Borromini, Francesco, 普罗密尼, 弗朗切斯科, 建筑师, 66

Boscawen, Edward, 博斯科恩, 爱德华, 海军上将, 476, 538, 559

Bossuet, Jacques Bénigne, 波舒哀, 雅克·贝尼涅, 特鲁瓦主教, 115,

141，142，161
Botta，博塔侯爵，奥地利驻圣彼得堡大使，332
Bouchardon，Edme，布夏东，埃德姆，雕刻家，78
Boucher，François，布歇，弗朗索瓦，画家，78
Boulainvilliers，comte de，布兰维里耶伯爵，哲学家，86，101，106，220
Boulton，Matthew，博尔顿，马修，铁器制造商，31
Bouquet，Henry，布凯，亨利，皇家美洲团队营长，173
Bourbon，Louis-Henri，波旁公爵，路易-亨利，法国政治家，200，219，227
 无能和下台，224
Braddock，Edward，布雷多克，爱德华，北美英军司令官，164，460，537
Bradley，James，布雷德利，詹姆斯，天文学家，89
Bradstreet，John，布雷兹特里特，约翰，北美洲殖民地将军，538
Brandenburg，勃兰登堡，199，465，468
 反法政策，204
 在大选帝侯统治下，292—294
 建立常备军，294
 税收，294，297，298
 鼓励移民，303
 法制改革，306—307
 农业，314—345
 丝和羊毛出口，316

俄国的侵入（1758年），474，（1760年），477
Brandenburg Company，勃兰登堡公司，568—569
Branicki，J. K. 布兰尼茨基，波兰的大盖特曼，384，385，386
Brazil，巴西
 西班牙殖民地，269，288；边界条约（1751年），496，498
 葡萄牙殖民地，498—9；与奴隶贸易，569—570
Bremen，不来梅，345，347，355
Breslau，Treaty of（1742年），布雷斯劳和约（1742年），423
Bridgewater，布里奇沃特公爵，267
Brienne，Loménie de，布里埃纳，洛梅尼·德，法国政治家，219
Bristol and the slave trade，布里斯托尔和奴隶贸易，571
Broglie，Charles-François，comte de，布罗伊伯爵，夏尔-弗朗索瓦，法国驻萨克森大使，388
Broglie，François-Marie，布罗伊公爵，弗朗索瓦-玛丽，法国元帅，421，423—424，427，474，475，477
Broglie，Victor-François，布罗伊公爵，维克托-弗朗索瓦，法国元帅，171，228
Browne，Maximilian，Von，布朗，马克西米连，康特·冯，奥地利陆军元帅，469
Bruce，James，布鲁斯，詹姆斯，探险家，579
Brue，André，布律，安德烈，塞内加

尔的法国西方公司首领，571，574

Brühl, Count Heinrich von, 布吕尔伯爵, 海因里希·冯, 萨克森首相, 381, 383—386, 388

Brunswick, 不伦瑞克, 470, 483

Buenos Aires, 布宜诺斯艾利斯, 496

Buffon, Georges-Louis Leclerc de 比封, 乔治-路易·勒克莱尔·德, 哲学家, 自然科学家, 86, 88, 89—90, 91

Bühren, Ernst Johann, 比伦, 恩斯特·约翰, 库尔兰公爵, 安娜女皇的宠臣, 329—331, 337, 379, 381, 387

Bullion, 西班牙拥有大量条金, 270

Burgoyne, John, 伯戈因, 约翰, 将军, 177, 180, 187

Burkersdorf, battle of (1762年), 布尔克斯多夫战役 (1762年), 479

Burlamaqui, J.-J., 布拉马基, 自然法理学家, 100

Burlington, Richard Boyle, 伯林顿勋爵, 理查德·博伊尔, 68, 81

Burnet, 伯内特, 北美殖民地总督, 532

Burney, Dr Charles, 伯尼博士, 查尔斯, 音乐史学家, 64, 65

Bussy-Castelnau, Charles-Joseph Patissier, 比西-卡斯特尔诺侯爵, 夏尔-约瑟夫·帕蒂西埃, 24, 560—562, 563, 564

Bute, John Stuart, 比特伯爵, 约翰·斯图尔特, 英国政治家, 23, 212, 213, 255—256, 467

拒绝向腓特烈大帝提供津贴, 480—481

和平谈判 (1762—1763年), 525—527, 540

Butler, Joseph, 巴特勒, 约瑟夫, 达勒姆主教, 108, 128, 136, 265

Buxar, battle of (1764年), 布克萨尔战役 (1764年), 565

Byng, John, 宾, 约翰, 海军上将, 164, 460

Cabinet government, 内阁政府
见 Great Britain, 政治机构

Cadogan, William Cadogan, 卡多根伯爵, 威廉·卡多根, 247

Calcutta, 加尔各答, 40, 558
"黑洞"监狱, 24, 562

Caldara, Antonio, 卡尔达拉, 安东尼奥, 作曲家, 64

Cambrai, Congress of, 康布雷会议, 199—201, 203, 283

Cambridge University, 剑桥大学, 69, 88, 108

Cameralists of the bureaus, 官僚机构中的财经专家, 158—159

Cameron, Charles, 卡梅伦, 查尔斯, 建筑师, 70

Campbell, Colin, 坎贝尔, 科林, 建筑师、作家, 81

Campbell, John, 坎贝尔, 约翰, 《美洲的西班牙帝国》作者, 487

Camperdown, battle of (1797年), 坎珀唐战役 (1797年), 187

Campillo, Don Joseph del, 坎皮略, 唐·何塞夫·德尔, 西班牙政治

家,286,287,492
Campo-Santo, battle of(1743年),坎波-桑多战役(1743年),426
Canada,加拿大
　见America, North, French
Canals,运河,267,316,319
Cantillon, Richard,坎特龙,里夏尔,银行家和经济学家,48,92
Canton,广州,581—585
Cape Breton,布雷顿角,210,433,436,512,521,559
　另见Louisbourg
Cape of Good Hope, Dutch settlement at,好望角,荷兰殖民地,576
Caps.,便帽党,见Sweden条
Caracas Company,加拉加斯公司,494—495
Carlos, Don,卡洛斯,唐,见CharlesⅢ,西班牙国王
Carmer, Johann,卡默尔,约翰,普鲁士首相,317
Carnatic, the,卡纳蒂克
　马拉塔人入侵,556—557
　王位继承斗争(1748年),560—561
　英法在卡纳蒂克的战争,563
Caroline,卡罗琳,英国女王,10,253
Carr, John,卡尔,约翰,建筑师,69
Carracci, Agostino and Annibale,卡拉齐(兄弟)阿戈斯蒂诺和安尼巴莱,画家,77
Cartagena,卡塔赫纳,489,519
Carteret, John, Lord Carteret (Lord Granville),卡特里特,约翰,卡特里特勋爵,格兰维尔勋爵,英

国政治家,200,251,253—254,422,427—430
Carvajal y Lancaster, Don José de,卡瓦哈尔-兰卡斯特,唐·何塞·德,西班牙政治家,285—287
Cary, John,卡里,约翰,商人,47
Catchpoole, Allen,卡奇普尔,艾伦,英国驻中国领事,581
Cathcart, Lord,卡思卡特勋爵,海军上将,519
CatherineⅠ,叶卡捷琳娜一世,女沙皇,14,15,203,212,326—327,347,583
CatherineⅡ,叶卡捷琳娜二世,女沙皇(昂哈尔特-策布斯特的索菲娅·奥古斯特公主),14,16,143,458—459
　婚姻,333
　推翻彼得三世,334—335,350,386,389,479
　与丹麦和解,350
Céléron de Bienville,塞莱隆·德比安维尔,法国殖民地领袖,535
Cellamare, Antonio Ciudice,塞拉马雷,安东尼奥·朱迪西,西班牙驻法大使,193,198,227
Ceramic industry,陶器工业,31
Chambers, Sir William,钱伯斯爵士,威廉,建筑师,69,81,83
Chamcelier, office of,大法官法庭,218
Chanda Sahib,昌达·沙依布,卡纳蒂克的纳瓦布,556—557,560
Chandernagore,克莱武攻占昌德纳戈尔,563
Chardin, Jean Baptiste Siméon,夏尔

丹，让·巴蒂斯特·西梅翁，画
家，79
Charles Ⅵ，查理六世，皇帝，17—
18，64，191，199，209，227，
310，346
在帕萨罗维茨和土耳其人签订和
约，197
确认英国、法国和西班牙的王位继
承，198，394—395
与"国本诏书"，200，393—394，
395—396，397—398，416
伊丽莎白·法尔内塞对意大利的权
利要求，200—202
和匈牙利和解，391—393
宫廷文化，398—399
迫害新教徒，402，403
去世，408，416
Charles Ⅶ，查理七世，皇帝（巴伐利
亚的查理·阿尔贝特），397
要求继承查理六世，408，409，
416—417，419
当选皇帝（1742年），421
军事行动，420，424
放弃哈瑙条约中的权利，428
进犯巴伐利亚并去世（1745年），
431
Charles Ⅱ，查理二世，英国国王，152
Charles Ⅱ，查理二世，西班牙国王，
269，275，488，489
Charles Ⅲ（Don Carlos），查理三世，
（唐·卡洛斯），西班牙和两西西
里国王，19，122，201，205，
211，213，276，282，424，438，
476，525
取得帕尔马公爵领地，202

在那不勒斯和西西里进行社会和教
会改革，283—284
在西班牙的改革，287—288；在殖
民帝国，499—500
另见 Elizabeth Farnese，对意大利的
权利要求
Charles Ⅻ，查理十二，瑞典国王，
13，15，16，143，195，374
去世，197，198，339，351
Charles Albert，查理·阿尔贝特，巴
伐利亚选侯，见 Charles Ⅶ，Emperor
Charles Edward，查理·爱德华，小王
位觊觎者，254，382，430，433
Charles Emmanuel Ⅲ，查理·伊曼纽
尔三世，撒丁国王，425—426，
429，433—434，436，438
Charles of Lorraine，洛林的查理，奥
地利将军和尼德兰总督，411，
427，428，431，435，470
Châtelet, Mme de，夏特莱夫人，88
Chatham，查塔姆伯爵，见 Pitt, William
Chauvelin, Germain-Louis de，肖夫兰，
热尔曼·路易·德，法国政治
家，225，227
Chernyshev, Count Zachary，车尔尼雪
夫伯爵，俄国政治家，390
Chétardie，谢塔尔迪侯爵，法国驻圣
彼得堡大使，331
Chile，智利，496
Ch'ien Lung，乾隆，中国皇帝，582
China，中国
和西方贸易，26，40，580；英国东
印度公司的冒险事业，581，583；

控制广州的外贸，581—582；欧洲各国商团，583—584
耶稣会传教团，123，580—581
不信任外国人，584—585
印度的中国经纪人和包税商，587—588
中国商人在菲律宾，590；被驱逐，591；取消驱逐令，592
Chmielowski, B., 季米洛夫斯基，波兰百科全书编纂者，370
Choiseul, Étienne-François, 舒瓦瑟尔公爵，艾蒂安·弗朗索瓦，法国政治家，9，21，36，219，579
军事改革，182
与七年战争，211—212，228，388，474；计划入侵英国，475—476，523；和平谈判，481—483，525—527
Chotek, Count Rudolph Christian, 肖特克伯爵，鲁道夫·克里斯蒂安，奥地利首相，412
Christian Brothers, 公教弟兄会，126
Christian Ⅵ, 克里斯蒂安六世，丹麦国王，341—342，343
外交政策，347—348
Christian Ⅶ, 克里斯蒂安七世，丹麦国王，342，350
Churaman, 朱拉曼, 贾特人游击领袖，554
Church, Eastern Orthodox, 东正教会，321，325，335
Church of England, 英国国教，87
欧洲新教领袖，126—127
和世俗政府的关系，127—130
不信奉国教者，128—129，133

新教统一运动，133—135
正统的和拒绝宣誓信奉国教的礼拜仪式，135—136
缺乏传教热情，136
福音派运动的开始，139—140
与维持社会秩序，245—246
公会议闭会（1717年），249
Church, Lutheran, 路德教，130—131，134，135，306，374，507
Church, Protestant, 新教，51
神秘的倾向，109
英国国教在新教中的地位，126—127；不信奉国教者，128—129，133
德国的经过改革的教会和路德教，130—131；虔敬派教徒，131
基督教重新统一计划，133—135
摩拉维亚兄弟会的成立，136—138
卫理公会运动开始，137—139
法国迫害新教徒，232—233；杜波兰，374—376；在奥地利，402；在匈牙利，403
Church, Roman Catholic, 罗马天主教
贵族占有教会的高等职位，51，229
启蒙运动时期耶稣会的教义，108—109；学术和文献批评的传统，118；迫害和镇压耶稣会，123—126
对西班牙社会结构的巨大影响，271—273；遭立法的反对，492—493
在那不勒斯王国的奢华，281
意大利各地的教会改革，283—284
在葡萄牙的势力，288—289

在波兰迫害新教徒，374—376；在奥地利，402；在匈牙利，403

另见 Jansenist movement；Jesuits

Civil service，文官制度

文官的社会地位，62—63

文官制国家，159

成长和发展：在法国，153—154；在西班牙，154—155；在普鲁士，155，303—305；在奥地利，155—157；在匈牙利，157，在德意志，158—159，在英国，259—260

Clarke，Samuel，克拉克，塞缪尔，阿里乌斯派神学学者，132，133

Claude Lorrain（Gelée），克劳德·洛兰（热莱），画家，77，79，82

Clavell，John，克拉维尔，约翰，科林伍德在特拉法尔加海战中的副官，190

Clement XI（Giovanni Francesco Albani），克雷芒十一世（乔瓦尼·弗朗切斯科·阿尔巴尼），教皇，113—115，123，284

Clement XII（Lorenzo Corsini），克雷芒十二世（洛伦佐·科尔西尼），教皇，113，122，124，284

Clement XIII（Carlo Rezonnico），克雷芒十三世（卡洛·雷佐尼科），教皇，113，125，126，284

Clement XIV（Giovanni Vincenzo Antonio Ganganelli），克雷芒十四世（乔瓦尼·温琴佐·安东尼奥·甘加内利），教皇，126

Clinton，George，克林顿，乔治，北美殖民地总督，532

Clive，Robert，克莱武勋爵，罗伯特·克莱武，41，265，560，562—565

Coal，煤

早期工业使用，29

产量迅速增大，32

法国采煤工业，237—238

Cobham，Lord，科巴姆勋爵，253

Cocceji，Samuel von，科策伊，萨穆埃尔·冯，普鲁士首席法官，306，317

Coen，Jan Pieterzoon，科恩，然·及埃特佐恩，印度尼西亚的荷兰人领袖，585，589

Coetsee，Jacobus，科埃特塞，雅科布斯，南非的荷兰开拓者，577

Coffee，咖啡

生产，26，585—587

贸易，33，34，40

Coffee house，咖啡馆，70—71

Coffin，Charles，科芬，查尔斯，赞美诗作者，118—119

Co-hong，公行

见 Hong Merchants

Coke，Thomas William，科克，托马斯·威廉，莱斯特伯爵，政客，农场主，59

Colbert，Jean-Baptiste，柯尔贝尔，让-巴蒂斯特，塞涅莱侯爵，法国政治家，33—34，41，214，218，238

Collier，Jeremy，科利尔，杰里米，不矢忠派，74

Collins，Anthony，柯林斯，安尼尼，自由思想家，85，132

Collins, William, 柯林斯, 威廉, 诗人, 77

Commerce, 商业。见 Trade and commerce

Campagnie des Indes, 印度公司（法国）见 East India Company (French)

Company of the West (French), 西方公司（法国）, 570—571

Condillac, 孔狄亚克教士, 哲学家, 87, 95, 110

Confederation of the Six Nations, （印第安）六部族联盟, 531—533

Conflans, 孔弗朗, 法国海军司令, 476

Congregationalists, 公理宗, 507—508

Conscription, military and naval, 征兵, 陆军和海军, 178—179, 182

海军军籍登记, 179, 183

强征入伍, 179, 184—185

Constantinople, Treaty of (1720年), 君士坦丁堡条约（1720年）, 377

Consulado of Seville and Cadiz, 塞维利亚和加的斯商会, 494—495

Conti, Antonio, 孔蒂, 安东尼奥, 科学家, 89

Conti, François-Louis de Bourbon, 孔蒂亲王, 弗朗索瓦-路易·德·波旁, 228, 371—372, 384, 388

Cook, James, 库克, 詹姆斯, 航海家, 187

Coote, General Sir Eyre, 库特爵士, 艾尔, 将军, 41, 563

Copenhagen, 哥本哈根, 贸易特权, 344—345

Coram Thomas, 科拉姆, 托马斯, 商人, 慈善家, 266

Cordara, 科尔达拉, 历史学家, 113

Cornwallis, Charles, 康华里斯, 查尔斯, 康沃利斯勋爵, 188, 534

Corny, Here de, 科尔尼, 埃雷·德, 建筑师, 68

Corregidores, 地方长官, 490—491

Cortona, 科尔托纳, 建筑师, 66

Coscia, 科西亚, 红衣主教, 284

Cosimo III, 科西莫三世, 托斯卡纳大公, 201, 281

Cossacks, 哥萨克人, 175, 318, 322, 323

Cotton, Sir John Hynde, 科顿, 约翰·海因德爵士, 英国政治家, 254

Cotton trade, 棉花贸易, 40, 41—42, 495

Courland, 库尔兰, 373

Cracow, 克拉科夫, 波兰, 369, 372

克拉科夫大学, 370

Creoles, 克里奥尔人, 491—492, 495, 500

Croatia, 克罗地亚, 393, 401

Cuba, 古巴, 499, 527

Culloden, battle of (1746年), 克洛顿战役（1746年）, 254, 435

Cumberland, William Augustus, duke of, 坎伯兰公爵, 威廉·奥古斯塔斯, 20, 186, 440

与奥地利王位继承战争, 432, 435

与七年战争, 469—470

Currency, 货币

法国货币, 237

波兰货币, 370, 386

西班牙货币，493

北美洲的纸币，506—507

印度货币，545

Customs duties，关税，见 Trade and commerce

Czartoryski, Prince A. A.，恰尔托雷斯基亲王，A. A.，378

Czartoryski family，恰尔托雷斯基家族，17，371，378—379，380，382—387，390

Czernicheff，车尔尼切夫，俄国将军，477

Dahomey，达荷美，非洲军事王国，25，567，575

Damaji Gaikwar，达马吉·盖克瓦，马拉塔游击队领袖，549

Damien, Jean-François，达米尔，让-弗朗索瓦，企图谋杀路易十五，125

Dance, George，丹斯，乔治，建筑师，69

Danzig，但泽，波兰，368—369，380

Darby, Abraham，达比·亚伯拉罕，和炼铁，267

Darjes，达耶斯，经济哲学家，158

Daun, Count Leopold，道恩伯爵，利奥波德，奥地利陆军元帅，470，474—475，477，479

Deacon, Thomas，迪肯，托马斯，不矢忠派，135

Decker, Mattew，德克尔，马修，经济学家，46—47

Decker, Paul，德克尔，保罗，建筑师，69，81

Defoe, Daniel，笛福，丹尼尔，作家，59，71，73

Delhi，德里，遭迪纳尔沙的洗劫，552；遭阿哈马德沙·杜兰尼的洗劫，564

Delisle, Joseph，德利尔，约瑟夫，地理学家，336

Demark，丹麦，15—16，355

社会结构：贵族，52，54，341；农民，55；商人，341

君主的权力，142—143，340—341，345

北方大战后的和解，339—340

和瑞典的和约（1720年），198—199，346

与西班牙结盟，286

行政机构，341—342

土地改革和改进耕作法，342—354

和挪威经济结成一体，344—345

外交政策：对石勒苏益格-荷尔斯泰因，345—347；对瑞典，348—349，360—362；对俄国，349—350；

"交换"，350

与奴隶贸易，568—569

Descartes, René，笛卡儿，勒内，哲学家，88，94，96

Desfontaines, Pierre-François，德方丹，皮埃尔-弗朗索瓦，哲学家和评论家，106

Deshima，出岛，荷兰人在长崎港的居留地，579—580

Dettingen, battle of（1743年），德廷根战役，（1743年），427，428

Diderot, Denis，狄德罗，德尼，哲学

家，85—86，91，96，97，103，110

Dinwiddie, Robert, 丁威迪，罗伯特，弗吉尼亚总督，535，537

Diplomatic Revolution, 外交大变动（联盟关系的逆转），7，18，19—20，211，414—415，538

艾克斯拉沙佩勒条约后的英奥关系，440，442—443

考尼茨的关于与法国结盟的计划，441—442；贝尼斯和斯塔勒姆贝格的谈判，444—445

英国与俄国的资助条约，20—443，446；与圣彼得堡协议，447—448

英普关系，445—449；与威斯敏斯特协定，449—450，461

法、奥对威斯敏斯特协议的反应，450—453；第一次凡尔赛条约，453—456

俄国对威斯敏斯特协议的反应，332—333，456—459

与七年战争的爆发，461—464，466，468

Dissenters, 不信奉国教者（英国）新教，128—129，133，246

辉格党人让步，248

Dithmar, 迪特马尔，经济哲学家，158

Doddridge, Philip, 多德里奇，菲利普，不从国教派的神学学者，128，133

Dohna, Christoph von, 多纳，克里斯托夫·冯，普鲁士将军，474

Dolgoruky family, 多尔戈鲁基家族，326—328

Domina Palatii Regina Libertas, 《自由、女王及宫殿主妇》，371

Douglas, Chevalier, 道格拉斯，薛瓦利埃，456，458

Downing, Sir George, 唐宁爵士，乔治，驻海牙大使，46

Dresden, Treaty of (1745年), 德累斯顿条约（1745年），210，211，388，410，432，437，449

Du Barry, Marie-Jeanne Gomard de Vaubernier, 迪巴里伯爵夫人，玛丽-让娜·马尔·沃贝尼埃，226

Dubois, Guillaume, Abbe, 杜布瓦，纪尧姆，神父，法国政治家，192，194—195，197，198，200，218，227

Duclos, Charles Pinot, 杜克洛，夏尔·皮诺，哲学家，97，110

Dumas, Benoit, 杜马，贝诺瓦，本地治理总督，41，557

Duncan, Adam, 邓肯，亚当，坎珀唐子爵，187

Dunkirk, 敦刻尔克，海军基地，192

Dunton, John, 邓顿，约翰，书商，政治记者，71

Du Pin, L. E., 迪潘，路·埃，詹森派学者，115，118，122

Dupleix, Joseph, 杜布雷，约瑟夫，法属印度总督，41，558—562

Duquesne de Menneville, 迪凯纳·德梅内维尔侯爵，北美法国总督，535

Duquesne, Fort, 迪凯纳堡，535，537，538—539

Durai Sarai, Convention of (1738年) 图兰萨兰协定（1738年），549

索　引

Dutch East Indies, 荷属东印度群岛, 26, 40—41, 576
　咖啡生产, 585—587
　荷兰势力扩张, 587
　压迫和屠杀中国"中间人", 587—588
　中国包税商, 588
Dutch Republic, 荷兰共和国
　见 Holland

East India Company (British), 东印度公司 (英国), 40—41, 48, 265, 558
　与南海泡沫公司, 250—251
　与中国的贸易, 581, 583; 公司对洪仁辉的待遇, 584
East India Company (Danish), 东印度公司 (丹麦), 558
East India Company (Dutch), 东印度公司 (荷兰), 26, 40—41, 558
　在南非, 576—577
　与印度尼西亚咖啡生产, 585—586
　走向破产, 588—589
East India Company (French), 东印度公司 (法国), 34, 41, 223, 513, 558
　财政弱点, 561
East India Company (Swedish), 东印度公司 (瑞典), 356, 364, 558
East Indies, 东印度群岛
　荷兰势力, 40—41, 585—589
　与七年战争, 525
　另见 Dutch East Indies
East Prussia, 东普鲁士, 293, 297, 468

俄国入侵 (1757 年), 470; (1758 年), 473—474
East and West Trading Company, 东西方贸易公司, 397
Economic thought, 经济思想, 92—93, 103—104
Education, 教育, 107—108
　在英国, 128, 265—266
　在普鲁士, 306
　在俄国, 325—326, 335—336
　在波兰, 370, 371
　另见 Universities
Edwards, Jonathan, 爱德华兹, 乔纳森, 公理会牧师, 109, 110, 508
Eichhorn, J. S., 艾科恩, J. S., 圣经评论家, 133
Eisen, C., 艾森, 雕刻家, 83
Elizabeth, 叶利扎维塔, 女沙皇, 14, 16, 21, 143, 212
　即位, 331—332
　给贵族的特权, 334, 336
　与教会, 335
　财政改革, 337—338
　与奥地利王位继承战争, 358—360
　对威斯敏斯特条约的反应, 332—333, 456—459
　与七年战争的反应, 467, 478
Elizabeth Farnese, 伊丽莎白·法尔内塞, 西班牙王后, 6, 11, 19, 对意大利的权利要求, 196—198, 199, 205, 209, 269, 277, 282—283
El Pardo, Convention of (1739 年), 埃尔帕多协定 (1739 年), 518
Encyclopédie,《百科全书》, 85—86,

92,95,102,106
Engraving,雕刻,82—83
Enlightenment,知识界启蒙运动,3,
    307,308,371—381,499
  自然神论的论争,85—86
  宗教信仰自由的衰落,87,229,233
  对形而上学思想的攻击,87—88
  科学的普及,88
  牛顿物理学的影响,88—89
  向经验主义发展,89—90
  化学的进展,90
  生物学的展望,91
  社会科学,91—93
  历史和历史哲学,93—95
  心理学,95—97
  享乐主义,97
  理性的功利主义,97—98
  先天的伦理感,98;伦理感是理性
    的规律,98—99
  政治思想,99—103
  经济思想,103—104
  乐观主义,104—105
  朝着完美发展的概念,105
  思想的传布,105—107
  教育制度,107—108
  宗教的正统,108—109
  哲学思想的归纳,110—111
  人道精神和科学经验主义的出
    现,112
Ensenada, Zeno Somodevilla, marquis de
    la,恩塞纳达侯爵,塞诺·索摩
    德维拉,西班牙政治家,287
Entail Law of Peter the Great(1714
    年),彼得大帝的继承法(1714
    年),14,323;被废除(1730

年),330
Erlach, Fischer von,埃拉赫,菲舍
    尔·冯,建筑师,69,81,399
Ernesti, J. A.,埃内斯蒂,J. A.,圣
    经评论家,133
Escorial, Treaty of the(1733年),埃
    斯科里亚尔条约(1733年),205
Espen, Zeegers van,埃斯本,齐格
    斯·范,教会法规学家,119,
    121,122
Espirit des Lois(Montesquieu)孟德斯
    鸠著《论法的精神》,3,75,
    86,92,102,141,162,336
Estrées, Louis-Charles-César, duc de,
    埃特雷公爵,路易-夏尔-塞扎
    尔,法国元帅,469
Ethiopia,埃塞俄比亚,579
Eugene Francis,欧根·弗兰西斯,萨
    瓦-卡莱格南亲王,18,391,
    397,400,402,407
Euler, Leonard,欧拉,莱奥纳德,数
    学家,89
Evangelical movement in the Church of
    England,英国教会中的福音派运
    动,139—140;北美的福音派运
    动,508
Ex omnibus,教皇本尼迪克特十四世
    的通谕,117,232

Falconet, Etienne Maurice,法内康涅,
    艾蒂安·莫里斯,雕刻家,79
Family Compact(1761年),家族契约
    (1761年),479,482—483,
    523—524,540
Farinelli(Carlo Broschi),法里内利

（卡洛·布罗斯基），意大利歌唱家，285
Farming，耕作技术，见 Agriculture
Farrukh-siyar，法鲁克－西耶尔，莫卧儿王朝皇帝，546，557
Febronianism，弗布朗尼乌斯主义，87，121—122
Febronius，弗布朗尼乌斯
见 Hontheim，Nicholas von
Fénelon，François，费奈隆，弗朗索瓦，哲学家，73，75，76，101，103，109，220
Ferdinand Ⅵ，费迪南德六世，西班牙国王，276，285—286，435，438
Ferdinand，Prince，of Brunswick，不伦瑞克的费迪南德亲王，467，473，474，475，477—478
Fermor，Count William，弗莫尔伯爵，威廉，俄国将军，473—474
Fick of Holstein，荷尔斯泰因的菲克，324
Fielding，Henry，菲尔丁，亨利，小说家，75
Figureido，A.P.，菲古雷多，A.P.，教会法规法学家，124—125
Finale，Italy，菲纳莱，意大利，425，429
Finck，芬克，普鲁士将军，475
Finland，芬兰，16，57，211，339—340
　被俄国占领（1742 年），359—361
FitzHugh，Thomas，菲茨休，托马斯；东印度驻中国代表，583
Fiume，Italy，阜姆，意大利，401，463

Fletcher，John Willaim，弗莱彻，约翰·威廉，福音派神学学者，139
Fleury，André-Hercule，弗勒里红衣主教，安德烈－埃居尔，法国政治家，8，36，106，116，200，219，331，379
　对西班牙的和解政策，202，519
　对俄国力量提出警告，205
　与奥地利王位继承战争，210，227—228，416—417，424
　财政和内政的治理，224—226，237
　宗教上的温和态度，230，231
Fleury，Claude，弗勒里，克洛德，法国天主教自主派学者，118
Flint，James，洪仁辉，东印度公司驻中国代表，583—584
Flitcroft，Henry，弗利特克罗夫特，亨利，建筑师，69，81
Florida，佛罗里达的西班牙殖民地，530—531，540
Fontainebleau，Treaties of：枫丹白露条约：（1743 年），209；（1762 年），213
Fontenelle，Bernard le Bovier de，丰特奈尔，贝尔纳·勒博维埃·德，哲学家，73，88
Fontenoy，battle of（1745 年），丰特努瓦战役（1745 年），432
Forbes，Joseph，福布斯，约瑟夫，美国将军，538
Formey，Jean-Louis-Samuel，福尔梅，让－路易－萨米埃尔，哲学家，105
Fouquet，富凯，普鲁士将军，477
Fox，Henry，Lord Holland，福克斯勋

爵，亨利，霍兰，英国政治
家，254
Fragonard, Jean Honoré, 弗拉戈纳尔，
让·奥诺雷，画家，78
France, 法国
 贸易与工商业：与英国竞争，6—
 7，11，18，21—22，24，36—39；
 吨位统计，28—29；工业发展和
 组织，30—31，237—239；重商
 主义的调节政策，33—35；进出
 口平衡失调，35；因海军力量薄
 弱而受挫，36，46，435；在印度
 的商业利益，40—41；（另见East
 India Company, Franch），在地中
 海东部地区，41—42；垄断公司
 受抨击，48；迅速扩大，237；与
 西属美洲的贸易，516—517；奴
 隶贸易，570—571
 税收，8，53；盐务税，150，216，
 222；人头税和其他直接税，151，
 221—222；关税，216；二十分之
 一税，234
 社会结构：贵族，50—51，55，
 235；农民，53；资产阶级，61，
 236；法国对整个社会的影响，
 63；人口，214—215，237；路易
 十五当政时期的变化，235—237
 建筑：巴洛克式，67；路易十五
 式，67—68；市镇房屋，70；建
 筑插图书籍，82
 文学：讽刺文学，72—74；戏剧，
 75；小说，75—76
 绘画、雕塑、雕刻，78—79，83
 启蒙运动：自然神论的论争，85—
 86；对形而上学的抨击，87—88；

 科学的普及，88；牛顿物理学的
 影响，88—89；社会科学，92—
 93；历史研究，93—94；感觉心
 理学，96；社会伦理学，98；自
 然法则法理学家，100；对英国
 宪法的赞美，101—103，160—
 162；经济思想，103—104；启蒙
 思想的传播，105—107；教育制
 度，107—108；正统宗教观点，
 108—109；哲学思想综述，
 110—112
 宗教：关于"克雷芒通谕"的论
 战，114—117，122—123，230—
 231；宗教学者，118，对耶稣会
 教士的镇压，125—126，233；高
 级教士的财富和低级教士的贫
 困，229；里歇主义，229，231—
 232；对胡格诺教派的迫害，
 232—233，302
 君主政体，142，214—215，219；
 负全责而无全权，220；受挫于
 宗教的论争，229—233；受挫于
 财政不稳定，233—235；受挫于
 法国社会的变化，239—240
 行政管理机构，145—146，215—
 217；司法行政，152—153，218，
 220；文官制度的发展，153—
 154；各种委员会的治理，217—
 218；大臣间钩心斗角，218—
 219，224—225，226—227；这种
 制度的弱点，220—221；财经管
 理，220，223—224，225，237—
 238（另见税收条）
 战争，陆战与海战：常规性质，
 163—165；陆军军官无能为力，

171，181；陆军服役的建制状况，181—182；海军服役的建制和状况，183；海军力量日益增长，447；1759年的败仗，476

乌得勒支条约以后联盟的体系，192—195，197—198

与西班牙的关系（1723—1725年），200—202；1793年的英西战争，209，416

与波兰王位继承战争，204—205，380—381

与奥地利王位继承战争，210，408；外交政策，227—228，416—417，426—427，429；对查理·阿尔贝特的支持，419；入侵波希米亚，420；军事上的挫折（1742年），421，423—424；（1743年），427；入侵尼德兰（1744年），430—431，432—433，435；早期和平谈判，436；艾克斯拉沙佩勒条约，436—439；在西印度群岛的战争，519—520

与外交大变动，210—211；考尼茨的结盟建议，441—442；贝尼斯和斯勒姆贝格间的谈判，444—445，463；对威斯敏斯特协定的反应，450—453，460—461；第一次凡尔赛条约，453—456，459—460

与七年战争，211—213；英国陆上和海上的进攻，467；对汉诺威的进攻（1757年），469—470；在罗斯巴赫的失败，471；法军受到英国观察部队的遏制，473；在克雷费尔德的失败（1758年），

474；1759年的战役，475；入侵英国的计划，475—476；与家族契约，481—483；巴黎条约，483；"不体面的和平"，485；在美洲的战争，521—528，536—540

在印度：英法竞争的增长，553，558；杜布雷在印度建立帝国的企图，559—560；他失败的原因，561—562

法国在马达加斯加的殖民地，578—579

另见 America, North, French; Jansenist movement

Francis Stephen of Lorraine，洛林的弗兰西斯·斯蒂芬，玛丽亚·特蕾西亚的丈夫，209，283，398，402—403，408，416，417，454

当选皇帝，410，432，438

波希米亚的共同摄政，421

Francke, August Herman，弗兰克，奥古斯特·赫尔曼，虔诚派教徒，131

Frankfort, League of，法兰克福联盟，431

Franklin, Benjamin，富兰克林，本杰明，85，107，509

联邦计划，536

Frederick Ⅳ，腓特烈四世，丹麦国王，341—342

外交政策，345—347

Frederick Ⅴ，腓特烈五世，丹麦国王，342，343

外交政策，348—349

Frederick William，腓特烈·威廉，勃

兰登堡选侯（大选侯），11，
　292—293, 298, 302, 568
Frederick William Ⅰ, 腓特烈·威廉一
　世, 普鲁士国王, 11—12, 56,
　134, 569
　行政改革, 148, 150, 155; 财政管
　　理, 296—299
　文官制度, 298—300; 工业基尔特
　　的行政改革, 300—302, 文官制
　　度的改革, 303—305; 司法小改
　　革, 306—307
　对普鲁士成为强国的贡献, 203—
　　204, 294—295
　建立普鲁士军队, 295—296,
　　305—306
　鼓励移民, 302—303
　宗教政策, 306
　对儿子的教育, 307
　对波兰的政策, 389
　性格和成就, 308, 310
Frederick Ⅱ the Great, 腓特烈大帝,
　普鲁士国王, 12—13, 18—19,
　20—21, 56, 62—63, 64, 107
　宗教上的信仰自由, 135, 455
　行政改革, 148—149, 158; 指派法
　　国的税收承包人, 313; 建立政
　　府专职部门, 313—314; 建立中
　　央司法制度, 317
　与战争艺术, 165, 169, 176, 317;
　　战略思想, 171—173, 468—469,
　　472; 对军队的关心, 177—178;
　　征兵制度和军纪, 179—181
　作为王储, 307
　性格和能力, 308—310
　政治哲学, 310—311

"从国王的内阁进行统治", 311—
　312
农业改革, 314—315
工业改革, 315—316
鼓励国内外贸易, 316—317
与奥地利王位继承战争, 209—210,
　310; 入侵西里西亚, 408, 417;
　在马尔维茨击败奥国军队, 419;
　取得尼斯和下西里西亚, 420;
　和平的愿望（1742年）, 421—
　422, 423; 沃尔姆斯条约后决心
　进攻奥地利, 429; 入侵波希米
　亚, 431—432; 赢得霍恩弗里德
　堡并入侵萨克森, 432; 与艾克
　斯拉沙佩勒条约, 436—437
外交大变革: 与英国的关系,
　446—469; 与威斯敏斯特协定,
　449—450, 460—461; 撕毁与法
　国的联盟, 450—453, 461
与七年战争, 212—213, 363, 386,
　415; 进攻萨克森, 464, 465; 他
　的高明战略, 568—569; 入侵波
　希米亚（1757年）, 470—471;
　在罗斯巴赫打败法国人, 471,
　在洛伊特恩打败奥地利人,
　471—472; 1757年的伤亡, 473;
　在佐恩多夫打败俄国人（1758
　年）, 474; 萨克森和西里西亚战
　役（1758年）, 474; 1759年的失
　败, 475; 托尔高的胜利,（1760
　年）, 477; 与彼得三世的和约,
　478—479; 失去了英国的补贴,
　480—481; 与胡贝尔茨堡条约
　（1763年）, 483—484
与波兰的王位继承, 376—378,

383，388—390
Frederick Ⅰ，腓特烈一世，瑞典国王，346，351—352，362
  接受1720年宪法中有限权力，352
  外交政策，355
Frederick Augustus Ⅰ，腓特烈·奥古斯特一世，萨克森选侯。
  见 Augustus Ⅱ，King of Poland
Frederick，腓特烈，丹麦王储，360
Frederick，弗雷德里克，英国王储，10，253，440
Freemasonry，共济会纲领，106
Freiberg, battle of（1762年），弗赖贝格战役（1762年），479
Frelinghuysen, Theodore，弗里林海森，特奥多尔，荷兰新教牧师，508
French and Indian War，法国和印第安人的战争，534—540
Fréron, Elie，弗雷隆，埃利，哲学家，108
Freylingshausen, A.，弗赖林斯豪森，A.，虔诚派教徒，131
Fronde, the，投石党运动，99，101，227
Frontenac, Fort，弗隆特纳克堡，538—539
Fuchs, Paul von，富克斯，保罗·冯，普鲁士政治家，312
Fur trade，皮毛贸易，503，505，511—513，528，532，540
Fux, Johann Joseph，富克斯，约翰·约瑟夫，作曲家，64

Gages, Jean Bonaventure Dumont, Count，加吉斯伯爵，琼·博纳文图·杜豪，西班牙将军，426，433—434
Gainsborough, Thomas，盖恩斯巴勒，托马斯，画家，51，79
Galiani, Abbé，加利亚尼神父，经济学家，92，282
Galicia Company，加利西亚公司，494
Galileo's *Dialogo*，伽利略的《对话》，89
Galland, Antoine，加朗德，安托万，作家，73
Galvez, Don Bernado，加尔维斯，堂·贝尔纳多，路易斯安那的西班牙总督，496
Gandon, James，甘登，詹姆斯，建筑学作家，81
Gasser，加塞，财政哲学家，158
Gaulli, Giovanni Battista，高利，乔瓦尼·巴蒂斯塔，画家，77
Gay, John，盖伊，约翰，作家，75，103
Gazette de Hollande，荷兰公报，107
Gelée, Claude，热莱，克洛德，见 Claude Lorrain 条
Gemelli-Careri，杰梅利-卡雷里，意大利旅行家，542
General Trading Company，贸易总公司，344
Geneva, constitution of the city，日内瓦市宪法，100
Genoa, Italy，热那亚，意大利，425，429，433
  1747年围城，434
Gentleman's Magazine，《绅士杂志》，69
Geology，地质学，91

George Ⅰ，乔治一世，英国国王，4，134，199，247，355
　与1716年的英法条约，194—195
　与彼得大帝的关系，196，347
George Ⅱ，乔治二世，英国国王，212，253，447—448
　性格，255
　与1745年詹姆斯党的叛乱，254
　与奥地利王位继承战争，417—418，420，423，424；统帅英国军队，427；日益不得人心，430
　与七年战争，466，469—470
George Ⅲ，乔治三世，英国国王，59，540
　重振王权的努力，144，255—256
　对波兰的态度，386
Georgia，佐治亚，518
　建立和发展，503—504，530—531
Gerard, Alexander，杰勒德，亚历山大，哲学家，80
Germany，德国
　社会结构：农民，54；贵族，55；中产阶级，60，61—62；德国音乐对整个社会的影响，64—65
　建筑，66—67，69—70
　政治哲学，99—100，101，110
　路德教和新教，130—131，134，135
　宗教学术的发展，132—133
　行政管理机构，158—159
　美洲的德国移民，501—502
　见所属各邦条
Ghazi-ud-din and the succession in the Deccan，伽齐-乌德-丁和在德干的继承斗争，560
Ghisolfi, Giovanni，吉索尔菲，乔瓦尼，画家，82
Giannone, Pietro，詹农，彼得罗，律师，120—122
Gibbon, Edward，吉本，爱德华，历史学家，93，118，120
Gibbs, James，吉布斯，詹姆斯，建筑师，68—69，81
Gibraltar，直布罗陀
　西班牙对美国占领的不满，199，201，209，435；被围困（1729年），202
Giornale（Scipione Maffei），《日报》（希皮奥内·马费伊），107
Giovanni Gaston，乔瓦尼·加斯东，托斯卡纳大公，201
Glen，格伦，英国殖民地总督，537
Gluck, Christoph Willibald von，格卢克，克里斯托夫·维利巴尔德·冯，64
Gmelin, Johann，格梅林，约翰，博物学家，336
Godeheu，戈德厄，法属印度总督，562
Geortz, Count George Henrik，格尔茨伯爵，乔治·亨里克，瑞典政治家，195，196，197，351，373
Geothe, Johann Wolfgang von，歌德，约翰·华尔夫冈·冯，308
Goguet, A. Y.，戈凯，A. Y. 自然法理学家，100
Golitsyn, Prince Alexis，戈利钦，阿列克赛亲王，俄国驻英大使，483
Golitsyn, Prince Dmitry，戈利钦，季米特里亲王，俄国政治家，328—329
Golitsyn family，戈利钦家族，

326—328

Gourney, Vincent, de, 古尔内, 樊尚德, 经济学家, 48

Govind Singh, 哥宾德·辛格, 锡克教祖师, 544—545

Grandes Remonstrances（1753 年）, 大抗议书, 231—232

Granville, Lord, 格兰维尔勋爵。见 Carteret 条

Grassalkovich, 格拉沙尔科维奇, 匈牙利大法官, 409

Gravelot, Hubert François, 格拉夫洛, 于贝尔·弗朗索瓦, 雕刻家, 83

Gravina, Gianvincenzo, 格拉维纳, 詹温琴佐, 自然法法理学家, 94, 100

Great Britain, 英国

贸易与商业: 与法国竞争, 6—7, 11, 18, 21—22, 24, 36—39; 吨位统计, 28—29; 与技术发展和工业改组有关的贸易, 29—31; 用于贸易与工业发展的资金, 31—32, 43—44; 重商主义的政策, 32—33, 46—47; 海军力量是发展必不可少的, 33, 39, 45—46, 192; 在印度的商业利益, 40—41（又见 East India Company, British 条）; 在地中海东部地区, 41—42; 垄断公司受抨击, 47—48; 商务条约, 192; 与西班牙美洲的贸易, 206—208, 515—518; 十八世纪的贸易平衡, 241, 266; 国内贸易与交通, 242—243; 与西班牙的通商条约（1750 年）, 286; 奴隶贸易, 571—573; 与中国的贸易, 581—584

税收, 9, 52—53, 151, 152, 252, 260

社会结构: 贵族与农民间的关系, 52—53, 243; 贵族在政治上的作用, 58; 重商主义的中产阶级的出现, 58—59; 职业阶层的出现, 60—61, 265; 人口, 241, 266—267; 乡绅, 243—245; 教育制度, 265—266

建筑: "古典式", 68—69; 哥特式, 69; 城镇住宅, 70; 带有插图的建筑书籍, 81—82

文学: 报刊, 71—72; 讽刺文学, 73—74; 戏剧, 74—75; 小说, 75; "伤感"诗歌, 76—77

绘画, 79

启蒙运动: 关于自然神论的论争, 85—86; 牛顿物理学的影响, 88—89; 感觉心理学, 95; 社会伦理, 98; 政治思想, 101

法国赞美的政治机构, 101—103, 160—162; 经济思想, 103; 伯克莱的理想主义, 110

政治机构: 在法国受到赞美, 101—103, 160—162; 自治城市, 245; 辉格党和托利党的区别, 246—247; 行政与司法间的关系, 256—257; 内阁政府的开始, 257—259; 国务秘书职务, 259; 闲职, 259; 宪法和上院的作用, 260; 和下院的作用, 260—261; 皇室, 261—262

英国教会: 欧洲新教教会的领袖,

126—127；与世俗政府的关系，127—130；圣经学术研究，132；新教联合运动，133—135；正统的与非效忠派的礼拜仪式，135—136；福音会运动的开始，139—140；与社会秩序的维护，245—246；公会议闭会（1717年），249

君权政体，142，144；汉诺威家族的继位，247；实际权力，256—257；国王的否决权，260

行政机构，146；司法管理，157—158，243—244，257，260，262—265；自由的扩大和权力的分开，160—162，264；财政管理，242，250—251，252，260；文官制度的发展，259—260；专业行为准则的产生，265

作战军事：规则和条例，163—165；战略，173—174；官兵之间缺乏信任，176；征兵，178，183—184；买卖官职，185—186，晋升率，186—187

作战海军：规则和条例，163—165；海军优先政策，173；战略，174；官兵间缺乏信任，176—177；人道的影响，178；征兵，179，184—185；庇护和晋升，187—189；军官的资格，189—190

乌得勒支条约以后的结盟体系，192—195，197—198

与瑞典和俄国的关系（1716年），196；（1719—1720年），198—199；（1727年），203，347

与占领直布罗陀，199，201

与西班牙的战争（1739年），209，416，518—519

与奥地利王位继承战争，209—210，416；乔治二世的地位，417—418，420，423，424；卡特里特的军事和外交计划，422—423，428—429；乔治二世时期的军事行动（1743年），427；乔治二世日益不得人心，430；土伦的海战，430；丰特努瓦战役的失败（1745年），432—433；初步和谈，436；艾克斯拉沙佩勒条约，436—439；西印度群岛的战争，519—520

与外交大变革，210—211；英奥关系缺乏诚意，440，442—443；对俄国的补贴条约，443，446，458；圣彼得堡协定，447—448；与普鲁士的关系，445—449；与威斯敏斯特协定，449—450，459—461

与七年战争，211—213；防御条约的义务造成的困境，446—447；哈斯滕贝克的失败和克洛斯特塞文协定（1757年），469—470；观测陆军的加强，472—473；舒瓦瑟尔的入侵英国的计划，475—476；使用武装私掠船，476—477；比特停止对弗里德里希的补贴，480—481；与家族契约，482—483；巴黎条约（1763年），483，486；为了保证恢复普鲁士现状而牺牲殖民地利益，484；美洲的战争，521—528，536—540

在印度，550，555；英法间贸易竞争的增大，553，558；贸易使团，557；与杜布雷的斗争，561—562；克莱武在孟加拉的胜利，562—563；英国统治的巩固，565

又见 America, North, British 条；Bank of England 条；Dissenters 条；Jacobites 条；National Debt 条和 Sinking Fund 条。

Great Elector, the 大选侯见 Frederick William, elector of Brandenburg 条

Greuze, Jean Baptiste, 格勒兹，让·巴蒂斯特，画家，78

Grimaldi, marquis de, 格里马尔迪侯爵，西班牙政治家，212

Grimm, Baron, 格里姆男爵，107

Grodno, Diet of（1718年），格罗德诺议会（1718年），373

Gross Jägersdorf, Battle of（1757年），大耶格斯多夫战役（1757年），333，470

Grotius, Hugues, 格罗齐乌斯，胡格斯，政治哲学家，99—101

Grumbkow, General von, 冯·格鲁姆巴科将军，普鲁士政治家，378

Guadeloupe, 瓜德罗普岛，522，523，526，527，540

Guadja Trudo, 瓜贾·特鲁多达，荷兰国王，575

Guatemala, 危地马拉，496，499

Guilds, industrial, 工业行会
　法国，238
　西班牙，270
　普鲁士，300—302，315
　俄国，321

波兰，369

Gustavus Ⅱ Adolphus, 古斯塔夫斯二世，阿道尔夫斯，瑞典国王，144—145

Gustavus Ⅲ, 古斯塔夫斯三世，瑞典国王，349，350，352，362

Haddock, Nicholas, 哈多克，尼古拉斯，海军上将，209，518

Hague, The, Treaty of（1720年），海牙条约（1720年），395

Haider Ali, 赫德尔·阿里，迈索尔统治者，565

Haiti, 海地，527

Halifax, Nova Scotia, 哈里法克斯·新斯科舍，534

Halley, Edmund, 哈雷，爱德蒙，天文学家，89

Hamann, Johann Georg, 哈曼，约翰·格奥尔格，哲学家，109

Hamburg, 汉堡，43

Hamburg, Treaty of（1762年），汉堡条约（1762年），479

Hamilton, Alexander, Lieut.-Col., 汉密尔顿中校，阿历山大，168

Hanau, Treaty of（1743年），哈瑙条约（1743年），428

Handel, George Frederick, 韩德尔，格奥尔格·弗雷德里克，作曲家，64，65

Hanover, 汉诺威，203，204
　对梅克伦堡的军事占领，198—199
　与奥地利王位继承战争，418，420，422
　与外交大变革，443，447—

448，452

与七年战争，466，469—470，478，483

Hanway, Jonas, 汉韦，乔纳斯，旅行家，慈善家，189，266

Hardouin, 阿杜安，让，耶稣会历史学家，93，118，125

Hardouin-Mansart, Jules, 阿杜安－芒萨尔，朱尔，建筑师，67

Hardwicke, Philip Yorke, earl of, 哈德韦克伯爵，菲利浦·约克，大法官，129，163，256，263—264，265

Harrach, Count Ferdinand, 哈拉克伯爵，斐迪南德，奥地利驻伦巴第总督，411，413

Harrison, Samuel, 哈里森，塞缪尔，东印度公司驻中国代表，583

Hartley, David, 哈特利，戴维，哲学家，96

Harvey, Sir John, 哈维爵士，约翰，海军上将，188

Hastenbeck, battle of (1757年), 哈斯滕贝克战役 (1757年), 164, 469

Hastings, Warren, 黑斯廷斯，华伦，印度总督，565

Hat Act (1732年), 制帽条例 (1732年), 505

Hats. 礼帽党，见 Sweden 条

Haugwitz, Count Ludwig, 豪格维茨伯爵，路德维希，波希米亚和奥地利首相，412—413，422

Havana；哈瓦那 213，483，499，519，524—525，540

Havana Company, 哈瓦那公司，494

Hawke, Edward, Lord Hawke, 霍克勋爵，爱德华，海军上将，187—188，189，476，539

Hawksmoor, Nicholas, 霍克斯穆尔，尼古拉斯，建筑师，68

Helvétius, Claude-Adrien, 爱尔维修，克洛德－阿德里安，哲学家，86，95，96，97—98，122

Henday, Anthony, 亨德，安东尼，513

Henry IV, 亨利四世，法国国王，145

Herring, Thomas, 赫林，托马斯，坎特伯雷大主教，127，133

Hesse, Prince William of, 黑森的威廉亲王，瑞典王位的候选人，360

Hicks, George, 希克斯，乔治，不矢忠派，135

Hindustanis, 印度斯坦人，545

History, historians of the Enlightemment, 启蒙运动史的史学家，93—95

Hoadley, Benjamin, 霍德利，本杰明，班戈主教，87，129，249

Hoche, Lazare, 奥什，拉扎尔，入侵爱尔兰 (1796年), 182

Hochkirch, battle of (1758年), 霍赫基尔希战役 (1758年), 169, 474

Hodgson, Studholme, 霍奇森，斯塔德霍姆，少将，171

Hogarth, William, 贺加斯，威廉，画家，75，79—80

Hohenfriedberg, battle of (1745年), 霍恩弗里德贝格战役 (1745年), 432

Holbach, Paul-Henri d', 霍尔巴赫，

保罗－亨利·德，哲学家，86，117
Holderness, Robert D'Arcy, 霍尔德内斯勋爵, 罗伯特·达西, 450
Holker, John, 霍尔克, 约翰, 詹姆斯党人, 法国工业品总监, 30, 237
Holland (the Dutch Republic), 荷兰（荷兰共和国）见 Netherlands United 条和 Provinces of the 条
Holstein-Gottorp, Adolphus Frederick, duke of, 荷尔施泰因－戈托尔普公爵, 阿道夫·腓特烈, 见 Adolphus Frederick, king of Sweden 条
Holstein-Gottorp, Charles Frederick, duke of, 荷尔施泰因－戈托尔普公爵, 查理·腓特烈, 15, 203, 212, 346—347, 351—352, 355—356
Holstein-Gottorp, Charles Peter Ulrich, 荷尔施泰因－戈托尔普公爵, 查理·彼得·乌尔里希。见 Peter Ⅲ, Tsar
Holstein-Gottorp, family of, 荷尔施泰因－戈托尔普家族, 15
Holzbauer, 霍尔茨鲍尔, 作曲家, 65
Honduras, 洪都拉斯, 伐木业, 211, 286, 476, 515, 518, 521; 与西班牙的协议, 527
"Hong Merchants", "行商", 581—583
Hontheim, Johann Nicholas von, 霍恩泰因, 约翰·尼古拉·冯, 特里尔副主教（弗布朗尼乌斯）, 87, 121, 125
Hood, Alexander, 胡德, 亚历山大, 188
Hood, Samuel, 胡德子爵, 塞缪尔·胡德, 海军上将, 174, 188
Horn, Count Arvid Berhard, 霍恩伯爵, 阿维德·伯恩哈德, 瑞典政治家, 15, 347, 351, 352
　与贵族特权, 354
　外交政策, 355, 356
　与黑森人和荷尔施泰因人的关系, 355—356
　便帽党领袖, 356
　被礼帽党击败, 357
Hornigke, von, 霍尼希克, 冯, 财政哲学家, 158
Hottentots, 霍屯督人, 577
Howe, Richard, Lord Howe, 豪勋爵, 理查德·豪, 海军上将, 178, 188
Hoym, 霍伊姆, 西里西亚的普鲁士大臣, 312
Hubertusburg, Treaty of (1763年), 胡贝图斯堡条约（1763年）, 213, 415, 483—484
Hubner, Martin, 许布纳, 马丁, 自然法法理学家, 丹麦人, 100
Hudson's Bay Company, 哈得孙湾公司, 48, 512—513
Huguenots, 胡格诺教派
　丝织工人, 30, 59
　对胡格诺派的迫害, 232—233; 在普鲁士受欢迎, 302
　在美国, 501
Hume, David, 休姆, 戴维, 哲学家, 48, 49, 61, 91, 93, 96, 98, 101, 103, 110

Hungary，匈牙利

　　社会结构；农民，53—54，393；贵族，56—57，392—393，403—404；中产阶级，62

　　行政机构，157，391，396；司法管理，397；基本上受维也纳控制，402—403

　　索特马尔条约后与奥地利和解，391—393

　　税收，393，403—404

　　与奥地利由女性继承王位，393—394，395—396；玛丽亚·特蕾西亚的让步，408—410，411—412

　　把土耳其人赶走（1717—1718年），394

　　查理六世维持领土分割现状，402

　　宗教：天主教为国教，403；新教无能为力，403

　　人口增长，404—407

　　与奥地利王位继承战争，409—410；支持玛丽亚·特蕾西亚，421—422

Huntingdon, Selina，亨廷顿伯爵夫人，塞利纳，137，139

Hutcheson, Francis，哈奇森，弗朗西斯，哲学家，98，101，103，110

Hutton, Matthew，赫顿，马修，坎特伯雷大主教，127

Hyderabad，海得拉巴，548，553, 564

Hyndford, Lord，海因德福德勋爵，英国派驻腓特烈大帝的使节，420，423

Illinois District，伊利诺伊地区，法国人居留地，531

Indemnity Acts，赔偿法，248

India，印度，23—24，40—41

　　莫卧儿帝国效率的衰落，541—543

　　行政机构，543；设有长子继承规定，543—544

　　巴哈都尔沙即位，544

　　锡克族叛乱（1709年），544—545

　　巴哈都尔沙的脆弱统治，545

　　宫廷中图兰派和伊朗派间的斗争，545—546，548

　　西瓦吉奇统治下的马拉塔，546；

　　沙胡统治时期，547；马拉塔对外侵略的动机，547—548；马拉塔对德干的权利要求，548—549；对马尔瓦和古吉拉特的劫掠，549；对锡迪斯和葡属领土的袭击，550；入侵孟加拉，554—556；入侵卡纳蒂克，556—557；被阿哈马德沙·杜兰尼逐出印度西北部，563—565

　　纳迪尔·沙阿的入侵，550—552

　　"省区政权"的兴起，553—557；罗希拉力量的扩大，553—554

　　贾特人起义，554

　　欧洲贸易使团，557—558；贸易公司，558

　　英法战争（1744—1748年），558—559；（1756—1760年），563

　　法国建立印度帝国的尝试，559—560

　　德干和卡纳蒂克的继位斗争，(1748—1750年)，560—561

　　英国征服孟加拉，562—563；英国统治的巩固，565

　　又见 Bengal 条和 Carnatic 条

Indians in North America,北美的印第安人,503,512—513
    英法两国竞相与之进行贸易,529,531
    耶稣会传教士,530
    六邦联盟,531—533
    与法国人和印第安人的战争,534—540

Indigo trade,靛蓝颜料贸易,34,35,41,495,502

Indonesia,印度尼西亚,见 East Indies 条

Industrial organisation,工业组织"家庭"体制,30—31,315
    工厂体制的开端,31
    用于扩展的资本,31—32,237,267
    在法国,34,237—239
    力量大到足以向政府政策挑战,49;罢工,238—239
    在普鲁士,300—302,315—316
    又见 Guilds, industrial 条

Innocent XIII(Michele Angelo Conti),英诺森十三世,(米凯莱·安杰格·孔蒂),教皇,113

Insurance, marine,海上保险,44

Intendants,总督,153—155,159,215—217,220,235—236,513

Irish artisans in Spain,西班牙的爱尔兰工匠,286—287

Iron Act(1750 年),制铁条例(1750 年),505

Iron production,生铁生产,30,38,242,267,318—319,338,505

Iroquois Indians. 易路魁印第安人。见 Confederation of the Six Nations 条

Italy,意大利,59,63
    音乐传统,64,281
    建筑,66,281;建筑雕刻,82—83
    绘画,77—78
    科学思想的传播,89
    维科的历史哲学,94—95
    意大利的罗马天主教教会:反教皇和反教士的传统,120;矫饰和奢侈,281—282;改革开始,283—284
    伊丽莎白·法尔内塞的权利要求,196—198;199—202,205,269,277,282—283
    比勒费尔德对意大利的描述,280—281
    社会结构:贫富悬殊,281;贵族,282
    与奥地利王位继承战争,424—426,433—434,437—438
    又见所属各邦条

Ivan VI,伊凡六世,沙皇,203,331

Jablonski, Daniel Ernst,雅布隆斯基,丹尼尔·恩斯特,摩拉维亚主教,134

Jacobites,詹姆斯党人,194,196,197,237
    1715 年起义,247—248
    1745 年起义,254,433
    移居美洲,501

Jagat Seths,查伽特·塞思家族,印度银行家,554

Jahandar Shah,贾汗达·沙,莫卧儿皇帝,546,557

Jahangir,贾汗季,莫卧儿皇帝,541,

542，544
Jamaica，牙买加，514，516，520，524
James, Bartholomew，詹姆斯，巴塞洛缪，海军少将，188
James Francis Edward Stuart，詹姆斯·弗朗西斯·爱德华·斯图亚特，威尔士亲王（詹姆斯三世，"老觊觎王位者"），194
James, John，詹姆斯，约翰，建筑师，68—69，81
Jansenist movement，詹森主义运动，109，229
　　与"克雷芒通谕"，114—115，123，230—231
　　得救预定论，116—117；与摈弃理性和精神自由，117—118
　　下级僧侣和俗人的热忱，231—232
Japan，日本，579—580
Jats，贾特人，554
Jaucourt, Louis de，德若古，路易，政治哲学家，102
Jenkins, Captain Robert，詹金斯舰长，罗伯特，518
Jenkins' Ear, war of，詹金斯的耳朵战争，25，38，209，416，518—519
Jenyns, Soame，詹宁斯，索姆，政治家，97
Jesuits，耶稣会教士，108，284，306
　　与自然法则和超自然真理之间的笛卡尔主义两重性，109
　　学术成就，118
　　政治重要性日益减少，122—123
　　传教团：中国，123，580—581；巴拉圭，123—124，497；西印度群岛，233；北美，497，513，530

葡萄牙持敌视态度，123—124；被逐出葡萄牙，124—125，290—291
在法国被取缔，125—126，233
最后解体（1773年），126
在波兰，370，371，375—376
在奥地利，401—402
西班牙持敌视态度，493
Jews，犹太人，欧洲城市中的犹太人住区，60
在波兰的地位，366，369，372
John V，约翰五世，葡萄牙国王，288，290
Johnson, Samuel，约翰逊，塞缪尔，美国唯心主义哲学家，110
Johnson, Samuel，约翰逊，塞缪尔，作家，71，105，135，184
Johnson, William，约翰逊，威廉，与美洲印第安人进行贸易的商人，532
Jombert，戎巴尔，建筑雕刻家，82
Jones, Inigo，琼斯，英尼戈，建筑师，68，70
Jones, John，琼斯，约翰，天主教基督精神协会创始人，133
Joseph Ⅰ，约瑟夫一世，皇帝，391，392，393
Joseph Ⅱ，约瑟夫二世，皇帝，122，283，409，484
Joseph Ⅰ，约瑟夫一世，葡萄牙国王，123，124，290
Joseph of Saxe-Hildburghausen，萨克斯-希尔德堡豪森的约瑟夫亲王，奥地利陆军统帅，471
Journal de Trevoux，《特雷武报》，106，

108

Journals and newspapers, 期刊和报纸, 71—72, 106—107

Journeymen, 工匠。见 Guilds industrial 条

Jouveney, Joseph de, 儒旺西, 约瑟夫·德, 耶稣会神父, 108

Juan, Don Jorge, 胡安, 唐·豪尔赫, 西班牙海军上将和经济学家, 279, 286, 487—488, 491—492

Justi, 尤斯蒂, 财政哲学家, 158—159

Justice, administration of, 司法行政管理

 法国, 152, 3, 218, 220

 英国, 157—158, 243—244, 257, 260; 权力分立, 162; 法院, 262—265

 意大利, 283—284

 普鲁士, 306—307, 317

 俄国, 324—325

 波兰, 367—368, 384

 匈牙利, 397

 奥地利, 413

 英属北美洲, 511

 中国人的概念, 585

Juvara, Filippo, 尤瓦拉, 菲利波, 建筑雕刻家, 82

Kam Bakhsh, 卡姆·巴克什, 比贾普尔总督, 544

K'ang Hsi, 康熙, 中国皇帝, 580—581

Kantemir, Antioch, 康捷米尔, 安蒂奥克, 俄国诗人和外交家, 329

Karnal, battle of (1739年), 卡纳尔战役 (1793年), 552

Katte, Hans Hermann von, 卡特, 汉斯·赫尔曼·冯, 普鲁士军官, 307

Kaunitz, Wenzel Anton, Prince von, 考尼茨亲王, 文策尔·安东·冯, 奥地利政治家, 19—20, 122, 212

 外交政策, 412, 414—415; 收复西里西亚计划, 441—442; 保卫尼德兰的计划, 443—444; 对威斯敏斯特条约的反应, 451—453, 460; 第一个凡尔赛条约, 454—455, 461; 与俄国的关系, 457—459

Kay, John, 凯, 约翰, 英国发明家, 30, 267

Kempenfelt, 肯彭费尔特, 187, 188

Kent, William, 肯特, 威廉, 建筑师, 81

Keppel, Augustus, Lord Keppel, 凯佩尔勋爵, 奥古斯特, 凯佩尔, 海军上将, 188

Ketelaar, 凯特拉尔, 荷兰驻贾汗达沙宫廷大使, 557

Kip, Johannes, 基普, 约翰内斯, 雕刻师, 81

Klein-Schnellendorf, Convention of (1741年), 克莱因-施内伦多夫协定, 420

Klopstock, Friedrich Gottlieb, 克洛卜施托克, 弗里德里希·戈特利布, 哲学家, 109

Kloster-Camp, battle, of (1760年),

克洛斯特－坎普战役（1760年），
    478
Kloster-Seven, Convention of （1757
    年），克洛斯特·塞文条约
    （1757年），470；被废除，472
Kneller, Sir Godfrey, 内勒爵士, 戈弗
    雷, 画家, 79
Knobelsdorf, Johann-Georg-Wenceslas-
    von, 克诺贝尔斯多夫, 约翰－格
    奥尔格－文策斯拉斯冯, 建筑
    师, 69
Knowles, Charles, 诺尔斯, 查尔斯,
    海军上将, 183
Knyphausen Baron Dodo Heinrich von,
    克尼福森男爵, 多多·海因里
    希·冯, 普鲁士驻巴黎大使, 461
Kolin, battle of（1757年），科林战役
    （1757年），470—471；伤
    亡，473
Konarski, Stanislav, 科纳尔斯基, 斯
    坦尼斯瓦夫, 波兰政治哲学
    家, 371
Königsegg, Lothaire Joseph Georg,
    Count von, 柯尼希泽格伯爵,
    冯·洛塔尔·约瑟夫·格奥尔
    格, 奥地利陆军司令, 408
Kroszka, battle of（1739年），克罗兹
    卡战役（1739年），408
Kunersdorf, battle of（1759年），库纳
    斯多夫战役（1759年），475
Küster, Theodore, 屈斯特尔, 特奥多
    尔, 学者, 118

La Bourdonnais, 拉布尔多内, 法国海
    军上将, 558—559
Labrador fisheries, 拉布拉多渔场, 34
La Clue, 拉克吕, 法国海军司令, 476
La Demoiselle, 拉德穆瓦塞尔, 迈阿
    密的印第安部落酋长, 535
La Fontaine, Jean de, 拉丰丹, 让, 作
    家, 72
La Galisoniére, 控加利索尼埃, 北美
    洲法国殖民地总督, 535, 537
Lagos, battle of（1759年），拉古什战
    役（1759年），476
Lagrange, Joseph-Louis, 拉格朗日,
    约瑟夫－路易, 数学家, 89
Lally, Thomas, 拉利, 托马, 法派驻
    印度殖民地的将军, 563, 564
Lamb, R., Sergeant, 兰姆, R., 中
    士, 174
La Mettrie, Julien de, 拉美特利朱利
    安, 哲学家, 86, 96, 97
La Mina, marquis de, 拉·米纳侯爵,
    西班牙将军, 434
La Mothe le Vayer, François, 拉莫
    特·勒瓦耶, 弗朗索瓦, 历史学
    家, 93
Lancret, Nicolas, 朗克雷, 尼古拉,
    画家, 78
Landshut, battle of（1760年），兰茨
    胡特战役（1760年），21, 477
Langley, Batty, 兰利, 巴蒂, 建筑
    师, 69
Largillière, Jean Raoul de, 拉日利埃,
    让·拉乌尔·德, 画家, 78
La Rochefoucauld, François, duc de,
    拉罗什富科公爵, 弗朗索瓦, 作
    家, 72
Lauffeldt, battle of（1747年），洛费尔

特战役（1747 年），435
Launay, de，德·劳奈，普鲁士收税官，313
Lavalette, Père，拉瓦莱特，佩尔，西印度群岛的耶稣会布道团长，125, 233
La Vèrendrye，拉韦朗德里，法国殖民领袖，513
Law, Jacques-François，劳，雅克-弗朗索瓦，特利支诺波利的法军司令，560
Law, John，劳里斯顿的劳，约翰，8, 34, 41, 145, 530
  信贷的理论，223
  他的体制的垮台，223—224, 355, 558
  与奴隶贸易，570
Law, William，劳，威廉，新教神学家，109, 136, 137
Lawrence, Stringer，劳伦斯，斯特林格，将军，560
Le Blond, A.-J.-B.，勒布隆，建筑师，70
Le Brun, Charles，勒布朗，夏尔，画家，78
Le Brun, Pierre，勒布伦，皮埃尔，耶稣会学者，118
Leclerc, Jean，勒克莱尔，让，哲学家和批评家，107
Le Courayer，库勒雷尔，巴黎圣热纳维埃夫修道院院长，116
Lehwaldt, Hans von，勒瓦尔特，汉斯·冯，普鲁士军队总司令，470
Leibniz, Gottfried Wilhelm，莱布尼兹，戈特弗里德·威廉，哲学家，

99—100, 104—105, 110, 123, 324
Leipzig fairs，莱比锡博览会，60
Le Loutre，勒卢特尔，耶稣会传教士，513, 530, 534
Lenoir，勒努瓦，法属印度殖民地总督，41
Lely, Sir Peter，莱利爵士，彼得，画家，79
Lenglet du Fresnoy, P. N.，朗格莱·迪弗雷努瓦，P. N.，历史学家，93
Le Notre，勒诺特尔，园艺美化家，67
Leopold Ⅰ，利奥波德一世，皇帝（汉诺威选侯），158
Leopold Ⅱ，利奥波德二世，皇帝（托斯卡纳大公），62, 283, 391, 395—396
Leopold of Anhalt Dessau，安哈尔特德治的列奥波德，174, 296
Le Sage, Alain-René，勒萨日，阿莱因-勃内，作家，76
Leslie, Charles，莱斯利，夏尔，不矢忠派，129
Lestocq, Armand，莱斯托克，阿尔芒，叶利扎维塔女皇的御医，331—332
Leszczynski, Stanislas，莱什琴斯基，斯坦尼斯瓦夫。见 Stanislas Leszczynski
Le Tellier，勒泰利耶，耶稣会神父，114, 230
Lettres de cachet，密扎，219
Lettres philosophiqes (Voltaire)，《哲学书简》（伏尔泰），3, 102

Leuthen, battle of (1757年), 洛易顿战役 (1757年), 471—472; 伤亡, 473
Levant, the, 黎凡特, 地中海东部诸国通称, 英法在该地区的商业利益, 41—42
Levant Company, 黎凡特公司, 48
Le Vau, Louis, 勒沃, 路, 67
Leyrit, de, 莱里特, 德, 本地治理总督, 562
Libel and sedition, 诽谤和煽动, 264—265
Liegnitz, battle of (1760年), 利格尼茨战役 (1760年), 21, 477
Lima, Peru, 利马, 秘鲁, 499
Lindsey, Theophilus, 林赛, 西奥菲勒斯, 神学家, 133
Linnaeus, Carolus, 林奈, 卡洛拉斯, 瑞典博物学家, 3, 90, 358
Lisbon earthquake (1755年), 里斯本地震 (1755年), 104, 123
Literature, 文学
  报刊文学, 71—72
  讽刺文学, 71—74
  戏剧, 74—75
  小说, 75—76
  "伤感"诗歌, 75—77
  亲教信仰的辅助读物, 370—371
Lithuania, 立陶宛, 365, 366, 368, 384
  迫害新教徒, 374, 375
  七年战争中被俄国占领, 385
Liverpool and the slave trade, 利物浦与奴隶贸易, 571, 572, 573
Livestock, trade in, 牲畜贸易, 242

Livonia, 利沃尼亚, 373, 377, 379
Locke, John, 洛克, 约翰, 哲学家, 48
  感觉论心理学, 3, 94—95
  欢乐论心理学, 97
  政治思想, 99—100, 103, 130, 160—162, 264—265
  宗教思想, 131
Loewenwolde, Count Carl, 勒文沃尔德伯爵, 卡尔, 俄国驻柏林大使, 377
Loewenwolde, Treaty of (1732年), 勒文沃尔德条约 (1732年), 205
Lombardy, 伦巴第, 408, 411
London, 伦敦
  广场和街道的规划, 70
  咖啡馆, 70—71
  作为贸易中心, 241—242
  贫民情况, 266
London Gazette, 《伦敦报》, 71
Lopukhina, Natalia, 洛普基娜, 纳塔莉亚, 被指控为反对叶利扎维塔女皇的共谋者, 332
Loudoun, John Campbell, fourth earl of, 劳杜恩伯爵 (第四代), 约翰·坎贝尔, 164, 473, 477—478
Louis XIV, 路易十四, 法国国王, 5, 7—8, 101, 115, 141, 146, 153
  与《克雷芒通谕》, 114, 230
  与乌得勒支条约, 192—193
  与君主制的状况, 214, 239—240
  宫廷, 219—220
  迫害新教徒, 232—233
  对西班牙复兴的影响, 276
Louis XV, 路易十五, 法国国王, 9,

索　引

116，125，142，146，212

即位（1715年），193，220

婚姻，201

性格，226—227，426

对法国外交政策的影响，227—228，380，388；希望与奥地利结盟，444；第一次凡尔赛条约，450—453，455

与耶稣会的论争，230—233；同情耶稣会，233

财政困难，234—235

与奥地利王位继承战争，417，426—427，429；率领法军入侵尼德兰（1744年），431；与艾克斯拉沙佩尔条约，438—439

Louisa Ulrika，路易莎·乌尔丽卡，瑞典国王阿道夫·腓特烈的王后，361—362

Louisbourg, fortress of，路易斯堡，529，533—534，538—539，559

Louisiana，路易斯安那，503，511，526，540

法国人开发，530

Lowth, Robert，洛思，罗伯特，希伯来语教授，133

Lully, Jean-Baptiste，吕利，让-巴蒂斯特，作曲家，64

Lyttelton, Sir Thomas，列特尔顿爵士，托马斯，188

Macanaz, M. de，马卡纳斯，M.德，《西班牙的遗嘱》的作者，488

Machault d'Arnouville, Jean-Baptiste de，马肖尔·达尔诺维尔，让·巴蒂斯特·德，法国政治家，9，445，462，财政政策，231，234

McCulloch, Henry，麦卡洛克，亨利，伦敦商人，504

Madagascar，马达加斯加，578—579

Maderno, Carlo，马代尔诺，卡洛，建筑师，66

Madras，马德拉斯，22，24，40，210，557

被杜布雷攻占，558—559，562

Maffei, Scipione，马费伊，希皮奥尔，新闻记者，107

Magyars，马扎尔人，406，421

Maillebois, Jean-Baptiste-François Desmarets, Marquis de，马耶布瓦侯爵，让-巴蒂斯特-弗朗索瓦·德马雷，法国元帅，423—424，433—434

Maine, Anne-Louise-Bénédicte de Bourbon, duchess of，曼恩公爵夫人，安娜·路易丝·贝内迪克特·德波旁，277

Maine, Louis-August de Bourbon, duke of，曼恩公爵，路易奥古斯特·德波旁，227

Mainville，曼维尔，印度的法国军官，561

Malagrida，马拉格里达，耶稣会布道团传教士，123，124

Malaria in Italy，意大利疟疾流行，281

Malesherbes, Chrétien-Guillaume de Lamoignon，马尔塞布，克雷蒂安-纪尧姆，德·拉穆瓦尼翁，法国政治家，86

Malhar Rao Holkar，马尔哈·罗，荷尔卡，马拉塔游击队领袖，549

Malthus, Thomas Robert, 马尔萨斯, 托马斯·罗伯特, 政治经济学家, 128

Mandeville, Bernard, 曼德维尔, 贝尔纳, 诗人, 97

Manifesto on the Release of the Nobility (1762 年) of Peter Ⅲ, 彼得三世的"贵族解放宣言"(1762 年), 334

Manila, 马尼拉, 483, 525, 540, 589—592

Mannheim, 曼海姆, 65

Mansfield, Sir James, 曼斯菲尔德爵士, 詹姆斯, 大法官, 264

Mar, John Erskine, earl of, 马尔伯爵, 约翰·厄斯金, 247

Marathas, 马拉塔人, 23—24, 541—542
  西瓦吉的统治, 546
  沙胡时期力量得到巩固, 547
  攻城略地的动机, 547—548
  对德干地区的权利要求, 548—549
  对马尔瓦和古吉拉特的劫掠, 549
  对西迪人和葡萄牙领地的进攻, 550
  入侵孟加拉(1742—1751 年), 554—556; 入侵卡纳蒂克地区, 556—557
  被阿哈马德沙·杜兰尼逐出印度西北部, 563—565

Maria Amalia, 玛丽亚·阿玛利亚, 巴伐利亚的查理·阿伯特(查理七世)的妻子, 397

Maria Josepha, 玛丽亚·约瑟夫, 波兰国王奥古斯特三世的王后, 373

Maria Theresa, 玛丽亚·特蕾西亚, 女皇, 18, 19, 20, 54, 56—57, 63, 142, 395
  婚姻, 398
  即位和加冕, 408—409; 对匈牙利人的让步, 409—410, 411—412
  对君主制的观点, 410
  行政改革, 149, 152, 155—156, 411—414
  军队的改革, 410—411, 413
  与奥地利王位继承战争(见该条), 209—210, 310, 408—410, 416—439
  艾克斯拉沙佩勒条约后的外交政策, 414—415; 希望与法国结盟, 444, 445; 对威斯敏斯特条约的反应, 451—453, 460; 对第一次凡尔赛条约的看法, 455, 461

Marianne, 玛丽安, 查理六世的幼女, 395, 411

Marie-Antoinette, 玛丽·安托瓦内特, 法国王后, 229

Marie Leszczyńska, 玛丽·莱什琴斯卡, 法国王后, 201, 205, 225, 380

Marie Louise of Savoy, 萨瓦的玛丽·路易丝, 西班牙王后, 276

Marivaux, Pierre de, 马里沃, 皮埃尔, 德, 作家, 76

Marot, Daniel, 马罗, 达尼埃尔, 建筑师, 81

Martinez de Arizala, Pedro, 马丁内斯·德阿里萨拉, 佩德罗, 马尼拉大主教, 591

Martinique, 马提尼克岛, 213, 521—524, 526, 527, 540

索引

Mathematics, mathematical thought, 教学, 数学思维, 3, 89

Matthesen, Johann, 马特森, 约翰, 作曲家, 歌唱家, 65

Matthews, Thomas, 马修斯, 托马斯, 海军上将, 170, 430

Maudiut, Israel, 莫迪乌特, 伊斯雷尔, 军事历史学家, 467

Maupeou, René-Nicolas-Charles-Augustin de, 莫普, 勒内-尼古拉-夏尔-奥古斯坦·德, 法国大法官, 234

Maupertuis, Pierre-Louis Moreaude, 莫佩尔蒂, 皮埃尔-路易·莫罗德, 哲学家和数学家, 89

Maurice of Saxony, 萨克森的莫里斯。见 Saxe, Maurice, comte de

Maximilian I, 马克西米连一世, 皇帝, 158

Maximilian Joseph, 马克西米连·约瑟夫, 巴伐利亚选侯, 432

Mayer, 迈耶, 海军上将, 203

Mazarin, Jules, 马萨林, 米尔, 红衣主教, 法国政治家, 7, 153, 214, 225, 310

Mecklenburg, 梅克伦堡, 204
　被彼得大帝占领（1716 年）, 195—196, 373
　被汉诺威军队占领（1719 年）, 198—199

Meissonier, Juste Aurele, 梅索尼埃, 米斯特·奥雷尔, 建筑师和室内装饰师, 67—68

Menshikov, Prince Alexander Danielovich, 缅什科夫亲王, 亚历山大·达尼洛维奇, 陆军元帅, 俄国政治家, 326—328

Merchant Adventurers, "商业冒险家"公司, 48

Merchants, 商人
　按其作用分类, 27
　法国的金融和商业阶级, 236
　伦敦和布鲁塞尔的商人, 241
　塞维利亚和加的斯的商会, 494—495
　英属北美洲的商人, 506—507

Mercure de France,《法兰西信使报》, 106

Mercy, Count Claude, 梅西伯爵, 克劳德, 奥地利将军, 402, 406

Mesenguy, 梅桑居伊, 神学家, 118

Meslier, Cure de, 梅斯利埃神父, 哲学家, 86, 96, 104

Metastasio, Pietro, 梅塔斯塔齐奥, 彼得罗, 诗人, 399

Methodists, 循道宗, 51, 128, 136
　摩拉维亚兄弟会的影响, 137—138
　与摩拉维亚派分裂, 138
　循道宗各社团的教规和宗旨, 138—139

Mexico, 墨西哥, 493, 499, 526, 589—590

Michaelis. J. D., 米夏埃利斯, J. D., 圣经批评家, 133

Middelburg Company, 米德尔堡公司, 572

Middleton, Conyers, 米德尔顿, 科尼尔斯, 自然神论者, 132

Milan, 米兰, 282, 283

Military Orders in Spain, 西班牙的军事

勋位, 274

Mill, John, 密尔, 约翰, 圣经学者, 132

Minas Geraes, Brazil, 米纳斯吉拉斯, 巴西, 569

Mining, 采矿业。见 Coal.

Minorca, 米诺卡岛, 164, 255, 521

Mirabeau, Honoré-Gabriel de Riquetti, Count, 米拉波伯爵, 奥诺雷-加布里埃尔·德里凯蒂, 106

Mir Jafar, 米尔·伽法, 孟加拉的纳瓦布, 562, 565

Mir Kasim, 米尔·卡西姆, 孟加拉的纳瓦布, 565

Missions; Missionaries, 传教团; 传教士, 22, 126

 中国的耶稣会传教团, 123, 580—581; 巴拉圭的传教团, 123—124, 497; 西印度群岛的传教团, 233; 北美洲的传教团, 513, 530

 摩拉维亚兄弟会传教团, 137

 非洲的葡萄牙传教团, 578, 579

Mitchell, Andrew, 米契尔, 安德鲁, 英国驻柏林大使, 461

Mniszech, J., 姆尼策赫, J., 波兰政治家, 384—387

Mogul Empire, 莫卧儿帝国。见 India 条

Mohilev, Poland, bishopric of, 莫希勒夫主教区, 波兰, 375—376

Molasses Act (1733 年), 糖浆条例 (1733 年), 38, 519—520

Moliére, Jean-Baptiste (Poquelin), 莫里哀, 让·巴蒂斯特(波克兰), 戏剧家, 72

Mollwitz, battle of (1741 年), 莫尔维茨战役, (1741 年), 419

Moltke, Count Adam Gottlob, 莫尔特克伯爵, 亚当·戈特洛布, 丹麦政治家, 341

Monarchy as a form of government, 君主制度作为一种政治形式, 5, 7—8, 101

 君权神授说, 141, 191, 214—215, 229, 239—240, 325

 君主的权力, 142—143; 在波兰, 160, 366—367; 在法国, 219—220; 在英国, 256—257; 在普鲁士, 294—295; 在俄国, 325; 在丹麦, 340—341, 345; 在瑞典, 351—352, 362—363

 对君主专制制度的限制, 143—144, 219

 总督是国王赋予薪金的行政官员的观念, 153—155, 159, 215—217, 220

 君主制度和财政原则, 158—159

 腓特烈大帝的观点, 309, 311—312

 玛丽亚·特蕾西亚的观点, 410

Monosterlije, Jovan, 莫诺斯特利吉, 约凡, 塞尔维亚副总督, 407

Monson, Sir William, 蒙森爵士, 威廉, 海军上将, 176

Montagu, Lady Mary Wortley, 蒙塔古夫人, 玛丽·沃特利, 399

Montcalm, Louis-Joseph, marquis de, 蒙卡尔姆侯爵, 路易-约瑟夫, 539

Montemar, 蒙特马尔, 意大利西班牙驻军将领, 426

索　引

Montesquieu, Charles Louis de Secondat, 孟德斯鸠, 夏尔·路易·德塞孔代, 哲学家, 3, 65, 73, 75, 76, 80, 86, 92, 103, 122, 141, 159, 336
　社会伦理学, 99
Montevideo, 蒙得维的亚, 496
Montfauçon, Bernard de, 蒙福孔, 贝尔纳·德, 69, 118
Monti, Antonio Felice, marquis de, 蒙蒂侯爵, 安东尼奥·费利切, 法国驻华沙大使, 377, 379
Montreal, 蒙特利尔, 512, 513, 534, 539
Moore, 穆尔, 海军上将, 522
Morality, the moral sense, 道德感的伦理学。见 Enlightenment
Morari Rao, 摩拉利·罗, 马拉塔领袖, 557
Moravia, 摩拉维亚, 473
Moravian Brethren, 摩拉维亚兄弟会, 4, 109, 136—138
Moreau le Jeune, Jean-Michel, 莫罗·勒热内, 让·米歇尔, 雕刻家, 83
Morelly, 莫雷利, 哲学家, 97, 104
Morland, George, 莫兰·乔治, 画家, 77
Morville, Charles-Jean-Baptiste, count de, 莫尔维尔伯爵, 夏尔-让-巴蒂斯特, 法国政治家, 200
Moscow, 莫斯科, 319, 326
　莫斯科大学, 335—336
Moser, F. K. von, 莫泽尔, F. K. 冯, 政治哲学家, 141

Mozambique, 莫桑比克, 578
Muazzam, 见 Bahadur Shah
Muhammad Ali, 穆罕默德·阿里, 卡纳蒂克的纳瓦布, 557, 560
Muhammad Shah, 穆罕默德沙, 莫卧儿皇帝 546, 548, 549
　与纳迪尔·沙的入侵, 551—552
　去世, 559
Muller, Gerhard, 米勒, 格哈德, 历史学家, 336
Mun, Thomas, 曼, 托马斯, 经济学家, 46
Mungi-Shevgaon, Convention of (1728年), 蒙格-谢夫冈协定 (1728年), 549
Münnich, Burkhard Christoph von, 米尼赫, 伯哈德·克里斯托夫·冯, 俄军总司令, 329—330, 331—332
Munro, Sir Hector, 芒罗爵士, 赫克托, 英国将军, 565
Muratori, Ludovico Antonio, 穆拉托里, 卢多维科·安东尼奥, 考古学家和教士, 118, 120
Murtaza Ali, 穆尔太柴·阿里, 卡纳蒂克的纳瓦布, 557
Music, 音乐
　德国音乐传统对整个社会的影响, 64—65
　意大利歌剧在奥地利, 399
Muslims, 穆斯林, 543—545
Musschenbroek, P. van, 穆申布鲁克, 彼·冯, 科学家, 89
Muzaffar Jang and the succession in the Deccan, 穆扎法尔·章和德干的

继承问题，560
Mylne, Richard, 迈尔恩，里查德，建筑师，83

Nadir Shah (Quli Khan), 纳迪尔·沙阿（库利汗），波斯统治者，550—552, 554
Nanak, 那纳克，锡克教"祖师",544
Nantes and the slave trade, 南特港和奴隶贸易, 570, 573
Naples, kingdom of, 那不勒斯王国, 122, 191, 192, 205, 424
教会的穷奢极欲，人民贫困如洗, 281
与奥地利王位继承战争, 429
Nasir Jang, 纳赛尔·章，德干的莫卧儿总督, 560
Natal, 纳塔尔, 577—578
National Debt (English), 国债（英国), 242, 250, 251, 252
Nattier, Jean Marc, 纳蒂埃，让-马克，画家, 78
Natural law jurists, 自然法法理学家, 100—101
Natural sciences, 自然科学, 89—90
燃素理论, 90
生物学的推测, 91
Naval power; Navies, 海军力量；海军对于外贸发展是必不可少, 33, 35—36, 39, 45—46, 165, 192
使用海军的条例和常规, 163—165, 170；被罗德尼打破, 174
避免冬季战役, 170—171
英国海军的服役状况, 178；征募新兵, 179, 184—185；官职的恩赐和晋升, 187—189；军官的资格, 189—190；海军部, 258—259
法国海军的新兵征募和服役, 183；发展, 447；1759年的失败, 476
海军补给，供应的来源, 243
西班牙海军, 275, 277, 278—279, 286—287；海军保卫西属西印度群岛, 489；舰队护航, 494
奥地利王位继承战争中海军的运用, 425—426, 430, 558—559；七年战争中, 467, 476—477, 522—526, 537—538, 539—540, 563
马拉塔"海军", 550
Navigation Acts (1673年, 1696年), 航海条例 (1673年, 1696年), 32—33, 37, 43, 46—47, 185
Necker, Jacques, 内克，雅克，法国政治家, 29, 46
Needham, John Turberville, 尼达姆，约翰·特伯维尔，生物学家, 91
Neipperg, Wilhelm, Count von, 奈佩格伯爵，冯·威廉，奥地利军队司令, 408
Neisse, siege of (1758年), 尼斯围城战 (1758年), 474
Nelson, Horatio, Lord Nelson, 纳尔逊勋爵，霍雷肖·纳尔逊，海军上将, 189, 190
Nelson, Robert, 纳尔逊，罗伯特，神学家, 135
Netherlands, Austrian, 奥属尼德兰, 119, 210, 411
与奥地利王位继承战争, 430—431,

432—433

奥地利的外交政策和奥属尼德兰的防务，442—443

Netherlands, United Provinces of the, 尼德兰，联合省

海运商业，1，27—28，33，39，516—517

在东印度群岛的贸易和殖民，40—41，585—589；在北美洲，532；在印度，557，558，559；奴隶贸易，570；在南美洲，576—578；在日本，579—580；派往中国的贸易使团，583

丧失地中海东部地区的贸易，42

商业结构中弱点的根源，42—43

世界贸易的金融中心，43—44

外贸与民族利益的关系，45

重商的中产阶级的兴起，59—60

绘画，79—80

乌得勒支条约签订后与英国的关系，192—193，198

与奥地利王位继承战争，422—423，427—428；军事挫折（1745年），432—433；（1747年），435；初步的和谈，436；艾克斯拉沙佩勒条约，438—439

对第一次凡尔赛条约的反应，456

Neumann, Johann Balthasar, 诺伊曼，约翰·巴尔塔札尔，建筑师，66

Newcastle, Thomas Pelham-Holes, duke of, 纽卡斯尔公爵，托马斯·佩勒姆－霍利斯，英国政治家，192，200，251

与1739年的英西战争，208—209，518

与七年战争，254—256，536

性格和成就，256

外交政策，440—441，442，443，448—450，459—460

Newcomen's atmospheric engine, 纽科曼的气压机，29

New Orleans, 新奥尔良，511

New Spain, 新西班牙。见 America, Spanish

Newton, Isaac, 牛顿，艾萨克，数学家和物理学家，3，88—89，160，161

Newton, John, 牛顿，约翰，赞美诗作家，139

Niagara, Fort, 尼亚加拉堡，532，537，539

Nicholas, 尼古拉斯，怀恩多特的印第安人酋长，535

Niesiecki, K., 尼西斯基，K；波兰学者，370

Nile, battle of the (1798年), 尼罗河战役（1798年），164

Nimirov, Congress of (1737年), 尼米罗夫会议（1737年），407

Nivernois, duc de, 尼韦努瓦公爵，法国驻柏林大使，445，447，450，453，461

Nizam-ul-mulk, 尼查姆－乌穆尔克，德干的莫卧儿总督，548—549，551

建立海得拉巴国，553

逝世，559，560

Noailles, Adrien Maurice, duc de, 诺阿耶公爵，阿德里安莫里斯，法国元帅，106，427，431

Noailles, Louis-Antoine de, 诺阿耶的路易-安托万, 巴黎大主教, 114, 115, 116, 122, 230

Noblesse, division of, in France, 法国贵族的分类, 235—236

Norris, Sir John, 诺里斯爵士, 约翰, 海军上将, 199, 203

Norway, 挪威, 339—340
    自耕农, 342
    与丹麦的经济一体化, 344—345
    与丹麦的政治平等, 345

Nouveau testament en français (Quesnel), 法文版《新约》(凯内尔), 4, 114—115, 230

Nouvelles littéraires,《新文学》, 106

Nova Scotia founded, 新斯科舍建立, 529, 534, 537

Nymphenburg, Treaty of (1747年), 尼姆芬堡条约 (1741年), 408, 424

Nystadt, Treaty of (1721年), 尼斯特兹条约 (1721年), 199, 202, 355, 359, 377

Ogle, Sir Chaloner, 奥格尔爵士, 查洛纳, 海军上将, 519

Oglethorpe, James, 奥格尔索普, 詹姆斯, 佐治亚殖民地创始人, 130, 266, 503—504, 530, 540

Ohio, Anglo-French hostilities in, 英法在俄亥俄的战争, 534—536

Ohio Company, 俄亥俄公司, 535, 536

Old Calabar, 旧卡拉巴尔, 568, 576

Oldenburg dynasty, 奥尔登堡王朝, 341, 349

Olmütz, siege of (1758年), 奥尔米茨包围战 (1758年), 473

Oporto, riots in (1757年), 波尔图骚乱 (1757年), 291

Optimism, Philosophy of, 乐观主义哲学, 104—105

Orford, earl of, 奥福德伯爵。见 Walpole, Sir Robert

Oriental Company, 东方公司, 401

Orleans, Philip Ⅱ, duke of, 奥尔良公爵 (菲利普二世), 法兰西摄政, 192, 197, 199, 200, 218
    与英国为缔约进行谈判, 193—195
    行政改革, 220—221; 他的国内政策综述, 224
    财政试验, 223—224
    与詹森主义的论争, 230

Orlov, Count Grigory, 奥洛夫伯爵, 格里戈里, 333, 334—335

Ormonde, James Butler duke of, 奥蒙德公爵, 詹姆斯·巴特勒, 247—248

Orry, Philibert, 奥里, 菲利贝尔, 法国财政总监, 225, 237—238
    西班牙的财政改革, 276—277

Osservazioni letterarie,《文学观察报》, 107

Ostend Company, 奥斯坦德公司, 200, 397, 558

Ostermann, Count Andrei Lvanovich, 奥斯捷尔曼伯爵, 安德烈·伊凡诺维奇, 俄国副首相, 327, 329—333, 332, 390

Ostervald, J. F., 奥斯特瓦尔德,

J. F., 神学家，134

Oswego, 奥斯威戈，荷兰贸易站，532，538

Oudh, 奥德，556
　萨达特·阿里汗建立的王朝，553

Oxford University, 牛津大学，69，108

O'zarowski, 奥扎洛夫斯基，波兰驻巴黎使节，381

Painting, 绘画
　形式的古典主义，77
　倾向巴洛克风格的运动，77—78
　法国的幻想主义画家，78
　英国画家的现实主义，79
　在西属美洲，499

Pálffy, Count János, 帕尔菲伯爵，雅诺什，匈牙利的巴拉丁，402，409

Palissot, Charles, 帕利索，夏尔，作家，108

Palladio, Andrea, 帕拉第奥，安德烈亚，建筑师，68

Pallavicini, Count Lucas, 帕拉维奇尼伯爵，卢卡斯，伦巴第的奥地利总督，411

Panama, 巴拿马，494，495—496

Panin, Count Nikita, 帕宁伯爵，尼基塔，俄国政治家，387

Panipat, battle of (1761年)，巴尼伯德战役 (1761年)，24，564—565

Pannini, Giovanni Paolo, 潘尼尼，乔瓦尼·保罗，画家，82

Papacy, 教皇统治
　政治势力的衰落，113，126，284

　在《克雷芒通谕》问题的争论，114—117，122—213，134，230—231
　主教派对罗马教廷的独立姿态，119
　受到詹农的攻击，120—121；受到费布罗尼乌斯的攻击，121—122

Papal States, 教皇国
　贫困，281；暴力罪行，282

Paraguay, Jesuit mission to, 巴拉圭，耶稣会传教会，123—124，497

Paris, Parlement of, 巴黎最高法院，221，230—234

Paris, Treaty of (1763年)，巴黎条约，(1763年)，21，483，485—486，525—528，540

Pâris brothers, 帕里斯兄弟，法国金融家，224，236

Parker, Sir Hyde, 帕克爵士，海德，海军中将，187

Parma, 帕尔马，198，201，205，269，298
　唐·卡洛斯继位，202，283
　被唐·腓力取得，436

Passarowitz, Treaty of (1718年)，帕萨罗维茨条约 (1718年)，17，197，206，394，402，405，408

Passionists, 苦难会，126

Pater, Jean Baptiste Joseph, 帕泰尔，让-巴蒂斯特·约瑟夫，画家，78

Patiño, Don José de, 帕蒂尼奥，堂·何塞·德，西班牙政治家，278—280

Patna, massacre of (1763年)，巴特那屠杀 (1763年)，565

Paul Ⅰ，保罗一世，沙皇，16，349，350

Peasants，农民。见 Society, Structure

Pelham, of Henry，佩勒姆，亨利，英国政治家，254

Pepperrell, William，佩珀雷尔，威廉，路易斯堡的征服者（1745年），533

Percy, Thomas，珀西，托马斯，选集编纂者，77

Perrault, Charles，佩罗，夏尔，诗人，73

Perrault, Claude，佩罗，克洛德，建筑师，67

Persia，波斯，纳迪尔·沙时期入侵印度西北部，550—552

Peru，秘鲁，493，495

Peter Ⅰ the Great，彼得大帝，沙皇，7，13—14，15，16，56，62，143，203

行政改革，145，323—324；司法改革，324—325

进军梅克伦堡（1716年），195—196，373；进军库尔兰（1718年），373

支持荷尔斯泰因的查理·腓特烈对瑞典王位要求，203，347，355

土地和工业的改革，318—319

改善国内交通，319

鼓励与西方的贸易，320

扩大税收制度，320，321—322

关于贵族为国效劳的看法，322—323

军队改革，323

废除主教职权和改革教会行政，325；支持波兰的宗教少数派，375，376

试图扩大世俗教育，325—326

Peter Ⅱ，彼得二世，沙皇，14，203，326—328

Peter Ⅲ，彼得三世，沙皇（查理·彼得·乌尔里希，荷尔斯泰因-戈托尔普公爵），14，56，332，348，458—459

拒绝接受瑞典王位，15—16，359—360

与七年战争，212—213，334，388—389，478—479

婚姻，333

即位，334，349，363

被推翻，335，350

Petrovaradin, battle of（1716年），佩特罗瓦拉丁战役，394

Petty, Sir William，佩蒂爵士，威廉，经济学家，27n.

Peyton, Edward，佩顿，爱德华，海军准将，558

Pfaff, C.M.，普法夫，C.M.，虔敬派，蒂宾根大学校长，130—131，134—135

Philip Ⅱ，腓力二世，西班牙国王，150

Philip Ⅴ，腓力五世，西班牙国王，142，147，154，191，273，278，435

觊觎法国王位，193—194；被拒绝，198

与伊丽莎白·法尔内塞（见该条），对意大利的权利要求，196—198，199

与奥地利王位继承战争，424—425

铸币改革，493

疑病症，276—277

退位，200

Philip, Don（duke of Parma），腓力·唐（帕尔马公爵），19，205，209，424，432，435，444，454

获得帕尔马和皮亚琴察，282—283，284，436，438

又见 Elizabeth Farnese, Italian claims

Philippine Company，菲律宾公司，495

Philippines，菲律宾，25—26，483

贸易和经济关系，589—591

排华（1755年），591

土地所有制，592

Piacenza，皮亚琴察，198，269，283，398，429

为唐·腓力取得，436

Piarist Order in Poland，波兰的虔诚会，370，371

Piedmont，皮埃蒙特，281—282

与奥地利王位继承战争，425

Pietists，虔敬派教徒，131，132，507

Piranesi, Giovanni Battista，皮拉内西，乔瓦尼·巴蒂斯塔，建筑雕刻家，82

Pirna, battle of（1756年），皮尔纳战役（1756年），385

Pitt, Thomas，皮特，托马斯，英国政治家，184

Pitt, William, earl of Chatham，皮特，威廉，查塔姆伯爵，47，49，184，253，265

与七年战争，211—212，254—256；反对为了汉诺威而牺牲英国利益，466—467；与舒瓦瑟尔的入侵英国计划，476—477；拒绝单独媾和，479—480；与家族契约，483；在加勒比海进行战争，521—525；在北美洲，538—540

Plassey, battle of,（1757年），普拉西战役（1757年），24，563，565

Pluche, Abbé，普吕歇神父，88

Pocock, Sir George，波科克爵士，乔治，海军上将，524

Podewils，波德维尔斯，普鲁士政治家，449

Poland，波兰

社会结构：农民，54，368；贵族，57，365—366；中产阶级，62，369；人口，368—369

建筑，70

对君主权力的限制，144，160，366—367

行政机构，160；中央政府的职能和组织，365—367；司法行政，367—368，384；财政改革，372—373，386；"自由否决权"，382，388；行政机构的混乱和腐败，382—385，389—390

税负，366，372—373

经济上的弱点：土地，368；贸易和工业，369—370

教育，370

文化生活，370—371

反对奥古斯特二世，371—372；反对萨克森人继承王位，377—378，388—389；奥古斯特三世继位，379—380

华沙条约后为俄国控制，373，388

宗教信仰不自由，374—376
瓜分波兰主张的开始，379；俄国和普鲁士的领土要求，390
大家族间的竞争，382—385
与七年战争，385—387
为萨克森的利益而实施的外交政策，387—389
Polish Succession, war of, 波兰王位继承战争，17—18, 19, 356
外交根源，204—205
解决方案，205—206, 380—381
Political Testament (Frederick the Great),《政治遗嘱》(腓特烈大帝), 310—311, 446, 468—469
Political thought, 政治思想，3—4, 99—103, 499
Poltava, battle of (1709年), 波尔塔瓦战役 (1709年), 16, 318, 331, 372
Pombal, Sebastian Joseph de Carvalho e Mello, 蓬巴尔，塞巴斯蒂昂·约瑟夫·德卡瓦略-梅洛，葡萄牙政治家，11, 22, 288
敌视耶稣会会士，123—125, 290
教会改革和社会改革，290—291
巴西的改革，498—499
Pomerania, 波美拉尼亚，363, 465
被瑞典侵入 (1757年), 470；撤兵 (1758年), 472
Pompadour, Jeanne Antoinette Poisson, marquise de, 蓬巴杜侯爵夫人，让娜安托瓦内特·普瓦松，9, 86, 226, 228, 233, 236, 444, 447, 455, 461, 462
Pondicherry, 本地治里，24, 41, 211, 557, 558, 562, 563
Poniatowsky, Stamislas, 波尼亚托夫斯基，斯坦尼斯瓦夫，马索维亚的巴拉丁，333, 378, 385, 389
Pope, Alexander, 蒲柏，亚历山大，诗人，51, 65, 71, 73, 74, 97, 98, 104
Pöppelmann, Matthus Daniel, 柏培尔曼，马陶斯·丹尼尔，建筑师，67
Population, 人口。见各国条
Portobello Fair, 波托贝洛博览会，515
Portugal, 葡萄牙，278
在非洲的属地，25, 569—570, 574, 578—579
罗马天主教会，51, 122, 288—290；蓬巴尔对耶稣会的敌视，123—125, 290—291
王权，143, 289
西班牙军队的入侵，(1762年), 213, 482, 525；撤兵，483
对地中海地区的外交活动漠不关心，269
人口，288
农业和工业的凋敝状况，288
行政机构，289—290
蓬巴尔的改革，290—291
在南美洲的属地，496；奴隶贸易，569—570
在印度的属地：遭马拉塔人的进攻，550；贸易站，558
Potato, cultivation of, 马铃薯的栽培，314, 342
Potocki family, 波托茨基家族，17, 377, 378, 382—385, 388

Potocki, A., 波托茨基, A., 波兰政治家, 383

Potocki, Josef, 波托茨基, 约瑟夫, 罗塞尼亚的巴拉丁, 377, 382—383

Potocki, Teodor, 波托茨基, 特奥多, 波兰大主教, 377

Potter, John, 波特, 约翰, 坎特伯雷大主教, 127, 139

Poussin, Nicolas, 普桑, 尼古拉, 画家, 77, 82

Poznan, Poland, 波兰波兹南, 368—369

Pozsony, Diet of, 博约尼议会, 392—393, 396, 411—412

Prades, Abbé de, 普拉德神父, 86, 106, 125

Pragmatic Army, 国务军, 427—429

Pragmatic Sanction, "国本诏书", 200, 202, 204, 209, 377, 454

女性继承王位, 393—394; 在匈牙利得到确认, 395—396

颁布（1742年）, 397

订约列强, 397—398

废除, 408, 416

Prague, 布拉格, 399, 409, 420

布拉格之围（1757年）, 470—471; 普鲁士军队的伤亡, 473

Premier ministre, office of, 首相职位, 218—219, 225

Press, freedom of the, 出版自由, 264

Prestonpans battle of（1745年）, 普雷斯顿潘斯战役（1745年）, 254

Prévost, Abbé（Antoine François Prévost d'Exiles）, 普雷沃神父（逃亡的安托万·弗朗索瓦·普雷沃）, 作家, 76

Price, Richard, 普赖斯, 理查德, 统计学家, 128

Prie, Madame de, 德普里夫人, 波旁公爵的情妇, 224, 227, 236

Priestley, Joseph, 普里斯特利, 约瑟夫, 学者, 128

Privateers and the rights of neutrals, 私掠船和中立国的权利, 476—477

Progress of mankind, emergence of idea, 人类的进步, 观念的出现, 105

Prokopovich, Feofan, 普罗科波维奇, 费欧凡, 乌克兰主教, 325, 335

Property rights, speculation on legitimacy of, 关于财产权合法性的思索, 103—104

Protestant Church, 新教。见 Church 条

Prussia, 普鲁士

税负, 12, 54, 150, 151; 有效率的税收制度, 152, 300, 303—304; 腓特烈·威廉一世统治下税收的增加, 296—299; 雇用法国包税人, 313

社会结构: 农民, 54, 296—297; 贵族, 55—56, 294—295; 官僚, 62—63; 人口, 294, 302—303, 484; 农村中产阶级, 297

英国普鲁士教会统一的计划, 134—135; 宗教信仰自由, 306

王权, 142—143, 294—295

行政机构, 148—149; 文官的兴起, 155, 303—305; 市政改革, 298—300; 工业行会的改革, 300—302; "总监"的权力,

304—305，312—313；司法行政，
306—307，317；腓特烈大帝统治
下政府各部门的专门化，
313—314

普鲁士军队：由"大选侯"创建，
294；腓特烈·威廉一世统治时
期，295—296，305—306；在腓
特大帝统治时期，171—173，
177—178；统计数字，179—180；
服役和军纪状况，180—181

加入反俄联盟（1719—1720年），
198—199，397

作为"强国"出现，203—204，440

所属领土的布局，292—293，465

农业，293，314—315

瘟疫和饥馑（1709—1710年），294

工业，300—302，315—316

贸易和商业，300，316—317；奴隶
贸易，568—569

鼓励移民入境，302—303，314，教
育，306

与波兰的王位继承问题，376—378，
383，388—390

与奥地利王位继承战争，210—211，
310；入侵西里西亚，408，417；
莫尔维茨战役，419；克莱因·
施内伦多夫协定，420；入侵波
希米亚，431—432；霍恩弗里德
堡战役，432；入侵萨克森，432；
艾克斯拉沙佩勒条约，436—437

与外交大变动，211，440，443；与
英国的关系，445—449；与威斯
敏斯特协定，449—450，460—
461；废除与法国的联盟，450—
453，461

与七年战争，211—212；进攻萨克
森，464，465，468—469；英国
的义务，466；入侵波希米亚
（1757年），470—471；在罗斯巴
赫和洛伊特恩的胜利，471—472；
1757年的伤亡，473；1758年各
次战役，474—475；1759年的军
事挫折，475；在托尔高的胜利
（1760年），477；与俄国媾和，
478—479；丧失英国经济补贴，
480—481；胡贝图斯堡条约
（1763年），483—484；战争的后
果，485

又见 Brandenburg；East Prussia 条

Psychology，心理学

感觉论心理学，3，95—96，110

欢乐主义心理学，97

Pufendorf, Samuel von，普芬道夫，萨
穆埃尔·冯，政治哲学家，99—
100，130

Pulo Condore, British factory at，昆仑
岛，英国贸易代理站，581

Pulteney, William, earl of Bath，普尔
特尼，威廉，巴斯伯爵，英国政
治家，253

Quadruple Alliance（1718年），四国同
盟（1718年），198，200—
201，249

Quebec，魁北克，512，513，539

Quesnay, François，魁奈，弗朗索
瓦，48

Quesnel, Pasquier，凯斯内尔，帕基
埃，4，114—115，230

Quiberon Bay, battle of（1759年），基

贝龙湾战役（1759年），476，539
Quli Khan，库利汗。见 Nadir Shah 条

Racine, Jean，拉辛，让，戏剧家，72
Raghuji Bhonsle，罗怙吉·邦斯勒，马拉塔领袖，554—557
Rajputs，拉杰普特人，541，542，547—548，552
Rákóczi, György，拉科齐，居奥治，特兰西瓦尼亚亲王，408
Rákózi, Francis，拉科齐，弗朗西斯，特兰西瓦尼亚公爵，197
Râle，拉勒神父，耶稣会教士，530
Rameau, Jean Philippe，拉莫，让·菲利普，作曲家，64
Ramsay, A.-M.，拉姆齐，A.-M.，政治哲学家，101
Ranoji Sindhia，拉诺吉·信希亚，马拉塔人游击队领袖，549
Rapin-Thoyras, Paul de，拉潘-托伊拉斯，保罗·德，历史学家和政治哲学家，161
Ras Michael Sehul，拉斯·迈克尔·西赫尔，埃塞俄比亚提格雷省总督，579
Rastatt, Treaty of（1714年），拉施塔特条约（1714年），391
Rastrelli, Carlo，拉斯特雷利，卡洛，建筑师，70
Ravajo，拉瓦约神父，费迪南德六世的耶稣会忏悔神父，285
Ravenscroft, Edward，雷文斯克罗夫特，爱德华，英国戏剧家，74
Raynal, Abbé，雷纳尔神父，经济史学家，36
Razumovsky, Cyril，拉祖莫夫斯基，西里尔，乌克兰的哥萨克军事首领，321
Réaumur, René-Antoine de，列奥米尔，勒内-安托万·德，法国科学家，89
Redemptorists，赎罪主义者，126
Reimarus, Hermann Samuel，赖马鲁斯，赫尔曼·塞缪尔，东方语言学教授，圣经批评家，132
Religion，宗教，4
  对建筑学的影响，66—67
  怀疑论对正统思想的挑战，85—87，229，233
  地质学和生物学发现对宗教的挑战，91
  与对人类历史的解释，93—94
  作为启蒙运动时期的一个起主导作用的影响势力，108—109
  宗教学术，118，131—132
  与君权神授说，141，191，214—215，229；法国君主制度受宗教争论的损害，229—233
  与社会秩序，245—246
  普鲁士的宗教信仰自由，306
  在北美，507—508，513
  又见 Church；Missions；Papacy 条
Reval，雷维尔（塔林的旧称），321
Reynolds, Sir Joshua，雷诺兹爵士，乔舒亚，画家，51，71，79，80
Ricci, Lorenzo, General of the Society of Jesuits，里奇，洛伦佐耶稣会会长，125
Rice cultivation in America，美洲栽培

水稻，502—503，504

Richardson, Johathan, 理查森，乔纳森，画家，80

Richardson, Samuel, 理查森，塞缪尔，小说家，75—76

Richelieu, Armand-Jean du Plessis, duc de, 黎塞留公爵，普莱西斯的阿尔芒－让，红衣主教，7，145—146，153，225

Richer, Edmond, 里歇，埃德蒙，114，116，122，128，229

Riga, 里加，321

Río de Janeiro, 巴西里约热内卢，498

Riot Act（1715 年），骚乱取缔法令，264

Ripperda, Jan Willem, 里佩尔达，汉维莱姆，西班牙政治家，201，203，204，277—278

经济改革计划，278

下台，279

Robinson, Sir Thomas, Lord Grantham, 鲁宾逊爵士，托马斯，格兰瑟姆勋爵，英国政治家，254，448

Rodney, George Brydges, Lord Rodney, 罗德尼，乔治·布里奇斯，罗德尼勋爵，海军上将，174，188，524，526

Roebuck, John, 罗巴克，约翰，铁匠，30

Rohan, Armand-Gaston-Maximilian, 罗昂亲王，阿尔芒·加斯东·马克西米连，红衣主教，229

Rohillas of Rohilkhand, 罗希尔坎德的罗希拉人，553—554

Rollin, Charles, 罗兰，夏尔，巴黎大学校长，107—108

Romaine, William, 罗曼，威廉，福音派教会牧师，139

Roman Catholic Church, 罗马天主教会。见 Church 条

Rossbach, battle of（1757 年），罗斯巴赫战役（1757 年），471；伤亡人数，473

Rouillé, Antoine-Louis, 鲁耶，安托万－路易，法国政治家，445，450，451，453，458，461—462

Roumanians, 罗马尼亚人，406—407

Rousseau, Jean-Baptiste, 卢梭，让－巴蒂斯特，诗人，73

Rousseau, Jean-Jacques, 卢梭，让－雅克，法国哲学家，76，98，99，100，104，111，159

Royal African Company（British），皇家非洲公司（英国），25，48，516，571—572，574

Rubens, Peter Paul, 鲁本斯，彼得·保罗，画家，77，79

Russia, 俄国

社会结构：农民，54—55，321—322，337；贵族，56，321，322—323，330，334，336—337；中产阶级，62；臣民的俄罗斯化，320—321；人口，320—321

赋税，54—55，320，321—322

建筑，70

沙皇的权力，143

行政机构，145，323—324；司法行政，324—325；彼得二世时期制度停滞不前，328；安娜时期奥斯捷尔曼的控制，329—330；彼

得大帝以后的财政管理，337—338

占领梅克伦堡（1716 年），195—196，373；占领库尔兰（1718 年），373

反俄罗斯同盟（1719—1720 年），198—199

加入奥西联盟（1726 年），203，331

俄土战争（1735—1739 年），205—206，383，387，407—408

农业，318

工业，生铁生产，318—319；纺织业，319

国内交通，319

与西方贸易，320，338；派往中国的贸易使团，583

军队改革，323

教会改革，325；支持波兰的宗教少数派，375，376

教育，325—326，335—336

"贵族银行"，337，338

荷尔斯泰因-戈托尔普的查理·腓特烈，347

对石勒苏益格-荷尔斯泰因的权利要求，349—350

与奥地利王位继承战争，211，332，418，435—436；打败瑞典和芬兰，358—359；占领芬兰，359—360；奥布条约（1743 年），361

艾克斯拉沙佩勒条约以后的对外政策：与英国订约，443，446，458；圣彼得堡协定，447—448；对威斯敏斯特协定的反应，332—333，450，456—459；与波兰王位继承问题，376—378，380，388—390

与七年战争，333—334，383；入侵东普鲁士（1757 年），470；向勃兰登堡进军（1758 年），473—474；（1759 年），475；彼得三世的和约与对腓特烈的支持，478—479

Ruthenia，罗塞尼亚，365，406

Rutherford, Thomas，拉瑟福德，托马斯，哲学家，103

Saadat Ali Khan，萨达特·阿里汗，奥德王朝的创立者，553

Sadashiv Bhau，沙达西夫·鲍，马拉塔人领袖，564

Safavi dynasty in Persia，波斯的萨非王朝，551

Safdar Ali，萨夫达尔·阿里，卡纳蒂克的纳瓦布，557

Safdar Jang，萨夫达尔·章，奥德的纳瓦布，553

St Augustine，圣奥古斯丁，西班牙要塞，530—531

St Domingue，圣多明各，519，524，526

St John of Nepomuk，把内波默克的圣约翰奉为圣徒的活动，401

Saint-Lambert, Jean-François de，圣朗贝尔，让-弗朗索瓦·德，诗人，97

St Lucia，圣卢西亚，520，526

St Petersburg，圣彼得堡，318，319，320，326，329，358，359

科学院，335—336

St Petersburg, Convention of（1755 年），
圣彼得堡协定（1755 年），447
Saint-Pierre, Abbé de, 圣皮埃尔神父，
自然神论者，功利主义哲学家，
98，105
Saint-Simon, Claude-Henri, 圣西门，
克洛德－亨利，哲学家，101，
220—221，223
Saints, battle of the（1782 年），桑特
海峡战役（1782 年），170，174
Salabat, Jang, 萨拉伯特·章，德干的
莫卧儿总督，560—561
Saldanda, 萨尔丹达，里斯本教区的
红衣主教，124，290
Saltykov, 萨尔蒂科夫，俄国将军，
387，475
Sambhuji, 桑布吉，马拉塔人领袖，
546，548
San Ildefonso, Treaty of（1777 年），圣
伊尔德·丰索条约（1777
年），496
Santa Fé（Bogotá），圣菲（波哥大），
495—496
Sardinia, 撒丁，122，191，197，198，
205，398
被西班牙进攻（1717 年），279，
282
与奥地利王位继承战争，425—426；
沃尔姆斯条约（1743 年），209，
210，429；佛朗哥西班牙的军队
入侵，433—434
又见 Savoy 条
Sarfaraz Khan, 萨尔法拉兹汗，孟加拉
的莫卧儿总督，554
Sarkar, J., 沙卡尔，J.，印度历史学

家，555
Savoy, 萨沃依，191，198，426，成
为撒丁王国，284
Saxe, Maurice, 萨克森伯爵，莫里斯，
法国元帅，228，377，431，
432—433，435
Saxony, 萨克森，199，293，316
与奥古斯特二世在波兰的继位，
371—372
与维也纳条约（1719 年），373
与奥古斯特三世在波兰的继位，
379—381
与奥地利王位继承战争，418—420，
422，423，432
与英国的补助条约，443
与七年战争，464，465，468—469，
477；胡贝图斯堡条约（1763
年），483—484
Sayyid brothers, 赛义德兄弟，546，
547，548
Schleswig-Holstein.，石勒苏益格－荷
尔斯泰因。见 Slesvig-Holstein
Schröder, von, 施罗德冯，财政哲学
家，158
Schulin, Johann Sigismund, 舒林，约
翰·西吉斯蒙德，丹麦政治
家，341
Schweidnitz, Silesia, 西里西亚施魏特
尼茨，478，479
Science, 科学
启蒙运动时期科学普及，88
牛顿的数学和物理，88—89
自然科学，89—90；生物学的推
测，91
社会科学，91—93

科学院，107

Sculpture，法国的雕塑，78—79

Seckendorf，泽肯多夫，德国财政哲学家，158

Seckendorf, Friedrich Heinrich, Count von，泽肯多夫伯爵，冯·弗里德里希·海因里希，奥地利陆军司令，407

Secker, Thomas，塞克，托马斯，坎特伯雷大主教，127，128，265

Sedition，煽动叛乱。见 Libel and sedition 条

Ségur Louis-Philippe，塞居尔伯爵，路易-菲利普，大使，228

Semler, J. S.，塞姆勒，J. S.，圣经批评家，132

Senegal (Senegambia)，塞内加尔（塞内冈比亚），570—571，574

"Sensibility"，"情感"，76—77

Septennial Act,（1716 年），七年选举条例（1716 年），248

Serbia，塞尔维亚，406—407

Serçes, Jacques，塞赛斯，雅克，神学家，134

Serious Call（William Law），《庄严的召唤》（威廉·劳），109，137，139

Servandoni, Giovanni，塞尔万多尼，乔瓦尼，意大利建筑师和室内装饰家，67

Seths，塞思家族，印度银行家族，562

Settlement, Act of（1701 年），王位继承法（1701 年），144

Seven Years War，七年战争，7，10，20—21，39，211—213，333—334，385—386，388—389，415

外交大变革和七年战争爆发之间的联系，461—464

普鲁士入侵萨克森（1756 年），464，465，468—469

英国和普鲁士之间的条约义务，466—467

英国在哈斯滕贝克的失败和克洛斯特-塞文协定（1757 年），469—470

普鲁士入侵波希米亚（1757 年），470—471

法国在罗斯巴赫的失败，471

奥地利在洛易顿的失败，471—472

英国人加强观察部队，472—473

普鲁士的伤亡人数（1757 年），473

俄国对勃兰登堡的威胁（1758 年），473—474；（1759 年），475

奥地利在萨克森和西里西亚的战役（1758 年），474；（1759 年），475；（1760 年），477

舒瓦瑟尔入侵英国的计划，475—476

英国私掠船对中立国船只的攻击，476—477

军事僵局（1761 年），478

彼得三世的和平条约和对腓特烈的支持，478—479

英国停止补助腓特烈，480—481

家族契约，481—482

开始和平谈判的困难，483

巴黎条约（1763 年），483

胡贝图斯堡条约（1763 年），483—484

英国为保证普鲁士维持原状而牺牲殖民地利益，484

战争对普鲁士经济的影响，484—485；对西班牙帝国的影响，499—500

美洲的战争，521—528，536—540

Sévigné，塞维尼夫人，作家，72

Seville, Treaty of（1729年），塞维利亚条约（1729年），202，283，397

Shadwell, Charles，沙德韦尔，查尔斯，剧作家，74

Shaftesbury, 3rd earl of (Anthony Ashley Cooper)，沙夫茨伯里伯爵，（第三）（安东尼·阿什利·库珀），道德哲学家，98

Shan Jahan，沙·贾汗，莫卧儿皇帝，541，542，544

Shahu，沙胡，马拉塔领袖，546—547，548—549，555，556，559

Shakarkhelda, battle of（1724年），沙卡海尔达战役（1724年），548

Shenstone, William，申斯通，威廉，诗人，76—77

Sheridan Richard Brinsley，谢里丹，理查德·布林斯里，剧作家，75

Sherlock, Thomas，舍洛克，托马斯，伦敦主教，93，136

Shiahs，什叶派，545

Ships, merchant，商船，43

美国的造船工业，505

西班牙声称享有搜索权，517

Shirley, Willaim，谢利，威廉，马萨诸塞总督，533

Shuja-ud-daulah，舒查-乌德-多拉，奥德的纳瓦布，553，565

Shuvalov, Ivan，舒瓦洛夫，伊凡，俄国政治家，456

Shuvalov, Peter，舒瓦洛夫，彼得，俄国财政长官，338

Sicilies, the Two，两西西里王国，143，198，205

Sicily，西西里

西班牙的进攻（1718年），279，282

与奥地利王位继承战争，429

Siddis，西迪人，550

Sikhs，锡克教教徒，544—545

Silesia，西里西亚，156，293，465，468

腓特烈二世的入侵，210，310，408，417；霍恩弗里德堡战役，432

割让给普鲁士，211，410，423，436—437，454，483—484

行政管理，314，412—413

考尼茨收复西里西亚的计划，441—442，458；奥地利的入侵（1760年），477

Silk industry，丝绸业

法国，238—239

普鲁士，315—316

中国，590

Silver mining industry in Spanish America，西属美洲的银矿开采业，493

Simon, Richard，奥拉托利会友理查德·西蒙，117

Sinking Fund in England（1717年），英国偿债基金（1717年），9，152，250，252

Siraj-ud-daulah，西拉吉－乌德－多拉，孟加拉的纳瓦布，24，562

Sivaji，西瓦吉，马拉塔领袖，546，547

Slave trade，奴隶贸易，31，208，237
非洲的奴隶贸易，24—25；奴隶贸易地区，556—557；交易的方法和单位，567；国营公司控制的奴隶贸易，568；普鲁士和丹麦的奴隶贩子，568—569；葡萄牙的奴隶贩子，569—570；荷兰的，570；法国的，570—571；英国的，571—572；激烈的竞争和上涨的费用，573；利润额，573—574；对非洲社会的影响，575—576

西印度群岛的奴隶贸易，25，36—37，514—515

美洲种植园中的奴隶，503—504

又见 Asiento 条

Slavery，家奴制，575

Slesvig-Holstein，石勒苏益格－荷尔斯泰因，15—16，203，212，355
与瑞典的联盟，345—346
被承认为丹麦国王的属地，346
俄瑞（典）对该地区的权利要求，348—350
对丹麦有利的俄国解决方案，350

Smith, Adam，斯密，亚当，经济学家，46，98

Smith, Thomas，史密斯，托马斯，海军上校，188

Smollett, Tobias，斯摩莱特，托拜厄斯，小说家，75

Smuggling，走私活动，38，39，150

西属美洲的走私活动，206—207，278，286，489，494，514—517；条金走私，493

在挪威和丹麦，344

在印度尼西亚，586

Soanen，索安昂，塞内茨主教，116

Social sciences，社会科学，91—93
财政学，158—159

Society，社会结构
18 世纪主要是贵族性质，50—52
贵族与农民之间的关系，52—53
中欧和东欧农民的地位，53—55
贵族的政治权力，55—58
中产阶级的出现，58—60；专业人员的地位，60—62；公务人员的地位，62—63
法国对整个社会的影响，63；法国社会结构的变化，235—237
战争时期平民的地位，165—166
社会阶级和武装部队，175，176—177，181，183—184，296
英国的乡绅，243—245；英国人的移动，266—267
西班牙：教会的影响，271—272；贵族，273—275；职业阶层，275；西属美洲，491—492
意大利：巨富和赤贫，281；贵族，282
俄国：农民，321—322，337；贵族，322—323，334，336—337
丹麦：贵族，341；农民，342—343
瑞典：贵族，353，354；自由民，353—354；农民，354
波兰：贵族，365—366；农民，368；中产阶级，369

匈牙利：贵族，392—393，403—404；农民，403；人口的增长，404—407

英属北美洲，508—510

奴隶贸易对非洲社会的影响，575—576

Sonnenfells，宗南费利斯，财政哲学家，158

Sophia Augusta of Anhalt-Zerbst，安哈尔特·策布斯特的索菲娅·奥古斯塔。见 Catherine Ⅱ, Tsaritsa 条

Sophia Magdalena，索菲娅·马格达莱纳，瑞典古斯塔夫斯三世的王后，349

Sorφ Academy and agricultural reform，索勒学院和农业改革，343

Soubise, Charles de Rohan, 苏比斯亲王，夏尔·德罗昂，法国元帅，471，474

South Sea Company，南海公司，10，25，279

"南海骗局"，250—251，252，355

与西属美洲的贸易，515—518；非法贸易，207—209

奴隶贸易，521，571

Spain，西班牙

财政制度，46，276，287；间接税收，150，269，271；直接税，151，154，277

罗马天主教教会，51，122；对社会结构的巨大影响，271—272；收入，272—273；教士，273；反对天主教教会的法令，492—493

社会结构：贵族，55，273—275；人口，270—271，276；对教会的影响，271—272；职业阶层，275

君主的权力，142—143

行政机构，147—148，277；司法机构，153；文官的增加，154—155；出卖官职，489—490，492；殖民机构，490—493，495—496；查理三世的改革，500

伊丽莎白·法尔内塞对意大利的权利要求，196—198，199—202，205，209，269，277，282—283

对英国占领直布罗陀的不满，199，201

18世纪初的经济崩溃，269—271，488—489；经济的复兴，275—280；与英国的商业条约（1750年），186；卡瓦约尔的工业改革，286—287；币制改革，493；与西属美洲贸易的调整，494—495，514—518；与菲律宾的贸易调整，589—590

农业，271，274—275

海军力量，275，277，278—279，286—287

与英国的战争（1739年），209，416，518—519

与奥地利王位继承战争（见该条），209—310，408，424—426，430，433—435，519—520；艾克斯拉沙佩勒条约，438—439

与七年战争（见该条），211—213，476，481—482；对殖民地的影响，499—500；在美洲的战争，523—525，526—527

索　引

又见 America, Spanish; Brazil; Missions 各条

Spallanzoni, Abbé, 斯帕兰扎尼神父, 生物学家, 91

Spanish Succession war of, 西班牙王位继承战争, 6—7, 38, 191, 276

Special Juries Act,（1730 年），特别陪审团法令（1730 年），264

Spectator,《旁观者》, 3, 51, 59, 60, 71—72, 74, 75, 80

Spener, Philip Jakob, 斯彭内尔, 菲利浦·雅各布, 虔信主义者, 131

Spinoza, Baruch, 斯宾诺莎, 巴鲁赫, 哲学家, 87

Stahl, Georges-Ernest, 施塔尔, 乔治-埃内斯特, 化学家, 90

Stamitz, Johann Wanzl Anton, 斯塔米茨, 约翰·文策尔·安东, 作曲家, 65

Stanhope, James, Lord Stanhope, 斯坦厄普勋爵, 斯坦厄普, 詹姆斯, 英国政治家, 194, 195, 196, 199—200, 249

Stanislas Leszczyncki, 斯坦尼斯瓦夫·莱什琴斯基, 波兰国王, 16—17, 225, 371, 374

　　与波兰王位继承战争, 204—206, 356, 372, 377, 378—381, 398

　　被赐予洛林公国, 381

Starhemberg, Count George Adam, 斯塔勒姆贝格公爵, 乔治·亚当, 奥地利驻巴黎大使, 444—445, 451—453, 455, 462—463

Steele, Richard, 斯蒂尔, 理查德, 作家, 71—72, 98

Stein, Heinrich Friedrich Karl, 施泰因, 海因里希·弗里德里希·卡尔, 普鲁士政治家, 149, 305

Stillingfleet, Edward, 斯蒂林弗利特, 爱德华, 伍斯特主教, 95, 139

Stockholm, Treatzes of（1719 年, 1720 年）, 斯德哥尔摩条约（1719 年, 1720 年）, 198—199, 346

Strikes, 罢工。见 Industrial organization 条

Struensee, John Frederick, 施特鲁恩泽伯爵, 约翰·弗雷德里克, 丹麦政治家, 342

Sugar trade, 蔗糖贸易, 33, 34, 35, 39, 41, 514—515, 519—520, 523, 528

Sulkowski, J. A., 苏尔科夫斯基, J. A. 波兰奥古斯特三世的宠臣, 381

Sunderland, Charles Spencer, 森德兰伯爵, 查尔斯·斯宾塞, 英国政治家, 249—250

Sunnis, 逊尼派, 545

Suraj Mal, 苏拉吉·迈尔, 贾特人的统治者, 554

Surat, 苏拉特, 40, 558

Surman, 苏尔曼, 英国派驻法鲁克-西耶尔宫廷的使节, 557

Sweden, 瑞典

　　社会结构: 贵族, 50, 57—58, 353, 354; 自由民, 353—354; 农民, 354

　　君主的权力, 142, 143—144; 反专制主义力量, 351—352; 1720 年宪法对君主权力的限制, 352;

路易莎·乌尔丽卡企图恢复君主
权力的努力，362—363
行政机构，144—145；四级会议和
组成和权力，352—354
北方大战后的解决方案，339—340
乌得勒支条约后的外交政策，
195—196，347
与俄国的敌对行动（1719—1720
年），198—199；（1741—1742
年），358—359
与石勒苏益格－荷尔斯泰因的关
系，203，345—347；查理·彼
得·乌尔里希拒绝继承瑞典王位
的请求，359—360
阿道夫·腓特烈国王的推选，
347—348，360—361
拥护腓特烈一世；乌尔丽卡退位，
351—352
黑森党和荷尔斯泰因党，355—356
重商主义政策，356，357
农业改革，357—358
与奥地利王位继承战争，211，332；
在芬兰被俄国击败，358—359；
与俄国占领芬兰，359—361；奥
布条约（1743年），361
与七年战争，212，357，363；入侵
波美拉尼亚，470，472；汉堡条
约（1762年），479
礼帽党与便帽党的党派斗争，
356—359，361—362；"顽固
派"，357；1764—1765年的选
举运动，363—364
Swedenborg, Emmanuel, 斯维登堡，
伊曼纽尔，神秘主义者、预言
家，109

Swift, Jonathan, 斯威夫特，乔纳森，
作家，73
Switzerland, 瑞士，60
Szatmár, Treaty of（1712年），索特马
尔条约（1712年），17，391，
392，405
Szembek, K. A., 谢姆贝克，K. A.,
波兰大主教，375

Takla Haimanut Ⅱ，塔克拉·海默纳
特二世，埃塞俄比亚皇帝，579
Tanucci, Bernardo, 塔努奇，贝尔纳
多，那不勒斯的政治家，122,
283—284
Tarlo, Adam, 塔洛，亚当，卢布林的
巴拉丁，381
Tatler,《闲谈者》，51，71
Taxtion, 税收
关税和王室专利是国家岁入来源，
150—151
征收直接税的困难，151
法国，8，53；盐税，150，216，
222；人头税和其他直接税，
151，221—222；关税，216；二
什一税，234
英国，9，52—53，151，152，252，
260
普鲁士，12，54，150；直接税，
151，296—299；有效的征收制
度，152，300，303—304；法国
的包税商，313
西班牙，46，150，269，271，276,
287；直接税，151，154，277
匈牙利，53—54，393，403—404
俄国，54—55，320，321—322

勃兰登堡，294，297，298

波兰，366，372—373

印度，541—542，546，548—549

印度尼西亚的中国包税商，588

Taylor, Sir Robert, 泰勒爵士，罗伯特，建筑师，69

Tea trade, 茶叶贸易，33，40

Tegh Bahadur, 得格·巴哈都尔，锡克教"祖师"，544

Tencin, Pierre Guérin, 唐森的红衣主教，皮埃尔·盖兰，里昂大主教，116

Tennent, Gilbert, 坦南特，吉尔伯特，奋兴运动传教士，508

Tennent, William, 坦南特，威廉，长老会牧师，508

Terray, Joseph-Marie, 泰雷，约瑟夫·玛丽，法国财政大臣，234

Tessin, Count Carl Gustav, 泰辛伯爵，卡尔·古斯塔夫，瑞典政治家，361

Test and Corporation Acts, 宗教考查与市镇机关任职法，246，248，252

Textile industries, 纺织工业，30—31，40，49，242—243，315—316，319

Thirty Years War, 三十年战争在普鲁士的影响，293—294

Thomasius, Christian, 托马西乌斯·克里斯蒂安，政治哲学家，100，130

Thomson, James, 汤姆森，詹姆斯，诗人，76—77

Thorn, 托伦（波兰），375—376

Thornton, John, 桑顿，约翰，福音派，140

Thurot, François, 蒂罗，弗朗索瓦，法国海军司令，476

Ticonderoga, Fort, 泰孔德罗加要塞，538，539

Tiepolo, Giovanni Battista, 提·埃坡罗，乔万尼·巴蒂斯塔，画家，78

Timber trade, 木材贸易，243

又见 Honduras 条

Timur, 帖木儿，旁遮普的阿富汗人总督，564

Tindal, Matthew, 廷德尔，马修，自然神论者，131

Tithes, 什一税，53，151，272

Tobacco, trade, 烟草贸易，33，34，150，252，495，502—503

Tocqué, Louis, 托克，路易，画家，78

Tocqueville, Alexis Clérel de, 托克维尔，亚历克西·克莱雷尔·德，215，236

Toland, John, 托兰德，约翰，自然神论者，131

Tomassi, 托马西，红衣主教，118

Tomé Narciso, 托梅，纳尔奇索，建筑师，66

Torgau, battle of（1760 年），托尔高战役（1760 年），477

Toulon, 法国土伦，430，434

Tour, Quentin de la, 德拉图尔，康坦，画家，78

Toussaint, François Vincent, 图森，弗朗索瓦·樊尚，86，97

Townshend, Charles Townshend, 汤森

勋爵，查尔斯·汤森，英国政治
家，59，195，200，201，247
批评汉诺威的顾问，249
辞职（1730年），251
Trade and commerce, 贸易和商业18
世纪初的迅速增长，1—2，27—
30，237
荷兰的海上商业，1，27—28；在东
印度群岛，40—41，585—589；
在黎凡特，42；商业结构薄弱的
根源，42—43
英法的商业竞争，6—7，11，18，
21— 22，24，28—29，36—39；
在印度，40—41，553，557—
558；在黎凡特，42—51；在北
美，529，531
彼得大帝时期俄国商业的发展，
13，319—320；舒瓦洛夫的发
展，338
非洲的特许公司，24—25，
568—574
与中国的奢侈品贸易，26，40，
580；英国东印度公司的冒险事
业，581，583；广东控制的对外
贸易，581—582；欧洲在中国的
商团，583—584
重商主义的管理政策，29，32—33，
34，42—43，300，344—345，357；
垄断公司受到实利经济学家的批
评，46—48；垄断公司受到理论
家和哲学家的批评，48—49
技术进步和新商品的制造，29—
31，237
贸易和工业扩张的资本来源，31—
32，43—44

对贸易发展不可缺少的海军力量，
33，35—36，39，165，192，435
欧洲各地之间的贸易，42—43
外贸和国家利益之间的关系，45，
241
对进口货物征收的关税，150—151，
216，252
商业条约，192，286
在西属美洲的违禁贸易，206—208，
476，494，514—518
英国的国内贸易和交通，242—243，
266；谷物交易所，259；职业行
为准则的兴起，265
18世纪初西班牙贸易的崩溃，
269—271；经济的复兴，277—
280；卡瓦哈尔和恩塞纳达的改
革，286—287；与西属美洲贸
易的调整，494—495，514—
518；与菲律宾贸易的调整，
289—290
庞巴尔组织的葡萄牙贸易，291
普鲁士的国内货物税，300；腓特
烈大帝鼓励国内外贸易，
316—317
丹麦和挪威的经济一体化，
344—345
波兰的出口货物，368，369—370
奥地利的贸易特许权和"国本诏
书"，397—398，401
战时中立国的贸易权利，467—477
北美洲的贸易，502—503，511—
513；北美洲内部的贸易，
505—507
欧洲驻印度的贸易使团，557—558
东非的阿拉伯贸易，578，579

索 引 687

也见 Merchants；Slave-trade；Smuggling 各条以及各贸易公司条
Trafalgar, battle of（1805 年），特拉法尔加战役（1805 年），165
Transylvania，特兰西瓦尼亚，391，400，402，404，406，409，412
Trembley, Abraham，特朗布雷，亚伯拉罕，生物学家，91
Trichinopoly，特利支诺波利，556—557
Trieste，意大利的里雅斯特，401，463
Troost, Cornelis，特罗斯特，科内利斯，画家，79—80
Tucker, Josiah，塔克，乔赛亚，经济学家、神学家，47，49
Tull, Jethro，塔尔，杰思罗，农场主，59
Turgot, Anne-Robert-Jacques，杜尔哥，安娜-罗贝尔-雅克，法国政治家，94，217—219，239
Turkey，土耳其
　奥土战争（1716—1718 年），197，394
　俄土战争（1735—1739 年），205—206，383，387，407—408
　与法国的联盟，459
Turretini, J. A.，图雷蒂尼，J. A.，神学家，134
Tuscany，托斯卡纳，200，201，269，281，398
　唐·卡洛斯被承认为继承人，202，205，283
　社会改革，283

Udaji Powar，乌达吉·波瓦，马拉塔游击队领袖，549
Udgir, battle of（1760 年），乌德吉尔战役（1760 年），564
Uhlefeld, Count，乌勒费尔德伯爵，奥地利首相，412
Ukraine，乌克兰，321
Ulloa, Antonio de，乌略阿亚，安东尼奥·德，西班牙经济学家，46，92，487—488，491—492
Ulloa, Don Bernardo，乌略亚，唐·贝尔纳多，279
Ulrika Eleanora，乌尔丽卡·埃莱奥诺拉，瑞典女王，143，203，351—352，359
Ulster，北爱尔兰人移居美洲，501
Unigenitus，克雷芒十一世的《通谕》，114—119，122—123，134，230—231
Universities，大学
　大学与科学院的兴起，106—107
　法国，108
　英国，128
　哈雷和法兰克福财政科学的教授，158
　俄国，335—336
　波兰，370
　拉丁美洲，499
　美国科学院，509
Uruguay，乌拉圭，496
Utilitarianism，功利主义，97—98，100—101
Utrecht, Treaty of（1713 年），乌得勒支条约（1713 年），113，191—192，282，514—515，531

又见 Asiento 条

Uztáriz, Jerome, 乌斯塔里斯, 西班牙经济学家, 46, 92

Valero marquis de, 巴莱罗侯爵, 墨西哥总督, 590

Vanbrugh, Sir John, 范布勒爵士, 约翰, 建筑师、剧作家, 68, 74

Van Dyck, sir Anthony, 范戴克爵士, 安东尼, 画家, 79

Van Hoorn, 范和伦, 荷兰驻中国的使节, 583, 585—586

Van Loo, Charles André, 范洛, 夏尔·安德烈, 画家, 78

Vansittart, Henry, 范西塔特, 亨利, 孟加拉总督, 565

Vattel, Emmerich, 瓦泰勒, 埃梅里奇, 国际律师, 100, 101

Vauban, Sébastien le Prestre de, 沃邦, 塞巴斯蒂安·普莱斯特·德, 法国元帅、政治哲学家, 220

Velletri, battle of (1744 年), 韦莱特里战役 (1744 年), 433

Venezuela, 委内瑞拉, 494—495, 496

Venice, 威尼斯, 282, 284, 401

Venn, Henry, 维恩, 亨利, 福音会牧师, 139

Verden, 费尔登, 347, 355

Vernon, Sir Edward, 弗农爵士, 爱德华, 海军上将, 519

Versailles, Palace at, 凡尔赛宫, 67, 83, 219

Versailles, Treaties of (1756 年), 凡尔赛条约 (1756 年), 415, 450, 453—456, 458—460; (1757 年), 469; (1759 年), 475

Vico, Giambattista, 维科, 詹巴蒂斯塔, 历史学家和哲学家, 3, 94—95, 110, 282

Victor Amadeus, 维克托·阿马戴乌斯, 萨伏依国王, 200, 201, 284, 394

Vienna, culture of, 维也纳文化, 399

Vienna, Treaties of: 维也纳条约: (1719 年), 373, 376; (1731 年), 202, 204, 205, 397—398; (1735 年), 283; (1738 年), 205, 225

Villeroy, François de Neufville, duke of, 维勒鲁瓦公爵, 弗朗索瓦·德·纳夫维尔, 路易十五的导师, 226

Villinghausen, battle of (1761 年), 菲林豪森战役 (1761 年), 478

Vinnius, 维尼亚斯, 俄国的荷兰工程师, 318

Vintimille, 万蒂米尔, 巴黎大主教, 116, 118

Violante Beatrix, 维奥兰特·贝娅特丽克丝, 托斯卡纳科西莫三世的儿媳, 201

Virginia, 弗吉尼亚, 535—537

Volchansky, 伏尔钦斯基, 莫希列夫主教, 376

Voltaire, François Marie Arouet de, 伏尔泰, 弗朗索瓦·玛丽亚·阿卢埃·德, 哲学家, 3, 61, 65, 73, 74, 75, 76, 80, 96, 97, 99, 108, 112, 230, 308, 336

宗教思想, 85, 86—87

科学兴趣，88

历史著作，93，379

对乐观主义的驳斥，104—105

政治著作，161—162

Volynsky, Artemy Petrovich, 沃伦斯基，阿特米，彼得洛维奇，俄国行政官员，330

Vorontsov, Count Michael, 沃龙佐夫伯爵，米哈伊尔，俄国首相，388，456

Wake, William, 韦克，威廉，坎特伯雷大主教，115，116，126—127，128—129，133—134

Walker, Samuel, 沃克，塞缪尔，福音会牧师，139

Wall, Richard, 华尔，理查德，西班牙外交大臣，286

Wallace, Robert, 华莱士，罗伯特，经济学理论家，103

Wallis, 瓦利斯，奥地利陆军司令官，408

Walpole, Horace, 沃波尔，霍勒斯，作家，69，127，284

Walpole, Sir Robert, 沃波尔爵士，罗伯特，奥福德伯爵，9—10，81，195，247，418

　与教会的关系，128，129

　税收计划，151，251，252

　与1719年贵族法案，249

　拒绝参加波兰王位继承战争，204，205

　与1739年英西战争，208—209，518

　与"南海骗局"，250—251，252

辞职（1742年），251，422

性格与成就，251—253

为首相树立先例，258

Walter, Richard, 沃尔特，理查德，安德勋爵的牧师，591

Waltham Black Act（1722年），沃尔瑟姆黑色法案（1722年），265

Wandewash, battle of（1760年），文迪瓦什战役（1760年），563

Warburton, William, 沃伯顿，威廉，格洛斯特主教，87，130，136

Ware, Isaac, 韦尔，艾萨克，建筑师，69，81

Warfare, art of, in the eighteenth century, 18世纪的战争艺术法则和常规，5，163—165

　有限目标的战争，5—6，18，165，174—175，468

　平民的地位，165—166；中立国的权利，476—477，523

　包围战，166—168

　供给基地，168—169，473

　战场上的战术队形，169—170，472

　避免冬季战役，170

　腓特烈大帝的战略思想，171—173，468—469，472

　新战术方法的开始，173—174

　又见 Armies 条；"海战"见 Naval power 条

Warna, Treaty of（1731年），瓦尔纳条约（1731年），549，556

Warren, Sir Petet, 华伦爵士，彼得，海军准将，533

Warsaw, 波兰华沙，369，371，372，379

Warsaw, Treaty of （1717年），华沙条约（1717年），372，374

Warton, Joseph, 沃顿，约瑟夫诗人，评论家，77

Washington, George, 华盛顿，乔治，186，535

Waterland, Daniel, 沃特兰德，丹尼尔，神学家，136

Watteau, Antoine, 华托，安托万，画家，68，78

Watts, Isaac, 瓦茨，艾萨克，赞美诗作家，128

Wealth of Nations（Adam Smith），《原富》（亚当·斯密），49

Wedell, Carl Heinrich von, 韦德尔，卡尔·海因里希·冯，普鲁士将军，475

Wedgwood, Josiah, 韦奇伍德，乔赛亚，陶器制造商，31

Wellington, Arthur Wellesley, 威灵顿公爵，阿瑟·韦尔斯利，186

Werenfels, Samuel, 韦伦菲尔斯，塞缪尔，神学家，134

Welsley, Charles, 韦斯利，查尔斯，神学者，赞美诗作家，137

Wesley, John, 韦斯利，约翰，4，77，109，116，131，132，135，139

受摩拉维亚弟兄会的影响，137—138

Wesley, Samuel, the elder, 韦斯利长老，塞缪尔·神学者，诗人，128

West India Company（Danish），西印度公司（丹麦的），344，569

West Indies, 西印度群岛，23，489，499，奴隶贸易，25，36—37

与英国、法国的商业关系，37—39，43；与西班牙，514—518

英法之战（1744—1748年），519—520；（1757—1763年），521—528

又见 South Sea Company 条

Westminster, Convention of （1756年），威斯敏斯特协定，（1756年），20，332，415，449—450

法国、奥地利对协定的反应，450—453，460—461

俄国的反应，456—459

防御性质，466

Wettstein, John James, 韦特斯泰因，约翰·詹姆斯，圣经学者，118，132

Wheatly, Charles, 惠特利，查尔斯，神学家，135

Whiston, William, 惠斯坦，威廉，"阿里乌派"神学者，133

Whitefield, George, 怀特菲尔德，乔治，监理会教徒，137，138，508

White Mountain, battle of the（1620年），怀特战役（1620年），156

Whydah, 维达镇，贩卖奴隶站，566，567，570，571，572，575

William Ⅲ, 威廉三世，英国国王，152

William Ⅳ of Orange, 奥伦治的威廉四世，423，435—436

Williams, Sir Charles Hanbury, 威廉斯爵士，查尔斯·汉伯里，英国驻圣彼得堡大使，332—333，385—386，388

Willis, Browne, 威利斯，布朗，建筑

师，69

Windward Islands，向风群岛，520—521，523—524

Witsen, Nicolas，威特森，尼古拉斯，印度尼西亚的荷兰人领袖，585，586

Wolfe, James，沃尔夫，詹姆斯，将军，164，186，211，538—539

Wolfe, John，沃尔夫，约翰，建筑师、作家，81

Wolff, Christian，沃尔弗，克里斯蒂安，科学家和哲学家，88，99—100，104，107，132

Woodward, George，伍德沃德，乔治，英国驻华沙使节，380

Woollen industry，毛纺工业，315—316，369，529，580n.

Worms, Treaty of（1743年），沃尔姆斯条约（1743年），429，436

Wren, Sir Christopher，雷恩爵士，克里斯托弗，建筑师，68

Xosa tribe (Bantus)，（班图人）豪萨部落，25，577

Yamassee War（1715年），雅马西战争（1715年），530

Yorke, Joseph，约克，约瑟夫，陆军少将，177—178，179，180，456

Yorktown, siege of（1781年），约克敦围城战役（1781年），168

Young, Arthur，扬，阿瑟，34—35，219

Young, Edward，扬，爱德华，诗人，77

Yung Chêng，雍正，中国皇帝，581，583

Zaccaria，扎加利，基督教辩论家，122

Zatuski, A. S.，扎鲁斯基，A. S.，克拉科夫主教，370

Zemzoff，泽姆佐夫，建筑师，70

Zeno, Apostolo，泽诺，阿波斯托洛，查理六世宫廷诗人，399

Zinzendorf, Nikolaus Ludwig von，亲岑道夫伯爵，尼古劳斯·路德维希·冯，摩拉维亚弟兄会的创始人，109，136—138

Zorndorf, battle, of（1758年），措恩多夫战役（1758年），21，474

Züllichau, battle of（1759年），齐利希奥战役（1759年），475

Zwaardecroon，兹瓦尔德克龙，印度尼西亚总督，588

Zweibrücken，茨韦布吕肯的巴拉丁领地伯爵，瑞典王位候选人，360